欧阳哲生 编

胡适文集 7

章实斋先生年谱
科学的古史家崔述
戴东原的哲学
齐白石年谱
丁文江的传记
怀人集

北京大学出版社

进入中年的胡适（39岁）

参加1930年2月9日中基会第四次董事常会成员合影。前排左起：翁文灏、李石曾、蔡元培、蒋梦麟、孙科、贝克。后排左起：任鸿隽、顾临、胡适、赵元任。

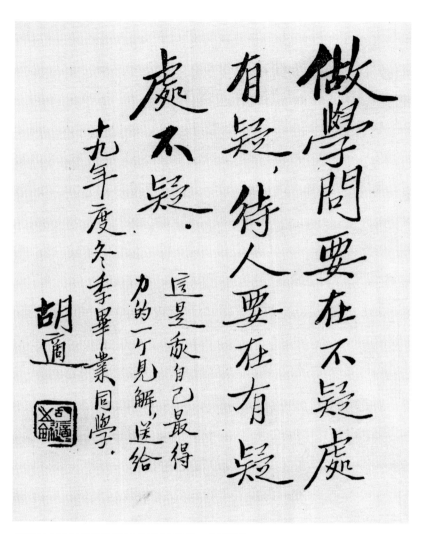

胡适给1930年度冬季毕业的同学的一幅题词

参加1930年2月9日中基会第四次董事常会成员合影。前排左起：翁文灏、李石曾、蔡元培、蒋梦麟、孙科、贝克。后排左起：任鸿隽、顾临、胡适、赵元任。

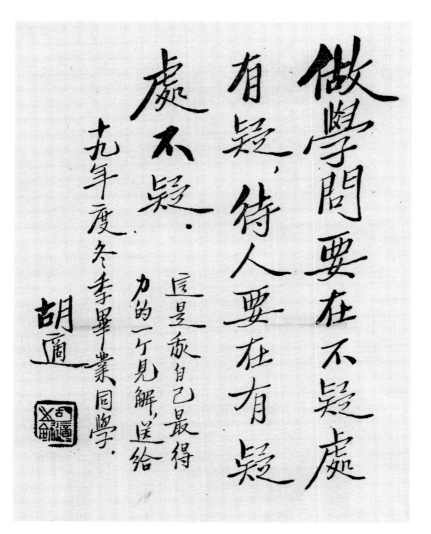

胡适给1930年度冬季毕业的同学的一幅题词

1948年6月15日,胡适与出席泰戈尔画展的来宾在北大孑民纪念堂的合影。前排:徐悲鸿(右五)、季羡林(左一)、朱光潜(左三),二排:冯友兰(右三)、郑天挺(右四),四排:邓广铭(左四)。

1956年胡适寓美国纽约时摄。

1948年6月15日,胡适与出席泰戈尔画展的来宾在北大孑民纪念堂的合影。前排:徐悲鸿(右五),季羡林(左一),朱光潜(左三),二排:冯友兰(右三),郑天挺(右四),四排:邓广铭(左四)。

1956年胡适寓美国纽约时摄。

第七册说明

本册收入《章实斋先生年谱》、《科学的古史家崔述》、《戴东原的哲学》、《齐白石年谱》、《丁文江的传记》和《怀人集》六种。

《章实斋先生年谱》1922年1月由上海商务印书馆出版,后经姚名达增补,1931年10月由上海商务印书馆再版,列入"国学小丛书"第一种。1968年台北商务印书馆根据姚名达补订本重印。

《科学的古史家崔述》原载1923年4月《国学季刊》第1卷第2期,后经赵淑贞增补,收入顾颉刚编《崔东壁遗书》(1936年上海亚东图书馆出版)。1983年6月上海古籍出版社出版《崔东壁遗书》时,将后来发现的《莜田剩笔残稿》补入若干材料,用方括号标出。现从《崔东壁遗书》中抽出胡适为该书所作的《序》和《科学的古史家崔述》两篇,收入本集。

《戴东原的哲学》原载1925年12月《国学季刊》第2卷第1期,1927年10月由上海商务印书馆出版单行本,附录戴震的《原善》和《孟子字义疏证》。1968年台北商务印书馆再版,增收附录戴震的《与某书》一、《与段玉裁书》二和毛子水所作的《后记》。鉴于附录部分篇幅过长,本集未收。

《齐白石年谱》为胡适、黎锦熙、邓广铭合著,1949年3月由上海商务印书馆出版。1972年12月台北中央研究院胡适纪念馆影印出版了胡适的《齐白石年谱》自校本。

《丁文江的传记》初以单篇形式在台北《中央研究院院刊》、《自由中国》等刊发表。1956年11月收入台北中央研究院出版《中央研究院总干事丁文江先生逝世二十周年纪念刊》。1960年6月台北启明书局缩印再版,附作者《校刊后记》。1973年台北中央研究院胡适纪念馆据启明版重印,并增收附录二篇和毛子水的《后记》。

《怀人集》系编者新编,收入胡适为各类人物所写的回忆文章或纪念文章,最早的写于1924年,最晚的写于1961年,凡十五篇。

第七册说明

本册收入《章实斋先生年谱》、《科学的古史家崔述》、《戴东原的哲学》、《齐白石年谱》、《丁文江的传记》和《怀人集》六种。

《章实斋先生年谱》1922年1月由上海商务印书馆出版,后经姚名达增补,1931年10月由上海商务印书馆再版,列入"国学小丛书"第一种。1968年台北商务印书馆根据姚名达补订本重印。

《科学的古史家崔述》原载1923年4月《国学季刊》第1卷第2期,后经赵淑贞增补,收入顾颉刚编《崔东壁遗书》(1936年上海亚东图书馆出版)。1983年6月上海古籍出版社出版《崔东壁遗书》时,将后来发现的《莜田剩笔残稿》补入若干材料,用方括号标出。现从《崔东壁遗书》中抽出胡适为该书所作的《序》和《科学的古史家崔述》两篇,收入本集。

《戴东原的哲学》原载1925年12月《国学季刊》第2卷第1期,1927年10月由上海商务印书馆出版单行本,附录戴震的《原善》和《孟子字义疏证》。1968年台北商务印书馆再版,增收附录戴震的《与某书》一、《与段玉裁书》二和毛子水所作的《后记》。鉴于附录部分篇幅过长,本集未收。

《齐白石年谱》为胡适、黎锦熙、邓广铭合著,1949年3月由上海商务印书馆出版。1972年12月台北中央研究院胡适纪念馆影印出版了胡适的《齐白石年谱》自校本。

《丁文江的传记》初以单篇形式在台北《中央研究院院刊》、《自由中国》等刊发表。1956年11月收入台北中央研究院出版《中央研究院总干事丁文江先生逝世二十周年纪念刊》。1960年6月台北启明书局缩印再版,附作者《校刊后记》。1973年台北中央研究院胡适纪念馆据启明版重印,并增收附录二篇和毛子水的《后记》。

《怀人集》系编者新编,收入胡适为各类人物所写的回忆文章或纪念文章,最早的写于1924年,最晚的写于1961年,凡十五篇。

目 录

章实斋先生年谱
何序　何炳松/3
姚序　姚名达/18
胡序　胡适/23
大事索引/26
章实斋先生年谱/28
校后补记　姚名达/109
附录　更正《章实斋年谱》的错误（胡适给姚敬存的一封信）/111

科学的古史家崔述
《崔东壁遗书》序/115
年谱目/121
科学的古史家崔述（1740—1816）/125
　一　家世/127
　二　崔述的年谱（上）/131
　三　崔述的年谱（下）/163
后记/208
补叙　赵贞信/209

戴东原的哲学
　一　引论/217
　二　戴东原的哲学/227
　三　戴学的反响/255

齐白石年谱

序一　胡适/314

序二　黎锦熙/319

齐白石年谱/321

跋　邓广铭/358

丁文江的传记

引言/365

一　家世和幼年生活/366

二　他的恩师——龙研仙先生/368

三　他在日本一年多——计划往英国留学/370

四　海上的救星/372

五　在英国留学七年(1904—1911)/373

六　第一次中国内地的旅行/377

七　地质科科长——地质研究所——北大地质系/380

八　民国初年的旅行——太行山与山西铁矿——云南与四川/383

九　丁在君与徐霞客/389

十　地质调查所所长(1916—1921)/394

十一　北票煤矿公司(1921—1925)——《努力周报》(1922—1923)/399

十二　"玄学与科学"的论争(1923)(附论他的宗教信仰)/409

十三　"大上海"的计划与实施(1926)/428

十四　回到地质学来：广西的地质调查(1928)——西南地质调查队(1929—1930)——北大地质学教授(1931—1934)/441

十五　独立评论(1932—1935)/452

十六　苏俄的旅行(1933)——最后三年的政论/462

十七　"就像你永永不会死一样"/480

附录　丁文江遗嘱/493

校勘后记/495

附录一　收回上海会审公廨暂行章程/498

附录二　龙研仙同情革命　芝翁/500

后记　毛子水/501

怀人集
林琴南先生的白话诗/505
追悼志摩/510
国府主席林森先生/517
追忆曾孟朴先生/520
兴登堡/522
刘半农先生挽辞/528
记辜鸿铭/529
海浜半日谈（纪念田中玉将军）/534
丁在君这个人/538
高梦旦先生小传/546
张伯苓/549
追念熊秉三先生/555
纪念席德懋先生/558
记美国医学教育与大学教育的改造者弗勒斯纳先生
（Abraham Flexner 1866—1959）/559
怀念曾慕韩先生/565
追忆太戈尔在中国/566

章实斋先生年谱

年谱之体,仿于宋人;考次前人撰著,因而谱其生平时事,与其人之出处进退,而知其所以为言,是亦论世知人之学也。文集者,一人之史也。家史,国史,与一代之史亦将取以证焉。不可不致慎也。

——韩柳年谱书后

何序

替古人做年谱完全是一种论世知人的工作,表面看去好像不过一种以事系时的功夫,并不很难;仔细一想实在很不容易。我们要替一个学者做一本年谱,尤其如此;因为我们不但对于他的一生境遇和全部著作要有细密考证和心知其意的功夫,而且对于和他有特殊关系的学者亦要有相当的研究。对于他当时一般社会的环境和学术界的空气亦必须要有一种鸟瞰的观察和正确的了解,我们才能估计他的学问的真价值和他在学术史中的真地位。所以做年谱的工作比较单是研究一个人的学说不知道要困难到好几倍。这种困难就是章实斋所说的"中有苦心而不能显"和"中有调剂而人不知",只有做书的人自己明白。

胡适之先生的《章实斋年谱》就是这样做成功的。我记得当民国十一年二月商务印书馆把这本《年谱》印好寄给他的时候,他曾经有下面这一段日记,我现在替他发表出来,来证明我上面所说的话并不是一种玄想。他的日记上说:

> 此书是我的一种玩意儿,但这也可见对于一个人作详细研究的不容易。我费了半年的闲空工夫,方才真正了解一个章学诚。作学史真不容易! 若我对于人人都要用这样一番工夫,我的哲学史真没有付印的日子了! 我现在只希望开山辟地,大刀阔斧的砍去,让后来的能者来做细致的工夫。但用大刀阔斧的人也须要有拿得起绣花针儿的本领。我这本《年谱》虽是一时高兴之作,他却也给了我一点拿绣花针的训练。

适之先生此地所说的甘苦,我们看了谁亦要表同情。不过他说这本《年谱》是他的一种玩意儿,一时高兴之作;我个人却不敢同意。

我以为适之先生所说的一种玩意儿,一时高兴之作,正是章实斋所说的:"天下至理,多自从容不迫处得之;矜心欲有所为,往往不如初志。"所以就我个人讲,一面想到做《年谱》这种工作的困难,一面看到适之先生这本《年谱》内容的美备,我实在不能不承认这本书是一本"即景会心妙绪来会"的著作,不是一种"玩物丧志无所用心"的玩意儿。这种工作当然不免有疏漏的地方,但是我们坐享其成的读者却不应过度的去求全责备。

今年秋间王云五先生因为很赏识适之先生这本《年谱》,所以要把他选入商务印书馆《万有文库》里面去,预备将版式改排。适之先生知道了,就很虚心的趁这个机会托一个对于章氏学说很有研究的人代他增补一下。这位受托的人就是刚从北京清华研究院毕业,南下旅居上海努力读书的姚达人先生。当达人先生进行他那增补工作的时候,他每星期总要到我的家里来交换一次我们对于史学的意见。他因为研究章氏已经三四年了,身边又带有充分的材料,所以能够从九月到十月不满一个月的工夫就完成他的工作。我知道他实在补进了不少的材料,而且有一部分材料是适之先生当时还没有发现出来的;因此这本《年谱》的内容更加美备了。

达人先生增补完工之后,就把这增补本交给适之先生去校正。适之先生看了一遍完全同意;并且向达人先生说:他近来听见我对于章实斋的史学已经有更进一步的了解,所以要叫我代他们两人再做一篇序表示我近来的心得。当达人先生把这话告诉我的时候,我很是迟疑,但是亦就立刻答应。

章实斋在《文史通义·匡谬》篇中曾经说过:"书之有序所以明作书之旨也,非以为美观也;"这是一句很合理的话。我们应该服膺他。我既然不是做这本《年谱》的人,当然不应该谈这本《年谱》的"作书之旨"。适之、达人两位先生和我三个人既然多少都是私淑章氏的人,那末适之先生不该发起叫我做这篇序,达人先生不该附和他,我亦不该答应他。这是我所以迟疑的缘故。但是我当时反省了几分钟,终于答应了,而且自己觉得很有理由。

第一我和适之、达人两位先生有一种特殊的交情。我和适之先生的文字交,始于民国二年的夏季。我记得当时他是《留美学生季报》的编辑,我是一个投稿的人。民国四五年间我和他才在纽约常常见面谈天,成了朋友。民国六年以后我在北京大学教了五足年的书,又和适之先生同事,而且常常同玩。他和我不约而同而且不相为谋的研究章实斋,亦就在那个时候。结果他做成一部很精美的《年谱》,我做了一篇极其无聊而且非常肤浅的"管见"。我的翻译《新史学》亦就是在这个时候受了他的怂恿。民国十一年后我到杭州办了两年最无聊的教育,受了两年最不堪的苦痛。可巧这时候适之先生亦就在西湖烟霞洞养他的病;而且据我所知,这次的休养是他平生最长的一期。现在我们两人又不期而然不约而同的同在上海过活了。我以为就十七年来行止上看,我们两人的遇合很有点佛家所说的"因缘"二个字的意味。

至于我和达人先生的交情,比较的时间很短。我们两人开始互通音问,不过三年;两人见面不过数月。但是我看见他这样热心的研究章实斋,他今年夏天为了研究章实斋冒暑到绍兴去,到杭州去;我又看见他这样热心的努力学问,甚至辞去各地学校的聘请,单身自备资斧留居上海,一心向学问上努力。我们看到现在中国学术界的情形和一般社会的风气,对于达人先生这种心胸那能不肃然起敬呢?他在上海的时候,每星期总要到我的家中谈一次话;而章实斋有时就做我们谈话的中心。所以我们定交的时期虽短,交情却已不浅。所以就我和适之、达人两位先生的交情而论,我虽然不敢以"章氏同志"的名义来互相标榜,我对于他们两位研究章实斋史学的经过却还配说几句话。

其次我所以敢于承受他们的委托做这一篇序文的原因,就是我想趁这个机会,表示我自己一点忏悔的意思。我的研究章实斋大约在民国八九年的时候。现在自己回想那时候的情形,正像乡下土老游了半天的上海,就回家去向乡下人大谈上海的风光一样,我那篇《章学诚史学管窥》的文章就是这样做成功的。我现在每再读一遍《章氏遗书》,总要回想到那篇肤浅贻笑的文章不该发表,背上总要流了一次汗。我因为要想利用这个机会说几句忏悔的话,所以对于他们两位的委托,不但不加拒绝,反而极其愿意了。

　　章实斋推崇郑樵的时候,曾经说过:"自迁、固而后,史家既无别识心裁,所求者徒在其事其文;惟郑樵稍有志乎求义。"现在我把他这几句话来做一个比论。我觉得从前研究章实斋的人,恐怕都只是求《文史通义》的事和文而不求他的义。从前的学者对于《文史通义》何尝不看得很宝贵。我们只要看章氏生前和死后一般学者争读或者争刊《文史通义》的情形,真有"洛阳纸贵"的神气。这种热心章氏学说的人我们当然不能不表示相当的敬佩,因为他们总算是能够赏识《文史通义》的人了。但是我以为他们所赏识的部分和我们现在所赏识的部分,却有根本上不同的一点:这就是他们所赏识的是《文史通义》中的事和文,我们所赏识的却是义。

　　我觉得从前赏识《文史通义》的学者差不多可以分做两大类:识见较高一点的,用经今古文的眼光来观察章实斋,硬要把他拖到"门户"里面去,把"六经皆史"这句话看做章氏一生学问的唯一供献。而所谓今文家中人亦就扭住了这句话来打倒《文史通义》的全部书。古文家误以为章实斋的《文史通义》是拥护他们的护符;今文家又误以为章实斋的《文史通义》是打倒他们的凶器。结果他们两家都把章实斋看作"门户"中人了。我以为章氏固然是门户中人;这种拖人下水使他同流合污的情形,在科学方法还没有传入以前的中国学术界谁亦免不了;这不是章氏的罪过。但是我以为章氏真正的面目和伟大的供献,绝对不在"门户"中,却在门户外。这一班学者就是我的比论里所谓只能赏识《文史通义》中的事的人。

　　另外还有一班学者很赏识《文史通义》中的文章,他们对于章氏讨论课蒙作文等方法的文字,尤其倾倒到万分。我以为他们这种识见实在是一种"帖括"的识见,亦是一种"骨董"的识见。他们所赏识的《文史通义》,是赏识"墨卷",赏识"册页"。章氏的文章当然是模范的"墨卷",和宝贵的"册页"。那是无疑的了。但是我以为章氏真正的面目和伟大的供献,绝对不是他的文章,却是他文章中所存的义。这一班学者就是我的比论里所谓只能赏识《文史通义》中的文的人。

我细细把适之、达人两位先生的著作读了一遍之后，我敢说据我所知道的人而论，惟有他们两位才真正能够赏识《文史通义》的义。我以为章氏的供献，并不在事，更不在文，实在在义。这个义就是他对于史学的卓见。这种卓见最重要的，我以为有三个。我以为适之和达人两位先生已经能够把他们提出来编到这本《年谱》里面去了。但是因为《年谱》分年的缘故，这种卓见不能不分散到全书的各部分，读者不容易一目了然；所以我在此地代他们两位做一点比类的功夫，并且就把这一点功夫当做我自己近来研究章氏的心得，请他们两位指教。

我以为章氏对于中国史学上的第一个大供献就是记注和撰述的分家。换句话说，就是他能够把中国二千年来材料和著作畛域不分的习惯和流弊完全廓清了，而且因此并能够把通史的旗帜树得非常的鲜明夺目。这是章氏独有的特识。原来自从唐代刘知几首倡纪传编年两种体裁的学说以后，中国史籍上材料和著作的门类从此不分；而且这两种体裁并亦从此变成我国史籍分类的标准了。所以《四库全书总目》史部编年类的序里面说："司马迁改编年为纪传，荀悦又改纪传为编年。刘知几深通史法，而《史通》分叙六家，统归二体，则编年纪传，均正史也。"刘氏两体说的根深蒂固定为一尊，就此可见一斑了。我以为我们倘使用史料的眼光去看我国这样丰富的史籍，又何必独限两体？照《四库全书》的例分做十五类，亦何尝不可？因为所有史籍既然都当做史料看，那末类例的繁简在史学上就没有很重大的关系了。

我国史籍的门类自从尊奉两体为正宗以后，不但所有历史的著作，永远在两体里面翻斤斗；就是通史一类著作亦几乎从此失去了独立的希望了。郑樵虽然曾经辨明"史"和"书"的不同，而且高树通史的旗帜，但是能够赏识他的人实在寥寥可数。《四库全书》里面"别史"一类，虽然大概都是含有通史性质的著作，但是《总目》叙里所说的话，依稀恍惚，并没有露出一点通史的意思；只是在《通志》的"提要"里面稍稍提及了一点通史的源流。纪昀的学问这样渊博，好像还没有见到通史是可以自成一家的一种著作。这不是材料和著作没有分清的一种流弊么？后来我国的历史家尤其正史家看见司马迁用纪传的体裁得到了著作的美名，往往一心一意的去做所谓貌同心异的工作；因此我们就有了《三国志》、《新五代史》和《明史》这一类不伦不类非驴非马的作品。当作通史看，嫌他们太繁杂了，当作史料看，又嫌太简单了。这不是材料和著作分别不清的又一个流弊么？

章实斋见到了这一点了。所以他在《史考释例》那篇文章里面，虽然还说"纪传编年未有轩轾"的话，但是他对于材料和著作的分别看得很明，说得很透。他在《书教》篇里面说：

> 《易》曰："蓍之德圆而神，卦之德方以智。"间尝窃取其义以概古今之载籍。撰述欲其圆而神，记注欲其方以智也。夫智以藏往，神以知来。记注欲往事之不忘，撰述欲来者之兴起。故记注藏往似智，而撰述知来拟神也。藏往欲其赅备无遗，故体有一定而其德为方。知来欲其决择去取，故例不拘常而其德为圆。

章氏此地所说的"撰述"，不就是我们现在所说的"著作"么？所以要能够决择去取例不拘常。他所说的"记注"，不就是我们现在所说的"史料"么？所以要能够赅备无遗体有一定。他这种见解或者受了刘知几和郑樵的暗示亦未可知；因为刘氏在《史通·史官建置》篇里面，曾经有过下面几句话：

> 夫史之为道，其流有二：何者？书事记言，出自当时之简；勒成删定，归于后来之笔。然则，当时草创者资乎博闻实录，若董狐、南史是也。后来经始者贵乎俊识通才，若班固、陈寿是也。必论其事业前后不同；然相须而成其归一揆。

郑樵在《夹漈遗稿·寄方礼部书》中亦曾经说过几句惊人的话：

> 有文有字，学者不辨文字；有史有书，学者不辨史书。史者官籍也，书者书生之所作也。自司马以来，凡作史者皆是书，不是史。

刘氏所说的"当时之简"和"后来之笔"，以及郑氏所说的"书"和"史"，显然可做章氏所说的"撰述"和"记注"的张本。但是我们看到章氏所说的话这样透辟，这样明白，很觉得不是自己对于史学原理"心知其意"的人，决办不到。

而且,章氏对于材料和著作关系的密切看得极清,说得极精;比较刘氏单单说了"相须而成其归一揆"八个字,真是大有"天渊之别"了。章氏在报黄大俞先生书里说:

> 古人一事必具数家之学,著述与比类两家其大要也。……两家本自相因而不相妨害。拙刻《书教篇》中所谓圆神方智,亦此意也。但为比类之业者必知著述之意,而所次比之材可使著述出得所凭藉有以恣其纵横变化。又必知己之比类与著述者各有渊源;而不可以比类之密而笑著述之或有所疏,比类之整齐而笑著述之有所畸轻畸重;则善矣。盖著述譬之韩信用兵,而比类譬之萧何转饷;二者固缺一而不可,而其人之才固易地而不可为良者也。

章氏此地用"韩信用兵"和"萧何转饷"两句话来形容材料和著作互相为用的关系,真可以说是深切著明天造地设的比论了。但是现在编纂我国国史的人好像还要努力追随司马迁的决择去取,不屑做班固那种赅备无遗的功夫,那真章氏的罪人了。我国现在的史学界要等到西洋史学原理介绍进来以后,才满口高谈"史料"二个字,真是有点不好意思呢!

章氏对于史学上第二个大供献我以为就是他对于通史这一类著作的观念表示得非常切实非常正确。我在上面曾经说过:我国史籍的门类自从尊奉纪传编年两体为正宗以后,不但所有历史的著作永远在两体里面翻筋斗,就是通史一类著作亦几乎从此失去了独立的希望。所以刘知几虽然露过一点通史的意思,郑樵虽然有过通史的主张,但是《四库全书》把通史归到不伦不类的别史一类里面去。独有章氏对于这一点见得很到,他在《文史通义》里面所发表的通史观念真可以说是详尽无遗首尾完具。通史的意义怎样?通史的利弊怎样?通史编纂的沿革怎样?章氏对于这三个问题都有极深刻的了解。从前刘知几在《史通·惑经》篇里面,虽然曾经有过下面几句话:"书事之法,其理宜明。使读者求一家之废兴,则前后相会;讨一人之出入,则始末可寻";但是此处所说的"前后相会始末可寻",不过稍稍流露一点通史的意思,决不能和章氏所抱的"纵横经纬"的观念相提并论。

郑樵在《夹漈遗稿·寄方礼部书》里面,亦曾经说过几句惊人的话,他说:"诸史家各成一代之书,而无通体。樵欲自今天子中兴上达秦汉之前著为一书曰'通史',寻纪法制。呜呼! 三馆四库之中,不可谓无书也。然欲有法制可为历代有国家者之纪纲规模,实未见其作!"他此地主张史料以外应该另有通史。这真是郑樵独到的特见。只可惜他的遗著,除《通志》以外,并不很多;而且就此区区亦还要让七百年后的章实斋来代他鼓吹,来代他发挥光大。这是郑樵的不幸。不过我们就《通志》看来,郑樵所主张的通史可以说是"司马式"的通史,充其量不过打倒了班固以后的断代。至于章氏所主张的通史和我们现在所说的通史完全一样。这是章氏青出于蓝的卓识。他的伟大,就在这种地方。

章氏心理里面所抱的通史观念,我以为在《文史通义·答客问》那篇文章里面最发挥得透辟。他说:

> 史之大原本乎《春秋》,《春秋》之义昭乎笔削。笔削之义不仅事具始末文成规矩已也;以夫子"义则窃取"之旨观之,固将纲纪天人,推明大道,所以通古今之变而成一家之言者,必有详人之所略,异人之所同,重人之所轻,而忽人之所谨;绳墨之所不可得而拘,类例之所不可得而泥;而后微茫秒忽之际,有以独断于一心;及其书之成也,自然可以参天地而质鬼神,契前修而俟后圣;此家学之所以可贵也。

章氏此地所表示的观念纯粹是我们现在中外史学界共同努力而又还未完全实现的理想。寥寥几句话竟把通史这个观念全部活现在纸上了。至于通史的利弊和通史编纂的沿革,他在《释通》篇里面说得很合理叙得很详尽,我因为这两层比较的不重要,所以不去引他的原文了。

但是事实上章氏对于通史观念的表示,并不止上面所述的这一点;我以为他另外还有两种表示,很可以证明他对于通史的观念非常看得重要。我以为第一种是消极的表示,这就是他对于郑樵《通志》和袁枢《纪事本末》两种著作的极意推崇。我们知道章氏对于史学很是自命不凡,同时批评别人亦很是不留余地。我们看他批评史学家如欧阳修,文学家如韩愈、苏轼、王安石,哲学家如戴震、汪中,何等苛刻;至于袁枚这样人更是不在他的眼里了。料不到他对于郑樵和袁枢两人的崇拜竟几乎弄到五体投地的地步;他竟称郑氏的著作为"为世宗师",称袁氏的著作为"神圣制作"。这不是因为郑袁两人是通史专家所以章氏引为知己么?章氏本亦很知道《通志》和《纪事本末》两书的本质很难叫人家满意;所以他说《通志》是"实不副名",《纪事本末》是"本无深意";但是因为他们能够"发凡起例,绝识旷论,所以斟酌群言为史学要删",他们是"通史家风",所以他不能不崇拜他们,不能不极口赞美他们。

第二种我以为是积极的表示:这就是他对于纪传编年两类正史主张另编一种别录去补救他们的缺点。他好像觉得我国以前的史料既然都保存在纪传和编年两类史籍里面,我们要在根本上去改造他们当然是不可能的了,而且亦不必这样办。但是他们的义例虽然很精,文章虽然很富,而史的宗要却很难追求,这是因为"纪传苦于篇分,编年苦于年合"的缘故。所以他主张在诸史目录之后另做一篇别录附上去。他说:"诚得以事为纲,而纪表志传之与事相贯者各注于别录;则详略可以互纠,而繁复可以检省。治史要义,未有加于此也。"他这种整理我国旧史的方法,如果能够实现,岂不是可以做我们更上一层达到中国通史的理想境地的津梁么?

所以我以为我们假使把章氏对于通史的学说综合起来,考察一下;那末他对于通史的观念或者可用下面几句话代他表示出来:

> 通史这种著作要能够"纲纪天人,推明大道,通古今之变,成一家之言"。编纂通史的方法要能够"参百家之短长,聚公私之纪载,旁推曲证,闻见相参,显微阐幽,折衷至当"。叙述通史的文章要能够不落旧套,"详人之所略,异人之所同,重人之所轻,忽人之所谨,绳墨之所不可得而拘,类例之所不可得而泥,而后微茫秒忽之际,有以独断于一心。"

我们一定要这样办,我们才可以希望得到一部理想的通史。所以他说:"及其书之成也。自然可以参天地而质鬼神,契前修而俟后圣。此家学之所以可贵也！"

章氏对于通史的观念真是明确极了，他的说明亦真是透辟极了；何以他的学说到如今已经有一百二十多年了竟没有过一个知己，还要让适之、达人两位先生来竭力鼓吹和表扬呢？我以为通史的性质神明变化经纬纵横，原来是一种"心知其意，传诸其人"的东西。纪昀在《〈通志〉提要》里面曾说通史的编纂"非学问足以该通，文章足以熔铸，则难以成书。故后有作者率莫敢措意于斯"。我国通史一类著作的缺乏，和章氏学说的"曲高和寡"，原因恐怕就在这里罢。

章氏对于史学上第三个大供献，我以为就是他所说的"天人之际"完全就是我们现在所说的历史上的客观主义和主观主义。章氏自己曾说他的《原道》和淮南子、韩愈两人的《原道》不同；我以为我们亦可以代他说一句话：就是他的"天人之际"和汉代儒宗董仲舒辈根据阴阳五行而产生出来的"天人之际"，真正是风马牛的不相及。现在让我来把他这一说略略的疏解一番。

章氏在《文史通义·史德》篇里面说：

盖欲为良史者，当慎辨于天人之际，尽其天而不益以人也。

章氏此地的意思就是说精于史学的学者应该辨明什么是客观主义，什么是主观主义；应该纯用客观主义去观察一切事物的真相，不应该参杂丝毫主观的成见。这是章氏对于史学上客观主观的学说的一个大前提。

但是他说：

夫是尧舜而非桀纣，人皆能言矣；崇王道而斥霸功，又儒者之习故矣。至于善善而恶恶，褒正而嫉邪，凡欲托文辞以不朽者，莫不有是心也。然而心术不可不虑者，则以天与人参，其端甚微，非是区区之明所可恃也。

他此地的意思就是说：我们人类虽然寻常都多少抱有辨别是非的识见，但是这一些些辨别的能力要应用到史学上客观主观的原理上去，决是不够。

他又说：

> 夫史所载者事也，事必藉文而传，故良史莫不工文；而不知文又患于为事役也。盖事不能无得失是非。一有得失是非，则出入予夺相奋摩矣；奋摩不已而气积焉。事不能无盛衰消息；一有盛衰消息，则往复凭吊生流连矣；流连不已而情深焉。凡文不足以动人，所以动人者气也；凡文不足以入人，所以入人者情也。气积而文昌，情深而文挚。气昌而情挚，天下之至文也。然而其中有天有人，不可不辨也。

他此地的意思就是说：历史的内容是人类的事实，事实的外表就是史文。历史家研究人类事实的时候，看见他们有得失是非和盛衰消息，当然免不了出入予夺和往复凭吊的心理作用，因此就免不了生出气和情来。这种气和这种情就是史学上主观主义的两个原素。这两个原素尽量在史文上发表出来的时候，就是世界上绝顶的好文章。但是这里面有客观和主观的不同，我们应该辨别清楚。

他又说：

> 气得阳刚而情合阴柔，人丽阴阳之间，不能离焉者也。

此地的意思是说：凡是人类总不免有气，不免有情。换句话说，凡是研究历史的人总不免抱有主观的见解。这是无可避免的东西。

照这样说来，那末我们人类岂不是永远不能得到一部平心静气秉笔直书的历史么？章氏以为不至于这样的；他居然提出一个调剂的办法来。他说：

> 气合于理，天也；气能违理以自用，人也。情本于性，天也；情能汨性以自恣，人也。

他的意思就是说：主观里面的气本来是违理自用的，倘使能够合于理，那就是客观的了。主观里面的情本来是汨性自恣的，倘使能够本于性，那就是客观的了。章氏此地主张用合理两个字来救济主观的气，用本性两个字来救济主观的情；换句话说，就是我们如果能够用我们的理性来限制我们感情的冲动，那末我们主观里面的气和情，自然可以和客观里面事实的真相两相印证，两相符合了。

章氏还要再进一步来说明什么叫做合理的气，和什么叫做本性的情。他说：

> 夫文非气不立,而气贵于平。人之气,燕居莫不平也,因事生感而气失则宕,气失则激,气失则骄,毗于阳矣。文非情不深,而情贵于正。人之情,虚置无不正也,因事生感而情失则流,情失则溺,情失则偏,毗于阴矣。阴阳伏沴之患乘于血气而入于心知。其中默运潜移,似公而实逞于私,似天而实蔽于人。发为文辞至于害义而违道,其人犹不自知也。故曰心术不可不慎也。

他的意思就是说:合理的气是我们燕居的气;至于因感而生的宕的,激的,和骄的气,都是不合理的。本性的情是我们虚置的情;至于因感而生的流的,溺的,和偏的情都是不本性的。不合理的气和不本性的情都是由感动而来,不知不觉的伏在我们的心理中,发表在我们的文章上,我们应该注意他们。他的结论就是要我们"尽其天而不益以人,虽未能至,苟允知之,亦足以称著述者之心术矣!"

章氏所说的话虽然不一定和现代心理学家完全相合,但是他对于史学上客观主观的分别看得这样清楚;他对于主观里面两个原素的分析和性质,说得这样彻底;他对于限制主观达到客观的办法想得这样周到;我个人对他,实在不能不五体投地崇拜到万分;我近来再去翻看德国海尔达尔(Herder)的"观念"说,海格尔(Hegel)的"民族精神"说,英国白克尔(Buckle)的"文化进步的定律"等等"历史的哲学",我总要发生一种感想,觉得他们的见解太是肤浅,太是没有实质上的根据。就我个人研究世界各国史学名家所得到的知识而论,我以为单就这"天人之际"一个见解讲,章氏已经当得起世界上史学界里面一个"天才"的称号。至于我此地对于章氏发表出来的气和情,有没有不合于理和不本于性的地方,那只好请适之、达人两位先生指教了。

我对于章氏史学上的供献见得到的虽然还有几点;但是我以为关系比较的不很重大,所以不再列举下去了。至于章氏在我国学术上别方面的供献已经经过适之先生的全部研究,而且已经在这本《年谱》里面发表出来,我亦不必再去画蛇添足了。章氏生在一百二十多年以前的中国,当然免不了受当时学术上环境的影响和限制,有许多不能使我们现在学术界中人满意的地方。关于这一部分,亦已经有适之先生合理的批评,我更不敢再做狗尾续貂的功夫了。不过我觉得这本《年谱》里面还有几处地方,虽然不很重要,但是值得我们略略的再加以讨论。

《年谱》五十三岁条下:适之先生认章氏把掌故列为方志里面的专书确是章氏的一大供献。我以为这一点根本上算不得一种供献,因为我国自唐宋以来早已有杜氏、郑氏、马氏辈所著的《三通》了;所以掌故列为专书无论是在国史里面或者在方志里面并不能算是章氏的特见。倘使掌故已经列为专书,那末在正史里面当然不必架床叠屋过于详细。适之先生以为章氏一面提倡掌故的重要,一面又嫌《新唐书》以下各史的志书太详细了,所以说章氏终是一个"文史"家而非"史"家,章氏对于《新唐书》以下的批评是可笑的"梦话"。我以为此地适之先生自己有点弄错了。章氏明明主张方志立三书,就是志,掌故,和文征;这三书都应该列为专书的。章氏并没有单单说掌故是重要的;他实在说掌故应该列为专书的;所以他的主张和批评并没有矛盾,并没有闹成笑话和梦话。

《年谱》五十七岁条下:适之先生很赞美章氏《与陈观民工部论史学书》。他说"此书首论史文之'述而不造'、'惟恐出之于己',真数千年史家未发之至论。中间叙修志时之种种困难,末段自述作文的方法,皆绝重要之传料"。我以为适之先生有点不免用文学的眼光去赏识这篇文章,所以他对于中间那一段文字只截取了五句话,说是章氏叙修志时种种困难。我以为这一段文字的价值并不止这一点。这是一段对于我们现在所谓"历史研究法"的极简括而且极精辟的纲要;他把历史研究法里面所谓"搜罗史料"、"参互考订"、"断定事实"和"编比成书"的各种重要步骤和历史家进行这种工作时的甘苦,都在这寥寥三百余字里面完全表示出来了。这亦本是章氏对于史学上的一种供献,我们不应该轻轻的放过他。

《年谱》五十七岁条下:适之先生以为汪中的《女子许嫁而婿死从死及守志议》这篇文章用意立言皆深可佩服,而实斋乃作长文驳他:此真"绍兴师爷"之伦理见解。我以为适之先生这句话不但嫌她轻薄,而且亦不很合理。因为我国学术界中"卫道"的先生们不止一个章氏,而且我们又明明知道章氏是宋学里面比较"开明"的一个人;我看适之先生在《年谱》里面很有几处因为时代和环境的关系能够原谅章氏的地方,何以在此地独不肯放松他一点,要说他是绍兴师爷的见解呢?

此外《年谱》里的书法,有时称章氏为先生,有时又称他为实斋,我觉得这种随意杂举的办法,不但嫌他义例不纯有背章氏"临文而称先达,则必著其名讳,不可泛称字号,使人不知为何人也"的主张,而且容易使读者得到一种玩弄前辈的印象。这一点关系虽小,但是我以为我们在传述文字上既本春秋家学,法度却不可不严。

我研究章实斋所有的心得不过如此;我拜读适之、达人两位先生合著的《章实斋年谱》以后要想提出讨论的意见亦不过如此;我很怕不能满足两位先生委我做序的一番好意。但是我自信这一篇文章或者可以当做我自己从前对于章氏研究得很肤浅的一篇忏悔录;倘使这一个目的果然能够达到了,那我就要谢谢适之、达人两位先生,能够给我一个这样好的机会。

最后我还有两个愚见要提出和适之、达人两位先生商榷。达人先生曾经告诉我说他想另做一部章氏史学的书。这是很好的一件事,因为章氏的史学实在值得我们去研究他。不过我以为达人先生对于章氏可以走的有两条路:或者仿"记注"的意思重编一部赅备无遗的《章氏遗书》,或者仿"撰述"的意思做一本最多十万字的《章氏史学》,我们似乎不应该再闹记注撰述两无所似的笑话。这是我想供献给达人先生的一点愚见。不知道适之先生以为怎样。

还有一点,我以为章实斋的学说固然值得我们的研究,但是我觉得现在这样程度已经足够了。我们似乎不应该过分的热心。我以为过分了就有"腐化"的危险。现在我们中国人有下面这种风气:就是凡是我国原有的东西不管好坏总要加上一个很时髦的"国"字来做保镖的武器。你看中医一道现在叫做"国医"了;技击一门现在叫做"国术"了;甚而至于中国的饭铺亦叫做"国菜馆"了;这都是"国学"两个字引出来的流弊。我们倘使把章实斋的史学鼓吹得过分了,那不但要使章氏和我们自己都流入腐化的一条路上去,而且容易使得读者看不起西洋史家近来对于史学上的许多重要的供献。所以我主张我们此后还是多做一点介绍西洋史学的工作罢!

民国十七年十月十八日　何炳松　于上海闸北寓中

姚序

我专门研究章实斋一家之学,已经三四年了:

民国十四年三月二十九日,因我父亲的指示,去买了一本胡适之先生做的《章实斋年谱》,到四月二十三日看完以后,才恍惚的想去研究章先生。同年月二十九晚,偶听何柏丞先生讲《文史通义》,才更清楚的想去研究章先生。然而无钱无友的我,到六月十一日才借到一部石印的《文史通义》来读,十七日才买到一部木刻的《文史通义》来读;至于浙江图书馆印的《章氏遗书》是得见而不得读,刘翰怡先生刻的《章氏遗书》是方知而无力买!

同年九月二十九日,即初到清华学校研究院的第二天,初受业于梁任公先生,初立志作史学史的研究,就在"专修题"内认定了"章实斋的史学"一门。十月十八日始业,买浙本,借刘本,足足理解了一学期。

十五年一月二十五日,起了一个信念,以为:研究一个人的学术,必须了解他所以成学的原因。因推求章先生所以成学,则颇疑他的环境不易产生他这种学术;最后乃断定他必受了前人的影响。而影响他最大的必是邵念鲁。那天便发心愿替邵先生做年谱,先来了解他一下。又两日就动手,二月十一日遂告成。后来经过了十几次的补订,到十七年春始由柏丞先生介绍,付商务印书馆发印。

十五年春,再读《章氏遗书》,随手把《章实斋年谱》补了些新史料上去。六月二十日,初见适之先生,问他怎么办;适之先生说:请你拿一本《年谱》去,把她补好了寄给我。——但我不曾即刻践约,因为他往欧洲去了。七月,我回家去,又因我父亲的指示,打算改编《章氏遗书》。《章氏遗书》的各种版本都编次得不好,这是读者所公认而最感不便的。我不但想用新的分类法去改编她,而且想把人家批评或记述章先生的文章都附在她后面,使得读者对于章先生能得整个的了解。照这例,适之先生做的《年谱》自然最好是也摆在她后面;但因版权的关系,不能够。所以我就在那暑假内,自己另写了一部新的《章实斋年谱》。那新谱做的方法和适之先生的不同(和内藤湖南先生的略似而材料较丰,且那时我尚不懂日本文,未读《内藤谱》)。直至十六年四月,才在《国学月报》第二卷第四号发表。

十五年秋冬间,果然就刘刻《章氏遗书》改编成了一部《章实斋遗著》;又把章先生的著作的年月考出了一大半,做成一个年表。十六年春,送这些给任公先生看;他很高兴,说:就拿给商务印书馆印行吧。我回说:慢点好,因为《文史通义》的最重要的几篇还不知是何年月做的。

十六年一月十一日,又想了解章先生的本师朱笥河;自二月二十一至三月十六间,不知不觉的又写成一部《朱笥河年谱》。做那年谱比做《邵念鲁年谱》容易多了,因为史料都是现成的;然而《朱谱》没有《邵谱》好,我自信:《邵谱》有许多创例,是空前的,如用直叙法,多制图表,辟"谱前"、"谱后"两体等。写《朱谱》原是为的帮助"章实斋"的研究,任公先生又说朱笥河够不上做年谱。到"章实斋"的研究完毕时,那《朱谱》也可以销毁了。

经过了上述的工作,对于章先生的渊源应该是很亲切的了解了。至于对他学术思想的论评,也曾写过几篇文章发挥一己的意见;但隔了些时,便不满意终究毁了,虽曾发表过。我对于章先生要说的话当然很多,但多记在片纸上;到认为见解已熟时,才可撰成有系统有组织的论文。所以自十六年以来,我就不肯做文章了。恰好那年春夏,任公先生要我帮他整理《古书真伪及其年代》和《广中国历史研究法》二种讲义,所以只好暂把"章实斋"丢开了。

王静安先生是十六年夏死的,他死了我才遍读他的著述,才深解他的学问。这里也有一点小影响,使我不得不注意《章氏遗书》的版本问题。章先生自己已说过,他的文章,生前已有异同;但我们不曾留心,刘刻虽博,亦不及广征别本。我随便拿别本来校,除了抄胥手民因形似音近而致误的文字以外,整段的多寡,整句的异同,两皆可通的文字,就不知有多少,几乎没有一篇全同的。因此,我又化了好些工夫,去校勘《章氏遗书》,不管是单行本,丛书本,杂志本,只要在北京能找出的,我都找来校过了。北京虽是书籍集中的所在,但我所要找的《章氏遗书》钞本一本也不曾看到。十七年六月中我做《章实斋著述考》,考到了《文史通义》,便不能不搁笔。八九月里,所以远渡东海,浪游两浙,不恤金钱和时间,不畏危险和辛苦的缘故,只是要找几个钞本看。虽然旅行的结果很不错,足以助我解决许多问题;但此行竟把我父亲吓坏了。他老人家从我简略的家信里看见我犯暑蹈危,东奔西跑,以为我是忙于求食,写信给我,竟说"谁令为之?吾有隐恸!"那时他正抱病,竟把他身边仅存的七十元邮寄给我,为的是怕我成野莩的一个。

说到这里,应该回头说去年十二月二十五日,我的朋友陆侃如先生从上海到北京,谈起适之先生的近况,说《章实斋年谱》又要改版了。我想,适之先生一时未必有补订这书的时间或趣味,我又曾经允诺过他的吩咐而不曾实践,就趁阳历年假,完结这场心事吧。起初是把我所补的插入原文中间,把原文偶错的径加删改。后来因侃如以为不免有灭裂卤莽的嫌疑,又把应补应改的另抄为一小本,邮寄适之先生,请他自家去动手。

九月十九这天,适之先生谈时提起那小本子,说"我的事忙竟使我不曾完结这点工作,现在请你拿去代我增补好吗?"当时就商定了增补的体例,再过二周就成功了这本书——《增补章实斋年谱》。

这本书成功以后,适之先生要我做篇序。我这篇序想说明三点:一是我曾经怎样的研究章实斋,上文已说过了;二是我对于适之先生的《章实斋年谱》有什么意见,三是我怎样的代适之先生增补这年谱,下文便是。

适之先生这书有一点是我所最佩服的,就是体例的革新:打破了前人单记行事的体裁;摘录了谱主最重要的文章;注意谱主与同时人的关系;注明白史料的出处;有批评;有考证;谱主著述年月大概都有了。她不但令我们明白章实斋整个的生平和重要的学说,而且令我晓悟年谱体裁的不可呆板。最少,我是受了她的影响的一个。我因看了她才去研究章实斋,才跑进史学这条路,才得著学问的乐趣,才决定终身的事业;我又因看见了她才敢创制许多图表加进《邵念鲁年谱》,才敢扩充谱前谱后到前后数十年数百年。对于个人的彻底研究,她是史学史上的第一页了。

若问我对于她有没有些微不满意,也有。这是适之先生自己说的,初期的白话文不能纯粹,颇有文语混淆的毛病。其次便是偶然的错误也有几处;更次便是批评,考证和记述的文章似乎有不曾分开的遗憾(这点我从前很固执,现在又似乎承认不分开也不要紧了)。

上文说过,我受了这本书的影响;现在适之先生叫我把她装饰一番,我"饮水思源",怎不愿她长成一个完满润艳的美人呢?下文我便把增补这本书的条例,略为说明几句:

一、极力尊重适之先生的原文,除非有新的证据可以改变他的记载,否则决不删改或修移。

二、适之先生解释章先生主张的话,尤其特别尊重;虽然有一二条和我的意见不同,但我在这增补本里绝对不说一句话。我要说的话尽在拙著《章实斋的史学》里说;若在这里,恐有鱼目混珠之讥。

三、凡适之先生所遗漏的,当时尚未发现的史料,我都按照年月,分别插补入原文,并不说明谁是新补,谁是原文。

四、合于下列的资格的史料,都收在这增补本里:A. 谱主有意识的行动(全录);B. 谱主最重要的著述(节录);C. 可显谱主真性的小事;D. 谱主被人轻视的轶事;E. 谱主理论文章的著述年月(不关紧要的记述文章虽知作年亦不录);F. 谱主关于一己学术的自述自评;G. 谱主与时人时风时事的接触;H. 谱主不为人所知的事迹著述经我考出来了的;I. 与谱主极有关系的人的生平。

总说一句话,凡是这增补本比初版较多或不同之处,都由我负责;倘有错误,和适之先生不相干,虽然这增补本经过适之先生校阅。

至于我所根据的《章氏遗书》,也得说明:

一、会稽徐氏钞本,即浙江图书馆排印本。这本的好处是目录下有注。

二、山阴何氏钞本,即杨见心先生藏本,即马夷初先生转钞本,即《杭州日报》、《中国学报》传印本。这本的好处是编次最有条理。

三、刘翰怡先生刻本,据说是据王宗炎所编,沈曾植所藏的钞本,加上《庚辛之间亡友列传》,《和州志》,《永清志》,《湖北志稿》和几种札记。这本的好处是收罗得最丰富。

四、《纪年经纬考》。

五、此外散见于《国粹学报》、《古学汇刊》、《禹域丛书》、《艺海珠尘》及其他丛书或杂志的遗文,也曾参考,不必详举了。

写到这里,不能再写了。自从接到家电,便心慌意乱。在倚装待发之际,匆匆写了这篇,实在不成样子,也顾不得了。

到最后的一行时我想起适之先生的先见和大量,柏丞先生的启发,任公先生的教诲,家父的指示,湖南先生的提倡章学,翰怡先生的刊刻章书,以及杨见心先生,马夷初先生,浙江图书馆的假我藏书,章川岛先生与其令尊翁的助我找史料,都是这小本子成功的动力,我至诚极挚的感谢他们,敬祝他们健康!

中华民国十七年十月十五日　姚名达　在上海

胡序

我做《章实斋年谱》的动机,起于民国九年冬天读日本内藤虎次郎编的《章实斋先生年谱》(《支那学》卷一,第三至第四号)。我那时正觉得,章实斋这一位专讲史学的人,不应该死了一百二十年还没有人给他做一篇详实的传。《文献征存录》里确有几行小传,但把他的姓改成了张字!所以《耆献类征》里只有张学诚,而没有章学诚!谭献确曾给他做了一篇传,但谭献的文章既不大通,见解更不高明:他只懂得章实斋的课蒙论!因此,我那时很替章实斋抱不平。他生平眼高一世,瞧不起那班"襞绩补苴"的汉学家;他想不到,那班"襞绩补苴"的汉学家的权威竟能使他的著作迟至一百二十年后方才有完全见天日的机会,竟能使他的生平事迹埋没了一百二十年无人知道。这真是王安石说的"世间祸故不可忽,篑中死尸能报仇"了。

最可使我们惭愧的,是第一次作《章实斋年谱》的乃是一位外国的学者。我读了内藤先生作的《年谱》,知道他藏有一部钞本《章氏遗书》十八册,又承我的朋友青木正儿先生替我把这部《遗书》的目录全钞了寄来。那时我本想设法借钞这部《遗书》,忽然听说浙江图书馆已把一部钞本的《章氏遗书》排印出来了。我把这部《遗书》读完之后,知道内藤先生用的年谱材料大概都在这书里面,我就随时在《内藤谱》上注出每条的出处。有时偶然校出《内藤谱》的遗漏处,或错误处,我也随手注在上面。我那时不过想做一部《内藤谱》的"疏证"。后来我又在别处找出一些材料,我也附记在一处。批注太多了,原书竟写不下了,我不得不想一个法子,另作一本新年谱。这便是我作这部年谱的缘起。

民国十年春间,我病在家里,没有事做,又把《章氏遗书》细看一遍。这时候我才真正了解章实斋的学问与见解。我觉得《遗书》的编次太杂乱了,不容易看出他的思想的条理层次;《内藤谱》又太简略了,只有一些琐碎的事实,不能表现他的思想学说变迁沿革的次序。我是最爱看年谱的,因为我认定年谱乃是中国传记体的一大进化。最好的年谱,如王懋竑的《朱子年谱》,如钱德洪等的《王阳明先生年谱》,可算是中国最高等的传记。若年谱单记事实,而不能叙思想的渊源沿革,那就没有什么大价值了。因此,我决计做一部详细的《章实斋年谱》,不但要记载他的一生事迹,还要写出他的学问思想的历史。这个决心就使我这部《年谱》比《内藤谱》加多几十倍了。

我这部《年谱》,虽然沿用向来年谱的体裁,但有几点,颇可以算是新的体例。第一,我把章实斋的著作,凡可以表示他的思想主张的变迁沿革的,都择要摘录,分年编入。摘录的工夫,很不容易。有时于长篇之中,仅取一两段;有时一段之中,仅取重要的或精采的几句。凡删节之处。皆用"……"表出。删存的句子,又须上下贯串,自成片段。这一番工夫,很费了一点苦心。第二,实斋批评同时的几个大师,如戴震、汪中、袁枚等,有很公平的话,也有很错误的话。我把这些批评,都摘要钞出,记在这几个人死的一年。这种批评,不但可以考见实斋个人的见地,又可以作当时思想史的材料。第三,向来的传记,往往只说本人的好处,不说他的坏处;我这部《年谱》,不但说他的长处,还常常指出他的短处。例如他批评汪中的话,有许多话是不对的,我也老实指出他的错误。我不敢说我的评判都不错,但这种批评的方法,也许能替《年谱》开一个创例。

章实斋的著作,现在虽然渐渐出来了,但散失的还不少。我最抱歉的是没有见着他的《庚辛之间亡友传》。《年谱》付印后,我才知道刘翰怡先生有此书;刘先生现在刻的《章氏遗书》,此书列入第十九卷,刻成之后,定可使我们添许多作传的材料。刘先生藏的《章氏遗书》中还有《永清县志》二十五篇,《和州志》(不全)三卷,我都没有见过。我希望刘先生刻成全书时,我还有机会用他的新材料补入这部《年谱》。

章实斋最能赏识年谱的重要。他在他的《韩柳二先生年谱书后》说：

> 文人之有年谱，前此所无。宋人为之，颇觉有补于知人论世之学，不仅区区考一人文集已也。盖文章乃立言之事；言当各以其时。同一言也，而先后有异，则是非得失，霄壤相悬。……前人未知以文为史之义，故法度不具，必待好学深思之士，探索讨论，竭尽心力，而后乃能仿佛其始末焉。然犹不能不阙所疑也。其穿凿附会，与夫卤莽而失实者，则又不可胜计也。文集记传之体，官阶姓氏，岁月时务，明可证据，犹不能无参差失实之弊。若夫诗人寄托，诸子寓言，本无典据明文，而欲千百年后，历谱年月，考求时事，与推作者之意，岂不难哉？故凡立言之士，必著撰述岁月，以备后人之考证；而刊传前达文字，慎勿轻削题注，与夫题跋评论之附见者，以使后人得而考镜焉。……前人已误，不容复追。后人继作，不可不致意于斯也。

照他这话看来，他的著作应该是每篇都有撰述的年月的了。不幸现在所传他的著作只有极少数是有年月可考的；道光时的刻本《文史通义》已没有著作的年月了。杭州排印本《遗书》与内藤藏本目录也都没有年月。这是一件最大的憾事。"前人已误，不容复追。后人继作，不可不致意于斯也。"谁料说这话的人自己的著作也不能免去这一件"大错"呢？我编这部《年谱》时，凡著作有年月可考的，都分年编注；那些没有年月的，如有旁证可考，也都编入。那些全无可考的，我只好阙疑了。

我这部小书的编成，很得了许多认得或不认得的朋友的帮助。我感谢内藤先生的《年谱》底本，感谢青木先生的帮助，感谢浙江图书馆馆长龚宝铨先生钞赠的集外遗文，感谢马夷初先生借我的钞本遗文，感谢孙星如先生的校读。

十一，一，二十一　胡适　在上海大东旅社

大事索引[①]

〔事〕	〔年〕	〔岁〕	〔页〕
生	乾隆三		29
始离故乡	乾隆一十六	一十四	30
试著书	乾隆一十八	一十六	30
始离父母旅学	乾隆二十五	二十三	32
参编《天门县志》	乾隆二十九	二十七	34
始师朱筠	乾隆三十	二十八	35
始立志治史著书	乾隆三十一	二十九	36
始分修官书	乾隆三十二	三十	37
始无父	乾隆三十三	三十一	38
始有家累	乾隆三十四	三十二	38
始著《文史通义》	乾隆三十七	三十五	40
编《和州志》及《文征》	乾隆三十八,九	三十六,七	41—44
始主书院讲席	乾隆四十二	四十	46
编《永清县志》	乾隆四十二——四	四十一——二	46—51
成进士	乾隆四十三	四十一	50
著《校雠通义》	乾隆四十四	四十二	51
编《史籍考》	乾隆五十二,三 五十五——九	五十,五十一,五十三——七	60,61,67—85

[①] 编者注:此处所标页码,与"商务本"不同,改从本书所系页码。

〔事〕	〔年〕	〔岁〕	〔页〕
	嘉庆元,二,三	五十九,六十,六十一	93,95,99
编《亳州志》	乾隆五十四,五	五十二,三	63,67
编《湖北通志》	乾隆五十七——九	五十五——七	78,85
始刻行《文史通义》一部分卒	嘉庆元	五十九	93
	嘉庆六	六十四	107
《文史通义》大部分刊行	道光一十二	（卒后三十一年）	107
生平学术始显于世	民国一十一春	（卒后一百二十一）	108
《章氏遗书》刘刻行世	民国一十一秋	（卒后一百二十一）	108

章实斋先生年谱

先生名学诚,字实斋,号少岩,原名文敩。生长于清浙江省绍兴府会稽县(据《俑山章氏家乘》)。章氏始祖仔钧,五代时起家于福建浦城。北宋末,章综移居浙江山阴。南宋光宗、宁宗间,章彦武(文叔)再迁,始居会稽俑山南之道墟。(《章氏遗书》的《神堂神主议》、《乐野先生家传》、《章氏后宅分祠碑》及《章氏家乘》,《章大来后甲集》下,页二十七)

到清乾隆时,道墟章氏已有万余人。人多,地瘦,种稻不足自给,所以就有种木棉,酿酒,做师爷三种职业。那地方上的人大都明锐而疏达,做事业往往有所成就(《乐野先生家传》、《汪泰岩传》)。实斋先生的曾祖子正,祖君信,都住在道墟。君信先生,名如璋,是候选经历。配易氏,继配沈氏。"惇行隐德,望于乡党;尤嗜史学。晚岁闭关却扫,终日不见一人。取司马《通鉴》,往复天道人事,而于'惠迪从逆吉凶'所以影响之故,津津益有味乎其言。"(《刻太上感应篇书后》及《仲贤公三世像记》,《家乘》卷一,页四十八,《朱筠笥河集·祭史孺人文》)

父名镳,字骧衢,亦曰双渠,号励堂,又号岩旂。乾隆丙辰举人,壬戌进士;辛未官湖北应城知县。丙子罢官,贫不能归,仍居应城。戊子卒(《家乘》卷二,页九二,《冯孟亭奉砚图记》)。先生自述云:"先君子少孤,先祖遗书散失,家贫不能购书,则借读于人,随时手笔记录,孜孜不倦。晚年汇所札记,殆盈百帙。尝得《郑氏江表志》及五季十国时杂史数种,欲钞存之;嫌其文体破碎,随笔删润,文省而意义更周。仍其原名,加题为章氏别本。……又喜习书,缮五经文作方寸楷法。尤喜《毛诗》、《小戴记》,凡写数本,手不知疲。尝恨为此二事所牵，不得专意札录所未见书。每还人所借，有札未竟者，怅怅如有所失。盖好且勤也如是。”（《瀫云山房乙卯藏书目记》）又《两浙輶轩录》卷二十二章镳诗注载先生所作《行述》云：“……先人读书，不为名声。为古文辞，镵刻峭削。病唐宋野史小说传记足辅正史而文多芜漫，因以意节之，钞《江表志》、《五国故事》、《南唐马书》、《北梦琐言》，凡十数种。诗则唐体多于古风，遗命勿轻示人。……”

在先生生前三四十年，骧衢先生迁居绍兴府城（即会稽县城）南门内善发衖。（《家谱》及《神堂神主议》、《仲贤公三世像记》）（按《三世像记》云：“先世自道墟迁居府城，盖百年矣”。当是算至作文这年，这年先生已五十八岁了。）

母史氏，赠朝议大夫颍州府知府史义遵之第九女，会稽人（《史府君铭》，《家谱》。参考《朱集·祭史孺人文》）。适按，内藤虎次郎《章实斋年谱》云，“母史氏，会稽人，耐思之第九女”。此因误读朱筠《祭史孺人》文中“姊迂其言，父曰耐思”二句而误。耐思非人名也。

先生无伯叔，有一姑，适杜鉴湄。（《丁太孺人家庆图题词》）

先生无兄弟，有一姊，适山阴夏同，后来同侨湖北（《杜燮均家传》）；妹妹很多，难详。

乾隆三年，戊午（西历1738）。先生生。（《任幼植别传》）

前一年，丁巳，先生之父骧衢先生会试下第，寓从子垣业（允功）家（《从嫂荀孺人行实》）。大约旋即回绍兴。

是年，先生之友人任大椿（幼植）生于兴化（《任别传》）。是年先生之师朱筠（竹君，笥河）已十岁。同时名人，袁枚（子才）已二十三岁，钱大昕（晓征，辛楣）已十一岁，戴震（东原）已十六岁。浙东前辈，万经（页一）已八十岁，全祖望（绍衣，谢山）已三十四岁。

乾隆四年，己未（1739）。先生二岁。

二三岁时，从叔衡一常携向邻店朱叟索酒，日以为常。（《十叔父八十序》）故先生长而善饮。

这年七月，清廷修《明史》告成，学风一变而矜尚《四书》文艺了。（《东华录》，《叶鹤涂文集序》。）

乾隆五年，庚申（1740）。先生三岁。

这年，崔述生于大名，赵翼生于阳湖。

清廷修《大清一统志》成。（《志序》）

乾隆六年，辛酉（1741）。先生四岁。

这年，万经卒，年八十〔三〕。

乾隆七年，壬戌（1742）。先生五岁。

先生之父骧衢先生（镳）成进士。（《朱笥河集·祭章母史孺人文》）

自此以后十年间，骧衢先生居乡，以教授为生。（《朱集》。原文云，"壬戌罢归，十年教授。"）

乾隆八年，癸亥（1743）。先生六岁。

友人余姚邵晋涵（与桐，二云）生。

乾隆九年，甲子（1744）。先生七岁。

朱筠《祭章学诚之母史孺人文》云："自幼诫之，自《百家姓》。"

先生自言，"幼多病，一岁中……大约无两月功。资质椎鲁。日诵方百余言，辄复病作中止。"（《与族孙汝楠书》）

汪中（容甫）生，姚鼐（姬传）生。明年，友人武德（虚谷）生；又明年，友人洪亮吉（稚存）生。清廷诏纂《续通考》、《皇通考》。

乾隆十六年，辛未（1751）。先生十四岁。

从同县王浩学，读书于中表杜秉和（燮均）家之凌风书屋。王先生勤学古处，迂阔不习世事。学徒七八人，王先生常挞人，杜君受挞最多，甚至伤顶门，几死；后创愈而顶肉骨隆起，不复平。其酷可想！（《杜燮均家传》，《丁太孺人家庆题辞》。）

是年先生与俞夫人结婚。四子书尚未卒业。（《与族孙汝楠书》，《章氏家谱》。）

是年骧衢先生谒选，得官应城知县。（《李清臣哀辞》，《荀孺人行实》。）先生从父至应城。（《仲贤公三世像记》）

乾隆十七年，壬申（1752）。先生十五岁。

乾隆十八年，癸酉（1753）。先生十六岁。

十五六时，在应城官舍。童心未歇。宾客皆为其父忧无后。

知识渐通，好泛览。骧衢先生以业患不精，屏诸书令勿阅。先生嗜好初入,不忍割置,辄彷徨者久之。

癸酉,父延江夏生员柯绍庚(公望)课先生以经义。先生不肯为应举文,好为诗赋而不得其似。心无张主,却不甘与俗学伍。质虽骏滞,而识趣则不离纸笔,性情已近史学。尝取《左传》删节事实,其父见之,乃谓编年之书仍用编年删节,无所取裁,曷用纪传之体分其所合?先生始力究纪传之史。又因官舍无他书得见,乃密从其妻乞簪珥,易纸笔,假手在官胥吏,日夜钞录《春秋内外传》及衰周战国子史,辄复以意区分,编为纪表志传,凡百余卷,名曰《东周书》。经营凡三年,卒未成书。后为馆师所觉,被责,遂中废。那时常自命史才,大言不逊。然于文字承用转辞助语,犹未尝一得当。柯先生慨然诲曰:"文无今古,期于通也。时文不通,诗古文辞又安能通耶?"先生仍不信其言,柯甚以为恨。

官舍多暇日,宾客过从,见先生所为,渐多违心称誉者,先生心益乐之。春秋佳日,联骑出游,归必有记,同人相与贸贸叹赏。其事多绝可笑者。然先生嗜好初未入俗也。

当时学风仍尚时文,先生犹得闻老生宿儒自尊所业,至目通经服古为杂学,诗古文辞为杂作。士不通四书文,不得为通人。

(以上综合《柯先生传》、《家书三》、《家书六》、《与族孙汝楠论学书》、《跋甲乙剩稿》、《叶鹤涂文集序》、《又答沈枫墀论学书》)

乾隆十九年,甲戌(1754)。先生十七岁。

秋冬之间,购得朱崇沐校刊《韩文考异》。塾师于举业外,禁不得阅他书;先生得此集,匿藏箧笥,灯窗辄窃观之。尚不尽解,但爱好不忍释手。(《朱崇沐刊韩文考异书后》)

是年戴震始入北京。(《戴年谱》)

明年,全祖望卒,年五十一。(《鲒埼亭集》、《年谱》)

乾隆二十一年,丙子(1756)。先生十九岁。

骧衢先生罢官。朱筠《祭史孺人文》云:

辛未夫仕,湖北应城,不枉民狱,不撼警兵。夫人坐梱,咨诹则中。……撙节日食,室械一楞;余金投隙,曰吾养福。丙子夫罢,代者苛责;发千金偿,识远巾帼!曰"妾知君,无我负

人。……君一毡来,以一毡去;赋归去来,藏此有故"。罢仍居县,不殊官时;昔不知粝,今精不知。(《笥河集》十六)

这一节可考见先生的父母在应城时情状。《李清臣哀辞》云:"丙子,先子罢县,贫不能归,侨家故治,又十许年。"又《行述》云:"先人……以疑狱失轻免官,窭甚,久不能归,士民亲附如家人。身后徙家京师,旧治士商至京师者,必访奠故令君旅殡,执土物通问,再世不绝。"(《两浙輶轩录》卷二十二引)

又《家书三》云:"祖父尝辨《史记索隐》谓'十二本纪法十二月,十表法十干'诸语,斥其支离附会。吾时年未弱冠,即觉邓氏《函史》上下篇卷分配阴阳老少为非,特未能遽笔为说耳。"

乾隆二十二年,丁丑(1757)。先生二十岁。

购得吴注《庾开府集》。有"春水望桃花"句,吴注引《月令章句》云"三月,桃花水下"。先生之父抹去其注,而评于下曰:"望桃花于春水之中,神思何其绵邈!"先生彼时便觉有会。回视吴注,意味索然矣。自后观书,遂能别出意见,不为训诂牢笼。虽时有卤莽之弊,而古人大体乃实有所窥。(《家书三》)

先生自言,"二十岁以前,性绝骏滞。读书日不过三二百言,犹不能久识。为文字,虚字多不当理,廿一二岁,駸駸向长。纵览群书,于经训未见领会,而史部之书乍接于目,便似夙所攻习然者;其中利病得失,随口能举,举而辄当。……乃知吾之廿岁后与廿岁前,不类出于一人,自是吾所独异。"(《家书六》)

乾隆二十三年,戊寅(1758)。先生二十一岁。

乾隆二十四年,己卯(1759)。先生二十二岁。

此两年骧衢先生主讲天门。(《元则公又昌公二代合传》)

乾隆二十五年,庚辰(1760)。先生二十三岁。

始出游,道访陈执无于氾水县署,款留旬日。至北京,应顺天乡试,主从兄垣业(允功)南城之寓。是时道墟章氏居京师者不下百家,独族孙文钦,守一,及文钦族侄汝楠颇好学,可与论文,欢然若兄弟。其后剧谈养气炼识之旨,有"学者只患读书太易,作文太工,义理太贯"之说。(《从嫂荀孺人行实》、《跋陈西峰韭菘吟》、《章氏二女小传》、《滕县典史任君家传》、《童孺人家传》、《与族孙汝楠论学书》)(但《童孺人家传》云:"乾隆二十五年壬午",壬午误。)

自庚辰至辛巳,襄黻先生主讲应城讲席。(《李清臣哀辞》)(《家谱》亦云:"去任后,邑人聘留主讲书院。")

乾隆二十六年,辛巳(1761)。先生二十四岁。

先生自言,"廿三四时所笔记者,今虽亡矣,然论诸史于纪表志传之外,更当立图;列传于'儒林''文苑'之外,更当立《史官传》:此皆当日之旧论也"。(《家书六》)

乾隆二十七年,壬午(1762)。先生二十五岁。

是年还会稽(《杜燮均家传》、《丁太孺人家庆题辞》)。不久,又北上应顺天乡试。道出山东,访族婿任肇元于滕县。(《任君家传》)

冬,始肄业于国子监内舍。意气落落,不可一世,不知人世之艰。试其艺于学官,辄置下等。每大比科集,试至三四百人,所斥落者仅五七而先生每在五七人中。祭酒以下不先生齿,同舍诸生视先生若无物,每课榜出,先生往觇甲乙,皂隶必旁睨笑曰:"是公亦来问甲乙邪!"而以先生意视祭酒以下,亦茫茫不知为何许人也。(《庚辛之间亡友传》、《甄青圃六十序》)

乾隆二十八年,癸未(1763)。先生二十六岁。

肄业国子监(《甄鸿斋家传》)。二月,始识曾慎(麓亭),并因以识甄松年(青圃),皆相知契。是时学力未充,所言大抵鲜所征引。本其意识所达,则亦与后有不甚远者。慎辄为之首肯,且箴以稍洽于时。(《庚辛之间亡友传》、《甄鸿斋家传》)

夏,给假出都,省亲湖北,索处蒲骚侨寓。(《题壬癸尺牍》、《庚辛之间亡友传》)

壬午癸未两年中,先生与同志往反论文,函稿"烂然盈篋笥",九月朔,辑为一卷,曰《壬癸尺牍》。(题《壬癸尺牍》。此书不存。《与甄秀才论修志》二书,《论文选》二书,当是这里面的残存者。)

九月,游陕西(同上)。《遗书》卷十九有《碑洞》、《杨太尉墓》、《望西岳》等诗,当是此行所作。《祭汉太尉杨伯起先生文》则自题癸未九月。此行目的不详,似旋即返湖北。

是年,戴震作《原善》成。(《戴年谱》)

乾隆二十九年,甲申(1764)。先生二十七岁。

骧衢先生主湖北天门县讲席。(《李清臣哀辞》)

是年冬杪,天门知县胡君议修县志,先生为作《修志十议》。十议者:一议职掌,二议考证,三议征信,四议征文,五议传列,六议书法,七议援引,八议裁制,九议标题,十议外编(《通义》外篇三)。十议之中,征信一条注重核实,征文一条主张"一仿班志刘略,标分部汇,删芜撷秀,跋其端委,自勒一考",皆可见先生此时对于修志一事的主张已开后来的先路。

十议后有跋云,此篇"大意与旧答甄秀才前后两书相出入"。此可见《答甄秀才论修志》二书之作在此议之前。(按《甄鸿斋家传》云,"癸未,学诚肄业国子监,新宁甄松年亦在监中,与学诚志义相得,已而奔走四方。"又云,"乾隆乙酉,……松年遂膺乡荐。"据此,甄秀才即甄松年。)论修志二书当作于癸未甲申之间。今撷其大要,附于此年。第一书论六事:

一、论义例:"皇恩庆典,当录为外纪;官师铨除,当画为年谱;典籍法制,则为考以著之;人物名官,则为传以列之。"

二、论艺文:"当仿《三通》、《七略》之意,取是邦学士著撰书籍,分其部汇;首标目录,次序颠末;删芜撷秀,掇取大旨,论其得失,比类成编。"

三、论前志:"修志者,当续前人之记载,不当毁前人之成书。即前志义例不明,文辞乖舛,我别为创制,更改成书,亦当听其并行,新新相续,不得擅毁。……仍取前书卷帙目录,作者姓氏,录入新志艺文考中。"

四、论"志之为体当详于史。……当事者欲使志无遗漏,平日当立一志乘科房,金椽吏之稍通文墨者为之。凡政教典故,堂行事实,六曹案牍,一切皆令关会目录真迹,汇册存库。异日开局纂修,取裁甚富,虽不当比拟列国史官,亦庶得州闾史胥之遗意"。

五、论"志乃史体,……据事直书,善否自见"。

六、论史志宜注重有裨风教之记载。

此六条之中,"前志"一条,后来先生修志时列为专目:"立志科"一条,即先生后来《州县请立志科议》之底子。

第二书论八事,第七事主张另立《文选》一类,与志乘相辅佐。此即先生后来立《文征》一例之底子。篇末自言其志云:"丈夫不为史官,亦当从名公巨卿执笔充书记而因得论列当世,以文章见用于时,如纂修志乘亦其中之一事也。"

按《文史通义》外篇三尚有《天门县志艺文考序》、《天门县志五行考序》、《天门县志学校考序》三篇。《天门志》乃先生之父所修(此据孙德谦君与孙毓修书中语),诸序当是代笔,大概作于甲申与戊子之间。又按《与族孙汝楠论学书》云:"《天门志》呈览。中为俗人所改,所存才十之六七。著作之事,必自己出,即此亦见一端。"则先生所代作,当不止三序而已。此书今尚存。

清廷重修《一统志》。

乾隆三十年,乙酉(1765)。先生二十八岁。

先生三至京师(《任君家传》),仍居国子监中,伥伥无侣(《庚辛亡友传》)。应顺天乡试,沈业富(既堂)与分校,荐先生之文于主司,不录。沈大惋惜,馆先生于其家,俾从事铅椠,益力于学。(《沈母朱太恭人八十序》、《冯君家传》)

是年十月,骧衢先生作《熊征君墓志铭》(此篇今附见浙本《遗书》七,但刘本题注云:代家大人作)。

是年先生始见刘知几《史通》(《家书六》)。先生自云:"吾于史学,盖有天授。自信发凡起例,多为后世开山。而人乃拟吾于刘知几,不知刘言史法,吾言史意;刘议馆局纂修,吾议一家著述,截然分途,不相入也。"(《家书二》)

始学文章于朱筠(似由沈业富介绍。因沈、朱最相契,与翁方纲、张曾敞并号四金刚)。朱先生一见许以千古。然语及时文,则云"足下于此无缘,不能学,然亦不足学也"。先生曰:"家贫,亲老,不能不望科举。"朱先生曰:"科举何难?科举何尝必要时文?由子之道,任子之天,未尝不得。即终不得,亦非不学时文之咎也。"先生信其说(《与汪龙庄简》、《湖北按察使冯君家传》)。《跋甲乙剩稿》自评云:"甲申乙酉,……沈先生始荐其文,而朱先生始言于众,京师渐有知名者。彼时立志甚奇,而学识未充,文笔未能如意之所向。"

乾隆三十一年,丙戌(1766)。先生二十九岁。

仍在国子监。仍学文章于朱筠(《通说》,又《朱笥河集·椒河吟舫小集序》)。同学可考见者,邱向阁,吴兰庭(胥石),任大椿(幼植),冯廷正(仲囦)。(《吴府君墓碑》、《冯瑶罂别传》、《通说》)

是年,先生已寄居朱筠家,在日南坊李铁拐斜街之南。先生自述云:"是时朱先生未除丧,屏绝人事。学诚下榻先生邸舍,时时相过,若程舍人晋芳,吴舍人烺,冯大理廷丞,及君(蒋秦树,雍植)为燕谈之会。晏岁风雪中,高斋欢聚,脱落形骸,若不知有人世。"(《蒋君墓志铭书后》,《笥河文集》有《椒河吟舫小集序》)

从兄垣业方辑其支谱,商榷体例于先生。(见下书)

这年先生有《与族孙汝楠论学书》(题下自注"丙戌"),是早年第一篇重要文字,最可注意。其略曰:

> 往仆以读书当得大意,又年少气锐,专务涉猎,四部九流,泛览不见涯涘,好立议论,高而不切,攻排训诂,驰骛空虚,盖未尝不恫然自喜,以为得之。独怪休宁戴东原(震)振臂而呼曰:"今之学者,毋论学问文章,先坐不曾识字。"仆骇其说,就而问之。则曰:"予弗能究先天后天,河洛精蕴,即不敢读'元亨利贞';弗能知星躔岁差,天象地表,即不敢读'钦若敬授';弗能辨声音律吕,古今韵法,即不敢读'关关雎鸠';弗能考三统正朔,周官典礼,即不敢读'春王正月'。"仆重愧其言!因忆向日曾语足下所谓"学者只患读书太易,作文太工,义理太贯"之说,指虽有异,理实无殊。充类至尽,我辈于四书一经,正乃未尝开卷,可为惭惕,可为寒心!

此可见先生受戴震的影响甚大。又云:

> 近从朱先生(筠)游,亦言甚恶轻隽后生枵腹空谈义理,故凡所指授,皆欲学者先求征实,后议扩充。所谓不能信古,安能疑经,斯言实中症结。仆则以为学者趋向,实有专属。博详反约,原非截然分界。及乎泛滥渟蓄,由其所取愈精,故其所至愈

远。古人复起，未知以斯语为何如也。要之，谈何容易！十年闭关，出门合辙，卓然自立以不愧古人，正须不羡轻隽之浮名，不揣世俗之毁誉，循循勉勉，即数十年中人以下所不屑为者而为之，乃有一旦庶几之日：斯则可为知者道，未易一一为时辈言耳。

先生学问之所以有成功，实由此时立志不错。又云：

> 仆……家贫亲老，勉为浮薄时文，妄想干禄，所谓行人甚鄙，求人甚利也。顾又无从挟赀走江湖，籴贩逐什一；而加之言讷词钝，复不能书刺干谒：坐此日守呫哔，余力所及，不得希古人之一二。闲思读书札记，贵在积久贯通，近复时作时辍。自少性与史近。史部书帙浩繁，典衣质被，才购班马而下，欧宋以前，十六七种。目力既短，心绪忽忽多忘，丹铅往复，约四五通，始有端绪，然犹不能举其词，悉其名数。尝以二十一家义例不纯，体要多舛，故欲遍察其中得失利病，约为科律，作书数篇，讨论笔削大旨。而闻见寥寥，邈然无成书之期。况又牵以时文，迫以生徒课业，未识竟得偿志否也。他所撰著，归正朱先生外，朋辈征逐，不特甘苦无可告语，且未有不视为怪物，诧为异类者。

著书之志始此。又云："四月间，得楚中书，……细君去秋又举一子。……"此可知这年先生已有二子了（即贻选、华绂）。

此书末又议家谱义例，已引邵念鲁（廷采）说。

是年，戴震写定《绪言》三卷。（《年谱》）

乾隆三十二年，丁亥（1767）。先生三十岁。

先生自言，"余自乾隆丁亥，旅困不能自存；依朱先生居，侘傺无聊甚。然由是得见当世名流及一时文人之所习业。"（《任幼植别传》）

久居国子监，贫不知名。去年，欧阳瑾摄祭酒，首擢先生名第一。六馆之士，至相诧而嘻！欧阳先生独谓"是子当求之古人，固非一世士也。"由是益厚遇之。是秋，国子监修志，遂令专司笔削。（《欧阳先生奉使告祭碑后叙》、《与家守一书》）（但《后叙》谓瑾丙申摄祭酒，申字系戌字之误。下文叙瑾做官，曰累迁，曰进擢，曰免官于庚寅冬，曰悠游六七年，而作文之年又是戊戌，丙申戊戌仅隔二年，不合，必有误。且瑾令修志,而志修于是年。)

朱先生被诏撰《顺天府志》,亦属先生辈经纪其事,先生深以得行其旧所讨论之主张为喜(《与家守一书》)。但其书似未成。

清廷诏修《续通志》、《续通典》、《清通典》。钱大昕始撰《廿一史考异》。

乾隆三十三年,戊子(1768)。先生三十一岁。

二月,自朱先生家徙寓族兄垣业儆斋,初七日有《与家守一书》。(题下自注"戊子")

四月后,暂卸各书工程,读书以待秋闱。(《与家守一书》)

朱筠、朱棻元(春浦)皆充顺天乡试同考官。先生应试,仅中副榜。朱棻元于邻座见先生对策言《国子监志》得失,惊叹不已,怪六馆师儒安得遽失此人。于是先生名稍稍闻。(《朱府君墓碑》、《通说》、《筠河墓志铭》)

是年冬,父骧衢先生卒于应城(《朱集·祭史孺人文》)。先生闻讣,犹暂寄从兄允功家,贫不能奔丧(《章氏二女小传》)。作允功妻《荀孺人行实》(甚详,为传记中佳品)。以第三子华绶为允功后(《行实》、《家谱》)。华绶字绪迁,号苧阡,系先生之妾蔡氏所生。(《家谱》)

这年以前,未有家累。馆谷所入,自人事所需而外,铢积黍累,悉以购书。(《瀚云山房藏书目记》)

是年,朱棻元擢国子监司业。(《朱府君墓碑》)

是年,王引之生。

清廷纂《通鉴辑览》成。

乾隆三十四年,己丑(1769)。先生三十二岁。

为座师秦芝轩校编《续通典》之《乐典》。(《上朱先生书》)

先生居父丧。举家扶柩附湖北粮艘北上。书箱为漏水所浸,骧衢先生随身的三数千卷书,损失三分之一(《瀚云山房乙卯藏书目记》)。夏六月,家口十七八人到北京。先生于三四月已赁居柳树井,冯君弼(廷丞)居宅,遂以安顿家眷。(《冯室周淑人家传》、《上朱先生书》)

是年,任大椿登第,先生始见之。(《任幼植别传》)

是年萧山汪辉祖赴京会试,始交先生(汪辉祖《病榻梦痕录》上,页三二)。二人自是相交三十二年不衰。(《梦痕余录》,页五七)

是年陈本忠(伯思)成进士,与先生朝夕论学。(《陈别传》)

任朝(鹭传)除国子监丞。先生方以国子生与修《监志》,多与诸学官牴牾。独司业朱棻元主持其说,而任朝与之言,尤有深契。(《庚辛之间亡友传》、《朱府君墓碑》、《候朱春浦先生书》)

乾隆三十五年,庚寅(1770)。先生三十三岁。

仍居北京柳树井南冯宅。(《赠乐槐亭叙》)

二月,友人蒋雍植卒于北京。秋,朱筠为作墓志铭,值将主考福建乡试,属先生与钱大昕参定之。先生如命以诣钱先生;钱略商数语,不肯涉笔。先生乃仿佛朱先生之意而改定之。并作《书后》。(《与朱少白书》、《蒋渔邨墓志铭书后》)

朱先生自福建贻诗,问有意名山著作否。(《朱笥河诗钞》)

从兄垣业辑宗谱尚未成,属先生采遗文,因录《武强德政序》、《何垣序》以进;八月,并为《德政序》作《书后》。(《书后》)

乾隆三十六年,辛卯(1771)。先生三十四岁。

朱筠充会试同考官,邵晋涵(二云,与桐)、周永年(书昌)皆成进士。先生始识二云,欲因以访书昌,不果。(《周书昌别传》、《朱先生墓志铭》)

年来仍从事《国子监志》之编摩,殊不得意。朱棻元欲使做成《则例》一书,先生卒谢去。(《候朱春浦先生书》)

秋,朱筠奉命提督安徽学政。十月十八日,与先生及邵晋涵,张凤翔,徐瀚,莫与俦等,联车十二乘,离京。先生道吊从女适任肇元者于山东滕县。十一月二十八日,同到太平使院。十二月二十六日,同游采石矶,朱筠有记。(《笥河文集》、《章氏遗书·任君家传、陈伯思别传》)

先生方学文章于朱先生,苦无藉手。邵晋涵辄举前朝遗事,俾先生与朱先生各试为传记,以质文心。其有涉史事者,若表志,记注,世系,年月,地理,职官之属,凡非文义所关,覆检皆无爽失。自是晋涵与先生论史,契合隐微。(《邵与桐别传》,《丙辰札记》刘刻本外三页五八。)

其文尚有存者,如《景烈妇传》,《笥河文集》亦有,题曰《书烈妇景事》。

先生盛推邵二云从祖廷采(念鲁)所著《思复堂文集》,谓"五百年来罕见"。二云甚谦挹,先生正色曰:"班马韩欧程朱陆王,其学其文,如五金贡自九牧,各有地产,不相合也。洪炉鼓铸,自成一家,更无金品州界之分,谈何容易?文以集名,而按其旨趣义理乃在子史之间。五百年来,谁能辨此?"二云敬诺,乃为念鲁作《行状》,请朱先生表其墓。(《邵与桐别传》贻选跋,《笥河文集》,《邵念鲁墓表》。《南江文钞》,《念鲁行状》。念鲁事迹,详见姚名达所作《年谱》)

乾隆三十七年,壬辰(1772)。先生三十五岁。

三月五日,朱筠与先生等游青山,有游记。(《笥河文集》卷七)

夏,先生访宁绍台兵备道冯廷丞于宁波道署。过会稽。

秋,又在太平。(《冯君家传》、《冯瑶罍别传》、《杜燮均家传》、《与严冬友侍读书》、《童孺人家传》)

秋冬间,有《候国子监司业朱春浦先生书》,申述所以脱离监志局之故,又云:

> 夫人之相知,得心为上。学诚家有老母,朝夕薪水之资不能自给。十口浮寓,无所栖泊。贬抑文字,稍从时尚,则有之矣。至先生所以有取于是而小子亦自惜其得之不偶然者,夫岂纷纷者所得损益?是以出都以来,颇事著述。斟酌艺林,作为《文史通义》。书虽未成,大指已见辛楣先生候牍所录内篇三首,并以附呈。先生试察其言,必将有以得其所自。

由此可知先生作《文史通义》实始于是年(《南江文钞》,《与章实斋书》,亦可作证)。而所谓辛楣先生候牍,即《上辛楣宫詹书》,辛楣即钱大昕。

《上辛楣宫詹书》云:

> 学诚从事于文史校雠,盖将有所发明。然辩论之间,颇乖时人好恶,故不欲多为人知。所上散帙,乞勿为外人道也。……世

俗风尚必有所偏。达人显贵之所主持,聪明才隽之所奔赴,其中流弊必不在小。载笔之士不思救挽,无为贵著述矣。苟欲有所救挽,则必逆于时趋。时趋可畏,甚于刑曹之法令也。……韩退之《报张司业书》谓"释老之学,王公贵人方且崇奉,吾岂敢昌言排之?"乃知《原道》诸篇,当日未尝昭揭众目。太史公欲藏之名山,传之其人,不知者以为珍重秘惜,今而知其有戒心也。……今世较唐时为尤难矣。惟……著书为后世计,而今人著书以表襮于时。此愚见之所不识也。若夫天壤之大,岂绝知音?针芥之投,宁无暗合?则固探怀而出,何所秘焉?

此书可见先生当日之不合时宜。先生对于钱大昕,始终无有贬辞;对于王念孙,也无贬辞。但钱大昕似未能赏识先生之史学见解。(又按此书在浙本题注为《戊午钞存》之一,故本年谱初版列在戊午年下。今据《候朱春浦书》,知是此年之作。)

是冬,朱筠试士徽州(《笥河文集》),黄景仁、邵晋涵与先生皆相从校文(《南江文钞》,《与章实斋书》)。时徽州知府为郑虎文。(《黄景仁年谱》)

岁杪,先生又返会稽,主道墟族兄孟育家。(《元则公又昌公合传》、《童孺人家传》)

是年,幼子生于北京。(《与周筤谷论课蒙书》)

辛卯壬辰之间,都门尝再迁家,藏书颇有遗失。先人札录多袭巾箱,偷儿不知为书,负之而去。幸先人著述草稿,别置一箱,得以仅存(《瀚云山房藏书目记》)。然其后亦未付雕也。

乾隆三十八年,癸巳(1773)。先生三十六岁。

正月初旬,访邵晋涵于余姚,留数日。晋涵始信先生推尊念鲁《思复堂文集》之言,属为校定,将重刻以问世。然卒不果。(《邵与桐别传跋》)(一直到光绪末年,才由蔡元培校定,徐友兰重刻,收入《绍兴先正遗书》。)

旅客宁绍台道署。(《书李梦登事》)

二月,由宁波过会稽太平至和州,似因朱筠之介,应知州刘长城之聘,编摩《和州志》。(《书李梦登事》,《金地山印谱序》,《笥河文

集》,《安徽通志》。)先作《志例》。据今日所存残本,则有下列十一部:

一、《皇言纪》

二、《官师表》

三、《选举表》先详制度,后列题名。

四、《氏族表》每姓推所自出,详入籍之世代。科甲仕宦为目。无科甲仕宦,不为立表。科甲仕宦之族,旁支皆齐民,则及分支之人而止。虽有科甲仕宦而无谱者,阙之。

五、《舆地图》一曰舆地,二曰建置,三曰营汛,四曰水利。

六、《田赋书》具录田赋颠末,附采私门著述,官府文移,有关田赋利病者。

七、《艺文书》部次,条例,治其要删。

八、《政　略》次比政事,编著功猷。凡三篇。

九、《列　传》以正史通裁,特标列传;旁推互证,勒为专家;上裨古史遗文,下备后人采录。(并下列二列传,凡二十三篇。)

十、《阙访列传》标名略注,事实难征,世远年湮,不可寻访者归之。

十一、《前志列传》历叙前志,存其规模。

但据刘刻本《和州志》考察,则决不仅十一部。如《田赋书》称书第一,《艺文书》称书第六,则其间尚有四书,而书之总数最少亦有六,可知也。《舆地图》称图第一,又云:"二曰建置,三曰营汛,四曰水利。"则图最少有四,可知也。故可谓为共分十八部。

春,有《与严冬友侍读书》云:

> 皖江,足下旧游地也,风土人情,故自不恶。第武陵一穴,久为捷足争趋。邵与桐、庄似撰(炘)诸君相守终年,竟无所遇,文章憎命,良可慨也。锁院校文,生计转促。以此悒悒,思为归计。正恐归转无家,足下能为我谋一官书旧生业否?
>
> 日月倏忽,得过日多。检点前后,识力颇进而记诵益衰。思敛精神为校雠之学。上探班刘,溯源《官礼》,下该《雕龙》、《史通》。甄别名实,品藻流别。为《文史通义》一书。草创未多,颇

用自赏。曾录内篇三首,似慕堂(曹学闵)光禄,乞就观之,暇更当录寄也。

是年夏,在宁波道署遇戴震(东原)。是时戴年已五十,方主讲浙东金华书院。先生与戴论史事,多不合。戴新修《汾州府志》(乾隆己丑。见《戴氏年谱》),及《汾阳县志》(辛卯。亦见《年谱》),及见先生《和州志例》,谓修志但当详地理沿革,不当侈言文献。先生则谓"方志如古国史,本非地理专门","考古固宜详慎,不得已而势不两全,无宁重文献而轻沿革耳。"又曰:"修志者,非示观美,将求其实用也。时殊势异,旧志不能兼该,是以远或百年,近或三数十年,须更修也。若云但考沿革而他非所重,则沿革明显,毋庸考订之,州县可无庸修志矣。"又曰:"古迹非志所重,当附见于舆地之图,不当自为专门。"(《记与戴东原论修志》,《文史通义》外篇三)

去年冬,清廷敕催各省访求遗书,朱筠除采奏数十种外,后又上《谨呈管见开馆校书折子》,拟出办法四条:一,旧本抄本尤当急搜;二,中秘书籍当标举现有者以补其余,且饬取《永乐大典》分别写成专书;三,著录校雠当并重,宜开馆校书,择要进呈;四,金石图谱在所必录。是年春,清廷议决采用前三条,命军机大臣为校书总裁,拣选翰林等官,定规酌办。将来成编时,赐名《四库全书》。旋又特征戴震、邵晋涵、周永年、余集、杨昌霖五人入馆,赐官翰林(《东华录》,《邵与桐别传》,《笥河文集》)。先生由宁波返和州,道过杭州,闻戴震与吴颖芳谈次痛诋郑樵《通志》。其后学者颇有訾謷。先生因某君叙说,辨明著述源流。其文上溯马班,下辨《文献通考》,皆史家要旨,不尽为《通志》发。初名"续通志叙书后",后易名《申郑篇》。(《答客问上》、《申郑》)

修《和州志》未讫,以私稿示周震荣(筤谷)于青阳县署。周偶失其稿,中有佳传,多不可忆。(《记鬼神二事》)(又《周筤谷五十屏风题辞》云:"壬辰癸巳之间,尝从大兴朱先生竹君较文安徽学使幕中,往来君旧治。"可知此时先生已识周氏。)

在和州时,病诸史列传人名错杂,令人将《明史》列传人名编韵为书。初欲通编全史人名,后以为功稍繁,先将列传所著人名,通编

为韵,更取诸篇人名重复互见者,遍注其下,编为一卷。(《与族孙守一论史表书》)

九月,朱筠失官,左迁,在四库全书处行走。继其安徽学政者为秦潮。(《笥河文集》、《安徽通志》)

乾隆三十九年,甲午(1774)。先生年三十七岁。

撰《和州志》四十二篇。编摩既讫,因采州中著述有裨文献,及文辞典雅者,辑为《和州文征》八卷(《和州文征序例》),计:奏议二卷,征述二卷,论著一卷,诗赋二卷。上其书于安徽学政秦潮。潮以州辖含山一县,志仅详州而略于县;且多意见不合:往复驳诘,志事遂中废(《方志辨体》、《安徽通志》)。乃删存为二十篇,名曰《志隅》。自序曰:

> ……郑樵有史识而未有史学,曾巩具史学而不具史法,刘知几得史法而不得史意。此予《文史通义》所为作也。《通义》示人而人犹疑信参之。盖空言不及征诸实事也。《志隅》二十篇,略示推行之一端。能反其隅,《通义》非迂言可比也。……乾隆三十九年季春之月。(《灵鹣阁四》,一,页十七)

季夏,代郑虎文作《沈母朱太恭人寿序》。据《文献征存录》云,虎文称先生有良史才。

秋,与金友莲自和州泛姑溪,渡高淳巨浸,晓浮鹦脰湖,过嘉兴至杭州,应浙江乡试,不中。过会稽,抵宁波(《金地山印谱序》、《杜燮均家传》、《童孺人家传》)。遂在道署度冬。(《冯君家传》)

乾隆四十年,乙未(1775)。先生三十八岁。

春,冯廷丞迁台湾道,宾客云散。先生亦倦游,返会稽,初与宗人春社。(《冯定九家传》、《蒋南河家传》、《家效川八十序》)

五月,校编《章格庵遗书》,作序。又为《刘忠介公年谱》作序。秋,遂还北京。家益贫,而交游益广,因迁居金鱼池陋巷(《庚辛亡友传》、《朱司业碑》、《周书昌别传》、《任幼植别传》、《章氏二女小传》)。是时,四库馆已开,人才多集于北京。先生与邵晋涵,任大椿,任朝,胡士震,沈棠臣,裴振诸人时相往还。(《任幼植别传》、《庚辛之间亡友传》)

《邵与桐别传》云：

　　自四库征书，遗籍秘册荟萃都下，学士侈于闻见之富，别为风气，讲求史学，非马端临氏之所为整齐类比，即王伯厚氏之所为考逸搜遗。是其研索之苦，襞襀之勤，为功良不可少。然观止矣！至若前人所谓决断去取，各自成家，无取方圆求备，惟冀有当于《春秋》经世，庶几先王之志焉者，则河汉矣。

　　余尝语君："史学不求家法，则贪奇嗜琐，但知日务增华，不过千年，将恐大地不足容架阁矣。"君抚膺叹绝，欲以斯意刊定前史，自成一家。时议咸谓前史榛芜莫甚于元人三史，而措功则《宋史》尤难，君遂慨然自任。

即此时之事。

《周书昌别传》云：

　　余……乙未入都，……（书昌，与桐）二君者皆以博洽贯通，为时推许。于是四方才略之士挟策来京师者，莫不斐然有天禄石渠勾坟抉索之思，而投卷于公卿间者，多易其诗赋举子艺业而为名物考订与夫声音文字之标；盖骎骎乎移风俗矣。余因与桐往见书昌于藉书之园。

周永年以藉书名园，藏书近十万卷，中多精本。藉者，借也。周意在流通，颇似今之图书馆。先生为作《藉书园书目叙》，言周君"尝患学之不明由于书之不备，书之不备由于聚之无方，故弃产营书，久而始萃"。末云："群书既萃，扩四部而通之，更为部次条别，申明家学，使求其书可即类以明学，由流而溯源，斯则周君之有志而未逮者也。"观此文，可知先生此时心思所注。

冬初，趋省从女于涿州，仲冬再往，则女已死。（《章氏二女小传》）

《跋甲乙剩稿》自评云："甲午乙未，江南修志而复入都门，学识方长而文笔亦纵横能达，然不免有意矜张也。"

乙未丙申之间，蹙蹙无所就，侍朝为之筹画甚至。（《庚辛亡友传》）

朱筠弟子李威去年始自福建入京，今年始见先生。后作《从游记》,有云:"及门章学诚议论如涌泉,先生(指朱筠)乐与之语。学诚姗笑无弟子礼,见者愕然,先生反为之破颜,不以为异。"(《笥河文集》首)

乾隆四十一年,丙申(1776)。先生三十九岁。

困居北京,援例授国子监典籍。(《庚辛亡友传》)

秋,因朱筠、朱棻元、张方理之介绍,访梁梦善于蠡县,周震荣于曲阳。时震荣以清苑县丞,署曲阳县事,始与先生结深交(《庚辛亡友传》《朱府君墓碑》《周笃谷别传》。《内藤谱》,曲阳作永清,误。可参看卷七,《周府君墓志铭》)。其后先生屡馆畿辅,至于携家自随,中历悲欢离合,且有死丧疾厄患难之遭,震荣与休戚周旋于其间者,一十二年。(《周别传》)

震荣是年即调永清知县。(《周笃谷五十屏风题辞》)

清帝命史馆立《贰臣传》。(《东华录》)

乾隆四十二年,丁酉(1777)。先生四十岁。

春,因周震荣之介,主讲定州之定武书院。既萃诸生而课以文,复授州之秀童以小学而榷其塾师之日课。诸童颇用斐然。(《书孙氏母子贞孝》、《庚辛亡友传》、《与定武书院诸及门书》)

周震荣延先生主修《永清县志》(《周笃谷别传》、《周府君墓志铭》)。先生以五月去定州,至永清。(《与定武书院诸及门书》、《庚辛亡友传》、《周府君墓志铭》、《周笃谷题辞》)

秋初入京应顺天乡试。主考官山阴梁国治(瑶峰)恶经生墨守经义,束书不观,乃发策博问条贯,杂以史事,以觇宿抱。榜发,先生中式,谒梁。梁曰:"余闱中得子文,深契于心。启弥封,知出吾乡,讶素不知子名。询乡官同考者,皆云不知。闻子久客京师,乃能韬晦如是!"(《庚辛亡友传》《梁文定公年谱书后》《张公墓志铭》《周府君墓志铭》,《国朝耆献类征》,《梁国治传》)

先生前此尝七应乡试,凡三中(兼副榜),一荐,一备,二落。(《与汪龙庄简》)

洪亮吉《北江诗集》有赠先生诗,当是此年所作。

自君居京华,令我懒作文。我前喜放笔,大致固不淳。君时陈六艺,为我斧与斤。不善辄削除,善者为我存。仪真有汪中,此事立绝伦。藐视六合间,高论无一人。前者数百言,并致洪与孙。勖其肆才力,无徒嗜梁陈。我时感生言,一一以质君。君托左耳聋,高语亦不闻。(原注:君与汪论最不合。)君于文体严,汪于文体真。笔力或不如,识趣固各臻。别君居三年,作文无百幅。以此厚怨君,君闻当瞠目。

五月二十七日,戴震卒于北京,年五十五岁。戴震为当日朴学第一大师;清代朴学至戴氏而始大成;至戴氏诸弟子——段玉裁,王念孙等——而始光大。先生对于戴氏,虽时有贬辞,但他确能赏识戴学的好处,先生作《朱陆篇》,即为戴氏而作的。《朱陆篇》云:

……宋儒有朱陆,千古不可合之同异,亦千古不可无之同异也。末流无识,争相诟詈,与夫勉为解纷,调停两可,皆多事也。然谓朱子偏于道问学,故为陆氏之学者,攻朱氏之近于支离;谓陆氏之偏于尊德性,故为朱氏之学者,攻陆氏之流于虚无:各以所畸重者争其门户,是亦人情之常也。但既自承为朱氏之授受而攻陆王,必且博学多闻,通经服古,若西山、鹤山、东发、伯厚诸公之勤业,然后充其所见,当以空言德性为虚无也。今攻陆王之学者,不出博洽之儒,而出荒俚无稽之学究,则其所攻与其所业相反也。问其何为不学问,则曰支离也。诘其何为守专陋,则曰性命也!是攻陆王者,未尝得朱之近似,即伪陆王以攻真陆王也。是亦可谓不自度矣。

荀子曰,辨生于末学。朱陆本不同,又况后学之哓哓乎?但门户既分,则欲攻朱者必窃陆王之形似,欲攻陆王者必窃朱子之形似。朱之形似必繁密,陆王形似必空灵,一定之理也。而自来门户之交攻,俱是专己守残,束书不观,而高谈性天之流也。则自命陆王以攻朱者固伪陆王,即自命朱氏以攻陆王者亦伪陆王,不得号为伪朱也。同一门户,而陆王有伪,朱无伪者,空言易而实学难也。……

陆王之攻朱,足以相成而不足以相病。伪陆王之自谓学朱而奉朱,朱学之忧也。盖性命事功合而为一,朱子之学也。求一贯于多学而识,而约礼于博文,是本末之兼该也。诸经解义不能无得失,训诂考订不能无疏舛,是何伤于大体哉?……

末流失其本。朱子之流别,以为优于陆王矣。然则承朱氏之俎豆,必无失者乎?曰,奚为而无也。今人有薄朱氏之学者,即朱氏之数传而后起者也。其与朱氏为难,学百倍于陆王之末流,思更深于朱门之从学;充其所极,朱子不免先贤之畏后生矣。然究其承学,实自朱子数传之后起也,其人亦不自知也。……朱子求一贯于多学而识,寓约礼于博文:其事繁而密,其功实而难;虽朱子之所求,未敢必谓无失也。然沿其学者,一传而为勉斋、九峰(黄榦,蔡沈),再传而为西山(真德秀)、鹤山(魏了翁)、东发(黄震)、厚斋(王应麟),三传而为仁山(金履祥)、白云(许谦),四传而为潜溪(宋濂)、义乌(王祎),五传而为宁人(顾炎武)、百诗(阎若璩),则皆服古通经,学求其是,而非专己守残空言性命之流也。……生乎今世,因闻宁人、百诗之风,上溯古今作述,有以心知其意:此则通经服古之绪,又嗣其音矣。无如其人慧过于识而气荡乎志,反为朱子诟病焉,则亦忘其所自矣。夫实学求是,与空谈性天不同科也。考古易差,解经易失,如天象之难以一端尽也。历象之学,后人必胜前人,势使然也。因后人之密而贬羲和,不知即羲和之遗法也。今承朱氏数传之后,所见出于前人,不知即是前人之遗绪,是以后历而贬羲和也。……攻陆王者出伪陆王,其学猥陋,不足为陆王病也。贬朱者之即出朱学,其力深沉,不以源流互质,言行交推;世有好学而无真识者,鲜不从风而靡矣。

古人著于竹帛,皆其宜于口耳之言也。……今之黠者则不然:以其所长有以动天下之知者矣,知其所短不可以欺也,则似有不屑焉。徒泽之蛇,且以小者神君焉。其遇有可以知而不必且为知者,则略其所长,以为未可与言也;而又饰所短,以为无所不能也。雷电以神之,鬼神以幽之,键箧以固之,标识以示之,于是前无古人而后无来者矣。天下知者少,而不必且为知者之多也,……故以笔信知者,而以舌愚不必深知者。……其人于朱子盖已饮水而忘源；及笔之于书，仅有微辞隐见耳，未敢居然斥之也。此其所以不见恶于真知者也。而不必深知者，习闻口舌之间肆然排诋而无忌惮，以为是人而有是言，则朱子真不可以不斥也。故趋其风者，未有不以攻朱为能事也。非有恶于朱也，惧其不类于是人，即不得为通人也。

先生晚年复作《书朱陆篇后》，明言此篇为戴氏而作。此篇前半论戴学为朱学的正传，真是特识，非研究学术渊源有所得者不能为此言。先生不满意于戴氏，凡有数端。第一，戴氏论修志，与先生不合。先生述戴氏语，有谓"僧僚不可列之人类，因取旧志名僧入于古迹"。此言若确，戴氏真该骂了。第二，先生述戴氏论古文，谓"古文可以无学而能，余生平不解为古文词，后忽欲为之而不知其道，乃取古人之文反复思之，忘寝食者数日。一夕忽有所悟。翼日取所欲为文者（适按，者字当删），振笔而书，不假思索而成，其文即远出《左》、《国》、《史》、《汉》之上"。此言若确，当是戴氏天才本高，自述其经验如此。（今观段玉裁所作《戴氏年谱》，似戴氏实曾用过古文的功。先生所引，或有不实。）但先生是用过苦功学古文的，故疑戴氏自欺欺人。第三，最重要的是戴氏攻击朱子，先生述其口谈有云："自戴氏出而朱子侥幸为世所宗已五百年，其运亦当渐替。"先生是维持"宋学"的人，故对于此事最不满意。先生说："至今徽、歙之间自命通经服古之流，不薄朱子则不得为通人；而诽圣谤贤，毫无顾忌。流风大可惧也。"先生于此等处仍有"卫道"的成见，或尚含有好胜忌名的态度。

但先生对于戴震的学问，确有卓绝的了解。如《书后》云：

> 凡戴君所学，深通训诂，究于名物制度而得其所以然，将以明道也。时人方贵博雅考订，见其训诂名物有合时好，以为戴之绝诣在此。及戴著《论性》、《原善》诸篇，于天人理气实有发先人所未发，时人则谓空说义理，可以无作。是固不知戴学者矣。

此与先生平日论学宗旨一致。先生平日深恨当时学者误把"功力"看作"学问"，见了"学问"反不认识，反以为不如"功力"，故他能为戴氏抱不平。

是年先生有《与李讷斋太守论碑刻书》、《与定武书院诸及门书》。

是年先生不时回京。冬,始识罗有高(台山)。(《庚辛亡友传》)

乾隆四十三年,戊戌(1778)。先生四十一岁。

春初,冯廷丞以失察江西文字狱得罪,逮刑部,旋被赦出。先生自永清入京,时往看他。罗有高亦时过冯君。是时京师讲梵学者,周永年最为渊奥而独深契有高。有高貌清癯,又持长斋不肉食。先生因诘有高:"佛氏言人死为羊,羊死为人。信乎君所食者,来生则反报乎?"曰:"然。"先生曰:"然则贫欲求富,但当杀掠豪贾;贱欲求贵,但须劫刺尊官:来生反报,必得富贵身矣。"有高不能难,而甚惜先生不信其言。冯氏诸友与有高言议往往甚洽,先生每杂以谐戏,则哄笑而罢。(《庚辛亡友传》,《冯瑶罾别传》,《东华录》)

先生旋成进士。归部待铨(《庚辛亡友传》)。自以迂疏,不敢入仕。(《冯瑶罾别传》、《柯先生传》)(题名碑于先生名下注:"浙江会稽县人",而先生之父镳下注:"顺天大兴县人"。盖先生以国子监生资格应北闱,故籍贯不改。)

先生挚友之同年者,周榮(晴坡)、张维祺(吉甫)、凌世御(书巢)。(《庚辛亡友传》周《跋》、《凌书巢哀辞》)

六月,朱筠五十岁生日,先生有《屏风题辞》,述朱氏论文之旨,谓"有意于文,未有能至焉者;不为难易而惟其是,庶几古人辞达之义矣。……而其要乃在于闻道。不于道而于文,将有求一言之是而不可得者。"

五月,返永清,续修《永清志》。周震荣待先生甚优,先生自述修志时事云:"丁酉戊戌之间,君馆余修《永清志》。以族志多所挂漏,官绅采访,非略则扰,因具车从,橐笔载酒,请余周历县境侵游,以尽委备。……得唐宋辽金刻画一十余通,咸著于录。又以妇人无阃外事,而贞节孝烈录于方志,文多雷同,观者无所兴感,则访其见存者,安车迎至馆中,俾自述其生平。其不愿至者,或走访其家,以礼相见,引端究绪,其间悲欢情乐,殆于人心如面之不同也。前后接见五十余

人,余皆详为之传,其文随人更易,不复为方志公家之言。"(《周笈谷别传》、《庚辛亡友传》)

是年,先生之母史孺人卒。(《朱笋河集·祭史孺人文》、《冯瑶罂别传》、《庚辛亡友传》)

父母遗柩,后皆归葬会稽之楼岧。(《丁巳岁暮书怀》,《章氏家谱》)

是年正月,作《章氏二女小传》,二女皆从兄允功之女,次女所嫁非人,抑郁而死。先生作传,深致不平,对于择婿问题颇致感慨。

周震荣次其先世谱牒,尝商榷体例于先生。(《周松岩先生家传》)

馆永清时,间从周震荣入都。震荣置酒行馆,招致一时同人若王念孙、邵晋涵、任大椿、周永年、顾九苞、吴兰庭、刘台拱(端临)、史致光(余邨)、章廷枫(晓河)与先生等,宴会极欢。(《庚辛亡友传》)

乾隆四十四年,己亥(1779)。先生四十二岁。

遇危疾。(《周笈谷别传》)

是年七月,《永清志》成。(《与李讷斋太守书》、《庚辛亡友传》及其周震荣跋。)(先生有《又与周永清论文》书,中云:"永清撰志,去今十二年,和州则十八年矣。"据此,知《永清志》大概成于《和州志》六年之后。)

是年著有《校雠通义》四卷(《跋酉冬戌春志余草》)。此书原稿,后两年游古大梁时遇盗失去,前三卷幸有朋友抄存本,其第四卷竟不可复得。(同上)

《永清志序例》十五篇,今载《文史通义》外篇二。《永清志》较《和州志》颇不同,今列表如下:

《和州志》	《永清志》
皇言纪	皇言纪
○	恩泽纪
官师表	职官表
选举表	选举表
氏族表	士族表

舆地图	舆地图
建置图	建置图
营汛图	○
水利图	水道图
田赋书	
(中间尚有四书,名佚)	六书(礼,吏,户,兵,工,刑。)
艺文书	
政略	政略
列传	列传
阙访	阙访
前志	前志
文征	文征

《永清志》凡六体,共二十五篇。《文征》五卷,计《奏议》,《征实》,《论说》,《诗赋》,《金石》,各一卷(据刘刻本。通行本则无金石一卷)。

《校雠通义》今存三卷,共十八篇。中多有极重要的见解,往往与《文史通义》互相发明。例如《原道篇》说古代"官守学业皆出于一,私门无著述文字";又说"六艺非孔氏之书,乃周官之旧典也":这都是《文史通义》的重要观念,但此略而彼详耳。他极力推崇刘向、刘歆父子,故有《宗刘》之篇。他论校书之法,很多可注意的:一、互著(重复互注)。二、别裁(裁其篇章,别出门类,如《管子》中之《弟子职》入小学)。三、辨嫌名(一书数名者,必当历注互名于卷帙之下;一人而有多字号者,亦当历注其字号于姓名之下)。四、采辑补缀(辑佚书)。五、书掌于官(平日责成州县官考求是正,著为录籍,略如人户之有版图)。六、广储副本备雠正,七、有所更定,必载原文,八、著录残逸,九、藏书。此外,他还有一条极重要的意见:

> 窃以典籍浩繁,闻见有限;在博雅者且不能悉究无遗,况其下乎?校雠之先,宜尽取四库之藏,中外之籍,择其中之人名地名官阶书目,凡一切有名可治有数可稽者,略仿《佩文韵府》之例,悉编为韵;乃于本韵之下,注明原书出处及先后篇第;自一见

再见,以至数千百,皆详注之;藏之馆中,以为群书之总类。至校书之时,遇有疑似之处,即名而求其编韵,因韵而检其本书,参互错综,即可得其至是。此则渊博之儒穷毕生年力而不可究殚者,今即中才校勘可坐收于几席之间,非校雠之良法欤?

此即今所谓"索引"之法,后来汪辉祖的《史姓韵编》与阮元等的《经籍纂诂》,都是这一类的书。

七月,先生访周震荣于顺义役次。震荣置酒高会,出《永清志》示坐客。张维祺、周榮争聘先生修志,不得,遂各就所治成书。(《庚辛之间亡友传》,周震荣跋。但原文"辛丑"系"己亥"之误。)

秋后,馆座师梁国治家,课其子仲将读。(《庚辛亡友传》,及周震荣跋,《上梁相公书》,《周笈谷别传》。)

乾隆四十五年,庚子(1780)。先生四十三岁。

仍馆梁国治家。冬,辞馆,岁事殊窘。(《庚辛亡友传》)

第三女殇。(《丁巳岁暮书怀》诗注)

乾隆四十六年,辛丑(1781)。先生四十四岁。

春,图事辄蹶。三月,去游河南,失礼于□海度,不得志而归。中途遇盗,尽失其囊箧及生平撰著。狼狈衣短葛,走投同年生张维祺于直隶肥乡县廨。维祺聘主肥乡清漳书院讲席,生活仍极困难。屡致书梁国治、邵晋涵等求救(《庚辛之间亡友传》、《栗君墓志铭》、《张介村家传》、《与邵与桐书》、《刘氏三世家传》)。《上梁相公(治国)书》最悲愤,略曰:

> 学诚……妄自诩谓:稍辨黍麦,不甘自弃。又自以为迂拘不合世用。惟是读古人书,泾渭黑白,差觉不诬。若不逼于困苦饥寒,呼吁哀号,失其故态;则毛生颖故投囊,张仪舌犹在口,尚思用其专长,殚经究史。宽以岁月,庶几勒成一家。其于古今学术,未必稍无裨补。若使尘封笔砚,仆仆风霜,求一饱之无时,混四民而有愧;则不过数十寒暑,便无此身,以所得之甚难而汩没之甚易,当亦长者之所恻然悯惜者也!

然而那位梁相公似乎并不"恻然悯惜"他,真可怜极了!

这回的遇盗,凡四十四岁以前的撰著文章,荡然不存一篇。先生的不幸,以这次为最甚。后来虽从故旧家存录的别本借钞,名之曰《辛丑年钞》。然十成之中,仅得四五。《校雠通义》第四卷竟佚。故今本所存,四十四岁以前之撰著专篇极少。其幸存者多系应酬文字。惟《金君行状书后》论择辨史料之法极精,今摘录于左(下):

> 载笔之士,蕲合乎古人立言之旨,必从事于择与辨。而铢黍芒忽之间,不苟为炳炳烺烺,饰人耳目,盖有道矣。……夫志状之文,多为其子孙所请;其生平行实,或得之口授,或据其条疏;非若太常谥议,史官别传,确然有故事可稽,案牍可核也。采择之法,不过观行而信其言,即类以求其实,参之时代以论其世,核之风土而得其情,因其交际而察其游,审其细行而观其忽,闻见互参而穷虚实之致,瑕瑜不掩而尽扬抑之能,八术明而春秋经世之意晓然矣。生平每谓"文采未优,古人法度不可不守;词章未极,三代直道不可不存"。其于斯文,则范我驰驱,未尝不为是凛凛焉。

自是年以后,每有撰著,必留副草,以备遗忘。而故人爱先生文者,亦多请抄存副墨。周震荣、史致光钞藏最多,朱锡庚稍次。(《跋酉冬戌春志余草》)

闰四月,访同学邱向阁于南乐县衙(大名府)。邱君因朱竹君"学者读书求通,当如都市逵路,四通八达无施不可"之言,作"通达"二字榜于轩,先生为作《通说》,略云:"薄其执一,而舍其性之所近,徒泛骛以求通,则终无所得矣。惟即性之所近,而用力之能勉者,因以推微而知著,会偏而得全,斯古人所以求通之方也。"此意为先生一生的一个根本观念。(《通说》)

冬,张维祺移官大名,先生亦去肥乡,到大名,至岁暮辞归北京。(《张介村家传》、《大名县志代序》、《栗君墓志铭》)

是年六月二十六日,朱筠(竹君)卒于北京,年五十三。(《朱先生墓志》)

先生在清漳书院,有清漳书院会课题七道,今见《遗书》卷十二,可以看出先生的教育方法。其《策问》题云:

> 问古人教觨,启发是资。请业之际,先问尔所谓达;侍坐之

余,则云盍各言志。诸生亦有抑郁未伸,惮于一日之长者欤?诸生有志于学,其意甚盛。顾所谓"学"者,特举业耳。农夫岂为出疆舍其耒耜?士无恒产,举业等于治田,谁谓诸生不当治举业哉?顾仕非为贫,学亦不当专为举业。敢问诸生读书之始,亦有志所欲为?抑既习举业,因文别有窥见,遂觉所业如是,而所志固有不止于是者欤?学问大要不出经史。……诸生自反平日必有入识最先而程功较易者;经于何道最有关心?史于何事最所惬愿?高山景行,所言正不必今日之所已能者也。举业将以应科目也。假使诸生亦已登进士第,无所事举业矣,遂将束书而不观耶?抑将尚有不能自已者耶?无妨预定言之,将欲为诸生商榷其善否也。即以举业而论,敢问何所讲求?何所师法?……四书文外,经诗论策亦举业之要务也。向者于何致功?平日亦有怀疑不决,欲就请质而无从者欤?院长愿悉与闻,将为诸生效他山之错焉。

其四书大义策问六道,都是很能引起学者的怀疑态度与思考力的。如第一道云:

问《论语》记言之例:夫子所言,皆称"子曰";其有对君之言则称"孔子"。说者谓君臣之际,记者致其谨严:然耶?否耶?《颛臾》一篇不皆对君之言,而皆称孔子,岂有说欤?

又如第五道云:

问孔门之教,言行相符。弟子亲承,有疑斯问。……后世往往以问答之高下,觇诸贤学业之浅深,谓言者心声:理固不外是欤?宰我短丧之说,尹氏以为下愚犹耻言之。冉求鸣鼓之攻,亦已得罪名教。二子各列四科,乃是圣门高第;而所言所行,若如讲说家之所言,则后世乡党自好之人有所不为。敢问此何修何学而犹为高第之弟子耶?子贡之特达,而议礼仅爱一羊;子路之果敢,而论仕乃至于佞给。子张学干禄,樊迟请学圃。凡此见于纪载,皆后世稍知礼义之士所不屑为;而当日函丈陈辞,略无忌讳。今之为时文者,当奉夫子之论以折诸贤,是固然矣。而诸贤毕世懿修,乃不足当时文家之一哂:则是今之工时文者,其见地乃贤于圣门诸弟子耶？蓄疑久矣，敢请诸生解之。

此种策问既可见先生自己读书善疑，又可见先生教学者亦从思考与疑问下手。上文所引第一策问，处处在寻出学者的志愿与向来的功力。此与上文所引《通说》所谓"即性之所近，而用力之能勉者"之意，正相符合。

乾隆四十七年，壬寅（1782）。先生四十五岁。

是年季春，乾隆帝谒东陵还，过盘山。周震荣以畿县例供除道。先生方自畿南失意归，未有所遇。周君邀先生偕行，环山治道；州县，苾舍相望；时桃李方华，镇山雪初霁，四山照耀，周君大置酒，遍召同官偕饮极欢。同官又互相酬答，寻山名胜殆遍。先生亦自忘家无宿春粮也。（《周笥谷别传》、《凌书巢哀辞》）

删存近作为《辛壬剥复删存》。（徐本浙本遗书目注）

先生旋主讲永平敬胜书院，自京师移家赴之。后此偶客北京，多依甄松年为主。（《黄烈妇传》，《丙辰札记》，《甄青圃六十序》，《丁巳岁暮书怀》）

山府近边，学者鲜可与语，僻处辄不自聊。幸邻境官吏凌世御、袁汝琈、乔钟吴、刘嵩岳、蔡薰等皆以文字结交，蔡且欲聘先生撰《滦州志》。（《凌书巢哀辞》，《书滦州志后》）

先生病诸生俭学，乃取古人撰述，于典籍有所发挥，道器有所疏证，华有其文而实不离学者，删约百篇，以劝诱蒙俗，名曰《文学》，并作叙例。此书今不传。

春三月，作《朱先生墓志铭》，称他"有所述作，心契乎理，手请于心，如不得已；懔于所奉承而布之，不可意为加损。余力所至，神明变化。绚春拭秋，纤缕钜拓，陶冶万象，不为一律，并能令气之至符心之初。呜呼，盖自有宋欧阳氏以来，未有如是其才者也！"

是年尝为凌世御校定《叶鹤涂文集》，作序。（《凌书巢哀辞》）

季妹死于北京。（《丁巳岁暮书怀》诗注，《瀚云山房乙卯藏书目记》）

是年春，朱棻元卒。（《朱府君墓碑》）

是年七月，《四库全书》告成。（《全书总目》）

乾隆四十八年，癸卯（1783）。先生四十六岁。

春，先生卧病京寓，病颇危急，(《周筤谷别传》称"己亥癸卯，两遭危疾"。)邵晋涵载先生至其家，延医治之。病中喜与邵氏论学，每至夜分(《邵与桐别传》论)。因与邵氏论修《宋史》，谓俟君书成后，余当更以意为之，不过五十万言。并问邵立言宗旨，邵以维持"宋学"为志。先生勉以"以班马之业而明程朱之道"。(同上。又《家书五》)

病愈后，回永平主讲敬胜书院。《与乔迁安(名钟英)论初学课业》三简似在此年。

有《答周筤谷论课蒙书》二篇，一在夏间，一在秋间。第一次书有"此间生徒难与深言"之语，可见先生在永平不很得意。秋间生徒多赴试散去，"荒斋阒然，补葺《文史通义》内篇，撰《言公》上中下三篇，《诗教》上下二篇。"(第二书)自七月初三日至九月初二日，共得《通义》草七篇，分八十九章；又三篇不分章者。总得书十篇，计字二万有余。用五色笔逐篇自为义例，加之圈点。其更改多者，则用粉黄涂灭旧迹，改书其上。逐日结草，一章甫毕，即记早晚时节及风雨阴晴气候(《癸卯通义草书后》)。此十篇之中，惟《言公》、《诗教》五篇可考，余篇之目不可考矣。

《癸卯通义草》以外，又录存数年以来古文辞为《癸卯录存》。(浙本徐本遗书目注)

朱沧湄省其父映榆于永平府署，数过先生请教。先生颇属望之，有《论学书》，谓：

> 学问之事，非以为名。经经史纬，出入百家，途辙不同同期于明道也。道非必袭天人性命诚正治平，如宋人之别以道学为名，始谓之道；文章，学问，毋论偏全平奇，为所当然而又知其所以然者，皆道也。……道不离器，犹影不离形。……学术当然，皆下学之器也。中有所以然者，皆上达之道也。器拘于迹而不能相通，惟道无所不通，是故君子即器以明道，将以立乎其大也。……惟夫豪杰之士，自得师于古人，取其意之所诚然而中实有所不得已者，力求其至。所谓君子求诸己也。世之所重而非吾意

所期欤,虽大如泰山,不遑顾也。世之所忽而苟为吾意之所期欤,虽细如秋毫,不敢略也。趋向专,故成功也易;毁誉淡,故自得也深。即其天质之良而悬古人之近己者以为准。勿忘勿助,久之自有会心焉。所谓途辙不同而同期于道也。……人之性情才质,必有所近。童子塾时,知识初启,盖往往以无心得之,行之而不著也。其后读书作文,与夫游思旷览,亦时时若有会焉,又习而不察也。此即道之见端,而充之可以无弗达者。未有人焉从而明示之,盖至终身汩没而不自知为枉其才者,比比然也。足下于此,亦将有所省乎?如有所省,则毋论治经业史,皆可求所得矣。

又有题《朱沧湄诗册》文云:"……必求诗之质,而后文以生焉。读书蓄德,名理日富,愤乐循环,若有不得已焉而后出之,此不求工诗而诗乃天至,以操之有其质也。强笑不欢,强哭不悲。哀乐自来而哭笑不自知其已甚。学之于文,岂有异于是乎?"

九月犹在永平讲舍;九日与友人登高,游阳山九莲寺,有记。

十月,乾隆帝归自盛京,周震荣除道京东。招先生"临榆芨次,观乡田秋获则羡归耕;览山海关,相与慷慨怀古;其夕宿海边寺,闻海潮如殷雷,势挟风雨,震撼庭户,凄清不复成寐;夜半登高,见海日出,意惝恍思神仙"。先生谓"数日之间,随所见闻,心境屡化,人世何者可常恃耶?"周君因与先生论文,将托著述以期不朽,自谓十年博千古云。(《周筤谷别传》、《凌书巢哀辞》)

周震荣驳先生《诗教》篇"三代之盛未有著述文字"之论,先生不答。(《与周永清论文》)

《言公》三篇为先生得意之作。上篇论"古人之言所以为公也,未尝矜于文辞而私据为己有也。志期于道,言以明志,文以足言。道果明于天下,而所志无不申,不必其言之果为我有也"。此是三篇大旨。中篇论"世教之衰,道不足而争于文,实不充而争于名",尤痛切。下篇为赋体,泛论各种文体之公。

《诗教》上篇论"战国之文,奇衺错出而裂于道,人知之;其源皆出于六艺,人不知也。后世之文,其体皆备于战国,人不知;其源多出于诗教,人愈不知也"。此语含有一种文学史的见解,但章氏说的不明白。下篇说"学者惟拘声韵之为诗,而不知言情达志,敷陈讽谕,抑扬涵泳之文,皆本于诗教"。此言较明白。以文学史的眼光看去,《三百篇》自是一切文学之纪元,一切集部之祖(子部即是集部,不当别立子部)。章氏此论,确有一部分真理。上篇又说"古未尝有著述之事,著述至战国而始焉",更有见地。但他假定一个理想的"同文"之治,作为上古无著述的解释,那可错了。

冬,先生去永平。(《题沧湄诗册》)

友人曾慎卒。(《庚辛亡友传》)

十二月清廷修《续通典》成。先生尝代拟《礼典序》,今本尚有原稿痕迹。

乾隆四十九年,甲辰(1784)。先生四十七岁。

癸卯甲辰之间,永定河道陈琮招先生撰《河志》(《曾麓亭传书后》)。是年,先生就保定莲池书院之聘(《王府君墓志铭》、《周府君墓志铭》、《郎公家传》)。家口自永平携赴保定,以后渐增至二十人。(《丁巳岁暮书怀》诗注)

是年有《甲辰存录》。

十一月八日,冯廷丞卒。(《冯君家传》)

是年,族侄廷枫成进士。(《海门厅志》、《名宦传》)

清廷修《续通考》成。

乾隆五十年,乙巳(1785)。先生四十八岁。

仍主讲保定之莲池书院。诸生多授徒为业,先生为他们作《论课蒙学文法》二十六通。此文大旨演癸卯《与周筤谷书》的意思,但更切实。大旨反对世俗课童子用时文入手之法,而主张用古文入手,先读《左传》,次及《史记》;作文则先论事,次论人,次数典,最后叙事。

正月,一至北京。(《张介村赐鸠杖记》)

八月刻《太上感应篇》,二日作《书后》。

是年冬,先生暂至京师,馆同年生潘庭筠家,在兴化寺街,与任大椿寓相近,常互为主客谈宴。先生留旬月出都。(《任幼植别传》)

是年正月，张维祺《大名县志》成，悉用先生之法（志序）。并曾以其稿与先生商榷（《记大名县志轶事》）。二月，毕沅为河南巡抚。

是年十月，清廷修《一统志》、《续通志》成。

先生后自评云："甲辰乙巳……所作亦有斐然可观，而未通变也。"（《跋甲乙剩稿》）

乾隆五十一年，丙午（1786）。先生四十九岁。

仍在莲池书院，十二月十日（《内藤谱》作二十日）有《月夜游莲池记》。

是年六月，毕沅升任湖广总督，以伊阳拒捕案被议，仍留河南巡抚任。（《东华录》）

十二月十三日，梁国治卒。（《耆献类征》本传）

这年，章宗源（逢之）中举人。（《孙星衍文集》）

乾隆五十二年，丁未（1787）。先生五十岁。

是年春，先生最得意的门人史致光（余邨）进士及第，授修撰。（《耆献类征》本传）

是年先生因失梁国治之奥援，不得不辞莲池书院讲席。侨寓保定，寄居旅店，长孙女及第五子殇。是时"当道交疏，至典史背议为写白字！"（《丁巳岁暮书怀》诗及注）

春，先生闻戊戌进士开选；因往北京吏部投牒。遇宵小剽劫，生计索然。转食友家者几一年。五十生朝，主甄松年家，松年为置酒尽欢（《甄青圃六十序》、《蔡滦州哀辞》）。冬间，已垂得知县矣，忽决计舍去。十月遂回保定。（《丁巳岁暮书怀》诗注，《庚辛亡友传》，《存我楼记》）

十月，周震荣自永清至保定。一日，与先生论课蒙法。先生极言《东莱博议》及唐宋人论人论事之文不可资以入门，揠苗助长，槁可立待。盖针指震荣旧作《养蒙术》中语而言也。震荣持其说甚坚。先生攘袂征色，且丑语相诋。适周棨、张维祺自外至，先生亦不及揖迎。维祺右震荣说，先生言益峻。棨曰："纷争至此，案何由定。"是时僮仆离立户外，皆诮曰："此省垣地，不走谒热官，乃聚讼此无益言语！"因各举其囊橐相示，曰："是宜吾侪之不得饱也。"先生闻之失

笑,索酒斗饮,大醉别去。(《庚辛之间亡友传》,周震荣跋)

仲冬,因周震荣之介绍与启发,至河南见毕沅。欲藉其力编《史籍考》(《上毕制府书》,《丁巳岁暮书怀》诗注)。有《上毕抚台书》。(此书浙本《遗书》误刻两见,一题下有"己酉十二月二十九日"小字,误也。刘本亦误。)略云:"爱才如阁下,而不得鄙人过从之踪;负异如鄙人,而不入阁下裁成之度:其为缺陷奚如!"书附旧刻《和州志例》二十篇,《永清县志》二十五篇。先生后十年追述此行云:

> 镇洋太保人伦望,寒士闻名气先壮。戟门长揖不知惭,奋书自荐无谦让。公方养疴典谒辞,延见卧榻犹嫌迟。解推遽释目前困,迎家千里非逶迤。宋州主讲缘疑凤,文正祠堂权庙祝。潭潭深院花木饶,侨家忽享名山福。(《丁巳岁暮书怀诗》)

据此诗,毕沅待先生颇厚,明年先生即主讲归德府之文正书院。

离保定时,周震荣置酒送别,半酣,曰:"君昔矢愿作《亡友传》,墓草且宿矣,若死者何!"先生曰:"是行也,宜偿之。"周曰:"君敏于行文,怠于举笔。死者无穷期,生者百年易逝!他日我作《亡友传》,将列君于篇末,以志此憾也!"先生默然。(《庚辛亡友传》周跋)

先生在保定之某年,尝为梁肯堂校定其业师仁和叶某遗文,这年在北京又尝附商《梁文定公(国治)年谱》。(《年谱书后》)

乾隆五十三年,戊申(1788)。先生五十一岁。

正月,有《徐尚之古文跋》。

《论修史籍考要略》,当系去冬今春间在开封所作。经毕沅同意后,遂开局编《史籍考》,由先生主持其事。

二月,先生至归德,主讲文正书院(《崔母屏风题辞》)。三月一日有《与洪稚存书》,写途中及书院风景甚详。书末有云:"官场报访及宴会征逐,稍已即闲。三月朔日为始,排日编辑《史考》。检阅《明史》及《四库子部目录》,中间颇有感会,增长新解。惜不得足下及虚谷、仲子诸人相与纵横其议论也。……不知足下及仲子此时检阅何书?《史部提要》已钞毕否?《四库集部目录》,便中检出,俟此间子部阅毕送上,即可随手取集部发交来力也。《四库》之外,《玉海》最为紧要。除艺文史部无庸选择外,其余天文地理礼乐兵刑各门皆有应采辑处,不特艺文一门已也。此二项讫工,廿三史亦且渐有条理,都门必当有所钞寄。彼时保定将家迁来,可以稍作部署。端午节后,署中聚首,正好班分部别,竖起大间架也。"此书可见先生见毕沅后,即任编辑《史考》事;又可见《史考》编纂之情形与下手方法。洪亮吉、凌廷堪、武亿等,当日皆分任此事。

春夏屡致书邵晋涵、孙星衍(渊如)诸友。五月二十三日《报渊如书》有云:"愚之所见,以为盈天地间,凡涉著作之林,皆是史学。《六经》特圣人取此六种之史以垂训者耳。子集诸家,其源皆出于史。"

二月,《与孙渊如书》有云:

> 鄙人不能诗,而生平有感触,一寓于文。

《与邵二云论学书》有云:

> 鄙性浅率,生平所得,无不见于言谈。至笔之于书,亦多新奇可喜。其间游士袭其谈锋,经生资为策括,足下亦既知之,斯其浅焉者也。近则遨游南北,目见耳闻,自命专门著述者,率皆阴用其言,阳更其貌,且有明翻其说,暗剿其意。

又书有云:

> 故以学问为铜,文章为釜,而要知炊黍芼羹之用,所谓道也。风尚所趋,但知聚铜,不解铸釜;其下焉者,则沙砾粪土,亦曰聚之而已。故俗士难与庄语。吾党如余邨(史致光)、逢之(章宗源)、正甫(章某)、暨朱少白(锡庚),不可不时时策之。

是年又有《刘氏书楼题存我楼记》,可因以见先生的人生观:

> 我有来往,我不长存者也。我不长存而思所以存之,以为及我之存,可以用我耳目聪明,心识志虑,而于具我之质,赋我之理,有以稍得当焉,虽谓不负我生可也。
>
> 夫人之生也万变,所谓我者亦万变,毋论各有其生,各不相俾;即一生所历,亦自不同。……则今日之我固非昔我,而后此之我又安能必其如今我乎?
>
> 苟思生不漫然之我,则随其思之所至,即为我之所在,岂惟与年为异,抑亦日迁月化而不自知也。

然则欲存我者,必时时去其故我,而后所存乃真我也。

春杪,家眷始自保定旅店南迁至归德。(《丁巳岁暮书怀》诗注,《蔡滦州哀辞》)

五月,遣贻选入京应乡试,馆于永清县署凡一年。(《报孙渊如书》、《周筤谷别传》)

在归德时,校正《校雠通义》,以意为更定,与诸家所存本又大异矣。(《跋酉冬戌春志余草》)

接到章宗源所辑《逸史》,拟附入《史籍考》。(《与邵二云书》)

是年秋,得《文史通义》十篇。目不可考。又自八月二十八日至十月十六日,得诸体古文词十三篇(《题戊申秋课》)。先生自言,"作文之勤,多在秋尽冬初,灯火可亲,节序又易生感也。平日所负文债,亦每至秋冬一还,然终未能悉扫无余。"又云:"涉世之文与著作之文,相间为之,使其笔墨略有变化。"(同上)

是年秋,先生又撰《庚辛之间亡友列传》一书,除夕在亳又有《顾文子传书后》。(《任幼植别传》)

内藤及会稽徐氏藏本《章氏遗书》目有《礼教》、《所见》二篇,题下皆注"戊申录稿",疑即是年所作十篇之二。(此二篇旧刻各本及浙本《遗书》中皆无之,惟刘刻本始有。)(王宗炎《复章实斋书》,在嘉庆四年,犹问《礼教篇》成否,则有可疑。)

是秋,荆州大水,毕沅升任湖广总督。冬,先生失归德馆,将往依沅。冬杪,游亳州。逾月,因移家至亳州署,依知州裴振。(《裴母查宜人墓志铭》、《甄鸿斋家传》、《跋申冬酉春归扨草》、《丁巳岁暮书怀》、《庚辛亡友传》)

岁暮,先生到武昌,投毕沅于督署。(《洪北江年谱》)

是年所作小品可考者甚多,其较要者,《刘氏书楼题存我楼记》、《书郎通议墓志后》、《与宗族论撰忠愍公家传书》、《跋戊申秋夜课》。其草稿册名又有《戊申录稿》、《戊申仲秋序记杂文》二种。(浙本目)

这年,朱锡庚(少白)中举人。(《朱先生别传》)

乾隆五十四年,己酉(1789)。先生五十二岁。

辗转太平、安庆之间,厄甚。(《上毕制府书》)

三月之杪,游太平,馆于安徽学使署中。学使徐立纲方辑宗谱,请先生经纪其事《改正毛西河所撰徐亮生传》、《跋申冬酉春归扨草》)(《安徽通志·职官表》)。张小兮、左良宇皆一时名俊,比屋而处,暇则聚谈,谈亦不必皆文字,而引机触发,则时有感会。自四月十一日至五月初八日,得《通义》内外二十三篇,约二万余言。先生自言"生平为文,未有捷于此者"。以体例分为甲乙两编。甲编共十三篇,新十二,旧一。自序曰:

> 向病诸子言道,率多破碎,儒者又尊道太过,不免推而远之。至谓近日所云学问发为文章,与古之有德有言殊异,无怪前人诋文史之儒不足与议于道矣。余仅能议文史耳,非知道者也。然议文史而自拒文史于道外,则文史亦不成其为文史矣。因推原道术,为书得十三篇,以为文史原起,亦见儒之流于文史,儒者自误以谓有道在文史外耳。

其余十一篇,附存旧作二篇,为乙编,皆专论文史。统名《姑孰夏课》。甲编之目虽不可知,然《原道》、《原学》诸篇必在其内。以意度之,为下列十二篇:《原道》上中下、《原学》上中下、《博约》上中下、《经解》上中下。

《原道·上》论道起于三人居室,即今日所谓"社会的生活"也。又说,"当日圣人创制,则犹暑之必须为葛,寒之必须为裘,而非有所容心。"又说,"道无所为而自然,圣人有所见而不得不然"。此皆精到之言。他过崇周公,说他"经纶制作,集千古之大成",虽然很可笑;但他认道在制作典章,故宁可认周公而不认孔子为集大成,也不能不算是一种独见;我们可以原谅他的谬误。

《原道·中》说"道不离器,犹影不离形",自是一种卓识。此意清初颜元、李塨、费密诸人皆主之,浙东学术亦与此派有相近处,但不必说实斋之论必本于前人耳。此篇说,"后世……谓六经载道之书也,而不知六经皆器也。……夫子述六经以训后世,亦谓先圣先王之道不可见,六经即其器之可见者也。……夫天下岂有离器言道,离形存影者哉? 彼舍天下事物人伦日用而守六籍以言道,则固不可与言夫道矣。"

《原学》上篇论学者"学于形下之器而自达于形上之道也";中篇论"学必习于事。……诸子百家之言起于徒思而不学";下篇论"世儒之患起于学而不思";"程子曰,'凡事思所以然,天下第一学问。'人亦盍求所以然者思之乎?"下篇切中清儒弊病。

《博约》诸篇与《原学》相发明,其中篇尤痛切:

> 王伯厚氏搜罗摘抉,穷幽极微;其于经传子史,名物度数,贯串旁骛,实能讨先儒所未备。其所纂辑诸书,至今学者资衣被焉。……然王氏诸书,谓之纂辑,可也,谓之著述,不可也;谓之学者求知之功力,可也,谓之成家之学术,则未可也。今之博雅君子,疲精劳神于经传子史,而终身无得于学者,正坐宗仰王氏,而误执求知之功力以为学即在是尔。学与功力实相似而不同。学不可以骤几,人当致攻乎功力,则可耳。指功力以为学,是犹指秫黍以为酒也。……今之俗儒且憾不见夫子未修之《春秋》,又憾戴公得《商颂》而不存七篇之阙,自以为高情胜致,至相赞叹!充其僻见,且似夫子删修不如王伯厚之善搜遗逸焉!盖逐于时趋,而误以襞襀补苴为尽天地之能事也。幸而生后世也,如生秦火未毁以前,典籍具存,无事补辑,彼将无所用其学矣!

《经解》三篇,大旨谓"古之所谓经,乃三代盛时典章法度见于政教行事之实,而非圣人有意作为文字以传后世"。此亦实斋平生一大主张。

浙江图书馆所藏会稽徐氏钞本《章氏遗书》目录纸下,有原来被贴去的《文史通义》目录。那隐目各篇题下皆有原注。今据那些原注,可证我上文意度的诸篇确是今年的作品:

《原道》上中下　原注《庚夏钞存》

《原学》上中下　《博约》上中下　《经解》上中下　原注《庚戌钞存通义》

又下列诸篇那隐目皆注《庚戌钞存通义》:

《史释》、《史注》、《习固》、《文集》、《天喻》、《师说》、《假年》、《说林》、《匡谬》、《辨似》、《朱陆》、《知难》、《感遇》、《感赋》亦可认为此年所作。大约因庚戌在武昌开局编书,有钞胥可令钞存旧稿,不似此年之东奔西跑也。(那隐目久晦于世,最近才由姚名达发现。)

《文理篇》因见左良宇案上的《史记录本》而作,自是这年在太平的作品。《家谱杂议》、《与冯秋山论修谱书》及代徐氏所作传文,当然亦是此时做的。

《习固篇》教人以思辨之法,石破天惊,全书第一杰作。略录于左:

> 辨论乌乎起?起于是非之心也。是非之心乌乎起?起于嫌介疑似之间也;乌乎极?极于是尧非桀也。世无辨尧桀之是非,世无辨天地之高卑也。目力尽于秋毫。耳力穷乎蚁穴。能见泰山,不为明目。能闻雷霆,不为聪耳。故尧桀者,是非之名,而非所以辨是非也。嫌介疑似,未若尧桀之分也。推之而无不若尧桀之分,起于是非之微而极于辨论之精也。故尧桀者,辨论所极,而是非者,隐微之所发端也。隐微之创见,辨者矜而宝之矣。推之不至乎尧桀,无为贵创见焉。推之既至乎尧桀,人亦将与固有之尧桀而安之也。故创得之是非,终于无所见是非也。尧桀,无推者也。积古今之是非而安之若素如尧桀者,皆积古今人所创见之隐微而推极之者也。安于推极之是非者,不知是非之所在也。不知是非之所在者,非竟忘是非也,以谓固然而不足致吾意焉尔。触乎其类而动乎其思,于是有见所谓诚然者,非其所非而是其所是,矜而宝之,以谓隐微之创见也。推而合之,比而同之,致乎其极,乃即向者安于固然之尧桀也。向也不知所以,而今知其所以,故其所见有以异于向者之所见,而其所云实不异于向之所云也。故于是非而不致其思者,所矜之创见,皆其平而无足奇者也。……尧桀固无庸辨矣。然被尧之仁,必有几几于不能言尧者,乃真是尧之人也。遇桀之暴,必有几几于不能数桀者,乃真非桀之人也。千古固然之尧桀,犹推始于几几不能言与数者,而后定尧桀之固然也。故真知是非者,不能遽言是非也。真知是尧非桀者,其学在是非之先,不在是尧非桀也。是尧而非桀,贵王而贱霸,遵周孔而斥异端,正程朱而偏陆王,吾不谓其不

然也;习固然而言之易者,吾知其非真知也。

先生在太平留三月,六月自太平返亳,道经扬州,访沈业富,留扬州几一月,沈先生令人钞存先生文稿四卷。七月抵亳州,有儿妇之丧。(按《丁巳诗》注,此乃贻选之妇。)移居民家。八月游湖北,留月余,见史致光。史时官湖北乡试正考官。十月回亳州。(《答沈枫墀论学》、《跋酉冬戌春志余草》、《张介村家传》、《丁巳岁暮书怀》、《与陈鉴亭论学书》,《耆献类征·史致光传》。)

是年十一月,有《答沈枫墀论学》一书,于考订,辞章,义理三者,皆有平允之论。如云:

> 考索之家亦不易易。大而礼辨郊社,细若雅注虫鱼,是亦专门之业,不可忽也。……人生有能有不能,耳目有至有不至,虽圣人有所不能尽也。立言之士,读书但观大意;专门考索,名数究于细微:二者之于大道,交相为功。……足下有志于文,正当益重精学之士。能重精学之士,则发为文章,必无偏趋风气之患矣。……要之,文易翻空,学须摭实。今之学者虽趋风气,竞尚考订,多非心得,然知求实而不蹈于虚,犹愈于掉虚文而不复知实学也。

此书可与《原学》、《博约》诸篇参看(沈枫墀名在廷,业富之子)。

十二月二十九日,有《上毕制府书》(见刘本补遗)。附五言古诗以祝毕沅六旬初度。

是年秋冬,在亳州时,为知州裴振修州志。(《何君家传》)

长子贻选归自京,先生有《论文示贻选》。

起是年十月二十四日,迄明年二月三日,得大小杂著文稿二十一件,名为《酉冬戌春志余草》。(原跋)

此外,是年书信较要者,有《与周永清辨论文法》、《与史余邨论学书》、《与陈鉴亭论学书》、《与邵二云论文》、《与朱少白论文》、《又与永清论文》、《与家正甫论文》等篇。

是年四月,周震荣为先生刊行《庚辛之间亡友列传》,并作跋。

友人任大椿卒。(《任别传》)

乾隆五十五年,庚戌(1790)。先生五十三岁。

长孙殇于亳州侨寓。(《丁巳岁暮书怀》诗注)

先生去年冬间答沈枫墀书,说:"遥计正月之杪,《志》事未能卒业,便须挈此遗绪又作楚游矣。"今年有《与邵二云论学》一书,云:"二月初旬,亳州一书奉寄,屈指又匝月矣。仆于二月之杪方得离亳。今三月望,始抵武昌。襄阳馆未成,制府(毕沅)即令武昌择一公馆,在省编摩,于仆计亦较便也。"大概《亳州志》至二月始成书。故先生《与周永清论文》云:"永清撰志去今十二年,和州则十八年矣。"

先生对于《亳州志》,自视甚得意,故《与周永清论文》云:

> 近日撰《亳州志》,颇有新得;视和州、永清之志,一半为土苴矣。主人雅相信任,不以一语旁参,与足下同。而地广道远,仆又逼于楚行;四乡名迹,未尽游涉;而孀妇之现存者,不能与之面询委曲:差觉不如永清。然文献足征,又较永清为远胜矣。此志,拟之于史,当与陈范抗行。义例之精,则又《文史通义》中之最上乘也。世人忽近贵远,自不察耳。后世是非终有定评。如有良史才出,读《亳志》而心知其意,不特方志奉为开山之祖,即史家得其一二精义,亦当尊为不祧之宗。此中自信颇真,言大实非夸也。

《亳州志》我未见。据《安徽通志》,《裴母查宜人墓志铭》,亳州知州裴振是年即去任,则此书不及刊板,当已佚。今从《文史通义》所保存残稿观察,其书盖具二特色:一为人物表,一为掌故。

《人物表例议》(《文史通义》外篇二)曰:

> 方志之表人物,……将以救方志之弊也。……史自司马以来,列传之体,未有易焉者也。方志为国史所取裁,则列人物而为传,宜较国史加详。而今之志人物者,删略事实,总撷大意,约略方幅,区分门类。其文非叙非论,似散似骈;尺牍寒温之辞,簿书结勘之语,滥收猥入,无复剪裁。至于品皆曾、史,治尽龚、黄,学必汉儒,贞皆姜女,面目如一,情性难求:斯固等于自郐无讥矣。即有一二矫矫,雅尚别裁,则又简略其辞,谬托高古;或仿竹书记注,或摩石刻题名;虽无庸恶肤言,实昧通裁达识,所谓

似表非表,似注非注。其为痼蔽久矣。……今为人物列表,其善盖有三焉。前代帝王后妃,今存故里,志家收于人物,于义未安。……今于传删人物,而于表列帝王,则去取皆宜,永为成法。其善一也。史传人物本详,志家反节其略。此本类书摘比,实非史氏通裁。……兹于古人见史策者,传例苟无可登,列名人物之表,庶几密而不猥,疏而不漏。其善二也。史家事迹,目详于耳;宽今严古,势有使然。至于乡党自好,家庭小善,义行但存标题,节操止开年例:史法不收,志家宜具。传无可著之实,则文不繁猥;表有特著之名,则义无屈抑。其善三也。

《掌故例议》曰:

今之方志猥琐庸陋,求于史家义例,似志非志,似掌故而又非掌故,盖无以讥为也。然簿书案牍,颁于功令,守于吏典,自有一定科律;虽有奇才,不能为加;虽有愚拙,不能为损。……故求于今日之志,不可得而见古人之史裁;求于今日之案牍,实可因而见古人之章程制度。……志义欲其简而明也,然而事不可不备也。掌故欲其整以理也,然而要不可不挈也。

又曰:

故为史学计其长策:纪表志传,率由旧章;再推周典遗意,就其官司簿籍,删取名物器数,略有条贯,以成一时掌故,与史相辅而不相侵;虽为百世不易之规,可也。

先生又有《与史余邨》一书(此篇浙本无之,此据马夷初先生所钞山阴何氏钞本)云:

近撰《亳州志》,更有进境。《新唐书》以至宋元诸史书志之体不免繁芜,而汰之又似不可,则不解掌故别有专书,不当事事求备也。列传猥滥,固由文笔不任,然亦不解表例,不特如顾宁人所指班、马诸年表已也。班氏古今人表,史家诟詈,几如众射之的。仆细审之,岂惟不可轻訾,乃大有关系之作,史家必当奉为不祧之宗。……此例一复,则列传自可清其芜累耳。

先生所作诸志,至是体例始完备。文征之例起于《和州志》,《永清志》详于六书,但掌故未成专书。《阙访》之列传与《前志》之列传,二例亦起于《和州志》,得人表而法更简要。掌故之列为专书,确是先生的一大贡献。前此先生论方志,虽自夸得史法,其实仍是文家居十之七八,而史家仅居二三。至掌故一例成立,方才可称为史家之"方志"。先生后来作《方志立三书议》曰:

> 凡欲经纪一方之文献,必立三家之学,而始可以通古人之遗意也;仿纪传正史之体而作《志》,仿律令典例之体而作《掌故》,仿《文选》、《文苑》之体而作《文征》。三书相辅而行,阙一不可。

此实是志书的大法。

但实斋终是一个"文史"家,而非"史"家,故他一面提倡掌故的重要,而一面又嫌《新唐书》以下各史的志书太详细了。他说:

> 迁、固书志,采其纲领,讨论大凡,使诵习者可以推验一朝梗概,得与纪传互相发明,足矣。至于名物器数,以谓别有专书,不求全备,犹左氏之数典征文,不必具《周官》之纤悉也。司马《礼书》末云:"俎豆之事,则有司存。"其他抑可知矣。自沈、范以降,讨论之旨渐微,器数之加渐广。至欧阳《新唐》之志,以十三名目成书至五十卷,官府簿书泉货注记,分门别类,惟恐不详。宋金元史繁猥愈甚;连床叠几,难窥统要。……(《亳州志·掌故例议》上)

又说:

> 汉志礼乐刑法不能赅而存之,亦以其书自隶官府,人可咨于有司而得之也。官失书亡,则以其体繁重,势自不能行远,自古如是,不独汉为然矣。欧、宋诸家不达其故,乃欲藉史力以传之。夫文章易传,而度数难久,故礼亡过半,而乐经全逸。六艺且然,况史文乎?且《唐书》倍汉而《宋史》倍唐,……倘后人再倍唐宋而成书,则连床架屋,毋论人生耳目之力必不能周,抑且迟之又久,终亦必亡。是则因度数繁重,反并史而亡之矣。(《例议》中)

此种议论甚为可笑。《史记》诸书乃后人东钞西凑补成的,故空言多于名物。《汉书》诸志已稍详于名物事实,已非"讨论大凡"了。欧阳《新唐书》以下,记载名物制度之详,远胜前代,此正是史学上一大进步。实斋乃以"讨论之旨渐微,器数之加渐广"为病,真是说梦话!况且印书术进步以后,重要的书籍皆有刻本,不易遗失。实斋因怕书繁重而易失,就反对详细的志书,这也是一大错误。他不知古今保存典籍的方法大不同,《尚书》虽简短,难免于亡逸;《宋史》、《明史》虽繁重,终不会失去了。

在亳州修志时,删定《和州志例》为《叙论》一卷(今存),删订《永清全志》为《新志》二十六篇(《又与永清论文》、《上毕抚台书》)。《新志》今未见。

由亳州往湖北时,有《家书》七,极有关系:

> 天下至理,多自从容不迫处得之。矜心欲有所为,往往不如初志。……但札记之功,必不可少。如不札记,则无穷妙绪,皆如雨珠落大海矣。

> 吾于史学,盖有天授。自信发凡起例,多为后世开山。而人乃拟吾于刘知几!不知刘言史法,吾言史意;刘议馆局纂修,吾议一家著述:截然两途,不相入也。——至论学问文章,与一时通人全不相合。盖时人以补苴襞绩见长,考订名物为务,小学音画为名。吾于数者皆非所长而甚知爱重,咨于善者而取法之;不强其所不能,必欲自为著述以趋时尚。此吾善自度也。时人不知其意而强为者,以谓舍此无以自立。故无论真伪是非,途径皆出于一。吾之所为,则举世所不为者也。如古文辞,近虽为之者鲜,前人尚有为者。至于史学义例,校雠心法,则皆前人从未言及,亦未有可以标著之名。爱我如刘端临,见翁学士(方纲)询吾学业究何门路,刘则答以不知,盖端临深知此中甘苦难为他人言也。故吾最为一时通人所弃置而弗道。而吾于心未尝有憾。且未尝不知诸通人所得亦自不易,不敢以时趋之中不无伪托而并其真有得者亦忽之也。——但反而自顾,知己落落,不过数人,又不与吾同道。每念古人开辟之境,虽不知殁身之后,历若干世而道始大行;而当其及身,亦必有子弟门人为之左右前后,

而道始不孤。今吾不为世人所知,余邲、虎脂又牵官守,恐未能遂卒其业。尔辈于此,独无意乎?

吾于古文辞,全不似尔祖父;然祖父生平极重邵思复文,吾实景仰邵氏而愧未能及者也。盖马班之史,韩欧之文,程朱之理,陆王之学,萃合以成一子之书,自有宋欧曾以还,未有若是之立言者也。而其名不出于乡党,祖父独深爱之。吾由是定所趋向。其讨论修饰,得之于朱先生,则后起之功也。而根柢则出邵氏,亦庭训也。

吾於史学,贵其著述成家,不取方圆求备,有同类纂。

吾读古人文字,高明有余,沉潜不足,故于训诂考质,多所忽略;而神解精识,乃能窥及前人所未到处。

夫学贵专门,识须坚定,皆是卓然自立,不可稍有游移者也。至功力所施,须与精神意趣,相为浃洽。所谓乐则能生,不乐则不能生也。……攻习之余,必静思以求其天倪。……求于制数,更端而究于文辞,反覆而穷于义理。循环不已,终期有得。

是年在武昌,编《史籍考》。毕沅方编《续通鉴》,先生亦襄助其事。

十二月,作《任幼植别传》。(本传)

是年钞存杂文中有《郑学斋记书后》及《朱先生墓志书后》二篇,皆甚有关系之文。《郑学斋记》见段刻《戴东原集》卷十一,原文有"故废郑学乃后名郑学以相别异",又说,"学者大患在自失其心。……由六书九数制度名物,能通乎其词,然后以心相遇,是故求之茫茫空驰以逃难岐为异端者,振其藁而更之,然后知古人治经有法:此之谓郑学。"先生书后曰:

戴君说经不尽主郑氏说,而其《与任幼植书》则戒以轻畔康成。人皆疑之,不知其皆是也。大凡学者于古未能深究其所以然,必当墨守师说;及其学之既成,会通于群经与诸儒治经之言,而有以灼见前人之说之不可以据,于是始得古人之大体而进窥天地之纯。故学于郑而不敢尽由于郑,乃谨严之至,好古之至,非蔑古也。乃世之学者喜言墨守。……墨守而愚,犹可言也。

墨守而黠,不可言矣。愚者循名记数,不敢稍失,犹可谅其愚也。黠者不复需学,但袭成说,以谓吾有所受者也。盖折衷诸儒,郑所得者十常七八。黠者既名"郑学",即不劳施为,常安坐而得十之七八也。夫安坐而得十之七八,不如自求心得者之什一二矣。而犹自矜其七八,故曰德之贼也。

先生此论可谓深知戴氏之学。先生虽常不满于戴,然先生实真知戴者,观此篇可证。

是年钞存《通义》,可考者凡十四篇,已叙入去年。其他重要文章可推为是年所作者,《家书》七通外,《跋酉冬戌春志余草》、《与邵二云》、《与邵二云论学》、《跋陈西峰韭菘吟》、《跋孙香泉读书记》、《史学例议书后》二篇,《书朱陆篇后》。又徐本注明是"庚辛间草"的《释通》、《答客问》诸篇,皆可推为是年所作。

《答客问》三篇,是先生讨论史学的最重要文字。今摘录于左(下):

> 史之大原,本乎《春秋》。《春秋》之义,昭乎笔削。笔削之义,不仅事具始末,文成规矩已也。以夫子"义则窃取"之旨观之,固将纲纪天人,推明大道。所以通古今之变而成一家之言者,必有详人之所略,异人之所同,重人之所轻,而忽人之所谨,绳墨之所不可得而拘,类例之所不可得而泥,而后微茫秒忽之际,有以独断于一心。及其书之成也,自然可以参天地而质鬼神,契前修而俟后圣。此家学之可贵也。……

> 若夫君臣事迹,官司典章,王者易姓受命,综核前代,篡辑比类,以存一代之旧物,是则所谓整齐故事也。开局设监,集众修书,正当用其义例,守其绳墨,以待后人之论定,则可矣,岂所语于专门著作之伦乎。……

> 天下有比次之书,有独断之学,有考索之功,三者各有所主而不能相通。……自汉氏以来,学者以其所得托之撰述以自表见者,盖不少矣。高明者多独断之学,沉潜者尚考索之功,天下之学术,不能不具此二途。譬犹日昼而月夜,暑夏而寒冬,以之推代而成岁功,则有相需之益;以之自封而立畛域,则有两伤之

> 弊。……
>
> 若夫比次之书,则掌故令史之孔目,簿书记注之成格,其原虽本柱下之所藏,其用止备稽检而供采择,初无他奇也。然而独断之学,非是不为取裁;考索之功,非是不为按据。如旨酒之不离乎糟粕,嘉禾之不离乎粪土。是以职官故事案牍图牒之书,不可轻议也。
>
> 然独断之学,考索之功,欲其智,而比次之书欲其愚。亦犹酒可实尊彝而糟粕不可实尊彝,禾可登簠簋而粪土不可登簠簋,理至明也。

《甲乙剩稿》内有《报黄大俞先生书》,和这篇互相发明:

> 古人一事必具数家之学:著述与比类两家,其大要也。班氏撰《汉书》,为一家著述矣;刘歆、贾护之《汉记》,其比类也。司马撰《通鉴》,为一家著述矣;二刘范氏之长编,其比类也。两家本自相因,而不相妨害。拙刻《书教》篇中,所谓圆神方智,亦此意也。但为比类之业者,必知著述之意;而所次比之材,可使著述者出,得所凭藉,有以恣其纵横变化;又必知己之比类与著述者各有渊源,而不可以比类之密而笑著述之或有所疏,比类之整齐而笑著述之有所敲轻敲重则善矣。盖著述譬之韩信运兵,而比类譬之萧何转饷,二者固缺一而不可;而其人之才,固易地而不可为良者也。

《释通》上半篇考"通史"之起原,叙"通史"之流别,皆前人所未道。其下半篇论通史的利弊,尤为精到。兹摘录于次:

> 通史之修,其便有六:一曰免重复,二曰均类例,三曰便铨配,四曰平是非,五曰去牴牾,六曰详邻事。其长有二:一曰具剪裁,二曰立家法。其弊有三:一曰无短长,二曰仍原题,三曰忘标目。
>
> 何谓免重复?夫鼎革之际,人物事实,同出并见。……董卓、吕布,范、陈各为立传;禅位册诏,《梁》、《陈》并载全文:所谓复也。《通志》总合为书,事可互见,文无重出,不亦善乎?
>
> 何谓均类例?夫马立《天官》,班创《地理》;《齐》志《天

文》,不载推步;《唐》书《艺文》,不叙渊源:伊古以来,参差如是。……惟通前后而勒成一家,则例由义起,自就檃栝。《隋书》、《五代史志》,终胜沈、萧、魏氏之书矣。

何谓便铨配?包罗诸史,制度相仍。惟人物挺生,各随时世。自后妃宗室,标题著其朝代;至于臣下,则约略先后,以次相比。然子孙附于祖父,世家会聚宗支,一门血脉相承,时世盛衰亦可因而见矣。即楚之屈原将汉之贾生同传,周之太史偕韩之公子同科,古人正有深意,相附而彰,义有独断。末学肤受,岂得从而妄议耶?

何谓平是非?夫曲直之中,定于易代。然《晋史》终须帝魏,而周臣不立韩通。虽作者挺生,而国嫌宜慎。则亦无可如何者也。惟事隔数代,而衡鉴至公,庶几笔削平允,而折衷定矣。

何谓去牴牾?断代为书,……首尾交错,互有出入,则牴牾之端,从此见矣。居摄之事,班殊于范;二刘始末,范异于陈:统合为编,庶几免此。

何谓详邻事?僭国载记,四裔外国,势不能与一代同其终始;而正朔纪传,断代为编,则是中朝典故居全,而蕃国载记乃参半也。惟南北统史,则后梁东魏悉其端,而五代汇编,斯吴越荆潭终其纪矣。

凡此六者,所谓便也。

何谓具剪裁?通合诸史,岂第括其凡例,亦当补其缺略,截其浮辞,平突,填砌,乃就一家绳尺。若李氏南北二史,文省前人,事详往牒,故称良史。盖生乎后代,耳目闻见,自当有补前人。所谓凭藉之资,易为力也。

何谓立家法?陈编具在,何贵重事编摩?专门之业,自具体要。若郑氏《通志》,卓识名理,独见别裁,古人不能任其先声,后代不能出其规范,虽事实无殊旧录,而辨名正物,诸子之意,寓于史裁,终为不朽之业矣。

凡此二者,所谓长也。

何谓无短长?纂辑之书,略以次比,本无增损,但易标题,则刘知几所谓"学者宁习本书,怠窥新录"者矣。

何谓仍原题?诸史异同,各为品目,作者不为更定,自就新裁,《南史》有《孝义》而无列女,《通志》称《史记》以作时代,一隅三反,则去取失当者多矣。

何谓忘标目?……独行,方伎,文苑,列女诸篇,其人不尽涉于世事,一例编次,若《南史》吴逵、韩灵敏诸人,几何不至于读其书不知其世耶。

凡此三者,所谓弊也。

《说文》训通为达,自此之彼之谓也。通者所以通天下之不通也。

腊月上旬有《江宁金石记序》。(据原书)(《遗书》所载,题目文字皆略有不同。)

乾隆五十六年,辛亥(1791)。先生五十四岁。

是年仍在武昌为毕沅编《史籍考》。

作《陈伯思别传》(此传亦浙本《遗书》所未收)。

七月,周永年死,先生为作《周书昌别传》。

是年所作文有"辛亥草"中之《史德》篇、《唐书纠谬书后》、《读史通》、《驳孙何碑解》、《论文上弇山尚书》、《朱先生别传》等篇。此外又有"庚辛间草"中《同居》、《皇甫持正文集书后》、《李义山文集书后》、《韩柳二先生年谱书后》、《与邵二云》(辛亥),《与族孙守一论史表》(辛亥),《家书》七篇(庚戌),《元次山集书后》、《王右丞集书后》、《朱校韩文考异书后》、《东雅堂韩文书后》、《葛板韩文书后》、《朱子韩文考异原本书后》、《韩诗编年笺注书后》、《韩文五百家注书后》、《宜兴陈氏宗谱书后》、《冯瑶罂别传》、《曾麓亭传书后》……等篇。

是年始识胡虔(雏君)于武昌督署(《胡母墓表》),盖胡虔亦受聘来编《史籍考》也。先生为其母作墓表。(《柿叶轩笔记》卷首《胡虔传》)

是年先生似曾修《麻城县志》。(《横通》)

《史德篇》论主观可以夺真实,其言极精。

……史所贵者义也，而所具者事也，所凭者文也。……非识无以断其义，非才无以善其文，非学无以练其事，三者固各有所近也，其中固有似之而非者也。记诵以为学也，辞采以为才也，击断以为识也，非良史之才学识也。……能具史识者，必知史德。德者何？谓著书者之心术也。……所患夫心术者，谓其有君子之心而所养未底于粹也。……盖欲为良史者，当慎辨于天人之际，尽其天而不益以人也。尽其天而不益以人，虽未能至，苟允知之，亦足以称著书者之心术矣。而文史之儒，竞言才学识而不知辨心术以议史德，乌乎可哉？

　　夫是尧舜而非桀纣，人皆能言矣。崇王道而斥霸功，又儒者之习故矣。至于善善而恶恶，褒正而嫉邪，凡欲托文辞以不朽者，莫不有是心也。然而心术不可不虑者，则以天与人参，其端甚微，非是区区之明所可恃也。

　　夫史所载者事也，事必藉文而传，故良史莫不工文，而不知文又患于为事役也。盖事不能无得失是非。一有得失是非则出入予夺相奋摩矣。奋摩不已，而气积焉。事不能无盛衰消息。一有盛衰消息，则往复凭吊生流连矣。流连不已，而情深焉。凡文不足以动人。所以动人者，气也。凡文不足以入人。所以入人者，情也。气积而文昌。情深而文挚。气昌而情挚，天下之至文也。然而其中有天有人，不可不辨。气得阳刚而情合阴柔，人丽阴阳之间，不能离焉者也。气合于理，天也。气能违理以自用，人也。情本于性，天也。情能汩性以自恣，人也。史之义出于天，而史之文不能不藉人力以成文。人有阴阳之患，而史文即忤于大道之公。其所感召者微也。……阴阳伏沴之患，乘于血气而入于心知，其中默运潜移，似公而实逞于私，似天而实蔽于人，发为文辞，至于害义而违道，其人犹不自知也。故曰：心术不可不慎也。

又《说林篇》云："道，公也。学，私也。君子学以致其道，将尽人以达于天也。人者何？聪明才力，分于形气之私者也。天者何？中正平直，本于自然之公者也。故曰：道公而学私。"可为此篇"天"、"人"的注脚。又《答客问》说史的目的在"纲纪天人,推明大道",也是这个意思。

这年有《答吴胥石书》,九月十三再答。(并吴来书皆见《吴氏族谱稿存》)

乾隆五十七年,壬子(1792)。先生五十五岁。

是年,先生仍编《史籍考》(《与阮学使论求遗书》)。闰四月,先生著《纪年经纬考》成,有序。后嘉庆十一年唐仲冕刻此书,误题先生之姓为张。(姚名达《纪年经纬考序》)

是年,毕沅《续通鉴》修成,先生代毕沅作书寄钱大昕云:

《宋元编年》(此书初名如此)之役,垂二十年,始得粗就檃栝。拾遗补阙,商榷繁简,不无搔首苦心。……按司马氏书于南北朝之争相雄长,五代十国之角特鼎峙,其详略分合本于《左氏春秋》之详齐晋。而陈王薛三家纷纷续宋元事,乃于辽金正史束而不观,仅据宋人纪事之书,略及辽金继世年月,其为荒陋,不待言矣。徐昆山书最为晚出,一时相与同功,如万甬东,阎太原,胡德清诸君,又皆深于史事,宜若可以为定本矣。顾《永乐大典》藏于中秘,有宋东都则丹稜李氏《长编》足本未出,南渡则井研李氏《系年要录》未出,元代则文集说部散于《大典》中者,亦多逸而未见,于书虽称缺略,亦其时势使然,未可全咎徐氏。然如辽金正史止阅本纪,间及一二名人列传,而诸传志表全未寓目;宋嘉定后,元至顺前,荒略至于太甚,则不尽关遗编遗事之未出矣。……兹幸值右文盛治,四库搜罗,典章大备;遗文秘册,有数百年博学通儒所未得见,而今可借钞于馆阁者。……今宋事据丹稜、井研二李氏书而推广之,以其辽金二史所载大事无一遗落,又据旁籍以补其逸,亦十居三四矣。元事多引文集,而说部则慎择其可征信者。仍用司马氏例,折衷诸说异同,明其去取之故,以为"考异";惟不别为书,注于本文之下,以便省览。……计字二百三十五万五千有奇,为书凡二百卷。……鄙见区区自谓此书差有功于前哲,然眉睫之喻实著书之通患。高明何以教之?邵与桐校订颇勤,然商定书名则请姑标《宋元事鉴》,……

盖取不敢遽续《通鉴》。……章实斋因推《孟子》其事其文之义,且欲广吕伯恭氏撰辑,别为《宋元文鉴》,将与《事鉴》并立,以为后此一成之例。鄙以为……马《鉴》而后,续者似可不以《通鉴》为讳。且书之优劣不在名目异同。……名为《通鉴》而书之可嗣涑水与否,则存乎后人之衡度矣。……惟涑水之书中有评论,……鄙则以为据事直书,善恶自见。史文评论,苟无卓见特识发前人所未发,开后学所未闻,而漫为颂尧非桀,老生常谈;或有意骋奇,转入迂僻;前人所谓如释氏说法,语尽而继之以偈;文士撰碑,事具而韵之以铭:斯为赘也。今则姑从缺如,未为失司马氏意否?其年经国纬,撮其精要,以为目录,亦岁内可以讫功。大约明岁秋冬拟授刻矣。而章实斋乃云,"纪传之史引而不合,当用互注之法以联其散;编年之史浑灏无门,当用区别之法以清其类。"就求其说,则欲于一帝纪中略仿《会要》门目,取后妃,皇子,将相,大臣,方镇,使相,谏官,执事,牧守,令长之属,各为品类,标其所见年月,定著《别录》一篇,冠于各帝纪之首,使人于编年之中隐得纪传班部;以为较涑水目录举要诸篇尤得要领。且欲广其例而上治涑水原书,以为编年者法。然续书而遽改原书规模,嫌于无所师授。实斋则言其意本于杜氏治《左》别有世卿公子诸谱例耳。鄙意离合参半,未能抉择。凡此皆就质高明,如何如何?全书并录副本呈上,幸为检点舛误。

此书论《续通鉴》的义例,说的甚明白。但先生后八年作《邵与桐别传》,中有云:

已故总督湖广尚书镇洋毕公沅尝以二十年功属某(《文汇》本作"宾")客续《宋元通鉴》,大率就徐氏本稍为损益,无大殊异。公未惬心,属君(邵)更正。君出绪余,为之复审,其书即大改观。时公方用兵,书寄军营,读之,公大悦服,手书报谢,谓迥出诸家《续鉴》上也。公旋薨于军,其家所刻《续鉴》乃宾客初定之本。君之所寄,公薨后家旋籍没,不可访矣。("乃宾客"以下,《国朝文汇》本作"仅止数卷,杀青未竟,家旋籍没,君之所寄,不可访矣"。)

又先生之子贻选注云：

> 先师(邵)为毕公复审《续鉴》，其义例详家君代毕公论《续通鉴》书，与毕氏所刻仅就徐氏增损之本迥异。闻邵氏尚有残稿，恐未全耳。

适按，此事有可疑处。《续通鉴》初刻于嘉庆二年丁巳，即毕沅死之年，时邵晋涵已死了一年。毕沅家之抄没在嘉庆四年己未，是时《续鉴》尚未刻成，仅百三卷而止。后一年，嘉庆五年，冯集梧买得原稿全部，及不全板片，惜其未底于成，乃为补刻百十七卷，次年三月刻成，共二百二十卷。（据嘉庆六年三月冯集梧《续通鉴》序。）是先生作《邵传》之时（嘉庆五年），《续鉴》并未有刻本。先生传中所说，与贻选注中所说，似皆未可凭信。此一可疑。（若据《文汇》本，则毕家所刻，亦仅数卷，与事实相符。）况代致钱大昕书乃壬子所作，去刻书之时尚隔六年，而书中已言"邵与桐校订颇勤"的话（据王昶《与毕沅论续鉴书》，亦谓邵早参与），是邵氏校订之本已成于壬子之前，不容至己未付刻时犹用宾客初定之本。此二可疑。先生作《邵传》之年，即冯集梧买得《续鉴》原稿及残板之年，原稿尚在。先生说邵本"公薨后家旋籍没，不可访矣"的话，似亦无据。此三可疑。冯序又云："毕氏未刻稿本卷中凡分年处，俱各冠年号，与前已刻一百三卷体例不合，亦姑仍之。"疑当时刻书时，不止一个副本，一为冠年号本，一为不冠年号本。此二本中，冯氏得其一本。若邵氏定本果至毕沅出征时始寄到，不知即是此二本之一否？此亦可疑。又代致钱大昕书说此书只有二百卷，今冯刻本有二百二十卷，钱大昕作毕沅的《墓志铭》，亦称二百二十卷。岂壬子之后又增加二十卷耶？抑二百二十卷本为邵氏改定本耶？若如后说，则先生所痛惜之邵本今尚在人间，成为定本，更可宝矣。此亦一可疑也。又据《钱大昕年谱》，嘉庆二年始为毕沅复勘《续通鉴》。

〔附记一〕《续通鉴》冯刻本二百二十卷，虽署嘉庆二年，实成于嘉庆六年。板存嘉兴冯氏；同治丁卯归上海道应宝时，补刊六十五板；今归江苏书局。叶德辉《观古堂书目》作三百二十卷，注"嘉庆二年经训堂刻本"；《书目答问》亦作三百二十卷，皆误。惟莫友芝《郘亭目》所记作二百二十卷,不误。

〔附记二〕刻《续通鉴》之冯集梧,为作《苏诗合注》之冯应榴之弟,与先生为丁酉同年生,先生曾为作《奉砚图记》。

是年有《与邵二云论修宋史书》,有云:

> 足下今生五十年矣(邵氏生于乾隆壬戌),中间得过日多,约略前后自记生平所欲为者,度其精神血气尚可为者有几?盖前此少壮或身可有为,未可遽思空言以垂后世;后此精力衰颓,又恐人事有不可知。是以约计吾徒著述之事,多在五十六十之年。且阅涉至是不为不多,中见亦宜有所卓也。足下《宋史》之愿,大车尘冥,恐为之未必遽成;就使成书,亦必足下自出一家之指,仆亦无从过而问矣。

先生对于邵晋涵的期望最深,故时时督责之。又云:

> 近撰《书教》之篇,所见较前似有进境,与《方志三书》之议同出新著。……迁书所创纪传之法,本自圆神。后世袭用纪传成法,不知变通,而史才史识史学转为史例拘牵,愈袭愈舛,……如宋元二史之溃败决裂,不可救挽,实为史学之河淮、洪泽逆河入海之会。于此而不为回狂障堕之功,则滔滔者何所底止!夫……《纪事本末》本无深意,而因事命题,不为成法,则引而伸之,扩而充之,遂觉体圆用神。《尚书》神圣制作,数千年来可仰望而不可接者,至此可以仰追。岂非穷变通久自有其会;纪传流弊至于极尽,而天诱仆衷为从此百千年后史学开蚕丛乎?今仍纪传之体,而参本末之法,增图谱之例,而删书志之名。发凡起例,别具《圆通》之篇;推论甚精,造次难尽,须俟脱稿便当续上奉郢质也。

> 但古人云,载诸空言不如见诸实事。仆思自以义例撰述一书,以明所著之非虚语。因择诸史之所宜致功者,莫如赵宋一代之书。而体既与班马殊科,则于足下之所欲为者,不嫌同工异曲。惟是经纶一代,思虑难周,惟于南北三百余年,挈要提纲,足下于所凤究心者,指示一二,略如袁枢之有题目;虽不必尽似之,亦贵得其概而有以变通之也。……仆于此役,……恐如郑氏之

》《通志》,例有余而质不足以副耳。然足下进而教之,或竟免于大戾,未可知也。

此书可为《书教》三篇作一很好的注解。《书教》三篇实可代表先生晚年成熟的史学见解,今摘录如下:

> 三代以上,记注有成法而撰述无定名;三代以下,撰述有定名而记注无成法。夫记注无成法,则取材也难;撰述有定名,则成书也易。成书易,则文胜质矣。取材难,则伪乱真矣。伪乱真而文胜质,史学不亡而亡矣。(上)

> 撰述欲其圆而神,记注欲其方以智也。……记注藏往以智,而撰述知来拟神也。藏往欲其赅备无遗,故体有一定而其德为方。知来欲其决择去取,故例不拘常而其德为圆。

> 《尚书》一变而为左氏之《春秋》:《尚书》无成法而左氏有定例,以纬经也。左氏一变而为史迁之纪传:左氏依年月而迁书分类例,以搜逸也。迁书一变而为班氏之断代:迁书通变化而班氏守绳墨,以示包括也。……迁史不可为定法,固书固迁之体而为一成之义例,遂为后世不祧之宗焉。……后世失班史之意,而以纪表志传同于科举之程式,官府之簿书,则于记注撰述两无所似。

> 宪(即历)法久则必差,推步后而愈密,……史学亦复类此。……纪传行之千有余年,学者相承,殆如夏葛冬裘,渴饮饥食,无更易矣。然无别识心裁可以传世行远之具,而斤斤如守科举之程式,不敢稍变;如治胥吏之簿书,繁不可删;以云方智,则冗复疏舛,难为典据;以云圆神,则芜滥浩瀚,不可诵识。……曷可不思所以变通之道欤?

> 左氏编年,不能曲分类例。《史》《汉》纪表传志,所以济类例之穷也。族史转为类例所拘,以致书繁而事晦;亦犹训诂注疏所以释经,俗师反溺训诂注疏而晦经旨也。夫经为解晦,当求无解之初;史为例拘,当求无例之始。例自《春秋》左氏始也。盍求《尚书》未入《春秋》之初意欤?

> ……自《隋·经籍志》著录,以纪传为正史,以编年为古史,

历代依之,遂分正附,莫不甲纪传而乙编年。……《通鉴》病纪传之分,而合之以编年。袁枢《纪事本末》又病《通鉴》之合,而分之以事类。按《本末》之为体也,因事命篇,不为常格;非深知古今大体,天下经纶,不能网罗隳栝,无遗无滥。文省于纪传,事豁于编年;决断去取,体圆用神:斯真《尚书》之遗也。在袁氏初无其意,且其学亦未足与此,书亦不尽合于所称。……但即其成法,沉思冥索,加以神明变化,则古史之原隐然可见。……夫史为记事之书。事万变而不齐,史文屈曲而适如其事,则必因事命篇,不为常例所拘,而后能起讫自如,无一定之或遗而或溢也。……斟酌古今之史而定文质之中,则师《尚书》之意而以迁史义例通左氏之裁制焉。所以救纪传之极弊,非好为更张也。

……以《尚书》之义为迁史之传,则八书,三十世家,不必分类,……统名曰传。或考典章制作,或叙人事终始,或究一人之行,或合同类之事,或录一时之言,或著一代之文,因事命篇,以纬本纪。则较之左氏翼经,可无局于年月后先之累;较之迁史之分列,可无歧出互见之烦。文省而事益加明,例简而义益加精:岂非文质之适宜,古今之中道欤!至于人名事类合于本末之中,难以稽检,则别编为表以经纬之;天象地形,舆服仪器,非可本末该之,且亦难以文字著者,别绘为图以表明之。盖通《尚书》、《春秋》之本原,而拯马史班书之流弊,其道莫过于此。至于创立新裁,疏别条目,较古今之述作,定一书之规模,别具《圆通》之篇,此不具言。(下)

先生这个主张,在我们今日见惯了西洋史学书的人看来,固然不算新奇;但在当时,这确是一个很新奇的见解。故邵晋涵答书评此论云:

纪传史裁,参仿袁枢,是貌同心异。以之上接《尚书》家言,是貌异心同。是篇所推,于六艺为支子,于史学为大宗;于前史为中流砥柱,于后学为蚕丛开山。

很可惜的是先生的《圆通篇》始终不曾做成;更可惜的是先生的《宋史》也不曾成书。

《方志立三书议》的大旨说:

> 凡欲经纪一方之文献,必立三家之学……仿纪传正史之体而作《志》,仿律令典例之体而作《掌故》,仿《文选》、《文苑》之体而作《文征》。三书相辅而行,缺一不可。

是年先生尚有《史学别录例议》一篇,即代毕沅论《续鉴》书中所说《别录》的例议。其大旨分二种办法。一为纪传之史的别录:

> 于纪传之史,必当标举事目,大书为纲,而于纪表志传与事连者,各于其类附注篇目于下,定著《别录》一篇,冠于全书之首,俾览者如振衣之得领,张网之得纲。治纪传之要义,未有加于此者也。

一为编年之史的别录:

> 今为编年而作别录,则如每帝纪年之首,著其后妃,皇子,公主,宗室,勋戚,将相,节镇,卿尹,台谏,侍从,郡县守令之属,区别其名,注其见于某年为始,某年为终。……其大制作,大典礼,大刑狱,大经营,亦可因事定名,区分名目,注其终始年月。……至于两国聘盟争战,亦可约举年月,系事隶名。

是年夏,先生长子贻选自亳州入京,访周震荣于固安。秋,先生嘱访张维祺于单县馆次,冬十月,周震荣卒。(《张介邨家传》、《周笈谷别传》)

乾隆五十八年,癸丑(1793)。先生五十六岁。

是年先生仍编《史籍考》。(《与阮学使论求遗书》)

先生自亳州到武昌时,仅携一妾自随,家口仍留在亳州。至是年家眷始自亳归会稽,先生所藏书之大部分亦于此时寄归,先生在湖北买楠木书橱十二只,寄归收藏精要书籍。(《瀚云山房乙卯藏书目记》)

是年有《与广济黄大尹论修志书》(据《内藤目》,题下有"癸丑录存"四字)。自壬子以来,先生任《湖北通志》事。《通志》不知起于何年;按先生代毕沅作《通志序》,所说年代,甚不分明。初看来,好像《通志》始于乾隆五十四年己酉;但下文又说"凡再逾年而始得卒业",据此,则又似《通志》始于壬子。先生壬子任《志》事,屡见于《遗书》中,如《李清臣哀辞》、《孝义合祠碑记》等。以"再逾年"之语推之,当成于癸丑甲寅之间。先生在这几年之中,除主修《通志》外,尚修有湖北的几种府县志。(一)为《常德府志》,凡一年而成,为书二十四篇:纪二,考十,表四,略一,传七。别有《文征》七卷,《丛谈》一卷。(《为毕制府撰常德府志序》)(二)为《荆州府志》,名为知府崔龙见撰,实亦先生所撰:首纪,次表,次考,次传。亦附有《文征》及《丛谈》。卷数未详。先生且亲到荆州。(《为毕制府撰荆州府志序》;参考《复崔荆州书》。)(此二志年岁不可考,《荆州志》大概成于癸丑甲寅之间,故《复崔荆州书》有"鄙人又逼归期"的话,当即指甲寅年离湖北。故附记于此年。)

是春,草稿册名《癸春存录》。又有《癸丑存录》。(浙本目)

是秋,先生节钞友人王凤文《云龙纪往》为《云龙纪略》,字句多不尽同,而事实无稍去取。(《纪略》)

乾隆五十九年,甲寅(1794)。先生五十七岁。

是年《湖北通志》脱稿。三月中,乾隆帝巡幸天津,毕沅入觐。(《东华录》乾隆一百十九,钱大昕、毕沅墓志。)

毕沅入觐时,嘱先生于湖北巡抚惠龄。惠龄不喜先生之文(《刘湘煃传跋》),余人谗毁先生者亦甚众。时有进士嘉兴陈熷者,乞先生推荐为"校刊"之事,先生为宛转荐于当道,以为"校刊"不过校正字句之讹错而已。不意陈熷受委后,即大驳《通志》全书之不当,以为宜重修。当事大赞赏其议,批云,"所论具见本源。"先生大愤。及毕沅回省,令先生答复陈议,先生著有《驳陈熷议》一卷。(《方志辨体》,《丙辰札记》)

是年,八月,毕沅以湖北邪教案奏报不详实,被议,降补山东巡抚,并罚交湖广总督养廉五年,再罚山东巡抚养廉三年。(详见《东华录》乾隆一百十九)

毕沅既去,先生亦离湖北。时《通志》问题尚未解决。有蕲州陈诗者,曾以十年之功,著《湖北旧闻》一书,独赏识先生之书,以为非苟作。时陈诗居武昌府知府胡齐仑幕中,胡请于当道,以《通志》属陈校定。先生亦自幸此书落陈手。临别时,陈语先生云:"吾自有书,不与君同面目。然君书自成一家,必非世人所能议得失也。吾但正其讹失,不能稍改君面目也。"(《丙辰札记》,风雨楼本,页三十八。)

《湖北通志》全书分四大部分:

一、《通志》七十四篇:

二纪:(1)皇言纪,(2)皇朝编年纪。(附前代)

三图:(1)方舆,(2)沿革,(3)水道。

五表:(1)职官,(2)封建,(3)选举,(4)族望,(5)人物。

六考:(1)府县,(2)舆地,(3)食货,(4)水利,(5)艺文,(6)金石。

四政略:(1)经济,(2)循绩,(3)捍御,(4)师儒。

五十三传:(目多不载,看《遗书》十四。)

二、掌故六十六篇:

吏科　分四目:官司员额,官司职掌,员缺繁简,吏典事宜。

户科　分十九目:赋役,仓庾,漕运,杂税,牙行等。

礼科　分十三目:祀典,仪注,科场条例等。

兵科　分十二目:将备员额,各营兵丁技艺额数,武弁例马等。

刑科　分六目:里甲,编甲图,囚粮衣食,三流道里表等。

工科　分十二目:城工,塘汛,江防,铜铁矿厂,硝矿,工料价值表等。

三、文征八集:

甲集上下哀录正史列传。

乙集上下哀录经济策画。

丙集上下哀合词章诗赋。

丁集上下哀录近人诗词。

四、丛谈四卷:

(1)考据,(2)轶事,(3)琐语,(4)异闻。

先生后来以箧中保存的《志》稿,汇订为《湖北通志检存稿》二十四卷,今浙本《遗书》之卷十四,十五,十六,十七,四卷是也。又《湖北通志未成稿》一卷,今编为《遗书》卷二十。观此诸卷,可见全书大凡。今录一序一书,以见先生著书之主旨:

《为毕制府拟进湖北三书序》(此题从灵鹣阁《文史通义补编》本)

……臣愚以为志者,识也;典雅有则,欲其可以诵而识也。……今参取古今志义例,剪截浮辞,禀酌经要,分二纪,三图,五表,六考,四略,五十四传,以为《通志》七十四篇,所以备史裁也。臣又惟簿书案牍不入雅裁,而府史所职,《周官》不废。汉臣贾谊尝谓古人之治天下,至纤至悉;前人以为深于官礼之言。今曹司吏典之程,钱谷甲兵之数,志家详之则嫌芜秽,略之又惧阙遗。此坐不知小行人分别为书之义也。今于《通志》之外,取官司见行章程,分吏户礼兵刑工,叙其因革条例,别为《掌故》一书,凡六十六篇,所以立政要也。臣又惟两汉而后,学少专家,而文人有集。集者,非经而有义解,非史而有传记,非子而有论说:无专门之长,而有偶得之义,是以尚选辑焉。志家往往选辑诗文,为艺文志。不知文艺仿于汉臣班固,乃群籍之著录,而方志不知取法,猥选诗文,亦失古人分别之旨。今于本志正定艺文著录,更取传记论说诗赋箴铭诸篇,编次甲乙丙丁上下八集,别为《文征》一书,所以俟采风也。

昔隋儒王通尝谓古史有三:《诗》、《书》与《春秋》也。臣愚以为《方志》义本百国春秋,《掌故》义本三百官礼,《文征》义本十五国风。古者各有师授渊源,各有官司典守。后世浸失其旨,故其为书,离合分并,往往不伦。然历久推衍,其法渐著。故唐宋以来,正史而外,有《会要》、《会典》,以法官礼;《文鉴》、《文类》以仿风诗。盖不期而合于古也。惟方志厘剔未清,义例牵混,前后一辙,难为典则,不足以备国史要删。臣忝为旧史官,……用是兢兢与从事诸臣丁宁往复,勒为三家之书,以庶几于行人五物之义。他日柱下发藏,未必无所取也。

先生自跋(此跋但见于灵鹣阁本)云:

此序虽为拟笔,实皆当日幕中讨论之辞。制府欣然首肯,且矜言于众,谓于斯事得未曾有也。呜呼,知己之感,九原不可作矣!

先生与陈观民工部(即陈诗)论《史学》及《湖北通志》书云：

仆论史事详矣。大约古今学术源流，诸家体裁义例，多所发明。至于文辞，不甚措议。盖论史而至于文辞，末也。然就文论文，则一切文士见解不可与论史文。譬之品泉鉴石，非不精妙，然不可与测海岳也。即如文士撰文，惟恐不自己出；史家之文，惟恐出之于己：其大本先不同矣。史体述而不造。史文而出于己，是谓言之无征。无征，且不信于后也。……是故文献未集，则搜罗咨访，不易为功。……及其纷然杂陈，则贵决择去取。……

仆于平日持论若此，而《通志》之役则负愧多矣。当官采访者，多于此道茫如，甚且阴以为利。……府县官吏疲懒不支。其有指名征取之件，宪司羽檄叠催，十不报六。而又逼以时限，不能尽其从容。中间惑于浮议，当事委人磨勘。……以此败意，分其心力。然于众谤群哄之际，独恃督府一人之知，而能卓然无所摇动，用其别识心裁，勒成三家之书，各具渊源师法，以为撰方志者凿山浚源；自诩雅有一得之长，非漫然也。

夫著述之事，创始为难，踵成为易。仆阙然不自足者，传分记人记事，可谓辟前史之前蹊矣；而事有未备，人有未全。盖采访有阙，十居七八；亦缘结撰文字非他人所可分任，而居鲜暇豫，不得悉心探讨，以极事文之能事，亦居十之二三也。……

《文征》之集，实多未备，则缘诗文诸集送局无多，藏书之家又于未及成书而纷纷催还原集，是以不得尽心于选事也。然仆于文体粗有解会，故选文不甚卤莽。……至于诗赋韵言乃是仆之所短，故悉委他人而已无所与。不幸所委非人，徇情通贿，无所不至。恶劣诗赋不堪注目者，仆随时删抹；而奸诡之徒又贿抄胥私增，诚为出人意外。然仆毕竟疏于复勘，当引咎耳。惟是史志经世之业，诗赋本非所重；而流俗骛名，辄以诗赋相请托。情干势挟，蜂涌而来；督府尚且不能杜绝，何况馆中？仆是以甲集选辑纪传，乙集选集议论，而诗赋特分于丙丁二集：丙集专载佳篇，丁集专收恶滥；譬居家者必有厕圂而后可以洁清房舍！他时势去人亡,则丁集自可毁板。此中剧有苦心,恨委任失人,不尽如仆意也。

……第有稍进于足下者。……前日奉质《顾天锡父子列传》,全出《白茅堂集》;其文几及万言,而仆所自出己意为联络者,不及十分之一;此外多袭原文,可覆按也。然周窥全集而撷其要领,剪裁部勒,为此经世大篇,实费数日经营,极有惨淡苦心。不见顾氏集者,不知斧凿所施。既见顾氏之集,则此传乃正不宜忽也。《嘉定蕲难》之传,全本赵氏之《泣蕲录》;惟末段取《宋史·贾涉传》,载其淮北之捷及斩徐挥二事,为《泣蕲录》吐气,以慰忠义之心。其文省赵氏原文至十之六七,而首尾层折乃较原录更为明显,亦非漫然为删节也。……史家点窜古今文字,必具"天地为炉,万物为铜,阴阳为炭,造化为工"之意,而后可与言作述之妙。当其得心应手,实有东海扬帆,瞬息千里,乘风驭云,鞭霆掣电之奇;及遇根节蟠错,亦有五丁开山,咫尺险巇,左顾右眄,椎凿难施之困。非亲尝其境,难以喻此中之甘苦也。而文士之见惟知奉韩退之所以铭樊绍述者,不惮怵目刿心,欲其言自己出。此可为应举避雷同之法;若以此论著述,不亦戋戋乎私且小耶?

此书首论史文之"述而不造"、"惟恐出之于己",真数千年史家未发之至论。中间叙修志时之种种困难,末段自述作文的方法,皆绝重要之传料。

是年先生自湖北回乡。(《杜燮均传》、《二代合传》,又汪辉祖《梦痕余录》页五七。《跋甲乙剩稿》则谓"乙卯返故乡"。)《梦痕余录》说先生"甲寅归自湖北,就馆近省,往来吾邑,必过余叙谈"。似先生自甲寅以后不曾回至湖北。

楚游五年《史籍考》功程已十之八九,竟不得卒业!(《与阮学使论求遗书》)

是年汪中(容甫)死,年五十一。汪中以文学高才兼治经学,负当时重望;王念孙序其遗书,谓"宋以后无此作手矣"。先生独于汪氏深致不满意,有《立言有本》一篇及《述学驳文》四篇,皆为汪氏作。

其《立言有本》篇云：

> 江都汪容甫工词章而优于辞令；苟善成之则渊源非无所自。……无如其人聪明有余而识力不足，不善尽其天质之良而强言学问，恒得其似而不得其是。……今观汪氏之书矣。所为《内篇》者，首解参辰之义，……次明三九之说，……大约杂举经传小学，辨别名诂义训，初无类例，亦无次序。苟使全书果有立言之宗，恐其孤立而鲜助也。杂引经传以证其义，博采旁搜以畅其旨，则此纷然丛出者亦当列于《杂篇》，不但不可为"内"，亦并不可谓之"外"也。而况本无著书之旨乎？……观其《外篇》，则序记杂文，泛应词章（代毕制府《黄鹤楼记》等亦泛入），斯乃与"述学"标题，如风马牛。列为《外篇》，以拟诸子，可为貌同而心异矣。

此评实中《述学》的根本毛病。《述学》乃是一种文集，不是著作。

先生之《述学驳文》四篇则有得有失。《驳释三九》一篇，无关宏旨，今姑不论。其《驳墨子序》前半驳汪中谓墨子之诬孔子等于孟子之诬墨子，实不能使读者心服。汪中论墨子，实有独见处；如云：

> 自儒者言之，孔子之尊固生民以来所未有矣。自墨者言之，则孔子，鲁之大夫也；而墨子，宋之大夫也。其位相埒，其年又相近。其操术不同，而立言务以求胜，此在诸子百家，莫不如是。是故墨子之诬孔子，犹老子之绌儒学也。

又如：

> 自墨子没，其学离而为三，徒属充满天下。吕不韦再称"巨子"（《去私篇》、《尚德篇》），韩非谓之"显学"。至楚汉之际而微（《淮南子·泛论训》），孝武之世，犹有传者，见于司马谈所述。（适按，此则不然，司马谈实未见墨子之书，司马迁不为立传，《孟荀列传》仅有二十余字，疑亦后人所加。）于后遂无闻焉。惜夫！以彼勤生薄死而务急国家之事，后之从政者，固宜假正议以恶之哉！

此等议论实二千余年来人所不敢发。实斋讥为"好诞"，如何能令人心服呢？《驳墨子序》的后半驳汪中论史佚等六家为墨家之渊源，则确有特见。先生向来主张孔子以前并无诸子著书之事,故云:"其人有生孔子前者,如管子上溯太公之类,皆是后人撰辑,非其本人所自为。……《汉志》道家有伊尹、太公,墨家有尹佚等六家之书,皆在墨子以前。……盖道家有称伊尹、太公之言,后人则误为太公、伊尹之书;墨家有称尹佚之言,后人则误为尹佚之书。……而汪中叙六家为墨氏渊源,不其慎乎?"此言固是卓识,但先生之理由则不充足。先生说:"夫《春秋》以前,尚无诸子著书之事,而厚诬商周之初有如衰世百家,自于官守典章之外,特著一书以传世乎?"此论不能成立。其实说商周之初有人著书,乃是"过誉",并非"厚诬"! 然此乃古今观点不同,我们亦不能过责实斋。

汪中的《释媒氏文》说《周礼》媒氏"中春之月,令会男女;于是时也,奔者不禁;若无故而不用令者,罚之"一条,谓"会"读若"司会"之会,训为"计";又谓"其有三十不娶,二十不嫁,虽有奔者,不禁焉。非教民淫也;所以著之令,以耻其民,使及时嫁子娶妇也。……《月令》,仲冬之月,农有不收藏积聚者,马牛畜兽有放佚者,取之不诘。非教民盗也;所以著之令,以惧其民,使及时收敛也"。此说虽有意为《周礼》解脱,——其实原文"会"字当如郑玄说,不必作"计"字解;原令乃是《周礼》最大胆的特识,正不须为他辩护,——然大旨不错。先生《驳文》太迂腐,实无道理。

汪中的《女子许嫁而婿死从死及守志议》,痛论未嫁女子守贞及从死的非礼,乃是一篇极重要的文字。其自跋云:

> 昏姻之礼成于亲迎。后世不知,乃重受聘。以中所见,钱塘袁庶吉士之妹幼许嫁于高,秀水郑赞善之婢幼许嫁于郭;既而二子皆不肖,流荡转徙,更十余年,婿及女之父母咸愿改图,而二女执志不移。袁嫁数年,备受箠楚,后竟卖之。其兄讼诸官而迎以归,遂终于家。郑之婢为郭所窘,服毒而死。传曰:"好仁不好学,其蔽也愚。"若二女者,可谓愚矣。本不知礼而自谓守礼,以陨其生,良可哀也。传曰:"一与之齐,终身不二",不谓一受其聘终身不二也。又曰:"烈女不事二夫",不谓不聘二夫也。

此乃社会问题的讨论,其用意与立言皆深可佩服。实斋乃作长文驳之,谓为"有伤于名义",谓为"丧心",谓为"伯夷与盗跖无分"。此真"绍兴师爷"之伦理见解!此等处又可见实斋对于当时负重名的人,颇多偏见,几近于忌嫉,故他对于他们的批评往往有意吹毛求疵,甚至于故入人罪。例如此文谓汪中论女子未婚守志,"斥之为愚,为无耻,比之为狂易";又谓其论未婚殉夫,"指为狂惑丧心"。实则汪中原文只用"愚"字,其他字样皆原文所无。

乾隆六十年,乙卯(1795)。先生五十八岁。

作《瀚云山房乙卯藏书目记》,有"四十余年远道归来,葺居仅足容身,器用尚多不给,而累累书函乃为长物,可慨也夫"之语。书凡五千帙,五万余卷。

是年正月,毕沅由山东巡抚回至湖广总督原任。时湖南苗石三保作乱;毕沅奉命筹办粮饷军火,调兵防守攻剿,遂无暇顾及编书的事。故先生亦未回至湖北。

浙本《遗书》卷二十一为《乙卯札记》一卷,另有风雨楼排本,亦题为《乙卯札记》。今按此卷实非乙卯一年之作,中有远在六七年前者;如"得邵二云书,历城周书昌永年编修逝矣"一条,以《周书昌别传》考之,明是乾隆辛亥所记。此条在一卷之中间(浙本二十七页之十四,风雨楼本四十二页之二十一),可见此卷之作尚远在辛亥之前。题为《乙卯札记》,实是错误。风雨楼本卷末有"此册实斋先生五十八岁以前所记。复灿志"一行。此言近是。此卷末条论陆游《入蜀记》,乃驳陈燿之语,(《驳议》云:"《入蜀记》人地俱无关于湖北,宜删。")先生先已驳云:"今按其文叙欧阳文忠夷彝旧迹,即今归州境也。"(今见《遗书》十四,页二十四。)于此处又驳云:"自其年八月十一日自江州至赤沙湖入境,为今黄州地;中历州县无数;至十月二十二日自巴东至巫山县出境,为今宜昌地。逐日为记,计日七旬有余;江行纡曲,为地二千里,书盈三卷;……皆今湖北境内名迹胜事也。……今签驳云云,是将陆氏所经水道二千余里,皆化作鸟道云烟也。"此可见此条作于甲寅驳议之后,大概在此年。故此卷当定为"始于辛亥以前,终于乙卯"。

是年四月之晦,先生到道墟一次,作了《像赞》多篇(《仲贤公三世像记》)。今尚保存。

十月,离家往扬州。十二月送灶日,跋《甲乙剩稿》,此稿是昨今二年在会稽所作,没有什么重要文章。

冬,阮元督学浙江(本传),先生有《与阮学使论求遗书》,亦在《邗上草》内。

嘉庆元年,丙辰(1796)。先生五十九岁。

二月,自扬州暂归会稽,将往湖北(《跋丙辰山中草》)。在扬州时所作文,统名曰《邗中草》,可考者甚多,较要者为《墓铭辨例》、《驳张符骧论文》、《与吴胥石二简》。在扬州大约为高邮沈氏参校《家谱》,所作有《高邮沈氏家谱序》及《叙例》,皆在《邗中草》内。(《沈浔州传》、《跋甲乙剩稿》)

春间居乡,曾过道墟(《后宅分祠碑》)。宗人修辑家庙告成,祭祖,适宗老有病,命先生摄主献酬。祀毕,因与宗人论旧谱荒不易辑,拟试为之。作《神堂神主议》及传记序多篇。(《十叔父八十序》、《元则公又昌公二代合传》)

作汪辉祖《史姓韵编》及《二十四史同姓名录》二书合序,大旨谓"史之大忌,文繁事晦。史家列传,自唐宋诸史,繁晦至于不可胜矣。倘欲文省事明,非复人表不可。人表实为治经业史之要册,而姓编名录又人表之所从出也。故曰专门之学,不可同于比类征事书也"。

三月有《与汪辉祖书》,说明两书合序之故。又云:

> 近日学者风气,征实太多,发挥太少,有如蚕食叶而不能抽丝。故近日颇劝同志诸君多作古文词,而古文词必由纪传史学进步,方能有得。……韩子文起八代之衰,而古文失传亦始韩子。盖韩子之学宗经而不宗史,经之流变必入于史,又韩子之所未喻也。

末有云:

> 拙撰《文史通义》,中间议论开辟,实有不得已而发挥,为千古史学辟其榛芜。然恐惊世骇俗,为不知己者诟厉,姑择其近情而可听者,稍刊一二,以为就正同志之质,亦尚不欲遍示于人也。

据此,则《文史通义》于先生未死时已有选刻本,今不可见矣。

是年所作《文史通义》稿,名为《丙辰山中草》,凡十六篇(跋)。除上述二篇外,可考者,为《文德篇》、《答问篇》、《古文十弊篇》、《淮南子洪保辨》、《答某友请碑志书》(此据《内藤目》题下注),《与胡稚君论校胡稚威集》、《跋屠怀三制义》(据会稽徐氏钞本题下注),《论学十规》(此据臧镛堂《丙辰山中草跋》),及时文序一,与人书数篇(同上)。此外又有札记二段后与丁巳年札记二段合为《古文公式篇》。此诸篇中,无甚重要者,今略举"古文十弊"如下:

(一)剜肉医疮,(二)八面求圆,(三)削趾适屦,(四)私署头衔,(五)不达时势,(六)同里铭旌,(七)画蛇添足,(八)优伶演剧,(九)井底天文,(十)误学邯郸。

《遗书》有《丙辰札记》一卷(浙本卷二十二,亦有风雨楼本),此卷亦非丙辰一年之作,其下半乃丁巳年作也。

是年湖北白莲教起。七月,毕沅由山东巡抚复任湖广总督,忙于用兵。先生欲往续编《史籍考》,因兵事未决,迁延过夏,独自编纂,以至仲秋,始决计北上。八月二十一日,跋《丙辰山中草》,旋离家。(《与汪龙庄简》、《与邢会稽书》、《跋丙辰山中草》、《东华录》)

是年夏,朱筠之弟朱珪(石君)实授为两广总督;六月内调;七月授川陕总督,未到任;旋补安徽巡抚(《东华录》)。先生得信较迟,九月十二日,有《上朱中堂世叔书》,内中云:"楚中教匪尚尔稽诛。弇山制府武备不遑文字。小子《史考》之局,既坐困于一手之难成;若顾而之他,亦深惜此九仞之中辍。迁延观望,日复一日。今则借贷俱竭,典质皆空,万难再支。只得沿途托钵,往来青徐梁宋之间,悯悯待倘来之馆谷。可谓急矣。"书中托朱珪推荐至河南大梁书院或直隶莲池书院。有云:"以流离奔走之身,忽得藉资馆谷,则课诵之下得以心力补苴《史考》,以待弇山制府军旅稍暇,可以蔚成大观,亦不朽之盛事,前人所未有也。而阁下护持之功,当不在弇山制府下矣。"此书之末云:"近刻数篇呈海。题似说经,而文实论史。议者颇讥小子攻史而强说经,以为有意争衡,此不足辨也。……古人之于经史,何尝有彼疆此界,妄分孰轻孰重哉?小子不避狂简,妄谓史学不明,经师即伏孔贾郑,只是得半之道。《通义》所争,但求古人大体,初不知有经史门户之见也。"按此可见上年《与汪辉祖书》所说欲刻之诸篇,大抵即《易教》三篇,《书教》三篇,《诗教》二篇。故云"题似说经"。又内藤藏本《遗书》目于此八篇下皆注"已刻"二字,可以为证。

九月十九日,自杭州解缆。行向不详(似系扬州)。岁杪始抵安庆,投朱珪,并因以识布政使陈奉兹(东浦)。(《与邢会稽》、《与赵山阴》、《陈诗序》)

是年六月十五日,邵晋涵卒于北京,年五十四。(《邵与桐别传》注)

(《内藤谱》记先生是年四月二十三日游扬州北城三皇庙,既而归乡,岁杪赴安庆,为道员陈东浦作诗序。适按,丁巳年《札记》中言丙辰四月二十三日游于北城三皇庙,但未言扬州;内藤先生不知系据此条否。以《丙辰山中草》考之,则先生已于二月归乡,直至八月底始出门,则三皇庙当属绍兴也。又为陈东浦作诗序,乃是丁巳年二月之事,不当在此年。"道员"二字亦误,《诗序》有"遍历三司"之语,可证其此时已非道员。据《安徽通志·职官表》,此年布政使是德化人陈奉兹。陈东浦是德化人,可知即是陈奉兹,而且做了安徽布政使了。又姚鼐作陈东浦墓志铭,更可证。)

嘉庆二年,丁巳(1797)。先生六十岁。

春,在安庆。作《天玉经解义序》。此书为相地之书,先生序中驳"古无相地之学"之说,引《周官》墓大夫掌辨兆域,谓"候风脉水之理未尝不具于中矣!"可见实斋终不能全脱绍兴师爷的见解。

正月十七,上书朱珪,谋偕胡虔同往杭州,借浙江巡抚谢启昆,学使阮元之力,续编《史籍考》。(《又上朱大司马书》)

二月,作《陈东浦方伯诗序》,此序论诗颇具特识,如云:

> 学诚尝推刘、班区别五家之义(《汉书·艺文志》序诗赋百六家分为五种,亦不明言其所以分五种之故)以校古今诗赋,寥寥鲜有合者。……或反诘如何方合五家之推,则报之曰:古诗去其音节铿锵,律诗去其声病对偶,且并去其谋篇用事琢句炼字一切工艺之法,而令翻译者流,但取诗之意义演为通俗语言,此中果有卓然其不可及,迥然其不同于人者,斯可以入五家之推矣。

>　苟去是数者,而枵然一无所有,是工艺而非诗也。

这个标准可谓辣极！只有真诗当得起这个试验。章实斋若生晚两百年,他一定会赞成白话诗！

三月,在安徽桐城阅试卷(《丙辰札记》页三七)。所作文稿名《桐署偶钞》。(浙本目)

姚鼐此时尝圈点先生规正孙星衍书稿。(据《与朱少白书》)(此书稿似即已佚的《与孙渊如观察论学十规》,或尚存的《书原性篇后》)

先生在桐城时,作《地志统部》,规洪亮吉之非(徐本隐目)。盖因是年洪亮吉刻《卷施阁文集》,载《与章进士书》,反驳先生十年前之说,先生三月十七日《与朱少白书》云：

>　弟辨地理统部之事,为古文辞起见,不尽为辨书也。洪、孙诸公,洵一时之奇才；其于古文辞,乃冰炭不相入；而二人皆不自知香臭：弟于是谓知人难,自知尤不易也。

>　诗与八股时文,弟非不能一二篇差强人意者也。且其源流派别,弟之所辨,较诗名家、时文名家转觉有过之而无不及矣。然生平从不敢与人言诗言时文者,为此中甘苦未深,漆雕氏所谓于斯未能信耳。

>　故其平日持论,关文史者,不言则已；言出于口,便如天造地设之不可摇动。此种境地,邵先生(二云)与先师(朱笥河)及君家尚书朱珪(石君)皆信得及。此外知我者希,弟亦不求人知。足乎己者,不求乎外也。

>　以洪君之聪明知识,欲弹驳弟之文史,正如邵先生所云："此等拳头,只消谈笑而受,不必回拳而彼已跌倒"者也。

>　今彼刻驳弟之书,乃因讪于口辨(先生曾在洪家辨过)而遂出于装点捏造,殆较驳邵为更甚矣。此书即使出弟身后,儿辈力量尚能驳正,平日闻弟之教如史余邨及虎姿舍侄皆能谈笑而挥者也。……

>　大抵身履其境,心知其意,方有真见解。不用功于实际,则见解虽高而难恃也。

又云：

> 程易畴（刘本误作田）之子孙、洪诸君，自较胜矣。彼刻《通艺录》，直《周官》之精要义也。而不今不古之传志状述，犹自以为文也，而亦列其中，岂非自村俚供招？

程易畴（瑶田）与先生亦熟悉。据《庚辛之间亡友传》，庚子辛丑之际，何思钧托先生求儿师，先生既荐顾九苞而时往谈款。时程易畴亦寓于何，出其著述，共相叹赏，以为得未曾有。

三月底，返安庆。(《与朱少白书》)

五月，陈东浦介绍先生到扬州，投盐运使曾燠（宾谷），至秋始得见曾。曾燠在扬州颇招致名士，提倡风雅，此时方拟修方志，有延先生主其事之意。后志事似作罢，先生留扬州至岁暮辞归，有《丁巳岁暮书怀投赠宾谷转运因为志别》七古长诗一篇，历叙一生的遭际，最可供传料。诗中自注尤重要。

在安徽时，屡与朱珪及朱筠之子锡庚（少白）通信。又有《湖北通志检存稿跋》，谓"今志事为寇棼所阻，尚未刊行。故汇订存稿为二十四卷"。又作《湖北通志辨例》一卷。（按现今尚存的《湖北通志检存稿》仅有四卷，则所佚尚多。）又作《方志辨体》一篇。(《丙辰札记》之丁巳部分)

是年七月，毕沅卒于辰州军中。故先生诗有"终报前军殒大星；三年落魄还依旧，买山空羡林泉茂"之句。

曾燠有《赠章实斋国博》诗，写先生之奇丑，也是一种有趣味的史料，故附录于此：

> 章公得天秉，赢绌迥殊众。岂乏美好人？此中或空洞。君貌颇不扬，往往遭俗弄。王氏鼻独齇，许丞听何重？（参看上文引洪亮吉诗"君托左耳聋"之句。）话仿仲车画，书如洛下讽。又尝患头风，无檄堪愈痛。况乃面有瘢，谁将玉瑰砻？五官半虚设，中宰独妙用。试以手为口，讲学求折衷。有如遇然明，一语辄奇中。古来记载家，庋置可充栋。歧路互出入，乱丝鲜穿综。散然体例纷，聚以是非讼。孰持明月光，一为扫积霿？赖君雅博辨，书出世争诵。笔有雷霆声，訇訇止市哄。续鉴追温公，选文

驳萧统。乃知貌取人,山鸡误为凤。武城非子羽,谁与子游共?
感君惠然来,公暇当过从。

此诗见杨钟羲《雪桥诗话》三集卷八,亦见于《章氏会谱德庆四编》卷十,杨君又引谢蕴山《怀人》诗有"耳聋挥麈易,鼻垩运斤难"之句,亦为先生作也。

是年袁枚死,年八十二。先生对于同时的三个名人,戴震,汪中,袁枚,皆不佩服,皆深有贬辞。但先生对戴震,尚时有很诚恳的赞语;对汪中,也深赞其文学;独对袁枚,则始终存一种深恶痛绝的态度。《遗书》中专攻击袁枚之文,凡有五篇:(一)《妇学》,(二)《妇学篇书后》,(三)《诗话》,(四)《书坊刻诗话后》,(五)《论文辨伪》。攻袁之端始见于此年;《丁巳札记》有一条云:

> 近有无耻妄人,以风流自命,蛊惑士女,大率以优伶杂剧所演才子佳人惑人。大江以南,名门大家闺阁多为所诱,征诗刻稿,标榜声名:无复男女之嫌,殆忘其身之雌矣! 此等闺娃,妇学不修,岂有真才可取? 而为邪人播弄,浸成风俗。人心世道大可忧也!

此即《妇学》诸篇之动机与目的。先生之攻戴震,尚不失为诤友;其攻汪中,已近于好胜忌名;至其攻袁枚,则完全是以"卫道"自居了!《妇学》篇有云:

> 自宫禁革除女乐,官司不设教坊,则天下男女之际无有可以假藉者矣。其有流娼顿妓,渔色售奸,并干三尺严条,决杖不能援赎(职官生监并是行止有亏,永不叙用)。虽吞舟有漏,未必尽罥爱书;而君子怀刑,岂可自拘司败?

这完全是"绍兴师爷"的口吻。其《书后》有云:

> 《妇学》之篇,所以救颓风,维风教,饬伦纪,别人禽,盖有所不得已而为之,非好辨也。

袁枚的为人,自然有许多不满人意之处。但此人在那个时代,勇于疑古,敢道人所不敢道的议论,自是一个富有革命性的男子。他论诗专主性情风趣,立论并不错,但不能中"卫道"先生们的意旨,故时遭他们的攻击。《妇学》篇之所以流通最早最广者,正是为此。实斋

之攻袁氏,实皆不甚中肯。如云:

> 彼不学之徒,无端标为风趣之目,尽抹邪正贞淫,是非得失,而使人但求风趣。甚至言采兰赠芍之诗有何关系,而夫子录之,以证风趣之说。无知士女顿忘廉检,从风波靡。是以六经为导欲宣淫之具,则非圣无法矣。

又云:

> 略《易》、《书》、《礼》、《乐》、《春秋》而独重《毛诗》;《毛诗》之中,又抑雅、颂而扬国风;国风之中,又轻国政民俗而专重男女慕悦;于男女慕悦之诗,又斥诗人风刺之解,而主男女自述淫情;甚且言采兰赠芍有何关系,而夫子录之,以驳诗文须有关系之说。自来小人倡为邪说,不过附会古人疑似以自便其私,未闻光天化日之下敢于进退六经,非圣无法,而恣为倾邪淫荡之说至于如是之极者也。

实斋所攻,在今日观之,正是袁氏之特识。此亦古今观点不同之一也。

先生不能作诗,乃有《题随园诗话》十二首,大半是谩骂之作,如云:

> 江湖轻薄号斯文,前辈风规误见闻。诗佛诗仙浑标榜,谁当霹雳净妖氛?

> 诬枉风骚误后生,猖狂相率赋闲情。春风花树多蝴蝶,都是随园蛊变成。

> 堂堂相国仰诸城,好恶风裁流品清。何以称"文"又称"正",《随园诗话》独无名?(此指刘统勋。据先生云,统勋子墉,官江宁时欲以法诛袁枚,而朱筠为解脱之。语见《论文辨伪篇》。)

嘉庆三年,戊午(1798)。先生六十一岁。(《内藤谱》误脱一年)

三月,作汪辉祖《三史同名录序》。先生于辽金元三史多同姓名之人一问题,曾于《丙辰札记》论及之,要旨云:

> 对音繙译,文字无多。名字相同,触处多有。作史者自应推《春秋释例》,兼法古人同姓名录,特选为同名考,将全史所载无

论有传无传之人，凡有同名，详悉考列，勒为专篇，与国语解并编列传之后。

此次作序，即用此段札记，末加数语述汪书之详审而已。

　　此年，在杭州，借谢启昆（蕴山，苏潭）之力，补修《史籍考》。（据王宗炎记在《两浙輶轩录补遗》的话，及吴兰庭《复章实斋书》，阮亨《瀛洲笔谈》卷八页五，卷十页二。）助手有袁钧（陶轩）、胡虔等（《瀛洲笔谈》，《柿叶轩笔记》卷首方损之所作《胡虔传》）。毕沅死后，《史籍考》未成。先生"就其家访得残余，重订凡例，半藉原文，增加润饰，为成其志"。（《史考释例》末节）

　　《史籍考》全书不传，诸家目录多不提及此书（惟《丛书举要》言毕沅未刊书有《史籍考》百卷），不知流落何所。马夷初先生（叙伦）抄得杨见心先生所藏先生未刊稿一卷，中有《史籍考》总目，附录于此：

　　《史籍考》总目

　　一、制度　二卷

　　二、纪传部　正史14卷　国史5　史稿2

　　三、编年部　通史7　断代4　记注5　图表3

　　四、史学部　考订1　义例1　评论1　蒙求1

　　五、稗史部　杂史19　霸国3

　　六、星历部　天文2　历律6　五行2　时令2

　　七、谱牒部　专家26　总类2　年谱3　别谱3

　　八、地理部　总载5　分载17　方志16　水道3　外裔4

　　九、故事部　训典4　章奏21　典要3　吏书2　户书7　礼书23　兵书2　刑书7　工书4　官曹3

　　十、目录部　总目3　经史1　诗文（即文史）5　图书5　金石5　丛书3　释道1

　　十一、传记部　记事5　杂事12　类考13　法鉴3　言行3　人物5　别传6　内行3　名姓2　谱录4

　　十二、小说部　琐语2　异闻4

　　共三百二十五卷。

马先生的钞本中有《史考释例》一篇为《遗书》所无。其中义例亦与《遗书》中之《论修史籍考要略》一篇不同。盖《修史籍考要略》为草创时的义例,而《史考释例》乃成书的义例,故后者更胜于前者。《修史籍考要略》云:

> 校雠著录,自古为难。二十一家之书,志典籍者仅有汉隋唐宋四家,余则阙如。《明史》止录有明一代著述,不录前代留遗;非故为阙略也,盖无专门著录名家,勒为成书,以作凭藉也。史志篇幅有限,故止记部目,且亦不免错讹。私家记载,间有考订,仅就其耳目所及,不能悉览无遗。朱竹垞《经义》一考为功甚巨,既辨经籍存亡,且采群书叙录,间为案断,以折其衷。后人溯经义者所攸赖矣。第类例间有未尽,则创始之难;而所收止于经部,则史籍浩繁,一人之力不能兼尽,势固不能无待于后人也。今拟修《史籍考》,一仿朱氏成法,少加变通,蔚为钜部,以成经纬相宣之意:

> 一曰古逸宜存。二曰家法宜辨。三曰剪裁宜法。四曰逸篇宜采。五曰嫌名宜辨。六曰经部宜通。七曰子部宜择。八曰集部宜裁。九曰方志宜选。十曰谱牒宜略。十一曰考异宜精。十二曰板刻宜详。十三曰制书宜尊。十四曰禁例宜明。十五曰采摭宜详。

《史考释例》首论"著录",极推崇朱彝尊之《经义考》。次论"考订",谓刘歆为著录,而刘向"所为条其篇目,撮其旨意,录而奏上之言"乃是考订群书之鼻祖,其事难于著录。次言史部占群籍三之一(经为其一,子集合为其一),而三部多与史相通。次分论十二纲五十七目之义例,文繁不具引。我们读此篇有三点可注意。第一,《史考》原稿分一百十二子目,先生为并省成十二纲五十七目,为书三百二十五卷,可见先生对于此书所费心力之巨。此稿今竟不传,藏书家亦未见著录,真是学术史上一大憾事。第二,《释例》末云:"予既为朱氏补《经考》,因思广朱之义,久有斯志。"此系代谢启昆说话,所谓补《经考》,即补《小学考》也。第三,先生论史部虽画分群籍三分之一,而实"上援甲而下合丙丁"。此论为先生的一种特见。先生初从

事于《史考》时,曾有《报孙渊如书》云:

> 承询《史籍考》事,取多用宏,包经而兼采子集。……愚之所见,以为盈天地间,凡涉著作之林,皆是史学。六经特圣人取此六种之史以垂训者耳。子集诸家,其源皆出于史。末流忘所自出,自生分别,故于天地之间别为一种不可收拾不可部次之物,不得不分四种门户矣。此种议论,知骇俗下耳目,故不敢多言。

先生作《文史通义》之第一篇——《易教》——之第一句即云:"六经皆史也。"此语百余年来,虽偶有人崇奉,而实无人深懂其所涵之意义。我们必须先懂得"盈天地间,一切著作,皆史也"这一句总纲,然后可以懂得"六经皆史也"这一条子目。"六经皆史也"一句孤立的话,很不容易懂得;而《周易》一书更不容易看作"史",故先生的《易教》篇很露出勉强拉拢的痕迹。其实先生的本意只是说"一切著作,都是史料"。如此说法,便不难懂得了。先生的主张以为六经皆先王之政典;因为是政典,故皆有史料的价值。故他《报孙渊如书》说"六经特圣人取此六种之史以垂训者耳"。《史考释例》论六经的流别皆为史部所不得不收;其论《易》,只说"盖史有律宪志,而卦气通于律宪,则《易》之支流通于史矣"。次论子部通于史者什有八九;又次论集部诸书与史家互相出入。说"什有八九",说"互相出入",都可见先生并不真说"一切子集皆史也",只是要说子部集部中有许多史料。以子集两部推之,则先生所说"六经皆史也",其实只是说经部中有许多史料。此种区别似甚微细,而实甚重要,故我不得不为辩正。

是年吴兰庭有《答章实斋书》(见《族谱稿存》),云:

> 别来又十余年,……自邵与桐死,遂不复知足下游历所在。顷接手书,知近客杭州。……承示近刻数首,其论史之识,有刘知几所未及者。《史籍考》经所裁定,足为不刊之典。然恐亦未能悉如所拟。盖意见参差,不无迁就,天下事大抵如斯矣!

此书又讨论修谱事。据严元照《悔庵学文集》吴传云:"丙辰自京师南归,又二年而吴氏重修族谱,叟独任其役,……尝乞会稽章典籍学诚为己作传。"则知先生在杭州续修《史籍考》确是此年之事。

是年六月,谢启昆、胡虔、陈鱣等编《小学考》成。(原书序)

是年先生有《戊午钞存》一卷,此卷中之文间有丁巳年所作的,——如《天玉经解义序》,——但大部分都是戊午年作的。要目如下:

《立言有本》(论《述学》,见前。)

《述学驳文》(见前)

《论文辨伪》(驳袁枚,见前。)

《上石君先生书》(寄《论文辨伪》)

《上辛楣宫詹书》(此书不是此年作的,是壬辰年作的。)

《上石君先生书》作于戊午六月,有"五月在苏州陈方伯处附达笺记,兼贡《云龙记略》一卷,……"等语,知先生是年曾到苏州,留在陈东浦处。大概到毕沅家取得《史考》原稿即在此时。

是年冬,在扬州,主于曾燠官署。立冬日,作《八座云说》。又有《吴澄野太史历代诗钞商语》。

是年九月十日,阮元任满去浙江。

嘉庆四年,己未(1799)。先生六十二岁。(《内藤谱》误作"四年戊午,先生六十二岁"。)

正月,乾隆帝崩。嘉庆帝亲政,权臣和珅赐死。和珅当国数十年,养成了一个匪乱遍地的现象,故此次他的倒败使当时的人心一振。先生游迹遍于南北,深悉当时的利弊,故是年有论时政的书六篇:

(一)《上执政论时务书》,

(二)(三)(四)《上韩城相公书》三篇(宰相王杰,韩城人),

(五)《上尹楚珍阁学书》,

(六)《与曹定轩侍御论贡举书》。

此诸书皆确有见地,故摘抄于此。

《上执政书》大意说:"今之要务,寇匪一也,亏空二也,吏治三也。……事虽分三,原本于一。亏空之与教匪,皆缘吏治不修而起。"但他进一步说,当日的乱匪都说"官逼民反",其实吏治之坏也

很像良民之胁从,都是不得不然。他说:

> 其最与寇患相呼吸者,情知亏空为患而上下相与讲求弥补,谓之设法。天下未有盈千百万已亏之项,只此有无出纳之数,而可为弥补之法者也。设法者,巧取于民之别名耳。……既讲设法,上下不能不讲通融。州县有千金之通融,则胥役得乘而谋万金之利;督抚有万金之通融,则州县得乘而牟十万之利:理势然也。

此下两长段,一言"设法之弊,非仅伤吏治,亦坏人才",一言"设法之弊,非特损下,抑且损上"。皆重要的史料。

又云:

> 设法之弊至于斯极,……而未有直陈其事者,盖恐禁止设法,则千百万之亏项将何措耳。愚窃以为此无患也。……今之亏空所谓竭且干者,其所决之流可以指诸掌也。自乾隆四十五年以来,讫于嘉庆三年而往,和珅用事,几三十年。上下相蒙,惟事贪婪黩货;始蚕食,渐至鲸吞。初以千百计者,俄非万不交注矣;俄而万且以数计矣;俄以数十万计,或百万计矣。一时不能猝办,率由藩库代支,州县徐括民财归款。贪墨大吏胸臆习为宽侈,视万金呈纳不过同于壶箪馈问。……今之盈千百万所以干而竭者,其流溢所注,必有在矣。道府州县向以狼籍著者,询于旧治可知。而奸胥巨魁,如东南户漕,西北兵驿,盈千累万,助虐肥家,亦可知(亦下浙本衍不字,今据上下文删)。督抚两司向以贪墨闻者,询于廷臣可知。……此辈蠹国殃民,今之寇患皆其所酿,今之亏空皆其所开:其罪浮于川陕教匪,骈诛未足蔽辜。……其所饱贪囊,皆是国帑民膏,岂可遗患他人,公私交困,而尚许其安然肥家以长子孙?非惟人事不可,天道亦不容矣。且康熙末年尝亏空矣,彼时上及部库通仓,其数甚于今日。世宗皇帝洞悉其弊,躬行节俭,风励臣工,裁革陋规,小廉大法,未尝责令设法弥补,而所亏之项则取康熙末年贪劣显著之员查抄抵补,十得六七;再有不足,则以耗羡盈余,分年犁析。当时吏治澄彻而府藏充盈,恭读一十三年朱批上谕,可复核也。皇上法而行之,

>则清厘仓库与整饬官方,正相资而不相背也。整饬官方之与消
>弭寇患,又为治其源而清其流也。

清室之乱源实种于乾隆一朝。当时府库空虚,缓急俱不可恃,故川陕之匪乱已能使政府手足忙乱,应接不暇。至嘉庆时,竟有林清等以乌合之众,直入宫禁,图谋大变。再历一代,遂有太平天国之乱,一举而攻下半中国! 先生此书,至今读之,几同先知之预言。其主张籍抄贪官之家产以抵补亏空,在当日真是大胆之言,虽至今日,犹可采用。

上王杰第一书,即是呈献前书,附论乾隆帝十年一普免丁粮之弊;第二书论陋规不够补亏空;第三书论吏治之坏,州县甘为督抚的鹰犬,甚至督抚反以赃私受州县的挟制。

《上尹楚珍书》论整顿谏官之法,谓科道责在建白,平日乃不责以研究国计民生,仅以资俸得任用,实为不当。先生主张科道当考以经济时务策议,以定去取。

《与曹定轩书》论贡举事,亦有精义。乾隆丙子丁丑始删表判而改用诗律。先生主张经义诗赋分科,又主张文实并重:

>头场试以经书文义,

>二场则治经义者,试以经解;长诗赋者,试以韵言。

>三场发策,则三礼、三传、三史、算学、律令、会典之类,分科对策,可以优励实学。其无专长者即其经义诗赋所关,酌试论可也。

>凡专门诸科,必须酌示程式,限年学习。三年五年之后,方可试。未及年限姑仍旧例可也。

是年友人汪辉祖七十岁,先生为作《七征》。(《梦痕录》页三一,此文今不传。)

是年九月,上谕追罪毕沅,夺其家世职。十月,籍没其家产入官。

是年,谢启昆调广西巡抚,冬,阮元升浙江巡抚。(《耆献类征》)

嘉庆五年,庚申(1800)。先生六十三岁。

是年有《庚申新订》一卷,中多己未年之文。汪辉祖《病榻梦痕录》(页五七)云:是年春,先生"病瞀,犹事论著,倩写官录草"。又先生是年作《邵与桐别传》(在《庚申杂订》内),亦云,"今目废不能书;

疾病日侵,恐不久居斯世。……口授大略,俾儿子贻选书之"。

《庚申新订》中有《书原性篇后》一篇,虽不能确定为此年之作,然其言大可引来归结先生一生论学之基本见解。《原性篇》乃孙星衍所作,见《问字堂集》卷二。先生论之曰:

> ……孙君《原性》之篇,繁称博引,意欲独分经纬,而按文实似治丝而棼之矣。……姑就其文论之,……其说无稽,不待辨也。挟求胜之心,持一隅之说,欲于棼如乱麻之中独辟宇宙,正如阴阳反复,后人复起而争,何时已乎? 秦王遗玉连环,赵太后金椎一击而解。今日性理连环,全藉践履实用以为金椎之解。博征广譬,愈益支离。……今人自谓折衷前圣,恐如汧阳豕味,幸无庖人为左证耳。岂可谓定论哉? 孙君言圣人贵实恶虚,是矣。不知《原性》之文,正蹈虚言之弊。宋儒轻实学自是宋儒之病。孙君以为三代之学异于宋学,当矣。顾以性命之理,徒博坚白异同之辨,使为宋学者反唇相讥,亦曰"但腾口说,身心未尝体践。今日之学,又异宋学?"则是燕伐燕也。

是年《庚申杂订》中有《浙东学术》一篇,也可与此参看。先生说:

> 浙东之学虽出婺源,然自三袁之流,多宗江西陆氏,而通经服古,绝不空言德性,故不悖于朱子之教。至阳明王子揭孟子之良知,复与朱子牴牾。蕺山刘氏本良知而发明慎独,与朱子不合,亦不相诋也。梨洲黄氏出蕺山之门,而开万氏弟兄经史之学,以至全祖望辈尚存其意;宗陆而不悖于朱者也。惟西河毛氏发明良知之学,颇有所得;而门户之见,不免攻之太过,虽浙东人亦不甚以为然也。……浙西之学,……顾氏宗朱,而黄氏宗陆。盖非讲学专家各持门户之见者;故互相推服而不相非诋。学者不可无宗主,而必不可有门户。故浙东浙西道并行而不悖。浙东贵专家,浙西尚博雅,各因其习而习也。

> ……三代学术知有史而不知有经,切人事也。后人贵经术,以其即三代之史耳。近儒谈经,似于人事之外别有所谓义理矣。浙东之学,言性命者,必究于史,此其所以卓也。

先生主张人事之外别无所谓义理,即是上文引的"今日性理连环,全借践履实用以为金椎之解"的意思。此言与近年实验主义一派的哲学史观甚相近。

这年谢启昆、胡虔修《广西通志》,颇用先生之法。(姚鼐文集谢墓志铭,《柿叶轩笔记》,嘉庆《广西通志》。)

嘉庆六年,辛酉(1801)。先生六十四岁。

是年夏,为汪辉祖作《豫室志》,"中有数字未安,邮筒往反,商榷再三。稿甫定而疾作,遂成绝笔。"(汪辉祖《梦痕余录》页五七)

先生卒于是年十一月(同上)。未死时(章华绂《文史通义序》云"易箦时"。《梦痕余录》云"数月前"),先生把所著的文稿请他的朋友萧山王宗炎(谷塍)校定。宗炎《晚闻居士集》有《复章实斋进士书》,即讨论编校先生文稿者。

友人吴兰庭(胥石)亦卒于是年十一月二十八日。年七十二。先生尝言:"今之可与言史者,惟二云与胥石耳。"(据严元煦《悔庵学文集》吴传)

先生之妻姓俞,生子二:贻选、华绂。(《与族孙汝楠论学书》《汪龙庄遗书》,章贻选《上朱石君先生书》。)(虽然《家乘》说华绂是蔡氏的子)

先生有二妾,蔡氏生华绶,曾氏生华练、华纪。(《章氏家谱》)

第五子殇(《丁巳岁暮书怀》),共有六子。(《章氏家乘》云有五子,则不计殇者。)

先生与俞、曾合葬山阴芳坞。蔡分葬泾口。(《家谱》)

贻选字抒思。举人。自先生死后,授馆为生。自道光甲申以后,连年脱馆,极窘。至戊子秋,求食河南,无所得;庚寅年下,归家(《家乘》、《家谱》及刘本《遗书》附录,华绂《文史通义跋》)。以后活动情形不详。

华绂字授史(《月夜游莲池记》),又字绪迁(《章氏家乘》)。先生令从汪辉祖学吏(《龙庄遗书》、《学治臆说》)。道光丁亥戊子前后,久在河南巡抚幕府。丙戌(西1826),向长兄贻选索寄先生著述全稿并王宗炎所定目录,丁亥春(西1827)收得。先录得副本十六册,未完。四弟华练时馆邓州,书言其居停易良俶愿为刊刻,将原稿诖寄邓州。华绂遂无全本。庚寅辛卯(西1830—1831)华绂得交刘子敬(师陆)、姚春木(椿)将副本乞为复勘,勘定《文史通义·内篇》五卷,《外篇》三卷,《校雠通义》三卷,先行付雕,壬辰十月(1832)出板,遂通行于世。华绂作跋,甚能得先生之意(原跋,贻选《上朱石君先生书》)。以后行动亦不详。

华绥出继为垣业后。(《从嫂荀孺人行实》、《家谱》)

华练字祖泉,号仍湖。流寓河南邓州。诖得先生全稿,又不刊刻,竟视以为田畴货物,各得主先人之所有以为利。庚寅脱馆,以后再无消息。(贻选《上朱石君书》,《家乘》)

华纪字竹书,号竹史。有子启昆,字同卿,咸丰初,客梁宋间,尝印《文史通义》数十部分送友人。辛酉,书板毁于匪。启昆有子季真,字小同。光绪乙丑游幕黔皋,丁丑重刻《文史通义》,戊寅竣事,有跋。(黔本原跋,《章氏家谱》。)(适所见《偶山章氏家乘》与名达所得实斋后裔抄来《家谱》颇有不同,兹参用之。)

中华民国九年(1920)浙江图书馆得会稽徐氏钞本《章氏遗书》,铅印行世。冬,日本内藤虎次郎先生所作《章实斋先生年谱》在《支那学杂志》发表。十一年春,本书初版出版。国人始知章先生。同年秋,刘承干(翰怡)先生所刻《章氏遗书》亦行世。

校后补记

内藤湖南先生的《章实斋先生年谱》和《读胡适之君新著〈章实斋年谱〉》两文,我于去年五月十九至二十一日已译成国文。因内藤先生《研几小录》末页注明了"禁汉译",所以不曾发表;而且不发表也没有什么关系。

又此书增补本已印成清样时,适之先生恰自北京家里检取了他的《章实斋年谱》校本,我亦恰自故乡回到上海。商务印书馆编译所送清样给我复校,适之先生亦赠校本给我补充。我因清样不易改排,校本又不忍抛弃,和柏丞先生商量了一番,决定把适之先生在校本添写的新史料录在此地。以下便是:

一、乾隆十六年下云:"《章氏会谱德庆四编》卷一,页十,有《湖北应城县知县章镳本身妻敕》二道,末署'乾隆十二年正月二十日'。十二年疑是二十年之误。敕中有'清廉克彰乎庶事,慈惠允著乎当官'之语,似是已任事后之语。"

二、乾隆四十年下云:"按《章氏会谱德庆四编》卷一,页十一,有《国子监典籍章学诚本身敕》,文曰:'……尔国子监典籍章学诚,立程上舍,示范诸生。官冷而地则荣,青衿式化;教彰而典斯渥,紫绶宜颁。兹以覃恩,封尔为修职佐郎,锡之敕命。……'此敕末署'乾隆四十年□月□日。'"

三、乾隆四十七年下云:"朱筠《笥河诗集》有《忆京华及门章实斋副贡诗》:'欲杀吾怜总未收,甚都犹为百绸缪。冯生文史偏多恨,刘氏心裁竟莫收。燕市游来稀酒客,闽行壮绝忆书楼。冯君检拂残鱼蠹,有意名山著作否?'先生对朱筠的感情,实在是因为朱筠确是先生的一个知己。"

又，适之先生原本乾隆三十六年叙朱筠奏请开馆校书，末云"此奏似实斋与邵晋涵都曾与闻"。我这增补本把此事移在乾隆三十八年了，但忘录此句，是不该的。读者应知此事和实斋大有关系。

十八年三月二十日　姚名达　记于上海

附录　更正《章实斋年谱》的错误
胡适给姚敬存的一封信

竞存先生：

　　谢谢你的指教。

　　《章实斋年谱》是我在二十多年前试做的。印行之后，我才见刘翰怡先生刻的《章氏遗书》，其中有《庚辛之间亡友传》。那时我就想修正这部年谱。后来一位青年学者姚名达先生把新出的材料加进我的原书，就成了你看见的章实斋年谱。那是用胡适、姚名达两人的姓名出版的（民国十一年的原版只用我一人的姓名）。

　　我读了你的信，就翻开我的原书，才知道你指出的错误都是姚名达先生修改此书时偶然不小心的错误。我的原谱只有乾隆三年与乾隆七年。中间乾隆四年至六年的记载都是姚君补加的。

　　乾隆三年之下，"大约旋即回绍兴"一句是姚君加的。又万经、全祖望两人的年岁也是姚君加的。万经生于顺治十六年己亥（1659），到乾隆三年（1738）是八十岁，到乾隆六年（1741）他死时应该是八十三岁。

　　钱大昕生于雍正六年正月初七日（1728年2月16日），这是根据王昶作的墓志。乾隆三年钱氏十一岁，是不错的。

　　赵翼生于雍正五年十月二十二日（1727年12月4日），故他比钱大昕只大两个半月。钱氏作《廿二史札记》序，说他比赵氏小二岁，似是误记，也许"二岁"是"二月"的误写。你推算赵翼生在雍正四年，是错了一年。姚名达先生大概把雍正五年看错作乾隆五年，故错了十三年。

关于赵翼的生年月日,孙星衍的墓志没有记载。全集附录有《瓯北年谱》,说他生于雍正五年十月二十二日,与《瓯北诗集》卷四四及卷四八所记生日相合。故钱大昕序中说他小两岁,必是错误。此序不曾收在《潜研堂文集》里,故我们没有别本校订这一个"岁"字了。

你读书如此细心,一定还可以校出姚名达先生和我两人更多的错误。姚君现在已作了古人,我要特别谢谢你。

胡适　卅七,五,卅一
(原载于1948年6月12日上海《申报》)

科学的古史家崔述

《崔东壁遗书》序

顾颉刚先生开始标点《崔东壁遗书》是在民国十年，到现在民国二十五年，快满十五年了。这部大书出版期所以延搁到今日，顾先生自己在序文里曾有详细的说明。最重要的原因当然是顾先生不肯苟且的治学精神。他要搜罗的最完备，不料材料越搜越多，十几年的担搁竟使这部书的内容比任何《东壁遗书》加添了四分之一。在这些新发见的材料之中，最重要的是嘉庆本的《东壁书钞》，东壁先生的诗稿和《莜田剩笔》，他的兄弟崔迈的遗集四种七卷。嘉庆本《书钞》使我们可以看见东壁先生屡次改订他的著作的不苟精神，借此也可以推见他的见解演变的痕迹。他自己的诗稿和他兄弟的诗文稿给我们增添了不少的传记材料。崔迈的遗著里很有一些有见解的文字；他研究《尚书》，议论古史，讨论文学，都有点不随流俗的创见。这些遗著的发见使我们格外明了崔述不但受了他父亲的大影响，并且得了这一个天才很高的弟弟不少帮助。《莜田剩笔》虽是残稿，但其中保存的东壁遗札二十一封，很多重要的传记材料。其《与陈介存》第一札中有云：

> 虽素好考核，然常不敢自信。今岁所为，明岁辄复窜易。《补上古》及《洙泗》两考信录近已多所更定。乃吾介存竟以旧本付梓，令人骇绝！是彰吾过于天下耳，岂爱我乎！朱子将易箦时，犹改"诚意"章注，何况吾辈庸人？王右军一点一画失所，辄若眇目折肱，愚亦同有此癖。介存何不相谅也！

这是何等可敬可爱的治学精神！这样一位"好求完备"的学者的遗著，在一百多年后居然得着一位同样"好求完备"的学者顾颉刚先生费了十多年的精力来搜求整理，这真是近世学术史上最可喜的一段佳话!

崔述生于乾隆五年(1740),四年后(民国二十九年,1940)就是他的二百年纪念了。他的著作,因为站在时代的前面,所以在这一百多年中,只受了极少数人的欣赏,而不曾得着多数学人的承认。现在我们可以捧出这一部搜罗最完备,校点最精细的"崔学全书"来准备做他二百年祭坛上的供品了。我们对于顾颉刚先生和他的同志洪业先生,赵贞信先生等等,都应该表示最大的感谢,并且庆贺他们的成功。

我在十四年前,曾说:
> 我深信中国新史学应该从崔述做起,用他的《考信录》做我们的出发点,然后逐渐谋更向上的进步。……我们读他的书,自然能渐渐相信他所疑的都是该疑,他认为伪书的都是不可深信的史料:这是中国新史学的最低限度的出发点。从这里进一步,我们就可问:他所信的是否可信?他扫空了一切传记谶纬之书,只留下了几部"经"。但他所信的这几部"经,"就完全无可疑了吗?万一我们研究的结果竟把他保留下的几部"经"也全推翻了,或部分的推翻了,那么,我们的新史学的古史料又应该从那里去寻?等到这两个问题有了科学的解答,那才是中国新史学成立的日子到了。简单说来,新史学的成立须在超过崔述以后;然而我们要想超过崔述,先须要跟上崔述。(《科学的古史家崔述》,页五—六)

这一段十四年前的预言,在今日看来,有中有不中,有验有不验。在古史研究的某些个方面,中国的新史学确然是已超过崔述了。崔述的材料只是几部"经"之中他认为可信的部分。近十几年的新古史学居然能够充分运用发掘出来的甲骨文字,金文,和其他古器物了。试用崔述的《商考信录》来比较最近十年中出版的关于殷商史料的著作,我们就可以知道,古史料的来源不限于那几部"经","经"之外还有地下保藏着的许多古器物,其年代往往比"经"更古,其可靠性往往比"经"更高;他们不但是不曾经过汉以后的学者的改窜误解,并且是不曾经过先秦文士的洗刷点染。这样扩大的材料范围,是《考信录》的作者当日不曾梦见的。所以在这些方面,我们可以说今日的古史学是超过崔述的了。

我那一段预言里曾说:"他所疑的都是该疑;他所信的是否可信?"但依这十几年的古史学看来,崔述所信的,未必无可疑的部分;他所疑的,也未必"都是该疑"。例如他作《洙泗考信录》,不信纬书,不信《家语》,不信《孔丛子》,不信《史记》的《孔子世家》,这都是大致不错的。但他不信《檀弓》,终不能使我们心服。《檀弓》一篇的语言完全是和《论语》同属于鲁国语的系统,决非"后儒"所能捏造。崔述不信"孔子少孤,不知其墓",又不信孔子一家有再世出妻的事,就以为"《檀弓》之文本不足信"。这都是因为崔述处处用后世儒生理想中的"圣人"作标准,凡不合这种标准的,都不足凭信——这样的考证是不足服人之心的。

又如崔述最尊信《论语》,但他因为《论语》有公山弗扰和佛肸两章,都不合他理想中的"圣人"标准,所以他疑心《论语》"非孔门《论语》之原本,亦非汉初《论语》之旧本","乃张禹所更定"。我们当然不否认《论语》有被后人添改的可能,但我们也不能承认崔述的论证是充分的。最可注意的是崔述要证明佛肸不曾"召"孔子,于是引《韩诗外传》,《新序》,《列女传》三书作证,证明"佛肸之畔乃赵襄子时事,……襄子立于鲁哀公之二十年,孔子卒已五年,佛肸安得有召孔子事乎?"(《洙泗考信录》二,页三七)崔述最不信汉人记古事的传记,然而他在这里引证的三部书都是汉人的记载,岂不是自坏其例吗?何况《左传》哀公五年(孔子死之前九年)明明有"赵鞅围中牟"的记载呢?

这样,凡不合于理想中的"圣人"标准的,虽然《檀弓》、《论语》所记,都不可信;凡可以助证这个标准的,虽是汉人的《韩诗外传》、《新序》,也不妨引证。这岂不是很危险的去取标准吗?

总而言之,近十几年的古史研究,大体说来,都已超过崔述的时代。一方面,他所疑为"后儒"妄作妄加的材料,至少有一部分(例如《檀弓》)是可以重新被估定,或者竟要被承认作可靠的材料的了。

另一方面，古史材料的范围是早已被古器物学者扩大到几部"经"之外去了。其实不但考古学的发掘与考证扩大了古史料的来源；社会学的观点也往往可以化朽腐为神奇，可以使旧日学者不敢信任的记载得着新鲜的意义。例如《檀弓》、《左传》等书，前人所谓"诬"、"妄"的记载，若从社会学的眼光看去，往往都可以有历史材料的价值。即如《檀弓》所记孔子将死时"坐奠于两楹之间"的一个梦，崔述以为"殊与孔子平日之言不类"，然而在我们今日看来，却正是很有趣味的史料。

以上所说，只是要说明，今日的新史学确已有超过崔述的趋势，所以有人说"崔述时代已过去了"，这也并不是过分的话。

然而我这番话绝不是要指出崔述的古史学在今日已完全没有价值。崔述是一百多年前的史家，他当然要受那个时代的思想学术的限制，他的许多见不到的地方，都是很可以原谅宽恕的。他的永久价值并不在这一些随时有待于后人匡正的枝节问题。崔学的永久价值全在他的"考信"的态度，那是永永不会磨灭的。我在十四年前说的"先须要跟上崔述"，也正是要跟上他的"考信"的态度。

"考信"的态度只是要"考而后信"。崔述自己说的最好：

> 大抵文人学士多好议论古人得失，而不考其事之虚实。余独谓虚实明而后得失或可不爽。故今为《考信录》，专以辨其虚实为先务，而论得失者次之。（《提要》上，页三四）

虚实即是伪与真。"虚实明而后得失或可不爽"是一切史学的根本方法。"考信"的态度只是要人先考核某项材料的真伪实虚，然后决定应疑应信的态度。崔述著书的本意在此，故全书称为"考信录"。可惜他受传统的儒家思想的影响太大了，有时也不能"先考而后信"，有时竟成了"先信而后考"！例如上文说的几个例子，他先信孔子决不会不知道他的父亲坟墓，决不会出妻，决不会受公山弗扰与佛肸之召，然后去考定《论语》、《檀弓》的真伪，——这就不是"考信"的真义了，这就成了先论其"得失"而后考其虚实真伪了。他自己也曾警告我们：

> 人之情好以己度人，以今度古，以不肖度圣贤。往往径庭悬

隔,而其人终不自知也。……以己度人,虽耳目之前而必失之。况欲以度古人,更欲以度古之圣贤,岂有当乎?……故《考信录》但取信于经,而不敢以战国、魏、晋以来度圣人者遂据之为实也。(《提要》上,页六—八)

崔述自己不知道他自己也往往用宋、明以来"度圣人者"来做量度圣人的标准,先定了得失的标准,然后考其虚实,所以"径庭悬隔,而不自知也。"

这都是时代风气的限制,不足为崔述的罪状。他这一部大书之中,大体都是能遵守他的基本方法,先定材料的虚实,而后论其得失。他很大胆的定下一条辨别史料虚实的标准:"凡其说出于战国以后者,必详为考其所本(考其所本即是寻出他的娘家),而不敢以见于汉人之书者遂真以为三代之事也。"这样一笔扫空了一切晚出的材料,就把古史建立在寥寥几部他认为最可信的史料之上。在那些他认为可信的材料之中,他又分出几种等级来,第一等为"经"的可信部分,第二等为"补"(源出于经,而今仅见于传记),第三等为"备览",第四等为"存疑"。这都是辨其虚实真伪的态度,最可以作史家的模范。他的细目或有得失可以指摘,这种精神与方法是无可訾议的。

我们必须明白,崔述生于二百年前,不但时代的限制不易逃避,当时所有的古史材料实在是贫乏的可怜。我们现在读他的古史诸录,总不免觉得,古史经过他的大刀阔斧的删削之后,仅仅剩下几十条最枯燥的经文了!我们不要忘了他自己劝慰我们的话:

> 昔人有言曰:"买菜乎?求益乎?"言固贵精不贵多也。……吾辈生古人之后,但因古人之旧,无负于古人可矣,不必求胜于古人也。(《提要》上,页二七)

他在那个时代,无法"求胜于古人",只能做一番删除虚妄的消极工作。但我们深信,"考信"的精神必不会否认后来科学的史家用精密的方法搜寻出来的新材料。例如《商考信录》,固然只是薄薄的两卷枯燥材料。但今日学者实地发掘出来的甲骨,石刻,铜器,遗物等,其真实既已"考"定,当然是可"信"的。故"不必求胜于古人"只是崔述警告我们莫要滥收假古董来冒充真史料,而不是关闭了扩大古史料之门。王国维,罗振玉,李济,董作宾,梁思永诸先生寻出新史料来"求胜于古人",正是崔述当日所求之不得的,正是他最欢迎的。

最后,我要指出,崔述的"考信"态度是道地的科学精神,也正是道地的科学方法。他最痛恨"含糊轻信而不深问"的恶习惯。他一生做学问,做人,做官,听讼,都只是用一种精神,一种方法——就是"细为推求"——就是"打破沙锅问到底"。他要我们凡事"问到底"(《提要》下,页一九),他要我们"争",要我们"讼",要我们遇事"论其曲直"(《无闻集》二,页一五—二一。)他要我们"观理欲其无成见"(《考信附录》,页三四),遇事"细为推求","历历推求其是非真伪"(《提要》下,页二一)。这都是科学家求真理的态度。这个一贯的态度是崔述留给我们的最大的遗训。

廿五,一,廿七晨六时　在上海沧洲饭店

附记:我本想写一篇较详细的介绍,现在只能拿这篇短序来塞责,这是我很抱歉的。我盼望全书出版后我能利用新出现的传记材料,继续写成我的"崔述年谱",完成我十四年前介绍崔述的志愿。

胡适

年谱目

清乾隆五年,庚申(1740)	崔述生	一岁
乾隆八年,癸亥(1743)	始读书,弟迈生	四岁
乾隆十九年,甲戌(1754)	兄弟同入学	十五岁
乾隆二十年,乙亥(1755)	至朱煐衙内读书	十六岁
乾隆二十五年,庚辰(1760)	中副榜	二十一岁
乾隆二十六年,辛巳(1761)	陈履和生	二十二岁
乾隆二十七年,壬午(1762)	兄弟同榜中举人	二十三岁
乾隆二十九年,甲申(1764)	入关迎娶成孺人,始致力于古诗	二十五岁
乾隆三十三,戊子(1768)	馆于武安,编成《弱弄集》	二十九岁
乾隆三十四年,己丑(1769)	究心《六经》,始立志著《考信录》	三十岁
乾隆三十六年,辛卯(1771)	父崔元森卒,妻父成怀祖卒	三十二岁
乾隆三十七年,壬辰(1772)	作《先府君行述》	三十三岁
乾隆三十八年,癸巳(1773)	著《春王正月论》,作《杨村捕盗记》	三十四岁
乾隆三十九年,甲午(1774)	写定《救荒策》四篇,《上汪韩门书》	三十五岁
乾隆四十年,乙未(1775)	作《祭石屏朱公文》	三十六岁
乾隆四十一年,丙申(1776)	《与董公常书》	三十七岁
乾隆四十二年,丁酉(1777)	子天祐生,作《朱公墓志铭》	三十八岁
乾隆四十五年,庚子(1780)	馆于北皋,编成《乐饥集》子天祐死,母李孺人死	四十一岁
乾隆四十六年,辛丑(1781)	弟迈死。作《五服异同汇考》	四十二岁

乾隆四十七年,壬寅(1782)	作《先孺人行述》,作《扶病赞》	四十三岁
乾隆四十八年,癸卯(1783)	始著《考信录》	四十四岁
乾隆五十年,乙巳(1785)	作《曹氏家谱序》,纳妾周氏丽娥	四十六岁
乾隆五十三年,戊申(1788)	《五服异同汇考》成,作《段垣诗订后序》	四十九岁
乾隆五十四年,己酉(1789)	馆于安阳西山乞伏村,编成《知非集》	五十岁
乾隆五十六年,辛亥(1791)	《洙泗录》《补上古录》初稿成	五十二岁
乾隆五十七年,壬子(1792)	至京待选,遇陈履和	五十三岁
乾隆五十八年,癸丑(1793)	作《赠陈履和序》,重删《知非集》并作序	五十四岁
嘉庆元年,丙辰(1796)	《唐虞录》脱稿,赴罗源任,遇陈祁案	五十七岁
嘉庆二年,丁巳(1797)	陈履和刻四种《书钞》	五十八岁
嘉庆三年,戊午(1798)	有黄玉兴上控案	五十九岁
嘉庆四年,己未(1799)	调署上杭县,手书《贻谟篇》	六十岁
嘉庆五年,庚申(1800)	解上杭任,仍回罗源。妾丽娥死	六十一岁
嘉庆六年,辛酉(1801)	在罗源刻《经界考》,捐主事离罗源任	六十二岁
嘉庆七年,壬戌(1802)	春,北归	六十三岁
嘉庆九年,甲子(1804)	作《竹书纪年辨伪》	六十五岁
嘉庆十年,乙丑(1805)	陈履和重刻《经界考》,修刻《洙泗录》、《三正考》、《考信录》成、《易卦图说》成	六十六岁
嘉庆十一年,丙寅(1806)	居于彰德,改刻《三正考》、《经界考》	六十七岁
嘉庆十二年,丁卯(1807)	作《五服考序》	六十八岁
嘉庆十三年,戊辰(1808)	陈履和刻《唐虞录》	六十九岁

嘉庆十四年,己巳(1809)	用聚珍板印《洙泗余录》	七十岁
嘉庆十五年,庚午(1810)	跋定本《洙泗录》,成《七月篇解》	七十一岁
嘉庆十七年,壬申(1812)	跋《杨村捕盗记》	七十三岁
嘉庆十九年,甲戌(1814)	作《鲲池陈公墓碑》,订定全书,成孺人死	七十五岁
嘉庆二十一年,丙子(1816)	崔述死 陈履和至,受遗书	七十七岁
嘉庆二十二年,丁丑(1817)	陈履和刻《三代录》于太谷,崔述夫妇归葬魏县	卒后一年
嘉庆二十三年,戊寅(1818)	陈履和作《东壁行略》,太谷孔广沅重刻《洙泗录》	卒后二年
道光元年,辛巳(1821)	陈履和在北京刻《提要》及《孟子事实录》,重刻《补上古录》、《康虞录》	卒后五年
道光二年,壬午(1822)	汪廷珍作《考信录序》	卒后六年
道光三年,癸未(1823)	陈履和上东阳县任	卒后七年
道光四年,甲申(1824)	陈履和刻成《遗书》	卒后八年
道光五年,乙酉(1825)	陈履和死于东阳,《东壁遗书》板存金华府学	卒后九年
光绪二十九年,癸卯(1903)	日本史学会印行那珂通世标点之《东壁遗书》	卒后八七年
民国十年,辛酉(1921)	顾颉刚标点《东壁遗书》	卒后一〇五年
民国十二年,癸亥(1923)	胡适撰《科学的古史家崔述》	卒后一〇七年
民国十七年,戊辰(1928)	顾颉刚寻得钞本《二余集》	卒后一一二年
民国二十年,辛未(1931)	洪业发现钞本《知非集》,姚晋檠寻得	卒后一一五年

	《针余吟稿》	
民国二十二年,癸酉(1933)	范廉泉发现《茹田剩笔残稿》	卒后一一七年
民国二十三年,甲戌(1934)	张文炳寻得钞本《德皋遗书》	卒后一一八年
民国二十五年,丙子(1936)	顾颉刚标点之《东壁遗书》出版	卒后一二〇年

科学的古史家崔述[①]
（1740—1816）

> 大抵战国、秦、汉之书，皆难征信，而其所记上古之事尤多荒谬。然世之士以其流传日久，往往信以为实。其中岂无一二之实？然要不可信者居多。乃遂信其千百之必非诬，其亦惑矣！（崔述《考信录提要》上，页一〇。凡本帙所引崔书页数，均照亚东图书馆新印顾颉刚先生标点本。）

> 今《考信录》中，凡其说出于战国以后者，必详为之考其所本，而不敢以见于汉人之书者遂真以为三代之事也。（同上，页九）

> 今为《考信录》，不敢以载于战国、秦、汉之书者悉信以为实事；不敢以东汉、魏、晋诸儒之所注释者悉信以为实言。务皆究其本末，辨其同异，分别其事之虚实而去取之。虽不为古人之书讳其误，亦不至为古人之书增其误也。（同上，页一八）

> 大抵文人学士多好议论古人得失，而不考其事之虚实。余独谓虚实明而后得失或可不爽。故今为《考信录》，专以辨其虚实为先务，而论得失者次之。（同上，页三四）

西历1824年，当清道光四年，一个云南石屏州人，陈履和，在浙江金华府东阳县做知县，把他的老师崔述的一部不朽的遗著(《崔东壁先生遗书》)刻成。刻成的次年，陈履和遂病死了。他死后"宦囊

[①] 编者注：本文以1936年亚东图书馆出版的《崔东壁遗书》为底本，参阅1983年上海古籍出版社出版的版本，将后补入之材料亦收入。

萧然,且有负累;一子甫五龄,并无以为归计"。幸亏当时署金华府知府的萧元桂替他设法弥补亏空,把《东壁遗书》的板本二十箱留存金华府学,作为官物交兑;他并且邀集金华府各县的同官,捐助刻资六百两,方才把陈履和的家眷送回云南去。(以上据《萧元桂东壁遗书序》)

明年(1924),就是《东壁遗书》刻成的百年纪念了。这一百年中,这部不朽的奇书几乎没有人过问。约二十年前(1903—4)日本学者那珂通世把陈履和刻本加上标点排印出来,中国人方才渐渐知道有崔述这个人。崔述的学说,在日本史学界颇发生了不小的影响。近来日本的史学早已超过崔述以经证史的方法,而进入完全科学的时代了。然而中国的史学家,似乎还很少赏识崔述的史学方法的。刘师培在《国粹学报》第三十四期曾发表一篇《崔述传》颇能指出他的方法的重要;他说:

> 述生乾嘉间,未与江、戴、程、凌相接,而著书义例则殊途同归。彼以百家之言古者多有可疑,因疑而力求其是。浅识者流仅知其有功于考史不知《考信录》一书自标界说,条理秩然,复援引证佐以为符验;于一言一事,必钩稽参互,剖析疑似,以求其真。使即其例以扩充之,则凡古今载籍均可折衷至当以去伪而存诚。

刘氏之言并非过誉。但此外竟没有别人作同样的介绍了。梁启超的《清代学术概论》,虽有专论清代史学的一节,但竟不曾提及崔述的名字。

当崔述生时,他自己也知道他的著述在那个汉学统一全国的时代是不合时宜的。陈履和做他的《行略》时,也说他"老未登第,官又不达,且其持论实不利于场屋科举,以故人鲜信之。甚有摘其考证最确,辨论最明之事,而反用为诋諆者"。然而崔述却不很介意。他到了晚年,自己编定全集的目录,并且自己加上一篇短跋(见今陈刻本《遗书》第一册;)在这跋里,他很慷慨的告诉我们道:

> 世之论者皆谓经济所以显名于当时,著述所以传名于后世。余之意窃以为不然。人惟胸有所见,茹之而不能茹,故不得已假

纸笔以抒之；犹蚕食叶，既老，丝在腹中，欲不吐之而不能耳。名不名，非所计也。

他的《考信录》做成之后，他自己作一篇《书考信录后》说：

君子当尽其在己。天地生我，父母教我，使天地间有我，而我又幸有此牖隙之明，如之何其可以自安于怠惰而不一言，以负天地而负父母乎？传与不传，听之时命，非我所能预计者矣。

这两次庄严的宣言都可以表示他著作的精神。他自己只是"欲不吐之而不能"，故发为文章，并不计较他的著作传与不传。然而这样一个伟大的学者，这样一部伟大的著作，竟被时代埋没了一百年，究竟不能不算是中国学术界的奇耻！明年到了《东壁遗书》刻成的百年纪念，若还没有一篇郑重的介绍出来，我们就未免太对不住这位新史学的老先锋了。况且我深信中国新史学应该从崔述做起，用他的《考信录》做我们的出发点；然后逐渐谋更向上的进步。崔述在一百多年前就曾宣告"大抵战国、秦、汉之书多难征信，而其所记上古之事尤多荒谬。"我们读他的书，自然能渐渐相信他所疑的都是该疑；他认为伪书的都是不可深信的史料；这是中国新史学的最低限度的出发点。从这里进一步，我们就可问：他所信的是否可信？他扫空了一切传记谶纬之书，只留下了几部"经"：但他所信的这几部"经"就完全无可疑了吗？万一我们研究的结果竟把他保留下的几部"经"也全推翻了，或部分的推翻了，那么，我们的新史学的古史料又应该从那里去寻？等到这两个问题有了科学的解答，那才是中国新史学成立的日子到了。简单说来，新史学的成立须在超过崔述以后；然而我们要想超过崔述，先须要跟上崔述。

我为以上种种原因，作这篇崔述的介绍。

一　家世

崔述《考信录》做成之后，自己做了两卷的《附录》，详叙他的家学渊源和少年遇合。《家学渊源》章的自叙说：

人之登显位享厚奉也，有崛起于寒微者，有蒙先世之业而得之者。其于学问也亦然。汉王充、郑康成，崛起者也。汉司马迁、班固,晋王隐,唐姚思廉、李延寿,则皆蒙业者也。

他自认也属于蒙业的一类,故他详叙曾祖崔缉麟和父崔元森的生平。我们初次认识他的著作的时候,看见这样伟大的一位学者,崛起于那学术贫乏的大名府,已很诧异了;后来读他的《行略》和他自己替父母做的《行述》,知道他家十分贫穷,当他十八岁时,漳水把他的故乡都冲没了,他的父母每日只吃扁豆充饥,霜降节后还穿单衣,冬夜没有炉火,他的母亲把砖藏在灶中,夜间取出来暖被:这样贫苦困难的环境里居然能产生一个崔述,这更可诧异了。然而我们研究他的家世,便可以知道他的学问成就,确不是偶然的事,是可以用遗传和早年教育来帮助解释的。

崔述先世居大宁卫小兴州;明初有崔义,以军功起家,世袭指挥使,奉诏迁居保定之新安。清顺治中,有崔向化,始迁于大名之魏县。向化之子维雅,字大醇,中顺治三年的举人,任浚县教谕,秩满,授河南仪封县知县,因他治水有功,升淮安府同知,改开封府南河同知。当顺治十七八年(1660—1661)的河患,他很有功。康熙元年(1662)河决山东曹县的石香炉村,总督河道朱之锡调维雅去视察,他又有劳绩,因此升宁波府知府。后来王光裕总督河道,知道崔维雅的才干,荐他做河南河道按察司副使。他在河工上屡立大功,王光裕奏上他的劳绩,累迁江南按察使,湖南布政使,补广西布政使;后来内调为大理寺卿。他有经济才,于治水功尤著,著有《河防刍议》,《明刑辑要》等书。他是崔述的高伯祖,《东壁遗书》称为"先布政公"的就是他。(以上采乾隆五十四年《大名县志》卷三十六,页五;《无闻集》四,页一——三)

崔述的高祖名维彦,是向化的小儿子。维彦生缉麟,是为崔述的曾祖。崔缉麟字振侯,康熙戊午(1678)副榜,庚午(1690)举人,选大城县教谕,两年后即告病归家,年八十二卒。他虽不曾做大官,却也是一个很有才干德行的人。他少年时很得他的伯父维雅的器重,跟他宦游;凡维雅的河防民政,都和他商议,靠他的帮助。李光地巡抚直隶时,漳水泛滥;光地知缉麟熟悉河事,致书访问,他答书数千言,主张开渠疏水,以泄水势而兴水利,不当专恃堤防。晚年筑园隐居,著书十余卷。相传他住的地方是战国时段干木的故居,故自号段垣;故《东壁遗书》中称他为"先曾祖段垣公"。魏县旧志称他"德行文艺,咸推第一"。崔述撰他的《行状》,称他"独以文学行谊,风流儒雅,照映一时"。(以上据《段垣公行状》,《考信附录》一,页三——五)《考信附录》一(页五——六)载有崔缉麟的《备庐说》一篇,我们摘钞一部分于此:

> 戊寅冬(康熙三十八,1698)筑室一间,土为壁,芦为盖,仅容一几,坐可三人。客有访者,俯首屈腰而入,见其床无席,寒无火,一茶盏,主客递饮,笑曰:"过萧条矣!盍稍为备乎?"予曰:"子谓我弗备耶?……吾有此室,为之置经,而帝王圣贤备在焉;为之置史,而治乱兴废备在焉;为之置笔墨,而天地之大,日月星辰之远,风雨之变,山川之奇,鬼神之异,物类之繁,兵农水火礼乐之事,忠佞贤奸之人,歌舞啸咏之况,无不可由我记载考核,抒写论断焉:不可谓之不备。……孟子曰:'万物皆备于我。'此室也,亦有皆备之我在,乌可谓之不备?"

这篇文章颇可以表现崔缉麟的文学和他的人格。

崔缉麟娶赵氏,生子三人。长子名瀚,字春海;次子名濂,字周溪;少子名沂,字鲁南。崔濂是崔述的祖父,是一个武秀才。崔濂兄弟似乎都没有什么可纪念的事迹,故《东壁遗书》竟不大提及他祖父一辈,崔濂生二子,元森与元鼎。瀚与沂皆无子。元森即是崔述之父,后来过继为崔瀚后嗣。

崔元森,字灿若,自号闇斋。他少时跟祖父缉麟读书,很得他的影响。十七岁时,受作文法于泰安赵国麟(后为大学士,是当日的一位时文大家);那年就进了学。崔述作《先府君行述》,说他读书的情形如下:

> 自理学及经世致用书,靡不究览。每夜闭门后,必移灯榻侧,拥衣坐被中看书,至倦极乃眠,以为常。值家贫无灯,则读书月下,或焚残香,逐字映而读之。遇佳书,即无钱,必典衣以买。人见其书非世所恒习而不切于用也,皆笑之,亦不顾。(《无闻集》四,页六)

他在雍正丙午至乾隆丙辰之间（1726—1736），曾考过五次顺天乡试，皆不中。以后他就绝意仕进，不再应科举了。他生于康熙四十八年（1709），死于乾隆三十六年（1771），享年六十三岁。

他的事迹和教育的方法，我们暂留作下文《崔述年谱》的材料。现在我们单说他的学问的要点。钱塘汪师韩（字抒怀，号上湖，雍正间进士，官编修，有《上湖分类文编》）作他的《墓志铭》（《考信附录》一，页九——一一），说：

> 君为学，严儒、释之分。北方自苏门孙征君（孙奇逢，生1585，死1675，为北方大儒）宗姚江王氏之学，远近信从。君独恪遵紫阳（朱熹），而尤爱玩当湖陆清献公之书（陆陇其，生1630，死1693，有《三鱼堂全集》，《四书讲义》，《困勉录》，《问学录》等），躬行以求心得。

崔述《先府君行述》也说他教门人，

> 虽授以举业，必为辨别人品之高下，学术之邪正，儒、禅、朱、陆之所以同异。尤辟阳明所论良知之失，谓为学必由致知力行，博文约礼而入。薛（薛瑄，1392—1464），胡（胡居仁，1434—1484），王（王守仁，1472—1528），陈（陈献章，1428—1500），必不可以并称。

> 于经则搆自明以来诸家诠解，盈架上。毫厘之疑，必为诸生详辨之。务求圣人之意，不拘守时俗所训释。……读书之暇则取诸卫道书，为门人及述等解说。神异巫觋不经之事，必为指析其谬。而陆清献公《三鱼堂文集》，尤爱玩不忍去手。

这里说崔元森的学派的性质，是很可注意的。他属于朱熹的一派，而不满意于王守仁的良知说。他主张，学问不是从良知来的，是从"致知力行，博文约礼"进来的，他虽是北方人，却不很赞成当日盛行北方的孙奇逢一派；他信服的人倒是那南方代表朱学的陆陇其。他是宋学中的朱学；他的儿子崔述也是宋学中的朱学。

崔元森娶同县监生李九经之季女，生子三人：长烨庭年十一而殇；次即述，又次为迈。李氏之先世自山西襄垣迁于魏县；这一支，李氏最著名的有明末的李养正，官至刑部尚书，崇祯三年（1630）

卒于家。(《大名县志》卷三十四)李孺人曾教她的儿子读《大学》、《中庸》,可见她是读过书的。她的教育法也附见于《崔述年谱》中。

我们总结以上的材料,作一个世系表:

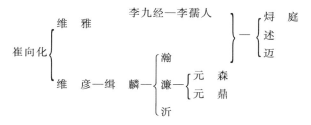

二 崔述的年谱(上)
乾隆五年,庚申(1740)

七月二十九日,崔述生。

> 述之生也,未弥月,先君即抱述怀中,指谓吾母李孺人曰:"愿儿他日为理学,足矣"。(《考信录自序》;又《先府君行述》)

赵翼生于1727,已十四岁;姚鼐生于1731,已十岁;章学诚生于1738,已三岁。

乾隆六年,辛酉(1741)。二岁。

是年惠士奇死。

乾隆八年,癸亥(1743)。四岁。

弟迈生。

> 甫解语,先君即教述识字;四岁,即教之读书,未尝令与群儿戏;蒲博管弦,斗鹑猎犬之事未尝令一涉于耳目也。(《自序》;参《先府君行述》)

〔补:四岁读门联,解辨平与仄。(《岐田剩笔残稿·古体》)〕

> 自述解语后,即教之识字;遇门联扁额之属,必指示之;或携至药肆,即令识药题,务使分别四声。字义浅显者即略为诠释。识字稍多,则令读《三字训》若《神童诗》;随读随为讲说。以故,述授书时,已识之字多,未识之字少,亦颇略解其义,不以诵读为

苦。即先君有事,或不暇授书,述亦能择取其浅显者自读之。(《考信附录》一,页一二)

先君教述,自解语后,即教以日数官名之属。(同上,页一四)

述自能行后先君多以自随,不使与群儿戏。先孺人亦然。(同上,页一五)

是年邵晋涵生,戚学标生于去年(1742),已二岁。

乾隆九年,甲子(1744)。五岁。

伯祖崔瀚死。(《先府君行述》)

〔补:五龄授经书,便知质疑惑。(《荍田剩笔残稿·古体》)〕

述五岁,始授《论语》。每一字旁,先君必朱书平上去入字,不使误于方音。每授若干,必限令读百遍,以百钱置书左,而递传之右。无论若干遍能成诵,非足百遍,不得止也。既足,则令少憩,然后再授如前。《附录》一①,页一二)

是年汪中生,钱坫生,王念孙生,任启运死。

乾隆十年,乙丑(1745)。六岁。

父元森奉父命出嗣为崔瀚后。

《论语》既毕,继以《孟子》,《小学》。每日不过一生书,一温书,不令多读,恐心不专,故也。惟《大学》、《中庸》乃先孺人于黄昏时口授述而成诵者,大约亦在五六岁时也。

《小学》乃日用躬行之要,而文义亦易解,宜于初学。以故,述自居家以至作吏,皆不敢有蹉跌,以有先入之言为主故也。(《附录》一,页一一——一二)

乾隆十一年至十八年,丙寅至癸酉(1746—1753)。

七岁至十四岁。继续受家庭教育,我们仍引他自己的话来叙述这一个极重要的时期:

南方人初读《论》、《孟》,即合朱子《集注》读之;读《大学、中庸章句》,亦然。北方人则俟《四书》本文皆成诵后,再读经一

---

① 编者按:此处的"附录"为原《崔东壁遗书》所有,本集已从略,以下均同。

二种,然后读《四书注》;而读注时,亦连本文合而读之。先君教述读注,皆不然。经文虽已久熟,仍令先读五十遍,然后经注合读,亦五十遍。于温注时,亦然。先君谓读注当连经文,固也;读经则不可以连注读。读经文而连注读之,则经之文义为注所间隔,而章法不明,脉络次第多忽而不之觉。故必令别读也。(《附录》一,页一三)

这一段是极有关系的。崔述在他处,也详叙这个读经的方法。《考信录自序》云:

> 先君教人治经,不使先观传注;必先取经文熟读潜玩以求圣人之意;俟稍稍能解,然后读传注以证之。

这个方法是崔述一生最得力的方法。这个法子实在是从朱熹得来的。朱熹论读《诗经》的方法道:

> 今欲观诗,不若且置《小序》及旧说,只将元诗虚心熟读,徐徐玩味;候仿佛见个诗人本意,却从此推寻将去,方有感发。如人拾得一篇无题目诗,再三熟看,亦须辨得出来;若被旧说一局局定,便看不出。(《朱子全书》三十五,页一五)

崔述的《考信录》的基础,便建筑在这个方法上,所以他的《自序》又说:

> 自读书以来,奉先人之教,不以传注杂于经,不以诸子百家杂于经传。久之,而始觉传注所言有不尽合于经者;百家所记往往有与经相悖者。

这个方法虽然也有过任主观的危险,但大可以医盲从古人和墨守旧说的毛病。

崔述自叙他少时读《诗经》的经验如下:

> 余家旧藏有《读风臆评》一册,刻本甚楷而精;但有经文,不载传注;其圈与批,则别有朱印套板。余年八九岁时,见而悦之。会先大人有事,不暇授余书;乃取此册,携向空屋中读之。虽不甚解其义,而颇爱其抑扬宛转,若深有趣味者。久之,遂皆成诵。至十岁后,始阅朱子《诗传》,亦不知何为"诗柄"。又数年,始见《诗序》,亦不知其可宝贵者何在。以故,余于《国风》,惟知体会

> 经文，即词以求其意，如读唐、宋人诗然者，了然绝无新旧汉宋之念存于胸中。惟合于诗意者则从之；不合者则违之。(《读风偶识》)

这里他用的方法与上文说的正相同。

他读《易》也是如此的。

> 《易》自朱子始复古本之旧。至明，复用今本刻朱子《本义》，坊间遂无复鬻古本者。先君乃遵古本，手自钞录，俾述读之。

他读《尚书》似乎很晚，他在他的《古文尚书辨伪》里说他十三岁始读《尚书》。

以下引的材料杂论崔述的家庭教育的其他方面：

> 先君课述兄弟读书，务令极熟，每举前人"书读千遍，其义自见"之语以勖之。十余岁时，每夕侍寝，必令背诵旧所读书若文。旦醒后，亦如是；从行道中，亦然。今人读书，惟重举业；自《四书》讲章时文外，他书悉所不问。先君教述，自解语后，即教以日数官名之属；授书后，即教以历代传国之次，郡县山川之名。凡事之有益于学问者，无不耳提而面命之。开讲后，则教以儒、禅之所以分，朱、陆之所以异。凡诸卫道之书，必详为之讲说。神异巫觋不经之事，皆为指析其谬。以故，述自成童以来，阅诸经史百家之书，不至"河汉而无极"。

> 先君教述兄弟，从不令阅时下讲章；惟即本文朱注细为剖析。有疑义，则取诸家论辨之书别其是非得失而折衷之。若陆稼书先生之《大全困勉录》，《松阳讲义》，尤所爱玩，不时为述讲授者。

> 先君教述为举业，必令先自化（成化）治（弘治）名家入手；以泰安赵相国（赵国麟）所著《制义纲目》，及所选《文统类编》为金针，使之文从字顺，章法井然，合于圣人语气，然后使读嘉（嘉靖）隆（隆庆）以后之文。每日，"作文只是发挥圣贤道理；此外别无巧法"。于天（天启）崇（崇祯）诸家内，有议论精卓，切于世事者，尤所深赏，使述熟读而效法之；不令其揣摩风气，敷衍墨

调也。(以上均见《附录》一,页一三——一五)

他的父亲的教育方法,很有令今人惊叹佩服之点。如下引的一段,竟是很新的教育法:

> 先君教述兄弟虽严,然不禁其游览。幼时,不过旬月,即携之登城(城在宅后,故尔)。观城外水渺茫无际,不觉心为之旷。外城上礼贤迓旭两台,亦往往携之登眺。盖恐其心滞而不灵,故也。其后述每遇佳山水,辄觉神识开朗,诗文加进,知幼时得力于景物者多也。(同上,页一五)

有这种慈爱的美感夹在里面,便使人不觉得这种家庭教育的严肃可畏了。崔述自己常常称道他父母的慈爱;如云:

> 述上有一兄,年十一而殇,先君爱之甚。故述之生也,钟爱莫与比。行坐多自提抱之。饮食居处,无刻不萦于心。有疾,则顾复抚摩,殊不自惜也。

> 然虽爱之,而未尝纵之;惟爱之,愈不肯纵之。幼时,两餐皆为之限;非食时,虽饥,不敢擅食。市中所鬻饼饵,从不为买食之。衣取足以御寒,不令华美。有过辄督责之,不少贷。(《附录》一,页一六)

他的母亲李孺人也是一个很了不得的妇人。崔述说:

> 先孺人最慈爱子女。述幼时,在家中读书,常令之服手足之劳。或读于外塾,归家后,亦必令之少事奔走,恐其坐多而血气滞,身弱易病也。北方昼长,盛夏未有不假寐者。述每自塾午归,母即按之床上,令睡;饭熟,乃唤之起,恐其饭后盹睡,致停饮食也。(《附录》一,页一五——一六)

> 述幼而羸弱,见者皆以余为不寿。使非吾父吾母调护周备,断不能至三十以后。犹记十四五岁时,尝得腹疾,先孺人百方为之营救,竟以渐愈。(同上,页一六)

我们看约翰弥儿(John Stuart Mill)的《自传》,知道他的儿童时代和少年时代受他父亲詹姆弥儿(James Mill)的家庭教育的影响最大。詹姆弥儿的成绩虽远不如他儿子那样伟大,然而没有那样的一个父亲也决没有那样的一个儿子。崔元森碌碌一生没有一点著作传

下来;然而他的儿子就是他一生绝大的作品。他对于他的儿子抱有无穷希望。崔述少年时,他父亲曾对他说:

> 尔知所以名述之故乎?吾少有志于明道经世之学;欲尔成我志耳。尔若能然,则吾子也。(《序目》,页二七,《自序》)

以此推测,他的第二个儿子名迈,有超越的意思,当然也是他的期望的表示。崔迈天才更高,可惜三十九岁就死了,不能有大成就。

九岁时,祖父濂死。(《先府君行述》)十一岁时,叔祖沂死。(同上)

这七年之中,同时名人的生死有可记者如下:七岁(1746),洪亮吉生;十岁(1749),方苞死;十三岁(1752),孔广森生;十四岁(1753),孙星衍生。

乾隆十九年,甲戌(1754)。十五岁。

与弟迈(年十二)同至大名府应童子试。时云南石屏州人朱煐(字临川,雍正甲辰进士)做大名知府,"见而奇之,命坐于大堂暖阁之侧。文既成召入内署晚香堂后池上,侍坐良久;复命入内室见吕恭人,各赐以荷包银锭一;且命设食,使子士琬具宾主之礼。食毕,已夜,以府堂烛笼送归寓"。榜发,崔述名第一。至秋,兄弟同入学。(《附录》一,页二三)

是年吴敬梓(《儒林外史》作者)死。

乾隆二十年,乙亥(1755)。十六岁。

知府朱煐召崔述到府衙内晚香堂读书,和他的儿子士琬等同学。初延安庆张前赞为师,继延归德李桓。李桓去后,朱煐自教他们。(《附录》一,页二三)

是年全祖望死。

乾隆二十一年,丙子(1756)。十七岁。

在朱煐衙内读书。

乾隆二十二年,丁丑(1757)。十八岁。

在朱煐衙内读书。

五月,漳水决,魏县城没于水。崔家屋尽颓,财产器用都沉在水里。他的父母移家城外,数月未有宁居,日惟以扁豆充饥。霜降后,

他们还穿单衣。冬不能具炉火;寒甚,李孺人藏砖灶中,夜间取出,以暖被。(《先府君行述》;《先孺人行述》)

乾隆二十三年,戊寅(1758)。十九岁。

在大名读书。

春,水退,父母复移入城;稍稍葺茅屋以庇风雨。

三月,魏县知县王沛生因朱煐的嘱托,聘请崔元森到本县义学去教书,他家才勉强可以糊口。

十月,政府废除魏县,并入大名县。(以上均据《先府君行述》)

是年除夕,崔元森有示儿诗:

> 壮强都浪掷,衰病此侵寻。奋力难追昔,修持不懈今。闲家情嘻嘻,启后意深深。率教违严训,贤愚尔自斟。(《附录》一,页一六)

崔元森的著作,现在只存这一首诗,故可宝贵;这首诗也可以写出他家父子在那极困穷的时候互相勉励的情状。

是年汪师韩五十二岁,北游至京师及保定,制府方观承(字遐谷,号问亭,安徽桐城人,官直隶总督,谥恪敏,有《述本堂诗》、《问亭集》等书)延之主广平清晖书院。(《上湖纪岁诗编》四,页一一——二)他生于康熙丁亥年(1707)。

是年惠栋死

乾隆二十四年,己卯(1759)。二十岁。

在大名读书。

大名县知县秦学溥(字耐圃,山西凤台人)的父亲秦峤闻崔述之才学,延之往见,并嘱学溥厚恤崔家。(《附录》一,页二七;此事不知在何年,以文中有"年甫弱冠"之句,故系于此年。)

崔述少年时代读书已有疑古的倾向。今附载两件事于此:

(1)《论语》 余五六岁时,始授《论语》,知诵之耳,不求其义也。近二十岁,始究心书理;于公山佛肸两章,颇疑其事不经,然未敢自信也。逾四十后,考孔子事迹先后,始知其年世不符,必后人所伪撰。然犹未识其所以入《论语》之由也。六十余岁,因酌定《洙泗余录》,始取《论语》源流而细考之,乃知在秦、汉时

传齐、鲁《论》者不无有所增入,而为张禹采而合之。始决然自信而无疑。(《洙泗余录》三,页三八——三九)

(2)《尚书》 余年十三,初读《尚书》,亦但沿旧说,不觉其有异也。读之数年,始觉《禹谟》,《汤诰》等篇文义平浅,殊与三十三篇不类。然犹未敢遽疑之也。又数年,渐觉其义理亦多刺谬。又数年,复觉其事实亦多与他经传不符。于是始大骇怪。(《古文尚书辨伪》一,页一)

近二十岁时的怀疑,直到六十岁以后始能解决,可见怀疑真是一种麻烦的习惯。怪不得绝大多数的懦夫终身不敢一叩怀疑之门!

是年顾栋高死。

乾隆二十五年,庚辰(1760)。二十一岁。

在大名读书。

秋,应顺天乡试,中副榜。有《中副榜后戏作诗》:

应是天怜失意频,秋来暂许住成均。蓝衫已觉开箱旧;黄顶都惊入眼新。半喜半忧今日意;欲歌欲泣此时身。乡邻未识长安事,问是生员是举人。(《知非集》)

乾隆二十六年,辛巳(1761)。二十二岁。

在大名读书。朱煐延松江丁夏陛教他们。(《考信附录》一,页二三)四月,祖母徐氏死。

七月,水复没城,全家移居村中,月余始入城,时水尚深数尺,出入皆其父亲自操舟。十一月,水复至;全家复移村中。(《先府君行述》)

是年陈履和生(据陈履和《上东壁先生书》,及《显考行略》),张惠言生。

乾隆二十七年,壬午(1762)。二十三岁。

在大名读书。

七月,水尽退,移家入城。他家屡被水患,迁徙无定,家更贫落,至无隔宿之粮。大名知县秦学溥时周恤他们。(《先府君行述》)

是年朱煐调永州府知府。崔述与崔迈送他到临清。崔述十四年后(1775)《祭朱公文》有云:

> 不阶尺书,罗之署内;扶持吹嘘,饮食教诲。八年终始,雨夕风晨;经传马帐,雪立程门。

他在朱煐署中读书凡八年(1755—1762),受的益处极多。他自己说:

> 余自入署后,非但从公学举业,且得纵观海内之书,交游天下之士,以扩其耳目而开其知识。向使余不遇公,即不穷饿以死,亦不过为乡人以终其身,何由能著此书? 然则《考信录》之作,由于公之玉成者不少也。(《附录》一,页二四)

崔述少年时遇朱煐,得他的帮助,方才有读书的机会;晚年时遇陈履和,结师弟之谊,履和牺牲一切,替他刊刻遗书,他的著作始得保存于世。这两个人都是云南的南部石屏州人,离大名县万余里:这真可算是一段遇合奇缘了!

崔述兄弟送朱煐行后,遂入京乡试,兄弟同中式举人。是科溧阳史贻谟(大学士史贻直之弟)为顺天乡试分校得"《易》一"房。崔述之卷适在他的房中;他见其文清真,甚爱之,细为之圈点。至论,亦大赏识之。欲拟为元,阅卷面,知为"北皿",始大失望。盖故事,十八房官以一人科目最久者为领房,领房中无可为元者始于他房选取。崔述以副榜资格入场,故与河南、山东、山西、陕西四省贡监同居"北皿"号中,恐其非直隶人,故不以拟元;拟元必在"贝"号中也。榜发之次日,史问知此卷为崔述,连呼"可惜! 可惜! 此本拟元卷也"。(《附录》一,页二九——三〇)

崔述兄弟同榜中举人后,始稍稍假庐舍,葺屋宇。然他们的父亲已积劳成病了。(《考信录自序》)

是年江永死。

乾隆二十八年,癸未(1763)。二十四岁。

崔述兄弟在京应会试。尚未会试之前,中翰李君(直隶长垣人)对崔迈道:"壬午科的房考,一点不通关节的,只有史公和李公宗文两人;其余的但能分半以荐佳文,就算好了。"史贻谟真是一个公忠正直而又识得文章的人,崔述逢在他手里,所以中了举人。崔述在《考信附录》中记云:

> 其后余五入会闱未尝得邀一荐,无他,房考中无公在也。向使壬午一科公不得与房考之数,或余卷分入他房,中式与否固未可知也。余年四十以后始为《考信录》,而家计艰难,碌碌苦无暇日。幸有脱稿者,亦无人为钞录之。自挨选得作吏闽中,归里后尚可谋数年之食,始得陆续成稿,佣人钞录,今且谋梓行矣。然则余书之所由成,公之功固不可没也!(《考信附录》一,页三〇)

《考信录》的成功,间接也受史贻谟的帮助,但史贻谟自己却因秉性耿直,不喜附和流俗,致做不到大官,仅做到司经局洗马便止了。

是年焦循生,黄丕烈生。

乾隆二十九年,甲申(1764)。二十五岁。

入关迎娶成孺人。我作崔述的《年谱》初稿时,尚不知道他娶妻在何年,又不知道他何年游陕西。前年顾颉刚先生寻得《二余集》,今年洪业先生寻得《知非集》,才知道他的游关中,就是去迎娶成孺人;洪先生考定在这一年。

崔述兄弟自去年(1763)在京会试之后,同行回里,本年(1764)崔述将往邠州,有《将赴邠州次韵留别舍弟》的诗:

> 同归才数月,此日复东西。分袂暮云暗;回头春草迷。花临河水发;鸟傍华山啼。明夜知何处!临歧手暂携。(《知非集》)

看诗意,像他离家的时候是在春天。他一路上做的诗很多,过华阴时,曾登岳庙后阁去望华山,作《水龙吟》一阕,首句云,

> 凭栏目极秦川,桃花零落春将暮。

过永寿县时有《永寿县》诗,首句云,

> 县僻戍楼稀,春寒鸟不飞。

可见他到邠州约在春暮。他这年秋冬均在邠州,《知非集》中的《怀旧赋》和《邠州步月》诗是秋天做的,《雪后登邠州城》和《岁暮即事》诗是冬天做的。他结婚在何时,不能确知,做《怀旧赋》的时候似尚未婚,诗集中有《寄酬韩邠州》的诗,中云:

> 昔余少年犹未婚,妇翁监州永兴路,看山怀古西入关,执雁

迎亲邠之署。当此之时公守邠,吐握曾蒙国士誉。逢人说项不
窨口,华筵为我开者屡。豳风九月寒授衣,塞云关月争入句。

或许婚期是在九十月间。他的丈人成怀祖,字兰田,号尚羲,后又更
号北樵,大名人,由乾隆六年的拔贡除邠州直隶州州判。他在邠州凡
十七年;初任为乾隆庚午(1750)至丙戌(1766)告休,撰有《邠志续
笔》,备一方之典故。兼判乾州,历摄三水,长武,永寿,三原等县,所
至有声。他又是一个有名的诗人,著有《塞上草》一卷,《关西橐草》
四卷,《关西橐草》曾由汪师韩为他作序。他当乾隆十九年准噶尔之
役,曾在刘统勋(字延清,号尔纯,诸城人,康熙进士,官东阁大学士,
谥文正)幕府里,是一个很有办事才的人,《塞上草》便是此时做的。
(《上湖文编补钞》下《成君墓志铭》,页三〇——三二;《知非集》)他
的事迹见《大名县志》(三十五,页一三——一五)和汪师韩为他作的
《墓志铭》(《上湖文编补钞》下,页三〇——三二)。他的著述已不
易得见,陶樑《畿辅诗传》里尚录有他的诗十二首。(《畿辅诗传》三
十五)成家为大名第一大族,我从《大名志》里钩出一个世系表如下:

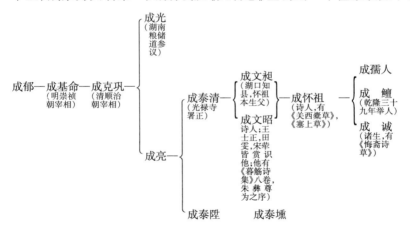

成孺人承着这样丰厚的遗传,所以富于文学上的修养,能作诗歌,能
做他丈夫的一个佐读的伴侣。她著有《二余集》,未出阁时所做的诗
名《绣余吟》,既出阁后所作的诗名《爨余吟》,后来她丈夫编入《遗
书》中,名为《细君诗文稿》。她自序云:

> 余从先大人宦关中,时年十有一矣:先孺人始教之识字,读唐人诗数十首;先君公事之暇,时命与兄姊为偶语。暨年十四五,侍先君侧,……辄不自揣,遂学弄韵。……然先孺人课女红严,无暇读书,亦未知讲求声律,是故所作多小儿语,亦有不成章者。

她死后,她的丈夫曾经替她做了一篇传附在《细君诗文稿》之后。但不幸《细君诗文稿》,陈履和不及刻出,这篇传遂也连带的遗失了。所以对于她的事迹,我们很少明白,顾颉刚先生得到的《二余集》钞本,内容只有寥寥的一首赋,四首词,三十六首诗,也没有多少事迹可考。她在《自序》篇末具名成静兰,她的字叫纫秋,是最近(二十年四月)洪业、顾颉刚二君到大名看了崔述坟上陈履和书的墓碑才晓得的。

崔述这年在邠州,上有成怀祖这样一个诗家,又有知州韩成基也是一个既爱才而又好诗的人,《知非集》中说:

> 忆我亲迎西入关,君子之光始窥斓。论诗从此得津梁;饮酒宁须计石斗。(《题妇翁成北樵先生爱莲图》)

> 豳风九月寒授衣,塞云关月争入句。千言立就飞相酬,舆台传送走若惊。(《寄酬韩邠州》)

可见他这时对诗很努力,他在《知非集自序》中说:"年二十五始致力于古诗",以后他很做了不少的古诗。

是年阮元生。

乾隆三十年,乙酉(1765)。二十六岁。

崔述和成孺人出关回大名。《知非集》中有《留别韩邠州》诗云:

> 驿临渭水冰初绽,……梅花片片促离愁。

又《寄酬韩邠州》诗中也说:

> 春风催别杨柳新,扁舟东渡咸阳渡。

可见他们离邠的时候是在二三月间。成孺人《绣余吟》的最后一首是《晓发》,也是在东归途中作的,她说:

> 云埋古戍驿楼空,回首秦川失旧踪。……遥忆天涯双白发,归宁何日泪千重。

初嫁女的声口宛然。

是年漳水复满进城。乙酉丙戌两年之间,水三次进城。

大名县知县秦学溥买屋于礼贤台畔,送给崔述居住。礼贤台在魏城东南隅,俗传是魏文侯馆段干木的故址。崔述有《礼贤台新居记》云:

> 礼贤台……南倚郭北望城。其前则漳水环郭而东折,岸狭流驶,林木蓊蔚,其上则敞亭三楹,矗塔数丈,左右房序,庖湢之处悉具。后则湖水回环,周十余里;城处其中,若岛屿然。湖中植荷数顷;夏秋花发,香满亭内。雨后启轩,则太行诸峰蜿蜒起伏,毕列槛外。柴门烟井,历落于芦洲蓼渚间,亦可谓魏城之巨观矣。
>
> 乾隆丁丑(1757),城没于漳,官舍民庐,橡薪壁砾,而台亦就荒。又八年,予始卜居来此;亭榭轩槛已无复有存者。惟孤塔岿然插云,及柏下断碑数片而已。若乃清秋雨霁,倚篱极目,则平沙远浦,禾黍上下,昔日之佳花芳树所敷披也。颓垣废屋,荒榛平楚,昔日之楼台廛市所错绣也。牧童樵叟,悲吟呕哑,昔日之游人士女兰浆桂棹所歌舞而喧阗也。……犹记曩为童子时,从父兄乡先生游憩于此,倚树下瞰,平波万顷,菡萏扬华,红素间映;北望迎宾门隐隐如洞,行人往来蠕蠕然若蚁之出入于穴中;悸心骇目,栗栗欲坠。今乃得玩之几席之上,而盛迹已尽矣!(《无闻集》三,页一四——一五)

是年成孺人有《水后九日呈姑》诗云:

> 野水犹环屋,荒城三两家。……爨罢吟新句;针余奉晚茶。曾闻敬姜语,劳亦不须嗟。(《二余集》)

又有《魏台晚眺》诗云:

> 野水绕孤台,月明旷远目。……雨过暑全消,云尽天新沐。星月落水中,微风碎珠玉。只此可忘机,何须觅林麓!

这多是在极困苦的环境之中能自己排遣愁烦的诗。《二余集自序》云:

> 于归后,家綦贫,无人代操井臼,诸劳苦琐事无不身亲,是

> 〔以〕更无暇学诗。然舅姑喜读书,因未尽弃旧业。舅多病,每呈诗至,则为一破颜失所苦。而小娘亦略知声律,常唱和于针线刀尺间。

陈履和根据了这段话,所以在《东壁先生行略》上说:

> 闻斋先生……见先生学日富,而新娶成氏妇才且贤,炊爨余闲,佐读不辍,时复呈诗于翁姑以博欢笑,益怡然忘所苦。

是年崔述入都,成孺人有《送君子入都》诗:

> 悲兮生别离,况是新相知。……萤窗须努力,春色莫教迟。八口沟隍里,双亲望眼穿。敢将儿女泪,沾洒向君前。(《二余集》)

又有《怀远》诗是同衣裳寄给崔述的:

> 惆怅连宵风雨频,征衣制就寄无因。遥怜卧病长安客,谁解绨袍赠故人?(同上)

崔述也有《细君寄衣并诗至赋此答之》诗:

> 读罢回文泪满巾,鸳帏刚是一年新。不嫌德曜如卿丑;却惜梁鸿似我贫。客馆病迟归去梦;征衣瘦称别来身。明年准拟攀乔木,款语妆台莫怆神。(《知非集》)

从这几首诗中,很可看出他们的恩爱和艰困的境况。

秋间崔述在京遇董公常,晨夕过从,畅论书史者数月,至岁暮始别。(《无闻集》三,页一)有《送董公常南归》诗:

> ……与君同乡更同客,欲共君归归未得。为君今夜发清歌,明日君归奈我何!(《知非集》)

又有《忆旧游诗寄朱松田》:

> 忆我与君惜年少,把酒晚香(堂名,在郡署东偏)乘夜凉。……自谓与君有仙骨,世人未许同翱翔。……年年此时共欢乐,岂知一旦成参商。惆怅清原分手去,湘水茫茫苍梧暮。湖南已恨信音稀,何况雁飞不到处。我亦漂泊风尘间,数年未得开心颜。回首旧游如天上,惟有梦中时往还。……问君南归何日来?……胸中无限瑰礧语,留待松田来时吐。(《知非集》)

松田即朱煐之子士琬,天资聪慧,崔述在朱煐署中读书之时,和他甚相知爱。有时崔述回家省亲,或旬月未返,松田常很记念崔述;崔述不见松田,也觉得不爽快。松田随朱燉到永州去时,曾将道中题咏寄给崔述;崔述也以入关道中所作报松田。至此又作此诗寄他。(《考信附录》一,页二五——二六)

是年汪师韩五十九岁,主保定莲池书院。(《上湖纪岁诗编》)他在莲池凡十年(1765—1774)。

崔述在京度岁,有《乙酉除夕》诗:
> 一身辞故园,千里度新岁。不如田舍翁,骨肉同一醉。

(《知非集》)

乾隆三十一年,丙戌(1766)。二十七岁。

是年大名知县秦学溥升保定同知,崔述送行诗有云:
> 我时弱冠喜文翰,闭户耻作阳桥鱼(《说苑·政理篇》:"夫投纶错饵,迎而吸之者,阳桥也。"阳桥,是一种白鱼;桥亦作鲦)。伯乐一顾倾冀北,罗之门下真吾徒。

又云:
> 文侯昔馆段干木,遗址今在东南隅。诛茅作室俾我宅,伯夷所筑聊可娱。

后来秦学溥升易州知州,真定府知府,补顺德府知府,崔述都曾到他衙里去过。后来他做到苏松粮道,因事免职。(《附录》一,页七——二八;秦学溥离开大名的年,是从《大名县志·官师表》里寻出的)

仲春,崔述、崔迈在北京和内黄纪闻歌(字东川)相遇。(《知非集》纪序)

是年成怀祖移疾东归,其子成诚请崔述题《爱莲图》。(《大名县志》,《知非集》)

是年程廷祚死,顾广圻生。

乾隆三十三年,戊子(1768)。二十九岁。

馆于武安(彰德府属),与纪闻歌相得甚欢,时或杯酒相往来。纪氏见到他的古文有《封建论》二篇,《治漳策》一篇。此三篇文章现在均已缺失,《无闻集》卷二目录内《封建论》尚著录,不知陈履和何故未刻其文。

八月,纪闻歌序他的诗集《弱弄集》。(《知非集》纪序)
　　　　馆武安时,尝自选其古唐体诗若干首,题曰《弱弄集》。内黄纪东川为序之。(《知非集》自序)
《知非集》有《武安雨夜》诗：
　　　　斋阁和愁卧,山城入夜清。骤雷惊客梦;寒雨暗归程。多病思家室;长贫望友生。怜才无复古,高枕独伤情。
《二余集》也有《武安即事》诗：
　　　　蓬门昼迥野花香,自卷重帘对夕阳。山色入庭青似黛;泉声过雨沸于汤。尘中踪迹凭谁识？庑下萧条已共尝。从此不须施绛帐,与君归去伴沧浪。
《知非集》又有《九日与纪东川登儒山兼以志别诗》：
　　　　……归心浩莫遏,欲去仍盘桓。佳节古所重,别离况无端。遥知同乐处,他日梦中山。
可见他在这年九月间离武安回家了。

乾隆三十四年,己丑(1769)。三十岁。

《考信录提要》云：
　　　　余年三十,始知究心六经,觉传记所载与注疏所释往往与经互异;然犹未敢决其是非。乃取经传之文,类而辑之,比而察之;久之,而后晓然知传记注疏之失。顾前人罕有言及之者;屡欲茹之而不能茹,不得已乃为此录以辨明之。……

《行略》也说：
　　　　先生觉百家言多可疑,悔从前泛览之误,曰:"此非吾父所谓明道经世之学也。"乃反而求之六经,以考古帝王圣贤行事之实。先儒笺注,必求其语所本而细核之。欲自著一书以正伪书之附会,辟众说之谬诬。举子业置不复为。时先生三十岁也。

据这两段,可知崔述著《考信录》的志愿,是定于三十岁时。

他著书的目的,是想要"正伪书之附会,辟众说之谬诬";他著书的基本方法：一是"反而求之六经",一是"先儒笺注,必求其语所本,而细核之"。

这几点都是极可注意的。当日的南方大师,正在做一种大规模的运动；这种运动，因为缺乏确当的名称，我们姑且叫它做"汉学运动"。汉学运动的目的，也可以说是要"正伪书之附会，辟众说之谬诬"。但他们攻击的对象，乃是宋儒，不是秦汉百家之言。他们要"正"的，是《太极图说》，《皇极经世》一类的书；他们要"辟"的，是宋儒自出新意的种种经解。他们的方法也可以说是"先儒笺注，必求其语所本而细核之"；但他们所求的"本"，乃是《尔雅》，《说文解字》，《广雅》一类的古辞书和两汉、魏、晋间人的古训诂。他们也想"反而求之六经"，但他们知道直接回到六经是无用的，结果必至于"望文生义"，用主观的见解来解释古书。所以他们不用直接回到六经的方法，而采用间接的方法：他们想从汉儒间接回到六经。

在这一点上，我们可以看崔述是否代表"时代的精神"。在精神一方面，崔述和汉学运动是很一致的：同是"考信"的精神。在方法的方面，便不同了：汉学运动走的路是间接的，崔述是直接的；汉学运动想假道于汉儒以至六经，而崔述要推翻秦、汉百家言以直接回到六经。汉学运动因为不满意于宋儒，所以回头去推崇汉儒；崔述因为不信任汉儒，所以崇拜宋儒疑古辨伪的精神，而愿意为他们作后继的援助。崔述父子都是宋学，而且都是宋学中的朱学。

"汉学"和"宋学"，表面上似乎很不同，其实清代的汉学大师，除了惠栋、江藩一班迷信汉儒的人之外，和汉儒的精神相去最远，和宋儒、朱熹一派倒是最接近的。他们无论怎样菲薄宋儒，无论怎样抬高汉儒，但学术史上演进的线索是终究瞒不住的。于今事过境迁了，我们冷眼观察清代三百年的学术，不能不认那推崇朱子的崔述和那攻击朱子最厉害的毛奇龄、戴震同是一条路上的人。他们都很接近朱熹，而很不接近毛公、郑玄！要知道，到了十八世纪，还想回到第一二世纪的许慎、郑玄，是不可能的。欧洲"文艺复兴时代"的人，自以为推翻中世纪而回到希腊时代了；然而他们所谓希腊，究竟还只是十四五世纪的欧洲，绝不是纪元前四世纪的希腊。"希腊"不过是近世欧洲人对于中古作战的一种武器罢了。对中古作战，就是他们不能脱离中古影响的铁证。清代的学者也是这样的。"汉学"是清儒对宋儒作战的一种武器。他们反对宋、明，然而他们攻击朱子，便是直接明儒的一个证据。至于他们讲究音韵,训诂,考据等等,更是朱熹以后的宋学嫡派!试问古韵的研究,古书的考订,古训诂的整理,那一样不是宋儒发起的?不过学术界的趋势,总是后来居上,清儒的成绩超过宋儒,那是很自然的事。但我们决不可因此就忽略了学术演进的历史。

宋儒不承认中古佛教道教的传统和影响,自以为回到子思、孟子,直接周公、孔子的"道统";然而他们赖掉的债,终究被毛奇龄、黄宗羲、胡渭等翻出旧帐,加利算还。清儒否认宋、明学者的传统与影响,自以为回到许慎、郑玄的汉学;然而他们赖掉的债,终究被一位同事章学诚(1738—1801)翻开老帐,查了出来。章学诚说:

> 今人有薄朱氏之学者即朱氏之数传而后起者也。朱子求一贯于多学而识,寓约礼于博文,其事繁而密,其功实而难。……然沿其学者,一传而为勉斋(黄干),九峰(蔡沈),再传而为西山(真德秀),鹤山(魏了翁),东发(黄震),厚斋(王应麟),三传而为仁山(金履祥),白云(许谦),四传而为潜溪(宋濂),义乌(王袆),五传而为宁人(顾炎武),百诗(阎若璩),则皆服古通经,学求其是,而非专己守残之流也。生乎今世,因闻宁人百诗之风,上溯古今作述,有以心知其意:此则通经服古之绪又嗣其音矣。(此指戴震)……夫实学求是,与空谈性天不同科也。考古易差,解经易失,如天象之难以一端尽也。历象之学,后人必胜前人,势使然也。因后人之密而贬羲和,不知即羲和之遗法也。今承朱氏数传之后,所见出于前人,不知即是前人之遗绪,是以后历而贬羲和也。(《朱陆篇》)

章学诚能指出戴震是"朱氏之数传而后起者",这真可算是一种惊人的历史眼光。我们明白了戴震是朱学,然后可以明白崔述世传朱学而仍不失为那个汉学时期的时代精神的伟大代表。

崔述作《考信录》的志愿虽定于此时,然而他少年时即富于观察力,勇于怀疑,勤于求证。修养有素,积累有渐,所以他中年以后,发为著述,有那样的精确。我们可汇记他少年时代怀疑态度的表现于下。

（1）余自幼时，闻人之言多矣。日食止于十分，月食有至十余分者。世人不通历法，咸曰，月一夜再食也。甚有以为己尝亲见之者。余虽尚幼，未见历书，然心独疑之。会月食十四分有奇，夜不寐以观之，竟夜，初未尝再食也。唯食既之后，良久未生光，计其时刻，约当食四分有奇之数。疑即指此而言。然同人皆不以为然。又数年，见诸家历书，果与余言相同。人之言其安从而信之？

（2）郡城刘氏家有星石二枚。里巷相传，咸谓先时尝落星于其第，化而为石。余自幼即闻而疑之。稍长，从刘氏兄弟游，亲见其石，及其所刻篆文楷字。细诘之，则曰："实无是事。先人宦南方，得此石，奇其状非人世所有，聊刻此言以为戏耳。"此现有石可据，有文可征，然且非实。人之言其又安从而信之？（《提要》上，页三）

（3）余幼时尝见先儒述孔子言云："吾志在《春秋》，行在《孝经》。"稽之经传，并无此文。后始见何休《公羊传序》，唐明皇《孝经序》有此语，然不知此两序本之何书。最后检阅《正义》，始知其出于《孝经纬》之《钩命决》也。……谶纬之书，学者所斥而不屑道者也。谶纬之书之言，则学者皆遵守而莫敢有异议。此何故哉？此何故哉？（《提要》上，页一一）

是年会试，在北京遇孔广森。《洙泗余录》首（今印本已移在末）载孔广森《大戴礼补注·序录》中论《孔子家语》一节，跋中说，"余昔会试时，曾与检讨相识；年甚少也"。孔广森（1752—1786）十七岁中举人（1768），后三年辛卯（1771）进士；崔述父死于辛卯二月，是年似未赴会试，故他识孔广森似在己丑。崔述与当日的经学大师多不相识；以我们所知他只认得孔广森一人，故记之。

是年有《送栗太初赴纳溪任序》。太初名元，广平人，与崔述同学于朱煐衙中；辛巳成进士，选得纳溪县。（《无闻集》三，页四——六；《广平府志》）

乾隆三十五年，庚寅（1770）。三十一岁。

《知非集》有《庚寅仲夏书事》一诗，记去年大旱本年又旱，四月

始种黍。五月将割麦时,被土匪抢割而去。结语道:

> 顷刻茎穗尽,一粒不得煮。始信为盗乐,不似为农苦。方今太平时,岂宜纵狐鼠! 况乃近城市,非有山泽阻。县令不行法,我为嗟何补!

是年崔迈生子龙官,后改名应龙,又改腾蛟,又改伯龙。崔迈共生三子:长应龙,次梦熊,次跃鲸。崔述晚年无子,将抚梦熊为子,不幸梦熊十五岁上死了。后来崔述乃命伯龙以一人承祧两房的宗祀,候他生了儿子再后梦熊。(《先孺人行述》,《东壁先生行略》,《崔元森墓碑》)

乾隆三十六年,辛卯(1771)。三十二岁。

二月十五日,父崔元森卒,年六十三岁(1709—1771)。
《先府君行述》云:

> 先君捐馆之前一年,预知终,命家人治后事。未几,果病。病中闻异香满室者三,遂不粒食,十余日而终。(《无闻集》四,页一○)

在《考信录》的作者的书里,居然有这种很近于迷信的记载,岂非大可怪的事? 然而这也不很可怪。崔元森究竟是一个闻见很狭陋的理学先生;他生平很想在孔子庙里陪吃冷猪肉;后来五次乡试,不能中举人,遂把全副精神用在两个儿子身上,希望借儿子的成功,间接吃得冷猪肉。崔述很天真烂漫的述他父亲的话道:

> 独不见夫崇圣祠诸先儒从祀者耶? 是皆以其子故。尔若能然,则吾子也。(《先府君行述》)

他的最大奢望只是做到程珦(二程子之父)朱松(朱子之父)的地位,在崇圣祠里做一个"太"圣贤;怪不得他在病中也恍恍惚惚的闻着崇圣祠的异香了。

约翰弥儿受了他父亲莫大的益处,然而他父亲的"乐利主义"究竟牢笼了他的一生。崔述也受了他父亲绝大的益处,然而他父亲的崇圣祠观念也就限制了他一生的发展。所以我们虽然很感谢崔元森,终不能不指出他临死时的一点陋相。

四月二十九日,丈人成怀祖死,年六十五岁(1707—1771)。汪

师韩《成君墓志铭》云:

> 洎来清苑,君之子谒从学于莲池,因得读君《关中橐草》诗而为之序。乾隆戊子(1768),君已归田,载通音问。至辛卯(1771)而君凶问至。……君本……湖口知县讳文昃之仲子,而出为过村先生后。……庚午,除邠州直隶州判,甫莅任,尽革诸陋规;而自题其厅事曰:"佐牧倡僚,期共致安民缉盗;判邠怀古,窃自方强恕求仁。"其后神君慈父之交称,已略具此两言矣。……十七年中,先后兼判乾州,权知三水长武、永寿、三原诸县事;又入佐宾筵,出理屯戍,所至皆有声。……君屡报善最,顾屡为忌者龁齕,不克上迁。……生子二人,长即廪生谒也,次诚,国学生。女三人,磁州诸生张鉴,国学生张錀,魏县壬午举人崔述其婿也。(《上湖文编补钞》下,页三〇——三二)

六月,适成安陈郿之长姊死。(《先府君行述》)

乾隆三十七年,壬辰(1771)。三十三岁。

作《先府君行述》;至保定,乞汪师韩作墓志铭。志中说,"有孝廉素衣冠而过莲西,则君之子述也。"似汪师韩与崔述为初次相见。后来汪颇能赏崔述的见解,故崔述《上汪韩门先生书》自跋云,"余自三十以后,颇有所窥测;先达中赏鉴余者,惟汪上湖先生。"(《考信附录》一,页三五)

乾隆三十八年,癸巳(1773)。三十四岁。

元旦,开始著文五篇,题曰《春王正月论》。及秋,复增删为三篇,题为《三正辨》。十五年后(戊申,1788),复增改一遍,合为一篇,改名《三正异同通考》。己酉(1789)以后又改为《三代正朔通考》。此篇初刻于江西(1797),此本顾颉刚先生有一本。其后又就原板挖改数十处,抽换一页,此本燕大图书馆有一本。嘉庆乙丑(1805),又删改一遍,其先后亦颇有所更定。次年丙寅(1806),刻于彰德城中,是为彰德本;此本我有一本,较今本仅多三十七个字。今本是道光四年(1824)浙江东阳县署中刻的。

此书初稿原文如何,我尚未见。今就彰德改本,摘其大意于此,以见崔述第一部著作的方法。

原稿名《春王正月论》,此名最确切,因为此文主意在于辨明《春秋》"春王正月"是周正。《春秋》隐元年杜注,"周王之正月也";《正义》说:"正是时王所建,故以王字冠之,言是今王之正月月也。"此义本无可疑。后人因《论语》有"行夏之时"一句话,以为孔子既主张夏正(夏正建寅,周正建子),《春秋》不应沿用周正;于是程颐说"《春秋》假天时以立义,以夏时冠周月",而胡安国遂谓周不改月,但改岁首,《春秋》的正月乃是孔子自己改的。家铉翁作《原夏正》,又以为《春秋》之月也不曾改,只改了旧史岁首,子改为寅;于是《春秋》之正月遂成夏正建寅之正月(与今日阴历的正月同;周之正月,当阴历十一月)了。崔述以为孔子是一个尊周室的人,必不敢替王室改正朔,故说:

> 周果名为十有一月,孔子必不书曰正月;孔子既书曰正月,周必不名为十有一月也。(东阳刻本,页二)

此言似近于臆测,但他全书"考《经》、《传》之文,综异同之故,溯流穷源,分条别贯",已可表示他后来著书之方法。如他驳家氏云:

> 隐九年三月,癸酉,大雨震电;庚辰,大雨雪。夏正之三月震电,非灾也。家氏欲以夏正通之,乃云,"震电非异,震电而雪所以为异"。夫雪距震电八日,其与震电无涉也,明矣。震电苟当其时,岂得以后日有雪之故而追异之乎?……(页三)若三饥两有年之书于冬,雨雪陨霜杀菽之书于十月,其断断不可谓之夏正者,盖不可以枚数。家氏乃云,"外此亦有一二之疑,皆可以义例而通"。呜呼,吾不知家氏又将以何义例通之也?(页五)

崔述此文中最有价值的是他能研究前人所以致误的原因,指出古代的正朔并不统一,新旧历皆有沿用之侯国,而文人学士之篇章与民间的歌谣中时时沿用旧历。这种历史的眼光,打破整齐画一的古史观念,实可佩服的。他说:

> 至于《经》、《传》之用夏正,亦有故焉。古之时,三正虽迭建于帝廷,亦并行于侯国。……盖诸侯之历,其先皆有所授;行之既久,其民安焉。有王者作,苟……无大过,圣人亦不强改其历使从己也。……故商之建丑,周之建子,非改历也,汤以前本建

丑而文武以前本建子也。(页九)

这种见解真可惊人。他举的例是：

> 晋封于夏故墟，民习于夏正者久，其历仍用夏正。以《竹书纪年》考之，曲沃庄伯之元年正月，乃周平王之三十八年三月也。是以周十二月，卜偃谓之十月；周三月，绛老人谓之正月。……此乃晋用夏正，非周亦用夏正也。而左氏作《传》，亦多采旧史夏正之文而未及改。如卓子之弑，申生芈郑之杀，《经》在明年春，《传》皆在前年冬。韩之战，《经》在十一月壬戌，《传》在九月壬戌，是也。
>
> 其纪他国之事，亦间有用夏正者。如齐桓之卒，《经》在十二月乙亥，《传》在十月乙亥，是也。
>
> 此或其国亦用夏正，或此国之事旁见于彼国之史，均未可知。……左氏既未及尽考而正之；而杜氏《经传集解》既成，始见《竹书》，又未及追改原注，因致后人茫然莫得其解。逮顾宁人(《日知录》卷四)始揭此义，而余以推之《传》文，不但正月不同，即置闰亦互异。如王子朝之乱，卫侯辄之奔，《经》、《传》皆差一月。乃知列国皆自用其历，固不得以唐、宋郡县之法而概商、周封建之时也。(页一〇)

他又说：

> 古之时，三正既并行于侯国，亦通用于文人学士之篇章。犹封建废为郡县，而刺史太守节度使观察犹谓之诸侯；犹知府知县犹谓之守令也。盖诗之为体，与纪事不同；歌谣之兴，始于虞、夏；其时方用夏正，其后遂以相沿。犹唐诗之多沿汉、魏、六朝语也；亦可据唐诗以证《唐书》之误乎？且纯用夏正者惟"四月维夏，六月徂暑"一诗耳。其余则周、夏之正皆可通者较多。若《豳风》则自巳月至亥月用夏正，子月至卯月兼采周正，而辰月谓之蚕月。此盖当时里巷之语云然。(页一一)

向来说"春王正月"四字的人，往往凭空臆造许多不相干的微言大义。崔述只给他一个极平实近情的解释：

> 孔子何以冠王于正月也？古之时，三正并行于侯国，亦通用

于篇章。孔子惧民听之惑乱,后之学者无所考证,故属正月于王,以别嫌而传信。

不曰周而曰王者,以别于夏、商之丑正寅正,则曰周正月;以别于诸侯之丑正寅正,则曰王正月也。犹之乎《诗》之别于《商颂》则曰《周颂》;别于十五《国风》,则曰《王风》也。《春秋》于诸侯之大夫,书曰齐人晋人;其师书曰齐师晋师。独其于周也,人曰王人,师曰王师,女曰王姬,正曰王正,皆不云周。……后儒不知三代正朔之制,因而不知孔子书王之意,……遂疑圣人别有深意,而以欲行王道之义训之,谬矣。(页一三)

是年馆于胡村店。主人赵生谈及内黄盗案,崔述为作《杨村捕盗记》。(《无闻集》三,页二三——二六)此文纪事甚朴实,读之可以想见清代北方民间产生的许多盗侠小说的背景。

十一月十六日回家,遇大雾三日;雾散后,远近树上皆成了"树稼"奇景。崔述为作《雾树》诗;次年冬,复见此奇景,遂作《雾树诗序》。"树稼"今亦名"树挂",为北方冬间一种奇景。我于民国八年冬间南下,经直隶山东之间,在火车中见遍野树木皆成玉树琼枝,叹为奇观;询之车上北方人,始知此为"树挂";当时尚不曾见《无闻集》,故不知"树稼"之名。崔述之诗今不存,但《雾树诗序》乃是一篇很精密的辨证文章,可以表现他的科学态度,又可以表现他的审美能力;故我摘钞于下:

北方寒厉之时,晨起往往见庭树若悬冰雪,日出则消。俗谓之树稼。然莫能名其故。或云雪为之,或云霜为之,不知此皆雾之所凝。吾先君与群从兄弟言云尔。

余每验之,夜有雾则晓必如是,未尝爽焉。

这已可见他立说必求证验的精神。他又说:

乾隆三十八年,余馆于御河之阳。十一月十六日归省,适大雾隐空,亲见雾为风飐,凝于物杪,人须马鬣裘毛之末未有免者。又其为物甚黏,愈凝愈黏,至倒悬寸许不能坠。如是三日,雾敛目开,则远村近囿,编珠贯玉,弥望无际矣。……于是益信向说之不诬。

他因举三证,证明树挂不是雪霜所成,是雾所凝成的:

（1）盖地液之初生而后降者,有三:曰雨,曰露,曰雾。雨露之升也高,其凝之时犹未成乎水也。故霜最经,雪次之。雾之升也卑,其凝之时成乎水矣。但其点滴微细故轻于冰而重于雪。其不同一也。

（2）雪霜平地为多;枝上虽有雪,然易落,不能厚。雾则专凝枝杪,及一切纤芥物;虽系缕发庭中,无不著者,而平广处反泯然无迹。其不同二也。

（3）雪霜皆覆物上,不能集其旁下。雾则随风所飑,集于枝旁。故自上风视之,则如缟带琼丝;下风则枯枝而已。无风处则四面皆著而不盈。或系于下,亦不坠落。其不同三也。

这三条都很有理,第三证尤精细。成孺人说:

古人咏雪之章如林;此殆过之,而反寂寂。以意度之,于古必希,不如今之繁也。

崔述初也信"古今异同,容或有之"。他的《雾树诗》做成一年之后,又遇大雾,"无日不雾,无雾不凝;子悬午坠,日以为常,遇阴寒则竟日不落。其物象之妍,镂嵌之巧,品莹玲珑,细碎曲折,较之往年殆逾十倍"。然而近县的文士竟没有人和他的《雾树诗》,"亦竟未闻有赏此奇观顾盼而低徊之者!"于是他叹口气道:"乌知古人之不亦如是,而余之所好之独不可解也?"

崔述之《雾树诗》,最近发现的《知非集》中竟没有收入;但成孺人的《二余集》中却有《雾树》一首,不知是否和崔述的:

双扉破晓开,满目飞雾雪。庭树玉雕镂;砌草珠攒结。望远不分明,迷离光皎洁。天地造化顷刻成,瑶草琪花不可名。蓬莱、瀛洲竟何处? 恍疑身在玉京住。须臾雾尽白日见,满庭无路花零乱。

集中又有《赠君子》一首,不知他作于何时,因有"五行三正细剖分"之语,故附写于此。

崔郎卓荦志不群,胸藏经济人莫闻。有时慷慨论时务,沛如黄河向东注。近来学古益成癖,独坐搔首常寂寂,唤之不应如木石。忽然绝叫起狂喜,数千余言齐落纸。五行三正细剖分,创论惊天思入云。直欲扫除千载惑,岂效小儿弄笔墨。半生辛苦文几篇,才高可惜无人识。长安虽去每空还,十年憔悴长途间;且同煮酒开心颜,一朝飞腾遂厥志,平尽人间不平事!

《行略》说:"外人未有好先生书者;独成孺人为闺中老友,尽悉生平著书事耳。"这一首诗写崔述著书的神态如画;而成孺人善于排除穷愁,宽解其夫,实为崔述平生学问上一大帮助。

是年冬汪师韩有信给崔述。(《考信附录》一,页三一)

乾隆三十九年,甲午(1774)。三十五岁。

葬父于旧魏城东南隅礼贤台之西。(《行略》,页三及《阃斋墓志铭》)

写定《救荒策》四篇。(《无闻集》一,页一——一八)四篇之目如下:

(1) 有雨旸而无怨伏策,
(2) 有怨伏而无水旱策,
(3) 有水旱而无饥馑策,
(4) 有饥馑而无死亡策。

其第一策多迂腐之言;如云,"煤窟何众乎?……泄地气不已甚乎?……是以古者建国必多树木;……古之炊爨皆取之于林麓,不取之深山重泉之下,夫是以天地之气完,而其力厚。"此说甚谬。多种树固可以减灾,然种树不是供炊爨的。

第二策主张近川之田多开沟渠,远川之田多凿井;其说甚是。第三策欲使民"力专于田,用啬于家",以为积粟之计;又主张减汰不耕而食之人。其说有可行,有不可行。第四策论如何(救于已荒),凡有四道:曰粜,曰借,曰役,曰赈。他说,"救荒之道,必先料民;粜者不籍,其余皆籍"。此说极是。末段痛言吏胥之害,亦很有理。

《救荒策》有乾隆三十九年四月二十八日自跋云:

襄余馆于太行之麓,五月未雨;往来道途间,见诸县祈雨者,或焚香插柳以祷神祠,或取水数百里外;或闭南门,开北门;或缸贮壁虎,令童子环击之。无法不施,迄无一效。南北开闭之说,虽出《董子》,然屋不露日,故南户向阳,北户向阴。城门内外均露天日,南北有何分别?正所谓东家之西即西家之东也。阴阳果何属焉?……而不学之人尚诧为奇策,亦可悲矣。余虽布衣,哀民之不聊,伤吏之无术,乃于鞍间枕上殚思研精,略得四策,而馆事少闲,不克成稿。会雨,遂姑置之(此不知在何年)。

去年(1772)自七月朔,逮霜降,无雨。大名府县祷雨者数,皆俟云已合后乃祷,略得涓滴,即往谢神。其意欲见祷之有验,以美观听。以此事神,宜其不能感格也。余复感前事,遂卒著之,欲献当路,亦竟未及缮写。

今夏(1774)复旱,始乘间缮之。而连日阴云四合,垂垂欲下,时作微雨,窃幸余言之无用矣。会府属诸生者民各以役繁吏蠹,讼于县;上官命县桎梏而榜掠之。次日,天忽开霁,云敛日烈,如炎如焚。乃知感应之机,其速如此!……用是复秘箧中,志其颠末。

此可见崔述终不脱天人感应的迷信。他一面讥弹董仲舒,一面却又被董仲舒的鬼迷了!

〔补:他以连岁苦旱,饿者载道,作联句云:"传僻书痴,甘把逢迎输俊杰;敝衣粗食,得无冻馁即神仙。"(《莜田剩笔残稿·连岁苦旱,饿者载道,漫题》)〕

是年汪师韩六十八岁,秋末离开莲池书院,有《南归有期,留别莲西诸友》诗云:"一年人住尚余情,何况林蝉十度鸣。……"

他在莲池凡十年。在此诗之后,尚有《并蒂莲》诗一首,也是将南归时作的。

《考信附录》中有《上汪韩门先生书》一篇,是在这年托乡试之人寄去的,书中有云:

述幼痴钝,长益迂拙,人事悉所不解;独好参伍古今事迹,辨其是非真伪。日积月聚,似少有所见。尝欲著之于文。顾自以为年少识浅,又方劳心于科举衣食,未暇为也。……自先君见背后,功名之念顿灰;家贫多病,益疏懒。自度难以进取,欲遂一抒所见。愧不能文,乃于去岁取昌黎、柳州、庐陵三家文,熟玩其

> 理。然执笔之时,故态辄见,百不一似。……述为文非欲貌为古人色泽,诚欲自抒所见如孔子所谓辞达者可矣。然言固有能达,有不能达者;有虽少而达,有必多而达,有虽多而愈不达者。……若之何其能使文不烦而意毕达也?

这一个意思,很可注意。崔述已决意要著书,但他还怕文不能达意,故先做一番古文工夫,熟玩韩、柳、欧阳三家之文,并且殷勤问业于古文家汪师韩。他这一番工夫实在不曾白费掉;他虽不以文名,但他的文章在清朝古文之中要算是第一流的了。和他同时的史学家,章学诚也讲究文章,故能自抒所见;那作《王荆公年谱考略》的蔡元凤因为文笔烦冗,便令读者生厌了。又如近代廖平与康有为,同治今文学;康的思路明晰,文笔晓畅,故能动人;廖的文章多不能达意,他的著作就很少人能读了。要知文章虽是思想的附属工具,但工具不良,工作也必不能如意。崔述于著作之先,力求能"自抒所见"的预备,这一层很可以做后人的模范。

此一书内,他也提及他著作的宗旨。他说:

> 自战国以来,邪说并作,皆托圣人之言以取信于世。亦有圣人之徒传而失其真者。汉、晋诸儒罔能辨识。至唐、宋时,尊信日久,益莫敢以为非。六经之文有与传记异者,必穿凿迁就其说,以附会之。又好征引他书,以释经义;支离纡曲,强使相通。虽有一二有识之士论其舛谬,顾其考证抉摘犹多未尽,而世亦不尽然其说。二帝三王之事,周公、孔子之意,其晦于后世者岂可胜道哉!述之所见,虽未知其是否,然存之以待有识者之去取,或亦君子之所不罪也。

此书是写给一位老前辈的,故说的话没有《与董公常书》(见下文)那样痛快明了,但两书都可以表示他三十岁以后,四十岁以前,准备著书的心理。

是年冬,罢馆归漳上。(《雾树诗序》)

乾隆四十年,乙未(1775)。三十六岁。

朱焜于前一年死于云南,年七十六。本年讣至,崔述作《祭石屏朱公文》。(《考信附录》一,页二四——二五)文中有云:

> ……公之南行，送公汶水。从此梦魂，湘江滇海。犹冀微官，驱驰王事，或能见公，于滇之澨，十有三载，屡踬文场；私心未遂，公已云亡。没不知日，葬不知处；万里南天，攀号无路。缄辞六诏，以写哀思；公灵在天，尚其鉴之！

朱焕对崔述确有知己厚恩，故崔述终身不忘他。

乾隆四十一年，丙申（1776）。三十七岁。

我们在上文曾说崔述三十岁时，已立志著一书，"以正伪书之附会，辟众说之谬诬"。此言在他处未得旁证；但在这一年，崔述有《与董公常书》（《无闻集》三，页一——四）可以作这话的旁证。此书极重要，故钞于此：

> ……往述幼时喜涉览；山经地志，权谋术数之书，常杂陈于几前。……近三十岁，始渐自悔专求之于六经，不敢他有所及。日积月累，似若有得。乃知秦、汉以来传注之言，往往与经抵牾，不足深信。

陈履和《行略》之言，恐即是根据此一节而撰；但此书举例稍详。他说：

> 如炎帝本与黄帝同时，太暤在其后，而世以为伏羲即太暤，神农即炎帝。
>
> 稷、契皆在帝喾之后百数十年，而世以为高辛氏之子。
>
> 周公本因成王谅阴而摄政，而世以为成王年止十三。
>
> 平王本畏楚偪而戍申、吕，而世以为私其舅家。
>
> 周本三正并行，而世乃杂取传记夏正之文为周不改月之证。
>
> 周本郊遂用彻，采邑用助，而世乃因孟子"虽周亦助"之言，谓彻亦画为井，亦以中为公田。
>
> 推此而求，不可悉举。要皆不肯细读经文，过信传注百家之言，故致舛误。

这里举的例，共有六个。三正一例，已见上文《三代正朔通考》一节。用彻用助一例，也可见他此时已有《三代经界通考》的初稿本。其余四例，皆见各种《考信录》中，可见《考信录》的材料的收集此时已着手了。

《书》中又说：

> 旧尝阅一小说，载孔子适陈时，有《采桑女》及《樵夫》诗二首，鄙俚不可入口。且曰："按此即今七言绝句，而世儒谓始于《柏梁》，不学之过也"。阅至此，不觉失声大笑。呜呼，今世所传战国、秦、汉之书，托名于圣人者，岂有以异于此乎？特以其传既久，学者遂不敢议。而今乃欲据六经以正其失，求其不掩耳而走，不可得也。

崔述见世人富于信仰心，什么东西都听得进，吞得下，信得过；他真不能了解这种心理！采桑女之歌，是他生平最气愤不过的例。所以他晚年作《考信录释例》，也曾用这个妙例：

> 后人之学，远非古人之所可及！……近世小说有载孔子与采桑女联句诗者，云："南枝窈窕北枝长。夫子行陈必绝粮。九曲明珠穿不过，回来问我采桑娘。"谓七言诗始此，非《柏梁》也。夫《柏梁》之诗，识者已驳其伪；而今且更前于《柏梁》数百年，而托始于《春秋》，嗟夫！嗟夫！彼古人者诚不料后人之学之博之至于如是也！（《提要上》，页三二）

《考信录》之作，只是要医世人信心太强之大病。《考信》只是"考而后信"，只是"疑而后信"。

《与董公常书》还有不少的传记材料。如云：

> 若述者其学固无足取，而亦绝无人相问难者。少年才俊，皆高视阔步，一揖犹以为泛，一问犹以为辱。……间有一二来者，皆初学无所解；得一诸生，即都飏去。读书虽有所得，而环顾四壁，茫然无可语者。

此可见他当日无师友之乐。又云：

> 述本无祖遗田产，又值洪波毁室，先人所遗书荡然无存，至无容膝所，依人庑下。辛卯之春，先君见背；今惟家母在堂，差为康健，而禄养色养又都不能。一二年来，增患目病，翻阅尽废。年垂四十矣，而一介子女杳然不闻消息。家贫不能蓄妾。……夜间就枕，悒然无生人之乐，不觉其泪之濡衾也。

此可见他当日的家庭困境。

乾隆四十二年,丁酉(1777)。三十八岁。

生一子。他们结婚后,久未生子,母甚忧之。今年始生子,母名之曰天祐。(《先孺人行述》)

朱煐之子士琬寄书请他为朱煐作墓志,因作《朱公墓志铭》。(《无闻集》四,页一七——二〇)有《宿青石滚》诗寄殷广文(名希文,字宪之,号关亭,天津人。乾隆二十七年举人)写乡村贫苦之状,是重要史料。诗中云:"有儿甫弥月",故知作于是年。《赠东明沈铭亭》诗有"龙门点额十五载"之句,亦作在此年。(《知非集》)

是年戴震死。

乾隆四十三年,戊戌(1778)。三十九岁。

是年大名大饥,人不自存。(《读风偶识》三,页三二)

《知非集》中有《邯郸七夕》诗一首,题下注云:"是岁闰六月",故知作在此年。诗云:"天上午逢欢好夜,人间初别怅新秋。"可见他是方从家中出来的。又云:"闰迟乌鹊三旬会,贫折鸳鸯两地愁。"想来是离开他夫人到外面来坐馆;但不知这年是否就在邯郸。

岁暮有"《迁歌》赠别王懋勤"。(《知非集》)歌中有"十六游府宅,……至今二十有四载"句,推算当作于是年。

乾隆四十五年,庚子(1780)。四十一岁。

馆于北皋(大名属)在此年,见《扶病赞》。(《无闻集》四)"馆北皋时,复自订其四十以前诗,题曰《乐饥集》。"(《知非集自序》)是年母死,明年弟死,"由是辍吟数年"。(同上)三月,以长姊适陈氏者死后十年未葬,自往成安葬之。(《行略》)

六月,儿子天祐死。《二余集》中,成孺人有《哭天祐》诗二首。又有《遥题陟庭叔〈浮云图〉》诗亦作于此年。《知非集》中之《为成陟庭题〈浮云图〉》诗,似崔述在去年(1779)作的。

十月初九日,母李太孺人死。崔述中年始得一个儿子,李太孺人很爱他;天祐死后,李太孺人哀恸发病,四个月后遂不起。死时年七十五岁。(《先孺人行述》)

是年陈履和与他父亲陈万里同榜中举人(陈履和《显考行略》);那时陈履和年二十岁。

乾隆四十六年，辛丑(1781)。四十二岁。

六月二十八日，弟迈死，年三十九岁(1743—1781)。(《先孺人行述》附)崔迈，字德皋，号薜岩，幼而聪慧，十岁能文，十二岁与兄述同入县学，二十岁又与兄同榜中举人。性喜博览，读书目力甚捷，日览十余册。尝与兄述同读《海赋》，述成诵未及半，迈已熟诵全赋了。他少年喜词赋，尤好为小词，仿柳耆卿，自名其稿曰《步柳集》。三十以后，文格渐老，多直抒所见。常好考究名人事迹，次其终始，辨其同异。这一层是他们兄弟同有的历史的兴趣。(《先孺人行述》附)

崔迈著有《魏墟杂志》；又欲搜辑《大名文存》及《乡贤行事》，各为一书，均未成。(《大名县志》三十六，页七)又著有《古文尚书考》及《讷庵笔谈》，驳《伪古文尚书》经传之伪较顾炎武、李绂尤详。《笔谈》今摘入《考信》各录中；《尚书考》也采入崔述的《尚书源流真伪考》中。此外尚有《读〈古文尚书〉粘签标记》一卷，"于《伪尚书》各篇中，签出字句所本，及剽袭而失其意，与措语之不当者"。次卷虽未成书，只附在他哥哥《古文尚书辨伪》之末，但他的方法与结果却和梅鷟、阎若璩诸人往往相暗合。他们兄弟皆不曾见梅、阎两家之书，但他们用同样的方法，得同样的结果，更可见考据学的方法，若用的精密时，确有客观的真实。(参考《古文尚书辨伪》二，页二一——三五)

崔迈是崔述的学问伴侣，他的夭折，使崔述十分痛心。崔述一年之内，三遭骨肉之丧，故自叙云：

> 期年之内，血属凋残，惊心骇目。……孑然一身，惨惨凄凄。惟弟遗孤三四，日在侧；幼者犹啼索果饵。……身非木石，何以为情！(《先孺人行述》)

是年崔述在丧中，始作《五服异同汇考》。此书至戊申(1788)，凡八年，始成书，今为《遗书》之一。(本书自叙)

是年冬，张维祺自肥乡县移知大名县。张维祺，号云嵋，胶州人，乾隆戊戌进士，是章学诚的朋友。本年章学诚往投张维祺于肥乡县，因留在清漳书院主讲。张移大名后，章学诚也到大名衙中，至岁暮始辞归。(参看胡适《章实斋年谱》，页三三——三四)此时这两位南北大史家,崔述与章学诚,同在大名县,不知曾否相见,曾否会谈。他们的文集中,彼此都不提起姓名,令人闷煞!

乾隆四十七年,壬寅(1782)。四十三岁。

二月,将葬母及弟,作《先孺人行述》。(弟迈附载)

三月,葬母及弟于城南。

六月,病泻痢,愈而复病;既愈又病寒,几死;……病稍愈,作《扶病赞》。(《扶病赞》序)

乾隆四十八年,癸卯(1783)。四十四岁。

《行略》云:

> 自闇斋先生卒后,十年之间(1771—1781),叠遭变故,积哀劳,病作,几死者屡矣。母丧既除,痛弟迈笃学而年不永,所恃以成先志者,孑然一身,益发愤自励,始作《考信录》。疾病忧患中,奔走衣食又十年(1782—1792),而考古著书弗辍也。

〔补:崔述于母及弟丧服既除之后,作联句云:"北堂日暖思萱草,南浦春回忆棣华。"(《岧田剩笔残稿·先慈及弟服除后题》)〕

崔述作《考信录》的志愿,定于三十岁时;中间为作古文的预备工夫,为衣食奔走往来,为忧患死丧所累凡十余年;至是,他已四十四岁了,始发愤著书。自此以后,三十余年中(1783—1815),为著书的时期。①

三 崔述的年谱(下)

乾隆四十九年,甲辰(1784)。四十五岁。

大名县知县张维祺发起修《大名县志》。分纂四人:举人成谞,举人崔述,举人晋尚易,廪生徐涞。成谞是成怀祖之子,是崔述的妻兄弟。南方史学家章学诚的朋友主纂的县志,却是北方史学家崔述的分纂,这也是一段巧遇。《大名县志》中有崔述的《大名水道考》两篇,一考漳水,一考御河。这两篇,今本《无闻集》卷五有目无文;(崔述自编《全集总目》中有云,"《无闻集》附录之《水道考》,曾用活板

---

① 编者按:胡适1923年4月在《国学季刊》第1卷第2号发表《科学的古史家崔述》一文,到此结束。

印出")幸得在《大名志》中寻出,甚可贵也。(《无闻集》卷五全阙,疑是时陈履和已病倒,故不曾刻完。除此二篇已觅得外,尚有《漳河源流利弊策》、《与吕乐天论漳水事宜书》,无法觅补了。)他的集中(卷三,页一五——一八)又有《直隶水道记》一篇。合观这三篇,可以看出崔维雅以来,他家仍旧保存治河专家的门风。

《大名县志》的《风土志》中,有方言一门,后附崔述《只当行》一篇,足以表示其考信的态度。附录于此:

只当行

只当,邑之方言,已知其误而自恕之辞,犹云"只以为"也。野之夫好以意度人。所行事具在目前,了不一睹;聒而与之语,亦终不信。幸而情状终露,诘之,则曰,"我只当云云耳"。若其料本属意中,而其事反出意外者然。作《只当行》。

只当,只当,水炎火涨;日自西升,鱼游树上。英雄气短冤难伸,泣尽鲛珠人不闻。夷、齐让国采薇蕨,只当西山来行劫。盗跖日日生食人,只当闭户安清贫。黔娄万钟只当取;杨朱一毫只当与。只当娄公惯骂座,只当灌夫不拭唾。不视所以观所行,"只当"二字胸中横。仪、秦辨口如悬河,技穷其如"只当"何!前者"只当"已知误,后者"只当"仍不悟。世间万病皆可医,惟有"只当"无法施。"只当"、"只当"何所极!忠臣孝子无颜色。天生"只当"困圣贤,莫怪世人昧不识。

这一篇虽算不得好诗,但很可显现崔述的考信主义的精神。他生平最恨"含糊轻信"的恶习惯。世间懒人不肯细心研究事实,只糊涂相信;及至错误已证明,始恍然道:"原来如此!我只当是那么回事。"这就是崔述所痛骂的"只当"了。

乾隆五十年,乙巳(1785)。四十六岁。

正月,《大名县志》稿成。会张维祺迁河间同知,寻以疍误免官。继他做大名县的是休宁吴之衍;张维祺把志稿托他而自为序。序文约二千字,述"往岁在肥乡官舍,同年友会稽章君学诚与余论修志事。"以下设为问答体,述章氏对于修志的主张,中有云:

郡县志乘,即封建时列国史官之遗,而近代修志诸家误仿唐、宋州郡图经而失之者也。……规矩法度,必明全史之通裁。……知方志非地理专志,则山川,都里,坊表,名胜皆当汇入地理,而不可分占篇目,失宾主之义也。知方志为国史取裁,则人物当详于史传,而不可节录大略;艺文当详载书目,而不可类选诗文也。知方志为史部要删,则胥吏案牍,文士绮言,皆无所用,而体裁当规仿史法也。……夫家有谱,州县有志,国有史,其义一也。然家谱有征,则县志取焉;县志有征,则国史取焉。今修一代之史,盖有取于家谱者矣,未闻取于县志,以〔其〕荒略无稽缙绅先生所难言也。然其故实始于误仿图经纂类之名目。此则不可不明辨也。

今日所存乾隆《大名县志》刻本,乃永安李棠任大名县时修成的。吴之衍不久即去官;后任为桐城叶旸,也不久即去,皆不及修志事。李棠到任后,知道成谡家中有志稿笔削本,乃取来重订成书,书成于乾隆五十四年(1789),而署张维祺、李棠二人之名。张序中说原书分十六编:图说二,表二,志七,传五。今本分四十卷,计图说十,表五,志十二,传十二,杂记一,在形式上已和张氏原本不同了;内容究竟有何差别,我们在此时已无从知道了。

是年崔述有《曹氏家谱序》(《无闻集》三,页八——一一),序中有"去岁吾县明府张公修县志"一句故定是这一年作的。这一篇序最可以表见崔述中年成熟的史学见解,故我们摘钞于此。第一段泛论古史:

> 世近则所闻详,学深则所记多:此必然之理而无可疑者也。然吾尝读《尚书》,孔子之所序也,乃仅断自《尧典》以下。其后五百余年,有司马迁,其学不逮孔子远甚,而所作《史记》乃始于黄帝。至司马贞,又后于迁者近千年其学亦益不逮;乃为迁补《本纪》(《三皇本纪》,)又始于伏羲氏,前于黄帝者千数百年。下至于明,世益晚;其人如王世贞(刻本作王士正,今改正;上文司马贞,刻本亦因避清世宗讳改作正)钟惺辈,学亦益陋,而其所续《纲鉴捷录》等书乃反始于开辟之初盘古氏之时。是何世益远,其所闻宜略而反益详;学益浅,其所记宜少而反益多哉?

> 盖世近则其考之也易,而学深则其辨之也精。夫〔如〕是,故伪者不能以乱正(此书"真"字皆以避讳作"正"),而其书自不能不略且少。世益远则伪者益多,而亦益难辨。学益浅则益不能辨其为正与伪,而视《六经》、《三传》,诸子百家,齐东野语,汉人小说,均之为可信矣。如是而欲其书之不详且多,其势固不能也。

这个观念,"世益远,其所闻宜略而反益详;学益浅,其所记宜少而反益多",乃是崔述的一个重要见解。

第二段论"志"与"谱"的重要,第三段论曹氏的家谱。曹松岩(名养元,广宗县训导)自作家谱,始于他的曾祖,"曾祖以上,非不尽知,而所传异词,恐紊世代先后之次,则竟略而不书,且为《辨疑说》以明之,盖恐后人之妄补之也。"崔述很赞成这种大胆怀疑的态度,他说:

> 先生原籍武清,尝往求其疏族,得其远祖之墓,其访之也必周矣。然而终缺之者,盖惟其访之也周,故知其可信者之少。凡轻于纪载而不自疑者,皆其访之不周者也。

这又是崔述的一个重要见解。因为"世益远,其所闻宜略而反益详",所以我们不能不把后世随时堆积上去的部分一层一层地剥下来。凡人的大毛病在于贪多,在于舍不得抛弃。假古董也舍不得,假书也舍不得,假历史也舍不得,甚至于假祖宗都舍不得!这都是因为普通的人都不肯思想,从不会发生真假的问题。"别的可假,祖宗那有假的?"殊不知道祖宗也常有假造的,也常有错认的,正同古史上的许多帝王一样。所以连我们自己的祖宗都得考而后信。"惟其访之也周,故知其可信者之少",这是崔述作《考信录》的信条。

第五段论"得姓之始",便是说祖宗可假:

> 余又尝观《通志》、《新唐书》表,其所载得姓之始,及其世系,皆历历可指。及考之于传记,有一氏而出于数国者,有一国而不止一家者。然则其余将尽无子孙乎?是皆考之不详,辨之不精,见其一而不知其有十,而后之人作家谱者乃引之为权舆,甘于自诬其祖而无所惜,良可叹也!

我在几年前给绩溪旺川《曹氏显承堂支谱》作序,也曾说:

> 中国的族谱有一个大毛病,就是"源远流长"的迷信。……家家都是古代帝王和古代名人之后,不知古代那些小百姓的后代都到那里去了?……如果当初各姓名族都老老实实的把本族的来源记在族谱上,我们现在研究中国的民族岂不省了多少事吗?可惜各姓各族都……不肯承认自己的祖宗,都去认黄帝、尧、舜等等不相干的人作远祖。……
>
> 我希望以后各族修谱,……每族各从始迁祖数起。始迁祖以前但说某年自某处迁来,以存民族迁徙的踪迹,就够了。各族修谱的人应该把全副精神贯注在本支本派的系统事迹上,务必使本支本派的家谱有信史的价值。(《胡适文存》四,页二五一——二五二)

我那时还没有读过《东壁遗书》,但这段论族谱的话颇可以和崔述的见解相印证。

这部家谱是曹松岩做的,他的儿子阿周续作的。崔述在序的末段赞美阿周道:

> 虽然,使阿周有求胜前人之志,如《索隐》之于《史记》,《前编》之于《通鉴纲目》,先生且奈之何!今兹之续之也,但于其后有所增,而不于其前有所补。先生之视龙门紫阳不厚幸乎?

阿周名衡姬,也是一个有见识的人。《考信附录》卷二之首载他的《洙泗考信录·题词》云:

> 考据详明,推勘周至,真必传之书也。

是年崔述纳妾周氏,名丽娥。丽娥受了成孺人的训诫,很能帮助他的丈夫。崔述自己说:

> 余善病,娥侍药饵颇勤。余素有不寐之症,常中夜怔忡,身如焚,辄呼娥起,闲语良久心渐安,遂复倦睡。娥见余睡,则默坐假寐,或屏气潜退,恐惊余之眠也。凡十余年皆如是。是以余虽病弱,终不至困剧以有娥也。(《侍妾丽娥传》,《无闻集》四,页二五)

〔补:并作联句云:"日暖香闺双梦燕,春深乔木早迁莺。"(《崞田

剩笔残稿·新纳侍妾兼有迁居之谋》)〕

〔补:**乾隆五十二年,丁卯**(1787)。四十八岁。

是年他的姊姊逝世。崔述有一个姊姊嫁与逯懋如之兄。死后十年尚未安葬。他在嘉庆二年给逯懋如的信中说:"先姊殁已十年,窀穸未卜。……伏望三哥慨然自任,使令兄与先姊均得早归泉埌。"《莳田剩笔残稿·与逯懋如》)〕

乾隆五十三年,戊申(1788)。四十九岁。

《五服异同汇考》成书;此书作于辛丑(1781),凡八年,始成书。此书其实是一部丧服沿革史。每一种亲属,先记古经的丧服,次记后世的沿革,次论其得失。例如

> 父在为母　《经》,"齐衰杖期"。《开元礼》改"齐衰三年",《家礼》因之。明复改"斩衰三年"。(卷一,页二)

这是加重的例。又如

> 为妻　古本三年。《经》,"齐衰杖期"。《开元礼》,《家礼》,明并因之。
>
> 按《春秋传》(昭十五年)文,则古者为妻亦服三年也;……而《经》乃言"期"者,盖其后之所改。《记》云:"孺悲学士丧礼于孔子,《士丧礼》于是乎书",则此经乃后儒之所记,非周初之所作矣。(卷一,页八——九)

> 为长子　《经》,"斩衰三年"。《开元礼》,《家礼》,并因之。明改"齐衰期"。(卷一,页一一)

这都是变轻的例。

这种变轻或变重都是社会学的好材料。这样有统系的历史的研究,很可以表示崔述的历史眼光与历史方法。他的论断虽然不能完全脱离时代的影响,却也有很惊人的见解。如他论"厌降"一条云:

> 考《经》文,士之服,三年者四,期者十有八,齐衰无受者五,大功者七,小功者十有五,缌者三十,而遭变故服他服者不与焉。……计所为服者不下一二百人。……十分去其七,尚不下二三十年在丧服中。……《传》云:"宗子之母在,则不为宗子之妻服。"……然则五服之人皆有"厌降",可例推也。自开元至明,

服益以增,而亦未有能推厌降之详者。以余目之所见,有一人而终身于丧服中者,有十年而斩衰居其五六年者!是以今世之人未有能行古丧礼者,此固势之所至,非尽人情之薄,虽圣人亦无可奈何者也。(卷一,页三二——三三)

又如他论"为舅"一条云:

> 按,古母族之服,由母推之。从母与母同居闺中,而舅在外,故为从母服重,为舅服轻。后世时势不同,甥多见爱于舅:为舅加服,时也,即礼也。然从母之情较疏;既加舅之服,即当减从母之服为缌,而从母昆弟不相为服。乃自唐以来,但有加服而无减服,服逾于古者几十倍。岂古人之情独薄而后人之情独厚欤?然则名为有服而实无服;名为加之使重,而并求其如古人之轻者而不可得,夫亦何待言耶!(卷一,页三五)

这都是富有历史眼光的议论,古人很少能见到的。

约二十年后,崔述近七十岁了,他又补作《五服余论》十一条,附在此书之后。其中尤多可佩服的议论。如云:

> 服者,非第"服"而已也。饮食居处,必有其相称者焉。……何以如是也?此人子之至情所不能已者也。……然亦有不必甚拘者。家之贫富不同,人之强弱亦异。疏食苟能下咽,虽未虞而疏食焉可也。……故《记》云,"不能食粥,羹之以菜可也。"又云,"五十不成丧,七十惟衰麻在身。"总之,礼本乎情,非强人以所不能行者也。(卷三,页三八——三九)

又云:

> 考《经》与《记》所载,丧礼之繁可谓极矣。说者以为周公所制。非也。此乃周末文胜之弊,当时习于礼者载之册耳……父母初丧,为人子者心肝崩裂,哀痛之不暇,何暇一一详辨其仪节而遵行之?而丧本凶礼,又非可尝试演习于平日者。故孔子曰,"丧,与其易也宁戚";子游曰,"丧致乎哀而止。"苟笃于哀,必不能致详于仪节。……今世贫士,尤不能然。棺椁衣衾之属,何一非人子所当致慎者?……安有余暇以事繁文末节!是故学者之于古礼,但当谨其大经大法;至于繁文末节,势不能行,亦正不必

行也。(卷三,页三四——三五)

这真是一个历史家说的话;眼孔细小的经生决不敢这样说。

是年五月,作《段垣诗订后序》(《考信附录》一,页七——九)。这是他的曾祖崔缉麟的诗集,经乾隆丁丑年的水患散失了,后来崔述兄弟搜寻得大部分,编为三卷;后又删存二卷,故名为《诗订》。此书今不传了。陶梁编的《畿辅诗传》卷二十五有崔缉麟的诗一首,今钞在这里:

秋　怀

节序暗推移,景物不停逝。有家恒蓬飘,无官亦鞅系。秋山黄叶深,孤怀谁与契?独有月上时,清风吹短袂。

是年秋,披览旧作《三正辨》,增改编定,不分篇,但以文义相次,改名为《三正异同通考》。次年(己酉,1789)二月作跋。(详见上文乾隆三十八年条下)

是年除夕有《戊申除夕》诗:

儿时曾记戏庭闱,转眼风光鬓已稀。才薄敢言将服政;过多犹恐未知非。痴呆久惯何须卖;家室漂摇不羡归。但使有男绵祖德,此身甘老钓鱼矶。(《知非集》)

乾隆五十四年,己酉(1789)。五十岁。

是年漳水决了北杜村、小王庄两口,会而东下,直趋大名府城,环城都是大水。但不过几天,上面三台的口子又决了,水遂南流到洹水去,于是杜村等口的水流绝了,大名的水才渐渐退去。

大名道查问水从那里来,县丞某某说水从三台来。大名道也是个糊涂人,便行文到河南省,——因为三台在河南临漳县,——要河南方面塞三台的口子。幸而水势太大,口塞不住。若塞了三台而不塞杜村和小王庄两口,大名府城便完全淹没了。"然终以此故,明年大名元城两县田禾悉没"。

崔述记此事,论曰:"若此者,岂非其问之不周,察之不审,以致是与?然而世皆以含糊为大方,以过详为琐碎,虽偾事而不悔,其亦异矣!"(《考信录提要》下,页二〇)

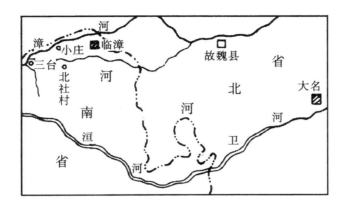

崔述是个真能知行合一的人,他要人用"考信"的精神去做事做人。"考信"只是考而后信,只是先疑而后信,只是要有充分的证据而后信。他把那位大名道的糊涂故事记在他的《考信录提要》的最后部分,借此说明他的"考信"的方法。他说:

谚云,"打破沙锅纹到底"。盖沙锅体脆,敲破之则其裂纹直达于底。纹与问同音,故假借以讥人之过细而问多也。然余所见所闻,大抵皆由含糊轻信而不深问,以致偾事,未见有细为推求而偾事者。……

余自……中年以后所见少于余者则多贵卤莽而厌分明;其发言也,务不使之分晓,若惟恐人之解之者;其听言也,亦不肯问之使分晓,而但以意度之,以此为彼者常十之六七,然皆自以为已知也!

至于听讼,尤为要事;然人皆漫视之;以曲为直,以直为曲者,比比皆然。余为吏,每听讼,未有言余误断者,然有谓余过细者。况于《考信》一录,取古人之事,历历推求其是非真伪,以过细讥余者当更不知几许。嗟夫!嗟夫!此固难为世人道也。

(《提要》下,页一九——二一)

《提要》成于全书之后,因记漳水决口事发为上面一段议论;我们把它全载于此,使读者们略见他的治学的态度即是做人治事的态度。

崔述自幼作诗:初作律诗,至二十五岁时,始用功作古体诗。馆武安时(1768,年廿九;武安属彰德府),他自选其诗若干首,题为《弱弄集》。三十岁以后,他专心做经学的工夫,颇悔少年时所作;但有时感觉无聊,还作诗消遣。四十一岁馆于北皋,他自己删定他四十以前的诗,题为《乐饥集》。自此以后,作诗甚少。

今年五十"乃合其前后所为诗赋,重删而再录之,凡为赋三首,为诗二百首,题之曰《知非集》。综计少时所作,存者不及十三。时馆于西山之乞伏村也"。(《知非集》自序)

〔补:在乞伏馆中,他作联句云:"山添新岁寿,春似故乡多。""收拾江山诗卷上,消磨岁月药炉中"。又以乞伏地颇清雅,改其"传僻"旧联为"传僻书痴,甘把奉迎输俊杰;碁声诗韵,犹堪溪壑作神仙。"并附一额:风景不殊。(《莜田剩笔残稿·乞伏馆中》)〕

《知非集》,陈履和未刻。道光年间,陶梁辑《畿辅诗传》时,曾见着《知非集》,故得选刊崔述的诗。到了今年(民国二十年),洪业先生在燕京大学图书馆的破书堆中寻得《知非集》钞本,凡得赋三首,诗一百六十四首,词十四首。

是年二月,他跋《三正异同通考》云:

> 此文创于癸巳元旦,……今十有六年矣。去秋偶自披览,犹惜其说未备,乃复增而次之。间有前人之所已言而未畅其旨者,悉仍其意而更著之。不分篇帙,但以文义相次,命曰《三正异同通考》,以待好学之士而贻之。

此据丁巳(1797)刻本(四种《书钞》);至乙丑(1805)修刻本(五种《书钞》),跋文之末已注有"今改为《三代正朔通考》"九字;至丙寅(1806)彰德刻本,则又将跋中之"《三正异同通考》"改为"《三代正朔通考》"矣。

是年他有《黄鹂》诗一篇。序云:

> 余尝读少陵诗,其《杜鹃篇》首云:"西川有杜鹃,东川无杜鹃;涪万无杜鹃,云安有杜鹃。"盖叙地气之殊,以开下文意耳。后人不识文体,求其字句之工而不可得,遂谓此本诗序而误合之;或又从而为辞,以为其古在此:皆谬论也。古人论诗,但观通篇命意所在及其顿挫结构之奇,原不以三四语判工拙也。浅学之士,求新奇于字句,其于论诗下矣;况欲以此绳少陵乎。余居

河之北，未尝见黄鹂；游关中始遇之。及来邠西，此鸟颇多，乃知河北固自有之。喜之，为吟一篇，而不觉其句势之与少陵同也。高下殊科，由才之异；而词旨相犯，则境之同。古今事原有极相类者，此何足怪！且其工拙亦不在是。然论少陵诗者，使见余作，又必以为袭少陵矣。(《知非集》)

崔述的诗，依现存的《知非集》看来，不能算是很好的。但他论诗，颇有主张。他在《知非集》自序中说：

> 自沈约始调四声，陈、隋之际，竞尚俳偶，永徽、神龙以后，稳顺声势，谓之律诗，遂驱意以就词；于是诗为矫揉造作之物，不畅其情。……然自宋、元以前，虽有高下巧拙之殊，要皆自写其意，自琢其词。自明前后七子出，始揣摩唐人之音响以为诗：钟、谭、钱、吴、王、朱之伦相继而起，其体迭相改易，其论亦迭相訾毁，要其大旨皆不出于剿袭依仿以求工于语言；于是诗为假设伪造之言，无涉于我，……而诗几于亡矣。余幼奉先人之教，即以达意为诗，不求佳于声音笑貌之间。……嗟夫！世之谈诗者众矣，其高者争于体格之升降，其下者争于面貌之仿佛；贵唐，贵宋，贵初盛，贵中晚，贵建安、正始，贵元嘉、永明，其言不可车载而斗量，然皆非余所知。

他反对律诗的"驱意就词"，更反对明人的专事摹仿。他自己是奉先人之教，以达意为诗，不求佳于声音笑貌之间的。他的意思是要摆脱格律声调的束缚，有要和古人同的地方不妨同，不可同的地方不必同，但须着力于个性的表现。纪闻歌替他做《弱弄集》的序，亟称他的做诗是陶写自己的性情，发抒自己的学问，不是斤斤焉蕲合于古而留摹古之迹；所以和一般不欢而笑，不痛而哭，专学着他人而不懂表现自己的真性情的大不相同。

乾隆五十六年，辛亥(1791)。五十二岁。

《洙泗考信录》的初稿写成，《补上古考信录》亦旋脱稿。(《序目》，页三〇)

《考信》诸录之中，《洙泗》一录最先着手，最早成书；直到诸录完成之后，他还继续删改《洙泗》一录，到嘉庆庚午(1810)方才录为定本。此一书，凡八年而成初稿（1783—1791），又删改了十九年（1791—1810）方才写成定本，前后共费二十七年的工夫！这是很可以注意的。崔述著书的最早动机是要做一部可靠的《孔子传》。他在此书的初稿里说：

> 余每怪先儒高谈性命，竟未有考辨孔子之事迹者，以致沿讹踵谬而人不知有圣人之真。孟子曰，"诵其诗，读其书，不知其人，可乎？"学者日读孔子之书而不知其为人，不能考其先后，辨其真伪；伪学乱经而不知，邪说诬圣而不觉，是亦圣道之一憾也。（《洙泗考信录》，嘉庆二年本，卷六，页三二；道光四年本，卷四，页三六）

这是他做书的动机：他要把孔子的事实，"考其先后，辨其真伪"，要使伪学不能"乱经"，邪说不能"诬圣"。所以他一生的精力可以说是贯注在《洙泗》一录的。

但他未动手之先就感觉困难了。他要考信史料，却处处发现史料的不可靠。要考订关于孔子的史料，不能不考证"经"与"传"与其他种种"传说"。他想根据六经以正群书之失（《与董公常书》），然而"经"即是古史，于是发生了全部古史的史料问题。于是《考信录》的范围不能不扩大了。所以《洙泗考信录》作成之后，第二部即是《补上古考信录》。从孔子一个人的传记推广到全部上古史，这是《考信录》的来源。崔述的伟大成绩在于他能抱定"考其先后，辨其真伪"的宗旨一直做去。然而他究竟不能脱离他的根本出发点。他的出发点是卫道，卫圣，卫经。他又不能抛弃他理想中的圣人观念。因为他著书的最初动机并不是要考证古史，不过是要推翻传说，回到古经，以存理想中的"圣人之真"，所以他依然落在过于尊经，过于尊圣人的窠臼里。

《洙泗考信录》与《补上古考信录》两书后来修改甚多，版本也有几种，分见下文。

乾隆五十七年，壬子（1792）。五十三岁。

是年秋崔述因选官的事到北京。《行略》云：

> 先生少有志于功名，读书时即悉心以究世务。……家贫无以养，故禄仕之念甚切。……会吏部截取文至，又念先人尝望我

为陆清献,本欲其明道经世也,而四十年读书论世,数游四方,尝艰难,知情伪,亦宜发挥于政事,以自验其所得。故自奉文后,凡四如京师。(《传状》,页四)

他在北京时,有一件极重要的奇遇,就是他和陈履和的相识。陈履和,字介存,云南石屏人。他因会试到北京,几次下第,却不肯妄交接人。他在少年时就听到他的同乡朱煐奇崔述兄弟之才馆他们于大名署内这一桩事,后来又看见崔述给朱煐撰的墓志,即恨不能得做崔述的弟子。这时候他已三十二岁,在客中竟偶然遇着了崔述,得读《洙泗》、《补上古》两录,和《三正》、《禘祫》两通考。读了之后,十分倾倒,寄书赞叹道:

旬月以来,捧读大著,辨古书之真伪,折群言之是非,期于尊经明道,无所淆乱而后已。比于武事,可谓敌忾御侮之师。……生平谒见所及,一人而已。(《考信附录》二,页一一)

他就托他的朋友朱奕簪(字笏山)介绍,要拜崔述为师。崔述再三推辞,陈履和写了一封很恳切的信,说他二十年不得师之恨。崔述感他的诚意,方才受了弟子之礼。

陈履和对于崔述,真是心悦诚服的崇拜。从此以后,他的志愿只是传播这位老师的著述。

《无闻集》(卷一,页二八—三〇)有《书陈履和东山诗解后》一篇,大概是作于此年的。冬,在京遇秦苞文(朴)之从弟,知苞文谪限将满,可望赦还,作书寄之。后二年,始得苞文覆书。(《考信附录》一,页二九)

十二月崔述还大名。陈履和有《送别诗》四首,有云:

黄钟开大梦;白日散穷阴。不奉先生教,安知迷误深!

又云:

一旦为师弟,平生积恨消。任人惊雪日;从此乐箪瓢。

(《考信附录》二,页一三)

崔述与陈履和相聚只有两个多月,以后他们就没有见面了。两月余的相逢,发生了三十多年的相敬爱,成就了百余年的学术渊源:这一段很美的故事是很能使后世读者感动怀念的。

乾隆五十八年,癸丑(1793)五十四岁。

作《赠陈履和序》。此《序》首论秦、汉杂说之兴,及魏、晋以后伪书之来源;次述他自己治学的方法,说:

> 每观先儒笺注,必求其语所本而细核之,欲以探圣经之原,不惑于众说。

次记陈履和求为弟子之诚;最后一段综论治学的方法以教之。他说:

> 余尝闻之,学以专而精,知以少而当。不使百家之言杂于经,而后经之旨可得。不强求其所不能知者而必欲知之,而后所知者无所淆。故说经欲其自然,观理欲其无成见。于古人之言,无所必于从,无所必于违,惟其适如乎经而已。苟如是,异日必大有得焉,于以正群言之淆乱而明六经之旨。(《考信附录》一,页三四)

这是崔学的方法论。

他在五十岁时,已删诗存二百首,是年"于暇日又删其三十首,而区别为三等。择其言情感事,义近于讽谕者二十有八首,首列之,曰《近古编》。其次抒怀赠答游览之作,无足为重轻者三十有八首,曰《遣兴编》。又其次则声病徘偶之言,……凡九十有二首,曰《谐俗编》。而又附以咏物等诗十二首,曰《谐俗附编》"。(《知非集·自序》)此一百七十首三等四编的《知非集》,现在未见。仅此序附燕京大学所藏之写本《知非集》而传耳。

仲冬作《知非集·自序》,论诗有三变:

> 诗自唐、虞至今,凡几变矣;要其升降之故,大略有三:《雅》、《颂》以纪盛德,告成功;而《风》以观政治风俗之得失。……周衰,楚人始纵其荒唐悠谬之词。汉兴,扬、马、班、张竞陈繁丽。建安以降,益沉溺于风云月露之中,于是诗为浮靡绮丽之词,无适于用,而诗一变。……自沈约始调四声,陈、隋之际,竞尚徘偶,永徽、神龙以后,稳顺声势,谓之律诗,遂驱意以就词;于是诗为矫揉造作之物,不畅其情,而诗又一变。……自明前后七子出,始揣摩唐人之音响以为诗:钟、谭、钱、吴、王、朱之伦相继而起,其体迭相改易,其论亦迭相訾毁,要其大旨,皆不出于剽窃依仿以求工于语言,于是诗为假

设伪造之言,无涉于我,而诗又一变。——而诗几于亡矣。
这是崔述对于诗的历史观。

乾隆五十九年,甲寅(1794)。五十五岁。

再至北京,陈履和已南行,见着他的父亲陈万里。(《无闻集》四,页二八)

是年汪中死。

乾隆六十年,乙卯(1795)。五十六岁。

〔补:这年崔述到北京候选。(崔述作《嘉庆改元京邸候选》联句,则他应早一年到京。)〕

陈万里会试大挑一等,分发江西试用。(《无闻集》四,页二九)

嘉庆元年,丙辰(1796)。五十七岁。

〔补:崔述在北京候选,嘉庆改元,他作联句云:"欣逢初载,恭祝万年。""一年经始日,千里欲归人。""才见早春莺出谷,更逢晴日柳含烟。"(《莜田剩笔残稿·嘉庆改元京邸候选》)〕

崔述于正月选得福建罗源县知县。时他的《唐虞考信录》甫脱稿,其他尚未订正成卷。四月,他带了家眷南下。〔补:东至台庄登舟,南历淮、扬、苏、杭,泛钱塘江,逾仙霞岭。(《莜田剩笔残稿·与刘从龙》)〕六月抵闽。(同上,《与杜承考》)七月十三日到任;十六下学讲书,使诸生黄文治讲"鲁欲使乐正子为政"章以见志。(《黄文治诗注》,附录二,页五;《孟子事实录》下,页二五)

他初到任就遇着陈祁的案子。《行略》记此事甚详:

初,元年七月七日,有宁德县盐商之哨丁李枝、陈祁等为盐枭拒捕者所伤,陈祁落水

> 死。其事起于东冲,尸亦捞获于东冲。东冲,霞浦县地也。宁霞两邑恐罹处分,则以"陈祁等由东冲口捕枭,驶入罗源之吉壁村,村人助枭殴祁淹毙"具详,而移文罗源拘凶手。……先生驳诘甚力。二年(1797)夏,案犹未决。邻邑既护前,大吏亦必责罗源捕吉壁人。先生以数十人躯命所关,岂可诬置死地,况两邑先后移文又时地自相矛盾,乃自为文据实详辨,至再至三理直辞达,两邑无以复难,……其剖晰疑似细入毫芒,皆自读书考信中来也。

称他的长于吏事是由读书考信中来,这不是虚为恭维的话,真能辨古事的真伪便也能判人情的诚诈。崔述在《考信录·提要》中有一段话颇可与此相印证。他说:

> 平日所闻所见皆如是,习以为常而不自觉,则必有自呈露于忽不经意之时者。少留心以督之,甚易知也。
>
> 宋时,有与其从兄子讼析赀者,几二十年不决。赵善坚以属张淏。讼者云,"绍兴十三年从兄尝鬻祖产,得银帛楮券若干,悉辇而商;且书约,期他日复置如初。"淏曰,"绍兴三十年后方用楮币,不应十三年汝家已预有若干;汝约伪矣!"由是其讼遂决。
>
> 此岂非自呈露于忽不经意之时者乎!夫淏以考古名于时,宜其不长于吏事矣,然乃精于听讼若此,何哉?考古之与听讼,固一理也。(《提要》下,页一——二)

是年成孺人有寄从子应龙及寄侄作肃诗:

> 艰难绝不数仙霞,别汝南来到海涯。觉后涕痕双袖湿,梦魂畏险不归家。(寄应龙)
>
> 艰辛历尽暂时安,万里相从侍伯鸾。官舍环山朝雾重;女墙临海夜潮寒。才疏事简亲操易;德薄民蛮佐化难。若问罗源近消息,新诗寄与阿咸看。(寄作肃)

是年邵晋涵死。

嘉庆二年,丁巳(1797)。五十八岁。

在罗源。

〔补:崔述到罗源任后,吏事繁杂,卯起亥眠,无一刻之暇;生活艰苦,粗衣素食,犹不能给。他在回复朱松田的信中说:

> 闽中风气,全异他省,吏玩民蛮,事烦缺苦。传讯则不到案,催粮常亲下乡。兼以权不自由,动多掣肘。"无罪不能救,有罪不能(惩)",地方事一毫不能整顿,固已尸位素餐矣。兼以文书旁午,而吏胥常不在衙,地系冲途,差使络绎。又承前任废弛之后,积弊累累,稽察不易,事事皆须亲督。每日卯起亥眠,无一刻之暇,又足悲矣。且当清查之后,县小而贫,捐赔种种,入不敷出。粗衣素食,犹不能给。欲归,则无路费。欲留,则惧入于清查案中。未知将来作何结果。(《㨾田剩笔残稿·与朱松田》)

在给陈履和、广平王亲家、逯懋如、刘从龙、徐融川、杜小考等人的信中也都谈到了这种艰辛的情况。吏事之忙,使得他连写回信的时间也没有,更谈不上读书著述,因而懊悔前来作吏,有归去之志。他在五月十一日寄给陈履和的信中说:

> 以故前两接手书,并读尊大人函谕,俱未暇裁复。何况文墨一道,高阁尤不待言。古人云:"一行作吏,此事遂废。"每一念及,悔不可言。……政府掣肘,旧俗难更,平日志愿,至此毫无所施,尸位素餐,归兴浓于山色矣。(《㨾田剩笔残稿·与陈介存履和》)〕

陈万里补江西广丰县知县。陈履和跟他父亲在任上,刻崔述的书四种:

(1)《补上古考信录》三卷。(2)《洙泗考信录》六卷。

(3)《经传禘祀通考》一卷。(4)《三正异同通考》一卷。

是为嘉庆丁巳本(四种《书钞》)。此本今甚不易得,惟顾颉刚先生在杭州得着一部;我也得有一部,但我的已不是丁巳的原书,其中《三正考》全用嘉庆丙寅(1806)的彰德刻本,《补上古考信录》有一两处补板,《洙泗》一录卷五卷六更动也很多。我的本子曾经一位用功的学者收藏;这位学者大概是嘉、道间人,曾见崔述后来修改的本子,所以他在《补上古考信录》首页批云:

> 此系未定之书,今已更定,另有抄本。

他又把《洙泗录》的末二卷拆开,依着后来的本子,重新移定先后,每页用朱笔注明改本的页数。他在卷六首页批云:

> 此下经先生重改补版页数多与原第不同,文中亦有紊乱处。再三分析,乃归原次。

又批云:

> 重改本五六卷合看(刊?),补版时"五"、"六"字何未挖去耶?

这位有心的读者的朱批使我们可以考见《洙泗录》的几次修改的情形。丁巳本为六卷,改本为五卷,最后定本(即太谷刻本,刻于一八一八)为四卷。三本目次的不同如下:

	丁巳本	改本	太谷本
卷一	先世　初服　始仕	同上	原始　初仕　在齐　自齐反鲁
卷二	在齐　自齐反鲁　为鲁司寇上	同上	为鲁司寇上下　适卫
卷三	为鲁司寇下　适卫	同上	过宋　厄于陈蔡　反卫　归鲁上
卷四	过宋　厄于陈蔡　反卫	同上	归鲁下　考终　遗型
卷五	归鲁上下	归鲁上下　遗型　附总论	
卷六	余泽　附杂录　附总论		

《洙泗考信录》只是一篇新考定的《孔子传》。这书不但推翻了种种神话,并且推翻一切虽非神话而不足信的材料。他不信纬书,不信《家语》,不信《檀弓》,不信《孔丛子》,不信《国语》,不信《史记》的《孔子世家》,——这种大胆的怀疑,已是很可佩服的了。他用《春秋左氏传》及《论语》为主要材料,但他也不全信这两书。他说《论语》的后五篇多可疑的材料,"皆后人之所续"。(丁巳本卷六,页一〇——一一;改本卷五,页三〇——三一;太谷本卷四,页二五——二六)就是那可信的十五篇也逃不了他的怀疑。他发现了一条原则:

> 盖其初篇皆别行。传其书者,续有所得,辄附之于篇末。以故,醇疵不等,文体互异。(丁巳本六,页一一;改本页三一;太谷本页二六——二七)

这个"篇末附加"的公式可以适用于许多古书。如《荀子》每篇之末的附加品,是很易见的。如《庄子·内篇》每篇末总有几条故事,那也是后人添上去的。

崔述的《洙泗考信录》确然可算是二千年来洗刷最干净,最富于评判精神的一部《孔子传》。但他也不能完全没有可指摘的地方。他曾说:

> 语经欲其自然,观理欲其无成见。(《赠陈履和序》)

丁巳本的后面,陈履和附刻了崔述赠他的序。他记道:

> 壬子冬,先生还大名,履和援昌黎《师说》之例,以文为请。明年乃贻此序,皆先生自得之言,履和对病之药也。……

最后又是他的一篇跋,道:

> 乾隆五十七年,履和拜先生于京邸,固请得为弟子,先生授所著书数种,既归,复赐之序,所以开示化诲甚至。……履和窃惟先生之书,考古必确,析理必精,或独申己见,或更畅前说,要天下之公言,非一人之私论。……先生教履和曰,"说经欲其自然,观理欲其无成见,于古人之言,无所必于从,无所必于违,唯其适如乎经而已。"呜呼,至矣! 读先生书者,亦即是以求之而已矣。

但他对于孔子却处处抱着一种"理想的圣人"的成见。如辩《史记·孔子世家》孔子"尝为季氏史"节,则曰"孔子岂为季氏家臣者哉!""孔子适齐,为高昭子家臣,欲以通乎景公"节,则曰"圣人而为小人之家臣以干时君乎!""行摄相事,有喜色"节,则曰"摄相而有喜色,亦非圣人之度。"又如辩刘向《新序》"孔子为鲁司寇,沈犹氏不敢饮其羊,公慎氏出其妻,慎溃氏逾境而走,鬻牛马者不豫价"云云,则曰"此数事皆理之所有,然圣人盛德感人,绥之斯来,动之斯和,其化当不止此。"何休《公羊春秋序》有"孔子曰'吾……行在《孝经》'"之语,则曰"孝虽莫大于圣人,然圣人之心,必不自以为孝"等,皆不能考定这件事的真不真来做判断,而惟以是否圣人所应有的标准为去取。

〔补:四种《书钞》的刊印,陈履和写信告知崔述并寄书样数纸。五月初十日,崔述接到信后,即于次日回信,力阻刻书之事。信中说:

愚虽素好考核，然常不敢自信。今岁所为，明岁辄复窜易。《补上古》及《洙泗》两考信录，近已多所更定；乃吾介存竟以旧本梓，令人骇绝。是彰吾过于天下耳，岂爱我乎！朱子易箦时，犹改《诚意章注》，何况吾辈庸人。王右军一点一画失所，辄若眇目折肱。愚亦同有此癖，介存何不相谅也！如是则尧舜以下诸录安敢复令介存见。望介存于已刊者，勿印；未刊者，停刊。已印送人者，索还；未送人者，弃(之)。俟有定本，再行奉寄，亦不为迟也。不然，俟我终身以后，尽以托吾介存刊之，又何患焉。

《洙泗录》备览一句，移之甚是。前因吾介存言，不当立杂录一门，又《周南》二则不当列入《余泽篇》，暇中因复改定。别出《考终》、《遗型》二篇，而删《余泽》、《杂录》、《总论》三篇名。其三篇中所引辨，或分入《考终》、《遗型》二篇，或竟删去。其详俱写书中，阅之自知。但未记其次第(耳)。《补上古录》初本，凡特书提纲者，加补字；详志其事者，从传例。故刳木二节，凤鸟一节，皆无补字。然其义例，近已大加改正。虽未成书，而胸中别有一部《补上古录》在，亦不较此区区也。重刻，少刻，依愚见，皆不必增减。重刻，即削为空白；少刻，则添注一字，无碍也。(《菽田剩笔残稿·与陈介存履和》)］

丁巳本刻成后，履和即寄了数十部和一封信到罗源给崔述。信略云：

兹先生书四种已刻竣，谨先印数十部寄呈。先生之书不待序而传，而非其人亦不可序，故不敢妄求人序。……所呈本有已改正而后印者，有未及改正而先印者。……履和质劣心乱，不能读先生之书，窃欲使天下能读之士皆得受而读之。(《考信附录》二，页一四)

〔补：八月中接到书和信之后，他又给陈履和回了一封信。信中说：

接阅手书，深为骇叹。以未成之书遽尔问世，贻人笑柄，奈何奈何！《禘祀》、《三正》二考，尚略可自信；至《考信录》二种，则犹大须改正。乃今既亦如此，更无方针。惟望介存于未送人者,中止;已送人者,取回,悉行焚去。如必不肯焚,或于总分标题处悉加"未定稿"三字,其中大可议者易一叶,即爱我之至矣。……余书虽都携来,然殊不敢自信。前在都时,作有《经界考》,俟稍暇当抄寄。然恐又付之梓,则不如其已耳。(《弢田剩笔残稿·与陈介存履和》第二札)]

他在后三年(1800)又作了一篇跋系于前跋之后。此跋在顾颉刚先生所得的那部丁巳本上还没有。跋说:

> 是书刻既成,使人呈于先生,先生不许也。答以"《三正》、《禘祀》两考差可自信。余二种尚多应更定者。近日胸中别有一部《上古考信录》矣。"

是年王鸣盛死。毕沅死。袁枚死。

嘉庆三年,戊午(1798)。五十九岁。

六月,有黄玉兴上控之案。

> 黄玉兴者,罗源松山澳渔户也。……县有武举郑世辉者,效用闽安协,告假回籍,与玉兴及其弟玉明约,"吾与若火食;得盗勿报县,径至闽安,随我献功"。由是玉兴等出洋,遇三船,获十三人,掠其物而拷问之,即驶船南赴闽安;而濂澳口南风急,不得进,反驶入罗源境避风。于是营弁遂上报,而后送先生讯之。讯之,则先获之两船六人但因下南(闽人以漳、泉二府为下南)音疑之耳。惟后获一船,郑世辉到案坚指为贼者二人:一林孙,不肯受贼染,曾以二年六月率众投首于闽安庄协镇麾下,屡出洋立功,营中详禀有案;一连元,二年十二月庄协镇巡洋拿获,经在洋缉捕之烽火营千总杨淡禀系其同乡良民,释放有案。此二人者,先生札询协镇,复书明白;协镇复差弁黄捷凯至罗详白其事。然则此船七人,亦皆未可指为贼匪也。顾营既通报,七人者已提省,而先生方欲据实详释世辉等恐不能邀功,反罹罪,而世辉父郑豪,仓房蠹吏也,先生在任,豪不能有所为,乃主黄玉兴讼先生屡次擅释巨盗。某公怒,饬先生自陈。先生遂以先后各案原委具详,而副以通禀,有"卑职焉能杀人媚人"之语。某公益怒,欲参之;汪公(名志伊,字稼门,桐城人,乾隆举人,官至两湖总督,

有《近腐斋集》)持不可。是冬,某公去,案乃定。(《行略》)
此所指某公当为总督魁伦。(满洲正黄旗人,嘉庆元年任,三年去)
案内之林孙,后由行伍积功,累升至福建金门镇总兵。到嘉庆十二年,他已升做浙江提督了。

〔补:腊月赴省,面禀各宪,以病乞归。未蒙允许,而抚台语尤决。竟不得已,复归罗源。(《荍田剩笔残稿·与陈介存履和》第四札)〕

陈履和有书寄罗源,略云:

> 去岁差旋,得读老夫子大人先后来书,谆谆以刻书为过举。……既又念先生之书即果有一二条未定处,而使海内承学之士相与考订而商论之,未始非先生之所愿也。版成,印四百部,计寄闽及为人乞去者几二百部矣。《洙泗考信录》今所更定者义例更为精严。他日复将定本重刻,自无不可。(《考信附录》二,页一四)

函中所说更定的《洙泗录》,就是后来履和在南昌修刻的乙丑本。(五种《书钞》之一)

秋,崔述以《唐虞考信录》六卷,《三代经界通考》一卷寄陈履和,皆二十余年不轻示人者。且言"《三代考信录》当复贻吾介存,惟与介存约毋复以吾未定书轻付梓人,乃敢相寄耳。"(丁巳本陈后《跋》)

据此,是《唐虞录》原有六卷,而《夏考信录》陈序言在江西(1808年)所刻《唐虞录》为四卷,今本(1822 北京刻本)亦只四卷。此后跋作于嘉庆五年(1800)正月;改六卷为四卷,当在其后。

〔补:案崔述与陈履和信说:"寄去《唐虞考信录》稿四卷,《三代经界通考稿》一册,此考与前《三代正朔通考》(原名《三正异同通考》)、《经传禘祀通考》共为一书曰《王政三大典考》。此俱已成稿者。其《三代考信录》,尚多缺漏及应改之处,未便寄览。当视身轻日,从容订正,再寄可也。"(《荍田剩笔残稿·与陈介存履和》第三札)据此,知《唐虞考信录》原为四卷,丁巳本陈后跋云"六卷",殆为笔误。胡适云"此后跋作于嘉庆五年(1800)正月;改六卷为四卷,当在其后",乃未见此信的臆测之辞,非是。〕

是年朱松田（士琬）来视，留署中数月。以诗为别。（《考信附录》一，页二六）

其第二首有"别经三十七年余"句，他和崔述别于乾隆二十七年（1762），故知他的来视在此年或下一年。

〔补：十一月自罗源寄书于朱松田，略云：

> 数月谈心，得慰三十余年饥渴之怀，……乃翻然遽返，无计挽留，……昨因制差初过，囊橐拮据，又闻不日旋省，然后往浙，内顾多忧，不能厚赠，一壮行色，心殊慊仄。……因念三哥归后，滇云万里，继见难期，欲尽此心，遥遥莫必。窃料广丰署内亦当有旬日之盘桓，用特尚差，再具银一封"十两库平"赍赶前途投送，望为察收。（《敂园剩笔残稿·与朱松田》第二札）

他对朱松田是多么关心啊！宦囊虽然拮据，但还是尽力相助。〕

是年成孺人作《黄莺儿》词四首，描写在罗源为官艰苦之况。（《二余集》）

是年韩梦周死。

嘉庆四年，己未（1799）。六十岁。

四月，调署上杭县。（《行略》）"供张祖道，自县治达郊外，梗塞不可行，先生乃从小西门出。"（《考信附录》二，页五，黄文治诗注）

> 上杭地阔讼多，难治倍于罗源；独关税向有赢余，人皆以为利薮，……于是从者皆舞蹈以往。先生至，则关税所余数千金，悉解充洋面缉匪之费。……一日至汀州，有以北地菘粥者，先生命尽买之。他日，有粥者，又尽买之。诸长随笑曰："有肉不会吃要吃白菜；绝好一上杭县，被崔老爹做坏矣！"（闽人称官为老爹）（《行略》）

陈履和自广丰寄书至上杭，略云：

> 先生所著诸书，不欲遽出问世，是以《唐虞考信录》，《经界通考》未敢续刻。第思先生之书，先生亦不宜终以自私；而校字之责实受业者所不得辞。今先生既有归志，履和亦拟于一二年中奉亲南还。……伏祈吾师出全书，令人别录副本，俟到丰时尽以见赐。（《考信附录》二，页一五）

是年手书《贻谟篇》给犹子伯龙,后归魏又书《承嗣条例》给他。(《行略》)《自订目·莜田琐记》内有《记承嗣条例》一篇,今不传。

是年江声死。

嘉庆五年,庚申(1800)。六十一岁。

〔补:春,调署上杭,又赴省,再四面辞。不允。又不得已,于三月八日卸事,四月二十五日接上杭印。(《莜田剩笔残稿·与陈介存履和》第四札)〕

〔补:五月,夏,公始至上杭,于二十二日接印。二十三日即奉藩台札调,连夜赶赴行辕。旋随还上杭,办查抄事。至初六日往送藩台回,又因交代限迫,宵昼赶办,逮十三日送各项册于新任。(《莜田剩笔残稿·与陈介存履和》第五札)〕

解上杭任。至将乐,妾丽娥病剧卒,年三十一。丽娥善奉侍调护她丈夫的病,又能辛勤俭约帮助她丈夫。故她死了,崔述和成孺人都很痛惜。(《无闻集》四,《待妾丽娥传》)

十月,回罗源任。"将至境,罗源人县彩颂德,持两端夹道而迎,大有儿童竹马之趣。"(《传状》,页八)

崔述在罗源、上杭两县,"尝为诸生讲《孟子好辨章》,因及经学之废兴,圣道之明晦,古书之真伪,旧说之是非;日下昃,娓娓不倦。"(《传状》,页九)

〔补:十一月初十日寄书与陈履和,告诉他修改《上古》、《洙泗》两录。略云:

> 久事簿书,经史悉置高阁。虽有旧作一二,都不暇厘正。上杭卸事后,颇将《上古》、《洙泗》两录更定。《上古录》已抄有多本,检出送阅。《洙泗录》尚未抄毕,俟异日再寄可也。《唐虞录》前已寄阅,今虽小有更定,无大异也。其余都未敢自信。

(《莜田剩笔残稿·与陈介存履和》第六札)〕

是年章宗源死。

嘉庆六年,辛酉(1801)。六十二岁。

六月,在罗源县署补刻《三代经界通考》。(乙丑本《经界考》,页一)他因四年前陈履和已替他刻了《三正》、《禘祀》两考,故他这年补刻《经界考》，使《王政三大典考》完全。《经界考》据他《自订目》说是中年所作；《丁巳本》陈后跋说，"戊午秋，示履和以……《三代经界通考》一卷，……二十余年不轻示人者"。由此推算，此书之作当在三十多岁，是和《三正考》同时的作品。此书嘉庆十年（1805）陈履和又替他重刻于南昌，和《三正》、《禘祀》两考并订在一册，燕京大学图书馆藏有一本。嘉庆十一年他在彰德重刻《三正考》的时候，又取罗源板改刻了数处，是为定本；其后陈履和在东阳替他刻的，就照这本子。南昌刻本和东阳刻本相对校，不同的地方仅五六处，且系不关重要的。

〔补：十一月初十日，罗源卸事后，寄书与陈履和，言抽换、补刻《洙泗考信录》和《经界考》两书经过，略云：

《洙泗考信录》今已抄有另本。前所寄已刻数十部，因未惬意，尚不敢轻示人。然既已刷印，又未便弃置。因于暇时，抽去二十余页，另易十余页，补刻之。虽较定本尚未尽符，然或无大疵累矣。今特专人送去二部，并将抄出稿本统寄去。（此本亦尚有未惬意处，因簿书历碌，未及细酌；俟归里后覆行磨勘，再另付梓可也。）明春倘至广丰，当将十余页之版留之丰署，以便补刷也。《三正》、《禘祀》二考，本系三种，因壬冬相晤时，《经界考》尚未脱稿；今已补行刻出，当共为一部，统名《王政三大典考》。兹寄去二部，并将新刻者另寄十部，以便合订。（《㧱田剩笔残稿·与陈介存履和》第七札）〕

三代经界制度，本来是儒家的一种理想制度，根本并没有那回事，或许其中的一小部分是有历史上的根据的，但绝不至如儒家所传说的那么统一整齐。儒家所说，本是一些模糊影响之谈，但因为它"具于《孟子》而杂见于《论语》、《诗》、《书》、《春秋经传》之文"，虽以崔述那样大胆的疑古也不得不信为真是"三王体国经野之政"。但他的见解究不同于顽固迂腐的经生；他有很多超辟的议论，言人之所未言，发人之所未发。他因承接了他父亲的崇拜宋儒思想，所以起来尊经卫道；但被"尊经卫道"的思想束缚住了，无论他的眼光怎样犀利，见解怎样高超，不打破这一关，总只在这圈子内旋绕。他有些

见解和现代人只差了一线。这一线是十八世纪和二十世纪的界线,也就是"圣经王道"的迷梦揭发之前和揭发之后的区分。他说:

> 三代经界之制,……自周……衰,王制缺微,旧典散失,学士之所称述或不免有传闻附会之言。及至后世,去古益远,益不悉其时势之详;或以近代郡县之规裁中古封建之世,或以春秋既变之法为先王初立之章。至于先儒之说与经传相龃龉者,咸莫敢议其失;往往反取经传之文曲为之解,以斡旋而两全之。(《经界考》)

这对于经界说的演变,观察的多么地明了。

本来就没有经界这回事,是衰周时的学士所称述的一种传闻附会之言,后人或以今度古,或穿凿牵连增加上许多揣测想像,说得他很具体圆满。尽有些互相冲突讲不通的地方,但更后的人因他是先儒的说话,不好反对,只好曲解文字来调和。这样的一变再变就成了最后的经界说。其实如果回头去一考查,不过是一种趋时托古的谣言。这是崔述的独到处;不过他已经上了"尊经卫道"的捆仙绳,再也跳不出这个圈子,才发出惊人的创见,即已被这道防线拦住了,所以他的话不能这么爽快。

他驳正前人对于三代贡助彻法的见解,说三代贡助彻之法截然不同,贡助彻之名分于法,不分于形势,既谓之为彻,不得复谓之为贡为助;彻法田无公私,助法田有公私,判然不能相兼;《孟子》之"虽周亦助",是周之都鄙用助,乡遂未尝用助。他做《三正》、《经界》两考时,似颇和当时的学人反复论议;三十七岁给董公常的信上提起这话,问董公常"以为然耶否耶",董公常有怎样的信复他,我们不得而见。不知何时他又有和当时精究小学的戚学标(字翰方,号鹤泉,浙江太平人,乾隆辛丑进士,官河南涉县;有《汉学谐声》、《鹤泉诗文钞》等书)讨论这两事的信,去信《无闻集》未收,戚氏的回信却由《国粹学报》(第八十二期)发表出来了。戚氏对于他的"周改时月,三正并行"说大致赞同。对于他的"彻无公田,与助法异",及"乡遂用彻,都鄙用助"说则很表反对。他说"郑大夫读锄为'耤',耤即'藉';孟子曰,'助者藉也。'……助以借民力立名,彻以君民一体为义;助藉无二音,助彻亦非两法。孟子言'虽周亦助',乃指实,非借义。必谓彻无公田,所不敢信。"他又说"'乡遂用贡,都鄙用助',此说出郑氏私臆。遽以都鄙为野,乡遂指国中,未见其允。《书》'鲁人三郊三遂',二地在郊外。《周官·遂人》'五酂为鄙',鄙又即在遂中。《周官》六乡明言'九夫为井',是田亦井授。今以乡遂概属国中而行贡法,可乎?……先生有'助行于国'之说,诚通人之论,惜信朱之太过也。"信朱太过,诚是崔述的病证;但崔述的考证法,其精密而超豁,似乎远过戚氏。在现在我们拿戚氏的说话,来比看崔述的《经界考》,就觉得是驳不倒崔述的。

崔述在《经界考》中,指出夏之五十而贡,殷之七十而助,周之百亩而彻,多是夏、殷、周圻内的制度,诸侯之国未必多要这样。他拿《诗经》来证:他说《诗经》上有"彻田为粮,幽居允荒"之语,公刘当夏、商之际,不行贡助而行彻,是夏、商之贡助,不必尽行天下之明验;而彻为周先世之法,故文、武居丰居镐皆因之而不改。《诗》有"王命召伯,彻申伯土田"之语,是申伯未封以前谢不行彻,封申以后乃行彻。《诗》有"江、汉之浒,王命召虎,式辟四方,彻我疆土"之语,是江、汉间诸侯多不用彻。他又引《左传》"鲁、卫疆以周索,晋疆以戎索"来证周初封之国亦有行彻不行彻者,不是要天下一概多行彻法。他总括夏、殷、周授田不同之理,他说"夏居安邑,地狭人众;殷在大河南北,稍平广;周起西陲,近戎狄,多旷土:此因乎地者也。古者风气初开,制作未备,力不能以多及,故授田少;后世器日利,人日巧,故授田亦渐多:此因乎时者也"。这多是富有历史眼光的人的一种比较合理的推想。

崔述的《五服异同汇考》,在戊申(1788)已成书,本年署中稍暇,复自检阅订正,录而藏之。(《五服异同汇考·小引》)

是年陈履和有书,略云:

伏念吾师穷年著作,非徒一人一时之私论,而度前尚未有读其书者。古人师弟视犹父子,卒业校字责有攸归。敢求全集而藏之,为吾师存此书,为天下后世人存此书,此履和区区之私而不敢不再请于吾师者也。(《考信附录》二,页一五——一六)

陈履和自从拜崔述做老师后,最大的志愿便是"为吾师存此书,为天下后世人存此书"。使他的老师的这部大著作得以留传到今,开示了我们不少的见识,他的功真不可没。

是年成孺人编成《二余集》。序曰:

> 近岁从良人宦于闽之罗源,署中少暇,因集旧稿为一帙,题曰《爨余吟》;又阁中所作,未忍尽弃,另为一帙,题曰《绣余吟》,附于其后,未忍忘初也。

十月,捐主事离任。崔述到闽两年后,就屡求病免,但汪志伊不许。自上杭回罗源,求免更力,汪更不许。至是捐例开,始得以捐主事离任。时汪方告病谢客,崔述去告辞,汪特请他至榻前,对他道:"好官难得,吾不能荐汝,吾愧汝! 汝去自佳,吾知汝不能逢时也。"(《传状》,页九)

〔补:崔述于十月十二日卸事,十一月半交代清楚。(《莸田剩笔残稿·道中与门人张自新》)〕

罗源黄文治作诗送其归,有句云,

> 先生初下车,韬晦无人识。好问察迩言;能贫凛冰檗。民曰是矫情;胥谓不知律。……劳形案牍余,不改耽书癖。……日坐广益堂,如闻民啾唧。阍人茧足行,不轻假辞色。说言忤上官,同列为拚舌。崎岖犯世嫌,徇人意终不。小民父母之,猾吏始股栗。

对于他在罗源数年为吏情形,颇具大略。又如云,

> 经史踵讹谬,真赝久莫别。正学杂异端,圣贤事荒忽。卓哉《考信录》,千古鸿濛辟!《五行》、《三大典》,创论超前哲。

(《考信附录》二,页四——五)

可见这个学生也受了崔述的陶冶而已能识得崔述。此时《唐虞》,《夏》,《商》,《丰镐》诸录及《五行辨》皆未刊,但黄文治已均见到稿本。《五行辨》、《无闻集》有目无文,《自订目》注在《大怪谈》下,《大怪谈》陈履和未刻,故此篇今不存。黄文治称《五行论》;改论为辨,当在此后。

崔述卸篆后自题联句云:"向山野藏其迂拙;把功名付与英豪。"

(《考信附录》二,页六,黄文治诗注)

是年章学诚死。

嘉庆七年,壬戌(1802)。六十三岁。

〔补:在路过仙霞岭时,崔述还续了关帝庙柱子上的一副对联。他说:福建,危地,仕宦者视为畏途。仙霞岭(浙、福交界之地)之半有关帝庙,庙柱题一联云:"进来福地非为福,出得仙霞即是仙。"余解组北归,至庙前,具酒肴自庆,因为续其下云:进来福地非为福,当自种福,以脱危机。出得仙霞即是仙,莫更求仙,致生妄想。(《莜田剩笔残稿·罗源卸事后志喜》)〕

春,北归,"出仙霞岭,与成孺人酌酒相贺。盖自幸得全大节,脱险阻,而生平未成之书可以从容脱稿也。"(《传状》,页九)

〔补:崔述因到省领咨时,需索过多,延至正月十七日始得自福建省城起程北归。因雨过多,脚夫迟缓,至二十六日始抵建宁。即遣役星夜赴广丰,与陈履和约,月初相聚。但陈履和已于二十五日随父赴省。二月初八日至清湖,他在写给陈履和的信中感慨地说:"数年虽思,止因旬日之迟,不得畅谈一切,以慰别怀,时也,数也,夫复何言!"后来,在路途上又有耽搁,至三月初九日始自杭州北行。因过黄河后尚须进京,所以他预计五月半方能回到老家。(《莜田剩笔残稿·与陈介存履和》第九札、《道中与门人张自新》)〕

崔述于1781至1788之间著《五服异同汇考》三卷,因唐之改制详载于《开元体》;明之改制详载于《孝慈录》;而二书皆未见,但据《唐书》、《明史》所述而已;故他拟见此两书之后重加订录。北归日,过苏州,至各书肆寻访,俱莫知《孝慈录》为何书;《开元礼》亦不可得。至丁卯(1807)他始作序,叙求书始末,并云"世有博学之士曾见此两书者,为之重加酌定,是余之志也夫!"(《五服异同汇考》自序)

在苏州书肆买书时,他见有张宗泰(字登封,号筠岩,甘泉人,乾隆拔贡,著书甚富)的《校补竹书纪年》,因买归而阅之。(《考古续说》二,页二〇)

去年(1801)十一月,陈万里奉调采铜于云南,(《无闻集》四,页二九)本年(1802)三月,陈履和随之赴滇任。(《考信附录》二,页一

六）

是年张惠言死。

〔补：**嘉庆八年，癸亥**（1803）。六十四岁。

崔述自罗源归里后，第二年春天移居西山孟村，他作联句云："山林地僻堪藏拙，名利心灰只爱闲。""何处卜居非逆旅，有时摊卷即康庄。"邻汤庙而居，慨八迁之自古；卜孟村而宅，知三徙之非多。（《荍田剩笔残稿·自罗源归里后苦无居宅，次年春蹴居西山孟村漫题》）〕

嘉庆九年，甲子（1804）。六十五岁。

作《竹书纪年辨伪》。以文中有"前岁余自闽还"之语，故知在是年。

《竹书纪年》十三篇，出于晋太康二年（281），乃汲县人发魏襄王之家所得，自魏至宋，引用之人颇多。崔述说它"大抵记东周事多与《春秋经传》相应；而自获麟以后，载籍多缺，观之尤足以证《史记》之舛误而补其缺漏。惟其纪述三代事多荒谬。"此本后来不知怎样亡失了，宋、元以后，乃有人伪造二卷行世。崔述在少年时，即已见此伪书，"以其疏略舛谬，不足欺人，稍有识者自能辨之，不暇为之纠摘。"自从见了张宗泰的《校补竹书纪年》，怕后人复刻此书，有存其文而遗其注，如《伪尚书·武成篇》，淳于长《夏承碑》者；乃于《三代录》做成之后，详考杜预的《春秋经传集解后序》，和《水经》，《史记索隐》，《史记正义》，《史通》诸书之文，并采张宗泰之说，辨证《纪年》之伪。

他辨《纪年》之伪，共提出了十种证据。

（1）《杜序》说《纪年》起自夏、殷、周，而此书乃起于黄帝；虽荀勖述和峤言有"《纪年》起于黄帝"之语，但和峤之言特出于荀勖之口，荀勖之言，又仅见于《魏世家注》所引，不如杜氏亲见其书，亲著之序之可信；况《晋书》亦云，"《记年》十三篇，记夏以来"。

（2）《史通》、《晋书》引《纪年》，并有启杀益之文，而此书称伯益出就国，伯益薨。秦、汉前亦无称益冠伯者。

（3）《史记正义》引《纪年》自盘庚徙殷至亡，二百七十三年更不徙都，而此书自徙殷至亡，有三百五十二年，武乙二迁，文丁一迁，已三迁矣，亦非更不迁者。

（4）据《杜序》，《纪年》记晋事以晋纪年，记魏事以魏纪年，今此书概以周年纪之。

（5）据《杜序》，《纪年》庄伯即位之年当先于《史记》二年，所纪之事皆当先于《春秋》二月，今此书乃与《史记》、《春秋》相同。

（6）《史记索隐》所引《纪年》之文，此书漏去甚多。

（7）依《史记索隐》之叙述推之，《纪年》当有列国诸侯之年与世，及智伯之灭，梁惠王十三年后齐威王事，今此书皆无。

（8）依《史记索隐》之文之义例推之，《纪年》当有诸侯之名与谥，当载诸侯之生卒废立，今此书率略而不见。

（9）《史记索隐》与今书并有之条，亦多有不符：有缺者，有误者，有年相异者。

（10）凡灾异记则当尽记，不记则概不记。今此书自夏、商逮西周之日食，惟记仲康五年一条，春秋时之日食，惟记平王五十一年一条。是作者仅见《伪尚书》及忆其在春秋之初者。
（《考古续说》二，页二一——二七）

《纪年》之讹谬百出，出于伪撰，并不难见。但在崔述以前，如孙之騄的《考定竹书》，张宗泰的《校补竹书纪年》，多是增订其书而不指黜其伪。当涂徐文靖（字位山，雍正举人）作《竹书统笺》，更深信不疑。崔述能在少年时即一见便知，眼光之锐利真不寻常。考信的反面，便是辨伪，辨伪不是空口说白话的事情，必定要搜出令人心服的证据。看见一部书，能不为前人成说所局，自己起来检查它一下，定一个虚实，这是崔述的特长。他的考查《竹书纪年》，虽不能算很周密，但就他提出的十种证据来看，很可以看出他考辨古书的方法的精细。他的做《考信录》全是施用了这种方法来考比的。他以为作伪的人必有若干掩不住的漏洞。他在《考信录提要》上曾有下列的一段话：

唐、虞有唐、虞之文，三代有三代之文，春秋有春秋之文，战

> 国、秦、汉以迄魏、晋亦各有其文焉。非但其文然也,其行事亦多有不相类者。是故,战国之人称述三代之事,战国之风气也;秦、汉之人称述春秋之事,秦、汉之语言也。《史记》直录《尚书》、《春秋传》之文,而或不免杂秦、汉之语;《伪尚书》极力摹唐、虞、三代之文,而终不能脱晋之气:无他,其平日所闻所见皆如是,习以为常而不自觉,则必有自呈露于忽不经意之时者。少留心以察之,甚易知也。……是故《易传》之述包羲,帝而称王(唐、虞以前无称"王天下"者,说见《补上古录》中),《蔡传》之引《史记》,益而加伯(《史记》以前称益未有加以伯者,说见《唐虞录》中),此行文者所不自觉也。《传》之《三坟》、《五典》、《八索》、《九邱》,《杜注》但云"皆古书名",及《伪书序》既出,而《林注》遂历历数之:无他,文必因乎其时故也。所以汉人好谈谶纬,则所撰之《泰誓》,"乌流","火覆",祥瑞先呈;晋人喜尚排偶,则所撰之《泰誓》,"斮胫","剖心",对待独巧。誓诰不及二帝,而《伪古文书》虞世有伐苗之誓;盟诅不及三王,而《吕氏春秋》武王有四内之盟。甚至王通之《元经》,以隋人而避唐讳。是知伪托于古人者,未有不自呈露者也。考古者但准是以推之,莫有能遁者矣。(《提要》下,页一——二)

作伪者"必有自呈露于忽不经意之时",辨伪者但须"少留心以察之"。

> 然而世之学者往往惑焉,何也? 一则心粗气浮,不知考其真伪,一则意在记览,以为诗赋时文之用不肯考其真伪;一则尊信太过,先有成见在心,即有可疑,亦必曲为之解,而断不信其有伪也。(同上)

是年钱大昕死。

嘉庆十年,乙丑(1805)。六十六岁。

二月,陈万里回广丰任。(《无闻集》四,页二九)

陈履和重刻《经界考》于南昌(照罗源板),《洙泗录》亦照改订处修好。(《考信附录》二,页一七)《三正考》亦挖改若干处。(《东壁书钞》五种本)

五月,陈履和下堂伤足,不下床者逾月,不出户者数月,扶杖行者又数月,一年之久蹒跚学步。至十三年(1808)虽愈十之六七,但右股终不得力。(《考信附录》二,页一六)

　　《考信录》成。(《三正考》跋;《读风偶识》序)崔述尽毕生精力为《考信录》三十六卷,至此始成书。然尚非定本,以后逐年有增改。其《书考信录后》一篇,言至沉痛,今尽录于此:

　　　　初余幼,学为时文,应童子试,时县人争誉之。其后与弟同入学,岁试常在前列,同郡人亦争誉之。既而与弟同举于乡,数百里之内,人莫不交口艳称之,近三十岁,渐学为古诗文,三十以后,益留心于经史,而会试数不第,自是称之者渐少,惟学问之士始推重焉。四十以后,为《考信录》及《王政考》自二三君子外,非惟不复称之,抑且莫肯观之。惟滇南陈履和于京师见余书,即执弟子礼,旋于江西刻《上古》、《洙泗》两录,《正朔》、《禘祫》两考。是时余宦闽中,闽之士大夫见此书,颇亦有贵重之者。而自余归后,全录陆续皆成,相魏数百里之间,少年才俊之士惟笃志时文,当务之为急,其肯寓之目而挂之齿颊者不过一二人,其余罕有肯过而问焉者。是何学愈浅则称之者愈多,学益进则愿观之者益少哉!

　　　　昔宋玉称"其曲弥高,其和弥寡"。余之所言,不过耳目之前,《六经》、《三传》、《三史》之文,人人所可与知者,非有高远深微之论,如引商刻羽之调者可比,何以亦至于是,殊不可解也!此当余生前已如是,况于身后,又安望其美斯爱而爱斯传!然则余之为此,不亦徒劳矣乎?虽然君子当尽其在己,天地生我,父母教我,使天地间有我,而我又幸有此脯隙之明,如之何其可以自安于怠惰而不一言,以负天地而负父母乎!传与不传,听之时命,非我所能预计者矣!(《考信附录》,末页)

　　六月,作《读风偶识》序。崔述因《二南》既不详其时世,而《邶》以下十二国风其事多在东迁以后,故做《考信录》时很少引用。但暇日亦往往就其所见笔而记之。《考信录》既成,乃复缀辑而增广之,以拾其遗而补其缺,为《读风偶识》(初名《国风蠡测》)。他不满意

《毛诗》,《卫序》,——他认《大小序》皆出于卫宏之手,——不满意《郑笺》,并不满意《诗传》。他说:

> 《诗》,在汉初有鲁申公,齐辕固生,各以《诗》传其弟子,其先盖皆本之于七十子;虽不能无传流之误,要大概为近古。其后燕韩婴亦传《诗》,然其源流未必能逮鲁、齐之醇。最后《毛诗》始出,卫宏为之作《序》,多傅会于《春秋传》文以欺当世,否亦强为之说而实以人与事。……逮于晋、魏,齐鲁之《诗》遂亡,《韩诗》亦不复行于世,学者所见惟有《毛诗》,童而习之,不复知有他说。……朱子虽作《诗传》,……然……未能尽驳《诗序》。……而世犹以朱子为非,非《传》而从《序》者不可指数。自余所见,……稍有学识,则据《序》以议《朱传》者十人而九。余独以为《朱传》诚有可议,然其可议不在于驳《序》说者之多,而在于从《序》说者之尚不少。何则?世所以信《序》者,以其近古耳。《齐》、《鲁》、《韩》、《毛》均出于汉,且《三家》俱在前,何以此独可信而彼皆可疑?《三家》之书虽亡,然见于汉人之所引述,尚往往有之,其说率与今之《诗序》互异。如谓近古者皆可信,则四家之说不应相悖。相悖则必有不足信者矣。……朱子既以《序》为揣度附会矣,自当尽本经文以正其失,何以尚多依违于其旧说?此余之所为朱子惜者也。(《读风偶识》序)

> 《卫序》、《郑笺》之说《诗》也,不过一家如是言耳,《齐诗》不如是也,《鲁诗》不如是也,即《韩诗》亦不如是也。……且考之《史略》,《汉书》,不合也;考之《春秋经传》,《国语》,不合也;即细玩本诗之词意而亦不合也。……然而说者皆不之问,有如不见不闻然者,此何故哉?(《读风偶识》四,页三六)

季秋,跋《三代正朔通考》云:

> 今秋,《考信录》既成,复取而阅之,仍有未惬心处,因复有所删改,其先后亦颇有所更定,乃复录而存之。

此更定本,即丙寅(1806)。彰德刻本,比后来东阳刻的定本只多三十七字。

成《易卦图说》。序云:

> 余家世传《周易》，至余凡四世矣。然余独未敢轻谈《易》。虽然，读《易》有年矣，于先儒之说亦间有一二未安者，初不敢自谓是，数十年来盖屡思之，久而终不能易所见。《考信录》既成，乃取平日所见之一二，绘为图而系以说，以待后世通于《易》者正其得失焉。

他对于《易》的见解是重象数的，如说卦次云：

> 先儒为之说者多矣，然皆未有以见其必然而不可易。何者？先儒之说多以卦义言之，而不及象与数。《易》虽以义为归，然义皆由象数而起。遗象数而言义，故未有以见其必然而不可易也。（《易卦图说》，页一八）

他又言《朱子本义》胜于《程传》和《王注》，朱子所释卦爻之词多本象数言之。

作《家学渊源》与《少年遇合记略》：

> 余幼而愚鲁，长而钝拙，于人事一无所长。所幸先君邃于学而勤于教，虽寝食出入时，耳提面命，曾不少懈，以此得少有所窥。……先君既未及有所著述，而述安敢不溯其所由来乎！然先君之学，又皆自段垣公来也。故于《考信录》成之日，备载家学渊源于后。（《考信附录》一，页一）

> 余何以能著《考信录》也？祖宗父母之所教养，亦师长先达之所扶持而长育之者也。余幼而家贫，少长即被水患，田庐悉没，性又拙于逢世。然往往有先达诸公重其才而怜其遇，导其前而恤其艰者，以故衣食粗给，闻见渐广，以至于今。……余不才，不能有所建白于世，使天下后世指而目之曰，某人知人某人知人，而仅于有此书，其何忍不溯其所由来乎！书既成，乃追记其少年遇合之略，以附于《考信录》之后云。（同上，页二一——二二）

节录韩愈论道之言数则冠于《考古续说》之始；又采前人辨古事是非，古书真伪之旧说八则编入《考古续说》中。（《考古续说》一，页四）

始见孔广森《大戴礼记补注》，摘录其《序录》末论《孔子家语》一

节载于《洙泗考信余录》之首(今印本为移于末。)(《洙泗余录》末页)

是年纪昀死。

嘉庆十一年,丙寅(1806)。六十七岁。

九月,改刻《三代正朔通考》于彰德。(彰德本《三正考》,页一)《经界考》亦取罗源旧板挖改数处。(《序目》,页四;及《考信附录》二,页一八)

按《行略》:崔述自闽归后,初居大名,后居安阳西山;又迁彰德府城。其迁彰德,不知始于何时,惟此年可证其在彰德。

十二月,作《读风偶识》序后识语,谓世之说《诗》者不是胸中横一诗柄(《朱子集传》略说本篇之大意者,俗谓之"诗柄")以为足者,便是据卫宏《诗序》为奇货,是汉非宋。他"于《国风》,惟知体会经文,即词以求其意,如读唐、宋人诗然者,了然绝无新旧汉、宋之念存于胸中,惟合于诗意者则从之,不合者则违之"。(《读风偶识》一,页四——五)

是年钱坫死。

嘉庆十二年,丁卯(1807)。六十八岁。

二月陈万里调赣县。(《考信附录》,页一七)

是年崔述作《五服异同汇考小引》与《五服余论》。(《五服考》首页及卷三页三三)

《考信附录》末,附边印金书,盖崔述在彰德时从学门人;因将北归,奉书告行。语辞诚挚,可谓实心崇拜崔述者。此书无年月可考,姑系于是。

嘉庆十三年,戊辰(1808)。六十九岁。

二月,陈万里卸事。(《考信附录》二,页一七)

五月,陈履和侍父由赣州至南昌,将还滇,乃于七月刻《唐虞考信录》。并使人诣彰德(时崔在彰德,《唐虞录》跋作"诣大名",疑误)崔述处告行,且求书。(《唐虞录跋》,〔《考信附录》二,页九〕)有《自南昌寄彰德书》(《考信附录》二,页一六——一八)。八月,得读《夏考信录》二卷,《商考信录》二卷,《洙泗考信余录》四卷,《考信录释例》二卷,《易卦图说》一卷,重订前刻《正朔》、《经界》、《禘祀》三考各一本。其已成而未录寄者,《丰镐录》,《别录》,《杂著》,《伏枥寱言》尚三十余卷。(《唐虞录跋》,《考信附录》二,页九)

按,《考信附录》(二,页一八——一九)载是时崔述带给履和的书,除上数种外,尚有"《段垣诗粹》二本,《二余集》一本"。《正朔考》系彰德改刻本,《禘祀考》内抽换两页。此所云之《考信录释例》,即后来之《考信录提要》;《杂著》,即《自订目杂著》十六种之《杂著》;惟《伏枥寱言》不知为后来何书。《洙泗余录》此时尚作四卷,及1809年用聚珍版印时,则改成三卷矣。

中秋,陈履和作《唐虞考信录跋》云:

> 先生自闽归后,三迁而居彰德府,老年善病,又未有子,亟欲全刻所著书,印赠文学交游之士,盖寓书京师与履和商此者屡矣。而履和久不与礼部试,未得见。年来侍家大人于丰溪章贡之间,簿书束缚,重以肺病足伤,闭户不出,乃如妇人女子。每病中夜坐,北风起,慨然远念,则取所刻诸录读之以当侍侧。计与先生别且十有六年矣,先生日以北,履和日以南。设使今不求书,则此十余卷者(指新得读之《夏考信录》等十四卷)又不知何日登堂而与其所未见之三十余卷亲受之也。书至家,大人行有日,不及刻;乃取《考信录自序》一首系之《唐虞录》后,俾读者知先生生平著书原委如此。

> 于戏,先生视履和犹子也,履和事先生不敢不犹父也,凡书之成而未见,见而未刻者,其敢不尽心焉!署中碌碌少暇,故三锓先生书,皆在南昌闲居之日。自今以往,则又不患无暇而患无力矣。"有志者事竟成",况诸书显晦颇关经史大纲,天下之公言也,天下之公事也,非师弟子一二人之私也,终勉之而已!谨识诸《唐虞录》后以自策焉。(《考信附录》二,页九——一○)

这真可算是陈履和尽心事师的一篇恳切诚挚的宣言。

陈履和《校刊考信录例言》说《经界考》也刻于这年,这是他错记的。《经界考》初刻(1801)是在罗源,十年(1805)二月履和照罗源板重刻于南昌。(见陈书,《附录》二,页一七)

嘉庆十四年,己巳(1809)。七十岁。

春,陈履和有书及《唐虞考信录》刻本寄彰德。(《附录》二,页一九——二〇)

七月七日,崔述作《先君教述读书法》,其末云:

先君……每语述,"异日若居官,当以稼书陆先生为法"。而述学行既无所成,仅治一县,亦未克有所展布,所为承先志者,止有《考信录》一书。所以命名为述者,如斯而已乎?故备录先君子所以教述之方,以见述之不才,有负于先君之善教。(《考信附录》一,页一六)

在彰德用聚珍版印《洙泗余录》三卷,是为定本。(《自订目》,及《考信附录》二,页二一)

是年洪亮吉死。

嘉庆十五年,庚午(1810)。七十一岁。

二月,弁《洙泗考信录》改定本。

既归河北,山居无事,乃复益加删改,录为定本。(《洙泗录》一,页一)

三月,陈履和自南昌归滇,已至贵州,道中寄崔述两函。(《考信附录》二,页二〇——二一)

四月,陈履和抵石屏。得崔述托卢孝廉寄他的信及《洙泗余录》刻本;又在朱松田处得崔述的《五行辨》、《救荒策》各一本,杂文稿二本。(《考信附录》一,页二一)

崔述因眼疾,艰于翻阅,往往背诵《风》诗以自遣。吟讽既久,觉他少年时所最爱的《七月》一诗,先儒之说亦尚有未备未安,暇日乃为之解,是年六月乃成《七月篇解》。(《读风偶识》四,页一一——一二)

十一月,陈履和寄书至彰德,中云:

……《夏》、《商》二录虽得稿本,不识后来有无改定?至于《丰》、《镐》二录,尚未见也。诗古文集在先生固属余事,而生平踪迹往来,师友渊源,即此可以考见,似亦未可令其散失。……凡邺中已刻各书,及《周考信录》诗古文稿均乞……寄赐。(《考信附录》二,页二一——二二)

嘉庆十六年,辛未(1811)。七十二岁。

崔述托石屏应试返里之人带《三代考信录》各书给陈履和,履和于冬季接读。(陈书,《考信附录》二,页二二)

嘉庆十七年,壬申(1812)。七十三岁。

跋《杨村捕盗记》。言二十余年前订集时已将此篇删去;今偶一阅之,以其有关于地方之利弊,因复存之。(《无闻集》三,页二六)

是年二月,陈履和奉文截取。(《遗经楼文稿》,《鲲池府君行略》)

嘉庆十八年,癸酉(1813)。七十四岁。

是年崔述病中饮食起居多不自适,不觉忆及其母之慈爱,因附记"其母待子女法"于家学之后。(《考信附录》一,页一六——一七)

五月,陈履和拟取道四川至北京,八月复自蜀折回。

十月十八日,陈万里死。

十二月,陈履和托云南公车北上之人寄书及其父《行略》至彰德,请撰文并求著作。略云:

> 吾师老矣,履和亦复衰病。吾师未竟之业付与何人?履和未了之志酬于何日?……倘蒙赐之……志铭或墓表,……则先考不啻复生。吾师著作,履和未得见者十五种,乞全赐之。或抄写一时难终,则请将《考信附录》,《五服考》,《国风蠡测》,《古文尚书辨伪》,《读经余论》先发。(《考信附录》二,页二三)

嘉庆十九年,甲戌(1814)。七十五岁。

三月,得陈履和书;作《鲲池陈公墓碑》。(《无闻集》四,页二八)带与陈履和书七种:

《考信录总目》一本,

《考信附录》二本(未全),

《丰镐别录·周政盛衰通考》一篇,

《五服异同汇考》三本,

《尚书辨伪》上卷,

《读风偶识》摘带二本(即《国风蠡测》),

《读经余论》一本(《考信附录》二,页二三——二四)。

崔述著成《考信录》的年岁,虽他尝自言为六十六岁(1805),但未定本尚多。《自订目》言"余自三十以后,即条记古圣王之事而次第之。四十以后,遂为此录。至七十而始成。暇中复加增改,又五年而始定"。则知定本成于是年。然观寄陈书于《附录》注"未全",《丰镐别录》仅一篇,似全书之定尚在此后也。

跋《救荒策》。崔述作《救荒策》在乾隆三十九年(1774)。他说:"作此策时,余乡风俗尚未甚坏,所患惟在吏胥;……其后……风气大变,诸生多与吏胥相结,表里为奸,……偶阅旧文,犹自惜其所言之未尽也。然天下大矣,岂可以一县概之,故仍其原文不改而附识其说于后。"(《无闻集》一,页一七)

四月,成孺人卒,年七十五岁。崔述为她作传,附在她作的诗集后。自成孺人死后,室仅一妾,崔述益漠然无所向。(《传状》,页一三)成孺人传今不存。

是年赵翼死。

嘉庆二十年,乙亥(1815)。七十六岁。

自订全集八十八卷《总目》。

九月二十二日,聚其书为九函,作遗嘱,命妾藏焉,以待履和。(《传状》,页一三)遗嘱曰:

> 吾生平著书三十四种,八十八卷,俟滇南陈履和来亲授之。

(《三代考信录》陈序)

后陈履和共替他刻成十九种,五十四卷;未刻者尚有十五种,三十四卷今皆不知流亡何所。其不入总目之《段垣诗订》,《段垣诗粹》更影响毫无了。据他《自订目》说,尚有《春秋外编》四卷,因未成书,故不入目;如他迟死数年,大概即可加上此一种。

是年姚鼐死。

嘉庆二十一年,丙子(1816)。七十七岁。

二月初六,崔述卒。(《传状》,页一五)《行略》说:"先生颀硕,美须髯,善谈论,往往以谐语箴俗,令人解颐;其著书亦时复如是。"此可见崔述的状貌和神态。

闰六月既望,陈履和至,受遗书。居十日,待伯龙商葬事,乃如京

谒选。(《传状》,页一三)

冬,陈履和出宰山西太谷县。(《三代考信录》陈序)

嘉庆二十二年,丁丑(1817)。崔述卒后一年。

二月,陈履和刻《三代考信录》于太谷。(《三代录》陈序)

伯龙以崔述和成孺人之丧归葬于故魏县城南阆斋先生墓下。(《传状》,页一五)

三月,陈履和使人诣彰德会葬,则丧已归。(同上,页一四)

七月,陈履和丁继母忧去官,时《丰镐考信录》仅刻七卷;治丧后勉将第八卷刻成,而以《全集总目》及《考信录总序》冠于前,总跋附于后。(《三代考信录》陈序)今《三代考信录》首页皆有"嘉庆丁丑二月太谷县署中刻"字样。

十月,陈履和撰《三代考信录序》。(《夏考信录》陈序)

望日,陈履和之友王崧(字乐山,浪穹人,嘉庆进士,有《说纬》,《滇南志略》)撰《三代录序》。(《夏考信录》王序)

嘉庆二十三年,戊寅(1818)。崔述卒后二年。

二月,陈履和在湖南舟中据《知非集》,《附录》,《小草集》诸书作《东壁先生行略》。(《行略》,及《校刊考信录例言》)

四月,履和之友刘大绅(字寄庵,云南晋宁人,乾隆三十七年进士,官山东新城知县,有《寄庵文钞》)跋《东壁先生行略》云:

> 窃叹先生以北方大儒,得一弟子于古梁之南,以书授之,而道遂传于天下,师弟子之遇合固非偶然间事也!……海楼曾不一为绅言之;使海楼一为绅言之,……岂不当与海楼共为先生弟子哉!……先生固仕于闽六年矣;使先生不与时龃龉,荏苒不即归,不数十年死矣,书之成不成未可知也。……天下往往恨小人败君子,夫恶知其所成固如此哉! 若夫先生著书之旨,则《自叙》之言曰:"不以传注杂于经,不以诸子百家杂于传注(此误,原文作"杂于经传");以经为主,传注之与经合者著之,不合者辨之,而异端小说不经之言则辟其谬而删削之",斯言也尽之矣,可勿赘也。(《传状》,页一七——一八)

是年太谷诸生孔广沅重刻《洙泗考信录》于太谷。因武乡令王

崧前曾作《三代录》序,故又请他作序。九月望日,他序云:

> 孔生师介存,介存师东壁,皆能不负所传,庶几古人师承不绝之义乎?(《洙泗录》王序)

是年孙星衍死。

道光元年,辛巳(1821)。崔述卒后五年。

陈履和服阕回京,带了崔述的遗书而往。张廷鉴(字静生,阳曲人)、谭震(字箧园,云南人,桃源令)捐金助他刻书。乃刻《提要》二卷,重刻《补上古考信录》二卷,及《唐虞考信录》四卷。至是《前录》及《正录》已均刻全,《后录》中惟刻《孟子事实录》一种。(《序目》,页三二,《校刊考信录例言》)此书当刻成于第二年(1822),故现在《遗书》之书首作"道光二年刊"字样。《提要》及《孟子事实录》尚为初刻,《唐虞录》1808已刻于南昌,和此本有何同异,不得而知。惟《补上古考信录》,顾颉刚先生藏的四种《书钞》,和燕大图书馆藏的五种《书钞》一字未改,我藏的也是四种《书钞》,虽贴改了七行,抽去九页而换入十页但和此本也不相同。《书钞》本是嘉庆丁巳(1797)刻板,他的目录如下:

> 卷一　开辟之初　羲农
> 卷二　黄帝至尧舜总　黄帝氏
> 卷三　炎帝氏　共工氏　太皞氏　少皞氏　颛顼氏　帝喾氏

此本则将三卷改为上下二卷,目录也变作叙述体:

> 生民之始,浑浑噩噩,其理可推,而其事不可知;录"开辟之初"。

> 洪荒渐启,书契未兴,而其名号事迹,间有一二见于《传》者不敢遗也;录"包羲氏,神农氏"。

> 书契虽兴,史册尚缺,而追述者众,故世代略可辨:盖有功德于世者;录"黄帝氏,炎帝氏,共工氏,太皞氏,少皞氏,颛顼氏,帝喾氏,诸帝通考"。

> 综其始终,举其义例,"作前后论二则"。

全书移易很多,删去的很少,加入的倒不少。在《提要》下卷里面的《补上古录序》,在丁巳本是列在《开辟之初》题前的;这年刻本的《前后论二则》,在丁巳本是均列在卷二《黄帝至尧舜总》题下的。

崔述他放大了历史的眼光来看古史,说"以情度之,亦当至唐、虞以降然后有史书"。他也未敢决定《易》、《春秋传》所载上古之事悉为实录;但他偏大胆根据这两种书的材料来做这部史前史的《补上古录》;他的理由是因为古今儒者多好言五帝,往往杂以百家之言,鄙陋不经;而《易》、《春秋传》上的材料,虽不知道它靠得住靠不住,要其理不悖于圣人,拿它来证百家之谬也许可以。他并用了叹息的口气来诉说他的心事道:"司马迁曰:'学者载籍极博,犹考信于六艺',是余之志也夫!"拿了六艺做标准来考信古书,不问其事的有没有只问其理的悖不悖于圣人,在我们的眼光看起来,这自然是很不可靠的。但在西汉时的司马迁,乾、嘉时的崔述用了这种方法,在史学上收了许多摧陷廓清之功,我们也不能不佩服他们。

崔述在这部书上推翻了《秦本纪》的三皇,《春秋纬》的十纪,削去了世传的上古十七天子,断包牺、神农氏没,子孙不复嗣为帝,使中国史顿时缩短了一大段,这一动手,真不可说不痛快。他更有许多富于历史推想力的议论,如说:

> 唐、虞以前,初未尝有继世为天子之事也,有圣人者出,则天下尊之为帝,圣人者没则已耳,其子孙皆不嗣为帝也。又有圣人者出,然后天下又尊之,无所为继,亦无所为禅也。

他批评后人论古多谬之病也很精到,说:

> 后世之儒,所以论古之多谬者,无他,病在于以唐、宋之事例三代,以三代之事例上古,以为继世有天下自羲、农已然。

他在这部书中最大的发明有几点:(1)他分太皞、伏羲为两人,又分神农、炎帝为两人;(2)他指出五德终始说始于驺衍;(3)他指出以母传子说始于向、歆父子。现在摘钞他的"后论一则",以见大概:

> ……五德终始之说,起于邹衍,而其施诸朝廷政令则在秦并天下之初,……皆以所不胜者递推之。是以秦之代周,自谓水德;而汉贾谊、公孙臣,皆谓汉当土德;太初改制,服色尚黄,用衍

说也。……以秦之愚,至于焚书,求神仙,其为衍说所欺固宜。……然衍虽有五德终始之说,而初不以母传子,固未尝以木火土金水为五帝相承之次第也。以母传子之说,始于刘氏向、歆父子,而其施诸朝廷政令,革故说,从新制,则在王莽篡汉之时。……是以王莽自言火德销尽,土德当代;而光武之起,亦据《赤伏符》之文,改汉为火德,用歆说也。盖自《吕氏春秋》始以五帝分配五行,春帝太皞,夏帝炎帝,秋帝少皞,冬帝颛顼,季夏之帝黄帝。向见此文,遂以为其世之先后固然,而太皞、炎帝,乃庖羲、神农之异名。不知炎帝、太皞,自在黄帝之后;秦汉以前,从未有以为即庖羲、神农者。《吕纪》所云,但谓五帝之德各有所主,正如句芒以下五官各擅其神者然,非以此为先后之序也。……且衍之说虽诬,然殷尚白,周尚赤,犹有可附会之端。若歆所说,周为木德,则何为不尚青而尚赤也?乃强为之解曰,"尚其德所生也";不尚其德而尚其德所生,有是理乎!而殷又不尚其所生而尚其所由生,此又何说焉?……以王莽之诈,方且借《虞书》,托《周官》,以饰其篡,其用歆说以欺天下固宜;后之学者何为而皆祖述其欺人之言耶?

道光二年,壬午(1822)。崔述卒后六年。

夏,陈履和托顾莼(南雅)以崔述遗书呈礼部尚书汪廷珍(字玉粲,号瑟庵,山阳人,乾隆己酉进士,谥文端,有《实事求是斋诗文集》)。汪大加叹赏,尤爱其论汤武诸则,致南雅书云,"事核理明,足定千秋之案。孟子云,'知人论世',史公云,'好学深思',东壁先生信其人矣。"履和因踵门求序。(《序目》页三三,《校刊考信录例言》)

季秋,汪廷珍作《考信录》序。有云:

> 见其考据详明如汉儒,而未尝墨守旧文而不求夫心之安也;辨析精微如宋儒,而未尝空执虚理而不核夫事之实也。……然后知先生志大而学正,识高而心细,……其书为古今不可无之书,其功为世儒不可及之功也!……当时来世,当必有心悦诚服如大令(指履和),跃起忭舞倾倒而不能已如仆者,断断如也。(《序目》,页三六)

十月,陈履和跋《行略》,补叙黄玉兴案之林孙后事。(《行略跋》)

作《校刊考信录例言》九则,记校刊《考信录》大略。(《例言》)

刻《孟子事实录》及《补上古考信录》成。今本皆题有"道光二年刊"。

道光三年,癸未(1823)。崔述卒后七年。

二月,陈履和上东阳县任。(《无闻集》附刻,页一)

他出京时,闻宜兴任泰(字阶平,道光丙戌进士,有《经学质疑》,《径蹊诗草》)喜读崔述的书,作诗叹赏,有"大谨乃如狂,至允反不平"之语。(《古文尚书辨伪》跋)

道光四年,甲申(1824)。崔述卒后八年。

正月,陈履和在东阳县署中刻《丰镐考信别录》三卷,《洙泗考信余录》三卷,《考古续说》二卷,《考信附录》二卷,《王政三大典考》三卷,《读风偶识》四卷,《尚书辨伪》二卷,《论语余说》一卷,《五服异同汇考》三卷,《易卦图说》一卷,《无闻集》四卷;重刻《洙泗考信录》四卷。以上均据各书的首页或末页所标明的。

陈履和录《广丰县志·循吏传》一则及作《敬书〈广丰县志·先君子传〉后》。此二文及陈万里行略,皆附刻在《无闻集》后(今印本为移印在《附录》内),名《遗经楼文稿》。

九月,陈履和跋《尚书辨伪》,说他刻《辨伪》时,特录《四库提要》中论《尚书》三则,别为一册冠篇首。(《尚书辨伪跋》)

道光五年,乙酉(1825)。崔述卒后九年。

陈履和死于东阳任所,年六十五岁(1761—1825),"宦囊萧然,且有负累。一子甫五龄,并无以为归计"。时萧元桂(字镜岩)署金华府知府,为筹还亏空;《东壁遗书》书板二十箱,不能携归,萧君商之于履和之弟,存郡学署,作官物交兑;并商之于金华各县知县,捐成六百金,稍助刻资,以为家属归滇之费。

番禺张维屏(字子树,一字南山,道光进士)《松轩随笔》说:

> 东壁……先生所著书,履和一人刊行。先生之书不朽,履和为弟子,其笃于师弟之谊若此,亦当附之以不朽矣。

后记

民国十二年(1923)我开始作崔述的年谱,写成了大半部分;因为我南下养病,这工作就搁下了。《国学季刊》第一卷第二号曾登出此文的第一章(家世)和第二章(年谱上)。十二年秋后我从南方回北京,我的兴趣已变换了,崔述的年谱只写到了嘉庆初年,其余的部分只剩一些随笔札记的卡片。后来《国学季刊》也停刊了,我不久(十四年)也离开北京大学了,这篇长文就没有续下去。

这一搁就是八年,我自然很感觉惭愧。但这几年之中,顾颉刚先生寻得了崔述夫人成静兰的《二余集》,洪业先生寻得了崔述的《知非集》,增添了不少的传记材料。这真是"塞翁失马,安知非福?"

顾颉刚先生近年整理崔述的全部著述,功力最勤,对于崔述的了解也最深。所以我去年提议请他把这篇年谱续完,把新得的材料都补进去。他已允许了我的请求,不幸他今年因太辛苦得了失眠的病,不能不休息,所以他把这件事转托他的朋友赵贞信先生。赵先生也是专门研究崔述的,他不但把我的旧稿从嘉庆三年续到崔述死后,他还把许多新得的材料分别补在我已写定的各年之下。我当初考证的年代有些不正确的,他都代我校正了。这篇开始在八年前的《崔述年谱》,现在靠了赵贞信先生的帮助,居然完功了。我十分诚恳的感谢他。

我的旧稿有一个妄想:我想在《年谱》里作批评的工作,在崔述的每一部书写定或刻成之年,就指出这部书的贡献和他的缺点。这件工作是不容易的,《年谱》的中间搁置,这也是一个重要原因。赵贞信先生续成的部分也采用这个方法,他评论诸书的得失,我认为都很有见地。承他的好意,仍用我的口气补作这未成的部分;但我不敢掠夺他的成绩,所以在这里声明一句,并且谢谢他的好意。

二十,七,七

补叙
赵贞信

　　大名姚晋檠先生,这次在他的同乡范老先生处找得了一册《针余吟稿》,使我们新认识一位崔述的妹妹幼兰女士,这真是意外之获,姚先生搜求的努力真可佩感。

　　我们从《无闻集·先府君行述》中,知道崔元森共有四女,其第四女嫁给魏县刘观成,与现在发现的钞本《知非集》后面附的《阎斋墓志铭》中语一样。在《先孺人行述》中则于刘观成下加了"后改名文朴"五字;而在《上湖文编补钞》中的《阎斋墓志铭》内则作刘孟集,在《考信附录》中的《阎斋墓志铭》内则又作"刘孟集,后改名文朴"。一人之名乃随文随处歧书大足奇讶。由我推想,必须崔述原撰之《先府君行述》内作刘孟集,斯在《上湖文编补钞》内者能作刘孟集;必须崔述曾一度将《先府君行述》及《墓铭》内之刘孟集改为刘观成,斯《先府君行述》与钞写之《墓铭》内能作刘观成。当撰《先孺人行述》时,已由观成改为文朴,故于"观成"下加"后改名文朴"一句;当改定《墓铭》入《考信附录》时,因观成之名既早不用,故仍于"孟集"下增入"后改名文朴"五字。此推想如不误,则由孟集改为观成,由观成改为文朴,当均在崔元森死后或竟在崔述母死前。此刘文朴即为崔幼兰女士之丈夫。

　　从这次洪(业)顾(颉刚)二先生在大名双井村崔家听到的说话(见《崔东壁先生故里访问记》),知道刘文朴于水灾后迁居在大名王村,他的子孙刘光远还藏有成孺人画的菊花一帧,至民国十五年方才被土匪所烧,则可知幼兰女士的夫家是由魏县徙居大名王村的。

　　从《野纪便览》(钞本,道光间大名拔贡刘老恭著,亦为姚晋檠先生新得于范先生者)《崔氏诗人》条看,知幼兰女士的字是叫绿芬。

幼兰女士会做诗,在《东壁遗书》中固然没有提及,即今本《知非集》中也毫不能见到,惟于成孺人的《二余集·序》内有"小娘亦略知声律,常唱和于针线刀尺间"之语,但《集》中亦无一首二人相与唱和的诗。

《针余吟稿》中共有五十八首诗和一篇不全的《妇女奇谈论》,《妇女奇谈论》实系她替她的媳妇杨氏做的一篇传,可惜后半已缺佚,否则对于她自己的事迹或许更有些发现。

她于姊妹行居最次,但他比崔述确实小几岁则不能晓得。她诗集里有一首《丁丑年六月亢旱京都大雪因而有感》的诗,接下去便是一首《七旬自叹》,丁丑年是嘉庆二十二年(1817),——崔述卒后一年,我疑心她《七旬自叹》这诗便做在这年,故假设她比崔述小八岁。她替她的大儿子娶妻是在乾隆五十六年(辛亥,1791),这年她的媳妇二十岁,儿子和媳妇的年龄当略相等,如照我假设的年岁,则她娶媳之年为四十四岁,也颇合式。

我续编的《年谱》于崔述二十五岁条下说崔述兄弟于1763年由京同行回里,并引《知非集·将赴邠州次韵留别舍弟》的诗推测崔述离家入关是在春天;现在《针余吟稿》里有一首《和次兄赴馆高儿寨原韵送大兄入关》的诗,云:

　　同归方半载,雁侣又东西。辘辘征车远;萧萧班马迷。孤村风俗异;长路燕莺啼。去去难为别,一樽清酒携。

从这一首诗中使我们知道了五件事:(1)这年崔迈坐馆在高儿寨;(2)崔迈曾于这年有一首《赴馆高儿寨》的诗;(3)崔述是次崔迈《赴馆高儿寨》这诗的原韵;(4)他们弟兄回来刚半年;(5)崔述离家入关是在"长路燕莺啼"的二三月间。

崔述二十六岁那年的秋天是在北京,大概一直住到第二年会试过后才回来,故下列的几首诗我都认为是幼兰女士在乙酉年(1765)秋天作的:

　　(1) 雨夜书怀和大嫂韵:

　　　　飒飒西风吹薄裳,更烦苦雨送秋凉。寂寥旅馆愁孤客;迢递关山思故乡。蟋蟀声中催夜漏；鹁鸪飞处忆行装。埙篪孺慕谁同我（大兄在都，时二兄就馆院家堡），问视晨昏慰北堂！

从这首诗看，可知成孺人曾有一首这样韵脚的诗；但今本《二余集》里没有，这不是成孺人所删，便是今本《二余集》有缺佚。又可知崔迈这年是坐馆在院家堡。

（2）秋雨步家大人原韵时大兄在北都：

风雨潇潇湿碧苔，绣余闲自绕楼台。已怜满目秋将暮，无限离愁雁送来。

崔元森的著作，除在《考信附录》中留下了一首《戊寅除夕示儿诗》之外，已绝无可见。从这诗上，使我们知道他在这年曾有这样之题之韵的一首诗，亦很可宝贵。

（3）和二兄归城中故居原韵：

蟋蟀灯前促补衣，杏梁又见燕南归。水余破屋犹容膝；风过闲庭忽掩扉。三姊于归鱼信杳；长兄出外雁书稀。双亲独累吹箎客，幼妹痴愚未识机。

此自为漳水退出魏城后之作；崔迈这年有这样之题之韵的一首诗，亦赖此而知。此诗之所以也定在这年，因为自此年之后，他们已移居礼贤台新宅，不须容膝于水余之破屋中了。

乙酉年的赴京，是崔述一人，丙戌年的会试，则和崔迈同应，这由纪闻歌《弱弄集序》内的"丙戌春仲，……于都下见其伯仲翩翩"之语而知，故我定幼兰女士《送二兄会试时大兄先已在都》这首诗是作在丙戌年（1766）的春天。诗云：

草绿瀛洲暖，莺啼上苑春。联飞双凤客，同作看花人。

她的《二兄在都梦中寄二兄》这首，大约也是做在这时，因下两句和成孺人的《怀远》诗相同，故此两诗当是先后的作品：

千里驰驱只一身，离家数月傍风尘。遥怜秦市单衣客，谁解绨袍赠故人！

崔述二十九岁时是馆于武安，这也从《知非集·纪序》中知道；幼兰女士有两首《长嫂偕兄馆武安》诗，当作在此年（1768）。

（1）一行雁字几何曾，地岂衡阳到不能。应是左芬新有赋，武安纸价一时增。

(2) 残灯独对小窗幽,寂寂虫声欲替愁。多少襟怀无计写,一行雁字正横秋。

成孺人于嘉庆元年随崔述到罗源后,曾作了一首诗寄给她的侄子应龙,此诗幼兰女士有和诗,题为《成氏长嫂寄侄原韵》:

曾闻闽地有仙霞,不许闺人到罗涯。贫苦只因儿女累,饥寒冻馁向谁家!

此可见她的晚景的困苦;她大概有好几个儿女,她的长子名叫永宁,是不肖的;她的大媳妇杨氏是极孝极贤的,但不幸死得很早;她的次女聪慧异常,惜仅七龄而殇;她的丈夫不好学问,除青一衿外似无甚成就,死也在她之前;在诗集中很有些她诉苦的诗使我们不胜同情于这位女士的老年身世。

她的诗题有《寄陈氏大姊》,《寄张氏三姊》,《忆逯氏四姊成安》等等,而她称崔述、崔迈则为大兄二兄,似述、迈兄弟当居其大姊之次。又她在《寄张氏三姊》这题下,注有"随任贵州八年,始归宁一面;别又六年,有怀奉寄磁州"之语,诗亦作"八年离别乍相亲,西望云山又六春";似三姊之年尚大于崔述。崔述的母亲生子女凡九,其三子四女是我们所知,尚有两个未长成的不知是男是女,不知谁居嫁陈嫁张者之间?磁州张珖,在《无闻集·先孺人行述》中未写有功名,而此云其三姊随任贵州,则张珖系作官的,不知其在贵州曾任何职。

成孺人能诗之外又能画,这是我续《年谱》时所未知。她有一帧画菊在刘家,而幼兰女士有《题画菊》一诗,故我很疑心此诗即是题在此画上的,诗为:

醉后杨妃别样妆,裁成婀娜玉肌香。生前不与群花比,留取芳魂独傲霜。

她的三位姊姊是不是都能诗殊不可知,但生为崔元森夫妇的女儿,实有都能诗的可能;可惜不能向成安磁州两处去访寻一下。在《年谱》中对于崔述姊妹的叙述太寂寞了,故现在靠了这册新发现的材料为之补叙于此。

另外还有一些有关《年谱》的零碎话，就借叙写的方便，将它一起记在此下：

我们在《无闻集·先孺人行述》中知道崔迈的夫人是魏县庠生刘兰生的女儿，她和她的儿子伯龙长住在魏，至崔述死后，伯龙将在彰德的屋子卖去，迎崔述的后妾到魏和他的母亲同住。今据《野纪便览》，知这位夫人也颇能诗，但比较成孺人、崔幼兰稍劣，故没有诗传下来。

崔述的后妾，仅一二见于《东壁行略》之末，他处皆未言及，故其姓名及纳娶之年月都不得而知；但其前妾丽娥系卒于嘉庆五年（1800），则此妾之娶，自必在崔述六十一岁以后。

《东壁行略》，系陈履和奔母丧时在湖南舟中翻阅崔述之遗书而作者，仓卒间不无略有误处。如记崔述十四岁补弟子员，十五岁入晚香堂读书，均与《考信附录》内所载者差一年。故我读"乙酉丙戌间水三次入城，卒徙于礼贤台上"（《先府君行述》）之语，终疑崔述之徙居新宅是在丙戌，不在乙酉。

嘉庆十三年七月，陈履和在南昌刻《唐虞考信录》，曾系《考信录自序》于《唐虞录》后，（见《考信附录》二，页九——一〇《唐虞录跋》，及页一九《自南昌寄彰德书》）但这时《自订目录》尚未撰就，而现在的《自序》末有"附于《目录》之后"之语，故我颇疑此《序》后来曾经改过，幸能发现戊辰刻本《唐虞录》，其《自序》恐必与今见者有异也。

《年谱》五十八岁（1797）条下所记适之先生所藏的《书钞》本《洙泗录》一节，适之先生以为此本页数之移易，为原藏者曾见崔述修改的本子而依之以移定，故疑丁巳本，太谷本之间尚有一五卷本的《洙泗录》；我颇疑其非是。但现在尚未能将该书细加审核，故于此处仍暂存适之先生的原文，俟作《遗书校勘记》时再为详考。

《年谱》之补续，为时颇仅，其中大部分多未能惬心，以亚东索稿迫急，不容再延，粗率讹谬之处知必很多，伏希明达之士惠予教正！敬谢适之先生过分的奖饰和颉刚先生的殷勤指导！

二十，十，二十

戴东原的哲学

一　引论

　　中国近世哲学的遗风,起于北宋,盛于南宋,中兴于明朝的中叶,到了清朝,忽然消歇了。清朝初年,虽然紧接晚明,已截然成了一个新的时代了。自顾炎武以下,凡是第一流的人才,都趋向做学问的一条路上去了;哲学的门庭大有冷落的景况。接近朱熹一脉的学者,如顾炎武,如阎若璩,都成了考证学的开山祖师。接近王守仁一派的,如黄宗羲自命为刘宗周的传人,如毛奇龄自命为得王学别传,也都专注在史学与经学上去了。北方特起的颜元、李塨一派,虽然自成一个系统,其实只是一种强有力的"反玄学"的革命;固然给中国近世思想史开了一条新路,然而宋明理学却因此更倒霉了。这种"反玄学"的运动是很普遍的。顾炎武,黄宗羲,黄宗炎,阎若璩,毛奇龄,姚际恒,胡渭,都是这个大运动的一分子,不过各人专力攻击的方向稍有不同罢了。

　　约略说来,当日"反玄学"的运动,在破坏的方面,有两个趋势。一是攻击那谈心说性的玄学;一是攻击那先天象数的玄学。清学的开山祖师顾炎武就兼有这两种趋势。他对于那高谈心性的玄学,曾说:

> 古之圣人所以教人之说,其行在孝弟忠信,其职在洒扫应对进退,其文在《诗》、《书》、《礼》、《易》、《春秋》;其用之身,在出处,去就,交际;其施之天下,在政令,教化,刑法。虽其和顺积中,而英华发外,亦有体用之分,然并无用心于内之说。(《日知录》十八)

他又说当日的理学家:

> 不习六艺之文,不考百王之典,不综当代之务;举夫子论学

> 论政之大端一切不问,而曰"一贯",曰"无言";以明心见性之空言,代修己治人之实学。(《日知录》七)
>
> 舍"多学而识",以求"一贯"之方;置四海之困穷不言,而终日讲危,微,精,一之说。(《文集》,《与友人论学书》)

同时他对于那先天图象的玄学,也曾说:

> 圣人之所以学《易》者,不过庸言庸行之间,而不在乎图书象数也。今之穿凿图象以自为能者,畔也。……
>
> 希夷之图,康节之书,道家之《易》也。自二子之学兴,而空疏之人,迂怪之士,举窜迹于其中以为《易》,而其《易》为方术之书,于圣人寡过反身之学,去之远矣。(《日知录》一)

这两种趋势后来都有第一流人才加入,继续发挥。黄氏弟兄攻击象数之学最力;毛奇龄也很有功;胡渭的《易图明辨》可算是这一方面的集大成。心性的玄学在北方遇着颜元、李塨的痛剿,在南方又遭费经虞、费密等人的攻击。阎若璩指出古文《尚书》里"人心惟危,道心惟微;惟精惟一,允执厥中"十六个字是出于《道经》的:这也可算是对那"危微精一"之学放了一枝很厉害的暗箭。但当日的"反玄学"大革命,简单说来,不出两个根本方略:一是证明先天象数之学是出于道士的,一是证明那明心见性之学是出于禅宗的:两者都不是孔门的本色。

反玄学的运动,在破坏的方面,居然能转移风气,使人渐渐地瞧不起宋明的理学。在建设的方面,这个大运动也有两种趋势。一面是注重实用,一面是注重经学:用实用来补救空疏,用经学来代替理学。前者可用颜李学派作代表,后者可用顾炎武等作代表。从颜李学派里产出一种新哲学的基础。从顾炎武以下的经学里产出一种新的做学问的方法。戴东原的哲学便是这两方面的结婚的产儿。

颜元(1635—1704)主张一种很彻底的实用主义。他自己经过乱离的惨痛,从经验里体会出宋明儒者的无用;不但主静主敬是走入了禅宗的路,就是程朱一派拿诵读章句作"格物穷理",也是"俗学"而非正道。他自号为"习斋";习即是实地练习。他说,"格物"的物即是古人所谓"三物",三物即是六德,六行,六艺。古人又说,正德,利用,厚生,谓之"三事";事也就是物。他说,"道不在章句,学不在诵读;期如孔门博文约礼,实学,实习,实用之天下"(《与陆道威书》)。他最恨宋儒不教人习事而只教人明理。他说,"孔子则只教人习事。迨见理于事,则已彻上彻下矣。"(《存学编》;他因此极端崇信孔子"民可使由之,不可使知之"的话,以为那是"治民之定法"!)他说,"空谈易于藏拙,是以〔宋儒〕舍古人六府六艺之学而高言性命也。予与法乾王子初为程朱之学,谈性天,似无龃龉。一旦从事于归除法,已多谬误,况礼乐之精博乎?昔人云,'画鬼容易画马难',正可喻此"(《存性编》)。画鬼所以容易,正因为鬼是不能实证的;画马所以难,正因为马是人人共见的东西,可以实验的。(李塨也引此语,并说,"以鬼无质对,马有证佐也。")

颜元说,"学之亡也,亡其粗也。愿由粗以会其精。政之亡也,亡其迹也。愿崇迹以行其义"(《年谱》),这几句话最精当。宋人曾说儒门淡薄,收拾不住第一流的人才(见宗杲的《宗门武库》)。所以宋儒起于禅宗最盛之时,自不容不说的精微奥妙,才免得"淡薄"之讥。自宋至明的哲学史,除了陈亮、叶适一班人之外,只是与禅宗争玄竞妙的历史。颜元大胆地指出他们说的太精了,太空了;他要人从那粗浅的艺学制度下手,从那可以实证的实迹下手。这是颜学的要旨。例如他说性,老老实实地承认"性即是气质之性";"譬之目矣,……光明之理固是天命,眶疱睛皆是天命,更不必分何者是天命之性,何者是气质之性"(《存性篇》)。又如他论史事,很替王安石、韩侂胄辩护;他说王安石的新法"皆属良法,后多踔行";他夸奖韩侂胄伐金之举是"为祖宗雪耻于地下"(《宋史评》引见《年谱》)。他论史事,颇推崇"权略";他说,"其实此权字即'未可与权'之权;度时势,审轻重,而不失其节,是也。……世儒等之诡诈之流,而推于圣道外,使汉唐豪杰不得近圣人之光,此陈同甫(陈亮)所以扼腕也。"这些见解都可以见颜元讲学不避粗浅,只求切用;不务深刻,只重实迹。

颜元的大弟子李塨(1659—1733)发挥师说,说的更圆满细密,但仍旧遵守这种"由粗"、"崇迹"的主旨。例如他说"道"只是"通行";"理"只是"条理"。"在天在人通行者,名之曰道。理字则圣经甚少。《中庸》'文理',与《孟子》'条理',同言道秩然有条,犹玉有脉理,地有分理也。《易》曰,'穷理尽性以至于命';理见于事,性具于心,命出于天,亦条理之义也"(《传注问》)。他在别处也说,"以阴阳之气之流行也,谓之道。以其有条理,谓之理"(《周易传注》)。又说,"夫事有条理曰理,即在事中。今曰理在事上,是理别为一物矣。天事曰天理,人事曰人理,物事曰物理。《诗》曰,'有物有则',离事物何所为理乎?"(《传注问》)

宋明的理学家一面说天理,一面又主张"去人欲"。颜李派既以"正德,利用,厚生"为主,自然不能承认这种排斥人欲的哲学。李塨在这一层上,态度更为明显。宋儒误承伪《尚书》"人心维危,道心维微"的话,以为人心是人欲,是可怕的东西,应该遏抑提防,不许他出乱子。李塨说,"先儒指人心为私欲,皆误。'人心维危',谓易引于私欲耳,非即私欲也。"他又说,"今指己之耳目而即谓之私欲,可乎?……今指工歌美人而即谓之私欲,可乎?其失在"引"、"蔽"二字,谓耳目为声色所引蔽而邪僻也。不然,'形色,天性'(孟子语),岂私欲耶?"(《大学辨业》)

宋儒自二程以后,多说"涵养须用敬,进学则在致知"两句话。致知一方面,程朱一派与陆王一派大不相同,纷争不了。但主敬一方面,无论是程朱,是陆王,总没有人敢公然出来否认的。颜李之学始大声疾呼地指出宋儒的主敬只是佛家打坐的变相;指出离事而说敬,至多不过做到禅门的惺惺寂寂,毫无用处。李塨说,"宋儒讲主敬,皆主静也。主一无适,乃静之训,非敬之训也。"他又引一位潘用微(宁波人,与黄宗羲、万斯同同时,著有《求仁录》等书)的话道,"必有事之谓敬,非心无一事之谓敬。"他又说,"圣门不空言敬。'敬其事'、'执事敬'、'行笃敬'、'修己以敬',孟子所谓必有事也"(以上皆见《传注问》)。当日一班排斥陆王而拥护程朱的人,如张伯行之流,都说陆王主静而不主敬,所以入于禅。李塨指出宋儒主敬都只是主静。"主静立人极,周子之教也。静坐雪深尺余,程朱之学也。半日静坐,半日读书,朱子之功课也。然则主静正宋儒学也。"(《年

谱》)

颜李的学派和宋明理学的根本区别有两点:理学谈虚理,而颜学讲实用;理学主静主敬,而颜学主动,主习事,主事功。有人说程朱与孔孟"隔世同堂",似不可排斥。颜元说:"请画二堂,子观之。一堂上坐孔子,剑佩,觿决,杂玉,革带,深衣。七十子侍,或习礼,或鼓琴瑟;或羽籥舞文,干戚舞武;或问仁孝,或商兵农政事;服佩亦如之。壁间置弓,矢,钺,戚,箫,磬,算器,马策,及礼衣冠之属。一堂上坐程子,峨冠博带,垂目坐,如泥塑。如游,杨,朱,陆者侍,或返观静坐,或执书伊吾,或对谈静敬,或搦笔著述。壁上置书籍,字卷,翰研,梨枣。此二堂同否?"(《年谱》)

李塨也有同样的观察:"圣学践形以尽性。耳聪目明,践耳目之形也。手恭足重,践手足之形也。身修心睿,践身心之形也。践形而仁义礼智之性尽矣。今儒堕形以明性。耳目但用于诵读,耳目之用去其六七。手但用于写字,手之用去其七八。足恶动作,足之用去九。静坐观心而身不喜事,身心之用亦去九。形既不践,性何由全?此一实,一虚;一有用,一无用;一为正学,一陷异端:不可不辨也。"(《年谱》)

以上说清初的实用主义的趋势,用颜李学派作代表。颜李学派是一种反对理学的哲学,但他们说气质是性,通行是道,条理是理;说人欲不当排斥,而静坐式的主敬是无用的;说格物在于"犯手实做其事",而知识在于实习实行;说学在于习行,而道在于实用(三物,三事),——这也是一种新理学了。在那个排斥玄学的空气里,这种新理学一时也不易成立。况且当日承晚明的流离丧乱之后,大家归咎于王学;程朱的学派大有复兴的样子。大师如顾炎武,他虽痛斥王学,而对于朱熹他始终敬礼。朝廷之上也正在提倡程朱;而在野学者的风气也与朱学"穷理致知"、"道问学"的宗旨很接近。所以提倡"实学"是多数学者所公认的,而攻击程朱是他们不能一致承认的。况且当日南方的理学大师如张履祥,如吕留良,如陆陇其,都是朱学的信徒。陆陇其竟说:"愚近年所见,觉得孟子之后,至朱子知之已极其明,言之已极其详;后之学者更不必他求,惟即其所言而熟察之,身体之,去其背叛者与其阳奉而阴叛者,则天下之学无余事矣。"(《三鱼堂文集》六,《答某》。)在这个极端"述朱"的空气里,颜李自然成了叛教的罪人;颜李学派所以受排斥(江藩,阮元,唐鉴等人记载清代学术,都不提及颜李;方苞作李塨的墓志,竟说他后来不是颜学的信徒了;程廷祚是颜李的南方传人,而程晋芳为他作墓志,竟不提及颜李一个字。这都是颜李受排斥的证据),这也是一个重要原因。

其次,当日反玄学的运动之中还有一个最有力而后来成绩最大的趋势,就是经学的复兴。顾炎武说:

> ……躁竞之徒,欲速以成名于世;语之以五经,则不愿学;语之以白沙阳明的语录,则欣然矣,以其袭而取之易也。(《与友人论门人书》)

他又说:

> 愚独以为理学之名自宋人始有之。古之所谓理学,经学也,非数十年不能通也。……今之所谓理学,禅学也;不取之五经而但资之语录,校诸帖括之文而尤易也。(《与施愚山书》)

用"经学"来代替"禅学",这是当日的革命旗号。"经学"并不是清朝独有的学术,但清朝的经学却有独到的长处,可以说是与前代的经学大不相同。汉朝的经学重诂训,名为近古而实多臆说;唐朝的经学重株守,多注"注"而少注经;宋朝的经学重见解,多新义而往往失经的本义。清朝的经学有四个特点:(一)历史的眼光,(二)工具的发明,(三)归纳的研究,(四)证据的注重。因为清朝的经学具有这四种特长,所以他的成绩最大而价值最高。

第一,历史的眼光只是寻源溯流,认清时代的关系。顾炎武说:

> 经学自有源流。自汉而六朝,而唐,而宋,必一一考究,而后及于近儒之所著,然后可以知其异同离合之指。如论字者必本于《说文》,未有据隶楷而论古文者也。(《文集》四,《与人书》四)

论字必本于《说文》,治经必本于古训,论音必知古今音的不同,这就是历史的眼光。懂得经学有时代的关系,然后可以把宋儒的话还给宋儒,把唐儒的话还给唐儒,把汉儒的话还给汉儒。清朝的经师后来趋重汉儒,表章汉学,虽然也有过当之处,然而他们的动机却只是一种历史的眼光,认定治古书应该根据于最古的诂训;汉儒"去古未远",所以受他们的特别看重了。

第二,清儒治经最能明了"工具"的重要。治经的工具就是文字学(包括声音,形体,训诂等项)和校勘学。顾炎武曾说:

> 愚以为读九经自考文始,考文自知音始。以至诸子百家之书,亦莫不然。(《答李子德书》)

考文是校勘学的事,知音是文字学的事。后来这两种学问陆续增长,多所发现,遂成两种独立的科学。阎若璩说:

> 疏于校雠,则多脱文讹字,而失圣人手定之本经。昧于声音诂训,则不识古人之语言文字,而无以得圣人之真意。(臧琳《经义杂记序》)

清朝的经学所以能有那么大的成绩,全都靠这两种重要工具的发达。

第三,归纳的研究是清儒治经的根本方法。凡比较同类的事实,推求出他们共同的涵义来,都可说是归纳。例如《尚书·洪范》,"无偏无颇,遵王之义";唐明皇改"颇"为"陂",好和"义"字协韵。顾炎武说他:

> 盖不知古人之读"义"为"我",而"颇"之未尝误也。《易·象传》,"鼎耳革,失其义也。覆公餗,信如何也。"《礼记·表记》,"仁者右也,道者左也;仁者人也,道者义也。"是义之读为我。而其见于他书者,遽数之不能终也。(《答李子德书》)

比较《易·象传》,《表记》,《洪范》……而推得"义之读为我"的共同涵义,这便是归纳的方法。黄宗羲作万斯大的墓志,曾说:

> 充宗(斯大的字)……湛思诸经,以为非通诸经,不能通一经;非悟传注之失,则不能通经;非以经释经,则亦无由悟传注之失。何谓通诸经以通一经?经文错互,有此略而彼详者,有此同而彼异者;因详以求其略,因异以求其同,学者所当致思者也。何谓悟传注之失?学者入传注之重围;其于经也无庸致思。经既不思,则传注无失矣,若之何而悟之?何谓以经解经?世之信

> 传注者,过于信经。……"平王之孙,齐侯之子",证诸《春秋》,一在鲁庄公元年,一在十一年,皆书"王姬归于齐"。周庄王为平王之孙,则王姬当是其姊妹。……毛公以为武王女,文王孙;所谓"平王"为平正之王,"齐侯"为齐一之侯,非附会乎?如此者层见叠出。充宗会通各经,证坠缉缺,聚讼之议,涣然冰泮。(《南雷文定前集》八)

这里所说"通诸经以通一经"、"以经解经",都只是把古书互相比较,求出他们相互的关系或共同的意义。顾炎武等人研究古韵,戴震以下的学者研究古义,都是用这种方法。

第四,清朝的经学最注重证据。证据是推理立说所根据的东西;法庭上的人证与物证便是判断诉讼的根据。明朝陈第作《毛诗古音考》(1601—1606),全书用证据作基础;他自己说:

> 列"本证"、"旁证"二条。本证者,《诗》自相证也。旁证者,采之他书也。(《自序》)

如他考"服"字古音"逼",共举出本证十四条,旁证十条。顾炎武作《诗本音》,于"服"字下举出本证十七条,旁证十五条。顾氏作《唐韵正》,于"服"字下共举出一百六十二个证据(卷十四,页27—33)。为了要建立"服,古音逼"的话,肯去搜集一百六十个证据,——这种精神,这种方法,是从古以来不曾有过的。有了一百六十个证据,这就叫人不得不相信了。陈第、顾炎武提出这个求证据的方法,给中国学术史开了一个簇新的纪元。从此以后,便是"考证或考据的经学"的时代了。

总而言之,清初的学者想用经学来代替那玄谈的理学,而他们的新经学又确然有许多特殊的长处,很可以独立成一种学术。自从朱熹和陆九渊分门户互相攻击以来,陆王一派的理学家往往指训诂章句之学为"支离",为"琐碎";所以聪明才智之士往往不屑去做经学的工夫。顾炎武以后的经学便大不同了。主观的臆说,穿凿的手段,一概不中用了。搜求事实不嫌其博,比较参证不嫌其多,审察证据不嫌其严,归纳引申不嫌其大胆。用这种方法去治古书,真如同新得汽船飞艇,深入不曾开辟的奇境,日有所得而年有所成;才大的可以有创造的发现,而才小的也可以尽一点"襞襀补苴"的微劳。经学竟成了一个有趣味的新世界了!我们必须明白这一层,然后可以明白为什么明朝的第一流人才都做理学,而清朝的经学居然可以牢笼无数第一流的人才。

我在上文曾指出颜元、李塨提倡一种新哲学,而终究不受欢迎,并且受许多人的排斥。我指出几个理由:一是大家厌倦哲学了,二是时势不相宜,三是颜李排斥程朱,时机还不曾成熟。明末大乱之后,大家对于理学都很厌倦了;颜李之学要排斥宋明理学的精微玄妙,而回到六艺三事的平实淡薄。他们的主张固然不错;但理学所以能牢笼人心,正为他说的那样玄妙恍惚。颜李生当理学极绚烂之后,要想挽人回到平实的新理学,那如何做得到呢?颜元不要人读书,而李塨便说他在这一点上"与先生所见微有不同"。颜元说,"道不在章句,学不在诵读";而李塨发愤要遍注诸经(他有《论语》、《中庸》、《周易》、《诗经》等书的传注)。再传而后,南方的颜李信徒程廷祚便也成了一个经学大师。新理学终于被新经学吸收过去了。

大概说来,清朝开国的第一个世纪(1640—1740)是反玄学的时期;玄学的哲学固然因四方八面的打击而日就衰微了,然而反玄学的哲学也终于不能盛行。颜李一派说,"程朱之道不息,孔子之道不著。"但程朱的权威不是这样容易打倒的。李塨的《年谱》内有记万斯同自述的一段话:

> 某少受学于黄黎洲先生,讲宋明儒者绪言。后闻一潘先生(按此即潘用微,名平格)论学,谓陆释,朱羽(谓陆是释氏,朱是道家),憬然于心。既而黄先生大怒,同学竞起攻之。某遂置学不讲,曰,"予惟穷经而已"。以故,忽忽诵读者五六十年。(《恕谷年谱》卷三)

这一段话很可注意。万氏弟兄从王学里逃出来,转向"穷经"的路上去。和他有同样经验的,当时定必不少。如费经虞、费密父子从患难里出来,经过静坐习禅,终于转入古经古注疏里去。风气已成,逃虚就实的趋势已不可挽回,虽有豪杰之士如颜李,也不能用他们的新哲学来代替那过去的旧理学。

但颜李的学说究竟留下了不少的积极分子,可以用来作为一种新哲学的基础。不过这些哲学的分子还须先受当时的新经学的洗礼,重新挂起新经学的旗号,然后可以进行作建设新哲学的大事业。程朱非不可攻击,但须要用考据的武器来攻击。哲学非不可中兴,但须要用考证的工具来中兴。

这件"中兴哲学"的大事业,这件"建设新哲学"的大事业,颜元、李塨失败之后,直到戴震出来,方才有第二次尝试。

二 戴东原的哲学

戴震生于雍正元年的十二月（1724，1月19日），那时清初的一班大师都死完了。但他们的影响都还存在。他虽然生在那多山的徽州，居然也能得着一种很高等的小学与经学的教育。二十岁后，他从婺源的江永受学；江永"治经数十年，精于三礼及步算，钟律，声韵，地名沿革"。江永不但是一个大学者，并且是一位朱学的大家，曾做一部《近思录集注》。戴震的著作之中，有一部《经考》，共五卷，新近刻在《邢斋丛书》里。我们看这部书，可以知道戴氏对于程朱的书，对于清初一班大师的书，都曾做过很勤密的研究。在治学的方法一方面，他更是顾炎武、阎若璩的嫡派传人。他不但用那比较考证的方法来治古音，并且用那方法来治校勘，来讲故训。他的天才过人，所以他在这几方面都有很好的成绩。

我们看他的两部哲学书，——《孟子字义疏证》和《原善》——不能不疑心他曾受着颜李学派的影响。戴望作《颜氏学记》，曾说戴震的学说是根据于颜元而畅发其旨（《学记》一，页四）。我们至今不曾寻出戴学与颜李有渊源关系的证据。我个人推测起来，戴学与颜学的媒介似乎是程廷祚。程廷祚（1691—1767）二十岁后即得见颜李的书；二十四岁即上书给李塨，并著《闲道录》，时在康熙甲午（1714），自此以后，他就终身成了颜李的信徒，与常州的恽鹤生同为南方颜李学的宣传者。程廷祚是徽州人，寄籍在江宁。戴震二十多岁时，他的父亲带他到江宁去请教一位同族而寄寓江宁的时文大家戴瀚。此事约在乾隆七八年（1742—1743）。后来乾隆二十年（1755）戴震入京之后，他曾屡次到扬州（1757，1758，1760），都有和程廷祚相见的机会。他中式举人在乾隆二十七年（1762）；他屡次在江宁乡试,也都可以见着程廷祚。况且程廷祚的族侄孙程晋芳(也是徽州人,寄籍淮安)是戴震的朋友;戴氏也许可以从他那边得见程廷祚或颜李的著作。(程晋芳极推崇程廷祚,而不赞成颜李之学。他作《正学论》,力诋颜李,并驳戴震,大为程朱辨冤。所以他明知程廷祚得力于颜李,——有《与家绵庄先生书》可证,——而他作《绵庄先生墓志铭》,竟不提及颜李之学。)

依段玉裁的记载,戴震的《原善》三篇作于癸未(1763)以前,甲戌(1654)以后的十年之间(《戴氏年谱》,页十六)。这十年正是戴氏往来扬州、江宁之间,常得见程廷祚的时期。段氏又说乾隆三十一年(1766)曾听得戴震自说,"近日做得讲理学一书",即是《孟子字义疏证》的初稿(《年谱》,页十七)。这正是程廷祚死的前一年。依这种种可能的机会看来,我们似乎很可以假设程廷祚是颜学与戴学之间的媒介了。

我们研究戴震的思想变迁的痕迹,似乎又可以假定他受颜李的影响大概在他三十二岁(1755)入京之后。这一年的秋天,他有《与方希原书》,说:

> 圣人之道在六经。汉儒得其制数,失其义理;宋儒得其义理,失其制数。譬有人焉,履泰山之巅,可以言山;有人焉,跨北海之涯,可以言水。二人者不相谋,天地间之巨观,目不全收,其可哉?抑言山也,言水也,时或不尽山之奥,水之奇。奥奇,山水所有也;不尽之,阙物情也。(《与方希原书》)

他在这时候还承认宋儒"得其义理",不过"不尽"罢了。同年他又有《与姚姬传书》,也说:

> 先儒之学,如汉郑氏,宋程子,张子,朱子,其为书至详博,然犹得失中判。其得者,取义远,资理闳。……其失者即目未睹渊泉所导,手未披枝肄所歧者也;而为说转易晓。学者浅涉而坚信之,用自满其量之能容受,不复求远者闳者。故诵法康成、程、朱,不必无人,而皆失康成、程、朱于诵法中,则不志乎闻道之过也。诚有能志乎闻道,必去其两失,殚力于其两得。

这里他也只指出汉儒、宋儒"得失中判"。这都是他壮年的未定之见。文集中有《与某书》,虽不载年月,然书中大旨与《孟子字义疏证》定本的主张相同,其为晚年之作无疑。那书中的议论便与上文所引两书大不相同了。他说:

> 治经先考字义,次通文理。志存闻道,必空所依傍。汉儒故训有师承,亦有时傅会。晋人傅会凿空益多。宋人时恃胸臆为断,故其袭取者多谬,而不谬者在其所弃。我辈读书原非与后儒竞立说。宜平心体会经文。有一字非其的解,则于所言之意必差,而道从此失。……宋已来,儒者以己之见硬坐为古贤圣立言之意,而语言文字实未之知。其于天下之事也,以己所谓"理"强断行之,而事情原委隐曲实未能得。是以大道失而行事乖。(《与某书》)

这时候他的态度更显明了:汉儒的故训也不免"有时傅会";至于宋儒的义理,原来是"恃胸臆以为断"、"以己之见硬坐为古贤圣立言之意"。这时候他不但否认宋儒"得其义理",竟老实说他们"大道失而行事乖"了。

我们看这几篇书,可以推知戴氏三十二岁入京之时还不曾排斥宋儒的义理;可以推知他在那时候还不曾脱离江永的影响,还不曾接受颜李一派排斥程朱的学说。如果他的思想真与颜李有渊源的关系,那种关系的发生当在次年(1756)他到扬州以后。

戴震在清儒中最特异的地方,就在他认清了考据名物训诂不是最后的目的,只是一种"明道"的方法。他不甘心仅仅做个考据家;他要做个哲学家。在这一点上,他有很明白的宣言;他说:

> 经之至者,道也。所以明道者,其词也。所以成词者,字也。由字以通其词,由词以通其道,必有渐。(《与是仲明书》)

又说:

> 君子务在闻道也。今之博雅能文章,善考核者,皆未志乎闻道。徒株守先儒而信之笃,如南北朝人所讥"宁言周孔误,莫道郑服非",亦未志乎闻道者也。(《答郑丈用牧书》)

他又说:

> 后之论汉儒者,辄曰,"故训之学云尔,未与于理精而义明。"则试诘以"求理义于古经之外乎?若犹存古经中也,则凿空者得乎?"呜呼,经之至者,道也。所以明道者,其词也。所以成词者,未有能外小学文字者也。由文字以通乎语言,由语言以通乎古圣贤之心志,譬之适堂坛之必循其阶而不可以躐等。是故凿空之弊有二:其一,缘词生训也;其一,守讹传谬也。缘词生训者,所释之义非其本义;守讹传谬者,所据之经并非其本经。……二三好古之儒,知此学之不仅在故训,则以志乎闻道也,或庶几焉。(《古经解钩沉序》)

戴氏这种见解,当时那班"襞襀补苴"的学者都不能了解,只有章学诚能指出:

> 凡戴君所学,深通训诂,先于名物制度而得其所以然,将以明道也。时人方贵博雅考订,见其训诂名物有合时好,以为戴之绝诣在此。及戴著《论性》、《原善》诸篇,于天人理气,实有发先人所未发,时人则谓空说义理,可以无作。是固不知戴学者矣。(《章氏遗书·朱陆篇书后》)

章学诚常骂戴氏,但他实在是戴学的第一知己。

戴氏认清了"此学不仅在故训",这是他特异于清儒的第一要点。当时的人深信"汉儒去古未远"的话,极力崇奉汉儒;戴氏却深知宋儒的义理虽不可靠,而汉儒的故训也不可株守,所以学者"必空所依傍"、"平心体会经文"。清代的经学大师往往误认回到汉儒便是止境了;戴震晚年不说"回到汉儒"了,却说"必空所依傍"、"回到经文"。这"必空所依傍"五个字,是清儒的绝大多数人决不敢说的。当时的学者王鸣盛曾评论惠栋和戴震两人道:"今之学者断推两先生。惠君之治经求其古,戴君求其是。"(洪榜《东原先生行状引》。)空所依傍,而唯求其是,这是戴学的第二异点。

戴氏既以"明道"、"闻道"为目的,我们应该先看看他所谓"道"是什么。他说"道"字,含有两种意义:一是天道,一是人道。天道即是天行,人道即是人的行为。他说:

> 道犹行也。(《孟子字义疏证》,以下省称《疏证》,章十六)

> 在天地,则气化流行,生生不息,是谓道。在人物,则凡生生所有事亦如气化之不可已,是谓道。(同书,三二)

我们现在也依这个分别,先论他的天道论。

戴震的天道论,是一种自然主义。他从《周易》的《系辞传》入手,而《系辞传》的宇宙论实在是一种唯物的,自然的宇宙论,故王弼可用老庄的哲学来讲《易》,而宋儒自周敦颐、邵雍从道士队里出来,也还可依附《周易》,做成一种儒道糅合的自然主义。戴氏说:

> 道犹行也。气化流行,生生不息,是故谓之道。《易》曰,"一阴一阳之谓道"。《鸿范》,"五行:一曰水,二曰火,三曰木,四曰金,五曰土"。行亦道之通称。(原注:《诗·载驰》,"女子善怀,亦各有行。"毛传云,"行,道也"。《竹竿》,"女子有行,远兄弟父母"。郑笺云,"行,道也"。)举阴阳则赅五行,阴阳各具五行也。举五行即赅阴阳,五行各有阴阳也。(《疏证》十六)

他在《原善》里也有同样的主张:

> 道,言乎化之不已也。……生生者,化之原。生生而条理者,化之流。(《原善》上,章一)

> 一阴一阳,盖言天地之化不已也,道也。一阴一阳,其生生乎。其生生而条理乎,以是见天地之顺,故曰一阴一阳之谓道。(同书上,三)

> 《易》曰,"天地之大德曰生。"气化之于品物,可以一言尽也:生生之谓欤?(同书上,四)

他论天道的要旨只是

> 一阴一阳,流行不已,夫是之为道而已。(《疏证》十七)

他只认阴阳五行的流行不已,生生不息,便是道。这是一种唯物论,与宋儒的理气二元论不相同。宋儒依据《易·系辞》,"形而上者谓之道,形而下者谓之器"的话,建立他们的二元论,如朱子说:

> 阴阳,气也,形而下者也。所以一阴一阳者,理也,形而上者也。道即理之谓也。

戴氏驳道:

> 气化之于品物,则形而上下之分也。形乃品物之谓,非气化

> 之谓。……形谓已成形质。形而上犹曰"形以前"。形而下犹曰"形以后"。(原注:如言"千载而上,千载而下"。《诗》"下武维周",郑笺云,"下犹后也"。)阴阳之未成形质,是谓形而上者也,非形而下,明矣。器言乎一成而不变,道言乎体物而不可遗。不徒阴阳非形而下;如五行水火木金土,有质可见,固形而下也,器也。其五行之气,人物咸禀受于此,则形而上者也。(《疏证》十七)

他老实承认那形而上和形而下的都是气。这种一元的唯物论,在中国思想史上,要算很大胆的了。

他的宇宙观有三个要点:(一)天道即是气化流行;(二)气化生生不已;(三)气化的流行与生生是有条理的,不是乱七八糟的。生生不已,故有品物的孳生;生生而条理,故有科学知识可言。最奇特的是戴氏的宇宙观完全是动的,流行的,不已的。这一点和宋儒虽兼说动静,而实偏重静的宇宙观大不相同。戴氏也兼说动静,他说:

> 生则有息,息则有生,天地所以成化也。(《原善》上,一)

但他说的"息"只是一种潜藏的动力:

> 生生之呈其条理,"显诸仁"也。惟条理是以生生,"藏诸用"也。显也者,化之生于是乎见。藏也者,化之息于是乎见。生者至动而条理也。息者至静而用神也。卉木之株叶华实,可以观夫生。果实之白(即核中之仁),全其生之性,可以观夫息。(《原善》上,四)

我们看他用果实中的"白"来形容"息",可以知道他虽也说息说静,却究竟偏重生,偏重动的气化。

他对于宋儒的二元的宇宙论,一面指出《易·系辞》,"易有太极,是生两仪,两仪生四象,四象生八卦"的话本是指卦画的,宋儒误"两仪为阴阳,而求太极于阴阳之所由生"(看《疏证》中,三);一面又指出宋儒所以不能抛弃二元论,只因为他们借径于佛老之学,受其蔽而不自觉。他说:

> 在老庄释氏,就一身分言之,有形体,有神识,而以神识为本。推而上之,以神为有天地之本,遂求诸无形无迹者为实有,

而视有形有迹为幻。在宋儒,以形气神识同为己之私,而理得于天。推而上之,于理气截之分明,以理当其无形无迹之实有,而视有形有迹为幻。益就彼之言而转之,(原注:朱子辨释氏云,"儒者以理为不生不灭,释氏以神识为不生不灭。")因视气曰空气,视心曰性之郭郭。是彼别形神为二本,而宅于空气宅于郭郭者为天地之神与人之神。此别理气为二本,而宅于空气宅于郭郭者为天地之理与人之理。……其以理为气之主宰,如彼以神为气之主宰也。以理能生气,如彼以神能生气也。以理坏于形气,无人欲之蔽,则复其初,如彼以神受气而生,不以物欲累之,则复其初也。皆改其所指神识者以指理,徒援彼例此,而实非得之于此。(《疏证》十九)

以上述戴氏的宇宙观。他是当日的科学家,精于算数历象之学,深知天体的运行皆有常度,皆有条理,可以测算,所以他的宇宙观也颇带一点科学色彩,虽然说的不详不备,究竟不愧为梅文鼎、江永、钱大昕的时代宇宙论。(参看戴氏的《原象》八篇及《续天文略》二卷。当时输入的西洋天文学犹是第谷〔Tycho〕以前地球中心说,故《续天文略》说,"天为大圆,以地为大圆之中心。"但当时人推求地球所以不坠之故,以为"大圆气固而内行,故终古不坠",又说"梅文鼎所谓人居地上不忧环立,推原其故,惟大气举之一言足以蔽之"。当时人把气看作如此重要,故戴氏的宇宙论以气化为天道。)

在叙述戴氏论天道之后,我们应该接着叙述他的性论,因为他的性论是从他的天道论来的。戴氏论性最爱引《大戴礼记》的两句话:

分于道谓之命,形于一谓之性。

他解释这两句话道:

言分于阴阳五行以有人物,而人物各限于所分以成其性。阴阳五行,道之实体也。血气心知,性之实体也。有实体,故可分。惟分也,故不齐。古人言性惟本于天道,如是。(《疏证》十六)

分于道者,分于阴阳五行也。一言乎分,则其限之于始,有偏全厚薄清浊昏明之不齐,各随所分而形于一,各成其性也。

(同书二十)

所以他下"性"的定义是：

> 性者,分于阴阳五行以为血气心知,品物区以别焉。(同书十九)

他说道的实体是阴阳五行。性的实体是血气心知,而血气心知又只是阴阳五行分出来的。这又是一种唯物的一元论,又和宋儒的理气二元的性论相冲突了。宋儒说性有两种:一是气质之性,一是理性;气质之性其实不是性,只有理性才是性;理无不善,故性是善的。戴氏说血气心知是性,这正是宋儒所谓气质之性。他却直认不讳。他说:

> 《记》曰:"夫民有血气心知之性,而无哀乐喜怒之常。应感起物而动,然后心术形焉。"(此《乐记》语。)凡有血气心知,于是乎有欲。性之征于欲,声色臭味而爱畏分。既有欲矣,于是乎有情。性之征于情,喜怒哀乐而惨舒分。既有欲有情矣,于是乎有巧与智。性之征于巧智,美恶是非而好恶分。生养之道,存乎欲者也。感通之道,存乎情者也。二者自然之符,天下之事举矣。尽美恶之极致,存乎巧者也;宰御之权,由斯而出。尽是非之极致,存乎智者也;贤圣之德,由斯而备。二者亦自然之符,精之以底于必然,天下之能举矣。(《原善》上,五)

戴氏书中最喜欢分别"自然"和"必然":自然是自己如此,必然是必须如此,应该如此。自然是天,必然是人力。他说:

> 耳目百体之所欲,血气资之以养,所谓性之欲也。……由性之欲而语于无失,是谓性之德。性之欲,其自然之符也。性之德,其归于必然也。归于必然,适全其自然。此之谓自然之极致。(《原善》上,六)

这里说自然和必然的区别,很分明。血气心知之性是自然的;但人的心知(巧与智)却又能指导那自然的性,使他走到"无失"的路上去,那就是必然。必然不是违反自然,只是人的智慧指示出来的"自然之极致"。

宋儒排斥气质之性,戴氏认为根本上的大错误。他说:

> 喜怒哀乐,爱隐感念,愠懆怨愤,恐悸虑叹,饮食男女,郁悠戚咨,惨舒好恶之情,胥成性则然,是故谓之道。(《原善》中,一)

他又说:

> 凡血气之属,皆知怀生畏死,因而趋利避害,虽明暗不同,不出乎怀生畏死者同也。人之异于禽兽者不在是。……人则能扩充其知,至于神明,仁义礼智无不全也。仁义礼智非他,心之明之所止也;知之极其量也。……孟子言,今人乍见孺子将入于井,皆有怵惕恻隐之心。然则所谓恻隐,所谓仁者,非心知之外,别如有物焉,藏于心也。已知怀生而畏死,故怵惕于孺子之危,恻隐于孺子之死。使无怀生畏死之心,又焉有怵惕恻隐之心?推之羞恶,辞让,是非,亦然。使饮食男女与夫感于物而动者,脱然无之,以归于静,归于一,又焉有羞恶,有辞让,有是非?此可以明仁义礼智非他,不过怀生畏死,饮食男女,与夫感于物而动者之皆不可脱然无之,以归于静,归于一,而恃人之心知异于禽兽,能不惑乎所行,即为懿德耳。古贤圣所谓仁义礼智,不求于所谓欲之外,不离乎血气心知。(《疏证》二十一)

他这样公然承认血气心知之性即是性,更不须悬想一个理来"凑泊附著以为性"。人与禽兽同有这血气心知,——"禽兽知母而不知父,限于知觉也;然爱其生之者,及爱其所生,与雌雄牝牡之相爱,同类之不相噬,习处之不相啮,进乎怀生畏死矣。"——但人能扩充心知之明,能"不惑乎所行",能由自然回到必然,所以有仁义礼智种种懿德。

戴氏也主张性是善的,但他说性善不必用理气二元论作根据。他说:

> 耳能辨天下之声,目能辨天下之色,鼻能辨天下之臭,口能辨天下之味,心能通天下之理义;人之才质得于天,若是其全也!孟子曰,"非天之降才尔殊";曰,"乃若其情,则可以为善矣。乃所谓善也。若夫为不善,非才之罪也。"唯据才质为言,始确然可以断人之性善。(《原善》中,四)

这是他的性善说的根据。孟子的话本来很明白；我们看荀子极力辨"能不能"与"可不可"的分别，更可以明白当日论性善的人必曾注重那"可以知之质，可以能之具"。戴氏论性善也只是指出人所同有的那些"可以知之质，可以能之具"。他又指出孟荀的不同之点是：

> 荀子之重学也，无于内而取于外；孟子之重学也，有于内而资于外。夫资于饮食能为身之营卫血气者，所资以养者之气，与其身本受之气，原于天地，非二也。故所资虽在外，能化为血气以益其内。未有内无本受之气与外相得，而徒资焉者也。问学之于德性，亦然。（《疏证》二六）

戴氏之说颇似莱卜尼兹（Leibnitz）；他并不否认经验学问是从外来的，但他同时又主张人的才质"有于内"，所以能"资于外"。

程子、朱子的理气二元论说"性止是搭附在气禀上，既是气禀不好，便和那性坏了"（此朱子语）。朱子又说：

> 人生而静以上，是人物未生时，止可谓之理，未可名为性，所谓在天曰命也。才说性时，便是人生以后，此理已堕在形气中，不全是性之全体矣，所谓在人曰性也。

戴氏驳他说：

> 据《乐记》，"人生而静"与"感于物而动"对言之，谓方其未感，非谓人物未生也。《中庸》，"天命之谓性"，谓气禀之不齐，各限于生初，非以理为在天在人异其名也。（《疏证》二七）

> 人之得于天也，一本。既曰血气心知之性，又曰天之性，何也？本阴阳五行以为血气心知，方其未感，湛然无失，是谓天之性，非有殊于血气心知也。（《原善》上，五）

对于气质坏性一层，他的驳论最痛快：

> 彼荀子见学之不可以已，非本无，何待于学？而程子、朱子亦见学之不可以已，其本有者，何以又待于学？故谓为气质所污坏，以便于言本有者之转而如本无也！于是性之名移而加之理，而气化生人生物适以病性。性譬水之清，因地而污浊。不过从老庄释氏所谓"真宰"、"真空"者之受形以后昏昧于欲，而改变其说。特彼以真宰真空为我，形体为非我；此仍以气质为我，难

> 言性为非我,则惟归之天与我,而后可谓之我有;亦惟归之天与我,而后可为完全自足之物,断之为善;惟使之截然别于我,而后虽天与我完全自足,可以咎我之坏之,而待学以复之。以水之清喻性,以受污而浊喻性堕于形气中污坏,以澄之而清喻学:水静则能清,老庄释氏之主于无欲,主于静寂是也。因改变其说为主敬,为存理,依然释氏教人认本来面目,教人常惺惺之法。若夫古贤圣之由博学,审问,慎思,明辨,笃行以扩而充之者,岂徒澄清已哉?(《疏证》二七)

这是他的哲学史观的一部分。程朱终是从道家、禅家出来的,故虽也谈格物致知,而终不能抛弃主敬;他们所谓主敬,又往往偏重静坐存理,殊不知格物是要去格的,致知是要去致的,岂是静坐的人干得的事业?戴氏认清宋儒的根本错误在于分性为理气二元,一面仇视气质形体,一面误认理性为"天与我完全自足"的东西,所以他们讲学问只是要澄清气质的污染,而恢复那"天与我完全自足"的理性,所以朱子论教育的功用是"明善而复其初"。宋儒重理性而排斥气质,故要"澄而清之";戴氏认气血心知为性,才质有于内而须取资于外,故要"由博学,审问,慎思,明辨,笃行以扩而充之"。这是戴学与理学大不相同的一点。

戴氏论性善,以才质为根据,他下的"才"的定义是:

> 才者,人与百物各如其性以为形质,而知能遂区以别焉,孟子所谓"天之降才"是也。气化生人生物,据其限于所分而言,谓之命;据其为人物之本始而言,谓之性;据其体质而言,谓之才。由成性各殊,故才质亦殊。才质者,性之所呈也。舍才质,安睹所谓性哉?(《疏证》二九)

他说才是性的表现;有什么性,便呈现什么才质;譬如桃杏之性具于核中之白,但不可见,等到萌芽甲坼生根长叶之时,桃仁只生桃而不生杏,杏仁只生杏而不生桃,这就是性之呈现,就是才。"才之美恶,于性无所增,亦无所损"(同上)。这种说法,又是一种一元论,又和宋儒的二元论冲突了。程子说:

> 性无不善;而有不善者,才也。性即理。……才禀于气,气

> 有清浊,禀其清者为贤,禀其浊者为愚。

朱子说程子这话比孟子说的更精密。戴氏说这是分性与才为二本,又是二元论来了。他说:

> 孟子道性善。成是性斯为是才,性善则才亦美。……人之初生,不食则死,人之幼稚,不学则愚。食以养其生,充之使长;学以养其良,充之至于贤人圣人。其故一也。才虽美,譬之良玉,……剥之蚀之,委弃不惜,久且伤坏无色,可宝减乎其前矣。又譬之人物之生,皆不病也。其后百病交侵,……而曰天与以多病之体,不可也。……因于失养,不可以是言人之才也。(《疏证》三一)

他用病作譬喻,说"人物之生,皆不病也"。这话是禁不起近世科学的证明的。分性与才为二本,是错的;戴氏说有是性便有是才,是不错的。但"性善则才亦美"一句话也只有相对的真实,而不可解作"凡性皆善,故才皆美"。宋儒说善由于性而恶由于气质,自然是不对的。但戴氏认血气心知为性,而又要说凡性皆善,那也是不能成立的。人物固有生而病的,才质也有生而不能辨声辨色的,也有生而不能知识思想的。所以我们只可说,戴氏的气质一元的性论确是一种重要的贡献,但他终不肯抛弃那因袭的性善论,所以不免有漏洞了。

戴氏说"唯据才质为言,始确然可以断人之性善"。其实,据才质为言,至多也只可以说人"可以"为善。我们试列举戴氏书中专论性善的话如下:

> 性者,飞潜动植之通名。性善者,论人之性也。……专言乎血气之伦,不独气类各殊,而知觉亦殊。人以有礼义异于禽兽,实人之知觉大远乎物,则然。此孟子所谓性善。(《疏证》二七)

> 知觉运动者,人物之生;知觉运动之所以异者,人物之殊其性。……性者,血气心知本乎阴阳五行,人物莫不区以别焉,是也。而理义者,人之心知有思辄通,能不惑乎所行也。……人之心知,于人伦日用,随在而知恻隐,知羞恶,知恭敬辞让,知是非,端绪可举,此之谓性善。(《疏证》二一)

这两条的意义都很明显。他说的是性善,而举的证据只是人的智慧远胜于禽兽。故戴氏说人性善只是对于禽兽而言；只是说"人之知觉大远乎物"。这本是极平常的科学知识，不幸被那些因袭的玄学名词遮盖了，挂着"性善论"的招牌，反不容易懂得了。

所以我们应该丢开"性善"的套语，再来看戴氏的性论。他说：

> 人生而后有欲，有情，有知。三者，血气心知之自然也。给于欲者，声色臭味也；而因有爱畏。发乎情者，喜怒哀乐也；而因有惨舒。辨于知者，美丑是非也；而因有好恶。声色臭味之欲，资以养其生。喜怒哀乐之情，感而接于物。美丑是非之知，极而通于天地鬼神。……是皆成性然也。有是身，故有声色臭味之欲；有是身，而君臣父子夫妇昆弟朋友之伦具，故有喜怒哀乐之情。惟有欲有情而又有知，然后欲得遂也，情得达也。天下之事，使欲之得遂，情之得达，斯已矣。惟人之知，小之能尽美丑之极致，大之能尽是非之极致；然后遂己之欲者，广之能遂人之欲；达己之情者，广之能达人之情。道德之盛，使人之欲无不遂，人之情无不达，斯已矣。（三十）

他把情，欲，知，三者一律平等看待，都看作"血气心知之自然"。这是对于那些排斥情欲，主静，主无欲的道学先生们的抗议。他在那三者之中，又特别提出知识，特别赞美他"小之能尽美丑之极致，大之能尽是非之极致"。因为有知，欲才得遂，情才得达。又因为有知，人才能推己及人，才有道德可说。理想的道德是"使人之欲无不遂，人之情无不达"。这是他的性论，他的心理学，也就是他的人生哲学。

戴氏是当日"反理学"的运动中的一员健将，故他论"道"，极力避免宋明理学家的玄谈。他说：

> 语道于天地，举其实体实事而道自见。……语道于人，人伦日用，咸道之实事。（《疏证》三二）

他论人道，只是一种行为论。他说：

> 道者，居处，饮食，言动，自身而周于身之所亲，无不该焉也。（《疏证》三三）

人道重在一个"修"字，因为

他说:

> 人之心知有明暗。当其明,则不失;当其暗,则有差谬之失。……此所谓道,不可不修者也。(三二)

他说:

> 人道本于性,而性原于天道。……《易》言天道而下及人物,不徒曰"成之者性",而先曰"继之者善"。……善,其必然也。性,其自然也。归于必然,适完其自然。此之谓自然之极致。(三二)

他又说:

> 古贤圣之所谓道,人伦日用而已矣。于是而求其无失,则仁义礼之名因之而生。非仁义礼有加于道也。于人伦日用行之无失,如是之谓仁,如是之谓义,如是之谓礼而已矣。

行之无失,就是修其自然,归于必然。

他在这里又对于宋儒的二元论下一种总攻击:

> 宋儒合仁义礼而统谓之理,视之如有物焉,得于天而具于心,因以此为形而上,为冲漠无朕;以人伦日用为形而下,为万象纷罗;盖由老庄释氏之舍人伦日用而别有所贵道,遂转之以言夫理。在天地则以阴阳不得谓之道;在人物则以气禀不得谓之性,以人伦日用之事不得谓之道。六经孔孟之言,无与之合者也。(三三)

从这里我们可以回到戴氏在哲学史上的最大贡献:他的"理"论。戴氏论性即是气质之性,与颜元同;他论"道犹行也",与李塨同;不过他说的比他们更精密,发挥的比他们更明白,组织的也比他们更有条理,更成系统。戴氏说"理",也不是他个人的创获。李塨和程廷祚都是说理即是文理,条理。惠栋在他的《易微言》里,也有理字一条,引据了许多古书,想比较归纳出一个定义出来。惠栋自己得着的结论却是很奇特的,他说:

> 理字之义,兼两之谓也。

"兼两"就是成双成对的。阴阳,刚柔,仁义,短长,大小,方圆,……都是兼两。这个结论虽是可笑,然而惠栋举的许多例证,却可以帮助李塨、程廷祚的理字解。例如他最赞叹的三条都出于《韩非子》:

一、凡物之有形者,易裁也,易割也。何以论之?有形则有短长,有短长则有小大,有小大则有方圆,有方圆则有坚脆,有坚脆则有轻重,有轻重则有白黑(许多"则"字不通)。短长,大小,方圆,坚脆,轻重,白黑之谓理。理定而物易割也。

二、道者,万物之所然也,万理之所稽也。理者,成物之文也。……万物各异理,而道尽稽万物之理。……

三、凡理者,方圆,长短,粗靡,坚脆之分也。故理定而后物可得道也。

惠栋从这里得着"兼两"的妙义,然而别人却从此更可以明白理字的古义是条理,文理,分理。戴震说理字最好:

理者,察之而几微必区以别之名也。是故谓之分理。在物之质曰肌理,曰腠理,曰文理。得其分,则有条而不紊,谓之条理。孟子称孔子之谓集大成曰,"始条理者,智之事也;终条理者,圣之事也。"圣智至孔子而极其盛,不过举条理以言之而已矣。……《中庸》曰,"文理密察,足有别也。"《乐记》曰,乐者,通伦理者也。"郑康成注云,"理,分也。"许叔重《说文解字序》曰,"知分理之可相别异也"。古人所谓理,未有如后儒之所谓理者矣。(《疏证》一)

戴氏这个定义,与李塨、程廷祚的理字解大旨相同。他们都说理是事物的条理分理;但颜李一派的学者还不曾充分了解这个新定义的涵义。这个新定义到了戴氏的手里,方才一面成为破坏理学的武器,一面又成为一种新哲学系统的基础。

宋儒之学,以天理为根本观念。大程子说,"吾学虽有所传授,天理二字却是自家体会出来。"程子以下,一班哲学家把理看作"不生不灭",看作"如有物焉,得于天而具于心"。(朱子说,"理在人心,是谓之性。心是神明之合,为一身之主宰。性便是许多道理,得之天而具于心者。")于是这个人静坐冥想出来的,也自命为天理;那个人读书傅会出来的,也自命为天理。因此宋明的道学又称为理学。理学的运动,在历史上有两个方面,第一是好的方面。学者提倡理性,以为人人可以体会天理,理附着于人性之中;虽贫富贵贱不同,而同为有理性的人,即是平等。这种学说深入人心之后,不知不觉地使个人的价值抬高,使个人觉得只要有理可说,富贵利禄都不足羨慕,威武刑戮都不足畏惧。理既是不生不灭的,暂时的失败和压制终不能永远把天理埋没了,天理终有大白于天下的一日。我们试看这八百年的政治史,便知道这八百年里的智识阶级对政府的奋斗,无一次不是捐着"理"字的大旗来和政府的威权作战。北宋的元祐党禁(1102),南宋的庆元党禁(1196),明初成祖的杀戮学者(1402),明代学者和宦官或权相的奋斗,直到明末的东林党案(1624—1627),无一次没有理学家在里面做运动的中坚,无一次不是政府的权威大战胜,却也无一次不是理学家得最后的胜利。生前窜逐的,死后不但追封赐谥,还常常请进孔庙里去陪吃冷猪肉咧。生前廷杖打死的,死后不但追封赐谥,还往往封荫及于三代,专祠遍于国中咧。明末理学家吕坤说的最好:

> 天地间唯理与势最尊,理又尊之尊也。庙堂之上言理,则天子不得以势相夺。即相夺,而理则常伸于天下万世。(《语录》,焦循《理说》引)

我们试想程子、朱子是曾被禁锢的,方孝孺是灭族的,王阳明是廷杖后贬逐的,高攀龙是自杀的,——就可以知道理学家在争自由的奋斗史上占的重要地位了。在这一方面,我们不能不颂赞理学运动的光荣。

第二是坏的方面。理学家把他们冥想出来的臆说认为天理而强人服从。他们一面说存天理,一面又说去人欲。他们认人的情欲为仇敌,所以定下许多不近人情的礼教,用理来杀人,吃人。譬如一个人说"饿死事极小,失节事极大",这分明是一个人的私见,然而八百年来竟成为天理,竟害死了无数无数的妇人女子。又如一个人说"天下无不是的父母",这又分明是一个人的偏见,然而八百年来竟成为天理,遂使无数无数的儿子媳妇负屈含冤,无处伸诉。八百年来,"理学先生"一个名词竟成了不近人情的别名。理与势战时,理还可以得人的同情;而理与势携手时,势力借理之名,行私利之实,理就成了势力的护身符,那些负屈含冤的幼者弱者就无处伸诉了。八百年来，一个理字遂渐渐成了父母压儿子，公婆压媳妇，男子压女子，君主压百姓的唯一武器；渐渐造成了一个不人道，不近人情，没有生气的中国。

戴震生于满清全盛之时，亲见雍正朝许多惨酷的大狱，常见皇帝长篇大论地用"理"来责人；受责的人，虽有理，而无处可伸诉，只好屈伏受死，死时还要说死的有理。我们试读《大义觉迷录》，处处可以看见雍正帝和那"弥天重犯"曾静高谈"春秋大义"。一边是皇帝，一边是"弥天重犯"：这二人之间如何有理可说？如何有讲理的余地？然而皇帝偏不肯把他拖出去剐了；偏要和他讲理，讲《春秋》大义，讲天人感应之理！有时候，实在没有理可讲了，皇帝便说，"来！把山西巡抚奏报庆云的折子给他看看"。"来！把通政使留保奏报的庆云图给他看看"。"来！把云贵总督鄂尔泰进献的嘉谷图发给他，叫他看看稻谷每穗有四五百粒至七百粒之多，粟米有每穗长至二尺有奇的！"这都是天人感应之理。至于荆、襄、岳、常等府连年的水灾，那就是因为"有你这样狂背逆乱之人，伏藏匿处其间，秉幽险乖戾之气，致阴阳愆伏之干；以肆扰天常为心，以灭弃人理为志，自然江水泛涨，示儆一方。灾祸之来，实因你一人所致，你知道么？有何说处？"那位弥天重犯连忙叩头供道，"一人狂背，皆足致灾，此则非精通天人之故者不能知。弥天重犯闻之，豁然如大寐初醒。虽朝闻夕死，亦实幸矣。"（《大义觉迷录》卷三，页一至二）这样的讲理，未免把理字太轻薄了。戴震亲见理学之末流竟致如此，所以他的反动最激烈，他的抗议最悲愤。

戴震说：

> 六经孔孟之言，以及传记群籍，理字不多见。今虽至愚之人，悖戾恣睢，其处断一事，责诘一人，莫不辄曰"理"者，自宋以来，始相习成俗，则以理为如有物焉，得于天而具于心，因以心之意见当之也。于是负其气，挟其势位，加以口给者，理伸；力弱气慑，口不能道辞者，理屈。呜呼，其孰谓以此制事，以此制人之非理哉？……昔人知在己之意见不可以理名，而今人轻言之。夫以理为如有物焉，得于天而具于心，未有不以意见当之者也。

(《疏证》五)

他又说：

> 呜呼，今之人其亦弗思矣！圣人之道，使天下无不达之情，求遂其欲，而天下治。后儒不知情之至于纤微无憾是谓理；而其所谓理者，同于酷吏之所谓法。酷吏以法杀人，后儒以理杀人，浸浸乎舍法而论理，死矣！更无可救矣！（《与某书》）

这是何等悲愤的呼喊！

宋儒都不能完全脱离禅宗"明心见性"的观念；陆王一派认心即是理，固不消说；程朱一派虽说"吾心之明莫不有知，而天下之物莫不有理"，然而他们主张理即是性，得之天而具于吾心，这和陆王的主张有何差异？至多我们只能说陆王一派说理是纯粹的主观的；程朱一派知道理在事物，同时又深信理在人心。程朱的格物说所以不能彻底，也正因为他们对于理字不曾有彻底的了解。他们常说"即物而穷其理"，然而他们同时又主张静坐省察那喜怒哀乐未发之前的气象。于是久而久之，那即物穷理的也就都变成内观返视了。戴震认清了理在事物，只是事物的条理关系；至于心的方面，他只承认一个可以知识思想的官能。他说：

> 思者，心之官能也。凡血气之属皆有精爽；其心之精爽，巨细不同。如火光之照物，光小者其照也近。所照者，不谬也。所不照，斯疑谬承之。不谬之谓得理。其光大者，其照也远，得理多而失理少。且不特远近也，光之及又有明暗，故于物有察有不察。察者，尽其实。不察，斯疑谬承之。疑谬之谓失理。失理者，限于质之昧，所谓愚也。惟学可以增益其不足而进于智。……故理义非他，所照所察者之不谬也。……理义岂别若一物，求之所照所察之外？而人之精爽能进于神明，岂求诸气禀之外哉？（《疏证》六）

他又说：

> 耳目口鼻之官，臣道也；心之官，君道也。臣效其能而君正其可否。理义非他，可否之而当，是谓理义。然又非心出一意以可否之也。若心出一意以可否之，何异强制之乎？是故就事物

> 言,非事物之外别有理义也。有物必有则,以其则正其物,如是而已矣。就人心言,非别有理以予之,而具于心也。心之神明,于事物咸足以知其不易之则,譬有光皆能照,而中理者乃其光盛,其照不谬也。(八)

他认定心不是理,不过是一种思想判断的官能。这个官能是"凡血气之属"都有的,只有巨细的区别,并不专属于人类。心不是理,也不是理具于心。理在于事物,而心可以得理。心观察事物,寻出事物的通则(《疏证》三说,"以秉持为经常曰则"),疑谬便是失理,不谬之谓得理。心判断事物("可否"就是判断),并不是"心出一意以可否之";只是寻求事物的通则,"以其则正其物"。

至于怎样寻求事物的通则,戴震却有两种说法:一种是关于人事的理。一种是关于事物的理。前者是从儒家经典里出来的;后者很少依据,可算是戴氏自己的贡献。

先说关于人事的理。戴氏说:

> 理者,情之不爽失者也。未有情不得而理得者也。凡有所施于人,反躬而静思之:人以此施于我,能受之乎?凡有所责于人,反躬而静思之:人以此责于我,能尽之乎?以我絜之人,则理明。天理云者,言乎自然之分理也。自然之分理,以我之情,絜人之情,而无不得其平,是也。(《疏证》二)

> 在己与人,皆谓之情。无过情,无不及情之谓理。(三)

> 惟以情絜情,故其于事也,非心出一意见以处之。苟舍情求理,其所谓理无非意见也。未有任其意见而不祸斯民者。(五)

这是用《论语》的"恕"字和《大学》的"絜矩之道"来解释理字。他又引孟子"心之所同然者,谓理也,义也"的话,而加以解释道:

> 心之所同然,始谓之理,谓之义;则未至于同然,存乎其人之意见,非理也,非义也。凡一人以为然,天下万世皆曰是不可易也,此之谓同然。……分之各有其不易之则,名曰理。如斯而宜,名曰义。是故明理者,明其区分也。精义者,精其裁断也。……人莫患乎蔽而自智,任其意见,执之为理义。吾惧求理义者以意见当之;孰知民受其祸之所终极也哉?(四)

关于人事的理,他只主张"以情絜情"。这是儒书里钩出来的求理说;所谓"恕",所谓"一贯",所谓"絜矩之道",都是这个。他假定"一人之欲,天下人之同欲也"(《疏证》二),故可以"以我之情絜人之情而无不得其平"。但那个假定的前提是不很靠得住的。"一人之欲",而自信为"天下人之同欲",那仍是认自己的意见为天理,正是戴氏所要推翻的见解。所以"以情絜情"的话,虽然好听,却有语病;"心之所同然"的话比较更稳当些。要求心之所同然,便不可执著个人所欲,硬认为天下人之同欲;必须就事上求其"不易之则"。这就超过"以情絜情"的套话了。戴氏著《孟子字义疏证》,自托于说经,故往往受经文的束缚,把他自己的精义反蒙蔽了。他自己的主张实在是:

> 人伦日用,圣人以通天下之情,遂天下之欲,权之而分理不爽,是谓理。(《疏证》四十)

> 心之明之所止,于事情区以别焉,无几微爽失,则理义以名。(《原善》中,四)

这是用心的灵明,去审察事情,使他无几微爽失;这岂是"以情絜情"的话包括得尽的吗?

其实戴氏说理,无论是人情物理,都只是要人用心之明,去审察辨别,寻求事物的条理。他说:

> 事物之理,必就事物剖析至微,而后理得。(《疏证》四一)

段玉裁给他做《年谱》,曾引他的话道:

> 总须体会孟子"条理"二字,务要得其条理,由合而分,由分而合,则无不可为。(《年谱》页四五)

他又《与段玉裁书》说:

> 古人曰理解者,即寻其腠理而析之也。(《年谱》页三四)

这三条须参互合看。他说"剖析",说"分",说"析",都是我们今日所谓"分析"。他说的"合",便是我们所谓"综合"。不分析,不能得那些几微的区别;不综合,不能贯通那些碎细的事实而组成条理与意义。

戴氏这样说理,最可以代表那个时代的科学精神。宋儒虽说

"即物而穷其理",但他们终不曾说出怎样下手的方法。直到陈第、顾炎武以后,方才有一种实证的求知的方法。戴氏是真能运用这种方法的人,故他能指出分析与综合二方面,给我们一个下手的方法。他又说:

> 天地人物事为,不闻无可言之理者也。《诗》曰,"有物有则",是也。……实体实事罔非自然而归于必然,天地人物事为之理得矣。夫天地之大,人物之蕃,事为之委曲条分,苟得其理矣,如直者之中悬,平者之中水,圆者之中规,方者之中矩。然后推诸天下万世而准。……《中庸》称"考诸三王而不谬,建诸天地而不悖,质诸鬼神而无疑,百世以俟圣人而不惑"。夫如是,是为得理,是为心之所同然。……举凡天地人物事为,求其必然不可易,理至明显也。从而尊大之,不徒曰"天地人物事为之理",而转其语曰"理无不在",视之如有物焉,将使学者皓首茫然,求其物不得。(三十)

这一段说的正是科学的目的。科学的目的正是"举凡天地人物事为,求其必然不可易"。宋儒虽然也说格物穷理,但他们根本错在把理看作无所不在的一个,所以说"一本而万殊"。他们虽说"万殊",而其实只妄想求那"一本";所以程朱论格物虽说"今日格一事,明日格一事",而其实只妄想那"一旦豁然贯通"时的"表里精粗无不尽,而吾心之全体大用无不明"。戴氏却不存此妄想;他只要人"就事物剖析至微"、"求其必然不可易"。他所谓"推诸天下万世而准",只是科学家所谓"证实"(verification);正如他对姚鼐说的:

> 寻求而获,有十分之见,有未至十分之见。所谓十分之见,必征之古而靡不条贯,合诸道而不留余议;巨细毕究,本末兼察。(《与姚姬传书》)

十分之见即是"心之所同然",即是"推诸天下万世而准"。这是科学家所谓证实了的真理。

戴氏是顾炎武、阎若璩以来考证之学的嫡派传人;他做学问的方法(他的名学)一面重在"必就事物剖析至微",一面重在证实。就事物剖析至微而后得来的"理",比较归纳出来的"则",只是一种假设的理(a hypothesis),不能说是证实的真理。必须经过客观的实证,必须能应用到同样的境地里而"靡不条贯",方才可算是真正的理。戴氏有《与王凤喈书》,讨论《尚书·尧典》,"光被四表"的光字,最可引来说明他的治学方法。光字蔡沈训为"显",似无可疑了;然而孔安国传却有"光,充也"之训,孔颖达《正义》指出此训是据《尔雅·释言》的。戴氏考郭本《尔雅》只有"桄颎,充也"之文;陆氏《释文》曰"桄,孙作光,古黄反。"桄字不见于六经,而《说文》有"桄,充也"之训。孙愐《唐韵》读为"古旷反"。《礼记·乐记》有"钟声铿铿以立号,号以立横,横以立武",郑注"横,充也";又《孔子闲居篇》有"横于天下"之文,郑注也训为充。《释文》于《乐记》之横字,读为"古旷反"。戴氏因此推想《礼记》之两个横字即是《尔雅》和《说文》的桄字,他因此下一个大胆的假设道:

  《尧典》古本必有作"横被四表"者。横被,广被也。正如《记》所云,"横于天下"、"横于四海",是也。横四表,格上下,对举。溥遍所及曰横,贯通所至曰格。……横转写为桄,脱误为光。追原古初,当读"古旷反"。

此书作于乾隆乙亥(1755);过了两年(1757),钱大昕检得《后汉书·冯异传》有"横被四表,昭假上下"之语,是一证;姚鼐又检得班固《西都赋》有"横被六合",是二证。七年之后(1762),戴震的族弟受堂又检得《王莽传》有"昔唐尧横被四表",这更明显了。受堂又举王褒《圣主得贤臣颂》的"化溢四表,横被无穷"。这是第三、四证。洪榜案《淮南·原道训》,"横四维而含阴阳",高诱注"横读桄车之桄",这更可证明汉人横字和桄字通用。这是第五证。段玉裁又举李善注《魏都赋》引《东京赋》,"惠风横被",今本《东京赋》误改作"惠风广被",这是第六证。戴震假设《尧典》"光被"即是"桄被",即是"横被",现在果然全证实了。这就是"征之古而靡不条贯"。

  戴震的心理学里只有欲望,情感,心知三大区分(《疏证》三十,引见上)。心知是一身的主宰,是求理的官能。但他的心理学里没有什么"得于天而具于心"的理。这样的主张又和宋儒以来的理欲二元论相冲突了。宋儒说:

> 人欲云者，正天理之反耳。（朱子《答何叔京》）

这样绝对的二元论的结果便是极端的排斥人欲。他们以为"去人欲"即是"存天理"的"唯一方法"。这种排斥人欲的哲学在七八百年中逐渐造成了一个不近人情，冷酷残忍的礼教。戴震是反抗这种排斥人欲的礼教的第一个人。他大声疾呼地喊道："酷吏以法杀人，后儒以理杀人，浸浸乎舍法而论理，死矣！更无可救矣！"（《与某书》，引见上。）他很大胆地说，"理者，情之不爽失者也"；"情之至于纤微无憾是谓理"。这分明是说：

> 理者，存乎欲者也。（《疏证》十）

这和上文引的朱子"人欲云者，正天理之反"的话恰恰相反。戴氏最反对"无欲"之说，他以为周敦颐、朱熹一班人主张无欲的话都出于老庄释氏，不是《中庸》上说的"虽愚必明"之道。他说：

> 有生而愚者，虽无欲，亦愚也。凡出于欲，无非以生以养之事。欲之失为私，不为蔽。自以为得理，而所执之实谬（之字似当作者），乃蔽而不明。天下古今之人，其大患，私与蔽二端而已。私生于欲之失，蔽生于知之失。欲生于血气，知生于心。因私而咎欲，因欲而咎血气。因蔽而咎知，因知而咎心（心字孔刻本误脱，今依上文增）。老氏所以言常使民无知无欲。……后之释氏，其论说似异而实同。宋儒出入于老释，故杂乎老释之言以为言。（《疏证》十）

宋儒常说"人欲所蔽"，故戴氏指出"欲之失为私，不为蔽"。他曾说：

> 人之生也，莫病于无以遂其生。欲遂其生，亦遂人之生，仁也。欲遂其生，至于戕人之生而不顾者，不仁也。不仁实始于欲遂其生之心。使其无此欲，必无不仁矣。然使其无此欲，则于天下之人生道穷促，亦将漠然视之。己不必遂其生，而遂人之生，无是情也。（同）

戴氏的主张颇近于边沁（Bentham）、弥尔（J. S. Mill）一派的乐利主义（Utilitarianism）。乐利主义的目的是要谋"最大多数的最大幸福"。戴氏也主张：

> 圣人治天下，体民之情，遂民之欲，而王道备。（同）

> 道德之盛,使人之欲无不遂,人之情无不达,斯已矣。(三十)

他虽不明说"乐利",但他的意义实很明显。他痛恨宋以来的儒者:

> 举凡饥寒愁怨,饮食男女,常情隐曲之感,则名之曰人欲;故终其身见欲之难制。其所谓存理,空有理之名,究不过绝情欲之感耳。何以能绝?曰,主一无适。此即老氏之抱一无欲。故周子以"一"为学圣之要,且明之曰,"一者,无欲也。"(四三)

他驳他们道:

> 天下必无舍生养之道而得存者。凡事为皆有于欲。无欲则无为矣。有欲而后有为。有为而归于至当不可易之谓理。无欲无为,又焉有理?(同上)

他这样抬高欲望的重要,在中国思想史上是很难得的。他的结论是:

> 老庄释氏主于无欲无为,故不言理。圣人务在有欲有为之咸得理。是故君子亦无私而已矣,不贵无欲。(同上)

> 圣贤之道无私而非无欲。老庄释氏无欲而非无私。彼以无欲成其自私者也。此以无私通天下之情,遂天下之欲者也。(《疏证》四十)

颜元、李塨的学派提倡"正德,利用,厚生",也是倾向于乐利主义的。戴氏注重"生养之道",主张"无私而非无欲",与颜李学派似有渊源的关系。

戴氏以为"凡出于欲,无非以生以养之事"。排斥人欲,即是排斥生养之道。理欲之辨的流弊必至于此。宋明的儒者诋毁王安石,鄙薄汉唐,都只为他们瞧不起生养之事。

戴氏说:

> 宋儒程子、朱子易老庄释氏之所私者而贵理,易彼之外形体者而咎气质。其所谓理,依然如有物焉,宅于心。于是辨乎理欲之分,谓不出于理,则出于欲;不出于欲,则出于理。虽视人之饥寒号呼,男女哀怨,以至垂死冀生,无非"人欲"!空指一绝情欲之感者为天理之本然,存之于心。及其应事,幸而偶中,非曲体事情,求如此以安之也。不幸而事情未明,执其意见,方自信天

理非人欲,而小之一人受其祸,大之天下国家受其祸。徒以不出于欲,遂莫之或寤也。凡以为理宅于心,不出于欲则出于理者,未有不以意见为理而祸天下者也。(四十)

执意见以为理,用来应付事情,不肯"曲体事情",而固执意见,结果可以流毒天下。不但在"应事"的方面如此;在责人的方面,理欲之辨的流弊也很大。戴氏说:

> 今之治人者,视古贤圣体民之情,遂民之欲,多出于鄙细隐曲,不措诸意:不足为怪。而及其责以理也,不难举旷世之高节,著于义而罪之。尊者以理责卑,长者以理责幼,贵者以理责贱,虽失,谓之顺。卑者幼者贱者以理争之,虽得,谓之逆。于是下之人不能以天下之同情,天下所同欲,达之于上。上以理责其下。而在下之罪,人人不胜指数。人死于法,犹有怜之者。死于理,其谁怜之!呜呼,杂乎老释之言以为言,其祸甚于申韩如是也!六经孔孟之书,岂尝以理为如有物焉,外乎人之性之发为情欲者,而强制之也哉?(十)

这一段真沉痛。宋明以来的理学先生们往往用理责人,而不知道他们所谓"理"往往只是几千年因袭下来的成见与习惯。这些成见与习惯大都是特殊阶段(君主,父母,舅姑,男子等等)的保障;讲起"理"来,卑者幼者贱者实在没有开口的权利。"回嘴"就是罪!理无所不在;故背理的人竟无所逃于天地之间。所以戴震说,"死矣!无可救矣!""死于法犹有怜之者。死于理,其谁怜之!"乾嘉时代的学者稍稍脱离宋儒的势力,颇能对于那些不近人情的礼教,提出具体的抗议。吴敬梓,袁枚,汪中,俞正燮,李汝珍(小说《镜花缘》的著者)等,都可算是当日的人道主义者,都曾有批评礼教的文字。但他们只对于某一种制度,下具体的批评;只有戴震能指出这种种不近人情的制度所以能杀人吃人,全因为他们撑着"理"字的大旗来压迫人,全因为礼教的护法诸神——理学先生们——抬出理字来排斥一切以生以养之道,"虽视人之饥寒号呼,男女哀怨,以至垂死冀生,无非人欲!"

戴氏总论理欲之辨凡有三大害处。

第一,责备贤者太苛刻了,使天下无好人,使君子无完行。他说:

> 以无欲然后君子,而小人之为小人也依然行其贪邪,犹执此以为君子者谓不出于理则出于欲,不出于欲则出于理。(此四十六字,孔刻本在下文三十三字之下,文理遂不可读。今细审原文上下文理,移此四十六字于此。)于是谗说诬辞反得刻议君子而罪之。此理欲之辨使君子无完行者,为祸如是也!(四三)

第二,养成刚愎自用,残忍惨酷的风气。他说:

> 不痛意见多偏之不可以理名,而持之必坚;意见所非,则谓其人"自绝于理"。此理欲之辨适成忍而残杀之具,为祸又如是也!(四三)

第三,重理而斥欲,轻重失当,使人不得不变成诈伪。他说:

> 今既截然分理欲为二,治己以不出于欲为理。治人亦必以不出于欲为理。举凡民之饥寒愁怨,饮食男女,常情隐曲之感,咸视为人欲之甚轻者矣。轻其所轻,乃吾重。"天理"也,"公义"也,言虽美,而用之治人则祸其人。……古之言理也,就人之情欲求之,使之无疵之为理。今之言理也,离人之情欲求之,使之忍而不顾之为理。此理欲之辨适以穷天下之人尽转移为欺伪之人,为祸何可胜言也哉!(四三)

这三大害之中,第三项也许用得着几句引申的注语。譬如爱生而怕死,乃是人的真情;然而理学先生偏说"饿死事极小,失节事极大"。他们又造出贞节牌坊一类的东西来鼓动妇女的虚荣心。于是节妇坊,贞女祠的底下就埋葬了无数的"饥寒愁怨,饮食男女,常情隐曲"的叹声。甚至于寡妇不能忍饥寒寂寞之苦的,或不能忍公婆虐待之苦的,也只好牺牲生命,博一个身后的烈妇的虚荣。甚至于女儿未嫁而夫死了的,也羡慕那虚荣而殉烈,或守贞不嫁,以博那"贞女"、"烈女"的牌坊。这就是戴氏说的"今之言理也,离人之情欲求之,使之忍而不顾,……适以穷天下之人尽转移为欺伪之人"。

戴氏的人生观,总括一句话,只是要人用科学家求知求理的态度与方法来应付人生问题。他的宇宙观是气化流行,生生不已;他的人生观也是动的,变迁的。他指出人事不能常有"千古不易之重轻"。

他指出"有时权之而重者,于是乎轻;轻者于是乎重"。这叫做"变"。他说:

> "变则非智之尽能辨察而准,不足以知之。""古今不乏严气正性疾恶如雠之人,是其所是,非其所非,执显然共见之重轻,实不知有时权之而重者于是乎轻,轻者于是乎重。其是非轻重一误,天下受其祸而不可救。岂人欲蔽之也哉?自信之理非理也。"(四十)

这种"辨察是非轻重而准"的作用叫做"权"。

> 孟子曰,"执中无权,犹执一也。"权,所以别轻重。谓心之明至于辨察事情而准,故曰权。学至是,一以贯之矣。意见之偏除矣。(四二)

最可注意的是戴氏用"权"来释《论语》的"一贯"。《论语》两次说"一以贯之";朱子的解说孔子对曾子说一贯的一章道:

> 圣人之心,浑然一理,而泛应曲当,用各不同。曾子于其用处盖已随事精察而力行之,但未知其体之一耳。

戴震最反对朱子说的"浑然一理"、"其体之一"的话。他自己解释"一以贯之"道:

> 一以贯之,非言以"一"贯之也。……闻见不可不广,而务在能明于心。一事豁然使无余蕴,更一事而亦如是;久之心知之明进于圣智,虽未学之事,岂足以穷其智哉?……致其心之明,自能权度事情,无几微差失。又焉用知"一"求"一"哉?(四一)

这一段最可注意。一贯还是从求知入手。求知并不仅是"多学而识之",只是修养那心知之明,使他格外精进。一贯并不是认得那"浑然一理",只是养成一个"泛应曲当","权度事情无几微爽失"的心知。这个心知到了圣智的地步,"取之左右逢其源","自无弗贯通"了。

戴氏不肯空谈知行合一。他很明白地主张"重行须先重知"。他说:

> 凡异说皆主于无欲,不求无蔽;重行,不先重知。(四十)

> 圣人之言无非使人求其至当以见之行。求其至当,即先务于知也。凡去私不求去蔽,重行不先重知,非圣学也。(四二)
>
> 圣贤之学由博学,审问,慎思,明辨,而后笃行,则行者行其人伦日用之不蔽者也。(四十)

从知识学问入手,每事必求其"豁然使无余蕴",逐渐养成一个"能审察事情而准"的智慧,然后一切行为自能"不惑于所行"。这是戴震的"一以贯之"。

三　戴学的反响

清朝的二百七十年中,只有学问,而没有哲学;只有学者,而没有哲学家。其间只有颜李和戴震可算是有建设新哲学的野心。颜李自是近世的一大学派,用实用主义作基础,对于因袭的宋明理学作有力的革命。但程朱的尊严不是容易打倒的。颜元大声疾呼地主张"程朱之道不息,孔子之道不著"。但这种革命的喊声只够给颜李学派招来许多毁谤与压迫,竟使一个空前的学派几乎沉埋不显(说详第一章)。程朱的哲学有两个方面:"涵养须用敬,进学则在致知。"主敬的方面是容易推翻的。但致知穷理的方面是程朱的特别立脚点;陆王骂他们"支离",颜李骂他们"无用",都不能动摇他们。顾炎武以下的大师虽然攻击宋明以来的先天象数之学,虽然攻击那空虚的心学,始终不敢公然否认程朱所提倡的格物致知的学说。他们的经学和史学也都默认为与穷理致知,"下学上达"的学说是并行不悖的。故惠士奇(1671—1741)为汉学大师,而自书楹联云:"六经尊服郑,百行法程朱。"(江藩《宋学渊源记》引论中引)

打倒程朱,只有一条路,就是从穷理致知的路上,超过程朱,用穷理致知的结果来反攻穷理致知的程朱。戴震用的就是这个法子。戴氏说程朱

　　详于论敬而略于论学。(《疏证》十四)

这九个字的控诉是向来没有人敢提起的。也只有清朝学问极盛的时代可以产生这样大胆的控诉。陆王嫌程朱论学太多,而戴氏却嫌他们论学太略!程朱说穷理;戴氏指出他们的根本错误有两点:一是说理得于天而具于心,一是说理一而分殊。他主张理在于事情,不在于心中;人的心知只是一种能知的工具,可以训练成"能审察事情

而准"的智慧。他又主张理是多元的,只是事物的条理,并没有什么"浑然一体而散为万事"的天理。穷理正是程朱说的"今日格一物,明日又格一物"、"今日穷一理,明日又穷一理";但这种工夫并不是"明善以复其初";并不是妄想那"一旦豁然贯通"的大彻大悟。格物穷理的目的只是戴氏自己说的

> 一事豁然使无余蕴,更一事而亦如是;久之心知之明进于圣智,虽未学之事,岂足以穷其智哉?(《疏证》四一)

所谓"致知",只是"致其心之明,自能权度事情,无几微差失"(同上)。这真是清朝学术全盛时代的哲学。这才是用穷理致知的学说来反攻程朱。至于戴氏论性,论道,论情,论欲,也都是用格物穷理的方法,根据古训作护符,根据经验作底子,所以能摧破五六百年推崇的旧说,而建立他的新理学。戴震的哲学,从历史上看来,可说是宋明理学的根本革命,也可以说是新理学的建设,——哲学的中兴。

但是一百三十年的朴学的风气,养成了"擘绩补苴"的学风,学者只能吃桑叶而不能吐丝;有时吐丝,也只能作茧而不能织成锦绣文章。全个智识阶级都像剥夺了"哲学化"的能力,戴上了近视眼镜,不但不敢组织系统的哲学,并且不认得系统的哲学了。当戴震死时(1777),北京的同志做挽联道:

> 孟子之功,不在禹下。明德之后,必有达人。(《年谱》,页四一)

然而戴震的门下,传经学的有人,传音韵学的有人,传古制度学的有人;只是传他的哲学的,竟没有人。他的弟子之中,最能赏识他的哲学的,要算洪榜。洪榜作戴震的行状,叙述他的哲学最能得他的要旨。他把戴氏的《答彭进士允初书》(凡五千字,中含《孟子字义疏证》的一部分的要旨)全录在这篇行状里。当时朱筠便主张删去此篇,他说,"可不必载;戴氏可传者不在此。"洪榜作书与朱筠,极力辩论他所以表彰戴氏之意。当时的行状初本里总算把这篇长书保留住了(此据段作《年谱》页三四)。但后来戴震的儿子中立终于删去此书(此据江藩《汉学师承记》卷六《洪榜传》)。朱筠是当时最能赏识戴震的一个人,竟不能了解他的哲学思想的重要;甚至于他自己的儿

子也附和着朱筠的意见。这也可见"解人"真难得了。

我们现在可以摘钞洪榜给朱筠的信,以表现戴氏初死时他的哲学引起的反动。洪榜先总括朱筠所以主张删去《答彭进士书》,大概有三层理由:(一)谓程朱大贤,立身制行卓绝,不当攻击;(二)谓经生贵有家法,汉学自汉,宋学自宋;今既详度数,精训故,不当复涉及性命之旨,反述所短,以掩所长;(三)儒生是学得成的,圣贤是学不成的;今说戴氏"闻道知德",恐有溢美之辞。洪榜驳第一层道:

> 阁下谓程朱大贤,立身制行卓绝。岂独程朱大贤,立身制行卓绝?陆王亦大贤,立身制行卓绝;即老释亦大贤,立身制行卓绝也。唯其如是,使后儒小生闭口不敢道;宁疑周孔,不敢疑程朱;而其才智少过人者,则又附援程朱,以入老释。彼老释者,幸汉唐之儒抵而排之矣。今论者乃谓先儒所抵排者,特老释之粗;而其精者,虽周孔之微旨,不是过也。诚使老释之精者虽周孔不是过,则何以生于其心,发于其事,谬戾如彼哉?况周孔之书具在,苟得其解,皆不可以强通。使程朱而闻后学者之言如此,知必急急正之也。

他驳第二层道:

> 至谓治经之士宜有家法;……心性之说,贾、马、服、郑所不详,今为贾、马、服、郑之学者亦不得详。……今学者束发受书,言理,言道,言心,言性;所谓理道心性之云,则皆六经孔孟之辞;而其所以为理道心性之说者,往往杂乎老释之旨。使其说之果是,则将从而发明之矣。如其说之果非,则治经者固不可以默而已也。彼贾、马、服、郑当时盖无是弊。如使贾、马、服、郑生于是时,则亦不可以默而已也。

又驳第三层道:

> 至于"闻道"之名不可轻以许人,犹圣贤之不可学而至。……夫圣贤不可至,……虽然,安可以自弃乎哉?……夫戴氏论性道,莫备于其论孟子之书;而其所以名其书者,曰《孟子字义疏证》。然则非言性命之旨也,训故而已矣,度数而已矣。要之,戴氏之学,其有功于六经孔孟之言甚大。使后之学者无驰心

于高妙,而明察于人伦庶物之间,必自戴氏始也。(全书引见江藩《汉学师承记》卷六《洪榜传》,又转载于《耆献类征》卷147,页17—19)

洪榜这封长书,给戴氏辩护很有力;他确是能了解戴学的一个人。只可惜他活到三十五岁(1779)就死了,竟不能发挥光大戴氏的哲学。

洪榜书中末段说戴氏自名其书为《孟子字义疏证》,可见那不是"言性命",还只是谈"训故,度数"。这确是戴震的一片苦心。戴氏作此书,初名为《绪言》,大有老实不客气要建立一种新哲学之意。至乾隆丙辰(1776),此书仍名《绪言》。是年之冬至次年(1777)之春,他修改此书,改名《孟子字义疏证》。那年他就死了(此段故事,段玉裁《答程易田丈书》考证最详,我全依据此书)。大概他知道程朱的权威不可轻犯,不得已而如此做。这是他"戴着红顶子讲革命"的苦心。不料当日拥护程朱的人的反对仍旧是免不了的。

他的同乡朋友程晋芳(1718—1784)作《正学论》,其中有一篇前半痛骂颜元与李塨,后半专骂戴震。他说:

> 近代一二儒家(指戴氏),又以为程朱之学,禅学也。人之为人,情而已矣。圣人之教人也,顺乎情而已。宋儒尊性而卑情,即二氏之术;其理愈高,其论愈严,而其不近人情愈甚;虽日攻二氏,而实则身陷其中而不觉。嗟乎,为斯说者,徒以便己之私,而不知其大祸仁义又在释老上矣!夫所谓"情"者,何也?使喜怒哀乐发皆中节,则依然情之本乎性者也。如吾情有不得已者,顺之,勿抑之,则嗜欲横决非始于情之不得已乎?匡、张、孔、马迫于时势而诡随,马融、蔡邕迫于威力而丧节,亦可以不得已谅之乎?(《勉行堂文集》,《正学论》三)

这正是戴震要排斥的谬论。戴震明明承认人有情,有欲,有知;他何尝说"人之为人,情而已矣?"程氏又主张,虽有"不得已"的情,也应当抑制下去。这正是戴氏说的"虽视人之饥寒号呼,男女哀怨,以至垂死冀生,无非人欲"。这正是近世社会所以这样冷酷残忍的原因。戴氏对这种不近人情的道学,提出大声的抗议,这正是他的特色。程晋芳却在这里给那不近人情的道学作辩护,直认"迫于不得已的丧节"究竟是不应该宽恕原谅的! 这是不打自招的供状;这那里算得驳论? (程晋芳曾说,诋毁宋儒就是获罪于天;怪不得他不懂得戴震。)

戴震曾说天下有义理之源,有考核之源,有文章之源。他晚年又说,"义理即考核文章二者之源也"(《年谱》,页四二)。这话也有道理。凡治古书,固须考核;但考核的人必须先具有渊博的见解,作为参考比较的材料,然后可以了解古书的义理。参考的材料越多,发现的义理也越多。譬如甲乙丙同入山林,甲为地质学者,乙为植物学者;那么,甲自然会发现许多地质学的材料,而乙自然会发现许多植物学的材料。丙为无学问的游人,在这山林里只好东张西望,毫无所得。故说义理是考核与文章之源,实在是戴震治古学有经验的话。王安石说的最好:

> 世之不见全经,久矣。读经而已,则不足以知经。故某自百家诸子之书,至于《难经》《素问》《本草》诸小说,无所不读;农夫女工,无所不问,然后于经为能知其大体而无疑。(《临川全集·答曾子固书》)

"无所不读"、"无所不问"即是收集参考材料的法子。义理多了,再加上考核之功,然后可以有满意的成绩。戴氏自民间来,幼时走过好几省,知道人情世故;他又肯多读书;他的参考资料最多,所以他做考核的学问,成绩也最大。所以他说"义理者,考核文章之源也"。

他的大弟子段玉裁(1735—1815)便不很懂得这个道理了。段玉裁重刻《戴东原集》,作序云:

> 玉裁窃以谓义理文章,未有不由考核而得者。自古圣人制作之大,皆精审乎天地民物之理,得其情实,综其始终,举其纲以俟其目,与以利而防其弊,故能奠安万世。……先生之治经,凡故训,音声,算数,天文,地理,制度,名物,人事之是非善恶,以及阴阳气化,道德性命,莫不究乎其实。盖由考核以通乎性与天道。既通乎性与天道矣,而考核益精,文章益盛;用则施政利民,舍则垂世立教而无弊。浅者乃求先生于一名一物,一字一句之

间,惑矣。

戴震明说义理为考核文章之源,段玉裁既亲闻这话,却又以为考核是义理,文章之源,这可见得一解人真非容易的事。戴氏所以能超出当日无数"襞绩补苴"的考核家而自成一个哲学家,正因为他承受了清初大师掊击理学的风气;正因为他不甘学万斯同的"予惟穷经而已"的规避态度,而情愿学颜元"程朱之道不息,孔子之道不著"的攻击态度。段玉裁虽然终身佩服戴氏,但他是究竟崇拜程朱的人;他七十五岁(1809)作《朱子小学恭跋》(《经韵楼集》卷八,13—15页),自恨"所读之书又喜言训故,考核,寻其枝叶,略其本根;老大无成,追悔已晚";又说朱子此书"集旧闻,觉来裔,……二千年贤圣之可法者,胥于是乎在"。怪不得他不能了解戴震的哲学了。

戴震同时有一位章学诚(1738—1801),是一个很有见解的人,他颇能了解戴氏的思想。他说:

> 凡戴君所学,深通训诂,究于名物制度而得其所以然,将以明道也。时人方贵博雅考订,见其训诂名物有合时好,以为戴之绝诣在此。及戴著《论性》、《原善》诸篇,于天人理气,实有发先人所未发,时人则谓空说义理,可以无作。是固不知戴学者矣。(《朱陆篇书后》)

章学诚最佩服他的老师朱筠;但这段话却正是为朱筠等人而发的。章氏也是崇拜朱子的,故他虽能赏识戴氏《原善》、《论性》诸篇,却不赞成他攻击朱子。他说戴学本出于朱学,不当"饮水而忘源"。他作《朱陆篇》说明这一个意思:

> ……今人有薄朱氏之学者,即朱氏之数传而后起者也。其与朱氏为难,学百倍于陆王之末流,思更深于朱门之从学;充其所极,朱子不免先贤之畏后生矣。

这一段赞扬戴震最平允。他说朱学的传授,也很有理:

> 朱子求"一贯"于"多学而识",寓约礼于博文:其事繁而密,其功实而难。……沿其学者,一传而为勉斋(黄干)、九峰(蔡沈),再传而为西山(真德秀)、鹤山(魏了翁)、东发(黄震)、厚斋(王应麟),三传而为仁山(金履祥)、白云(许谦),四传而为

> 潜溪(宋濂)、义乌(王祎),五传而为宁人(顾炎武)、百诗(阎若
> 璩),则皆服古通经,学求其是,而非专己守残空言性命之流也。
> ……生乎今世,因闻宁人、百诗之风,上溯古今作述,有以心知其
> 意,——此即通经服古之绪又嗣其音矣。无如其人慧过于识,而
> 气荡乎志,反为朱子诟病焉,则亦忘其所自矣。

章氏说戴学出于朱学,这话很可成立。但出于朱学的人难道就永远不可以攻击朱学了吗?这又可见章学诚被卫道的成见迷了心知之明了。他又说:

> 夫实学求是,与空谈性天不同科也。考古易差,解经易失,
> 如天象之难以一端尽也。历象之学,后人必胜前人,势使然也。
> 因后人之密而贬羲和,不知即羲和之遗法也。今承朱氏数传之
> 后,所见出于前人,不知即是前人之遗绪,是以后历而贬羲和也。

这也是似是而实非的论调。新历之密可以替代旧历之疏,我们自然应该采用新历。但是,假使羲和的权威足以阻止新历的采用与施行,那就非先打倒羲和,新历永无采用的希望了。颜李之攻程朱,戴学之攻朱学,只因为程朱的权威太大,旧信仰不倒,新信仰不能成立。我们但当论攻的是与不是,不当说凡出于朱的必不应攻朱。

同时还有一位学者翁方纲(1733—1818),他对于戴震的考订之学表示热烈的崇拜,但对于他的哲学却仍是盲目的反对。翁方纲是一个诗人,又是一个书法大家;但他无形中受了时代潮流的影响,对于金石文字很做了一点考订的工夫,成绩也不算坏。他作了九篇考订论,颇能承认顾栋高,惠栋,江永,戴震,金榜,段玉裁诸人的成绩。有一次,戴震与钱载(字萚石,是当时的一个诗人)争论,钱载排斥考订之学,骂戴震破碎大道,——这件事也可见当时对考据训诂之学的反动,——翁方纲作书与程晋芳,为钱戴两人调解,书中说:

> 萚石谓东原破碎大道;萚石盖不知考订之学,此不能折服东
> 原也。诂训名物,岂可目为破碎?学者正宜细究考订诂训,然后
> 能讲义理也。宋儒恃其义理明白,遂轻忽《尔雅》《说文》,不几
> 渐流于空谈耶?……今日钱戴二君之争辨,虽词皆过激,究必以

> 东原说为正也。(《复初斋文集》七,20)

这话几乎是偏向戴学的人说的了。然而他虽然说"考订诂训然后能讲义理",他却只许戴震讲考订,而不许他讲义理。这种不自觉的矛盾最可以考见当时的学者承认考订之学本非出于诚意,只是盲从一时的风尚。当他们替考订学辩护时,他们也会说考订是为求义理的。及至戴震大胆进一步高谈义理,他们便吓坏了。翁方纲有《理说》一篇,题为《驳戴震作》,开端就说:

> 近日休宁戴震一生毕力于名物象数之学,博且勤矣,实亦考订之一端耳。乃其人不甘以考订为事,而欲谈性道以立异于程朱。

这就是戴震的罪状了!考订只可以考订为目的,而不可谈义理:这是当时一般学者的公共心理。只有戴震敢打破这个迷信,只有章学诚能赏识他这种举动。朱筠、翁方纲等都只是受了成见的束缚,不能了解考订之学的重大使命。

翁方纲驳戴震说"理"字,也很浅薄。他说戴震:

> 言理力诋宋儒,以谓理者密察条析之谓,非性道统挈之谓。反目朱子"性即理也"之训,谓入于释老真宰真空之说。……其反覆驳诘牵绕诸语,不必与剖说也。惟其中最显者,引经二处,请略申之。
>
> 一引《易》曰,"易简而天下之理得矣;天下之理得而成位乎其中矣"。试问《系辞传》此二语非即性道统挈之理字乎?……
>
> 再则又引《乐记》,"天理灭矣"。此句"天理"对下"人欲",则天理即上所云"天之性也",正是"性即理也"之义。而戴震转援此二文,以谓皆密察条析之理,非性即理之理,……可谓妄矣。
>
> 夫理者,彻上彻下之谓;性道统挈之理,即密察条析之理,无二义也。……假如专以在事在物之条析名曰理,而性道统挈处无此理之名,则《易·系辞传》、《乐记》二文先不可通矣。吾故曰,戴震文理未通也。"(《复初斋文集》七,19)

戴震引《系辞传》在《疏证》第一条,引《乐记》在第二条,读者可以参看。他释"天下之理"为"天下事情,条分缕晰";他释"天理"为"天然之分理",引《庄子》"依乎天理"为证。这种解说,本可以成立。翁氏习惯了"浑然一体而散为万事"的理字解,故绝对不能承认戴震的新解说。

这班人的根本毛病,在于不能承认考订学的结果有修正宋儒传统的理学的任务。若考订之学不能修正义理的旧说,那又何必要考订呢?翁方纲的九篇《考订论》篇篇皆归到"考订之学以衷于义理为主"一句话(《文集》七,6—18)。他说:

> 学者束发受书,则诵读朱子《四书章句集注》;迫其后用时文取科第,又厌薄故常,思骋其智力,于是以考订为易于见长。其初亦第知扩充闻见,非有意与幼时所肄相左也。既乃渐骛渐远而不知所归,其与游子日事漂荡而不顾父母妻子者何异?考订本极正之通途,而无如由之者之自败也。则不衷于义理之弊而已矣。(七,7)

这样看来,"义理"原来只是《章句集注》里的义理;不合这种义理,便等于游子不顾父母妻子。怪不得翁方纲一流人决不会了解戴震的哲学了。

同时还有一位姚鼐(1732—1815),是一个古文家;曾从戴震受学,称他为"夫子",戴震不受,说"仆与足下无妨交相师"。后来姚鼐竟变成一个排击考据学的人。他主张:

> 天下学问之事,有义理,文章,考据三者之分,异趋而同为不可废。……凡执其所能为而呰其所不为者,皆陋也。必兼收之,乃足为善。(《复秦小岘书》)

> 大抵近世论学,喜抑宋而扬汉。吾大不以为然。正由自奈何不下腹中数卷书耳。吾亦非谓宋贤言之尽是;但择善而从,当自有道耳。(《惜抱尺牍》,小万柳堂本,三,3)

这些话还算平易。但姚鼐实在是一个崇信宋儒的人,故不满意于戴学。他说:

> 宋之时,真儒乃得圣人之旨,群经略有定说;元明因之,著为功令。当明佚君乱政屡作,士大夫维持纲纪,明守节义,使明久而后亡,其宋儒论学之效哉!(《赠钱献之序》)

反对宋学的人,如费密、颜元等,都说明朝亡于理学;然而姚鼐替理学辩护,却说宋学之效能"使明久而后亡"。这都是主观的论断,两面都像可以成立,便是两面都不能成立。姚鼐晚年最喜欢提倡宋儒的理学,如他说:

> 士最陋者,所谓时文而已,固不足道也。其略能读书者,又相率不读宋儒之书;故考索虽或广博,而心胸尝(常?)不免猥鄙,行事尝(常?)不免乖谬。愿阁下训士,虽博学强识固所贵焉,而要必以程朱之学为归宿之地。(《尺牍》五,7)

他在1808年还有"内观此心,终无了当处,真是枉活八十年也"之叹(《尺牍》六,28)。所以他晚年又常学佛,并且吃斋,自称"其间颇有见处"(《尺牍》五,20;参看七,3)。这样的人怪不得要攻击戴学了。他常有不满意于戴震的话,如说:

> 戴东原言考证岂不佳,而欲言义理以夺洛闽之席,可谓愚妄不自量之甚矣!(《尺牍》六,22)

他不去考量戴氏讲的"义理"究竟是怎样的,却先武断戴氏不配讲义理,这岂不是"愚妄"吗?他又说:

> 宋程朱出,实于古人精深之旨所得为多;而其审求文辞往复之情,亦更为曲当。……而其生平修己立德,又实足以践行其所言,而为后世之所向慕。……今世学者乃思一切矫之,以专宗汉学为至,以攻驳程朱为能;倡于一二专己好名之人,而相率而效者因大为学术之害。……博闻强识,以助宋君子之所遗,则可也;以将跨越宋君子,则不可也。(《复蒋松如书》)

为什么不可跨越宋儒呢?姚鼐的答案真妙:

> 儒者生程朱之后,得程朱而明孔孟之旨。程朱犹吾父师也。程朱言或有失,……正之,可也。正之而诋毁之,讪笑之,是诋讪父师也。且其人生平不能为程朱之行,而其意乃欲与程朱争名,安得不为天之所恶?故毛大可,李刚主,程绵庄,戴东原,率皆身灭嗣绝。此殆未可以为偶然也。(《再复简斋书》)

程晋芳说诋毁宋儒的要得罪于天;姚鼐说诋毁程朱的要"为天之所恶,身灭嗣绝"。可怕呵!程朱的权威真可怕呵!

然而这种卫道的喊声却也可以使我们悬想当时程朱的权威大概真有点动摇了。反对的声浪便是注意的表示。颜李攻击程朱,程朱的门下可以不睬他们。如今他们不能不睬戴震的攻击了。程晋芳,章学诚,姚鼐出来卫道,便可见正宗的理学有动摇的危险,有不能不抵御的情势了。章学诚的说话更可以表示戴学的声势的浩大。他说:

> 攻陆王者出伪陆王,其学猥陋,不足为陆王病也。贬朱者之即出朱学,其力深沉,……世有好学而无真识者,鲜不从风而靡矣。……故趋其风者,未有不以攻朱为能事也。非有恶于朱也,惧其不类于是人即不得为通人也。(《朱陆篇》)

他又说:

> 至今徽歙之间自命通经服古之流,不驳朱子,即不得为通人。而诽圣诽贤,毫无顾忌,流风大可惧也。(《朱陆篇书后》)

章氏作书后时,自言"戴君下世今十余年"。十余年的时间,已有"流风大可惧"的警言,可见戴学在当日的声势了。

方东树在十九世纪初期作《汉学商兑》(见下文),曾说:

> ……后来戴氏等日益寖炽;其聪明博辨既足以自恣,而声华气焰又足以耸动一世。于是遂欲移程朱而代其统矣。一时如吴中,徽歙,金坛,扬州数十余家,益相煽和,则皆其衍法之导师,传法之沙弥也。(《汉学商兑》,朱刻本下,28)

这话可与章学诚的话互相证明。戴震死于1777,《汉学商兑》作于1826。这五十年中,戴学确有浩大的声势。但那些"衍法的导师,传法的沙弥"之中,能传受戴震的治学方法的,确也不少;然而真能传得戴氏的哲学思想的,却实在不多,——几乎可说是没有一个人。大家仍旧埋头做那"襞绩补苴"的细碎功夫,不能继续做那哲学中兴的大事业。虽然不信仰程朱理学的人渐渐多了,然而戴震的新理学还是没有传人。

戴震死后六年(1783),他的同乡学者凌廷堪(字次仲,歙县人,

1755—1809)到北京。凌廷堪也是一个奇士;他生于贫家,学商业,到二十多岁才读书做学问。1781年,他在扬州已知道他的同乡江永、戴震的学术了;他到了北京,方才从翁方纲处得着《戴氏遗书》;过了几年,他又从戴震的学友程瑶田处得知戴氏做学问的始末。从此以后,他就是戴学的信徒了。

他曾作一篇《戴东原先生事略状》,叙述戴氏的学问,最有条理;戴震的许多传状之中,除了洪榜做的《行状》,便要算这一篇最有精采了。他说:

> 自宋以来,儒者多剽窃释氏之言之精者,以说吾圣人之遗经。其所谓学,不求之于经,而但求之于理;不求之于故训典章制度,而但求之于心。好古之士虽欲矫其非,然仅取汉人传注之一名一物而辗转考证之,则又烦细而不能至于道。于是乎有汉儒经学,宋儒经学之分:一主于故训,一主于义理。先生(戴震)则谓义理不可舍经而空凭胸臆,必求之于古经。求之古经而遗文垂绝,今古悬隔,然后求之故训。故训明则古经明,古经明则贤人圣人之义理明,而我心之所同然者乃因之而明。义理非他,存乎典章制度者也。……义理不存乎典章制度,势必流入于异学曲说而不自知(以上一段是删节戴震的《题惠定宇先生授经图》)。故其为学,先求之于古六书九数,继乃求之于典章制度;以古人之义,释古人之书,不以己见参之,不以后世之意度之;既通其辞,始求其心,然后古圣贤之心不为异学曲说所汩乱。盖孟荀以还所未有也。(《事略状》)

他这样称颂戴震,又自称"自附于私淑之末",所以我们可以叫他做戴学的信徒。他在《事略状》的末段又说:

> 昔河间献王实事求是。夫实事在前,吾所谓是者,人不能强辞而非之;吾所谓非者,人不能强辞而是之也。如六书九数及典章制度之学,是也。虚理在前,吾所谓是者,人既可别持一说以为非;吾所谓非者,人亦可别持一说以为是也。如义理之学,是也。故于先生(戴震)之实学,诠列如右。而义理固先生晚年极精之诣,非造其境者,亦无由知其是非也。其书具在,俟后人之

定论云尔。

看这一段,可知凌廷堪也不很能赏识戴震的哲学。但他在这里虽然这样说,他却也不肯轻视戴学的哲学方面;他承认这是戴氏晚年极精的造诣。凌廷堪一生的大著作是他的《礼经释例》,创始于1787,成于1808,即他病死的前一年。他专治《仪礼》,用二十二年的工夫来做成这部最有条理的书。这是他的"实学";同时他的实学也就不能不影响他的"义理"之学,——他的哲学。他的哲学是从戴学出来的,受了戴震论性和理欲的影响,而终归到他最专治的礼,所以成为他的"复礼论"。

凌廷堪有《复礼》三篇,阮元(《次仲凌君传》,《研经室》二集,四,29)称为"唐宋以来儒者所未有"。"复礼"二字,见于《论语·克己复礼》一章。马融训"克己"为"约身";宋儒始解己字为私欲;清儒毛奇龄,李塨,戴震都不赞成私欲之训。阮元、凌廷堪等推衍毛戴之说,说的更完备。凌廷堪列举《论语》用"己"字的话十余条,证明《论语》中没有把"己"字作私欲解的。他说:

> 克己即修身也。故"修己以敬"、"修己以安人"、"修己以安百姓"直云修,不云克。《中庸》云,"非理不动,所以修身。"动实兼视,听,言三者;与《论语》颜渊请问其目正相合,辞意尤明显也。(引见阮元《研经室》一集,八,9—10)

"克己复礼"即是"非礼勿动"等事,即是用礼来约身修身。凌廷堪的《复礼》三篇即是扩充这个意思,用礼来笼罩一切。《复礼下》说:

> 圣人之道,至平且易也。《论语》记孔子之言备矣,但恒言礼,未尝一言及理也。……彼释氏者流,言心言性,极于幽深微眇,适成其为贤知之过。圣人之道不如是也。其所以节心者,礼焉尔,不远寻夫天地之先也。其所以节性者,亦礼焉尔,不侈谈夫理气之辨也。是故冠昏饮射有事可循也,揖让升降有仪可按也,笾豆鼎俎有物可稽也。使天下之人少而习焉,长而安焉;其秀者有所凭而入于善,顽者有所检束而不敢为恶;上者陶淑而底于成,下者亦渐渍而可以勉而至。圣人之道所以万世不易者,此也。圣人之道所以别于异端者,亦此也。

后儒熟闻夫释氏之言心言性极其幽深微眇也,往往怖之,愧圣人之道,以为弗如;于是窃取其理气之说而小变之,以訾圣人之遗言,曰,"吾圣人固已有此幽深微眇之一境也!"复从而辟之,曰,"彼之以心为性,不如我之以理为性也!"呜呼,以是为尊圣人之道,而不知适所以小圣人也!以是为辟异端,而不知阴入于异端也!诚如是也,吾圣人之于彼教,仅如彼教"性"、"相"之不同而已矣。(佛家宗有性相之分,如三论宗是性宗,瑜伽宗是相宗。性与相之别,即个性与共相之别。凌氏此言,他自己虽不以为然,其实很有意思。禅宗是"性宗"的极端,他的精神和方法都是个性的,主观的。妙悟顿觉,全靠自得,自证。北宋的理学拈出一个"理"字,便是针对那纯粹个人的禅宗下一种医药。理是共相,认识虽由于个人,而可有客观的印证。故在哲学史上,禅学之于理学,确是"性相之不同";正如陆王之于程朱,也是"性相之不同",又正如宋学之于清学,也还是一种"性相之不同"也。)乌足大异于彼教哉?……

颜渊大贤,具体而微,其问仁与孔子告之为仁者唯礼焉尔。仁不能舍礼但求诸理也。……盖求诸理必至于师心,求诸礼乃可以复性也。

我们看这一篇,可以看出戴震攻击理学的影响;不过戴氏打倒"理"之后,要用一个能辨察事情分别是非的智慧来替他,而凌氏则想撇开那"远寻夫天地之先,侈谈夫理气之辨"的理学,而回到那节心节性的礼:这一点是他们两人的思想的基本区别。

但凌氏不是一个"烦细"的学者;他是一个能综合贯通的思想家,能够组成一种自成系统的"礼的哲学"。他说:

夫性具于生初,而情则缘性而有者也。性本至中,而情则不能无过不及之偏。非礼以节之,则何以复其性焉?父子当亲也,君臣当义也,夫妇当别也,长幼当序也,朋友当信也:五者根于性者也,所谓人伦也。而其所以亲之,义之,别之,序之,信之,则必由乎情以达焉者也。非礼以节之,则过者或溢于情,而不及者则漠然遇之。故曰,"喜怒哀乐之未发谓之中,发而皆中节谓

和"。其中节也,非自能中节也,必有礼以节之。故曰,"非礼何以复其性焉?"(《复礼上》)

这一篇须参看他的《好恶说》,方才可以明白他的话虽像老生常谈,其实有点独到之处。《好恶说》云:

> 好恶者,先王制礼之大原也。人之性受于天。目能视则为色,耳能听则为声,口能食则为味,而好恶实基于此。节其太过不及,则复于性矣。《大学》言好恶,《中庸》申之以喜怒哀乐。盖好极则生喜,又极则为乐;恶极则生怒,又极则为哀。过则佚于情,反则失其性矣。先王制礼以节之,惧民之失其性也。然则性者好恶二端而已矣。……
>
> 人性初不外乎好恶也。……好恶生于声色与味,为先王制礼节性之大原。……盖喜怒哀乐皆由好恶而生;好恶正,则协于天地之性矣。

此篇文甚长,大旨只是说"性者,好恶二端而已矣"。他详引《大学》各节来证明诚意,正心,修身,齐家,治国,平天下,无一项不靠"好恶"二端。恰巧《大学》"诚其意"以下各节,每一节都提到"好恶"。他用这一个意思竟把一部《大学》说的很贯串了。(其言甚辩,看原文。)如云:

> "好人之所恶,恶人之所好,是谓拂人之性。灾必及乎身。"

《大学》"性"字只此一见,即好恶也。

他说《大学》、《中庸》虽不说"礼",但都是"释礼之书",因为这二书说好恶与喜怒哀乐,都是制礼的大原。所以《复礼中》说:

> 盖修身为平天下之本,而礼又为修身之本也。后儒置子思之言不问,乃别求所谓仁义道德者;于礼则视为末务,而临时以一"理"衡量之,则所言所行不失其中者鲜矣。

他又有《慎独说》,引《礼器》"君子慎其独也"一段来和《大学》、《中庸》说"君子慎其独也"二段,证明慎独只是"礼之内心精微,皆若有威仪临乎其侧;虽不见礼,如或见之",而不是什么"独坐观空"的心学。

这样的说法,把宋儒加在《大学》、《中庸》上面的那一层幽深微眇的朱漆描金都剥的干干净净,仍回到一种平易无奇的说法。这种

"剥皮"方法固然是很痛快的,而且是很有历史意味的;然而这种说法可以成为一种很好的经说,而不能成为一种很好的哲学。我们可以承认"性者,好恶二端而已",但仍未必能承认"礼之外别无所谓学"的结论。凌廷堪因为人的好恶有太过,有不及,所以要用礼来笼罩一切,要使

> 天下无一人不囿于礼,无一事不依于礼,循循焉日以复其性而不自知也。(《复礼上》)

这是不可能的事。古代的"礼仪三百,威仪三千",如今都到那里去了?古代所谓礼,乃是贵族社会的礼;古代生活简单,贵族多闲暇,所以不妨行那繁琐的礼仪,不妨每一饮酒而要宾主百拜。但后世封建制度推翻之后,那"闲暇"的阶级不存在了,那繁琐的礼仪便也不能存在了。春秋战国之间,士大夫还斤斤争论礼仪的小节,很像什么了不得的大事,如《檀弓》记"曾子袭裘而吊,子游裼裘而吊"的一段可以为证。汉室成立之后,屠狗杀猪的无赖可以封侯拜将,卖唱卖艺的伎女可以做皇后王妃,于是向来的贵族阶级的繁琐礼仪都被那班"酒酣拔剑砍柱"的新贵族们一齐丢开了。我们生当汉兴二千年之后,还能妄想"天下无一人不囿于礼,无一事不依于礼"吗?

况且,即使我们承认人们用情太过或不及是一件不好的事,我们仍不能承认礼为矫正这种过与不及的好工具,更不能承认古代的礼为矫正的工具。我们不记得孔子遇旧馆人之丧的故事吗?他那时"遇于一哀而出涕",难道还要忍住眼泪,先查查《礼经》,看是应该"拭泪"或"扱泪"吗?过情与不及情,乃是人们的常情;矫正的工具不在几部古《礼经》,而在一个能随时应变的智慧。《礼运》说的好:

> 礼也者,义之实也。协诸义而协,则礼虽先王未之有,可以义起也。

这是很平允的话。有了能随时应变,因地制宜的智慧,人们自能制作应付新境地的方式,正不必拘守那久已不适用的古礼,也不必制定死板的新礼来拘束后人。戴震论"仁义礼智"一条,有云:

> 就人伦日用,究其精微之极致,曰仁,曰义,曰礼;合三者以断天下之事,如权衡之于轻重,于仁无憾,于礼义不愆,而道尽

矣。(《疏证》三六)

这是智的作用。戴震又说：

> 礼者,至当不易之则。……凡意见少偏,德性未纯,皆己与天下阻隔之端。能克己以还其至当不易之则,斯不隔于天下。……圣人之言,无非使人求其至当,以见之行。求其至当,即先务于知也。凡去私不求去蔽,重行不先重知,非圣学也。(《疏证》四二)

这样教人"先务于知"、"求其至当,以见之行"这是真正戴学。凌廷堪不懂得戴学"重知"之意,用礼来笼罩一切,所以很失了戴学的精神。如《复礼中》说：

> 若舍礼而别求所谓道者,则杳渺而不可凭矣。……格物者,格此也。《礼器》一篇,皆格物之学也。若泛指天下之物,有终身不能尽识者矣。盖必先习其器数仪节,然后知礼之原于性：所谓致知也。知其原于性,然后行之出于诚,所谓诚意也。

我们试举这一段话来比较戴震说的"举凡天地人物事为,求其必然不可易"(《疏证》十四),便可以知道凌廷堪只是一个礼学专家,虽是戴学信徒,而决不能算作戴学传人了。

与凌廷堪同时的有一位扬州学者焦循(字里堂,江都县人,生于1763,死于1820),也是一个稍能跳出朴学的圈子而做点有系统的思想的人。他著有《易通释》、《论语通释》、《孟子正义》、《雕菰楼文集》等书。他精通算学,在当日算得一位算学大家；他著有算学书多种(看阮元作的传)。他的哲学思想散见于《论语通释》、《孟子正义》及《文集》之中。他生平最佩服戴震的《孟子字义疏证》；他的《论语通释》即是仿那书做的。他自己说：

> 循读东原戴氏之书,最心服其《孟子字义疏证》。说者分别汉学、宋学以义理归之宋。宋之义理诚详于汉；然训故明,乃能识羲、文、周、孔之义理(此泛论《周易》,故如此说)。宋之义理仍当以孔之义理衡之。未容以宋之义理即定为孔子之义理也。(《寄朱休承学士书》)

他又说戴震

> 生平所得,尤在《孟子字义疏证》一书;所以发明理道情性之训,分析圣贤老释之界,至精极妙。(《国史儒林文苑传议》)

他又说:

> 《孟子字义疏证》于理道天命性情之名,揭而明之如天日。(《论语通释自序》)

他曾作《读书三十二赞》,其一赞《孟子字义疏证》云:

> 性道之谭,如风如影。先生明之,如昏得朗;先生疏之,如示诸掌。人性相近,其善不爽。惟物则殊,知识罔罔。仁义中和,此来彼往。各持一"理",道乃不广。以理杀人,与圣学两。

我们看这些话,可以明白焦循受的戴学的影响了。

当时有上元戴衍善说戴震临死时道:"生平读书,绝不复记。到此方知义理之学可以养心。"这话本是一种诬蔑的传说,最无价值。但当时竟有人相信这话,所以焦循做《申戴篇》,替戴氏辩诬,说

> 其所谓义理之学可以养心者,即东原自得之义理,非讲学家《西铭》、《太极》之义理也。

这种传说本不足辩;但这也可见焦循不藐视"义理"。他曾著《辨学篇》,说当日的学者治经著书约有五派:

> 一曰通核,二曰据守,三曰校雠,四曰摭拾,五曰丛缀。

他最恨的是据守,最崇拜的是通核。他说通核一派是:

> 通核者,主以全经,贯以百氏;协其文辞,揆以道理。人之所蔽,独得其间。可以别是非,化拘滞;相授以意,各慊其衷。其弊也,自师成见,亡其所宗;故迟钝苦其不及,高明苦其太过焉。

通核的反面是据守:

> 据守者,信古最深,谓传注之言坚确不易;不求于心,固守其说,一字句不敢议。绝浮游之空论,卫古学之遗传。其弊也,跼踏狭隘,曲为之原;守古人之言,而失古人之心。

焦循以通核自任,故阮元为他作传,称为"通儒"。通核之学在清儒中很不多见;章学诚与崔述皆当得起通核二字,但皆没有传人。经学家之中,只有戴震一派可称通核;如惠栋一派只能据守而已。戴学后进,以高邮王氏父子为最能发挥通核的学风。焦循也属于这一派。

他有与王引之的一书(见汪廷儒《广陵思古编》十)云:

> 阮阁学(阮元)尝为循述石臞先生(王念孙)解"终风且暴"为既风且暴,与"终窭且贫"之文法相为融贯。说经若此,顿使数千年淤塞一旦决为通渠。后又读尊作《释词》,四通九达,迥非貌为古学者可比。
>
> 循尝怪为学之士自立一"考据"名目;以时代言,则唐必胜宋,汉必胜唐;以先儒言,则贾、孔必胜程、朱,许、郑必胜贾、孔。凡郑、许一言一字,皆奉为圭璧,而不敢少加疑辞。窃谓此风日炽,非失之愚,即失之伪;必使古人之语言皆佶屈聱牙而不可通,古人之制度皆委曲繁重而失其便。譬诸儒夫不能自立,奴于强有力之家,假其力以欺愚贱,究之其家之堂室牖户,未尝窥而识也。若以深造之力,求通前儒之意;当其散也,人无以握之;及其既贯,遂为一定之准;其意甚虚,其用极实;各获所安而无所勉强:——此亦何"据"之有?

这里竟是大骂那些"据守"的汉学家了。他在《论语通释》(《木犀轩丛书》本)里有《论据》一章,也是批评这据守一派的。他说:

> 近之学者以"考据"名家,断以汉学;唐宋以后,屏而弃之。其同一汉儒也,则以许叔重、郑康成为断。据其一说,而废众说。荀子所谓"持之有故",持即据之谓也。……必据郑以屏其余,与必别有所据以屏郑,皆据也,皆非圣人一贯忠恕之旨也。……九流诸子各有所长。屏而外之,何如择而取之? 况其同为说经之言乎。(第十四章,第一条)

清儒治学最重立言有据。据是根据地(论理学上所谓 Ground)。清儒所谓"据",约有两种:一是证据(Evidence),如顾炎武《唐韵正》所举"本证"与"旁证"是也;一是依据(Authority),谓依附古人之说,据为权威,如惠栋一流人之依据汉儒是也。依据很像焦循说的"奴于强有力之家,假其力以欺愚贱"。然证据乃是清学的绝大贡献,必不可抹杀;抹杀证据,便没有清学了。但治学之人有时遇着困难,心知其意,而一时寻不着证据,难道遂不能立说了吗? 不然。治学之人不妨大胆提出假设,看他能不能解决困难,能不能贯串会通。若某一假设能"别是非,化拘滞""各获所安而无所勉强",那么,这个假设便是可成立的假设;虽无所据,亦自可成立。焦循所谓"及其既贯,遂为一定之准,……此亦何据之有?"正是指这一类。戴震著《孟子字义疏证》,焦循著《易通释》,皆以贯通为标准,不依傍古人。在那"襞绩补苴"的汉学风气之中,要想打破据守的陋气,建立有系统条理的哲学思想,只有力求通核的一条路。焦循的思想虽不能比戴震,然而在这一点上,焦循可算是得着戴学的精神的了。

焦循论性,大致与戴震相同。他说:

> 性善之说,儒者每以精深言之,非也。性无他,食色而已。(《性善解》一)

> 性何以善?能知,故善。同此男女饮食,嫁娶以为夫妇,人知之,鸟兽不知之;耕凿以济饥渴,人知之,鸟兽不知之。鸟兽既不能自知,人又不能使之知,此鸟兽之性所以不善。……故孔子论性,以不移者属之上知下愚;愚则仍有知,鸟兽直无知,非徒愚而已矣。世有伏羲,不能使鸟兽知有夫妇之别。虽有神农、燧人,不能使鸟兽知有耕稼火化之利。……故论性善,徒持高妙之说,则不可定;第于男女饮食验之,性善乃无疑耳。(《性善解》三)

《性善解》凡五篇,其要义如此。食色即是性;能知,故善:这都是和戴震相同的。

但这种相同是表面上的。焦循很佩服王阳明的哲学,根本上便和戴震不能相容。他所以能赞同戴震的性说,正因为戴氏论性,以食色为性,与阳明学派最相近。但戴震论性,虽以食色知识为起点,却要人"由博学,审问,慎思,明辨,笃行,以扩而充之""至于辨察事情而准":这种纯粹理智的态度是与"良知"之学根本不同的,也是焦循不能了解的了。焦循的儿子廷琥作焦循的《事略》,曾说"府君于阳明之学阐发极精"(《事略》,页十一)。我们看他的《良知论》,可以知道他何以不能赏识戴震的理智态度的原故了。他说:

> 紫阳之学所以教天下之君子;阳明之学所以教天下之小人。……行其所当然,复穷其所以然;诵习乎经史之文,讲求乎性命

> 之本:此惟一二读书之士能之,未可执颛愚顽梗者而强之也。良
> 知者,良心之谓也。虽愚不肖不能读书之人,有以感发之,无不
> 动者……。牧民者苟发其良心,不为贼盗,不相争讼,农安于耕,
> 商安于贩,而后一二读书之士得尽其穷理格物之功。孔子曰,
> "民可使由之,不可使知之";子夏曰,"虽曰未学,吾必谓之学",
> 此之谓欤?

焦循认普通人说的"良心"即是良知,所以要用这条捷径来治一般人,而把穷理格物之功让给一二读书之士。王阳明曾说,"与愚夫愚妇同的,是谓同德;与愚夫愚妇异的,是谓异端"(《传习录》下,二六)。焦循也信仰愚夫愚妇的"良心",故往往有反理智的表示,如主张贞女(《贞女辨》上、下)及辩护割股(《愚孝论》),皆是其例。他论割股,有云:

> 传之故老,载诸简编,皆刺刺称其效之如响,奈何以其愚不
> 一试之?且以是为愚,必反是行其智矣。处人伦之中,可以智
> 乎?……将欲使天下之人忘其亲而用其智欤?

这种地方真可以见"良知"学说的大害。我们明白了这一层,方才可以了解焦循论"理"的学说。

焦循论"理",也受了戴震的影响,故颇有貌似戴学的话,其实他们两人是有根本不同的。焦循说:

> 九流之原,名家出于礼官,法家出于理官。……先王恐刑罚
> 之不中,于罪辟之中求其轻重,析及毫芒,无有差谬,故谓理官。
> 而所以治天下,则以礼不以理也。……今之讼者,彼告之,此诉
> 之,各持一"理",哓哓不已。若直论其是非,彼此必皆不服。说
> 以名分,劝以逊顺,置酒相揖,往往和解。可知理足以启争,而礼
> 足以止争也。(《理说》)

在这一点上,焦氏未免误解戴氏的用意了。戴氏说理是条理;焦氏用"求其轻重,析及毫芒,无有差谬"来解释理官所以以"理"命名之意,这可算是给戴氏添了一个证据。但戴氏只反对那"得于天而具于心"的理,只反对人人把自己的意见认作理;他并不曾反对那"析及毫芒,无有差谬"的事物的条理。焦循用诉讼作譬喻,要人置酒和

解,而不要论其是非,这是向来儒家"必也使无讼乎"的谬见,怕不是戴氏的原意罢?

他又有《使无讼解》一篇,说:

> ……致知在格物,格物者,旁通情也。情与情相通,则自不争。所以使无讼者,在此而已。听讼者以法,法愈密而争愈起,理愈明而讼愈烦。"吾犹人也",谓理不足恃也,法不足恃也,旁通以情,此格物之要也。……天下之人皆能絜矩,皆能恕,尚何讼之有?

在这一点上,焦循远不如崔述(1740—1816)。崔述虽不是直接受戴震的影响的人,但他有《争论》与《讼论》两篇,很可以驳正焦循的误解。《争论》说:

> ……两争者,必至之势也。圣人知其然,故不责人之争,而但论其曲直。曲则罪之,直则原之。故人竞为直,而莫肯为曲。人皆不肯为曲,则天下无争矣。然则圣人之不禁争,乃所以禁争也。……以让自勉,则可;以不让责人,则断不可。夫责人,则亦惟论其曲直而已矣。惜乎,世之君子未尝久处间阎,亲历险阻,而于人情多不谙也!

《讼论》说:

> 自有生民以来,莫不有讼。讼也者,事势之所必趋,人情之所断不能免者也。……今不察其曲直,而概不欲使讼;陵人者反无事,而陵于人者反见尤,……天下之事从此多,而天下之俗从此坏矣。余幼时,见乡人有争则讼之县。三十年以来,不然;有所争,皆聚党持兵而劫之,曰,"宁使彼讼我,我无讼彼也"。唯单丁懦户力不能抗者,乃讼之官耳。此无他,知官之恶讼,而讼者未必为之理也。民之好斗,岂非欲无讼者使之然乎?……圣人所谓"使无讼"者,乃曲者自知其曲而不敢与直者讼,非直者以讼为耻而不肯与曲者讼也。(以上两篇均见崔述《无闻集》卷二)

这种见解和戴震的哲学颇一致;因为戴震论求理,虽然也说"以情絜情",但他的一贯的主张却在"心之明之所止,于事情无几微爽失"

（说详见上文第二章）。我们在前章曾指出"以情絜情"必须假定"一人之欲，天下人之同欲也"；这也近于认主观的意见为理。我们曾指出这是戴氏偶尔因袭下来的说法，和他的根本主张颇有点不一致。焦循相信愚夫愚妇都有良知，可以感动，所以他竟主张"不论其是非"；如果戴氏提倡一种新的哲学，认理为事物的条理，而他的效果仅使人"不论其是非"，这还算什么哲学革命呢？"不谴是非"，岂不早已是庄子的主张吗？所以焦循的误解倒可以使我们格外明了戴氏的学说里的因袭部分的缺点。我们读戴氏的书，应该牢记他的"以情絜情"之说与他的基本主张不很相容；若误认"以情絜情"为他的根本主张，他的流弊必至于看轻那"求其轻重，析及毫芒，无有差谬"的求理方法，而别求"旁通以情"的世故方法。焦氏希望"天下之人皆能絜矩，皆能恕"，——这是何等奢望？希望天下人皆能恕，与希望天下人皆能忍，同一妄想。正因为天下人未必人人能恕能忍，所人贵有"求其轻重，析及毫芒，无有差谬"的人；所以贵有"于事情无几微差失"的聪明睿智。

　　戴震解"一以贯之"，最有特识。"吾道一以贯之"，他说，这是说"上达之道即下学之道也"。曾子用"忠恕"解"一贯"，戴震不很以为然，但他又不好明白驳曾子，只好说，"盖人能出于己者必忠，施于人者以恕，行事如此，虽有差失，亦少矣。凡未至乎圣人，未可语于仁，未能无憾于礼义，如其才质所及，心知所明，谓之忠恕，可也。圣人仁且智，……忠恕不足以明之；然而非有他也，忠恕至斯而极也"（《疏证》下，四一）。这几句话处处都可见他不满意于"忠恕"之解，处处都是勉强承认。到了孔子告子贡"予一以贯之"一章，戴震便毫不客气了。他说，这是说"精于道则心之所通不假于纷然识其迹也"。"闻见不可不广，而务在能明于心。一事豁然使无余蕴，更一事而亦如是；久之，心知之明进于圣智，虽未学之事，岂足以穷其智哉？""致其心之明，自能权度事情无几微差失。又焉用知'一'求'一'哉？"（同上）我们看这一章，可知戴震很不愿用忠恕来解一贯；一贯只是使"心知之明尽乎圣智""自能权度事情无几微差失"。这是戴氏的科学态度的产儿，可以算是代表清学最盛时代的治学精神的一贯说。

焦循有《一以贯之解》,更可以见他不能完全了解戴学的基本主张。他的主旨是:

> 一贯者,忠恕也。忠恕者何? 成己以及物也。

他引孟子论舜"善与人同,舍己从人,乐取于人以为善"一段,说舜"于天下之善无不从之,是真一以贯之"。他说一贯只是"舍己,克己,善与人同""吾学焉而人精焉;舍己以从人,于是集千万人之知以成吾一人之知。此一以贯之所以视多学而识者为大也。……多学而识,成己也。一以贯之,成己以及物也"。

我们可用他的三篇《格物解》来注释他的《一以贯之解》。他说格物也只是一个恕字。他说:

> 格物者何? 絜矩也。格之言来也。物者,对乎己之称也。……物何以来? 以知来也。来何以知? 神也。何为神? 寂然不动,感而遂通也。何为通? 反乎己以求之也。己所不欲,勿施于人,则足以格人之所恶。己欲立而立人,己欲达而达人,则足以格人之所好。……故格物者,絜矩也。絜矩者,恕也。(《格物解》一)

这就是"以情絜情"的格物说。"反乎己以求之"为通;这就是上文用忠恕说一贯的意思。这种理论的根据是:

> 感于物而动,性之欲也。故格物不外乎欲。己与人同此性,即同此欲。(《格物解》三)

这真是"良知"家的格物解。良知家以为人人皆有良知,"良知原是完完全全的",故能有这种平等的见解。这是多么大的一个假定呵! 必须先假定"己与人同此性,即同此欲",然后我们可以说:

> 以我之所欲所恶推之于彼,彼亦必以彼之所欲所恶推之于我。各行其恕,自相让而不相争,相爱而不相害。(《格物解》二)

然而那个大假定是不容易成立的。焦循自己也曾说:

> 孟子曰:"物之不齐,物之情也。"虽(当作惟;《论语通释》第二条,文与此同,作惟)其不齐,则不能以己之性情例诸天下之

性情；即不得执己之所习所学所知所能例诸天下之所习所学所知所能。(《一以贯之解》)

他又曾说：

> 人各一性，不可强人以同于己，不可强己以同于人。有所同，必有所不同。此同也，而实异也。(《论语通释》，《木犀轩丛书》本，第二章，第四条)

这几句话可以摧破戴震"一人之所欲，天下人之同欲也"的假定，也可以摧破焦循"己与人同此性，即同此欲"的假定。因为人的好恶不齐，故不能执我的好恶为标准而推之于天下人。我不愿人来扰我，也遂不肯去扰人，这是好的。但我不爱听音乐，也遂不许人听音乐，那就不好了。我爱小脚，遂要女子都裹小脚，那就更坏了。戴震说以忠恕行事，"虽有差失，亦少矣"，那还是比较的公平的话。焦循以恕为格物之法，以絜矩为治国平天下之道，那就是良知家的话头，不是戴震的本意了。

焦循到底只是一个调和论者。焦循生当嘉庆时代，眼见戴震身后受当时人的攻击，眼见戴学因攻击程朱之故引起很大的反动，眼见这种反动竟由攻击戴学而波及清学的全体。《汉学商兑》(见下节)虽然还没有出版，然而我们从《汉学商兑》及焦循的《申戴篇》里可以推想十九世纪初年的人攻击戴学的猛烈。戴学攻击那认意见为理的正统哲学，而正统哲学即用那"意见的理"来攻击戴学，说戴学"得罪于天"、"为天之所恶"。焦循生当这个时代，感觉当日那种不容忍的空气，既不能积极的替戴学向正统哲学决战，便只能走向和缓的一路。焦循趋向和缓，主张忠恕，主张舍己从人，都像是有意的，不是不自觉的。他在《一以贯之解》里说：

> 人惟自据其所学，不复知有人之善，故不独迕言之不察，虽明知其善，而必相持而不相下。荀子所谓"持之有故，言之成理"。凡后世九流二氏之说，汉魏南北经师门户之争，宋元明朱、陆、阳明之学，其始缘于不恕，不能舍己克己，善与人同；终遂自小其道。近于异端。使明于圣人一贯之指，何以至此？

这一段即是用他的《论语通释》的第一条的话。《通释》的原文"朱陆阳明之学"之下有"近时考据家汉学、宋学之辨"十一个字。这可见焦循当时确有感于汉学、宋学之争;后来不愿明说,故又删去这一句。最可注意的是《论语通释》第一章,共五条,论一贯忠恕;而第二章,共八条,即是论"异端"。《论语》中重要的问题很多,"异端"算不得重要题目;而焦循列为十五章之一,讨论至八条之多,可见他特别注意这问题了。这八条是《文集》中《攻乎异端解》的原稿。原文有云:

> 凡执一者皆能贼道,不必杨墨也。圣人一贯,故其道大;异端执一,故其道小。……执一由于不忠恕。……执一则人之所知所行与己不合者,皆屏而斥之,入主出奴,不恕不仁,道日小而害日大矣。

这是很有锋芒的话。在《文集》里这些话都删去了。《攻乎异端解》的大旨是解"攻"字为"他山之石可以攻玉"之攻。攻者,砥切磨错之义。"斯害也已"之"已"字,他解作止字。能与异己者相攻磨,就没有害了。他又引《韩诗外传》"序异端使不相悖",把"序"字解作"时"字。他说:

> 杨则冬夏皆葛也。墨则冬夏皆裘也。子莫则冬夏皆袷也。趋时者,裘葛袷皆藏之于箧,各依时而用之,即圣人一贯之道也。

这不完全是调和论者的口气吗?戴震在他的杰作的后序(《疏证》四三)里说明他所以攻击程朱是因为程朱的学说"入人心深,祸于人大"。那是革命家的论调。焦循虽然佩服戴震,却干不了这革命的生活,只能劝人把"裘,葛,袷,皆藏之于箧,各依时而用之"。这种调和的态度怕是焦循所以不能做戴学的真正传人的一个重要原因罢?

戴震的哲学是一种新的理学;他的要旨在于否认那得于天而具于心的理,而教人注意那在事物之中的条理。知道"理"不在人心中,然后不至于认意见为理,而执理以杀人祸世。是非是要分明的;但分别是非不靠执持个人的意见,不靠用"天理"来压人,而靠训练心知之明,使他能辨别是非而准。这岂是"忠恕"、"絜矩"种种旧观念所能包括的吗?焦循不曾认明戴学的大贡献在于用新的"理"说来代替旧的"理"说,所以他走错了道路,竟要人不讲理而论情,竟要人"不论其是非"。他说:

> 明儒吕坤有《语录》一书,论理云:"天地间惟理与势最尊,理又尊之尊也。庙堂之上言理,则天子不得以势相夺。即相夺,而理则常伸于天下万世。"(适按,此语见吕坤的《呻吟语》。)此真邪说也!孔子自言事君尽礼,未闻持理以与君抗(与君抗,《文集·理说》作要君)者。吕氏此言,乱臣贼子之萌也。(《论语通释》第十二章,第二条,即《文集·理说》末段)

戴震反对的"理"乃是那"尊者以理责卑,长者以理责幼,贵者以理责贱"之理;他并不反对"卑者幼者贱者以理争之"(看《疏证》10,又43)。戴震用他的新理学来反抗程朱的威权,这种精神正是焦循所痛骂的"持理以与君抗"的精神。宋明的理学家持理以与君抗,这种精神是可敬的;然而他们不能细心考察他们所持的理是否全出于意气,那是宋朝争濮议,明朝争三案的许多正人君子的大缺点。戴学要人注意那辨别是非的工具——心知之明;要人于"天地之大,人物之蕃,为之委曲条分;苟得其理矣,如直者之中悬,平者之中水,圆者之中规,方者之中矩,然后推诸天下万世而准"(《疏证》十三)。这样求得的理,可以拿来反抗孔孟,何况程朱!可以拿来反抗程朱,何况皇帝!

可怜这是焦循不能了解的。他只知道:

> 惟多学乃知天下之性情名物不可以一端尽之。不可以一端尽之,然后约之以礼。以礼自约,则始而克己以复礼,既而善与人同,大而化之。(《论语通释》第十二章,第四条)

这是良知家的常谈,不是戴震要提倡的新理学。

焦循的同乡亲戚阮元(1764—1849)是戴学的一个最有力的护法。他少年时与戴学的大师王念孙、任大椿等人做朋友,作《〈考工记〉车制图解》,有江永、戴震诸人所未发的精义。他从科第进身,做过几省的学政,巡抚浙江最久,又巡抚江西、河南两省;升湖广总督,后总督两广十年之久,总督云贵也十年之久。他在浙江立诂经精舍,选高材生读书其中,课以经,史,小学,天文,地理,算法,"许各搜讨书传,不用扃试糊名法"。他在广州设立学海堂,也用诂经精舍的遗规。当时这两个书院成为国中两大学院;一时学者多出于其中(看孙星衍《平津馆文稿》下,《诂经精舍题名碑记》)。他的特别长处,在于能收罗一时大师,请他们合作,编辑重大的书籍,如《经籍纂诂》《十三经校勘记》《畴人传》等。他刻的书也很多;凌廷堪,焦循,汪中,刘台拱等人的书都由他刻行。他刻的《皇清经解》一千四百卷,为清代古学著作的第一次大结集。

阮元的《研经室集》里颇有不少的哲学文章。我们研究这些文章,可以知道他不但能继续戴学的训诂名物的方面,并且能在哲学方面有所发挥,有所贡献,成绩在凌廷堪与焦循之上。他用戴学治经的方法来治哲学的问题;从诂训名物入手,而比较归纳,指出古今文字的意义的变迁沿革,剥去后人涂饰上去的意义,回到古代朴实的意义。这是历史的眼光,客观的研究,足以补救宋明儒者主观的谬误。我们试引几条例子来说明他的方法。

他的《释顺篇》说:

> 有古人不甚称说之字,而后人标而论之者。有古人最称说之恒言要义,而后人置之不讲者。
>
> 孔子生春秋时,志在《春秋》,行在《孝经》,其称至德要道之于天下也,不曰治天下,不曰平天下,但曰"顺"天下。顺之时义大矣哉!何后人置之不讲也?
>
> 《孝经》顺字凡十见。……《春秋》三传,《国语》之称顺字者最多。……不第此也。《易》……之称顺者最多,……《诗》之称顺者最多,……《礼》之称顺者最多。……
>
> 圣人治天下万世,不别立法术,但以天下人情顺逆叙而行之而已。(《研经室》一集。一,26—28)

又如《释达篇》云:

> "达"之为义,圣贤道德之始,古人最重之,且恒言之,而后人略之。
>
> 按"达"也者,士大夫智类通明,所行事功及于家国之谓也。……达之为义,《春秋》时甚重之;达之为义,学者亦多问之。《论语》,……"夫达也者,质直而好义,察言而观色,虑以下人,

在邦必达,在家必达。"……《大戴礼》,弟子问于曾子曰,"夫士何如则可以为达矣?"曾子曰,"不能则学,疑则问,欲行则比贤;虽有险道,循行达矣。"又曰:"君子进则能达。岂贵其能达哉?贵其有功也。"绎孔曾此言,知所谓达者,乃士大夫学问明通,思虑不争,言色质直,循行于家国之间,无险阻之处也。……《论语》,子曰:"赐也达,于从政乎何有?""夫仁者己欲达而达人。""不怨天,不尤人,下学而上达。"——此达之说也。(同上,一,29—30)

这些地方都可以看出他的比较方法与历史眼光。阮元最长于用归纳比较的方法来寻出文字训诂的变迁。他的《诗书古训》就含有这种精神。他的《经籍纂诂》也就是根据这个意思做的。他深知文字是跟着时代变迁的;只有归纳比较的方法可以使我们知道文字的古义与原来的价值。阮元不但指出"顺"字、"达"字在古书里的特殊意义与地位;他在别处时时采用这种归纳的,历史的方法。他在《荀子引道经解》里指出"《虞书》尚无'者'字,何况黄帝之时?"(《研经室》续集,三,2。)在《孟子·论仁论》里,他指出"仁字不见于《尚书·虞》、《夏》、《商书》,《诗·雅》、《颂》,《易》卦爻辞之中,……惟《周礼·大司徒》,'六德:智,仁,圣,义,中,和',为'仁'字初见最古者"(《研经室》一集,九,13—14)。这都是从比较的研究里得来的历史见解。

清代考据之学有两种涵义:一是认明文字的声音与训诂往往有时代的不同;一是深信比较归纳的方法可以寻出古音与古义来。前者是历史的眼光,后者是科学的方法。这种态度本于哲学无甚关系。但宋明的理学皆自托于儒家的古经典,理学都挂着经学的招牌;所以后人若想打倒宋明的理学,不能不先建立一种科学的新经学;他们若想建立新哲学,也就不能不从这种新经学下手。所以戴震,焦循,阮元都是从经学走上哲学路上去的。然而,我们不要忘记,经学与哲学究竟不同:经学家只要寻出古经典的原来意义;哲学家却不应该限于这种历史的考据,应该独立地发挥自己的见解,建立自己的系统。经学与哲学的疆界不分明,这是中国思想史上的一大毛病。经学家来讲哲学,哲学便不能不费许多心思日力去讨论许多无用的死问题,并且不容易脱离传统思想的束缚。哲学家来治古经,也决不会完全破除主观的成见,所以往往容易把自己的见解读到古书里去。"格物"两个字可以有七十几种说法。名为解经,实是各人说他自己的哲学见解。各人说他自己的哲学,却又都不肯老实说,都要挂上说经的大帽子。所以近古的哲学便都显出一种不老实的样子。所以经学与哲学,合之则两伤,分之则两受其益。

阮元虽然自居于新式的经学家,其实他是一个哲学家。他很像戴震,表面上精密的方法遮不住骨子里的哲学主张。阮元似乎也是很受了颜李学派的影响的。他说"一贯",说"习",说"性",说"仁",说"格物",都显出颜李学派与戴学的痕迹。他虽然没有颜李戴三人的革命的口气,然而他的方法更细密,证据更充足,态度更从容,所以他的见解竟可以做颜学与戴学的重要后援。

颜元的哲学注重实习,实行,"犯手去做",所以他自号习斋。阮元在这一点上可算是颜学的嫡派。他的《论语解》开端便说:

"学而时习之"者,学兼诵之,行之。凡礼乐文艺之繁,伦常之纪,道德之要,载在先王之书者,皆当讲习之,贯习之。《尔雅》曰,"贯,习也。"转注之,习亦贯也。时习之习,即一贯之贯。贯主行事,习亦行事,故时习者,时诵,时行之也。《尔雅》又曰,"贯,事也。"圣人之道未有不于行事见而但于言语见者也。故孔子告曾子曰,"吾道一以贯之。"一贯者,壹是皆行之也。又告子贡曰,"汝以予为多学而识之者欤?予一以贯之。"此义与告曾子同,言圣道壹是贯行,非徒学而识之。两章对校,其义益显。此章乃孔子教人之语,实即孔子生平学行之始末也。故学必兼诵之行之,其义乃全。马融注专以习为诵,失之矣。(《研经室》一集,二,16—17)

这种议论全是颜学的口气。阮元又有《论语一贯说》,可以与此篇参看。他说:

《论语》"贯"字凡三见:曾子之"一贯"也,子贡之"一贯"也,闵子之言"仍旧贯"也:此三贯字其训不应有异。元按,贯,行也,事也。(《尔雅》,"贯,事也。"《广雅》,"贯,行也"。《诗·

硕鼠》,"三岁贯女";《周礼·职方》,"使同贯利";《论语·先进》,"仍旧贯":传注皆训为事。《汉书·谷永传》云,"以次贯行";《后汉·光武十五王传》云,"奉承贯行":皆行事之义。)三者皆当训为行事也。孔子呼曾子告之曰,"吾道一以贯之。"此言孔子之道皆于行事见之,非徒以文学为教也。一与壹同。(一与壹通。经史中并训为专,又并训为皆。《后汉·冯绲传》,《淮南·说山训》,《管子·心术篇》,皆训一为专。《大戴·卫将军》,《荀子·劝学、臣道》,《后汉书·顺帝纪》,皆训一为皆。《荀子·大略》,《左》昭二十六年,《穀梁》僖九年,《礼记·表记》,《大学》,皆训壹为专。)壹以贯之,犹言壹是皆以行事为教也。弟子不知所行为何道,故曾子曰,"夫子之道,忠恕而已矣。"……若云贤者因圣人一呼之下,即一旦豁然贯通焉,此似禅家"顿宗"冬寒见桶底脱大悟之旨,而非圣贤行事之道也。何者?曾子若因一贯而得道统之传,子贡之一贯又何说乎?不知子贡之一贯亦当训为行事。子告子贡曰,"汝以予为多学而识之者欤?"子贡曰,"然,非欤?"子曰,"予一以贯之。"此夫子恐子贡但以多学而识学圣人,而不于行事学圣人也。夫子于曾子则直告之,于子贡则略加问难而出之,卒之告子贡曰,"予一以贯之",亦谓壹是皆以行事为教也。亦即忠恕之道也。闵子曰,"仍旧贯,如之何?"此亦言仍旧行事,不必改作也。

  故以行事训贯,则圣贤之道归于儒;以通彻训贯,则圣贤之道近于禅矣。(《研经室》一集,二,21—22)

训"习"为习行,是颜学的宗旨;训"一贯"为行事,是阮元为颜学寻得的新根据。阮元虽不明说他曾否受颜学的影响,然而颜学对于阮元至少曾有暗示的作用,这是无可疑的。

  颜元讲"格物"为犯手做去,如手格猛兽之格。李塨稍稍变通这个解说,说"格物者,谓大学中之物,如学礼学乐类必举其事,造其极也";"格者,于所学之物,由浅及深,无所不到之谓也"(《大学辨业》二,8—9)。阮元有《大学格物说》一篇,似乎也是受了颜李的影响的。他说:

《礼记·大学篇》曰,"致知在格物""物格而后知至"。此二句虽从身,心,意,知而来,实为天下国家之事。天下国家以立政行事为主。《大学》从身心说到意知,已极心思之用矣;恐学者终求之于心学而不验之行事也,故终显之曰,"致知在格物"。物者,事也。格者,至也。事者,国家天下之事,即止于五伦之至善,明德,新民,皆事也。格有至义,即有止意。履而至止于其地,圣贤实践之道也。凡经传所云"格"……及古钟鼎文"格于太庙""格于太室"之类,皆训为至。盖"假"为本字,格字同音相借也。《小尔雅·广诂》曰,"格,止也。"……譬如射然,升阶登堂,履"物"而后射也。《仪礼·乡射礼》曰,"物长如笴。"郑注云,"物,谓射时所立处也。谓之物者,物犹事也。"《礼记·仲尼燕居》郑注,"事之,谓立置于位也"。《释名·释言语》曰,"事,倳也;倳立也。"……格物者,至止于事物之谓也。凡国家天下五伦之事,无不以身亲至其处而履之,以止于至善也。格物与"止至善""知止""止于仁敬"等事,皆是一义,非有二解也。必变其文曰,格物者,以格字兼包至止,以物字兼包诸事。

　　圣贤之道无非实践,孔子曰,"吾道一以贯之"。贯者,行事也,即与格物同道也。曾子著书今存十篇,首篇即名《立事》,立事即格物也。

　　先儒论格物者多矣,乃多以虚义参之,似非圣人立言之本意。元之论格物,非敢异也,亦实事求是而已。(《研经室》一集,二,22—24)

阮元解格物为履物而为止于其地,与他解"一贯"为行事,同是注重实践。这是和颜学很接近的。但这却不是戴学的精神。戴震说:

　　凡异说皆……重行,不先重知。

又说:

　　圣人之言无非使人求其至当以见之行。求其至当,即先务于知也。凡去私不求去蔽,重行不先重知,非圣学也。

于今阮元解说格物,也归到实践上去,说"圣贤之道无非实践",这虽近于颜李,却和那"先务于知"的戴学相去很远了。戴氏说"一以贯之",

也侧重心知的扩充与训练。阮元解一贯为行事,也就与戴学大不同了。阮元是戴学的一个大护法,尚且不能了解戴学的真精神,岂不可叹?(参看他的《诂经精舍策问》及《石刻孝经论语记》)

阮元论性与命,也似乎受了颜学与戴学的影响。他有《性命古训》一篇(《研经室》一集,十,1—32),列举古书中论性命之语,比较研究,得结论云:

> 古性命之训虽多,而大旨相同。(页1)

> 《召诰》曰:"节性,惟日其迈;王敬作所,不可不敬德。"又曰:"若生子,罔不在厥初生,自贻哲命。今天其命哲,命吉凶,命历年。"又曰:"王其德之用,祈天永命。"按《召诰》所谓命,即天命也。……哲愚授于天为命,受于人为性。君子祈命而节性,尽性而知命。故《孟子·尽心》亦谓口目耳鼻四肢为性也。性中有味色声臭安佚之欲,是以必当节之。古人但言"节性",不言"复性"也。(1)

> 古人但说威仪,而威仪乃为性命之所关,乃包言行在内。言行即德之所以修也。(7)

> 晋唐人言性命者,欲推之于身心最先之天。商周人言性命者,只范之于容貌最近之地,所谓"威仪"也。《春秋左传》襄公三十一年卫北宫文子见令尹围,……又成公十三年成子受脤于社不敬,……此二节其言最为明显矣。初未尝求德行言语性命于虚静不易思索之境也。……试再稽之《尚书》,《书》言威仪者二;再稽之《诗》,《诗》三百篇中言威仪者十有七。……凡此威仪,为德之隅,性命所以各正也。(8—11)

> 《乐记》,"人生而静,天之性也"二句,就外感未至时言之。乐即外感之至易者也。……欲生于情,在性之内,不能言性内无欲。欲不是善恶之恶。天既生人以血气心知,则不能无欲。惟佛教始言绝欲。若天下人皆如佛绝欲,则举世无生人,禽兽繁矣。此孟子所以说味色声臭安佚为性也。欲在有节,不可纵,不可穷。若惟以静明属之于性,必使说性中无欲而后快,则此经文(《乐记》)明云"性之欲也",欲固不能离性而自成为欲也。

(21)

《周易·系辞传》曰,"易无思也,无为也,寂然不动,感而遂通天下之故。"此节所言乃卜筮之鬼神,(适按,何不言"卜筮之龟蓍"?)处于无思无为寂然不动之处,因人来卜筮,感而遂通,非言人无思无为寂然不动,物来感之而通也。与《乐记》,"人生而静,……感于物而动"为音乐言之者,不相牵涉。而佛书内有言佛以寂静明觉为主者;晋唐人乐从其言,返而索之于儒书之中,得《乐记》斯言,及《周易》寂然不动之言,以为相似,遂傅会之,以为孔孟之道本如此。恐未然也。(22)

告子"食色性也"四字本不误。其误在以义为外。故孟子惟辟其义外之说,而绝未辟其"食色性也"之说。若以告子"食色性也"之说为非,则孟子明明自言口之于味、目之于色为性矣。同在七篇之中,岂自相矛盾乎?(24—25)

此篇最后引孟子"口之于味也,目之于色也,耳之于声也,鼻之于臭也,四肢之于安佚也:性也。有命焉,君子不谓性也。仁之于父子也,义之于君臣也,礼之于宾主也,智之于贤者也,圣人之于天道也:命也。有性焉,君子不谓命也"。这一长段本不好解。阮元认汉赵岐注最为有理,故引其全文云:

口之甘美味,目之好美色,耳之乐音声,鼻之喜芬香,四肢懈倦,则思安佚不劳苦:此皆人性之所欲也。得居此乐者,有命禄,人不能皆如其愿也。凡人则任情从欲而求可乐;君子之道则以仁义为先,礼节为制,不以性欲而苟求之也。故君子不谓之性也。

仁者得以恩爱施于父子,义者得以理义施于君臣,好礼者得以礼敬施于宾主,智者得以明智知贤达善,圣人得以天道王于天下:此皆命禄遭遇乃得居而行之;不遇者不得施行。然亦才性有之,故可用也。凡人则归之命禄;任天而已,不复治性。以君子之道,则修仁行义,修礼学智,庶几圣人亹亹不倦;不但坐而听命。故曰,君子不谓命也。

阮元最敬重孟子此章与赵岐此注。他说:

孟子此章,性与命相互而为文,性命之说最为明显。赵氏注亦甚质实周密,毫无虚障。若与《召诰》(引见上文)相并而说之,则更明显。惟其味色声臭安佚为性,所以性必须节。不节,则性中之情欲纵矣。惟其仁义礼智圣为命,所以命必须敬德。德即仁义礼智圣也。(2)

晋唐人嫌味色声臭安佚为欲,必欲别之于性之外:此释氏所谓"佛性",非圣经所言天性。梁以后言禅宗者,以为不立文字,直指人心,乃见性成佛,明顿了无生。试思以此言性,岂有味色?此与李习之复性之说又远,与孟子之言更远。惟孟子直断之曰"性也",且曰"君子不谓性",则《召诰》之节性,《卷阿》之弥性,《西伯戡黎》之虞天性,《周易》之尽性,《中庸》之率性,皆范围曲成,无不合矣。(28)

认食色为性,这是颜学与戴学的共同之点。驳斥"复性"之说,也是戴学的一大主张。阮元指出《易传》,"寂然不动"的话是为卜筮说的;《乐记》,"人生而静,感于物而动"是为音乐说的:这都是很显而易见的意思,然而古人多忽略了这种意思,遂使许多思想家枉费无数精力去想像那"寂然不动"的本体是个什么样子。阮元又用他的历史的眼光,指出古人讲性命只范围于容貌最近之地,所谓"威仪"是也;不像晋唐人向那身心最先之天去谈性命。威仪只是言行的节文,是表现于外的;修德节性也只是谨慎于威仪而已,正不须求索于"虚静不易思索之境"。

阮元对于他自己的性论颇自信有所发明,故他作节性斋,自号节性斋主人。他有《节性斋铭》,总括他的性命古训的大旨,如下:

周初召诰,肇言节性。
周末孟子,互言性命。
性善之说,秉彝可证。
命哲命吉,初生即定。
终命弥性,求至各正。
迈勉其德,品节其行。
复性说兴,流为主静。

> 由庄而释,见性如镜。
> 考之姬孟,实相径庭。
> 若合古训,尚曰居敬。(《研经室》续集,四,3)

这是一篇"性命古训"的歌括,文字太简了,不很明白。他另有一篇《节性斋主人小像跋》,说的最清楚:

> 余讲学不敢似学案立宗旨;惟知言性则溯始《召诰》之节性,迄于孟子之性善,不立空谈,不生异说而已。性字之造于周召之前,从"心"则包仁义礼智等在内,从"生"则包味臭声色等在内。是故周召之时解性字朴实不乱,何也?字如此实造,事亦如此实讲。周召知性命有欲,必须节之。节者,如有所节制,使不逾尺寸也。以节字制天下后世之性,此圣人万世可行,得中庸之道也。《中庸》之"率性"(率同帅),犹《召诰》之节性也。(《研经室》再续集,一)

阮元的节性说注重言行之间的威仪,所以不知不觉地竟成了一种"主敬"说了!《节性斋铭》虽然反对"主静"之说,却又主张"若合古训,尚曰居敬",便是铁证。主静与居敬都是宗教的态度。清朝反理学的人都感觉"主静"之害,然而很少人明白居敬与主静相差很微,骨子里是同一条路上的。颜元、李塨反对主静之说最力;然而他们做那刻苦的居敬工夫,每日记录自己的过失,自己省察,以"小心翼翼,昭事上帝"为主要的信条,——这种态度,纯然是一种宗教的态度,与那静坐省察的工夫有何根本的区别?《左传》成公十三年刘子曰:

> 是故君子勤礼,小人尽力。勤礼莫如致敬,尽力莫如敦笃。
> 敬在养神,笃在守业。

"敬在养神"一句话,说尽了敬字的宗教的起原。宋明的理学家虽不重视那民间尊天事鬼的宗教,却始终逃不了中古以来的宗教态度,所以不是主静,便是主敬。颜李都是信上帝的宗教家,所以更明显地以"小心翼翼,昭事上帝"为主敬了。阮元的"祈天而节性"也是一种宗教的态度,故重视"威仪",而以"居敬"为节性。

所以我们可以说,阮元的节性说只是和颜学相近,而不能说是得戴学的精神。阮元所说,推到最高处,也不过是一种敬慎威仪的理学先生样子,终是一种"重行不重知"的哲学。这是戴学所轻视的。戴震论性,包括血气心知,而特别看重"心知"的作用。他说:

> 仁义礼智非他,不过怀生畏死,饮食男女,与夫感于物而动者之皆不可脱然无之,以归于静,归于一,而恃人之心知异于禽兽,能不惑乎所行,即为懿德耳。(《疏证》二一)

戴震又痛驳宋儒论性之说,认为一种变相的释老。他说:

> 以水之清喻性,以受污而浊喻性堕于形气中污坏,以澄之而清喻学:水静则能清,老庄释氏之主于无欲,主于静寂是也。〔程朱〕因改变其说为主敬,为存理,依然释氏教人认本来面目,教人常惺惺之法。若夫古贤圣之由博学,审问,慎思,明辨,笃行,以扩而充之者,岂徒澄清已哉?(二七)

注意戴氏最重视的是"扩充心知之明",使"不惑乎所行",使他能审察是非而准。这是"重行先重知",这是戴学的要义。阮元虽不信"复性",然而他的节性说只是一种变相的居敬说,与戴学根本不相同。

阮元的性论的重要贡献还在他的方法,而不靠他的结论。他用举例的方法,搜罗论性的话,略依时代的先后,排列比较,使我们容易看出字义的变迁沿革。他的《节性斋主人小像跋》有云:

> 《虞夏书》内无性字。性字始见于《书·西伯戡黎》、《召诰》,《诗·卷阿》。古性字之义包于命字之中。其字乃商周孳生之字,非仓颉所造。从"心"则包仁义等事,从"生"则包食色等事。

我们看告子"生之谓性"的话,便知古人说性字确没有什么深奥的意义。这个字越到后来越说的玄妙了。孔子论性相近,只是取一个常用的字,随口说出来,毫不感觉这个字有解说或界说的必要。到了孟子,告子,荀子的时期,这个字便有界说的必要了。"生之谓性"大概是这个字的本义,荀卿与董仲舒等都用此意。孟子把仁义礼智的种子(四端)都装到性字里去,那就是一种新界说了。老庄一派著重自然,故《庄子》书中论性有"缮性于俗学以求复其初,谓之蒙蔽之民"的话。但《庄子》书中的"性"仍是一种天生自然之物,近于"生之谓性"的普通定义,其实没有什么玄义。性字的玄学化其实起于孟子的性善说;然而孟子还有"食色,性也"的见解,又承认味臭声色安佚为性,所以孟子的性说还不算过于玄妙。所以戴震、阮元皆崇拜孟子,而皆能承认宋儒所否认的气质之性。阮元指出性字从生,又从心;从生是指食色等,从心是包括仁义礼智等。这句话是告子、孟子的合璧,已不是原始的性说了。

阮元又有《塔性说》,说明性字受的佛书的影响。他用"塔"字作引子。佛教有多层的建筑,名窣堵波(Stǔpa),在中文没有相当的名词;若译为"台",台却没有那样高妙;于是翻译者别造"塔"字以当之,绝不与台相混。"塔自高其为塔,而台亦不失其为台。"但是

> 至于翻译"性"字则不然。浮屠家说:有物焉,具于人未生之初,虚灵圆净,光明寂照,人受之以生;或为嗜欲所昏,则必静身,养心,而后复见其为父母未生时本来面目。此何名耶?无得而称也。……晋宋姚秦人翻译者执此物求之于中国经典内,有一"性"字,似乎相近。彼时经中"性"字纵不近,彼时典中(《经典释文》所谓"典"者,《老》《庄》也)"性"字已相近(《庄子》性字本是天生自然之物,骈拇马蹄之喻最为明显)。于是取以当彼无得而称之物。此譬如执台字以当窣堵波而不别造塔字也。……然而与儒经尚无涉也。唐李习之以为不然,曰,"吾儒家自有性道,不可入于二氏",于是作《复性书》。其下笔之字,明是《召诰》、《卷阿》、《论语》、《孟子》内从心从生之性字,其悟于心而著于书者,仍是浮屠家无得而称之物。……呜呼!是直以塔为台,口崇古台,而心炫西塔;外用台名,内用塔实也。是故翻译者但以典中性字当佛经无得而称之物,而唐人更以经中性字当之也。

这种见解虽然浅近,却是古人最容易忽略的。唐宋人论性,确是受了佛书的影响,不知不觉地把佛家所谓性和古书中所谓性混作了一件东西。所以李翱要"弗虑弗思,情则不生"以复其性;所以朱熹承认那"方寸之间,虚灵洞澈,万理咸备"的是性,而要人"明善以复其初"。阮元是有历史眼光的,所以指出古经中的性字,与《庄子》的性

字不同,更与佛书中的性字不同。这种方法用到哲学史上去,可以做到一种"剥皮"工夫。剥皮的意思,就是拿一个观念,一层一层地剥去后世随时渲染上去的颜色,如剥芭蕉一样,越剥进去,越到中心。试举一个浅近的例。我们试取北京中等人家的出丧,也用这个剥皮的方法去研究他。最初,剥去那些花圈和纸扎的汽车,马车等;那是最近加上的。其次,剥去那拖辫子,拿着长杆烟袋的纸人等等;那是民国以前加上去的。其次,剥去那些挽联挽幛以及仪仗等等。其次,剥去喇嘛;再其次,剥去和尚道士。……如此剥进去,直剥到那"孝子"和棺材,那是丧礼的原来分子。我们对于一切哲学观念也应该常常试用这种剥皮手段。阮元论"性",至少能指出古今"性"字的意义不同,至少能教我们明白哲学观念是常常随着时代变迁的,单是这一点已可算是很重要的贡献了。

这个剥皮主义也可说是戴学的一种主要的精神。《孟子字义疏证》的宗旨只是取哲学上的重要观念,逐个剥去后人加上去的颜色,而回到原来的朴素的意义。戴震又有《答彭进士书》,作于临死一个月之前;书中指斥彭绍升"所主者老庄佛陆王之道;而所称引,尽六经孔孟程朱之言"。这篇长书也是一种剥皮主义;所以段玉裁论此书道:

> 先生答此书,以六经孔孟之旨还之六经孔孟;以程朱之旨还之程朱;以陆王佛氏之旨还之陆王佛氏:俾陆王不得冒程朱,释氏不得冒孔孟。(《戴氏年谱》34)

这就是剥皮主义了。

阮元是一个剥皮的好手。他论性,论仁,都只是要把一个时代的思想归还给那一个时代;都只是要剥去后代涂抹上去的色彩,显出古代的本色。

我们现在要看阮元如何剥去"仁"字的皮。"仁"字的旧解最多,有许多种说法显然是后世加入的意义;例如宋儒程颢说"仁者浑然与物同体",又说"仁者以天地万物为一体";这明明是后世儒者受了佛老的影响,竟不知不觉地把庄子和孔子拉成一家了。(现代中国学者也有犯此病的。)阮元用归纳的方法,把《论语》《孟子》两书里论

"仁"的话都收集在一处排列比较,作成《论语论仁论》及《孟子论仁论》两篇。(《研经室》一集,八至九)他的结论是:

> 元窃谓诠解"仁"字不必烦称远引,但举《曾子·制言》篇,"人之相与也,譬如舟车然,相济达也。人非人不济,马非马不走,水非水不流";及《中庸》篇,"仁者人也",郑康成注"读如相人偶之人"数语,足以明之矣。春秋时,孔门所谓"仁"也者,以此一人与彼一人相人偶,而尽其敬礼忠恕等事之谓也。"相人偶"者,谓人之偶之也。凡仁必于身所行者验之而始见;亦必有二人而仁乃见。若一人闭户斋居,瞑目静坐,虽有德理在心,终不得指为圣门所谓之仁矣。

> 盖士庶人之仁见于宗族乡党,天子诸侯之仁见于国家臣民,同一相人偶之道;是必人与人相偶而仁乃是也。郑君"相人偶"之注,即曾子"人非人不济",《中庸》"仁者人也",《论语》"己立立人,己达达人"之旨。……

> 孔子答司马牛曰,"仁者其言也讱。"夫言讱于仁何涉?不知浮薄之人语易侵暴,侵暴则不能与人相人偶,是不讱即不仁矣。所以木讷近仁也。

> 仲弓问仁,孔子答以见大宾,承大祭诸语,似言敬恕之道,于仁无涉。不知天子诸侯不体群臣,不恤民时,则为政不仁;极之视臣草芥,使民糜烂,家国怨而畔之,亦不过不能与人相人偶而已。

> 其余圣门论仁,以类推之,五十八章之旨有相合而无相戾者,即推之诸经之旨,亦莫不相合而无相戾者。自博爱谓仁立说以来,歧中歧矣。吾固曰孔子之道当于实者,近者,庸者论之,则春秋时学问之道显然大明于世,而不入于二氏之途。(八,1—2)

阮氏用郑玄"相人偶"之说,此说他在后文说的较详细:

> 《说文解字》,"仁,亲也,从人二。"段若膺大令注曰:见部曰,"亲者,密至也,会意。"《中庸》曰,"仁者,人也";注:"人也读如'相人偶'之人,以人意相存问之言。"《大射仪》,"揖以

耦";注:"言以者,耦之事成于此,意相人耦也。"《聘礼》,"每曲揖";注:"以人相人耦为敬也。"《公食大夫礼》,"宾入三揖";注:"相人偶"。《诗·匪风》笺云:"人偶能烹鱼者,……人偶能辅周道治民者。"……

元谓,贾谊《新书·匈奴》篇曰,"胡婴儿得近侍侧,胡贵人更进,得佐酒。前上……时人偶之。"

以上诸义,是古所谓"人耦"犹言尔我亲爱之辞。独则无耦,耦则相亲,故其字从人二。(八,4)

"相人耦"一句话大概是汉人的常语;当时的意义,现在不容易确定了。但依《新书·匈奴》篇,"时人偶之"的话看来,这"人偶"两字是一个动词,有"亲爱"之意。阮元说"相人偶者,谓人之偶之也"。这是把一个动词分开来讲,似是小误。

阮氏此说虽不是他的创说(《新书》一条是用卢文弨的校语),然而前人都不曾懂得此说的哲学意义,直到阮氏方才用此说作为儒家对于仁字的定说。这种说法有两个重要之点。第一,阮氏说仁为"以此一人与彼一人相人偶""必有二人而仁乃见":这就是说,仁是一种社会性的道德(a social virtue),不是个人的道德。从前那些说法,如"仁者浑然与物同体",都只是"一人闭户斋居,瞑目静坐"的玄想,不是儒家说仁的本意。第二,这样说法把从前那些玄妙深刻的说法都抹煞了,回到一种很平常浅近的意义。他说:"孔子之道,当于实者,近者,庸者论之。"这是颜学的精神,也是清儒用归纳方法与历史眼光的效果。只有用历史眼光与归纳方法,能使人大胆地把这样一个抽象的观念剥皮剥到那样朴素的本义。

阮元的论仁两篇,大意不过如此。他在《论语论仁论》里讨论"克己复礼为仁",解"克己"即是"四勿",反对宋儒解"己"为私欲之说(八,7—12)。这是和颜元、毛奇龄、李塨、凌廷堪一致的。阮元也承认"克己"是"收向内言",但他指出"向内"到视,听,言,动,是很够的了;再进一步就要出毛病了。他说:

视,听,言,动,专就己身而言。若克己而能非礼勿视,勿听,勿言,勿动,断无不爱人,断无与人不相人偶者;人必与己并为仁

> 矣。俚言之，若曰："我先自己好，自然要人好；我要人好，人自与我同作好人也。"……
>
> 孔子恐学者为仁专待人而后并为之，故收向内言。孟子曰，"仁，内也"，即此说也。然收至视，听，言，动，亦内之至矣。一部《论语》，孔子绝未尝于不视，不听，不言，不动处言仁也。（八，7）

他在《孟子论仁论》里说：

> 孟子论仁无二道：君治天下之仁，充本心之仁，无异也。……孟子论仁，至显明，至诚实，未尝有一毫流弊贻误后人也。一介之士，仁具于心。然具心者，仁之端也；必扩而充之，著于行事，始可称仁。……孟子又曰，'仁之实，事亲是也。'是充此心始足以事亲，保四海也。若齐王但以羊易牛而不推恩，孝子但颡有泚而不掩父母，乍见孺子将入井而不拯救，是皆失其仁之本心，不能充仁之实事，不得谓之为仁也。
>
> 孟子论良能，良知。良知，即心端也；良能，实事也。舍事实而专言心，非孟子本旨也。（九，1—2）

这里他对于良知学派下攻击了。他论"良知"道：

> 按"良能，良知"，良字与"赵孟之所贵，非良贵也"良字同。良，实也（见《汉书注》）；无奥旨也。此良知二字，不过孟子偶然及之，与"良贵"同，殊非七篇中最关紧要之言。……不解王文成何所取而以为圣贤传心之秘也？阳明谓："学不资于外求，但当反观反省。圣人致知之功，至诚无息。其良知之体，皦如明镜。妍媸之来，随物见形，而明镜曾无留染。所谓'情顺万事而无情'也（此程颢之言）。'无所住而生其心'，佛氏曾有是言，未为非也。明镜之应，一照皆真，是'生其心'处。妍者妍，媸者媸，一过而不留，即'无所住'处。"阳明之言如此。学者试举以求之孟子七篇中，有此境否？此境可以论孩提爱亲之仁否？（九，9—10）

这是用"良"字的古义来破坏良知学派的根据，也是一种剥皮的手段。

阮元不常提及"理"字;但我们看他的《书学蜚通辨后》(《研经室》续集,三,5),可以知道他若作理字说,大概近于焦循与凌廷堪,而不很近于戴震。他说:

> ……理必出于礼也。古今所以治天下者,礼也。五伦皆礼,故宜忠宜孝即理也。然三代文质损益甚多。且如殷尚白,周尚赤,礼也。使居周而有尚白者,若以非礼折之,则人不能争;以非理折之,则不能无争矣。故理必附乎礼以行。空言理,则可彼可此之邪说起矣。

这一段全不是戴学的精神,与凌廷堪最相近。若依此说,则制度礼法一定之后,便要人绝对服从;不讲有理无理,只问是礼不是礼。有否认礼制的,便都成了"可彼可此之邪说"了！戴学只说:"事物之理,必就事物剖析至微,而后理得。"(《疏证》四一)又说:"人伦日用,圣人以通天下之情,遂天下之欲,权之而分理不爽,是谓理。"(四十)戴氏最恨"执理无权"的武断(四十);若如阮元之说,那就是于"执理无权"之外,又添一种"执礼无权"的武断了。

以上略述戴震同时或以后的思想。这几十年之中,反对戴学的人固然不少,但戴学的影响却渐渐发展,使清朝中叶的学术史起一种重大的变化。什么变化呢？这时期的经学家渐渐倾向于哲学化了。凌廷堪,焦循,阮元很可以代表这个倾向。他们的学说虽然都不算是戴学的真传,然而他们都想在经学上建立他们的哲学思想,这一点不能不说是戴学的影响。戴震在那个"襞绩补苴"的时代里,独自发愤要建立一种成系统的哲学,——一种建筑在新经学之上的新理学。他的弟子王念孙、段玉裁诸人不能肩此重担子,只向那训诂,名物,制度上去用力,只继续发展了戴学的考证的方面。然而几个私淑戴学的学者,焦循,凌廷堪,阮元一班人,便不甘心专做这种"襞绩补苴"的工力了,便要从"通核"的方面去谋发展了。各人的才力有限,见解有偏,没有一个人能像戴震那样彻底地朝着理智主义方面走。然而他们的努力至少发展了戴学的片面;他们的缺陷也都可以供我们后人的参考,使我们格外了解戴学的真意义与真价值。他们努力的新方面更使我们明了戴学确然有建立新理学,恢复中国学者的哲学兴趣的大功。所以我们可以说:从戴震到阮元是清朝思想史上的一个新时期;这个时期,我们可以叫做"新理学时期"。

但是,激烈的反动不久就起来了。阮元是清代朴学的大护法:他从经学起家,做了几十年的总督,门生故吏遍于国中;他又在浙江设诂经精舍、在广州设学海堂,汇刻清代经师的经解,造成了一种伟大的学风。故这个时期可算是清学最时髦的时期。清学是反理学的;从颜元到阮元,都是反理学的。理学家本来早已愤怒,要谋大举反抗了;程晋芳、姚鼐等早已提起抗议了。到阮元得意的时候,"汉学"越得势,"宋学"也就更妒忌,更愤恨。于是姚鼐的同乡弟子方东树愤愤地起来提出最激烈的反革命。

方东树,桐城人,字植之,生于1772,死于1851。他是一个老秀才,曾跟着姚鼐学古文;读书很勤苦,著有《书林扬觯》《昭昧詹言》《仪卫轩文集》《汉学商兑》等书。他家贫,在外面客游五十年,做过许多处的书院山长,死在祁门的东山书院。他的门人苏惇元作他的传,说:

> 乾嘉间学者崇尚考证,专求训诂名物之微,名曰汉学;穿凿破碎,有害大道;名为治经,实足以乱经;又复肆言攻诋朱子。道光初,其焰尤炽。先生忧之,乃著《汉学商兑》,辨析其非。书出,遂渐熄。(《仪卫轩文集》附录)

"道光初,其焰尤炽",正是阮元最得志的时代。朴学的声势到了此时确有风靡全国的样子。《汉学商兑》即出于此时。此书原序作于道光六年(1826)。苏氏说"书出,遂渐熄",这未免太恭维方东树了。但"汉学"家攻击宋学,历一百年之久,可算是没有遇着有力的反攻击。直到《汉学商兑》出来,方才有一种比较有统系的驳论。方东树搜集材料颇勤,列举各人的议论,逐条驳辩;他这种方法颇能引起人家的注意,又颇能使一般无学识的人赞叹他的博学与雄辩。他的态度是很诚恳的,他的卫道的热心也是很明显的。所以他的《商兑》至少可算是理学末流对于"汉学"的一种最激烈的反动。阮元死于1849,方东树死于1851;方东树死的一年,即是洪秀全称太平天国天王的一年。从此以后,十几年之中,东南的财富之区,学校的中心,都遭兵燹,公私的藏书多被烧毁;学者奔走避兵,学问之事遂衰歇了。乱平之后,曾国藩一班人也颇想提倡朴学。但残破困穷的基础之上已建不起学术文化的盛业了。故咸丰以后"汉学"之焰确然"渐熄";但此中的功和罪,与其归到方东树的《汉学商兑》,不如归到洪秀全和杨秀清的长发军了。

《汉学商兑》共有三篇自序。第一篇序说:

> 近世有为汉学考证者,著书以辟宋儒,攻朱子为本,首以言心,言性,言理为厉禁。……驰骋笔舌,贯穿百家。……上援通贤,下耆流俗。众口一舌,不出于训诂小学,名物制度。弃本逐末,违戾诋诬;于圣人躬行求仁,修齐治平之教,一切抹杀。名为治经,实足乱经;名为卫道,实则畔道。

这是他心目中的"汉学"。他为什么深恶汉学呢?因为汉学诋毁宋儒,而宋儒是万不可诋毁的。他说:

> 窃以孔子没后千五百余岁,经义学脉,至宋儒讲辨,始得圣人之真。……今诸人边见颠倒,利本之颠,必欲寻汉人纷歧旧说,复汩乱而晦蚀之,致使人失其是非之心。其有害于世教学术,百倍于禅与心学。

他在第二篇序里说:

> 经者,良苗也。汉儒者,农夫之勤菑畬者也,耕而耘之,以殖其禾稼。宋儒者,获而舂之,蒸而食之,以资其性命,养其躯体,益其精神也。非汉儒耕之,则宋儒不得食;宋儒不舂而食,则禾稼蔽亩,弃于无用,而群生无以资其性命。今之为汉学者,则取其遗秉滞穗而复殖之,因以笑舂食者之非,日夜不息,曰,"吾将以助农夫之耕耘也。"卒其所殖不能用以置五升之饭;先生不得饱,弟子长饥。以此教人,导之为愚也;以此自力,固不获益。……其生也勤,其死也虚;其求在外;使人狂,使人昏,荡天下之心而不得其所本。

他说宋儒"得圣人之真",这是他的一种成见。他又不了解清学除了惠氏一派之外并非"汉学"。他说宋儒是"舂而食之",殊不知清儒如颜元,戴震,阮元一班人,也正是要"舂而食之",不过舂食的方法与宋儒不同罢了。

方东树著书的动机全是一种盲目的成见。他在第二序里说了一个譬喻：

> 周，固天下之共主也。及至末孙赧王，不幸贫弱负责，无以归之，逃之洛阳南宫谯台。当是时，士庶人有十金之产者，因自豪，遂欲以问周京之鼎。……后世之学者，不幸不见天地之纯，古今之大，全赖程朱出而明之。乃复以其谫闻驳辨，出死力以诋而毁訾之。是何异匹夫负十金之产而欲问周鼎者也？是恶知此天下诸侯所莫敢犯也哉？

他承认程朱为"天下诸侯所莫敢犯"，这是何等盲目的成见！要明白他的成见的来源，我们须读他的第三序（他的第三序不载于本书，仅见于他的《书林扬觯》的末卷）。他说：

> 余平生观书，不喜异说。少时亦尝泛滥百家；惟于朱子之言有独契。觉其言言当于人心，无毫发不合，直与孔曾思孟无二。以观他家，则皆不能无疑滞焉。故见后人著书凡与朱子为难者，辄恚恨，以为人性何以若是其蔽也。

周栎园《书影》言：

> 昔有鹦武飞集陀山。乃山中大火。鹦武遥见，入水濡羽，飞而洒之。天神言："尔虽有志意，何足云也？"对曰："尝侨居是山，不忍见耳。"天神嘉感，即为灭火。

> 余著此书，亦鹦武翼间水耳。（《书林扬觯》，下，四七）

他觉得朱子的话"言言当于人心，无毫发不合，直与孔曾思孟无二"，所以他那样崇拜朱子，所以他"不忍见"朱子受人攻击。懂得了这段故事，我们方可完全了解他的《汉学商兑》。

《商兑》本止一卷，因篇叶较多，分为三卷："首溯其畔道罔说之源；次辨其依附经义，似是而非者；次为总论，辨其诋诬唐宋儒先，而非事实者。"（《序例》）上卷有一段说：

> 顾（炎武）、黄（宗羲）诸君虽崇尚实学，尚未专标汉帜。专标汉帜则自惠氏始。惠氏虽标汉帜，尚未厉禁言理。厉禁言理则自戴氏始。自是宗旨祖述，邪诐大肆，遂举唐宋诸儒已定不易

之案,至精不易之论,必欲一一尽翻之,以张其门户。(朱氏《槐庐丛书》本,上,二一)

这段话有是有非。惠氏专标汉帜,但惠氏的家学是要"六经尊服郑,百行法程朱"的,所以惠氏不是有力的反理学派。戴氏明目张胆地攻击理学,尤其攻击朱子。但戴氏并不是像方氏说的"厉禁言理";戴氏攻击那"得于天而具于心"的理,而主张那在事物之中的条理:这是厉禁言理吗?

方东树论汉学有六蔽:

> 其一,力破"理"字,首以穷理为厉禁,此最悖道害教。
>
> 其二,考之不实,谓程朱空言穷理,启后学空疏之陋。
>
> 其三,则由于忌程朱"理学"之名,及《宋史》"道学"之传。
>
> 其四,则畏程朱检身,动绳以理法;不若汉儒不修小节,不矜细行,得以宽便其私。故曰,"宋儒以理杀人,如商韩之用法。浸浸乎舍法而论理。死矣!更无可救矣!"所谓不欲明镜之见疵也。
>
> 其五,则奈何不下腹中数卷书,及其新知小辨。不知是为驳杂细碎,迂晦不安,乃大儒所弃余而不屑有之者也。
>
> 其六,则见世科举俗士空疏者众,贪于难能可贵之名,欲以加少为多,临深为高也。(下,12—13)

这六项之中,其实方氏最注重的是两件事:一是治经的方法,一是对于理学的态度。这两件可以总括他说的"六蔽"。

关于治经的方法,方氏在《商兑》"卷中之下"里说的最详细。他引钱大昕、戴震的话,自下驳论道:

> 夫谓义理即存乎训诂,是也。然训诂多有不得真者,非义理何以审之?……
>
> 信乎朱子有言:解经一在以其左证之异同而证之,一在以其义理之是非而衷之。二者相须,不可缺,庶几得之。今汉学者全舍义理而求之左验,以专门训诂为尽得圣道之传,所以蔽也。(中之下,1—2)

这是方氏的主旨。戴震曾说:"夫使义理可以舍经而求,将人人凿空得之,奚取于经乎?……古今县隔,遗文垂绝,然后求之训诂。训诂明则古经明,古经明而我心同然之义理乃因之以明。"方东树痛驳这段话,其大意如下:

一、古今学问,大抵二端:一小学,一大学。训诂名物制度只是小学内事。《大学》直从明新说起,《中庸》从性道说起,此程朱之教所主,为其已成就向上,非初学之比。……汉学家昧于小学大学之分,混小学于大学,以为不当歧而二之,非也。

二、"本训诂以求古经,古经明而我心同然之义理以明",此确论也。然训诂不得义理之真,致误解古经,实多有之。若不以义理为之主,则彼所谓训诂者安可恃以无差谬也?……即以郑氏、许氏言之,其乖违失真者已多矣,而况其下焉者乎?总而言之,主义理者断无有舍经废训诂之事。主训诂者实不能皆当于义理。何以明之?盖义理有时实有在语言文字之外者。故孟子曰以意逆志,不以文害辞,辞害意也。汉学家专泥训诂,如高子说《诗》,所以多不可通。……故义理原不出训诂之外(适按,此言与上文"义理有时实有在语言文字之外者"一句正相矛盾),而必非汉学家所守之训诂能尽得义理之真也。(中之下,9—11)

方氏的话也不是完全不能成立的。小学大学之分自是误从朱子,李塨的《大学辨业》与《圣门学规纂》已有很明快的驳论了。汉儒说经实多谬误;但此言只可用来打倒惠氏一派的真正汉学,而不能打倒戴氏以下的清学。戴学本不拘守汉儒;他的大弟子王念孙、段玉裁等都能打破汉儒的束缚。方东树也曾说高邮王氏《经义述闻》"实足令郑朱俛首,自汉唐以来未有其比也"(中之下,33)。清学的大师重在方法的精密;他们的训诂考证固然未必"能尽得义理之真",但治古书终不能不用这种方法。若因为汉儒有谬误,而就完全抹杀清儒采用的方法,而就妄想求古书的义理于语言文字之外,那就是根本上错误了。

清儒治经确有太拘泥汉儒之弊,也确有过信《说文》之弊。方东树指出迷信《说文》的十五谬(中之下,24—33)都是不错的。但这也不足以攻诋戴学。戴震、段玉裁、王念孙诸人对于《说文》,都不过把

《说文》当作一部最重要的古辞典,与《广雅》《释名》等书同有参考佐证的价值。阮元纂辑《经籍纂诂》,更把一切古训诂都搜集排列,看作有同等的参考作用。搜集古训诂来作治古书的根据,这是清儒的一个基本方法。迷信《说文》固是可笑;但轻视古训诂而空谈义理,更是可笑了。方东树最爱谈义理,但他自己实在不曾明白他所谓"义理"是什么东西。义理应该分两层说:一是古经的意义,一是后人的见解。清代学者略有点历史的眼光,故能指出宋儒用主观见解来说古经的毛病。我们也应该认清楚:治古书是要依据古训诂的;古训诂有不完全之处,我们应该用精密的归纳比较,求出古书的意义。我们不可认后人的主观见解为古书的义理。方东树的根本毛病即在于误认宋儒的义理为"直与孔曾思孟无二"。这种完全缺乏历史眼光的成见是不配批评清儒的方法的。

其实方东树最痛恨的还是清儒(尤其是戴学)对于理学的态度。清学反抗宋明的"心学""理学";顾炎武在《日知录》里屡引戴震的话,排斥传心之学;阎若璩在《古文尚书疏证》里指出"人心惟危道心惟微"的话是出于"道经",更动摇了心学的根据与权威。方东树大抱不平,发为驳论道:

> 夫所恶于禅学即心是道者,谓其专事明心,断知见,绝义理,用心如墙壁,以徼幸于一旦之洒然证悟。若夫圣人之教,兢业以持心,又精择明善以要于执中,尚有何病?……愚尝反复究思之,无论伪古文足信与否,……只此二语即出于巷说里谚,亦当平心审谛,断然信其精粹无疵,不诡于道,足以质古圣而无疑。(中之上,3—5)

这是何等坚强的信仰!这样盲目的信仰往往能阻碍他对于反对派的了解。例如他说:

> 大抵考证家用心尚粗麤,故不喜言心,言性,言理,言道。又会有禅学心学之歧,为其借口。此中是非杂糅,如油著面,本不易明。戴氏(震)、顾氏(炎武)以言心为堕禅,论虽灭裂,犹实有其害。近汉学家以致知穷理为堕禅,则直是乱道。不知禅之失政在不求心穷理,而禅之妙亦政在不许求心穷理。才一求心穷

理,便非禅。……今汉学家咎程朱以言心言理堕禅,岂知程朱是深知禅之害在不致知穷理,故以致知穷理破彼学而正吾学之趋耶?

说考证家"用心尚粗麤,故不喜言心",这真是冤枉。考证家最肯用心而不高兴言心;普通的理学家却是天天言心而不肯用心。方氏又说汉学家以致知穷理为堕禅,这话也有点冤枉。汉学家不但不反对致知穷理,并且正是实行致知穷理。不过他们要致的不是那不学而知的良知,要穷的也不是那得于天而具于心的理。

最冤枉的是方东树说"汉学家厉禁言理"。这几乎是无的放矢的议论。戴震的《孟子字义疏证》说"理"字最多,何尝厉禁言理?不过戴氏谈的理不合方氏的脾胃,故方氏说此书"轇轕乖违,毫无当处"(中之上,24)。《商兑》里驳戴震论"理"的话凡有四条。戴震批评程朱"以理为如有物焉,得之于天而具于心,启天下后世人人凭在己之意见而执之曰理,以祸斯民";又说,"古圣人以体民之情,遂民之欲为得理;今以己之意见不出于私为理,是以意见杀人。"方氏驳道:

> 按程朱以己之意见不出于私乃为合乎天理,其义至精至正至明;何谓以意见杀人?如戴氏所申,当体民之情,遂民之欲,则彼民之情,彼民之欲,非彼之意见乎?夫以在我之意见不出于私合乎天理者不可信,而信彼民之情,之欲,当一切体之,遂之,是为得理;罔气乱道,但取与程朱为难而不顾,此为大乱之道也。(中之上,19)

戴震根本上反对天理与人欲的分别,所以说"情之至于纤悉无遗憾,是为理"。方东树根本上不能了解此说,所以驳道:

> 程朱所严辨理欲,指人主及学人心术邪正言之,乃最吃紧本务,与民情同然好恶之欲迥别。今移此混彼,妄援立说,谓当遂其欲,不当绳之以理。言理则为以意见杀人。此亘古未有之异端邪说!(中之上,20)

我们看这两段,便可知方氏全不懂得戴学的宗旨。戴氏说理只是事物的条理;而穷理只是扩充心知之明,至于辨察事情,纤悉无遗憾。

为要做到这种求理的本领,我们不能不打破那相传的理说,不能不推翻那个"得于天而具于心"的囫囵的理。因为人若误认理得于天而具于心,便容易误认自己的私见为天理。所以戴学要人放弃那笼统的,现成的理,去求那区别的,不易寻求的条理。戴学的第一要义在于教人知道"理"是难知的,不是人人可以随便乱说的。至于理欲之辨,诚如方氏之言,本意是指君主的心术。但古来儒者并不是人人都能像方氏这样认的清楚;他们都只泛指一切人的私欲。理欲之辨的结果遂使一般儒者偏重动机(心术),而忽略效果;自负无私,遂不恤苛责人,自信无欲,遂不顾牺牲别人;背着"天理"的招牌,行的往往是"吃人"的事业。所以戴学的第二要义在于指出"己之意见不出于私"未必即是天理;必须要用那训练了的心知去体察"情之至于纤悉无遗憾",那才是得理。方氏不细心研究戴氏说理的主旨,只能撷拾几句不重要的话,谩骂一场而已。戴学重在扩充心知之明,使人能体察事物的条理:这是一种新的理学,不是"厉禁言理",也不是"蔑理"。

戴氏又反对"性即理也"之说;他主张性只是血气心知,别无玄妙。方氏极力替"性即理也"一句话辩护,说此句"与孟子性善同功,皆截断众流语,固非中贤小儒所及见,况妄庸乎?"(中之上,22。)这全是谩骂的口气了。他的主旨是:

性命之本(四端,五常),无有不善;使非出于理,何以能善?(23)

这种逻辑可用三段式写出如下:

凡善的皆出于理;

性命之本皆是善的,

故性出于理。

戴学根本上就否认这个大前提。戴学也承认性善;但性善的根据在于人有心知之明能扩而充之,而不在于天理。方东树坚持成见,不能了解戴学;他的驳论只可算是当时人不懂戴学的一个例证而已。

但方东树说汉学家反对致知穷理,这话也有几分真实。戴学全是一种理智主义的态度,真可说是一种致知穷理的哲学。戴震说:

"重行不先重知,非圣学也。"这是何等明显的态度!但焦循,凌廷堪,阮元一班人却不能了解这个"重行必先重知"的态度,他们的哲学往往有轻视致知穷理的倾向。焦循要人舍理而论情;凌廷堪要用礼来代替理;阮元更倾向于颜李学派,注重实习实行,而有时竟菲薄穷理。如阮元说:

> 圣贤之教无非实践。学者亦实事求是,不当空言穷理。《大学集注》,格亦训至,物亦训事;惟云"穷至事物之理",至外增一穷字,事外增理字,加一转折,变为"穷理"二字,遂与实践迥别。

在这一点上,阮元倒不如方东树了。方氏说:

> 圣门论学固知行并进;然知毕竟在先。使非先知之,何以能行之不失也?理即事而在;所谓"是"者何耶?非理之所在耶?若不穷理,亦安知所求之是之所在?(中之上,39)

这与戴学"重行必先重知"之旨正相合。其实戴学最近于程伊川与朱子,同属于致知穷理的学派。但程朱在当时都是从中古的宗教里打了一个滚出来的,所以不能完全脱离宗教的影响。既说"即物而穷其理"了,又不肯抛弃那笼统的理,终要妄想那"一旦豁然贯通"的大觉悟。这是程朱的根本错误。戴震是从朱学里出来的,他能指出程朱的矛盾,彻底打破那个笼统的"得于天而具于心"的理。性中既无所谓天理,那传统的种种附属见解,——如说物欲昏蔽了本来的理性,如理欲之辨等等,——也就容易推翻了。程朱在近世各学派之中,最能倾向于理智主义的一条路;不幸中古宗教的影响终使程朱不能彻底地向这条路上走,终不能免去许多半宗教,半玄学的见解。戴学实在是程朱的嫡派,又是程朱的净友。戴震大声疾呼地指出这种半宗教的哲学,如主静,主敬,主无欲,主理欲之辨,以至于主最后的豁然顿悟,都是中古宗教的遗传,都是根本上与那致知穷理的哲学不相容的。致知穷理是纯粹理智主义的态度。哲学若要彻底做到这种态度,应该把中古遗留下来的种种半宗教的,半玄学的观念,都扫除的干干净净。戴震大胆地控告程朱"详于论敬而略于论学";这就是说,程朱的格物穷理的态度是不彻底的。戴学认清了理智主义的一

条大路,所以说:

> 古贤圣知人之材质有等差,是以重问学,贵扩充。老庄释氏谓有生皆同,故主于去情欲,以勿害之,不必问学以扩充之。(《疏证》,十四)

前者是理智主义的态度;后者是半玄学,半宗教的修养论。戴学指出性只是血气心知;既无所谓理性之性,亦不必假定理性为气质所蔽。知识是积累起来的;静中求端倪,静坐居敬,都与致知进学不相干。无欲之论,更不相干了。撇开了这些半玄学,半宗教的把戏,这一派致知穷理的哲学方才可以放开脚步去做那致知穷理的事业,——科学的事业。

但这是方东树一流人不能了解的。方东树知道程朱的学派注重致知穷理,而不知道戴学与清学也正是致知穷理;他能指出阮元重实践而菲薄穷理之错误,而不知道宋明清的理学先生们也正是只能静坐主敬而全不做致知穷理的工夫。焦循、阮元一班学者都是能实行致知穷理的,又都是能敬重戴学的;然而他们对于他们自己的治学方法实在没有明白的了解。他们只知道戴震攻击宋儒的理学,有破坏之功,而不知道戴震的大功在于提倡一种新的理学来代替那矛盾的,不彻底的旧理学。他们不能继续这个新理学的运动,只能徘徊于新经学与新理学之间,或者趋近于那注重实习实行的颜李学派(如阮元),或者竟于不自觉之中回到了王阳明的良知论(如焦循),离那纯粹理智态度的戴学更远了。

凌廷堪,焦循,阮元,这三个人号称戴学的传人,尚且不能了解戴震的哲学,尚且不能继续这新理学的事业,何况姚鼐,程晋芳,方东树一班顽固的反动派呢?所以我们研究这二百年的思想史,不能不下这样一个伤心的结论:

> 戴震在中国哲学史上虽有革命的大功和建设的成绩,不幸他的哲学只落得及身而绝,不曾有继续发达的机会。现在事过境迁,当日汉宋学争门户的意气早衰歇了,程朱的权威也减削多了,"汉学"的得失也更明显了,清代思想演变的大势也渐渐清楚了,——我们生在这个时代,对于戴学应取什么态度呢?戴学

在今日能不能引起我们中兴哲学的兴趣呢?戴学能不能供给我们一个建立中国未来的哲学的基础呢?

方东树在八九十年前曾有一篇可注意的预言。他著了一篇六千字的《辨道论》(《仪卫轩文集》一,14—16),预言将来中国学术思想的趋势。他列举近世学派共有三家:一为程朱派,一为陆王派,一为考证汉学派。他是痛恨汉学的,说这一派"弃心而任目,刳敝精神而无益于世用;其言盈天下,其离经畔道,过于杨墨佛老"(《文集》一,7)。但在这文里,他却不注意考证汉学一派;他以为这一派"其说粗,其失易晓而不足辨"(8)。他预料汉学极盛之后,必有一种大反动,反动的趋势,必是回到陆王学派。他说:

> 使其人(考证汉学家)稍有所悟而反乎己,则必翻然厌之矣。翻然厌之,则必于陆王是归矣。何则?人心之荡而无止,好为异以矜己;迪知于道者寡,则苟以自多而已。方其为汉学考证也,固以天下之方术为无以加此矣。及其反己而知厌之也,必务锐入于内。陆王者,其说高而可悦,其言造之之方捷而易获。人情好高而就易;又其道托于圣人;其为理精妙而可喜。托于圣人则以为无诡于正;精妙可喜则师心而入之矣。如此,则见以为天下之方术真无以易此矣。(8)

方东树预料人心好高而就易,必回到陆王,故这篇《辨道论》全是指驳陆王的学说,"豫为坊之","如弋者之张罗于路歧也,会鸟之倦而还者必入之。"他的对于陆王之学的评判是:

> 彼所谓顿悟云者,其辞若易,而其践之甚难,其理若平无奇,其造之之端崎岖窈窕,危险万方,而卒莫易证;其象若近,其即之甚远。……世之学者弗能究也,惊其高而莫知其所为高,悦其易而卒莫能证其易,徒相与造为揣度近似之词,影响之谈。(16)

方东树死后,中国的国势一天危似一天;时势的逼迫产生了一种托古救时的学派,是为今文学派又名公羊学派。这个新运动的中坚人物往往讥刺考证之学,以为无益于世;他们高揭西汉的"微言大义"来推翻东汉的许郑之学:这确可表示方东树说的"翻然厌之"的心理;不过汉学的势焰未全衰,人情虽好高而就易,他们还不肯骤然回到陆王,却回到了西汉的"非常异义,可怪之论"。但近年以来,国中学者大有倾向陆王的趋势了。有提倡"内心生活"的,有高谈"良知哲学"的,有提倡"唯识论"的,有用"直觉"说仁的,有主张"唯情哲学"的。倭铿(Eucken)与柏格森(Bergson)都作了陆王的援兵。"揣度近似之词,影响之谈",国中很不少了。方东树的预言似乎要实现了。

我们关心中国思想的前途的人,今日已到了歧路之上,不能不有一个抉择了。我们走那条路呢?我们还是"好高而就易",甘心用"内心生活""精神文明"一类的揣度影响之谈来自欺欺人呢?还是决心不怕艰难,选择那纯粹理智态度的崎岖山路,继续九百年来致知穷理的遗风,用科学的方法来修正考证学派的方法,用科学的知识来修正颜元、戴震的结论,而努力改造一种科学的致知穷理的中国哲学呢?我们究竟决心走那一条路呢?

1925,8,13

〔**著者附记**〕　此稿作于1923年12月,中间屡作屡辍,改削无数次,凡历二十个月方才脱稿。中间行款格式有不一律之处,文字有重复繁琐之处,见解也许有先后不完全一致之处,都因为随作随付排印,不及一一改正。请读者原谅。

胡适

齐白石年谱

插图目录①

　　白石老人造像(罗寄梅摄)

　　送子从师图(汪亚尘先生藏)

　　不倒翁(汪亚尘先生藏)

　　老当益壮(汪亚尘先生藏)

　　稻头螳螂(汪亚尘先生藏)

　　老少年(汪亚尘先生藏)

　　牵牛花(汪亚尘先生藏)

　　莲盘残荷(汪亚尘先生藏)

　　古瓶白玉兰(汪亚尘先生藏)

　　五蟹(顾一樵先生藏)

　　墨虾(顾一樵先生藏)

　　四蛙(汪亚尘先生藏)

---

① 编者按:插图仅存目,未予收入。

序一
胡适

民国三十五年(1946)秋天,齐白石先生对我表示,要我试写他的传记。有一次他亲自到我家来,把一包传记材料交给我看。我很感谢他老人家这一番付托的意思,当时就答应了写传记的事。

那时我新从外国回来,一时腾不出时间来做这件工作。到民国三十六年(1947)暑假中,我才有机会研究白石先生交来的这些材料:

(一)《白石自状略》(白石八十岁时自撰,有几个小不同的本子):(甲)初稿本;(乙)初稿钞本;(丙)初稿修改后印本(《古今》半月刊第三五期);(丁)写定最后本。

(二)《借山吟馆诗草》(自写影印本)。

(三)《白石诗草自叙》:(甲)初稿本;(乙)改定本。

(四)《三百石印斋纪事》(杂记稿本)一册。

(五)《入蜀日记》残叶。

(六)《齐璜母亲周太君身世》(白石自撰)。

(七)《白石诗草》残稿本,这里面有随时杂记的事,共一册。

(八)《借山图题词》(壬申抄本)一册。

(九)《齐白石传》(未署名,似系王森然作,抄本)一册。

(十)白石老人杂件(剪报,收函等等)一小包。

我读了这些材料,很喜欢白石老人自己的文章。我觉得他记叙他的祖母,他的母亲,他的妻子的文字(那时我还没有看见他的《祭次男子仁文》)都是很朴素真实的传记文字,朴实的真美最有力量,最能感动人。他叙述他童年生活的文字也有同样的感人力量。他没有受过中国文人学做文章的训练，他没有做过八股文，也没有做过古文骈文，所以他的散文记事，用的字，造的句，往往是旧式古文骈文的作者不敢做或不能做的！

试举几个例子。白石写他的《母亲周太君身世》，中有这一段：

> 田家供灶，常烧稻草，草中有未尽之谷粒，太君爱惜，以捣衣椎椎之，一日可得谷约一合。聚少成多，能换棉花。家园有麻。太君春纺夏绩，不歇机声。织成之布，先奉翁姑，余则夫妇自著。

又有这一段：

> 太君年三十后，翁弃世，……从此家境奇穷。〔太君〕恨不见纯芝兄弟一日长成，身长七尺，立能反哺。

前一段记椎谷粒，古文家也许写得到。后段"恨不见纯芝兄弟一日长成身长七尺"，古文家决不敢这样写。白石的传记文字里，这样大胆的真实描写最多。又如他记民国七年在紫荆山下避兵乱的痛苦：

> 时值炎热，赤肤汗流，绿蚁苍蝇共食，野狐穴鼠为邻。如是一年，骨与枯柴同瘦，所有胜于枯柴者，尚多两目，惊怖四顾，目睛莹然而能动也。

又如他记民国八年他避兵乱北游时的心绪：

> 临行时之愁苦，家人外，为予垂泪者尚有春雨梨花。过黄河时乃幻想曰，"安得手有嬴氏赶山鞭，将一家草木同过此桥耶！"

这都是他独有的风趣，很有诗意，也很有画境。

我读完了白石先生交给我的这些材料，我就把一切有年月可考的记录分年编排，有时候也加上一点考订。当初我本想完全用白石先生自己的话作材料，所以我曾想题名作"齐白石自述编年"。编年的骨干当然是他八十岁时写的《白石自状略》。但我不久就发现了《自状略》引用时必须稍加考订。第一，因为《自状略》的本子不同，有初稿与修改稿的差别。第二，因为老年人记忆旧事，总不免有小错误，故我们应该在可能范围之内多寻参考印证的资料。第三，我最感觉奇怪的是《自状略》的年岁同白石其他记载里的年岁，往往有两岁的差异！《自状略》是他八十岁写的，其时当民国二十九年（1940）。从民国二十九年上推，他的生年应该是咸丰十一年辛酉(1861)。但我研究白石早年的记载,如《母亲周太君身世》等篇,白石是生在同治二年癸亥(1863)。我当时不敢亲自去问他老人家,只好托人去婉转探问他结婚时是和陈夫人同岁,还是比陈夫人小两岁。(白石《祭陈夫人文》说,"同治十三年正月廿一日乃吾妻于归期也,是时吾妻年方十二。是年五月五日吾祖父寿终"。《自状略》说他自己十二岁时祖父死。故我要他替我解答这个编年上的矛盾。如果他和陈夫人同岁,他们都是同治二年生的了。)但我得到的只是一个含糊的答复,我就明白这里面大概有个小秘密,我只好把我的怀疑与考据都记在初稿的小注里,留待我的朋友黎劭西(锦熙)先生回来解答。

《齐白石自述编年》是我在民国三十六年八月写成的。我把一本清钞本送给白石老人自己审查批评。我的原稿留在我家里,预备黎劭西回到北平时我要送给他看,请他添补改削,劭西回湖南去了,直到民国三十七年(1948)四月才回北平。他和白石老人都是湘潭县人,两家又有六七十年的亲切交谊。所以我早就打定了主意,这部《白石年谱》必须得着劭西的批评订补。他回到北平不到两个月,我就把我的原稿送给他,很诚恳的请求他同我合作,完成这件工作。

黎劭西先生费了半年的工夫,添补了很多的宝贵材料,差不多给我的原稿增加了一倍的篇幅。他的最大贡献,至少有四个方面。第一,他时常去访问白石老人和他的儿子子如先生,他的女儿阿梅女士,从他们的口头手头得着不少资料,可以订正我的错误,解答我的疑问,补充我的不足。最重要的是查得白石老人因为相信长沙舒贻上替他算的命,怕七十五岁有大灾难,自己用"瞒天过海法"把七十五岁改为七十七岁!这一点弄明白了,年谱的纪年才可以全部改正。白石老人变的戏法能够"瞒天",终究瞒不过历史考证方法!第二,劭西最熟悉湘潭一带的文物掌故,又熟悉白石老人做木匠时代的生活,故他不但替我注释了胡沁园、陈少蕃、萧芗陔、文少可诸人的名号事迹,并且用了许多有趣味的资料,把那个"芝木匠"时代的生活写的很充实,很生动,使我们明了当年湘潭一带的艺术文化背景,使我们知道天才的齐白石也受到了那个历史背景的许多帮助。第三,劭西对于绘画与刻印,都比我懂得多多,所以他能引用一些我不知道的文件来记叙白石在这两方面的经验与成就。特别是在学习刻印的经过,劭西的增补最可以补充我原稿的贫乏。第四,劭西有终身不间断的日记,他用了他的日记来帮助考定许多白石事迹的年月。他在自序里曾说他将来也许还可以从民国十三年以后的日记里寻出一点新材料来给《白石年谱》做"补遗"。我盼望他不要忘了这件补遗的工作。

劭西把他订补的《白石年谱》送给我看,那时已是民国三十七年(1948)十一月了。我又请我的朋友邓恭三(广铭)先生把全稿拿去细看一遍。邓先生是史学家,曾做过陈龙川、辛稼轩的传记。他和他的夫人,他的大女儿,都曾校读过我的《白石自述编年》初稿。恭三看了劭西订补本之后,来问我为什么不曾引用八卷本《白石诗草》的材料。我竟不知道白石自写影印的《借山吟馆诗草》一卷之外,还有一部八卷本《白石诗草》! 劭西见我引用了《白石诗草自叙》,他猜想我必定已见了《诗草》全部,所以他也没有复检这八卷《诗草》。我请恭三放手做订补的工作。他不但充分引用了《白石诗草》里的传记资料,他还查检了王闿运的《湘绮楼日记》,《湘绮楼全集》,和瞿鸿玑、易顺鼎、陈师曾、樊增祥诸人的遗集。他还没有做完这部分工作,我已离开北平了。在民国三十八年(1949)开始的几天,恭三夫妇和他们的大女儿可因分工合作,钞成这一部《白石年谱》的定本,辽远的寄给我。

这本《白石年谱》大概不过三万字,是黎劭西、邓恭三和我三个人合作的成果。我们三个人都是爱敬白石老人的,我们很热诚的把这本小书献给他老人家。他在八十五岁时曾有诗句:

　　莫道长年亦多难,
　　太平看到眼中来。

我今天用这两句诗预祝他九十岁的寿辰。

我们本想请徐悲鸿先生审查这部小书,并且要请他挑选白石老人各个时期的代表作品来作这本《年谱》的附录。眼看这是不可能的了。我很感谢汪亚尘夫人和顾一樵(毓琇)先生从他们收藏的白石作品里挑出一些最可爱的精品来给这书作附录。

胡适 三十八(1949),二,九①

---

① 编者按:"胡适自校本"此处原有一印章,胡适在此处有一段批语:"这印章是白石老人在1946年尾刻的。印泥是他自己制的。适之。"

序二
黎锦熙

我从四岁时就跟着齐白石先生一块儿在家乡玩儿,一直到现在,有五十五年之久的关系,所以胡适之先生让我参加撰定他的年谱,真所谓谊不容辞,责无旁贷。

胡先生于民国三十六年八月已写定初稿四册,那时我正因事离开北平,到三十七年四月才从湘返平,六月胡先生把全稿交给我,我读过之后,心想:第一,所据白石《自述》材料的本身偶有错误,胡先生多用考证的方法发现出来,最好就请白石先生本人在原有材料上自行改正。第二,原有材料实在还有不够的,更需要他自己"用喉舌代纸笔",即如他学画和刻印的过程,他的生活和他的艺术进展的关系,我虽然也略知道一些,可是并非本行,还得向他做个较长时间的访问。因此,从七月起,过门辄入,促膝话旧,经过半年,就胡先生的原稿随手订补。但是,年纪快到九十岁的白石老人,回忆往事,每不能记为何年。有时先后差上十几年他也不在乎。例如在清宣统元年己酉(1909)以前,他游过西安、北京、上海、南昌、桂林、梧州、广州、钦州以及苏州、南京各地,他自称"五出五归",经胡先生考订只有三出三归,问他自己,他自己也不能断定,只说,"或者有两出两归是在己酉以后吧?"他的次子子如和次女阿梅,现在北平,邀同检讨,他们那时尚幼,也觉"余生也晚",不敢断定。有一天,我忽然想起,我自己的日记是从清光绪二十九年癸卯(1903)写起的,现都藏在北平,何不取来一查?结果就得到他四出四归的证据,还有一出一归是在己酉前一年,那时我已在北京,所以日记中没有关于他的记载。这么一来,我的直接访问的工作,仍须回到旁征曲引的考证路线上去。

于是我把我的日记来做旁证的材料,凡关于白石先生的记载,打算都摘下来,酌采注入他的年谱中。可惜我这个工作没有彻底做好,因为从癸卯至今四十五年间大小数十册的日记,并且从民国十一年起改用注音符号写的,从民国十六年起,又改用译音符号的国语新字,要查某人的姓氏名号,不如汉字之容易映入眼帘,非有工夫一行一行的细看不可,所以《白石年谱》中自民十三以后,就没有逐年逐月检寻我的日记,只把有关的事情抽查几处,补入注中。将来我若是根据自己的日记来自订年谱时,或者还可以给《白石年谱》写出一点儿"补遗"来,也还可以替往来较密而最久的师友们找出一些编订年谱的材料。

在这"回到考证路线"的原则下,邓恭三先生对于这部《白石年谱》的订补工作,是更有价值的;他从白石同时人的著述里,如《湘绮楼日记》等,找到一些有关的材料;又把胡先生所据白石的《自述》材料,复查一遍,拣补了一些。这部稿本重新缮定之后,看起来相当充实,可以出版了。

齐白石先生是一个天才的艺术家,但他更从七八十年来的环境中,磨铼了基本的实际功力,又收积了广博的创作经验。我对此道,虽幼年跟着他胡乱学习过,究竟不算内行,在年谱的按语中已经偶有几句叙评,应候专家批判,这序中不再絮说了。

　　　　　　　　　　黎锦熙　三十八年一月四日　于北平语小社

齐白石年谱

齐氏原籍砀山,明永乐时,落屯于湘潭晓霞峰的百步营。

十三世　盛寏公。

十四世　添镒公(始葬于杏子坞星斗塘)。

十五世　潢命公,行三,呼为命三爷。

十六世　万秉公,字宋交,行十,呼为齐十爷,白石祖父。清嘉庆十三年戊辰十一月二十二日生,同治十三年甲戌五月五日殁,享寿六十七。配马氏,嘉庆十八年癸酉十二月二十三日生,光绪二十七年辛丑十二月十九殁,享寿八十九。

十七世　贳政公,字以德,白石父,道光十九年己亥十二月二十八日生,民国十五年丙寅七月初五日殁,享寿八十八。配周氏,道光二十五年乙巳九月初八日生,民国十五年三月二十日殁,享寿八十二。

清同治二年(1863)癸亥

十一月二十二日(阳历十二月廿二日),齐白石生于湖南湘潭县南百里之杏子坞星斗塘老屋。派名纯芝,后名璜;字渭清,又字兰亭(祖父所命);号濒生;别号寄园,白石山人,寄幻仙奴,寄萍堂主人,老萍,萍翁,阿芝,木居士,老木一,三百石印富翁,杏子坞老民,借山吟馆主者,借山翁。

白石之父名贳政,母周氏。白石自记《母亲周太君身世》云:

太君,湘潭周雨若女。年十七,归同邑齐贳政。两家皆良民,故清贫。于归日,检箱,太君有愧容。姑曰,谚云,好女不著嫁时衣。太君始微笑。三日即躬亲井臼,入厨炊爨。

田家供灶,常烧稻草。草中有未尽之谷粒,太君爱惜,以捣衣楮楮之,一日可得谷约一合。聚少成多,能换棉花。家园有麻。太君春纺夏绩,不歇机声。织成之布,先奉翁姑,余则夫妇自著。年余,衣布盈箱。翁姑喜之。

太君年十九,生纯芝,名璜。璜小时多病,每累母。忌食膻腻,恐从乳过。太君尝过新年,不知肉味。

又白石《三百石印斋纪事》云:"戊辰十一月二十二日乃璜祖父重开花甲之期。……璜生时,祖父尝与祖母言曰,此孙他日当不忘吾诞辰,吾与伊同月同日也。"

适按:周太君年十七嫁齐家,年十九生白石。太君生于道光二十五年乙巳(1845),十七当咸丰十一年辛酉(1861),十九岁当同治二年癸亥(1863)。《周太君身世》是白石亲笔,则白石生年自应在同治二年,而咸丰十一年则是他父母结婚之年。白石当七十五岁时,采用星命家"瞒天过海法",自己增加了两岁。他自己在八十岁时写《自状略》,其实他那时只能算七十八岁。世人依据《自状略》上推他的生年在咸丰十一年辛酉,实在是被他"瞒"了。

同治五年(1866)**丙寅**。白石四岁。

天寒围炉,王父就松火光以柴钳画灰,教识"阿芝"二字。阿芝,余小名也。(为人题《霜镫画荻图诗》自注。)

同治六年(1867)**丁卯**。白石五岁。

二月,弟纯松生。(字效林,殁于民国十九年庚午,年六十四。)

同治九年(1870)**庚午**。白石八岁

始从外祖父周雨若读书于白石铺枫林亭。

白石幼时,祖父(名万秉)常以指画字于膝上,或用炉钳画灰上,教他认字。一日或数十字,白石能不忘。祖父每叹息。白石的母亲知翁忧孙子无力从学,遂说:"儿媳往年有楮草之谷四斗,存于隔岭某银匠家,为买钗计。可取回买纸笔书本。阿爷明年邀村学于枫林亭,纯芝可免束修,朝去夜归,能得读书一年。"(《周太君身世》)

白石自记读书村学时,每逢"春雨泥泞,祖父左提饭箩,右擎雨伞,朝送孙上学,暮复往负孙归。"

白石自记,他"性喜画,以习字之纸裁半张画渔翁起。外王父(周雨若)尝责之,犹不能已。"

是年秋,白石因病,停止上学,"在家,以记事账簿取纸,仍旧习画。"

白石上村学,不满一年,病愈后,因家贫需人助力,故不再入学,即在家牧牛砍柴。白石自记云:

> 一日,王母曰:"汝父无兄弟,〔吾〕得长孙,爱如掌珠,以为耕种有助力人矣。汝小时善病,巫医无功。吾与汝母祷于神祇,叩头作声,额肿坟起,尝忘其痛苦。医谓食母乳。母宜禁油腻。汝母过年节,尝不知肉味。吾播谷,负汝于背,如影不离身。今既力能砍柴为炊,汝只管写字!俗语云:三日风,四日雨,那见文章锅里煮? 明朝无米,吾孙奈何? 惜汝生来时,走错了人家!"

"于是将《论语》挂于牛角,日日负薪,以为常事"。(以上见《白石自状略》手稿甲本)

白石自记他牧牛时的情形云:

> 纯芝及弟纯松尝牧牛,归来迟暮,姑媳悬望。祖母令纯芝佩一铃,太君加铜牌一方,上有"南无阿弥陀佛"六字,与铃合佩,云可祓除不祥。日夕闻铃声渐近,知牧儿将归,倚门人方入厨晚炊。(《周太君身世》)

又,《白石诗草》题画牛诗自注云:

> 余幼年常牧牛,祖母令佩铃,谓曰:"日夕未归,则吾倚门;闻铃声,则吾为炊,知已归矣。"

又,《白石诗草》有《山行见砍柴邻子感伤》诗,自注云:

> 余生长于星塘老屋,儿时架柴为叉,相离数伍,以柴爬掷击之,叉倒者为赢,可得薪。

白石的祖母姓马,父名传虎,湘潭人。王闿运撰墓志说:"生十岁,丧母,能自成立,孝事严父,慈育两弟。年十九,归同县齐君万秉。两姓寒族,……始昏三日,椎髻执爨,井臼躬职。……夫性刚烈,婉之以礼。(白石自撰《祖母墓志》云:"万秉公性刚直,负气不平,常与人争论,大母闻之,辄以言解之。")敬顺舅姑,克和娣姒,尤精纺绩,衣布有余。……有一子二孙,慈勤顾复,每助秋获,带笠负雏。众笑其痴,已增其爱。……"是年十一月,白石的三弟纯藻生(字晓林)。

同治十三年(1874)甲戌。白石十二岁。

是年正月二十一日,娶妻陈氏,名春君,是年亦刚满十二岁。(同治元年壬戌十二月二十六日生)

五月五日,祖父万秉公病殁。《白石自记》云,是时"家财仅六十千文,尽其安葬。于是吾父一人耕,儿女多,无计为活,令吾学于木工。吾妻事祖翁姑之余,执炊爨,和小姑小叔,家虽贫苦,能得重堂生欢。"

适按:《白石自状略》记祖父死在他十二岁时。他晚年《祭陈夫人文》说:"清同治十三年正月廿一日乃吾妻于归期也。是时吾妻年方十二。是年五月五日吾祖父……寿终。"年岁皆合。但祭文又云,"吾与贤妻相处六十八年。"陈夫人死在庚辰二月(民国二十九年,1940),距甲戌为整六十六年,因白石当七十五岁时自己加了两岁,所以多说了两年。

熙按:湘俗童养媳与其夫大都年岁相当,先正式举行婚礼,谓之"拜堂",便在夫家操作。等到成年,择期"圆房",然后同居。白石与陈夫人是到光绪七年十九岁时才圆房的。

万秉公很早就能认识白石的天才,他待白石也特别慈爱。《白石自状略》记祖父之死云:

> 璜感王父以指画膝,以炉钳画灰,教之识姓名字样;皮衣抱孙睡,孙暖自寒(自注:王父尝以乌羊皮裘抱孙于怀中暖睡为乐)。璜哭泣三日不食。

> 是年,璜父教之扶犁,后因年小力弱,转学木工。朝为工,暮归,以松油柴火为灯,习画,凡十余年。

白石学木工,初学粗工,后改学小器作,制造精微器物,并雕刻桌椅花纹。因选花样,得见《芥子园画谱》,甚爱之,遂一一摹绘。白石自幼即喜画,这个时期里他学了木匠的技巧,才得见画谱,故他的画不是专从临摹画本得来的。他学木工,雕刻花纹,也和他后来雕刻印章有关系。(参用王森然所记《白石事略》)

白石八十三岁时,有《忆先父》短文云:

> 予少时随父耕于星塘老屋前之田,向晚濯足星塘,足痛如小钳乱铗。视之,见血。先父曰:"此草虾欺我儿也。"忽忽七十余年矣,碧落黄泉,吾父何在!吾将不能归我星塘老屋也!癸未五月十一日。

《白石自状略》于十二岁以后,二十七岁以前,无记事。他自记《周太君身世》中有云:

> 太君年三十后,翁弃世。……从此家境奇穷。恨不见纯芝兄弟一日长成,身长七尺,立能反哺。太君生六男三女,提携保抱,就湿移干,补破缝新,寸纱寸线未假人手,劳苦神伤,故中年已成残疾。

从此节可窥见此十余年中的生活情况,先钞在此。

光绪二年(1876)**丙子**。白石十四岁。

十月,四弟纯培生(字云林)。

光绪四年(1878)**戊寅**。白石十六岁。

是年从周之美学雕花木工。(白石撰有《大匠墓志》,云:"周君之美,大匠也,以光绪丙午九月廿一日死。……君于木工为最著,雕琢尤精。余师事时,君年三十有八。尝语人曰:'此子他日必为班门之巧匠,吾将来垂光,有所依矣。'君无子,故视余犹子也。越十年,余改业于画。又越十四年,余身行万八千里,三出三返,又越五年,……君死矣。……忆自余从事以来,忽忽二十有九年,与余绝无间言。")

白石后来常在齐伯常(名敦元,邑绅)家中作木工。后于《为家公甫(伯常子)画秋姜馆填词图》题诗中追记其事云:"稻粱仓外见君小(自注:余廿七岁前为木工,常弄斧于君之稻谷仓前),草莽声中并我衰。放下斧斤作知己,前身应作蠹鱼来。"

黎戬斋《记白石翁》云:"芝木匠(时乡人呼白石为芝木匠)每从其师肩斧提篮,向主家作业。……陈家垅胡姓,巨富也。凡有婚嫁具办奁床妆橱之属,必招翁为之。矜炫雕镂,无不刻画入神。"(熙按:

陈家坨及竹坤一带,胡姓聚族而居,大都巨富,为宋胡安国后,与黎姓通婚姻。白石少时,于两家因缘最深。戬斋名泽泰,一字尔谷,我族兄薇荪的次子。白石家居时,戬斋每年正月必过他家拜年,自幼至壮,不曾间断,所以熟悉关于白石的文献。)

光绪五年(1879)己卯。白石十七岁。

八月,五弟纯隽生(字佑五。民国十七年戊辰,死于匪乱,年五十)。

光绪八年(1882)壬午。白石二十岁。

他晚年《祭陈夫人文》说:夫人"廿岁时,长女菊如在孕,一日无柴为炊,〔吾妻〕手把厨刀,于星斗塘老屋后山右自砍松枝。时孕将产生,身重,难于上山,兼以两手行。"又云:"以及提桶汲井,携锄种蔬,辛酸历尽,饥时饮水,不使娘家得闻。有邻妇劝其求去,吾妻笑曰:'命只如斯,不必为我妄想。'"

光绪九年(1883)癸未。白石廿一岁

九月,长女菊如生。(适邓氏)

光绪十四年(1888)戊子。白石廿六岁

正月,六弟纯楚生(字宝林。死于民国三年甲寅,年二十七。白石有哀满弟的诗与挽联。湘人呼幼为满)。

光绪十五年(1889)己丑。白石二十七岁

七月十一日,长子良元生(字伯邦,号子贞)。

自记云:

年廿有七,慕胡沁园陈少蕃二先生为一方风雅正人君子,事为师,学诗画。萧芗陔、文少可,不辞百里,往教于星斗塘。从此,画山水人物都能。更能写真于乡里,能得酬金以供仰事俯蓄。

熙按:萧芗陔、文少可两人,是白石最早的画师。萧馆于杏子坞马迪轩家,马为胡沁园的连襟,马告胡:乡有芝木匠者,聪明好学。胡始留意。当时白石在赖家坨做雕花活,每夜打油点灯自由习画。乡人见之曰:"我们请胡三爷画帐檐,往往等到一年半载,何不把竹布取回,请芝木匠画画?"于是胡更留意。陈少蕃

(名作垍,著有《朴石庵诗草》)时馆于胡家,沁园约白石来,对他说:"《三字经》云,'苏老泉,二十七,始发愤,读书籍。'你正当此年龄,就跟着陈老师开始读书吧!"陈允不收学俸钱,日点《唐诗三百首》(湘语课读曰"点书"),白石仅于八岁时(二十年前)读过半年书,识字太少,只好用"白(音怕)眼(兀马)字"暗中自注生字之音,写在书页下端的里面,温习时即偷视之。"白眼字"者,同音通假之极常用字也。先是陈偕齐铁珊读书于一道士观中,白石的三弟为煮茶饭,白石时过之,因识铁珊。铁珊语白石:"萧芗陔将到家兄伯常(见前光绪四年)家画像,何不拜为师?"白石遂以所作自由画李铁拐像为贽,旋至其家(萧家朱亭的花钿,相距约百里),尽传其法。文少可亦家传画像,闻白石师萧,因访白石,数宿,又尽传之。白石自记所谓"学诗画"者,是点唐诗、学画像。他做了十余年木匠,到二十七岁才正式从师,改业做画匠的(湘俗尚巫祝,神像功对每轴售钱一千。白石自由习画时即优为之。又士大夫家必为祖先绘衣冠像,生时则备写真,名"小照",白石出师后常被邀请,故能得酬金以赡家用)。从此观摩名作,发展他的天才。

白石晚年有《往事示儿辈》诗云:

村书无角宿缘迟,廿七年华始有师。灯盏无油何害事?自烧松火读唐诗。

自注云:

余少苦贫,廿七岁始得胡沁园、陈少蕃二师。王仲言社弟,友兼师也。朝为木工,夜则以松火读书。(熙按:王仲言先生名训,号蜕园,是我的蒙师,著有《蜕园诗文集》;是年还在从陈师读,附学胡家。)

王训晚年有《白石诗草跋》,中有一段足补白石自记的缺漏。王训说:

山人生长草茅,少时泼墨以自娱。胡君沁园,风雅士也,见君所作,喜甚,招而致之,出所藏名人手迹,日与观摩。君之画遂由是孟晋,有一日千里之势。沁园好客,雅有孔北海风。同里如黎君松安、雨民,罗君真吾、醒吾,陈君茯根,及训辈,常乐从之游。花月佳辰必为诗会。山人天才颖悟,不学而能。一诗既成,同辈皆惊,以为不可及。当是时,海宇升平,士喜文宴,同志诸子遂结诗社于龙山,酣嬉淋漓,颠倒不厌。其一时意气之盛,可谓壮哉!……(熙按:此序中黎君松安即家父;雨民是我族侄,名丹,清黎文肃公培敬之长孙。罗真吾醒吾弟兄亦世族,其父军职家居,喜文墨,号蔬香老圃。陈茯根亦乡间有文名者。但这个"诗社",甲午后才成立,不是这几年的事。)

胡沁园,名自倬,字汉槎,是最有造于白石的一个人。他死后,白石《哭沁园师》绝句十四首,其中有云:

廿七读书年已中,顾余流亚蠹鱼虫。先生去矣休欢喜,懒也无人管阿侬。

学书乖忌能精骂,作画新奇便誉词。惟有莫年恩并厚,半为知己半为师。

平生我最轻流俗,得谤由来公独知。成就聪明总孤负,授书不忘藕花池。

穷来犹悔执鞭迟,白发恒饥怨阿谁?自笑良家佳子弟,被公引诱学吟诗!

胡沁园对于白石真有"成就聪明"的大功。(熙按:沁园是韶塘胡家,胡家多良田,善经营,惟沁园家不富裕,专事提倡风雅,奖掖后进。藏名人书画至多。辟小园,名藕花吟馆。)

光绪二十年(1894)甲午。白石三十二岁。

《白石自状略》云:"借五龙山僧寺为诗社,社友王仲言辈,凡七人,谓为七子,推璜为龙山社长。黎松安、薇荪、雨民为诗友。识张仲飏,得见王湘绮,拜为弟子。"(熙按:黎薇荪族兄,名承礼,号鲸庵,文肃第三子,行六,清光绪甲午翰林,改官四川,庚子即辞职归田,白石印友,摹刻得力最多,事在后五年。张仲飏一号正阳,名登寿,少业铁工,湘绮弟子,传其经学,亦能诗,后与白石为儿女亲家。湘绮称为"两畸士"。惟白石拜湘绮为弟子事,亦在后五年。湘绮曾语吴劭之——名熙,湘潭人——云:"各人有各人的脾气。我们下有铁匠、铜匠;还有个木匠也好学,但他总不肯为我弟子。"因白石生有傲骨,不愿意人家说他趋附,前诗中所谓"平生我最轻流俗"是也,又其《挽沁园师联》亦有"衣钵信真传,三绝不愁知己少;功名应无分,一生长笑折腰卑"之句。)

龙山七子,白石年最长,余为王仲言、罗真吾,醒吾,陈茯根,谭子荃,胡立三。见白石题《龙山访旧图》小序。(熙按,谭子荃是罗真吾的内兄。胡立三是竹坤胡家的,时为乡绅。龙山诗社常以黎雨民家为集会地点。是年后又组织罗山诗社,则以我家为集会地点。两山相距约五十里。)

白石于宣统元年自广州归后,有《与黎大松安书》云:"一日独坐,回忆十年前与公频相晤时,蜕园(王仲言)云溪(黎裕昆)多同在坐。聚必为十日饮。或造花笺,或摹金石,兴之所至,则作画数十幅。日将夕,与二三子游于樲(杉)溪之上。仰观罗山苍翠,幽鸟归巢;俯瞰溪水澄清,见蝘蜓横行自若。少焉月出于竹屿(白竹坳)之外,归诵芬楼,促坐清谈。璜不工于诗,颇能道诗中之三昧。有时公或弄笛,璜亦姑妄和之。月已西斜,尚不欲眠。……璜本恨不读书,以友兼师事公,……迩年以来,奔走半天下,……买山僻地,去白石愈远,平生之知旧艰于来,璜亦艰于往,独坐杜门,颇似枯衲,……安得化身为蜗牛,负其庐置之于罗山之侧!……"(熙按:这信是己酉十二月初九写寄的。信中"十年前"的"回忆",就是从甲午到壬寅约八九年间的故事。白石翁长于家父实年八岁,长于我二十八岁。是年甲午,他始到我家来画像——因先祖父上年癸巳九月去世,请他来画衣冠遗像的。其时我才四岁,延王仲言师"发蒙",书桌旁的凳子太高,他常抱我坐上去。先曾祖工画,所藏恣其观摹。相与刻印则稍后。大约这八九年间,他每年必在我家小住几个月。罗山俗名罗网山,在我家对面里许,是一林阜,中有元末陈友谅近亲古墓;前绕小溪,水自白竹坳来,有杉木桥,故名以樲溪。罗山诗社既组成,有时龙山社友亦联合来会于我家之诵芬楼——丁酉年新盖的书楼。光绪二十一年乙未,湘潭大旱,有"吃排饭"的——饥民排队到有存谷的人家去吃饭,不必吃光——适社友数十人来聚会,乡人都以为是吃排饭的饥民到我家来了。这信中所叙"造花笺,摹金石,作画,吟诗,弄笛"等事,我记得十岁左右也都参加过,号小社友,受白石翁的领导。)

《白石诗草》卷六,题"画松"诗自注中,述及他和黎雨民相过从的一段旧事说:"余少时极贫,黎雨民过访,信宿不去,夜无油镫,常以松节烧火谈诗。"

白石的题画诗中,有两首述及他在杉溪的生活,一首是《曾为旧友黎德恂壁间画松,寄题》,题下自注云:"德恂因字松庵。"诗中有两句说:"安得安闲情似旧,卧君书屋听溪声。"自注云:"黎君书屋外有樾溪"。另一首是《丹枫黄菊画赠黎松庵》,诗云:"三十年前溪上路,丹枫乱落黄花瘦。与君颜色未曾凋,人影水光独木桥。"自注云:"松庵居杉溪,溪上有独木桥,惟有耕者能过去,非行人桥也。松庵云:'有人能倒退过此桥者,吾愿以佳印石赠。'余竟能得。"

是年二月二十一日,次子良黼生(字子仁,娶王训女。民国二年癸丑十一月病死,年二十一。参后民国二年谱)。

光绪二十二年(1896)丙申。白石三十四岁。

> 熙按:白石此年始讲求篆刻之学。时家父与族兄鲸庵正研究此道,白石翁见之,兴趣特浓厚,他刻的第一颗印为"金石癖",家父认为"便佳"。此印及其早岁的工笔画"处女作",多存我家,直到民国三十三年湘潭沦陷,被日兵摧烧殆尽。——家父的《松翁自订年谱》载,自丙申至戊戌共刻印约百二十方,己亥又摹丁黄印二十余方,这几年白石与家父是常共晨夕的,也就是他专精摹刻图章的时候。他从此"锲而不舍",并不看做文人的余事,所以后来独有成就。

光绪二十四年(1898)戊戌。白石三十六岁。

十月,次女阿梅生(适宾氏,夫死改适符氏)。

光绪二十五年(1899)己亥。白石三十七岁。

见王闿运,拜门作弟子。

《湘绮楼日记》本年正月二十日记:"看齐木匠刻印字画,又一寄禅张先生也。"十月十八日又记:"齐璜拜门,以文诗为贽。文尚成章,诗则似薛蟠体。"十九日又记:"齐生告去,送之至大马头。"

铭按："寄禅张先生"当指八指头陀,但《八指头陀诗集》末附有《自述》云："余俗姓黄氏,名读山,出家后本师赐名曰敬安,字寄禅,近乃自号八指头陀。先世为山谷老人裔孙。"湘绮称为张先生,可能是他把寄禅的姓记错了。

适按：王闿运说白石的诗"似薛蟠体",这句话颇近于刻薄,但白石终身敬礼湘绮老人,到老不衰。白石虽然拜在湘绮门下,但他的性情与身世都使他学不会王湘绮那一套假古董,所以白石的诗与文都没有中他的毒。

熙按：近代湘潭有五怪：一和尚,即八指头陀,一铁匠,一木匠,一篾匠(制竹器的),一牧童。怪在家皆赤贫,绝对无力读书,而能以自力向学,挺出成名。前三人都与湘绮先后有缘；《湘绮楼日记》中的"张先生",若不是记错了寄禅的姓,也可能就是指他的又一弟子张铁匠。

影摹丁黄印谱,篆刻大进。(黎戬斋《记白石翁》云："家大人自蜀检寄西泠六家中之丁龙泓黄小松两派印影与翁摹之,翁刀法因素娴操运,特为矫健,非寻常人所能企及。……翁之刻印,自胎息黎氏,从丁黄正轨脱出。初主精密,后私淑赵㧑叔,犹有奇气。晚则轶乎规矩之外。"又白石于十年后——宣统庚戌——有《与谭三兄弟刊收藏印记》,略自道其经过："庚子前,黎铁安(按：名承福,字寿承,文肃第四子,行九。)代无畏兄弟(谭组安延闿别号；弟组庚恩闿,瓶斋泽闿)索篆刻于余十有余印,丁拔贡(可钧)者以为刀法太娴,谭子遂磨去之。是时余正摹龙泓(丁)秋庵(黄),与丁同宗匠,未知孰是非也。黎鲸公亦师丁黄,刀法秀雅,余始师之,终未能到,然鲸公未尝相诽薄,盖深知余之纯任自然,不敢妄作高古。今人知鲸公者亦稀,正以不落汉人窠臼耳。庚戌冬余来长沙,谭子皆能刻印,想入赵㧑叔之室矣,复喜余篆刻。……湘绮近用印亦余旧刻。余旧句云：姓名人识鬓成丝。……")

《白石诗草》有《忆罗山往事》诗,述在罗山和黎松庵同学刻印时事甚详。全诗云："石潭旧事等心孩,(熙按：石潭坝在杉溪下流,距罗山里许。)磨石书堂水亦灾。(自注：余学刊印,刊后复磨,磨后又刊。客室成泥,欲就干,移于东复移于西,□于八方,通室必成池底。)风雨一天拖雨屐,伞扶飞到赤泥(自注:地名。熙按:赤泥坤,在罗山西北里许,山甚深)来。(自注:松庵闻余得数印石,冒风雨而来,欲与平分。)谁云春梦了无痕,印见丁黄始入门。(自注:余初学刊印,无所师,松庵赠以丁黄真本照片。)今日羡君赢一着,儿为博士父诗人。(自注:松庵刊印,与余同学,其天姿有胜于余,一旦忽曰:"刊印易伤目,吾不为也。看书作诗,以乐余年。")

熙按:是年(己亥)前数年,竹坤胡石庵父辅臣始介绍白石到皋山黎桂坞(名锦彝,文肃次子,行五)家画像,后渐熟识鲸庵铁安兄弟。颇自负能篆刻,一日问铁安:"我总刻不好,奈何?"铁安答曰:南泉坤的'础石',挑一担归,随刻随磨去,尽三四点心盒,都成石浆,就刻好了。"白石默识其言。自是至庚戌十年间果成名。(为湘绮所刻"湘绮楼印",戬斋曾钤入所编《东池社刊》次期印辑,纯摹仿丁龙泓法。又杨潜庵言:白石刻印改学㧑叔后,在黎鲸庵家见㧑叔《二金蝶堂印谱》,大喜,即假去用朱钩存,其精不异原本,至今尚存。此可见其摹习之勤。)"晚则轶乎规矩之外",乃是他的创格,故晚年名更高。

光绪二十六年(1900)庚子。白石三十八岁。

是年春,全家迁于莲花峰下百梅祠堂。(《祭陈夫人文》。此地即狮子口。)始构借山吟馆。(自作《借山记》云:"余少工木工,蛙灶无著处。恨不读书。工余喜读古诗,尽数十卷。光绪庚子二月始借山居焉。造一室,额曰借山吟馆。学为诗数百首。")

光绪二十七年(1901)辛丑。白石三十九岁。

《自记》云:"辛丑识李翰屏"。蔡枚功谓翰屏曰:"国有颜子而不知,深以为耻。请来相见。"(熙按:蔡枚功原名毓春,字与循,内阁中书,湘绮内弟。李翰屏名镇藩,甲午举人,时亦官内阁中书。初,王船山裔继姜病殁潭市,家父介绍白石往画像,始渐与城市士绅往来。王复介往李家画像。翰屏不可一世,渐与白石成莫逆。)

是年十二月十九日,白石的祖母马孺人殁,享年八十九岁。白石记万秉公行十,人呼为齐十爷,因呼马孺人为齐十娘。"晚岁家益贫,日食苦不给,常私自忍饥,留其食以待孙子。"(自撰《祖母墓志》)白石晚年复追记云:"马孺人爱孙甚笃。孙纯芝,年将八十,思之泪流伤心。"(《三百石印斋记事》)

光绪二十八年(1902)壬寅。白石四十岁。

到西安。《自记》云:

> 壬寅,识夏午诒(寿田),李梅庵(瑞清,号清道人)兄弟叔侄,郭葆荪(人漳)兄弟。
>
> 是岁之冬,夏午诒由西安聘为画师,教姚无双(夏午诒的姬人。白石曾自刻小印,曰"无双从游")。风雪过灞桥,远远看华山。到时,年将终,识樊樊山(增祥,时任陕西臬司),晤张仲飏、郭葆荪。游碑林、雁塔坡、牛首山、温泉。

由湘之西安,道出洞庭湖,画《洞庭看日图》。《白石诗草》卷二有诗追记此事,题下自注云:"余壬寅冬之长安,道出洞庭,即画此图。"《白石诗草》卷七又有《霸桥》诗记西安之行。

是年四月初四日,三子良琨生(后名愚公。字大可,号子如;别号渔家村人,娶张登寿女)。

熙按:辛丑以前,白石的画以工笔为主,草虫早就传神。他在家一直的养草虫——纺绩娘、蚱蜢、蝗虫之类,还有其他生物,他时常注视其特点,做直接写生的练习,历时既久,自然传神,所以他的画并不是专得力于摹古。到壬寅,他四十岁,作远游,渐变作风,才走上大写意的花卉翎毛一派(吴昌硕开创的风气)。民初,学八大山人(书法则仿金冬心)。直到民六民八两次避乱,定居北平以后,才独创红花墨叶的两色花卉,与浓淡几笔的蟹和虾。黎戬斋《记白石翁》云:"翁作画,先学宋明诸家,擅工笔,清湘(大涤子,即释石涛)、瘿瓢(黄慎)、青藤(徐文长),得其神髓。晚乃独出匠心,用大笔,泼墨淋漓,气韵雄逸。"又云:"书法出入北海、冬心,疏落有致。时则清奇灵秀。治印亦有独造处。"

光绪二十九年(1903)癸卯。白石四十一岁。

从西安到北京。还家。

《自记》云:

春三月,午诒请尽画师职,同上京师。樊山曰:"吾五月相继至。太后爱画,吾当荐君。"

由西安上京华,道过黄河,望嵩高。到京,居宣外北半截胡同。识曾农髯(熙,衡阳人),晤李筠庵(瑞荃,梅庵弟),张贡吾(翊六,湘潭人)。

五月之初,闻樊山已起行,璜平生以见贵人为苦事,强辞午诒,欲南还。午诒曰:"既有归志,不可强留。寿田欲为公捐一县丞。……"璜笑谢之。

过黑水洋,到上海小住,还湘。(熙按:还乡在五六月间。我的《癸卯日记》:"六月廿六日,上午齐寄园先生来。"是年王仲言先生尚馆我家。)

在由陕西来北京的途中,画有《华山图》和《嵩山图》。

《白石诗草》卷六,《自题闲看西山图》诗自注云:"余出西安,道过华阴县,登万岁楼看华山,至暮,点灯画图,图中桃花长约数十里。"

同书卷四,《题雪庵背临白石画嵩高本》有句云:"二十年前游兴好,□□涧外画嵩高。"自注云:"癸卯春,余由西安转京华,道出□□涧,携几于涧外画嵩山图。"

白石于本年三月到北京后,即与友人肆游京畿各名胜。《白石诗草》第一首为《题画寄樊樊山先生京师》,开首记其初到北京时的一段生活云:"十五年前喜远游,关中款段过卢沟。京华文酒相征逐,布衣尊贵参诸侯。陶然亭上饯春早,晚钟初动夕阳收。挥毫无计留春住,落霞横抹胭脂愁。(自注:癸卯三月三十日,夏寿田、杨度、陈兆圭,在陶然亭饯春,求余为画《饯春图》以记其事。)琉璃厂肆吾所好,铁道飞轮喜重到。"

白石在游长安之前,曾作《借山图》,亦名《借山吟馆图》。其后他游西安、北京、江西、广西等地,都"自画所游之境",总名《借山图卷》。《白石自状》不记作图起于何时。我细检《借山图题词》钞本,见其中有年月可考者重加排比,始得考定《借山图》的最早一部分是在他游西安之前画的。如谭延闿题两绝句,款题"壬寅六月",这是

在他游西安之前半年。又如徐崇立题的六绝句,有长跋云:

> 寄园先生自画所居借山吟馆为图,并自题二绝句。一时朋簪和者甚众。见而心赏,雅欲续貂。尘事匆匆,游即罢去。壬寅残腊,相遇于长安,……出纸属题,得偿夙愿。事隔两年,重逢异地,亦自幸墨缘为不浅矣。……癸卯早春同郡徐崇立初稿。

这篇跋最可证明白石初画的是《借山吟馆图》,其时约在光绪二十七年辛丑(1901)。后来白石遍游南北好山水,每"自画所游之境",范围年年扩大了。日子久了,他自己也不记得他开始在何年了。他甚至于不记得他自己原题的两首绝句说的什么了。许多题诗的都是和他的原韵,第一首用还、关、山韵脚;第二首用风、蛩、钟韵脚。但白石在民国二十四年(乙亥,1935)自题《借山图题词》钞本云:

> ……黎苏庵诗是用余原韵。余原韵诗亦不见,余自忘矣,追思不可得也。(熙按:苏庵名承禧,文肃幼子。)

樊增祥题的长歌,款为"光绪癸卯中和节",中和节是二月一日。樊诗有句云:

> 山人无山恰有山,湘波如镜开烟鬟。……君有青山画里看,人有青山门外闲。……山人所至工修饰,纸窗竹屋明如拭。一双米家虹月船,四面嘉陵山水壁。竹林主人笑拍手,其人与屋皆不朽。

此诗可见《借山图》最初的状态。

光绪三十年(1904)甲辰。白石四十二岁。

春间偕王闿运至江西,游庐山南昌等地。秋还家。

《白石诗草》卷五,《滕王阁》诗题下自序云:"甲辰春,余侍湘绮师游庐山。秋七夕,湘绮于南昌邸舍招诸弟子联句,湘绮师首唱云:'地灵胜江汇,星聚及秋期。'"

《自记》云:"甲辰,侍湘绮师远游南昌。七夕,师赐食石榴,招诸弟子曰:'南昌自曾文正公去后,文风寂然。今夕不可无诗。'坐中有铁匠张仲飏,铜匠曾招吉,及璜,推为'王门三匠'。登滕王阁,小饮荷花池。游庐山。"(熙按:铜匠曾招吉,衡阳人,时在南昌以制造空运大气球为业,可坐二人,任风吹行,但试验时堕水。白石说他常著官靴,每自表示其能文章。)

又《借山馆记》云:"甲辰春,薄游豫章。吾县湘绮先生七夕设宴南昌邸舍,召弟子联句,强余与焉。余不得有佳句,然索然者正不独余也。始知非具宿根劬学,盖未易言矣。

"中秋归里,删馆额'吟'字,曰'借山馆'。"(熙按:我的《甲辰日记》:"十一月六日,寄园先生来。""七日,灯下,与寄园先生学魏碑用笔法。"这是他从李筠庵处得来的。)

光绪三十一年(1905)乙巳。白石四十三岁。

游广西。

《自记》云:"汪颂年(诒书)为提学使,偕游桂林,看佳山水。小游阳朔,穿走诸洞。"

《白石诗草·忆桂林往事》诗有自注云:"乙巳年余初客桂林"。又云:"乙巳冬,蔡松坡亦客广西,欲从事于画,余未敢应。"

《峭壁松林图》诗自注云:"余曾游桂林,息峭壁下,有牧童自言:'此间多狐,常诱人入丛林中,数日不放,人亦忘归。'问山名,牧童不答。"

在桂林,开始以刻印为活,樊樊山为定润例。《忆桂林往事》诗自注云:"乙巳年,余初客桂林,其篆刻纯似龙泓秋庵,樊山先生曾为书定润资:常用名印,每字三金。石广以汉尺为度,石大照加。石小二分,字若黍粒,每字十金。"

光绪三十二年(1906)丙午。白石四十四岁。

游广东。冬,还家。(熙按:我的《丙午日记》:"十月十二日,上午齐寄园先生来。"这年我十七岁,家居读书,记得那天白石翁吃过午饭就乘原轿回家去了,说不久还要上广东去。)

始置田地建房屋于茶恩寺茹家坤(前曰"借山",至是"买山")。

是年十二月初七日,长孙秉灵生(良元子,字近衡,号移孙。白石十一月二十日移居新屋,不一月生孙,故名"移孙",乡人祝之曰:"人兴财旺"。后肄业于国立北京法政专校。民国十一年十一月病死,年十七)。

《自记》云:"越年节(乙巳年节),得父示,四弟与贞儿从军到广东,命璜追寻。璜过苍梧,至广州,居祇园寺,探问则已移军钦州矣。璜到钦州。郭葆荪(时官钦廉兵备道)留之教姬人画。游端溪,谒包公祠。复随军到东兴,过铁桥,看安南山水。久客思归,携四弟与贞儿由香港海道至上海。一日,思游虎邱山。是日至苏州,天色已晚,宿驸马府堂。虎邱归后,复寻李梅庵于金陵。居三月还家。"

适按:《白石自状略》这一节,自"越年节"以下,不记年月。考其行踪,自广西梧州南下,到广州,又到钦州,则在广东省的西南角;又游端溪,则在肇庆府高要县,在广州的西面;后来又随军到东兴,东兴是钦州防城县最接近安南之地:故过铁桥即可看安南山水。大概白石在广东各地前后住了两年以上——从光绪三十二年丙午,到光绪三十四年戊申——己酉还家,由香港海道回到上海。白石在上海,也住了一个较长的时期。他游虎邱,寻李梅庵于金陵,都是宣统元年己酉的事(参看己酉年谱)。

光绪三十三年(1907)丁未。白石四十五岁。

春,到广东钦州(自忆是坐轿到广西梧州,再坐轮船转海道去的)。冬归。

适按:白石往高要县,游端溪,大概是在这年的春夏。《题石门画册诗》之《鸡岩飞瀑》一首,白石自注云:丁未春夏,余小住肇庆,尝偕郭憨庵游鼎湖山,观飞泉潭。

此可见白石为郭葆荪姬人教画,游端溪,都是丁未小住肇庆前后的事。

光绪三十四年(1908)戊申。白石四十六岁。

仍游广东。

宣统元年(1909)己酉。白石四十七岁。

从上海回湘潭。

在回湘之前,他曾游苏州,并于中秋节"携儿辈同游虎邱",后又访李梅庵于金陵。盘桓于沪、苏、南京诸地凡三月。《白石诗草·题画寄樊樊山先生京师》诗中有自注说:"己酉八月十五夜,携儿辈同游虎邱。是夜无月,借人瘦马,几惊,危险。"《自状略》说:"虎邱归后,复寻李梅庵于金陵,居三月,还家。"

《借山图题词》钞本有虞山病鹤题的《青玉案词》,款云:

> 宣统元年己酉九月,白石先生归湘潭,谱此送之。即题于《借山图册》。虞山病鹤,时同客海上。

据此,知道白石归家在本年九月。(熙按:我的《己酉学堂日记》:"十月初八,午饭后至胡宅(在通泰街),晤寄公、云溪、仲师(时馆胡家)、仙甫(沁园长子)、五丈(即胡石庵,主人也)……"是时我在长沙优级师范学堂读书,常往胡家。)

白石于壬申(民国二十一年,1932)作《白石诗草自叙》,开篇即说:

> 壬寅年,吾年四十,始远游。至己酉,五出五归,身行半天下。

自壬寅至己酉(1902至1909),白石游览佳山水有六大处:壬寅自湖南到西安,癸卯自西安到北京,由海道经过上海回湖南。此一出一归也。甲辰游江西南昌与庐山,是年回湖南。此二出二归也。乙巳从湖南到桂林,看广西山水;丙午从广西到广东,回湖南。此三出三归也。丁未春游广东,冬回湖南。此四出四归也。戊申复游广东,由海道到上海,至己酉九月始回湖南。此五出五归也。他游览了六大处山水(陕西、北京、江西、广西、广东、江苏)。

《诗草自叙》说:

> 壬寅……至己酉,身行半天下。虽诗境扩,益知作诗之难。多行路,还须多读书。故造借山吟馆于南岳山下,……熟读唐宋诗,不能一刻去手,如渴不能离饮,饥不能离食。然心虽有得,胸横古人,得诗尤难。

《自状略》也说:

> 造一室,曰借山吟馆,置碧纱厨于其中,蚊蝇无扰。读古文诗词,吟新句。将所游好山水初稿重画,编入《借山图》,共得五十余图册。余闲种果木三百株。

宣统二年(1910)庚戌。白石四十八岁。

是年黎鲸庵于岳麓山下新造听叶庵,九月,邀白石往游。

《借山吟馆诗草》有《孤吟寄黎凫衣》诗,题下自注云:"凫衣者,黎承礼辛亥后自呼也。"诗末自注云:"庚戌冬,凫衣于麓山下造一室,曰听叶庵,招余游焉。"

又,《凫衣和前题,次韵赠之》诗自注云:"凫衣和诗云:'探梅莫负衢山约'。时正九月。"

(铭按:衢山为天衢山,在湘潭城南五十二里,见白石《老病兼寄凫衣》诗自注。)

熙按:麓山湖南高等学堂即岳麓书院旧址。是年黎鲸庵为监督,张铁匠为教务长,招白石游山,寻李北海《麓山寺碑》。后白石壬子岁和鲸庵诗有"麓山无复寻碑梦"之句。(我的《庚戌学堂日记》:"十一月十七日,晚至胡宅,晤五丈、仲师、及寄园。"是白石冬间尚在省垣也。)

宣统三年(1911)辛亥。白石四十九岁。

在长沙,求王闿运为他祖母马孺人作《墓志铭》,并求他写碑。《墓志》的大概,已引见前文。

是年三月初八日清明节,节后二日白石应王闿运之邀,到瞿鸿禨家看樱花和海棠,并禊饮于瞿家的超览楼。

上两事在王闿运的《湘绮楼日记》中记载甚详:

二月廿六日,未朝食,齐濒生来求文。

三月九日,阴,当招齐木匠一饭,因令陪军大(指瞿鸿禨,因他曾任军机大臣)。

十日,晴。午初过子玖(瞿鸿禨字),同请金(甸臣,嘉兴人)谭(祖同)齐(白石)看樱花海棠。子玖作樱花歌,波澜壮阔,颇有湘绮笔仗,余不敢和,以四律了之。坐客皆和。……谈宴一日始散。

四月六日,作《齐志》。

七日,作《齐志》成。

白石《自记》云:

壬子春,闻湘绮师又来长沙,居营盘街,璜往侍。谭三兄弟邀往荷花池上,为其先人写真。忽湘绮师函示云,明日约文人二三,借瞿氏超览楼一饮。……得见超览楼主人及诸公子(主人即瞿鸿机,公子之一为瞿宣颖)。湘绮师曰:"濒生足迹半天下,久未与同乡人作画,可为画超省楼禊集图。"……璜因事还乡,久未画图报命。

铭按:①据《湘绮楼日记》所载,知道王瞿共邀白石诸人禊集看花,确实是在宣统三年三月,白石的《自状略》各稿本皆作"壬子春",是向后错了一年;瞿宣颖作《白石翁八十寿文》,中记此事,谓在"宣统己庚之间",又向前错了一二年。瞿宣颖转载《状略》(《古今》半月刊三十五期,页一五)无"壬子春"三字,将此事并入辛亥年,是不错的。(熙按:辛亥是也。白石写真,能于纱衣里面透视袍褂上之团龙花,自称为绝技。又地毯右方角上画一"湘潭齐璜濒生画像记"小印。此皆于是年所画谭组庚衣冠像上可以窥见。组庚行四,为"谭三"组庵弟,瘵殁于己酉八月,在辛亥革命前。又《湘绮日记》中之"谭祖同",即瓶斋,行五。)②

中华民国元年(1912)壬子。白石五十岁。
民国二年(1913)癸丑。白石五十一岁。

十一月,次子良黼病死。(白石有《祭次男子仁文》,略道自己的生平,节抄在此,可印证前此十余年间的事:"吾居星塘老屋,灶内生蛙,始事于画,为家口忙于乡里。仁儿兄弟虽有父,实若孤儿。前清光绪廿六年春,借山狮子口居焉。仁儿年六岁,其兄十二岁,相携砍柴于洞口;柴把末大如碗,贫人愿子能勤,心窃喜之。夏,命以稻草棚于塘头守莲,一日吾入自外,于窗外独立,不见吾儿,往视之,棚小不及身,薄且筛日,吾儿仰卧地上,身着短破衣,汗透欲流,四旁野草为

---

① 编者按:"胡适自校本"在此段上有一批语:"据谭伯羽信,组庚似原名'祖唐'。"
② 编者按:"胡适自校本"此段后有一批语:"谭伯羽来信,'白石老人为摹先祖文勤公貂挂像,时为庚戌,住荷花池舍间甚久,羽弟皆送以"齐木匠"呼之,并从之刻图章。是年八月中秋后一日,先四叔祖庚去世(非如谱中所载己酉),所绘像系着铁线纱褂,罩平金蟒袍。'(民四十,六,十五)胡适之。"

日灼枯,余呼之曰:'子仁!睡耶?'儿惊坐起,抹眼视我,泪盈盈,气喘且咳,似恐加责。是时吾之不慈尚未自觉也。卅二年冬,买山于此处,至民国二年秋,八阅寒暑。八年之间,吾尝游桂林及广州。吾出,则有吾儿省祖理家,竹木无害。吾归,造寄萍堂,修八砚楼,春耕小园,冬暖围炉,牧豕呼牛,以及饭豆芋魁,摘蔬挑笋,种树养鱼,皮书理印,琢石磨刀,无事不呼吾儿。此吾平生乐事也。儿事父母能尽孝道,于兄弟以和让,于妻女以仁爱,于亲友以义诚;闲静少言,不思事人,夜不安宿,绝无所嗜。年来吾归,尝得侍侧,故能刻印。因宣统三年之变,急于防害,始习枪击,遂至好猎。世变日亟,无奈何,九月初六日忍令儿辈分爨。十一月初一日,吾儿病作,初八日死矣……初三日尚坐吾厨下,手携火笼,足曳破布鞋,松柴小火,与母语尚愁其贫,不意人随烟散!悲痛之极,任足所之,幽栖虚堂,不见儿坐;抚棺号呼,不闻儿应。儿未病,芙蓉花残;儿已死,残红犹在。痛哉心伤!膝下依依二十年,一药不良,至于如此!……")

熙按:白石所造之寄萍堂,后院有竹笕通泉,客来烧茶,不待挑水。室内陈设雅洁,作画刻印之几案,式样古简,皆自出心裁。大约清末民初数年间,是白石乡居清适,一生最乐的时期。他那时也实有"终焉"之志。他的创作天才多表现于日用的门窗几席间。所御都具机轴,非凡品。民六避乱离乡以后,环境才促使他更扩展到艺术上进一步的成就。

民国三年(1914)**甲寅**。白石五十二岁。

家居。

《借山吟馆诗草》有诗题云:"甲寅雨水节前数四日,余植梨三十余本。"

是年夏,白石的六弟纯楚死于湘潭。《借山吟馆诗草》有《题六弟小影》诗,题下自注云:"戊申夏余戏为画小影,壬子冬病归,甲寅夏死矣。因题之。"

民国五年(1916)**丙辰**。白石五十四岁。

山居,临张叔平画。是年九月,白石于乡间获观邻人藏画四帧,原题有"柏酒"、"益寿"、"拜石"、"笔林三百八株之余子"等字样。

白石临摹一过,自题云:"余见其画笔题字及印章,实系张叔平先生手迹,世人不有萍翁,谁能辨之?"自临画幅又加题云:"戬斋七兄来借山,见余临张叔平先生画,意欲袖去。余知叔平先生与文肃公为同年友,非独喜余画,遂欣然赠之。丙辰十月,璜记于寄萍堂。"(熙按:张叔平名世准,湖南永绥人,道光己酉举人,与文肃同年。擅丹青,工篆刻。白石客皋山黎家时,每假阅而临习之。是亦其画学渊源之一。)

民国六年(1917)丁巳。白石五十五岁。

夏五月,避乡乱,到北京。适逢张勋复辟,段祺瑞于马厂出师致讨,遂又到天津避兵。《白石诗草·京师杂感》诗有自注云:"余阴历五月十二日到京,适有战事,二十日避兵天津,火车过黄村、万庄,正遇交战,车不能停,强从弹雨中冲过。易实甫犹约听鲜灵芝演剧,余未敢应。"又,《白石诗草自叙》云:"丁巳春,湘中军乱,草木疑兵,复遁京华。"

樊山本年六月初三日有五言律诗一首赠白石,其小序云:

濒生以丁巳五月至京,适有战事。兵后将归,赋诗为赠,即题其集。

《自记》云:"丁巳避乡乱,窜入京华。旧识知诗者樊樊山,知刻者夏午诒,知画者郭葆荪,相晤。璜借法源寺居之,卖画及篆刻为业。识陈师曾(衡恪)、姚芒父(华)、陈半丁、罗瘿公(惇曧)兄弟(瘿公弟敷庵、惇曼)、汪蔼士(吉麟)、萧龙友(号息园)。"

熙按:白石此次到北京,初未住在法源寺,我的《瑟侗斋日记》:"民国六年八月廿六日,下午四时半过排子胡同〔前门外西河沿〕阜丰米局〔内有一大所公馆,郭葆荪家寓此。〕访齐璜翁,不晤,归。"十月七日下午又往访,仍不晤。"二十三日晚饭后,齐濒翁、朱子翁〔子佩,一号师晦,名德裳,湘潭人〕至。"是时我往宣外香炉营西横街,又是年白石为杨潜庵刻"枕善而居"印《跋》云:"余尝游四方,所遇能画者陈师曾、李筠庵、能书者曾农髯、杨潜庵先生而已。李梅痴能书,赠余书最多,未见其人,平生恨事也。潜庵赠余书亦多,刻石以报,未足与书法同工也。丁巳七月中,齐璜并记,时二十日,由西河沿上移榻炭儿胡同。"按:所居排子胡同即在西河沿;阴历七月二十日为国历九月六日,故我十月七日往访不晤,是他已移榻了。炭儿胡同亦郭宅,有同寓者与白石不相能,故白石不久又移榻法源寺与潜庵同寓。他又为潜庵刻"视道如华"印《跋》云:"余二十年来尝游四方,凡遇正人君子,无不以正直见许。独今年重来京华,有某无赖子欲骗吾友(按:'吾友'系指郭葆荪),吾友觉,防之,某恐不遂意,寻余作难,余避之潜庵弟所居法源寺如意寮。倾谈金石之余,为刊此印。丁巳八月廿八日,兄璜并记。"潜庵又谓:据前印《跋》语,民六时,白石尚未与清道人相见,后三年即民九,清道人遂殁,其间白石并未曾至宁沪,似此,壬寅"识李梅庵兄弟叔侄",殆未识其本人;己酉"寻李梅庵于南京",似亦未晤。我因迳询白石,他记得在清宣统间,清道人兄弟二人曾到湘潭,寓城内郭武壮祠,相访未值,但最后似曾见了一面。

是年六月初三日,樊山《题〈白石诗草〉》云:

濒生书画皆力追冬心。今读其诗,远在花之寺僧之上。……冬心自道云:"只字也从辛苦得,恒河沙里觅钩金"。凡此等诗,看似寻常,皆从刿心钵肝而出,意中有意,味外有味,断非冠进贤冠,骑金络马,食中书省新煮馓头者所能知。惟当与苦行头陀在长明灯下读,与空谷佳人在梅花下读,与南宋前明诸遗老在西湖灵隐昭庆诸寺中相与寻摘而品定之,斯为雅称耳。

此即《白石诗草自叙》(初稿本)所记"樊山先生见其〔诗〕稿赠以言,劝予刊之。"

是年七月陈师曾(衡恪)有诗题《借山图》云:

曩于刻印知齐君,今复见画如篆文。束纸丛蚕写行脚,脚底山川生乱云。齐君印工而画拙,皆有妙处难区分。但恐世人不识画,能似不能非所闻。正如论书喜姿媚,无怪退之讥右军。画吾自画自合古,何必低首求同群?(熙按:师曾是时与我同事教育部编审处,我的《瑟㥣斋日记》民六:"十月廿五日,师曾来,谈及濒翁近所刊印,纵横有余,古朴不足。画格甚高,然能赏之者即能评其未到处。")

是年冬,"湘乱稍息,复还乡。"(《诗草自叙》)

《白石诗草》卷一有诗题云:"丁巳十月初十日到家,家人避兵未归。时借山仅存四壁矣。"

民国七年(1918)戊午。白石五十六岁。

在湘潭。

《白石诗草自叙》云:

> 越明年戊午,民乱尤炽,四野烟氛,窜无出路。有戚人居紫荆山下,地甚僻,茅屋数间,幸与分居,同为偷活,犹恐人知。遂吞声草莽之中,夜宿露草之上,朝餐苍松之阴。时值炎热,赤肤汗流。绿蚁苍蝇共食,野狐穴鼠为邻。如是一年,骨与枯柴同瘦,所有胜于枯柴者,尚多两目,惊怖四顾,目睛莹然而能动也。(用《诗叙》初稿本)

民国八年(1919)己未。白石五十七岁。

重来北京。冬,又还湘省亲。

《白石诗草自叙》云:

> 己未,吾年将六十矣,乘清乡军之隙,仍遁京华。临行时之愁苦,家人外,为予垂泪者尚有春雨梨花。过黄河时乃幻想曰:"安得手有嬴氏赶山鞭,将一家草木同过此桥耶!"
>
> 到京华,重居法源寺,以卖画刻印自活。朝则握笔把刀,惟夜不安眠,百感交集。是谁使我父母妻子别离,戚友不得相见?枕上愁余,或吟诗一二首,觉忧愤(一作忧闷)之气从舌端出矣。平时题画亦然。故集中多绝句,皆非刿心铋肝而出者。(参用《诗叙》两稿本。)

是年九月,纳副室胡氏,名宝珠,四川酆都人(生于光绪二十八年壬寅八月,小于白石四十岁)。

白石《祭陈夫人文》云:"吾妻不辞跋涉,万里团圆,三往三返。为吾求如妇宝珠以执箕帚。"宝珠姓胡,家在四川酆都县转斗桥胡家冲,父名以茂,为箆工。(见《三百石印斋纪事》。)《祭文》中记陈夫人三次北来,均未记年月。

《白石诗草》中有两处提及胡姬,均称做"宝姬":一见于诗题,谓"宝姬多病,侍奉不怠,以诗慰之。"题下自注云:"宝姬自言有姊从朱姓,有弟名海生,忘其居住地名。"另一处是"题画"诗的自注,谓"宝姬为余理纸十年,余画中之巧拙,必能直指言之。"

因闻湖南有战事,还家省亲。《白石诗草》卷二有诗题云:"己未,三客京华,闻湖南又有战事,将欲还家省亲,起程之时有感而作。"

民国九年(1920)庚申。白石五十八岁。

携子如、移孙同回北京。

《白石诗草》卷四,题《老少年》诗有自注云:"庚申春,余携子如、移孙就学京师,至莲花山下忽大雨,避雨旧邻家。时老少年方萌动。"

同书卷二有《避乱携眷北来》诗云:"不解吞声小阿长,携家北上太仓皇。回头有泪亲还在,咬定莲花是故乡。"(自注:"莲花,山名。")

自法源寺移居宣武门内石镫庵,大概在这次回北京之后。

正月至三月之间,有花果画册,此册有题记数则,其一云:

> 老萍亲种梨树于借山,味甘如蜜,重约斤许,戊己二年避乱远窜,不独不知梨味,而且孤负梨花。

此可与上年所记"春雨梨花"的回忆参看。其一云:

> 朱雪个有此花叶,无此简少。

其一云:

> 余画梅学杨补之,由尹和伯处借钩双钩本也。友人陈师曾以为工真劳人,劝其改变。

铭按:《白石诗草》卷三,《友人重逢呈画梅》诗有句云:"雪冷冰残肌骨凉,金农罗聘逊金阳。"自注云:"尹和伯名金阳,画梅空前绝后。"

熙按:尹和伯湘潭人,清末以画梅著称于时。

白石在二十五年之后印行此册,自题诗云:

> 冷逸如雪个,游燕不值钱。此翁无肝胆,轻弃一千年!

《自跋》云：

予五十岁后之画，冷逸如雪个。避乡乱，窜于京师，识者寡。友人师曾劝其改造，信之，即一弃。今见此册，殊堪自悔，年已八十五矣。乙酉，白石。（乙酉是民国三十四年，"雪个"即八大山人。）

是年夏，直皖战起，白石携子孙自石镫庵移居东城帅府园以避兵，有《避难》诗记其事云："石镫庵里胆惶惶，帅府园间竹叶香。（自注：庚申，余携子如移孙父子祖孙三人避兵帅府园友人郭憨庵家，帅府园为外人保卫界也。）不有郭家同患难，乱离谁念寄萍堂。"

石镫庵的老僧好蓄鸡犬，昼夜不断啼吠，故白石在直皖战事停止之后，不再搬回石镫庵，而迁居于西城的观音寺内。又因寺内佛号钟声，睡不成寐，故又迁三道栅栏，后又迁鬼门关外。识朱悟园（羲胄）、林琴南（纾）、徐悲鸿、陈散原（三立）、贺履之（良朴），皆在迁居观音寺以后。

熙按：我的《瑟侗斋日记》民八："四月十七日五时半过法源寺晤齐濒翁及杨潜庵（昭俊，湘潭人），话乡情，览何字。"民九："五月廿四日，夜，齐白石翁至，久话。"是时家父亦来北京也。"六月廿九日，濒翁率其子孙至（三子子如，长孙移孙也）。""七月十四日，侍父亲及张裕恂（蔚瑜）到齐濒翁处，已迁东城矣。"时正值直皖战争，东城向称保卫界也。自是常来与家父剧谈。"八月八日，八时，随父及裕恂至帅府园六号齐濒翁处，看画及诗。"十八日，"次煌（林世焘，平乐人，甲申翰林）及濒翁来，面后余同至西城观音寺，为看房子，坐朱悟园处。""廿四日，至观音寺听讲……（时圆瑛和尚在此讲《楞严经》）梁任公亦至。坐濒翁处，新迁来此者。""卅一日，同遇夫（杨树达，长沙人）过观音寺问房屋，坐白石处。"又白石营居鬼门关——后改名贵人关——时，堂上悬挂王湘绮所书"寄萍堂"横额，自题诗云："凄风吹袂异人间，久住浑忘心胆寒。马面牛头都见惯，寄萍堂外鬼门关。"①

民国十年（1921）辛酉。白石五十九岁。

是年秋返湘，重阳节到家，旋返北京。《白石诗草》卷二有诗题云：

> 辛酉九日到家，二十五日得如儿京师来电，称移孙病笃；余至长沙，又得如儿书，言病已稳；到汉口又得书，言病大减。作诗以慰如儿之周密。（熙按：移孙次年十一月病死）。

十二月廿日，胡姬生子，名良迟。（行四，字翁子，号子长，娶献县纪昀裔彭年的次女。）

《祭陈夫人文》说：

> 宝珠初生良迟，吾妻恐其不善育，夜则抱之慎睡，饥则送入母室乳之。

民国十一年（1922）壬戌。白石六十岁。

还家，旋返北京。

是年四月在长沙与张正阳（即仲飏）、胡复初（即石庵）、杨重子（名钧，号白心，晳子一度一之弟，以工隶书名）、黎戬斋诸人过从。为重子刻印甚多，为戬斋画鸳鸯芙蕖绫本横幅，极精美。

《白石诗草·卖画得善价复惭然纪事》诗，自注云：

> 陈师曾壬戌春往日本，代余卖杏花等画，每幅百金，二尺纸之山水得二百五十金。

民国十二年（1923）癸亥。白石六十一岁。

在北京。是年陈师曾死，年四十八。白石有《师曾亡后，得其画扇，题诗哭之》：

> 一枝乌桕色犹鲜，尺纸能售价百千。君我有才招世忌，谁知天亦厄君年。

又有《见师曾画，题句哭之》：

> 哭君归去太匆忙，朋党寥寥心益伤。安得故人今日在，尊前

---

① 编者按："胡适自校本"在此段有一批语："广幽风图十六幅首叶题'仲珊使帅钧正辛酉五月布衣齐璜写呈'。仲珊是曹琨。"

拔剑杀齐璜!

《白石诗草》卷六,《与友人重过三道栅栏话陈师曾》诗自注云:

陈师曾七月二十四日来三道栅栏,自言二十八日之大连。闻在大连得家书,奔祖母丧,死于南京。

熙按:陈师曾是白石的诤友,也是白石作品的宣传者。(黎戬斋《记白石翁》云:"辛亥以还,湘中多故,山寇出没,乡居不宁,翁仓皇避地,仍游燕京,不求人知。陈师曾携翁画东游,日人出数百金购之。其所作曾选入巴黎艺术展览会,而日人亦将翁之作品及艺术生活摄为影片,献映于东京艺术院,名动海外。")

熙又按:陈师曾是这年暑天奔母丧到南京后得痢疾死的,夏初还在北京与白石同宴饮。我的《注符日记》民十二:"六月三日,十二时到安儿胡同周印昆师(大烈)家吃饭,会了齐白石、陈师曾、杨潜庵、孙伯恒(壮)杨遇夫、姚石遗、凌直支(文渊)等。"

是年十一月十一日胡姬生次子,名良已。(行五,字子泷,号迟迟,娶顺义温氏女。)

民国十三年(1924)甲子。白石六十二岁。

在北京。日记云:

八月初七日,如儿分居于象坊桥,余与百金作移居费。……冬□月,如儿迁于南闹市口。此儿自今春以来,画名大著。

民国十四年(1925)乙丑。白石六十三岁。

在北京。日记云:

正月,宾恺南先生(名玉瓒,湘潭人,癸卯解元)来寄萍堂。同客有劝余游历日本者,其言甚切,以为兼卖画,足可致富。余答以余居京华九年矣,可以过活。饥则有米,寒则有煤,无须多金反为忧患也。恺南兄以为余可学佛,谈禅最久。廿四日,余往广济寺寻恺南兄,授予□□□□□□□□□……并赠《净土四经》一书。

二月廿九日,余大病。……人事不知者七日夜,痛苦不堪言状。……半月之久,始能起坐。犹未死!六十三岁之火坑即此过去耶?

是年梅兰芳从白石学画。

《白石诗草》卷二有诗题云："庚申秋九月,梅兰芳倩家如山约余缀玉轩闲话,余知兰芳近事于画,往焉。兰芳笑求余画虫与观,余诺之,兰芳欣然磨墨理纸,观余画毕,为歌一曲相报,歌声凄清感人,明日赠之以诗。"诗云："飞尘十丈暗燕京,缀玉轩中气独清。难得善才看作画,殷勤磨就墨三升。西风飕飕枭荒烟,正是京华秋暮天。今日相逢闻此曲,他时君是李龟年。"(黎戬斋《记白石翁》云:"时有某巨公称觞演剧,坐中皆冠裳显贵,翁被延入坐,布衣褴褛,无与接谈者,梅畹华后至,高呼齐先生,执礼甚恭,满座为之惊讶。翁题画诗云:'曾见先朝享太平,布衣蔬食动公卿;而今沦落长安市,幸有梅郎识姓名。'有感而发,一时传为佳话。"熙按:白石自言:梅家植牵牛花百种,花有极大者,巨观也,从此始画此花。后有句云:"百本牵牛花碗大,三年无梦到梅家。")

民国十五年(1926)**丙寅**。白石六十四岁。

春初回湘潭,因乡间大乱,未到家便折回北京。《白石诗草》有"余自校阅此集,至卷六,中有'紫云山上夕阳迟'句,感泣一首",开首两句为"十载思儿日倚门,岂知百里即黄泉。"下有自注云:"丙寅还湘潭,值家园大乱,百里星塘,使我年各九十之父母不能相见,竟成长别。"

是年三月二十日白石之母周太君卒于湘潭,享年八十二岁。七月初五日白石之父贯政公卒于湘潭,享年八十八岁。日记云:

> 三月十五日得子贞书,知吾母病重,将难治,并需汇钱济急。余心痛不乐。十六日汇百元。……至廿四日不见子贞再函,未知母亲愈否,尚有猜疑。来北京十年,十日未作画第一度。心殊不乐。兵匪共乱,铁道不通,奈何!

> 四月十九日得贞儿家书,知吾母前三月廿三日巳时逝世。即令人打探,火车不能通,兵匪更炽。即刻设灵位,此大痛心事,非能言尽。总之一言,不成人子至极!

> 七月七日得贞儿书,言吾父前六月初间得病,病系寒火症,不数日稍愈,复能进饭。忽又病,无论何食物不进。

> 八月初三日夜得快捷家书,未开函,知吾父必去,血泪先下。拭泪看家书,吾父七月初五日申时亦逝!……
>
> 余亲往樊樊山老人处,求为父母各书墓碑一纸,各作像赞一纸,共付润笔金一百二十余元。(《三百石印斋纪事》)

白石自作《齐璜母亲周太君身世》,其文甚朴实恳切,已引见前,此文记太君晚年生活状况云:

> ……年将老,纯芝方成立,以画重于中外,太君中心喜乐,精气自强,渐能下床,不治病能自愈。五十岁后,姑亦逝,第六子纯俊及长女先后夭亡,太君连年哭之丧明,两眶见血,心神恍怫,语言无绪。……年七十,湘潭匪盗如鳞,纯芝有隔宿粮,为匪所不能容,远别父母北上,偷活京华。太君二老年共百六,衰老不能从游。……民国十五年丙寅夏历三月之初,太君病笃,医药无功。是时正值南北大乱,道路阻绝。……延息至廿三日巳时,问曰:"纯芝归否?我不能再候。不见纯芝,心虽死犹悬悬。"遂卒。……男六人,女三人,孙十四人,孙女五人,曾孙七人,曾孙女三人。

民国十六年(1927)丁卯。白石六十五岁。

在北京。(熙按:我的《G. R. 日记》:六月十日,"下午,齐白石翁来,和他谈艺术教学法。"是时林风眠长北平艺专,请他教中国画,八月廿三日"下午五时,到齐白石家〔原注:跨车胡同十五号〕。"这就是他现在的住址了。)

是年五月廿二日,胡姬生长女名良怜(乳名大乖,适易氏)①。

民国十七年(1928)戊辰。白石六十六岁。

在北京,此后改名北平。

是年九月初一日,胡姬生第二女名良欢(乳名大小乖。三十五年十二月十九日病死,年十九)。

是年秋,白石的长子良元来北平看他,为述家乡乱事。《白石诗草》卷七有诗题云:"戊辰秋,贞儿来京省余,述故乡事,即作画幅一,

---

① 编者注:此行为"胡适自校本"所加。

题句以记之。"诗云："惊闻故乡惨,客里倍伤神。树影歪兼倒,人踪灭复存。西风添落叶,暮雾失前村。远道怜儿辈,还来慰老亲。"

民国十八年(1929)己巳。白石六十七岁。

在北平。上年白石第五弟死于匪乱。明年,他的第二弟死在家乡。

民国十九年(1930)庚午。白石六十八岁。

在北平。胡适藏白石画女子二幅,其一题"庚午八月造,白石",其一画红衣女子执笔欲写字,有诗："曲阑干外有吟声,风过衣香细细生。旧梦有情偏记得,自称侬是郑康成。""三百石印富翁题旧句。"两幅印章皆刻"木人"二字,似是同时的画①。

民国二十年(1931)辛未。白石六十九岁。

在北平。

正月二十六日樊樊山卒于北平,年八十六。

三月十一日,胡姬生第三女,名良止(乳名小小乖)。

九月十八日夜,日本军阀在沈阳发动大侵略行动,是为第二次世界大战的开始。阴历九月九日,重阳节,白石《与黎松盦登高于宣武门城上》,有诗纪其事,诗下自注云："其时东北失守,张学良主义无抵抗。"

是年曾孙耕夫生(良元次子次生之长子)。

民国二十一年(1932)壬申。白石七十岁。

在北平。

是年冬,曾一度迁居东交民巷,《白石诗草》卷八有绝句两首记其事。

民国二十二年(1933)癸酉。白石七十一岁。

在北平。

日记云："十二月廿三日乃吾祖母一百二十岁诞期,是夜焚冥镪,另书纸笺焚之,言曰:

祖母齐母马太君,今一百二十岁,冥中受用,外神不得强得。

---

① 编者注:"民国十九年"这一条为"胡适自校本"所加。

今长孙年七十一矣,避匪难,居燕京,有家不能归,将至死不能扫祖母之墓,伤心哉!

是年印行《白石诗草》八卷,有自叙,题"癸酉买镫日,时居旧京西城鬼门关外。"自叙云,"将丁巳前后之诗,付之锓木。"

《诗草》有老友王训长跋,作于前一年壬申之冬。(熙按:这部《诗草》原是由樊樊山选定的,所选太少,我给他多收了一些。见他的《自叙》中。)有《癸酉秋自记印章》,文云:

予戊辰年(民国十七年)出印书后,所刻之印为外人购去,印拓二百。此二百印,自无制书权矣。庚午辛未(民国十九至二十)二年所刻印,每印仅拓存六分,成书六册,计十本,每本计□十□印。壬申癸酉(民国二十一至二十二)二年,世变至极,旧京侨民皆南窜。予虽不移,窃恐市乱,有剥啄扣吾门者,不识其声,闭门拒之。故刻石甚少,只成书四本,计十册,每本□印。

以上皆七十衰翁以朱砂泥亲手拓存。四年精力,人生几何!饿殍长安,不易斗米。如能带去,各检一册,置之手侧,胜人入陵,珠宝满棺。是吾子孙,毋背斯嘱。癸酉秋八月齐璜白石山翁自记,时居城西鬼门关外。(熙按:跨车胡同亦可称"鬼门关外"。)

是年三年,日本军阀侵占热河,战事到了长城。五月以后,在《塘沽协定》之下,北平天津都成了前线了。白石有戒心,是年春夏,他曾一度迁居东交民巷,借居门人纪友梅楼房,见《挽纪友梅联》自注。《白石诗草自叙》误记为"庚午国难"。

民国二十三年(1934)甲戌。白石七十二岁。

在北平。是年四月二十一,胡姬生第三子,名良年(行六,字寿翁,号小翁子。二十七年十二月二十三日殇,年五岁)。

民国二十四年(1935)乙亥。白石七十三岁。

回湘潭一次。

《自状略》云:"乙亥夏初,携姬人南还,扫先人墓。乌鸟私情,未供一饱,哀哀父母,欲养不存。自刻'悔乌堂'印。"

有日记云:"阳历四月一日起行,携宝珠柏云同归。三日半到家。年十八九之女孙及女生（甥）不相识。离家十余年,屋宇未损败,并有增加。果木如故,山林益丛。子贞子如兄弟父子叔侄可谓好子孙也。只有春姊（即陈夫人,名春君）瘦得可怜。余三日即别,别时不忍相见。并有二三好友在家坐待相送,余亦不使知,出门矣。十四日还北平。"（《三百石印斋纪事》）

又日记云："余今年衰败叠出,既痛右臂,又痛右腿。最可怕者头晕。"（同上）

《祭陈夫人文》云："吾年七十五时,一日犬吠聒耳,吾怒逐之,行走大意,脚触铁栅栏之斜撑,身倒于地,……竟成残疾。著衣纳履,宝珠能尽殷勤。得此侍奉之人,乃吾妻之恩所赐。"

民国二十五年(1936)丙子。白石七十四岁。

游四川。是年阳历四月二十七日离北平,二十九日夜从汉口搭汽船往四川。五月七日到重庆。十六日到成都。八月出川,三十一日回到汉口。九月五日回到北平。

有《过巫峡》诗：

　　怒涛相击作春雷,江雾连天扫不开。欲乞赤乌收拾尽,老夫原为看山来。

有《客成都留别余生》诗：

　　不生羽翼与身仇,相见时难别更愁。蜀道九千年八十,知君不劝再来游。

以上均据丙子《游四川日记》残页。后六年,辛巳（民国三十年,1941）十月,白石自题日记后云：

　　翻阅此日记簿,始愧虚走四川一回,无诗无画。……后人知翁者,翁必有不乐事,兴趣毫无,以至此。九九翁。

《白石自状略》云："丙子春,蜀人来函,聘请游青城峨眉。入川,见山水胜于桂林。惜东坡未见也。居重庆两越月,居成都越半年。（此两句以日记考之,似有错误）识方鹤叟（旭）,晤诸门人。返京华,识张芍圃。"

民国二十六年(1937)丁丑。白石七十五岁。

自改为七十七岁,在北平。

长沙舒贻上(之鎏)曾为白石算命,说"是年脱丙运交辰运,美中不足。"(就生辰八字推算流年一册,说"辰运:丁丑年三月十二日交,壬午三月十二日脱。丁丑年下半年即算辰运,辰与八字中之戌相冲,冲开富贵宝藏,小康自有可期,惟丑辰戌相刑,美中不足。")白石在命册上批记云:"十二日戌时交运大吉。……宜用'瞒天过海法':今年七十五,可口称七十七,作为逃过七十五一关矣。"(批记又云:"交运时,可先念佛三遍,然后默念'辰与酉合'若干遍。且在立夏以前,随时均宜念之也。……〔十二日戌时〕属龙属狗之小孩宜暂避,属牛羊者亦不可近。本人可佩一金器,如金戒指之类。")

是年七月七日,日本军人在北平宛平县的卢沟桥发动全面战事。七月二十八日,北平天津都沦陷了。

《白石自状略》云:

丁丑以前,为艺术学院教授数年,艺术专科学校教授数年。

适按:白石记此条之意,似是表示在北平沦陷以后,他就没有在学校任教授了。参看民国三十三年谱。

是年二月二十七日(阴历正月十七日),胡姬生一女,名良尾,不育。

民国二十七年(1938)戊寅

白石七十八岁(实年七十六岁,以下照推)。在北平。

是年胡姬生第四子,名良末(行七)。日记云:"阴历五月廿六日(即国历六月廿三日)寅时,——钟表乃三点廿一分也,——生一子,名曰良末,字纪牛,号耋根。(命册注云:"牛者,丑也,纪丁丑年怀胎也。八十为耋,吾年八十,尚留此根苗也。")此子之八个字——戊寅、戊午、丙戌、庚寅、——为炎上格。若生于前清时,宰相命也。"

是年十二月十四日,孙秉声生(良迟子,行十,字隐闻)。

《三百石印斋纪事》(是一本不连续的日记)起于癸亥(民国十二年,1923),终于此年。

宣统三年,王湘绮曾命白石为长沙瞿氏作《超览楼禊集图》,当时他没有画。今年瞿氏后人请他补作此图。

民国二十九年(1940)庚辰。白石八十岁。

在北平。

二月初得家书,知陈夫人于正月十四日死在湘潭。有《祭陈夫人文》。《白石自状略》一卷,作于此年,此卷有三个稿本,文字稍有异同,纪年也有改动处。其最后改本有结语云:

平生著作无多。自书《借山吟馆诗》一册,《白石诗草》八卷,《借山吟馆图》四十二图(陈师曾借观,失少十图),画册三集。尚有诗约八卷,未钞正。挽词,及题跋,记事语,书札,已集八卷,未钞正。画册可印照稿,可印百集。

在北地留连二十有三载,可惭者,雕虫小技,感天下之知名。且喜三千弟子,复叹故旧亦如晨星。忽忽年八十矣,有家不能归。派下男子六人,女子六人,男媳五人,孙曾男女合共四十余人,不相识者居多数!

璜小时性顽,王母欲骂欲笑曰:"算命先生谓汝必别离故乡。"今果然矣。多男多寿,独福薄,惭然。

民国三十一年(1942)壬午。白石八十二岁。

在北平。白石久居沦陷的北平,心绪意境往往用诗与画寄托。这时期,他有《画不卖与官家窃恐不祥告白》一则说:

中外官长要买白石之画者,用代表人可矣,不必亲驾到门。从来官不入民家。官入民家,主人不利。谨此告知,恕不接见。(熙按:下署"庚辰正月八十老人白石拜白",是上年写的,大字直幅,现以赐其门役收藏,其门役是清宫一个老太监。)

他有《重到陶然亭望西山》词,其下半阕云:

城郭未非鹤语,菰蒲无际烟浮,西山犹在不须愁,自有太平时候。

又有《跋苦禅画食鱼鸟》云:

此食鱼鸟也,不食五谷鸬鹚之类。有时河涧江干,或有饿死者,渔人以肉饲其饿者,饿者不食。故旧有谚云:鸬鹚不食鸬鹚肉。

民国三十二年(1943)癸未。白石八十三岁。

在北平。有《遇邱生石冥画会》短文:

> 画家不要〔以〕能诵古人姓名多为学识,不要〔以〕善道今人短处多为己长。总而言之,要我行我道,下笔要我有我法。虽不得人欢誉,亦可得人诽骂,自不凡庸。借山之门客邱生之为人与画,皆合予论,因书与之。

又有《自跋印章》云:

> 予之刻印,少时即刻意古人篆法,然后即追求刻字之解义,不为"摹、作、削"三字所害,虚掷精神。人誉之,一笑。人骂之,一笑。

是年十二月十二日,继室胡宝珠病殁,年四十二。(白石在《齐氏五修族谱》批记云:"胡氏宝珠,侍余不倦,余甚感之。于民国三十年五月四日,余在京华凭戚友二十九人,立陈胡所生之子各三人之分关产业字,并诸客劝余将宝珠立为继室,二十九人皆书名盖印,见分关字便知。日后齐氏续谱,照称继室。")

民国三十三年(1944)甲申。白石八十四岁。

在北平。有《答北京艺术专科学校》函云:

> 顷接艺术专科学校通知条,言配给门头沟煤事。白石非贵校之教职员,贵校之通知误矣。先生可查明作罢论为是。(卅三年六月七日)

又有《题画蟹》云:

> 处处草泥乡,行到何方好! 去岁见君多,今年见君少。

白石老人虽闭门不出,他已知道敌人已到日暮途穷的境界了。

是年九月,夏文珠女士来任看护。

民国三十四年(1945)乙酉。白石八十五岁。

在北平。重见五十八岁时(民国九年,1920)所作画册,题一绝句,其原稿为:

> 前身非雪个,何以怪相伴? 此老无肝胆,一掷舍千秋!

改稿为:

> 冷逸如雪个,游燕不值钱。此翁无肝胆,轻弃一千年!

记此两本,以见白石改诗的功夫。(参看民国九年谱)

白石日记中记梦颇多,今钞他最后一次记梦的日记:

三十四年阳历三月十一日,阴历正月二十七日,予天明复睡,梦立于余霞峰借山馆之晒坪边,见对门小路上有抬殡欲向借山馆后走之意。殡后抬一未上盖之空棺,竟走殡之前,向我家走。予梦中思之,此我之棺,行何太急?予必难活长久。忧之而醒。

　　是年秋,敌人投降。十月十日,北平受降。白石有《侯且斋、董秋崖、余倜视余,即留饮》诗云:

　　　　柴门常闭院生苔,多谢诸君慰此怀。高士虑危曾骂贼(此三字原稿作"缘学佛",后改"长抱佛"),将官识字未为非。受降旗上日无色,贺劳樽前鼓似雷。莫道长年亦多难,太平看到眼中来。

民国三十五年(1946)丙戌。白石八十六岁。

　　十月,乘航机到南京上海一游。他在南京时,中华全国美术会举行白石作品展览。他在上海时,上海艺术界也举行白石作品展览。

民国三十七年(1948)戊子。白石八十八岁。

　　在北平。

　　近年常过从之弟子,娄绍怀、陈纫兰、李苦禅、李可俨、王雪涛、卢光照、刘冰庵、王庆雯、余钟英、罗祥止、姚石倩、姜文锦等。

民国四十六年(1957)。白石九十七岁,实九十五岁。

　　十月十六日,他死在北平,实不满九十四岁,因为他生在阴历十一月廿二,等于阳历12月22。①

胡适记②

---

① 编者注:此条为"胡适自校本"所加。

② 编者按,"胡适自校本"此处有一批语:"据蔡若虹《齐白石先生传略》,他死在1957年9月16日。胡适1960,2,13"。

跋
邓广铭

对于艺术部门当中的绘画和印章之学,我全然不懂,然而对于一个由木工出身、一跃而为近代艺术界的巨擘,在绘画和治印方面又都别开生面,有其特殊造诣的白石老人,他的艰苦的出身,和他由学习历练以至巍然自成一家的种种经过,我却是一向就感着极大的兴趣,而且怀着极高的敬意的。又因为我在近十年内,连续写成了几本古代人的传记,对于传记文学我也有极浓厚的兴致,很想进而就近代或现代的重要人物当中,选定几人作为我写作传记的对象,例如胡适之先生和白石老人便全是我的目标人物之一。

三十五年夏,适之先生由美返国,我也从四川复员来平,不久我便听说适之先生有试作齐白石先生年谱的计划,又听说白石老人亲自把手边积存的传记材料送交适之先生参考。三十六年的夏天,适之先生利用了那些材料,编成一本简单的年谱,题作"齐白石自述编年"。三十七年六月,适之先生将稿本送交黎劭西先生,请他再作一番订补充实的工作。黎先生补充完了之后,适之先生又把稿本交与我看,希望我对这本传记能提供一点意见或材料。我翻读适之先生的序文,在其所列白石老人交来的资料当中,只见有《白石诗草自叙》,不见有"白石诗草"之名,后经询问,才知道因为白石老人手边已无此书,而且也没有记起曾经印过这本书,所以在送资料给适之先生时把这书漏掉了。

在《白石诗草》当中,凡可以作传记材料的,我都已摘出补入这本年谱中了。此外应作的工作,便是向白石朋辈的著作中去搜辑一些有关白石生平的资料了。于是我借来了王闿运的《湘绮楼日记》

和《湘绮楼全集》，姚华的《弗堂类稿》，罗正钧的《劬庵文稿》，瞿鸿机的《诗选遗墨》，易顺鼎的《琴志楼丛书》，陈师曾、罗瘿公和八指头陀等人的遗诗。我遍加翻阅，结果却只在《湘绮楼日记》中检获了有关于白石老人的三数事，在其余若干种内，偶尔有涉及白石之处，也只是一两首题画诗之类，与白石的生平无关，所以一概没有采用。此外，我所想到的还有樊樊山的诗文。自从光绪三十年樊山白石识面以后，两人便极相投契，因而在这年之后的樊山的诗文中，必有不少与白石相关涉的。可惜现今有印本流传的全是樊山中年以前的作品，他的晚期作品全未辑印，所以，我虽多方访求，终竟毫无所得。

白石老人的朋友和门生，现时住在北平的也还不少，如陈半丁、徐悲鸿、王雪涛诸人，也应当去向他们采访一些白石的事迹，无奈现时的北平，出门访人也大非易事，这事只有期待于将来了。

有关于白石老人的个性和好尚等等的材料，在《白石诗草》中也还可以钩稽一些出来，惟因无法划定其年代和时限，所以不能编入年谱正文之中，今一并抄录于后，就作为本文和本书的一个结尾吧。

余十年以来，喜观宋人诗，爱其轻朗闲淡，性所近也。然作诗不多，断句残联，约三百余句。丙辰秋为人窃去，因悼之以诗。（卷一，《悼诗》自序）

余生平多病，皆由感受东风之故。每值百草萌动时，头颅作痛。今浅草竞萌，余病益苦。休问旧时宾客，先此聊告诸君。（卷一，《东风寄京师诸友》诗自序）

绝后空前释阿长，一生得力隐清湘。胸中山水奇天下，删去临摹手一双。（卷二，《题大涤子画》）

余性嗜蔬笋，席上有蔬菜，其味有所喜者，虽鸡鱼不下箸矣。（卷三，《饱菜》诗自序）

下笔谁教泣鬼神，二千余载只斯僧。焚香愿下师生拜，昨夜挥毫梦见君。（卷三，《题大涤子画像》诗）

青鬓乌丝未唤翁，年年佳日喜秋风。自注：余不乐过春日。（卷四，《看菊，怀沁园师故宅》。）

吾画不为宗派拘束，无心沽名，自娱而已。人欲骂之，我未

听也。(卷四,《诗题》)

长恨清湘不见余,是仙是怪是神狐。有时亦作皮毛客,无奈同侪不肯呼。(卷四,《释瑞光临大涤子山水画幅求题》)

山外楼台云外峰,匠家千古此雷同。卅年删尽雷同法,赢得同侪骂此翁。(卷五,《画山水题句》)

余平生工致画未足畅机,不愿再为,作诗以告知好:从今不作簪花笑,夸誉秋来过耳风。一点不教心痛快,九泉羞煞老萍翁。(卷六)

题某生印存(自注:古今人于刻石只能蚀削,无知刻者。余故题此印存,以告世之来者。):做摹蚀削可愁人,与世相违我辈能。快剑断蛟成死物,昆刀截玉露泥痕。(自注:世间事贵痛快,何况篆刻风雅事也。)维阳伪造与人殊,鼓鼎盘壶印玺俱。笑杀冶工三万辈,汉秦以下士人愚。(自注:维阳铸工笑中外收藏秦汉铸印者太愚。)(卷七)

皮毛袭取即工夫,习气文人未易除。不用人间偷窃法,大江南北只今无。(卷七,《梦大涤子》)

天津美术馆来函征诗文,略以古今可师不可师者以示来者:轻描澹写倚门儿,工匠天然胜画师。昔者倘存吾欲杀,是谁曾画武梁祠。(自注:武梁祠画像古拙绝伦,后人愈出愈纤巧。)迈古超时具别肠,诗书兼擅妙诸王。遭亡乱世成三绝,千古无惭一阿长。青藤雪个远凡胎,老缶衰年别有才。我欲九原为走狗,三家门下转轮来。(自注:郑板桥有印文曰:"徐青藤门下走狗郑燮"。)(卷八)

自嘲(自注:吴缶庐尝与吾之友人语曰:"小技人拾者则易,创造者则难。欲自立成家,至少苦辛半世,拾者至多半年可得皮毛也。"):造物经营太苦辛,被人拾去不须论。一笑长安能事辈,不为私淑即门生。(自注:旧京篆刻得时名者,非吾门生即吾私淑,不学吾者不成技。)(卷八)

答徐悲鸿并题画寄江南:少年为写山水照,自娱岂欲世人称。我法何辞万口骂,江南倾胆独徐君。谓我心手出异怪,鬼神使之非人能。最怜一口反万众,使我衰颜满汗淋。

雕虫岂易世都知,百载公论自有期。我到九原无愧色,诗名未播画名低。(卷八)

民国三十八年一月十二日广铭写于北平东厂胡同一号

丁文江的传记

丁文江的传记

引　言

丁文江先生死在民国二十五年（1936）一月五日。他死后，《独立评论》给他出了一本纪念专刊（《独立》一八八期，民国二十五年二月十六日出版），收了十八篇纪念文字。以后还有几位朋友写了纪念文字寄给我们，从二月到七月，又收了九篇（《独立》一八九期，一九三期，一九六期，二〇八期，二一一期）。这二十多篇纪念文字里有不少传记资料。可惜傅斯年先生已宣布的三个题目，——"丁文江与中央研究院"、"丁文江与苏联之试验"、"我在长沙所见"，——都没有写出来。于今傅先生也成了古人了！

傅先生在他的《我所认识的丁文江先生》里，曾说：

> 我以为在君确是新时代最良善最有用的中国人之代表；他是欧化中国过程中产生的最高的菁华；他是用科学知识作燃料的大马力机器；他是抹杀主观，为学术为社会为国家服务者，为公众之进步及幸福服务者。这样的一个人格，应当在国人心中留个深刻的印象。所以我希望胡适之先生将来为他作一部传记。他若不作，我就要有点自告奋勇的意思。

我自己在《丁在君这个人》一篇文字里，也曾说，"孟真和我都有将来作丁在君传记的野心。"我又说：

> 丁在君一生最被人误会的是他在民国十五年的政治生活。孟真在他的长文里，叙述他在淞沪总办任内的功绩，立论最公平（适按，孟真在第二篇长文《丁文江一个人物的几片光彩》里，论述这段故事更详细，见《独立》一八九期）。他那个时期的文电，现在都还保存在一个好朋友的家里，将来作他传记的人必定可

以有详细而公道的记载给世人看。

二十年很快的过去了。当时有作在君传记的野心的两个朋友,于今只剩下我一个人了。二十年的天翻地覆大变动,更使我追念这一个最有光彩又最有能力的好人;这一个天生的能办事,能领导人,能训练人才,能建立学术的大人物。孟真说的不错:"这样的一个人格,应当在国人心中留个深刻的印象。"所以我决心要实践二十年前许下的私愿,要写这篇《丁文江的传记》。

在这二十年中,传记材料很难收拾。例如上文说的关于民国十五年的文电,至今我没有见到。收藏那箱文件的好朋友居然写了一篇《丁文江传记初稿》,在五年前寄给我。可惜他始终没有利用那箱里的任何文电。他自己说,"文江之死已逾十四年,我已老得不成样子,若再蹉跎,不免辜负死友了。"这篇传稿是他追忆的一点纪录,也成了我的材料的一部分。

此外,我的材料只限我在海外能收集的在君遗著,和那二十多篇纪念文字。遗著也很不完全,例如在君在《努力周报》上写的文字,在天津《庸报》上写的文字,我在海外都看不到。因为材料太不完全,所以我只能写一篇简略的传记。

一 家世和幼年生活

丁文江,字在君,江苏泰兴县人。生于民国纪元前二十三年(光绪十三年丁亥三月二十日,当西历 1887 年 4 月 13 日),他在《努力周报》发表文字,常用"宗淹"的笔名,那当然是表示他崇敬那位"先天下之忧而忧,后天下之乐而乐"的范仲淹。

他的父亲吉庵先生,是泰兴县的一个绅士。母亲单夫人,生了四个儿子,文江是第二子。大哥文涛,三弟文潮,四弟文渊。他还有不同母的弟弟三人,文澜、文浩、文治。

文涛先生有《亡弟在君童年轶事追忆录》,说:

> 亡弟于襁褓中,即由先慈教之识字。五岁就傅,寓目成诵。阅四五年,毕四子书五经矣。尤喜读古今诗,琅琅上口。师奇其资性过人,试以联语属对曰"愿闻子志"。弟即应声曰"还读我

书"。师大击节,叹为宿慧。

在君的天资过人,他母亲很早就教他认字,故五岁入蒙馆就可以读书。这种经验,崔东壁(述)曾在他的《考信附录》里说的很清楚:

> 自述解语后,〔先君〕即教之识字。遇门联扁额之属,必指示之;或携至药肆,即令识药题。……字义浅显者,即略为诠释。……以故,述授书时,已识之字多,未识之字少,亦颇略解其义,不以诵读为苦。

崔东壁的自叙最可以给文涛先生这一段记载作注解,使我们相信"五岁就傅,寓目成诵"不是奇事,只是一个天才儿童早年先认识了许多字,后来拿着书本子,就觉得"已识之字多,未识之字少",所以能"寓目成诵"了。

文涛先生又说:

> 弟就傅后,于塾中课业外,常浏览古今小说,尤好读《三国演义》。……六七岁后,即阅《纲鉴易知录》;续读《四史》《资治通鉴》诸书,旁及宋明儒语录学案。……于古人最推崇陆宣公(贽)史督师(可法)。又得顾亭林《日知录》,黄梨洲《明夷待访录》,王船山《读通鉴论》,爱好之,早夜讽诵不辍。……时取士犹用八股文,塾师以此为教,亡弟亦学为之。……于古文,始尝推许韩昌黎,既而……乐诵大苏纵横论辨之文。年十一,作《汉高祖明太祖优劣论》,首尾数千言。

我详引这两段追记的话,因为在君十六岁已离家出国,他在日本时已能作政治文章,他读中国经史书,他作中国文,中国诗,都是在那十一二年中打的根柢。那根柢起于他母亲单夫人的教他识字,成于他自己在私塾时期的博览自修。

单夫人是一位很贤明的慈母。文涛先生说:

> 先严……诸事旁午,鲜有暇晷,涛兄弟以养以教,壹以委之先慈。先慈于涛兄弟爱护周至,而起居动止,肃然一准以法:衣服有制,饮食有节,作息有定程,一钱之费,必使无妄耗。事能亲为者,毋役僮仆。即不能,偶役僮仆,亦不得有疾言厉色。

在君一生的许多好习惯,据他大哥说,是他母亲的家教"植其基"的。

二　他的恩师——龙研仙先生

泰兴县旧属于南通州,是江北的一个小县,丁文涛先生说那是一个"风气锢塞"的"滨江偏邑"。在那么一个小地方做一个绝顶聪明的神童,是最危险的事。王荆公有《伤仲永》一篇短文,指出那个神童方仲永陷在一个不良的环境里,没有做学问的机会,结果是到了二十岁时竟是"泯然众人矣"。文涛先生说他们泰兴人"远涉数百里,已非习见,遑论异国!"丁在君能从那个狭窄的地方跑出来,十五六岁就到了日本,十八岁就到了英国,大胆的走到大世界的新学术的大路上去,——这个大转变,这个大解放,都是因为他在十五岁时候,忽然遇着一位恩师,——湖南攸县的龙研仙先生。

文涛先生这样记载这一件奇缘:

> 弟年十三,出就学院试。时盖"戊戌政变"后之翌年也。会攸水龙公璋以通人宰邑政,兴黉舍,倡新学。闻弟有异材远志,语先严挈弟入署,将面试之。弟……入谒,〔龙公〕试以《汉武帝通西南夷论》。弟文多所阐发,龙大叹异,许为国器,即日纳为弟子,并力劝游学异国,以成其志。而赴日本留学之议乃自此始。

我细读此段,不能不指出一两个疑问。第一,在君出去"就学院试",那是童生考秀才的考试。文涛先生没有说在君曾否取中秀才。照那时代的惯例,幼童应考,往往得到学院"提堂"的优待,在君已能作文字,他被取作秀才,似无可疑。海外无可稽考,只好等待丁文渊先生去考定了①。第二,在君应学院考试在他十三岁时(光绪二十五年己亥,1899)。但他初见知县龙璋先生,似乎在两年之后②,在他十五岁时(光绪二十七年辛丑,1901)。因为他在民国二十四年十二月五日和朱经农先生去游南岳衡山,凭吊龙研仙先生的纪念碑,曾有诗

---

① 丁文渊按:在君家兄并未取中秀才。

② 文渊按:适之先生的考证,一点没有错。家兄想要到上海投考南洋公学,照当时的习惯,须要经地方官保送才可。家兄初见知县龙璋先生,就因为这个缘故,和院试无关。

两首,其一首说:

> 十五初来拜我师,为文试论西南夷。
> 半生走遍滇黔路,暗示当年不自知。

文涛先生此文里用了一个"会"字,就好像龙知县面试在君的事也在在君十三岁时了。我们似当依据在君自己的诗句,——只可惜在君的诗,我们没有看见原稿,只靠朱经农"记忆所及写出来的"本子。但"十五"两字,依平仄看来,似乎不错。

我们因此推想,这位龙研仙先生(他是攸县名士龙汝霖的儿子,龙润霖的侄子。龙汝霖就是光绪五年在长沙翻刻《宋元学案》的学者。在《宋元学案》的后序里,他曾提到他的"儿子璋"。)收了在君在他门下,必定还指导他去研读那个"戊戌维新"时代的"新学"。文涛先生记载的顾亭林、黄梨洲、王船山诸公的书[①]都不像是那个"风气锢塞"的泰兴私塾里的读物,可能都是他的恩师龙公指示他去阅读的。内地的私塾先生教人读《纲鉴易知录》,或乾隆《御批通鉴辑览》,那是可能的。在君幼年读《资治通鉴》,又读《四史》(《史记》,两《汉书》,《三国志》),我猜想也是龙公的指示。他读宋明诸儒语录及学案,大概也是龙公指导的,他读的《宋元学案》大概是龙家新刻的长沙本。

龙研仙先生对在君一生的最大造就,是他劝丁家父兄把在君送到日本去求学。这是泰兴县破天荒的事,所以文涛先生说:"戚友多

---

① 文渊按:我们家中可能因为先曾祖曾游宦浙江,颇藏有若干书籍。我们年少时,每年须将藏书曝晒一次,尚能记及顾、黄、王诸公文集。先曾祖余堂公仅有子女各一人,子为先祖振园公;女则嫁六合唐府〔名已记不清〕其翁某为翰林,和曾文正公同时,奉命在乡主办团练。后因太平之乱,六合失守,先祖姑夫妇逃到我们家中避难。先祖姑就死在我们家里,她仅生有一女,因外祖母钟爱〔即先曾祖母〕,从小就留居外家,至出嫁时,才回其父家。我们这位表姑母,我们从小称她为"寅姑妈",她的大名,我从来没有知道。她和苏州名进士毕叔彦先生结婚以后,她们夫妇起初每年都来我家一次,拜见外祖母,以后也往来不绝。我这位表姑父尝治《孝经》〔我们家中也藏有此书〕,虽未做官,然而对清室极忠,终身做遗老,不肯剪辫子。我在1935年,到苏州的时候,还拜见过他老人家。他对家兄们的读书,似有影响,因为先母的遗志,本来是要在君家兄去苏州,从叔彦先生攻读。先母去世时,在君家兄十四岁。

疑阻,先严不免为所动。"龙公不但用"父母官"和"恩师"的力量来劝导,还替在君设法,托湖南的胡子靖先生带他到日本去。这样的出力,才打破了家庭的阻力,才使丁老先生"举债以成其行"。

这位湖南新教育家的恩惠,是在君终身不忘的。在他死之前一个月,——民国二十四年十二月五日,——他站在衡山上烈光亭的龙研仙先生纪念碑前,他还向朱经农说起当年如何遇见龙研仙先生,面试《通西南夷论》,如何劝他研究科学,并托胡子靖先生带他出洋。他说,"他若不遇见龙先生,他一生的历史或者完全不同,至少不能够那样早出洋留学。"(朱经农先生的纪录,见《独立评论》一八八期。)

三 他在日本一年多——计划往英国留学

在君跟胡子靖先生到日本留学,大概是光绪二十八年(壬寅,1902),那时他十六岁。他在日本住了一年半左右,从他十六岁到他十八岁,从光绪二十八年的下半年,到三十年(甲辰,1904)的三月。

他在日本的生活,只有李祖鸿(毅士)先生和汤中(爱理)先生的追忆(《独立评论》第二〇八期,第二一一期),可惜都不详细。汤中先生说:

> 当时在君只有十八岁,和我同住在神田区的一个下宿屋,他那时候就喜欢谈政治,写文章。我记得东京留学界在一九〇四年的前后,出了好几种杂志,……如……浙江留学生之有《浙江潮》,江苏留学生之有《江苏》。……《江苏》杂志第一次的总编辑是钮惕生(永建)先生,第二次是汪衮甫(荣宝)先生,后来就轮到在君担任。
>
> 在君的文章很流畅,也很有革命的情调(当时的留学生大多数均倡言排满革命)。可惜在君在《江苏》杂志上发表的文章现在都散失了,我搜访了多时,一篇也没有找到。……
>
> 在君住在下宿屋,同我天天见面,他谈话的时候,喜欢把两手插在裤袋里,一口宽阔的泰兴(原文误作"泰州")口音,滔滔不绝,他的神气和晚年差不多,只少"他的奇怪的眼光,他那虯

起的德国维廉皇帝式的胡子"而已。

在君在日本一年半,虽然认识了许多中国留学生,虽然参加了当时东京留学界"谈革命,写文章"的生活,但没有进什么正式学校。不久,日俄战争发生了,——1904年2月8日夜东乡大将袭击旅顺口,——大家更无心读书了。在那个时期,和李祖鸿兄弟同住的庄文亚先生常常接到吴稚晖(敬恒)先生从苏格兰的葛丁堡(Edinburgh)寄来的信,信上常说,"日本留学生终日开会,吃中国饭,谈政治,而不读书。"也常说苏格兰生活的便宜,常劝人去留学。据吴先生的估计,中国留学生到那里留学,一年只要有五六百元就够用了。

李祖鸿先生说:

> 在君受了这种引诱,便动了到英国去留学的意思。……庄文亚君也在这时候起意要到英国,他和在君一旦遇见,彼此一谈,志同道合。……在君搬到我们那里来住了,他们时常商谈出洋事,自然也冲动了我去英国的念头。……后来是在君出主意,由他先资助我路费,且同我出去,到上船以后,再报告家中,商量以后的学费。

李先生继续说:

> 我们三人决定出洋以后,预备了大约一两个月的英语。在君的英语是一点根基都没有,比庄文亚和我都差。然而到我们出发的时候,一切买船票等等交涉,都是他出头了。……
>
> 我们离开东京是在光绪三十年,时间大概是春夏之交(汤中先生说是"三月某日。")我们那时所谓经济的准备,说来也甚可笑。在君的家中答应给他一千元左右,交他带去。至于以后的接济,却毫无把握。庄文亚家的资助不过四五百元,以后却再无法想了。那时正值我家把我和我弟祖植半年的学费三百元寄到,我们就向家兄祖虞商量,先把此款归我带去。总算起来,统共不过一千七八百元。
>
> 依我们当时的计算,日本邮船价廉,……我们到英国时至少还可以有好几百元的余款。不料那时适因日俄战争,日本船不能乘,于是改乘德国船,三等舱位的船价每人三百元左右。……

> 我们在上海又须得耽搁一阵,因为丁、庄二君的家款都约定在上海交付。……到我们〔在上海〕上船赴英国的时候,我们三人手中只剩了十多个金镑!

三个青年人身边只有十几个金镑,就大胆的上了船,开始他们万里求学的冒险旅程了!

四 海上的救星

这三个大胆的青年,一路上"仍是花钱游玩,并不着急。"有一天,在君在船上听人说,蔼丁堡距离伦敦还很远,每人火车费要多少钱。他们估计手里的钱已不够买车票去会见吴稚晖先生了。他们这时候才着急起来了。

他们船上头等舱里有位姓方的福建客人,常常找他们三个人谈话。船到了新加坡,方先生约他们一同上岸去看林文庆先生。林文庆先生请他们吃饭,谈起康有为先生现住槟榔屿,船经过时,他们可以去看看这个戊戌维新运动的领袖。

到了槟榔屿,他们去拜访康有为先生。康先生见了他们,问了各人的情况,颇表示关切的意思,临别时送了他们十个金镑,还托他们带一封信到伦敦给他的女婿罗昌先生。后来罗昌先生收到他丈人的信之后,也寄了二十镑钱给他们。李祖鸿先生说:"康南海的赠金救济了我们途中的危险。……罗昌君的二十镑支持了我们不少的日子。……至于所赠的三十镑,我听见在君说,于南海先生逝世之前,他曾偿还一千元,以示不忘旧德。"

他们到了伦敦,当夜赶火车北去,到蔼丁堡见着吴稚晖先生,吴先生已给他们预备了住所。他们把他们的志愿和经济实况告诉了吴先生,吴先生替他们计划:他自己同庄文亚到利物浦(Liverpool)去过最刻苦的生活,因为庄家没有钱再接济他了。丁、李两人仍留在蔼丁堡学习英文,因为他们两家也许都还可以勉强筹点钱寄给他们。在三十多年后,祖鸿先生说:

> 在君和我所以不去〔利物浦〕,是恐怕那种〔最刻苦的〕生活不宜读书。若不读书,则不免失去了我们到英国来的目的。

在君自己也说：

> 我是1904年到英国去的。当时听见吴稚晖先生说英国留学有六百元一年就可以够用，所以学了几个月的英文就大胆的自费跑了出去。到了苏格兰方始知道六百元一年仅仅够住房子吃饭，衣服都没有着落，不用说念书了。（《苏俄旅行记》四，《独立》第一○七期）

吴稚晖先生一生宣传"留学"，往往用他自己能忍受的刻苦生活做标准，劝人往外国去留学。丁文江、庄文亚、李祖鸿三个青年"受了这种引诱"，做了吴先生的信徒，冒了大险，跑了出去。他们到了蔼丁堡，才明白"那种生活不宜读书"！吴先生自己陪了一位信徒到利物浦去过苦生活。剩下的两位信徒决心要在比较适宜的生活状态之下求点新学术，他们只好恳求他们家里寄钱来救济了。

五 在英国留学七年（1904—1911）

关于在君在英国的留学生活，李祖鸿先生写的《留学时代的丁在君》（《独立》第二○八期）有很详细，很动人的纪录。在君自己的《苏俄旅行记》的"楔子"第四段（《独立》第一○七期），写他在民国二十二年（1933）八月路过伦敦时"偷空到我十八岁进中学的乡镇去了一趟"的一个下午，足足写了四千字，真是写的有声有色，细腻亲切，是最有趣味的一篇文字。我现在写他留学英国的七年，全靠这两件资料。

在君自己有一段概括的叙述：

> 我是1904年到英国去的。……幸亏〔在蔼丁堡〕无意中遇见了一位约翰斯密勒医生。（李文误作"司密士"，又注英文Smith，似应作John Smiller?）他是在陕西传过教的，知道我是穷学生，劝我到乡下去进中学。于是我同我的朋友李祖鸿同到英国东部司堡尔丁（Spalding）去。这是一个几百户的乡镇，生活程度很低。我一个星期的膳宿费不过十五个先令（合华币不过三十元一月），房东还给我补袜子。中学的学费一年不过一百余元，还连书籍在内。我在那里整整的过了两年：书从第一年级

读起,一年跳三级,两年就考进了剑桥大学。

斯密勒先生是本地的绅士,他不但给我介绍了学校,而且因为他的关系,所有他的亲戚朋友都待我如家人一样。每逢星期六和星期,不是这家喝茶,就是那家吃饭,使我有机会彻底的了解英国中级社会的生活。

我是 1906 年离开中学的,以后只有 1909 年去过一次。

他在二十四年后又回到他的"第二故乡"去,还有不少的老朋友很热烈的欢迎他,很亲切的同他叙述二十九年前的旧人旧事。有几段故事是应该收在这篇传记里的。

例如这一段:

出了学校向右手转不几步就到了维兰得河边的小桥。当年我住在河的右岸,每天要经过此桥四次。从寓所到学校不过十分钟,但是遇到雨雪也就很狼狈。记得第一年冬天,鞋子穿破了,没有钱买新的。一遇下雪,走到这座桥,袜子一定湿透了。从学校回家,当然可以换袜子的。可是袜子只有两双,一双穿在脚上,一双在洗衣坊里。没法子,只好把湿袜子脱下来在火上烘。吃中饭的时侯,往往湿袜子没有烘干,就得穿上跑回学校上课去。

又如这一段:

出了药房门,沿河走去,早望见法罗(Farrow)在门前等我。他欢天喜地的接着我进去。……他同我向各处看了一遍:"这是你以前睡过的房子。这是你教我解剖田鸡的临时试验室。……你同班最要好的几个人都很好。司金诺得了文学博士,现任沙赖省最大的中学校长。……你记得吗?当你没有升级以前,第一都是他考的。等到你考在他前面,他不服气,到教员棹子去偷看你的卷子。看了之后,他反特别同你要好起来。"

又如这一段:

梅(May)贝迟同我去看……班奈儿夫人,她今年八十二岁了。一进门看见她和她的第三第五两个女儿坐在家里做活。……班奈儿夫人的第五个女儿对我说:"你还练习钢琴吗?我记得你跟我学了两星期就能够弹 Home! Sweet Home!"我笑道:"你不要挖苦我了。你难道不记得:后来在钢琴上弹那个调子的时候,我一点听不出。你气极了,就不肯再教我了?""不错。你的耳朵是差一点!"

在君和我都没有音乐的耳朵,他曾亲口告诉我这个笑话。

他在中学时,不但曾学弹钢琴,还曾学骑马。那天他去拜访一位顾克(Cook)先生,老先生已成了疯子,老太太也龙钟了,都不认识他了。他惘然的走了出来。

到了门口,一个白头的老仆对我说道:"老太太不认得你了,我却没有忘记你。你记得我在这边草地上教过你骑马吗?""怎么不记得!你故意的把马打了乱跑,几乎把我摔死!""哈哈!他们那时都说你如何聪明。想不到你骑马那样不中用!"

但是在君骑马的本事并不是"那样不中用"。这一点,我可以用他自己的话来说明。他在《漫游散记》的第七节(《独立》第十四期),曾详细的叙述他学骑马的经验:

我十几岁在日本的时候,就到体育会去学骑马。教授站在场子中间,拿一根长绳子拴住马,再拿一根很长的鞭子把马打了转圈子跑。初学时,马跑的慢。以后逐渐加快。等到练习了许多时,马跑快了也掉不下来,教授就叫你把脚蹬去了骑。再等几天,不但脚蹬去了,缰绳也得放下,两只手先交叉在前胸,再交叉在后背,单靠两条腿夹住马背。我初学的时候进步的很快。但是到了把脚蹬去了,就常常要掉下来。等到把缰绳放了,一两分钟之内一定摔在地上。学来学去,一点进步也没有,一失望就不学了。

这是他在日本学骑马的经验,可以补充李祖鸿、汤中两位先生的追忆。以下他叙述他在英国学骑马的经过:

"到了欧洲,七年不骑马",——他忘了那个仆人在草地上教他骑马的事了。——"从前所学的一点工夫都忘记了。一直等到要回国来的那一年,为预备旅行,又到马术学校去上课。那里的教法没有日本的复杂。你骑上马,教员在旁边看着。先颠着小走,再颤着大走,再学奔驰。等到奔驰不至于容易摔下来,就教你打着马跳过一根离地二三尺高的木杠。我学的成绩和从前一样,起初学的很快,但是到了奔驰的时候总不免要摔几交。一到跳木杠子,没有一回能够骑住!"

他自己的结论是:"一个人为天才所限,纵然积极训练,到了相当的程度以后,很难再向前进一步的。"

在君说他在中学两整年,"一年跳三级,①两年就考进了剑桥大学。"但他在剑桥大学只住了半年,就决定离开了。他离开剑桥,主要原因是经济上支持不了。他那时还只靠家中寄钱,其中一部分是泰兴县的公费。他曾上书给两江总督端方,端方曾指令泰兴县每年津贴几百元的公费(见文涛先生文)。但剑桥大学的生活不是一个穷学生担负得起的,所以在君在1906年的年底就决定不再进剑桥了。因为英国学校的学年中间不能改进别的大学,他就到欧洲大陆去游历,在瑞士的罗山(Lausanne)住的最久。

1907年夏天,他到苏格兰的葛拉斯哥(Glasgow),他自己在本城的工科学院(Technical College)预备明年考伦敦大学的医科,又邀他的朋友李祖鸿来进本地的美术学校。

1908年,在君考伦敦大学的医科,有一门不够及格。这是他一生不曾有过的失败。他从此抛弃了学医的志愿,改进了葛拉斯哥大学,专习动物学,以地质学为副科之一。到了第三年(宣统二年,1910),他的主科动物学之外,还有余力,他又添了地质学为主科,地理学为副科。"到1911年,他是葛拉斯哥大学的动物学和地质学双科毕业。"(见李祖鸿文)

他在葛拉斯哥大学的时期,得中国驻英公使汪大燮的帮助,补了每月十镑的半官费。到最后的一年,他有补全官费的希望。但他因为将要回国,请求把官费让给李祖鸿。李君不但补了全官费,还领得

---

① 文渊按:在君家兄在中学跳级的时候,获得好几个紫铜奖章,圆形,约有二寸的直径,我在他回国后,看见过多次。

1911年1月到5月追补的官费一百多镑。李君和在君留英七年,总是有无相通的,他知道在君性好游历,屡次游历欧洲大陆,还想回国时游历中国内地,所以他就把这补领的一百多镑送给在君,作为旅行中国内地的游资。于是丁在君就在1911年的4月离开英国,5月初经过西贡海防,搭最近刚通车的滇越铁路,进入云南,5月10日到劳开——滇越路的第一天的宿站,在红河的右岸,对岸的河口就是云南的地方了。他在那一天记着:

> 我在1911年5月10日……到了劳开,距我出国留学的时候,差不多整整的七年。

六 第一次中国内地的旅行

在君的第一次中国内地旅行,见于他的《漫游散记》的第一部分。(《独立评论》第五、六、八、九、十期。)

5月12,他到了昆明。那时叶浩吾先生(瀚)在云南高等学堂做监督,他指导在君改服装,做铺盖,雇人伕。他在昆明住了两个多星期。5月29日上午,他装了假辫子,留了小胡子,穿上马褂袍子,带着黑纱的瓜皮小帽,同九个伕子,及云南提学使派的两名护勇,从昆明出发。

他走的路线是从昆明过马龙、沾益、平彝,入贵州省境,经过亦资孔、毛口河、郎岱、安顺,到贵阳。从贵阳经过龙里、贵定、清平、施秉、黄平到镇远。他的一个同乡从云南普洱府知府任上回籍,约他在镇远候他同坐民船下沅水、沅江,到湖南的常德。在常德,他同他的同乡分手,他自己雇小火轮到长沙。从长沙到汉口,经过上海回家。

从昆明到镇远,陆路走了一个月,6月29日才到镇远。7月6日从镇远坐船,7月13日到常德。他的游记没有说明他用的是阳历或阴历,有时他说"1911年5月10日到了劳开",有时他说"宣统三年六月二十九日到了镇远"。那年阴历有闰六月,而他的游记从没有提及闰六月,故我们可以断定他用的是阳历。阳历5月29日从昆明出发,已是阴历五月初二日了。7月13日到常德,已是阴历六月十八日了。他经过长沙、汉口、上海,①他到上海大概在阳历的七月底,阴历的闰六月初了。

我的朋友房兆楹先生和他的夫人杜联喆女士合编的《增校清朝进士题名碑录》的"附录一"有《宣统三年游学毕业的进士名录》,其年"五月"有周家彦等五十七人的名录(页二四三——二四四),地质学者丁文江、章鸿钊、李四光②三人也在此五十七人之内。依上文的年月推算,丁文江在宣统三年旧历五月,还正在云南、贵州旅行,决不会在北京应游学毕业的考试。据房先生的自序,游学毕业进士的名录是从《学部官报》及《东方杂志》采辑出的。此中可能有学部汇报国外留学生毕业名单,而被误列为游学毕业进士名录的。在君游记里的年月至少可以帮助订正房、杜两先生的书中这一榜的错误,这一点是值得指出的。

在君的第一次内地旅行最可以表示他的毅力、勇气、观察力。他带了许多书籍仪器,不走那最容易的海道,偏要走那最困难的云南、贵州的长途,——"每天所看见的,不是光秃秃的石头山,没有水,没有土,没有树,没有人家,就是很深的峡谷,两岸一上一下都是几百尺到三千尺;只有峡谷的支谷里面,或是石山的落水塘附近,偶然有几处村落","通省(贵州)没有车轮子的影子"。

他从平彝起,"就自己用指南针步测草图,并用气压表测量高度"。他发现了武昌舆地学会的地图,商务印书馆的《最新中国地

---

① 文渊按:在君家兄从汉口回家乡,没有经过上海。他是从汉口坐江轮直达南京。当时我奉了先父之命(我那时十五岁),同了一个有旅行经验的一个男仆,早先到了南京,去接候他。那时同镇(黄桥)他的友人朱先志,是日本士官毕业生,在南京新军当管带。家兄和他是在日本认识的。家兄到了南京,他大为招待,每次也有我。我们以后从南京坐江轮回泰兴,到八苇港下轮船,换乘民船去黄桥。

② 文渊按:家兄回家后,少住,就赶去北京,应游学毕业考试,大约在阴历八月的时候。地质学者李四光决不在内,房先生于此,必有错误。李四光先生在武昌起义以后,曾任教育厅厅长,以后自请以官费留学英国,习地质。我在1919年秋天到了英伦的时,曾和丁巽甫去访问过他,他在另一小城,已忘其名。家兄考中进士以后,回家的时候,就顺道到了苏州。他为省钱起见,就在苏州和家嫂史久元女士结了婚,那时家嫂父母双亡寄居在其六婶左太夫人处。

图》,以及英、德、法、日文的一百万分之一的地图,都还是根据康熙年间天主教教士所测的地图做蓝本,所以"一条贯通云贵两省的驿道,在地图上错误了二百多年,没有人发现。"

他这次旅行不算是调查矿产地质的旅行,只是一个地理学者的旅行,作为他后来在西南调查矿产地质的准备。他在贵州的黄果树,恰巧逢着"赶场子"的日子,看见许多奇装异服的女人,引起了他注意到贵州的土著民族,狆家子、青苗、花苗等。他自己说:"这第一次与西南土著民族的接触,很引起了我对于人种学的兴趣。"(民国三年,他第二次来游,才开始做西南人种学的研究。)

作为地理学者的旅行,他的一篇《一千五百里的水路》(《独立》九期),记沅水与沅江。是一篇很美,很有趣味的游记。例如这一段:

> 在黔阳城西,沅水的正源从西来会〔合沅水〕。沅水的颜色是红黄的,沅水是清的,所以沅水又叫做清水江。两条水会合的地方,清水与混水合流,界限起初看得很明白,一直到城南,方才完全混合。

这样能作细密观察的一位地理学者,只因为要挑出一些"比较有兴趣的事情,给适之补篇幅",所以他描写贵州人民吃盐的法子,偶然不小心,说的话就引起贵州朋友的抗议了。在君说:

> 我一到了贵州境内,就看见辣子,少看见盐粑。大路边的饭铺子,桌上陈列的是白米饭、辣子、豆腐、素菜,但是菜里面都没有一颗一粒盐屑。

在君死后,我的贵州朋友"寿生"先生曾指出,辣子同盐分不得家,丁先生看不见菜里有"一颗一粒盐屑",正同他看不见辣子的咸味一样,"谁见过有盐屑的菜!"(寿生《文人不可知而不作》,《独立》第一九六期)贵州人吃盐比江浙人吃得更咸,"食时菜数越少,吃盐越重"。外省游人单用眼睛去看,不用嘴去尝,所以说错话了。

在君从常德坐小火轮到长沙,为的是要拜访他的恩师龙研仙先生。据朱经农记得的在君游南岳时,有一首说:

> 海外归来初入湘,长沙拜谒再登堂。
> 回头廿五年前事,天柱峰前泪满腔。

从1911年7月到1935年12月,可以说是二十五年前事了。

在君回到家乡,大约在七月尾。七十多天之后,武昌革命就爆发了。丁文涛先生说:

> 弟自英学成归国,适辛亥革命,邑中警报频传,不逞之徒乘机煽乱,萑苻遍地。弟抵里,倡编地方保卫团。经费不给,则典鬻以济之。又手定条教,早夜躬亲训练,以备不虞。辛之市民安堵,风鹤不惊。

七　地质科科长——地质研究所——北大地质系

民国元年,在君在上海南洋中学教了一年书。他在这一年中,用生物演进的观点写了一部很好的《动物学教科书》。他的扬子江、芜湖以下的地质调查,好像也是这时期调查的。这一年,他把他的四弟文渊带到上海。文渊那时十四岁,"没有进过学校,没有学过英文,无法考入上海的中学,只好进了当年同济的附属德文中学。"文渊的自述如此(见他的《文江二哥教训我的故事》,香港《热风》半月刊二十二期,1954,8月1日),使我们回想,如果在君当年没有被龙知县救援出来,他的一生事业也许会被埋没在那个风气闭塞的泰兴县里了。

民国二年的二月,在君到北京,做工商部矿政司的地质科科长。那时张轶欧先生做矿政司司长,他是一位有远见的人,认识地质学的重要,在君和章鸿钊、翁文灏,都是他先后邀到工商部去的。张轶欧的计划是要筹办一个中国地质调查所。但当时中国缺乏地质学的人才,一般人士对于地质学的重要,毫无认识。当时北京大学因为地质一门招不到学生,竟把原有的地质门停办了!

在君说:"我这一科里有一个佥事,两个科员,都不是学地质的。'科'是一个办公文的机关,我的一科根本没有公文可办。我屡次要求旅行,部里都说没有旅费。只有两次应商人的请求,由商人供给旅费,〔我〕曾做过短期的调查。"地质科科长没有旅行调查的经费,当然没有开办地质调查所的希望了。

在君对于中国地质学的第一步贡献是在训练地质学的人才。他利用了北京大学停办地质门的机会,把北京大学地质门原有的图书标本借了过来,由工商部开办一个地质研究班,后来称为地质研究所。他把北京大学原有的一个德国教授梭尔格(Solger)请来帮忙。后来翁文灏先生从比国回来,就在地质研究所做主任教授。民国三年以后,在君自己担任教古生物学。"这是中国人第一次教古生物学。"

翁先生说地质研究所时代的丁在君的教学法:

> 他(在君)竭力主张注重实地观察。他以为平常习惯由一个教授带领许多学生在一学期内做一次或两次旅行,教授匆忙的走,学生不识不知的跟,如此做法决不能造成真正地质人才。他以为要使学生能独立工作,必须给他们许多机会,分成小组,自成工作。教授的责任尤在指出应解决的问题,与审定学生们所用的方法与所得的结果。他不但如此主张,而且以身作则,有很多次率领学生认真工作。他的习惯是登山必到峰顶,移动必须步行。……
>
> 在君先生的实地工作,不但是不辞劳苦,而且是最有方法。调查地质的人,一手拿锥打石,一手用指南针与倾斜仪以定方向,测角度,而且往往须自行测量地形,绘制地图。这种方法,他都一丝不苟的实行,而且教导后辈青年也尽心学习。

这个地质研究所是民国三年开办的,民国五年毕业。毕业的学生就在地质调查所担任各地的调查工作。其中成绩最好的人,逐渐被挑选送到国外去留学。中国地质学界的许多领袖人才,如谢家荣、王竹泉、叶良辅、李捷、谭锡畴、朱庭祜、李学清诸先生,都是地质研究所出来的。

地质研究所在民国五年以后,仍由北京大学收回,重办理科的地质学系。当时在君同北大校长蔡元培先生商定,北大恢复地质学系,担任造就地质人才的工作,地质调查所专做调查研究的工作,可以随时吸收北京大学地质系的毕业生,使他们有深造的机会。

因为这种渊源关系,在君对于北京大学的地质学系总是很关切的。北大恢复地质学系之后,初期毕业生到地质调查所去找工作,在君亲自考试他们。考试的结果使他大不满意。那时候,他已同我很熟了,他就带了考试的成绩单来看我。他说:"适之,你们的地质系是我们地质调查所的青年人才的来源,所以我特别关心。前天北大地质系的几个毕业生来找工作,我亲自给他们一个很简单的考试,每人分到十种岩石,要他们辨认。结果是没有一个人及格的! 你看这张成绩表!"

我看那表上果然每人有许多零分。我问他想怎么办。他说,"我来是想同你商量:我们同去看蔡先生,请他老人家看看这张成绩单。我要他知道北大的地质系办的怎样糟。你想他不会怪我干预北大的事吗?"我说,"蔡先生一定很欢迎你的批评,决不会怪你。"

后来我们同去看蔡先生,蔡先生听了在君批评地质系的话,也看了那张有许多零分的成绩单,他不但不生气,还很虚心的请在君指教他怎样整顿改良的方法。那一席谈话的结果,有两件事是我记得的。第一是请李四光先生来北大地质系任教授。第二是北大与地质调查所合聘美国古生物学大家葛利普先生(Amadeus William Grabau, 1870—1946)到中国来领导古生物学,一面在北大教古生物学,一面主持地质调查所的古生物学研究工作。

这是民国九年(1920)的事。

葛利普先生不但果然来了,并且在中国住了二十六年,他死在中国,就葬在北大的地质馆的大门前。葛先生来中国主持古生物学的教授与研究是中国地质学史上一件大事。在君自己曾略述葛先生的事迹:

> 葛利普先生是德国种的美国人。他的祖父和父亲都是牧师,他却极端反对神秘宗教。他原在哥仑比亚大学当了十六年的教授,到1917年美国加入了欧战,各大学纷纷的发生反德运动,他遂被革了职出来。1920年他到中国来任北京大学地质系的教授,兼地质调查所的古生物主任。他不但是工作极勤而且是热心教育青年的人。当北京大学屡次索薪罢课的时候,他总把地质系的学生叫到他家里去上课。他因为风湿病的原故,两腿不能走动,手指也都肿胀,然而他的工作比任何人要多。

(《苏俄旅行记》一,《独立》第一○一期)

在君死后,他的北大助教高振西曾指出葛利普先生教育出来的古生物学人才之多。他说:

> 今日之中国古生物学家,如孙云铸、杨钟健、斯行健、黄汲清、张席禔、乐森璕、田奇俊、朱森、陈旭、许杰、计荣森等,直接为葛先生之高足,而间接为丁先生之所培植。"(高振西译葛利普的《丁文江先生与中国科学之发展》,注三。《独立》第一八八期,页二二)

八　民国初年的旅行——太行山与山西铁矿——云南与四川

民国二年十月,南通张季直先生(謇)到北京就农商部总长之职(原有的工商部和农林部合并为农商部)。他是提倡当时所谓"棉铁政策"的。他的次长是武进刘厚生先生(垣),也是实业家,又是矿政司司长张轶欧早年在南洋公学时的国文教员。轶欧极力向这两位新首长陈说设立中国地质调查所的重要。据厚生先生的记载,他做次长只做了三个月。三年一月底就因母丧回南了,但地质调查所的开办费经常费的预算都已提出国务会议通过了,他还"依照张轶欧的计划,用种种方法筹到五万元一笔款子,作为地质调查所的开办经费"。他说,他虽然没有见过丁文江的面,——因为他到山西调查矿产去了,——但张轶欧已推荐他做地质调查所所长。厚生先生并且在临走之前,郑重的嘱托张季直先生注意这个地质调查所,不可被人破坏。

在这个时候,在君和德国地质学者梭尔格(Solger)正在太行山里旅行。在君十一月十三日到井陉矿务局的总机关所在地冈头村,与梭尔格会合。他们先在冈头同做了三天的调查研究,然后决定分工的计划,梭尔格调查凤凰岭以北,在君调查凤凰岭以南。他们把井陉一带的地形和地质调查明白了,于十一月二十六日会同从井陉步行到娘子关。因为下大雪了,他们改坐火车到太原,在太原住了两天,十一月三十日到阳泉。他们花了八天工夫,调查正太铁路附近的地层次序,煤铁的价值。然后他们决定梭尔格担任测绘铁路以北的地图,东到太行山边,西到寿阳,北到盂县;在君担任测绘铁路以南的地质图,东到太行山边,西到煤系以上的地层,南到昔阳的南境。

在君的路线是:十二月九日离开阳泉,经过义井、南天门,到平定;由平定上冠山,经宋家庄、锁簧、谷头、立壁,东上到浮山;从浮山南坡下来,到昔阳。又从昔阳顺南河,到柴岭,东南到蒙山,东北到凤凰山,然后北上风火岭,到张庄;再经马房、立壁、西郊、东沟、白羊墅,于十二月二十三日回到阳泉。

在君自己说:

> 我初次在北方过冬,御寒的衣具本来不完备,而这两星期中,早上出门的时候,温度平均在零度以下八度,最低的时候到零度以下十八度。上浮山遇着大雪,上蒙山遇着大风,——在蒙山顶上十二点的时候温度还在零度以下十度,所以很苦。但是这是我第一次在中国做测量工作,兴趣很好。回想起来,还是苦少乐多。

他的游记的一部分,——不太专门的一部分,——见于他的《漫游散记》第六、七、八章(《独立》第十三,十四,十六期)。他这一次调查旅行的记录有三个最重要之点:第一是他指出"太行山"一个名词应该有新的地理学上的定义:那从河南的济源、沁阳,到河北的阜平,山脉是南北行的,那才是真正的太行山。从阜平起,山脉转向东北,绕到北平的北面,再向东连到山海关,这一段地质的构造极其复杂,与太行山本身不同,应该叫做燕山。他附带的指出,太行山的"八陉",根本没有道理。其中军都陉(即居庸关)、飞狐陉、蒲阴陉(即紫荆关),都在燕山,而不在太行山;而穿过太行山的路没有一条比得上井陉的重要。

第二点是他指出,中国传统地理学把山脉当做大水的分水岭,是与事实不符的。例如唐河、滹沱河、漳河,"都从山西穿过太行,流到河北"。又如棉水、沾水,也都穿过太行。在君说:"可见得这些水道都与现在的地形有点冲突。研究这种水道的成因,是地文学上极有趣味的问题。"

第三点是,他的调查报告是中国地质学者第一次详细的证实山西的"平定、昔阳的铁矿不容易用新法开采,所以没有多大的价值"。德国的地质学家李希霍芬男爵(Baron Ferdinand von Richthofen,1833—1905)在太平天国乱后来游历中国,回去后发表了三大册的报告,其中说"山西真是世界煤铁最丰富的地方:照现时世界的销路来算,山西可以单独供给全世界几千年。"在君自己说他民国二年到山西调查铁矿,"抱了极大的希望,……以为这一定是亚洲的罗伦(法国最大的铁矿)。"等到他到了阳泉,"在正太铁路以北,天天同梭尔格钻那些土法开采的铁矿洞子,没有看见有 0.6 公尺以上的矿床,……矿床不但厚薄不均,而且并不成功有规则的层次。我渐渐的悲观起来。"等到他调查了阳泉以南的地质,"才晓得在阳泉所见的已经是平定、昔阳铁矿最好的一部分。越向南,铁矿越少,越不规则。……我才觉悟平定一带的铁矿在新式的矿冶业上不能占任何的位置。"所以他这一章游记题作《有名无实的山西铁矿——新旧矿冶业的比较》。(《独立》第十六期)他在这一章里详细记载"把铁矿放在泥罐子里,堆在无烟煤里焖出铁来"的土法,他说,"我们不能不五体投地的佩服我们老祖宗的本领!……平定一带既缺乏木炭,又没有可以炼焦炭的烟煤,若不是发明了这种'焖炉',根本就不能出铁。"但这种土法是很浪费铁矿的,而且炼成的铁品质很坏,所以"完全说不上与新式工业比较竞争"。

后来农商部又请了几个瑞典地质学者安特生、丁格兰等调查国内的铁矿。地质调查所的中国地质学者也参加,并继续这种调查工作。到民国十年(1921),调查所把多年调查的结果编成一部《中国铁矿志》。翁文灏先生曾在《中国地下富源的估计》(《独立》第十七期)里总括民国十年的估计如下:

> 全国铁矿砂总储量是九万七千万吨,其中辽宁一省却占了七万四千万吨。除了辽宁,在关内的只有二万三千万吨。就连辽宁在内,照美国每年要开采一万万吨的比例,也九年便可开完。所以中国的铁矿真不算多。……

在君于民国二年十二月底从山西回到北京,第二天就奉到命令,派他到云南去调查云南东部的矿产。这时候他的父亲吉庵先生死了,他回到家乡,办完父亲的葬事,于民国三年(1914)二月三日从上海出发,取道香港、安南,乘滇越铁路,于二月十三日再到昆明。他这一次单身作西南地质矿产的调查,走了一年,到民国四年(1915)初,才回到北京。黄汲清先生在《丁在君先生在地质学上的工作》(《独立》第一八八期)里,曾略记这一次的独力调查旅行的路线及重要性如下:

> 丁先生第一次大规模的调查为民国二至三年云南之行。① 他从安南入云南,当即赴个旧看锡矿。随至昆明,复北行考查,经富民、禄劝、元谋,过金沙江,至四川之会理。由会理折而东南行,再渡金沙江,入云南东川府属考查铜矿。复由东川东行入贵州威宁县,又折而南,经云南之宣威、曲靖、陆良,而返昆明。
>
> 综其云南四川之行,除研究东川会理之铜矿,个旧之锡矿,宣威一带之煤矿外,曾作有路线地质图,表示地层及地质构造,曾特别研究寒武纪,志留纪,泥盆纪,石炭纪及二叠纪地层,采集化石甚多,一部分已经地质调查所研究出版。丁先生之工作,一方面改正法国人 Deprat 的错误,一方面建立滇东地层之基础,为后来调查之基。

他在《漫游散记》的第三章以下,曾把这一次长期旅行的不太专门的部分写出来,共分五个大纲领:

一、云南个旧的锡矿(《独立》第二十、二十一、二十三、二十四期。)

二、云南的土著人种(《独立》第三十四、三十五期。)

三、四川会理的土著人种(《独立》第三十六、四十二、四十六期。)

四、金沙江(《独立》第四十八、五十二、八十三、八十四期。)

五、东川铜矿(《独立》第八十五期。此题未完。他另有英文记东川铜矿,载在《远东时报》*Far Eastern Review*, November, 1915.)

他的任务是调查云南东部的矿产,个旧本来不在他的调查路线

---

① 适按:"二至"两字当删去。

之内。但他觉得到了云南而不到个旧是可惜的,因为中国产锡占世界产锡的第三位,而个旧产锡占中国产额的百分之九十四五。所以他决定在向东去之前,先到个旧去看看。他在个旧调查了近两个月,——二月十九到四月十二日,——他的四篇个旧游记,写个旧的地形,锡矿的分布,土法采矿冶金业的大成功及其成功的天然因素,土法采矿的缺点,个矿采矿工人的痛苦生活,都是最有力量的记游文字。

例如他写背矿的工人:

> 背矿的工人用一个麻布搭连口袋,一头装上二十五斤矿砂,前后的搭在肩上。右手拿一根一尺多长的棍子做拐棒,……头上裹一块白布的包头。包头右边插一根一尺长的铁条,上挂着一盏油灯。包头左边插一根四寸多长的竹片或骨片。背矿出洞,一步一喘,十步一停。喘的声音几十步外都听得见。头上流下的汗把眼睛闭着了,用竹片抹去,再向前挨着爬走。洞子里的温度当然比洞外高。走到洞口,浑身上下都是汗,衣服挤得下水来。凉风一次,轻的伤风,重的得肺炎肺痨。尤其是未成年的童丁容易死亡。工人的住处叫做伙房,是一间土墙的草蓬,几十个人睡在一处。我曾在银洞的伙房里睡过一夜,终夜只听见工人咳嗽的声音,此停彼起,……我一直到天明不能合眼。

这样描写工人生活的文字是应该可以引起社会抗议的喊声同劳工待遇的改革的。

在君写云南的土著民族和四川会理的土著民族的几篇文字是他研究人种学的开端。他在前三年旅行西南时已注意到西南的土著民族了,这一次匆匆准备作矿产地质的调查,竟忘了作人种学研究的准备。所以他四月中从个旧回到昆明,在购买牲口,雇用伕子的十天之内,他用英国皇家学会的"旅行者指南"里的图样,请云南兵工厂给他做了一付量圆体径的曲足规(Callipers),加上几件普通测量用的仪器测杆,皮尺,这就是他研究人种学的工具了。

在《漫游散记》里,他记录了他测量栗苏、青苗、罗婺、罗倮四族人的结果。这里还有他会见苦竹土司太太禄方氏——那位"我生平所见东方人中少有的美人"——的一段有趣味的故事。

在君死后,吴定良先生有《丁在君先生对于人类学之贡献》一文(《独立》第一八八期),指出他曾计划"中国人体质之分类"的研究论文,——

> 七八年前,在君先生即开始搜集材料,计共六十五组。其中由在君先生亲自测量者十四组,约共一千一百余人,尤以蜀黔滇等省边境诸土著民族测量材料为最可贵。又在君先生与许文生(Stevenson)、葛内恩(Graham)两教授共同测量者两组。其余则为他人测量而经在君先生详细校审认为可作比较资料者。

吴先生又说:

> 人体测量学之价值全视其测量之正确度而定。在君先生平时对于此点特别注意。其所采用之材料,据许文生氏言,曾费半年时间检验各组测量数值。如某组或某项测量有可疑或欠准确者,必尽使除去。其治学之精严如此。

> 测量之结果又视分析方法而定。在君先生所采用之方法有三种,皆统计学上认为最精确者。此实国内用数量方法研究科学之先导也。……

在《庆祝蔡元培先生六十五岁论文集》下册,在君有一篇英文的论文,题为 On the Influence of the Observational Error in Measuring Stature, Span and Sitting-Height Upon the Resulting Indices,即是用三十六组材料,比较两种指数之价值。此两种指数,一为人的"立高"对"两臂展开宽度"之比较,一为人的"立高"对"坐高"的比数。此文中应用潘匿托斯基氏公式(Poniatowski's Formulas)证验两种指数是否曾受测量错误的影响。此文的结论是:一、就两种指数价值而论,"汉人"(原文 Chinese)与中国各地之"非汉人"(原文 Non-Chinese)之体质有显著的区别;二、证明此三十六组之指数并未受测量错误的影响(此三十六组中,二十一组为"汉人",十五组为"非汉人")。

在君用统计学的方法治学,并不限于人种学的研究。民国十二年他发表了一篇《中国历史人物与地理之关系》(《科学杂志》八卷一期,《东方杂志》二十卷五期),就是试用统计学的方法来看中国历史。

最精密又最有成绩的,是他用统计学的方法来研究古生物。民国二十一年(1932),他在《中国地质学会会志》第十一卷发表了他的《丁氏石燕及谢氏石燕的宽高率差之统计研究》(英文,原题为 A Statistical Study of the Difference between the Width-height Ratio of Spirifer tingi and that of Spirifer hsiehi)。黄汲清先生说:"此文用统计学方法定两种石燕之区别。此种方法亦可应用于他种古生物之研究。"

九　丁在君与徐霞客

在君的西南游记之中,最富于文学趣味的当然要算他写金沙江的几篇文字。他写金沙江,用徐霞客(名宏祖,江阴人,生于万历十四年,死于崇祯十四年,1586—1641)开头:

> 最早知道金沙江是扬子江的上游的是徐霞客。他的《江源考》说的最明白:"发于南者(指昆仑之南)曰犁牛石,南流经石门关始东折而入丽江,为金沙江;又北曲为叙州大江,与岷山之江合。"他于崇祯十一年(1638)十一月十一日到武定,十二月一日到元谋的官庄。他走的路和我的大致相同。可惜从十一月十一日起到十一月三十日止他的游记残缺,他对于金沙江的直接观察已没有纪录存在。

他最佩服徐霞客,最爱读他的游记,他这一次去西南,当然带了《徐霞客游记》去做参考。他后来(民国十年)在北京的"文友会"用英文讲演徐霞客,特别表彰他是中国发见金沙江是扬子江上游的第一个人。在民国十五年,他在《小说月报》(第十七卷号外)上又特别表彰这部空前的游记。他对于这位十七世纪的奇士,费了很多的工夫,整理他的《游记》,给《游记》做了一册新地图,又做了一篇很详细的《徐霞客年谱》,民国十七年由商务印书馆印行。(《年谱》又附印在商务印书馆的《国学基本丛书》的《徐霞客游记》的后面。)

丁在君是我们这个新时代的徐霞客,这是我们公认的。他最惋惜徐霞客的《金沙江游记》散失了,使我们不能知他在三百年前"对于金沙江的直接观察"。在君自己记载金沙江的几篇文字,可以说

是有意弥补那个大缺憾的。他在1914年5月10日,第一次望见金沙江。他这样记载:

> 5月10日从石腊他岔路向西北,走不到十公里,经过杨家村西的大岭,高出海面二千七百六十公尺。从峰顶向北,已经望见金沙江。江水出海面不过一千一百公尺,比我在的高峰要低一千六百多公尺,比从泰山顶上看汶河还要高二百公尺,而江面离我所在的地方不过二十多公里。从南向北的坡度在百分之六左右。从峰顶北望,只看见一条条的深沟狭谷,两边的峭壁如刀切斧削的一般。加之岩石全是红绿色的砂岩,与远望见红黄色的江水两相映照,真是奇观!

5月20日,他到了金江驿,下午的温度是摄氏37.5度,比人的体温还要高。"太阳一落,我就跑到金沙江边上脱去衣服,浸在江水里。……不多时,一村子的人老老少少都走到江边来看稀罕:'江水里怎么可以洗澡!不怕受凉吗?'直到我回寓睡觉了,还听见房主人在那里议论:'委员真正自在!当着许多人,脱了衣服就下水,也不怕人笑话!'"这是三百年前的徐霞客不敢做的快事。

在君自己记他旅行的情形:

> 我每天的习惯,一天亮起来就吃早饭,吃完了就先带着一个向导,一个背夫,独自一个上路。铺盖、帐棚、书籍、标本,用八个牲口驮着,慢慢在后面走来,到中午的时候赶上了我,再决定晚间住宿的地方,赶上前去,预备一切。等到天将晚了,我才走到,屋子或是帐棚已经收拾好了,箱子打开了,床铺铺好了,饭也烧熟了。我一到就吃晚饭,一点时间都不白费。

这样每天从天亮到天将黑的山路旅行、测量、调查,已很够辛苦了。在君的任务是调查矿产,但他的科学兴趣是测量地形与调查地质。他那时正在年富力强的时期,他要看徐霞客所不曾看见,他要记徐霞客所不曾记载。所以他那一次独自旅行云南、四川、贵州的游记是最奇伟的游记。他走遍了在云南、四川交界地方的金沙江的西岸与东岸的高山与深谷。

金沙江在这一带的西岸有四道从东北向西南的高山:第一道是

高出海面三千公尺的鲁南山,第二道是高三千二百多公尺的望乡台,第三道是同样高的大银厂,第四道是高三千公尺左右的大麦地。

金沙江的东面有一条很重要的支流,叫做小江。小江的东岸是一道南北行的大山,最高的峰叫做古牛寨,出海面四千一百四十五公尺,是滇北最高的山。从古牛寨到小江不过十公里,而小江比古牛寨要低三千公尺,——在君说,"这可算是中国最深的峡谷,比美国著名的高老拉多(Colorado)高峡谷(Grand Canyon)还要深一千三百多公尺"。

小江入金沙江的地方(东川西二十五公里的象鼻村北)向南三十公里,又是一片大山,东西长三十多公里,南北也几十公里。在君用"大雪山"的名词来代表高山带的全部。山顶各峰平均也都在四千公尺左右。

在君于民国三年六月十九日走向鲁南山。六月二十日下鲁南山,到了云南巧家县的岔河,岔河在望乡台与大银厂两大山之间的峡谷。他走上望乡台、大银厂两条梁子顶上去测量地形,又从铁厂走大麦地小路到盐井。他写他在大麦地梁子顶上的情形如下:

> 从铁厂到大麦地梁子,要上九百公尺;从大麦地到盐井,要下二千公尺。沿路还要测量,一天是万万走不到的。路上人家极少,没有地方可住,一定要带上帐棚。……
>
> 第一晚在大麦地梁子顶上打野。上到顶梁的时候天还没有黑,望的很远。向东望得见二千二百公尺深的金沙江,并且看见江中心的石头,——著名的将军石和江心石。向南望得见普渡河的深谷。江边树木夹着灰色的石头。再上岩山变为红绿色,树木完全没有了。到了对岸的二千公尺,岩石又变为黄色。红黄色的江水在一条狭槽子里流着,两边是一千多公尺的峭壁。真是天下的奇观。

这些山——梁子——都在金沙江的西岸。在君于六月二十七日在盐井过金沙江,考察旧东川府属的铜矿四大名厂:大水、汤丹、落雪、茂麓。

他在这些产铜的地方调查了十二天。"我因为要看看大雪山,所以不走近路,走远路;不走平路,走山路。"他由大水,向西上坡到二千九百公尺,已经是大雪山的最东北的一部分了。从此上下坡各三次,才到茂麓。从茂麓到落雪,正走着大雪山的北边。在这路上,在君说,有一段上坡到二千九百公尺,"坡既奇陡,奇窄,下雨以后又奇滑,真正是普天之下最难走的路。"他在一个三千公尺的高原上搭起帐棚过夜。那地方叫做长海子,他在长海子西北三千一百公尺的高点上,西北望可以望见金沙江西岸的悬崖绝壁,江中的将军石,江心石,江外的大山,却望不见江水。从长海子向东南,再向东,到大风口,出海面三千七百公尺,比大雪山顶低得很有限了。下去就到落雪铜厂了。在君说:

  大水到落雪,不过八公里。要不是绕茂麓和大雪山,不要半天就可以到了。因为绕路,一走就是四天。

  在君还要研究大雪山的东部,又从落雪向南,又走上了大雪山的腰带哨,高三千七百公尺,"是我在大雪山所到最高之点"。

  大雪山在金沙江的东岸,小江的西岸。在君从腰带哨下来,经过白锡腊,到了汤丹,这是四大铜矿的最后一个矿了。七月十日他离开汤丹,要到东川县(旧会泽县)去。但他"要上古牛寨绝顶看看,所以一直向东,不走大路"。他在中厂河口上船过小江,从大寨上那滇北最高山顶——古牛寨。

  从大寨一直往东,十公里有零,就到古牛寨山顶。但这十公里的山路要走一天半。最后一段,"是玄武岩(火成岩)所成的绝壁,百分之四十九的坡度,当然是无法可上的,所以我们……先向东南,再向东北,曲曲湾湾的绕着,到山北面,再向山顶。……上不到一半,已经找不着道,只好手足并用,慢慢的斜着上。上到顶一看,古牛寨是一个五百公尺直径的圆顶,最高的点偏在西边,高出海面四千一百四十五公尺,是我在中国所登的最高山峰。"(一公尺等于三点二八英尺。古牛寨高四千一百四十五公尺等于一万三千五百九十五英尺。)

  徐霞客的最后一次"远征",开始于崇祯九年(1636)九月,到崇祯十三年(1640)夏天才回家,在途差不多四年。第一年从浙江入江西,从江西入湖南。第二年从湖南入广西。第三年从广西入贵州,由亦资孔入云南,约在崇祯十一年(1638)五月。他在云南近两年,足迹北过鸡足山,到丽江;西过大理,到腾越。在君作《徐霞客年谱》,论这"最后之游",说:

> 先生……家有遗产,衣食足以自给。百年已过其半,五岳已游其四,常人处此,必将弄孙课子,优游林下以卒岁矣。乃先生掉头不顾,偕一僧一仆,奋然西行,经苗猓异族之乡,极人所不堪之苦。遇盗者再,绝粮者三。百折不回,至死无悔。果何以使之然哉?……盖尝考之。陈函辉为先生作墓志言:"霞客不喜谶纬术数家言,游迹既遍天下,于星辰经纬,地气萦回,咸得其分合渊源所自。云,昔人志星官奥地,多以承袭附会。即江河二经,山脉三条,自纪载来,俱囿于中国一方,未测浩衍。遂欲为昆仑海外之游。"然则先生之游,非徒游也,欲穷江河之渊源,山脉之经络也。此种"求知"之精神,乃近百年来欧美人之特色,而不谓先生已得之于二百八十年前。

徐霞客在三百年前,为探奇而远游,为求知而远游,其精神确是中国近世史上最难得,最可佩的。但在三百年前人的求知标准究竟不很严格。例如徐霞客的《江源考》说金沙江出于犁牛石,自注云,"佛经谓之殑伽河。"又说,"云南亦有二金沙江,一南流北转,即此江,乃佛经所谓殑伽河。一南流下海,即王靖远征麓川,缅人恃以为险者,乃佛经所谓信度河也。"玄奘改译恒河为殑伽河,改译新头河为信度河,两大河都在印度。霞客认金沙江为恒河,认怒江为新头河,都是大错的。

在君在三百年后,独自在云南、川南探奇历险,作地理地质的调查旅行,他的心目中当然常有徐霞客"万里遐征"的伟大榜样鼓舞着他。他后来用他的亲身经验和地理新知识来整理《徐霞客游记》,给他作详细地图,给他作《年谱》,并在《年谱》里一面表彰他的重要发现,一面也订正他的《盘江考》《江源考》里的一些错误。这就是他报答那位三百年前的奇士的恩惠了。

〔附记〕在君于民国三年二月再入云南,到民国四年方才回到北京。《独立》纪念在君的专号里,有几位朋友提到在君此次旅行,颇有小误。如翁文灏先生说他"初认识在君是在民国三年,那时他刚从云南省调查地质回到北京。"这里"三年"是"四年"之误。翁君又说,"民国二至三年在君先生独自在云南省工作"。又黄汲清先生也说"丁先生第一次大规模的调查为民国二至三年云南之行"。这里"二至三年"都是"三至四年"之误。在君游记里说他"那一年(1914)的九月初",在宣威到沾益的路上遇见一群衣服极破烂的难民,其中有人认识他,他才知道他们是个旧锡矿上的砂丁。他们告诉他,"外国人打起仗来了,大锡卖不掉,许多厂都歇了工。"这是他第一次得到欧洲大战的消息。这个故事不但可以旁证在君自记民国三年二月第二次入滇是正确的追记,并且使我们想像他专心致志的在万山中调查地形地质,全不知道天下国家的大事。云南诗人唐泰在那崇祯末期天下大乱的时代有诗送给徐霞客,说,"闭门不管乡邻斗,夜话翻来只有山!"

十 地质调查所所长(1916—1921)

地质调查所是民国五年(1916)正式成立的。在君不但是第一任所长,还是最初负责筹备创立的人。他的筹备工作,第一步是设立地质研究所来训练地质调查的人才,第二步是他自己实行作大小规模的地质矿产调查。这两步工作,我在上文已有叙述了。

地质调查所本身的光荣历史,是中国科学史的一个重要部分,应该有专家的叙述,我是没有资格作这种叙述的。我在这里只能依据我从旁的观察,略述丁在君对地质调查所的个人贡献。

在君的最大贡献是他对于地质学有个全部的认识,所以他计划地质调查所,能在很短时期内树立一个纯粹科学研究的机构,作为中国地质学的建立和按步发展的领导中心。葛利普先生说的最好:

> 丁博士心目中的地质学极为广泛,范围所及,非只构成地球的材料,如矿物及岩石等,且包容形成及改动此种材料的种种动力,以及其渐渐演变之程序;进而对于地球之形状构造及经过历史等,全体作为研究之对象;更涉及自亘古以来,地球陆面以上以及海水之内的生物;各种生物演进之程序,及足以影响其发展,分

布之各种因素,如地理、气候等,均在范围之中。

他计划中国地质调查所,就是依据他所认识的地质学历史发展的过程和现今的广大范围,来训练人才,延揽人才,支配人才。例如他知道中国当时最缺乏的是古生物学专家,他就同北京大学商量,把葛利普先生从美国聘来,使他在二十多年之中教练出许多中国青年古生物学专家,使调查所创办的《中国古生物志》在十五年中成为全世界有名的科学刊物。陶孟和曾说,"仅就他对于地质学的发展一端来说,在君足可以称为学术界的政治家"。

在君的第二个最大贡献是他自己不辞劳苦,以身作则,为中国地质学者树立了实地调查采集的工作模范。他为《地质汇报》第一号写了一篇序,引德国学者李希霍芬的话:"中国读书人专好安坐室内,不肯劳动身体,所以他种科学也许能在中国发展,但要中国人自做地质调查,则希望甚少。"在君接着说,"现在可以证明此说并不尽然,因为我们已有一班人登山涉水,不怕吃苦。"在君说这话在民国八年,那个时候打开这个"登山涉水,不怕吃苦"的风气的人,当然是在君自己。翁咏霓(《独立评论》一八八期)说他自己在民国四年"跟着在君渡浑河,登玉带山,敲圆球腐蚀的辉绿岩,辨自南趋北的逆掩断层";又说他"同年夏间往绥远调查,启行之前,在君指示测量制图的方法,采集化石的需要,谆谆善诱,使我明白地质工作之决不能苟且了事。"咏霓说:

> 在君先生的实地工作,不但是不辞劳苦,而且是最有方法。调查地质的人,一手拿锥打石,一手用指南针与倾斜仪以定方向,测角度,而且往往须自行测量地形,绘制地图。这种方法,在君先生都一丝不苟的实行,而且教导后辈青年也尽心学习。

所谓"不辞劳苦",不但是咏霓说的"在君的习惯是登山必到峰顶,移动必须步行",最好是在君的《漫游散记》里说的,他为了要看山,"不走近路,走远路;不走平路,走山路",——例如他在大雪山北边一带,走的就"真正是普天之下最难走的路!"他攀登古牛寨的最高峰,就得爬那"只好手足并用"的从没有路的路!

这样最不怕吃苦,又最有方法的现代徐霞客,才配做中国地质学的开山大师。

在君的第三件最大贡献在于他的真诚的爱护人才,热诚而大度的运用中、外、老、少的人才。他对朋友的热诚爱护,孟真说的最好:

> 凡朋友的事,他都操心着,并且操心到极紧张、极细微的地方,有时比他那位朋友自己操心还要多。

他对于同辈的地质学者,如翁咏霓,如章演存(鸿钊),特别是那位"两腿不能走动,手指也都肿胀,而工作比任何人多"的葛利普教授,真是十分真诚的爱护。对于许多青年的后辈,他的热诚,他的爱护,他的鼓励,都是最可以引起他们最大的向上努力,最纯洁的为学术努力的精神的。

我记得民国十八年九月我回到北平时,有一天在一个茶会上遇着在君,他的第一句话就是:"适之,你来,你来,我给你介绍赵亚曾。他是北京大学出来的地质学的天才,今年得地质学奖金的!"他说话时的热心,高兴,我至今还忘记不了。后来赵亚曾在云南调查地质,在昭通遇着土匪,被打死了,在君哭了好几次,到处出力为他的家属征募抚恤经费,他自己担负亚曾的儿子的教育责任。以后许多年之中,我常在丁家看见亚曾的儿子松岩跟着在君和他夫人一同歇夏,受着他们真恳的爱护。

在中国地质调查所的历史上,有好几位外国学者的重要工作,重要贡献,是不可磨灭的。古生物学的葛利普,是不用我重述了的。此外,如德国学者梭尔格,如瑞典学者安特生(J. G. Andersson),如法国学者德日进(Teihard de Chardin),都曾为地质学、古生物学,以及地质调查所主持提倡的史前考古学,做过重要的工作。其中当然要算安特生先生最有贡献,他不但做了重要的地质矿产的调查,并且发现了河南"仰韶的石器陶器"和他处的新石器时代文化,为中国史前考古学划开一个新时代。德日进先生在中国旧石器时代文化的发现和研究,都曾有重要贡献。

在君曾对我说,"中国政府从前花了很多的钱,聘了许多外国顾问,各部都有高薪的外国顾问,但因为各部的首领官都没有专门学识,所以从不知道那些外国人是饭桶,那些人真是专家学者,所以他们部里就是养着头等的专门人才,也都成了废物,不能给中国出力做点事。就像安特生,他是农商部的高薪顾问,从没有人会利用他这样的专家。后来我们的地质调查所成立了,安特生自己愿意来帮我们工作。我们不但能充分使用他做矿产地质的调查,他在调查地质的旅行中,发现了很重要的新石器时代的器物,他知道他们的重要性,但他自己不是史前考古学专家,不敢乱动,所以他回来做了一年的考古学研究,然后回到老地方去,才敢做有系统的采集和发掘。结果是我们调查所不但成了中国新石器时代的研究中心,并且因此获得瑞典国太子和政府的合作和帮助,并且因此获得全世界的学术人士更大的注意和重视。"在君谈这个故事很有趣,可惜我当时没有记录,现在只能追记这点粗枝大叶了。我追记这个故事,为的是要指出在君当日创立地质调查所,建立中国地质学,他的领导工作,除了训练领导许多中国青年地质学家之外,还有充分认识和充分利用外国专家学者的一个同样重要的方面。

我要引在君自述他认识梭尔格的故事,借此指出认识人才是能用人才的基本条件。在君说:

> 梭尔格原是柏林大学的助教,在京师大学(即后来的北京大学)的地质科教了三年书。所有他的中国同事都说他脾气不好,而且根本上看不起中国人。我和他谈了几次,看见他在西山的工作,觉得他是一位很可敬爱的学者,力排众议,请了他来(在地质研究所帮忙)。这一次(民国二年十一月,十二月)和他旅行了四十多天,我很虚心的请教他,他极热心的指导我,我们变成功极好的朋友。可见得外国的专门家不能与中国人合作,不一定是外国人的过失。

这里说的有在君的两种美德:一是从人的工作上认识他的专门本领,一是他"很虚心的请教他,他也极热心的指导我"。这两种美德是在君所以能成为"学术界的政治家"的要素。

但是单读这一段,还不够懂得这个很美的故事的真相。话说丁在君于民国二年十一月十三日到了冈头村的井陉矿务局:

> 梭尔格已到微水去调查了。在矿上代理矿工程师的是一位

> 戈尔登堡先生,他很佩服梭尔格。他说,"若是我们在中国的德国人都像他那样肯工作,那就为我们争气了。"
>
> 他又问我:还有一个德国人,也在北京大学教矿物,认识不认识?我告诉他:这位先生听说我请了梭尔格,就来自荐,说他刚从井陉工作回来。但是我看他拿来的一张井陉煤田地质图,好像是用李希霍芬的旧图放大的,所以我没有理他。
>
> 戈尔登堡先生拍着桌子叫道:"丁先生,你的眼力不差!我们因为北京大学地质科停办,这位同乡失了业,请他来这里工作,预备给他找一个位置。那知道他到矿三个星期,一天也不肯出去。末后他又偷偷的找了土娼来胡闹。我没有法子,只好请他走了。临走的时候,我看见他把李希霍芬的旧图放大,正不知道他有何用处。原来他是拿去骗你!"
>
> 我于是又知道所谓外国的专家不是可以随便乱聘的。
> (《独立》第十三号,页一八)

在君做地质调查所所长,前后不过六年。民国十年(1921)他就辞去所长,由翁咏霓继任。从此以后,他只是调查所的不支薪的顾问。但在君实际上从没有和调查所脱离关系。他始终继续担任《中国古生物志》的主编。葛利普先生曾说这个刊物:

> 丁先生之意欲使此刊物较之其他国家之同类出版物有过之而无逊色。全志分甲、乙、丙、丁四种:甲种专载植物化石,乙种记无脊椎动物化石,丙种专述脊椎动物化石,丁种则专论中国原人。第一册之出版,距今(民国二十五年,1936)不及十五年,而今日之各别专集已近一百巨册之多。此种大成绩,实非他国所能表现。

在君和他的朋友们创立和继续发展的地质调查所在很短的时间之内成为一个世界知名的纯粹科学中心。在纯粹的科学研究方面,这个机关不但建立了中国地质学和古生物学,并且领导了史前考古学的研究,成为新石器时代和旧石器时代研究的中心。北京附近周口店一区的系统的发掘,后来在民国十六年(1927)以下,陆续发现"北京原人"(Sinanthropus Pekinensis)四十多具的遗骨,也是地质调查所领导提倡的科学大成绩。因为周口店出现的材料太多,太重要,有专门研究的必要,所以调查所和北平协和医学校的解剖学系合作,得着美国洛克菲勒基金的帮助,成立了"新生代研究室",专作中国新生代脊椎动物化石及人类化石的研究,第一任主任是步达生先生(Davidson Black)。在这个研究室的计划的实现,在君也是最出力的一个人。

在这些纯科学的研究工作之外,调查所当然还得顾到国家社会的矿业、石油、土壤等等,实用方面的需要。在君个人曾参预龙烟铁矿厂的设计,和北票煤矿的开办。调查所兼办的地震台(在妙峰山脚的鹫峰寺),燃料研究室(浙江金叔初弟兄捐建的),土壤调查所等等,都是这个机构在那个政局很不安定,薪水不但很微薄而且往往领不到,实地调查的经费完全依靠私人或基金捐助的极困难时代努力的成绩。

十一　北票煤矿公司(1921—1925)
——《努力周报》(1922—1923)

我认识在君和徐新六是由于陶孟和的介绍。他们都是留学英国的。孟和是北京大学的教授,又是《新青年》杂志的社员,新青年社是一个小团体,其中只有孟和和我是曾在英美留学的,在许多问题上我们两人的看法比较最接近。在君和新六都是民国八年初随同梁任公先生到欧洲考察战后状况和巴黎和会情形的考察团的团员(任公的考察团中还有蒋百里、方震、张君劢、嘉森诸位)。我认识在君和新六好像是在他们从欧洲回来之后,我认识任公先生大概也在那个时期。任公先生是前辈,比我大十八岁,他虽然是十分和易近人,我们总把他当作一位老辈看待。在君和孟和都是丁亥(1887)生的,比我只大四岁;新六比我只大一岁。所以我们不久都成了好朋友。

在君不久就把我看作他应该照管"操心"的小弟弟了!他是不喝酒的,在饭馆席上他总是用酒来给他的筷子消毒。他有几次看见我颇爱喝酒,他就"操心"了。那时候(民国九年三月)我的《尝试集》刚出版,他就从我的一首《朋友篇》里摘出几句诗来请梁任公先

生写在一把扇子上,他把扇子送给我,要我戒酒。那把扇子不幸遗失了,他摘出的诗句是:

> 少年恨污俗,反与污俗偶。
> 自视六尺躯,不值一杯酒。
> 倘非朋友力,吾醉死已久。……
> 清夜每自思,此身非吾有:
> 一半属父母,一半属朋友。
> 便即此一念,足鞭策吾后。

我很感谢他的情意,从此把他看作一个人生很难得的"益友"。

在君的生活最有规律,用钱从不敢超过他的收入,从不借债。但他自从留学回国后,就担负四个弟弟和一个侄儿的教育费,又须不时帮助无力的老亲戚,所以他的经济负担很重。他的七弟文治说:

> 他从二十六岁归国后开始在上海教书得到收入,立即担负赡养父母和教育兄弟的责任。从二十六岁到四十八岁,二十二年中,……全家的重心在他身上,全家的经济的压力也在他身上。有一时期,〔他的担负〕每年多至三千元。当时他没有丝毫资本的收入,全靠劳心劳力得到的报酬。因此他不得不离开地质调查所,去创办热河的北票煤矿。现在想起来,我们家族对他全是罪人,我们这个家是一个拖累可以有为的人下水的家。他没有因此受重累,只因为他的能力强大。(《独立》第一八八号,页四九)

文治说的那"一个时期"就是他的四哥文渊在德国留学的时期。文渊是民国八年出国的,他先到瑞士进了楚里西大学,次年才到德国,准备学医学。在君早年本想学医学,因为考试医科偶然有一门不及格,不能入医科,才改学动物学。所以他的四弟有志学医,他最热心帮助,学费完全由他担任。

文渊在瑞士的时候,在君的同学朋友曹梁厦先生(留欧学生监督处的秘书)曾对文渊说:"你令兄不是有钱的人,你不应当让他独力担任你的学费。照你的学历,你可以请补官费。现在教育部和江苏省官费都有空额,你不妨写信给在君,请他为你设法补官费。他和留学生监督沈步洲，教育部次长袁希涛，高等教育司司长秦汾都是老朋友，你又合资格，我想你申请一定可以核准的。"文渊也知道他哥哥担负他留学经费的困难，就把曹先生的好意写信告知在君，并请他设法帮忙。

在君回信的大意是："照你的学历以及我们家中的经济状况，你当然有资格去申请。……不过你应当晓得，国中比你更聪明，更用功，更贫寒的子弟实在不少。他们就是没有像你有这样一个哥哥能替他们担任学费。他们要想留学深造，唯一的一条路就是争取官费。多一个官费空额，就可以多造就一个有为的青年。他们有请求官费的需要，和你不同。你是否应当细细的考虑一番，是不是还想用你的人事关系来占据一个官费空额？我劝你不必为此事费心。我既然答应担负你的学费，如何节省筹款，都是我的事，你只安心用功读书就行。"（丁文渊《文江二哥教训我的故事》，见《热风》第二十二号，页十七）

但在君那时的担任实在超过他的收入，何况那时政府的官吏俸薪往往发不出，发出的是打折扣的中国、交通两银行的纸币，发不出时往往拖欠几个月。在君原有一所小房子，是他用节省的钱盖的。后来他把这房子卖了六千元，主要原因是为了维持他的四弟留德的学费。后来他决定辞去地质调查所所长，去办北票煤矿，正如他七弟文治说的，也是为了那个大家庭的担负太重，而其中最重又最急的担负也是他四弟的留学经费。这都是我亲自听在君说的。

北票煤矿在热河的朝阳县北境，原是京奉铁路局经营的煤矿，已投了五十万元的资本，还没有成绩。交通部曾请在君去调查北票煤矿一带的矿产地质，所以他很知道这煤矿的情形。据他的报告，北票的矿是有希望的，是值得经营的。民国十年（1921），在君的朋友刘厚生先生（即民国二年做了三个月的农商部次长的）和京奉路局交涉，成立官商合办的北票煤矿公司，资本为五百万元，官股四成，商股六成。

公司成立时，刘厚生是董事长，他要在君做总〔经〕理。在君为了家累太重，就辞了地质调查所所长的职务，专办北票煤矿的事，把家搬到天津,他自己常往来于北京、天津、沈阳、北票之间。

他做北票煤矿公司总经理,前后差不多五年。在这短时期之内,煤矿发展到每日产煤两千吨,足敷开支而有余,算是一个很有成绩的新式煤矿公司。但北票地方和产煤运销的铁路都在张作霖的势力范围之内,所以在君为了公司的事,往往每隔两三个月必须到沈阳去和官厅接洽。他认识张学良也是在这个时期开始的。他研究"奉系"的内幕和奉军的军事组织也是在这个时期开始的。

关于在君办理北票煤矿公司的事,我差不多完全不知道。刘厚生先生的纪录,我曾看过,实在也太简略,没有多少传记资料。

这五年(1921—25)之中,在君的生活有两件事是值得记载的:一件是他和我们发起一个评论政治的周报——《努力周报》——这个报其实是他最热心发起的,这件事最可以表现在君对于政治的兴趣;一件是他在《努力周报》上开始"科学与人生观"的讨论,展开了中国现代思想史上一个大论战。

《努力周报》是民国十一年(1922)五月出版的,出了七十五期,十二年十月停刊。

《努力周报》第一期付印之日正当所谓"直奉之战"已开火的时期,——直系和奉系的军队开火在四月二十六日,我们的第一期出版在五月七日,奉军前两天已在军粮城败退了。

周报的筹备远在半年之前。在君是最早提倡的人。他向来主张,我们有职业而不靠政治吃饭的朋友应该组织一个小团体,研究政治,讨论政治,作为公开的批评政治或提倡政治革新的准备。最早参加这个小团体的人不过四五个人,最多的时候从没有超过十二人。人数少,故可以在一桌上同吃饭谈论。后来在君提议要办一个批评政治的小周报,我们才感觉要有一个名字,"努力"的名字好像是我提议的。在君提议:社员每人每月捐出固定收入的百分之五,必须捐满三个月之后,才可以出版。出报之后,这个百分之五的捐款仍须继续,到周报收支可以相抵时为止。当时大学教授的最高薪俸是每月二百八十元,捐百分之五只有十四元。但周报只印一大张,纸费印费都不多,稿费当然是没有的。所以我们的三个月捐款已够用了,已够使这个小刊物独立了。

在君为什么要鼓动他的朋友出来讨论政治,批评政治,干预政治呢?我们一班朋友都不满意于当时的政治,——民九以前的安福部政治,民九安福部崩溃以后所谓"直奉合作时期"的政治,以及民十一奉军败退出关以后曹锟、吴佩孚控制之下的政治,——这是不用细说的。在君常往来于沈阳、北票、天津之间,他深知张作霖一系的军队和将校的情形,他特别忧虑在民九"直皖战争"之后将来必有奉系军人控制北京政府的一日,他深怕在那个局势之下中国政治必然会变成更无法纪,更腐败,更黑暗。这是他时常警告一班朋友们的议论。他常责备我们不应该放弃干预政治的责任。他特别责备我在《新青年》杂志时期主张"二十年不干政治,二十年不谈政治"的话。他说,"你的主张是一种妄想:你们的文学革命,思想改革,文化建设,都禁不起腐败政治的摧残。良好的政治是一切和平的社会改善的必要条件。"

他在民国十二年有一篇《少数人的责任》,其中有几句话差不多是专指我说的:

> 要认定了政治是我们唯一的目的,改良政治是我们唯一的义务。不要再上人家的当,说改良政治要从实业教育着手。(《努力》六十七期)

在朋友谈话中,他常说的是:"不要上胡适之的当,说改良政治要先从思想文艺下手!"

在君常说,曾国藩的《原才》最值得我们想想。曾国藩在那篇文章里说:

> 风俗之厚薄奚自乎?自乎一二人之心之所向而已。……此一二人者之心向义,则众人与之赴义。一二人者之心向利,则众人与之赴利。……所谓一二人者不尽在位,彼其心之所向,势不能不腾为口说而播为声气,而众人者势不能不听命而蒸为习尚。于是乎徒党蔚起,而一时之人才出焉。有以仁义倡者,其徒党亦死仁义而不顾。有以功利倡者,其徒党亦死功利而不返。……然则转移习俗而陶铸一世之人,非特处高明之地者然也,凡一命

以上皆与有责焉者也。

我们试看他那篇《少数人的责任》的讲演，就可以明白在君确曾深受曾涤生这篇文章的影响。在君说：

> 我们中国政治的混乱，不是因为国民程度幼稚，不是因为政客官僚腐败，不是因为武人军阀专横，——是因为"少数人"没有责任心而且没有负责任的能力。

他说：

> 只要有几个人有百折不回的决心，拔山蹈海的勇气，不但有知识而且有能力，不但有道德而且要做事业，风气一开，精神就要一变。

他又说：

> 只要有少数里面的少数，优秀里面的优秀，不肯束手待毙，天下事不怕没有办法的。……最可怕的是有知识有道德的人不肯向政治上去努力。

我们当日组织《努力周报》，实在可以说是在君这种精神鼓动起来的。《努力》第一期的发刊辞是我的《努力歌》，其中第一、第三两节是：

> "这种情形是不会长久的。"
> 朋友，你错了。
> 除非你和我不许他长久，
> 他是会长久的。
>
> 天下无不可为的事。
> 直到你和我——自命好人的——
> 也都说"不可为"，
> 那才是真不可为了。

这种思想，现在回想起来，都可以说是在君当日极力提倡的思想。

《努力》第二期登出《我们的政治主张》，是十六个人签名的，蔡元培、王宠惠、罗文干三位先生领衔，在君和我签在最后。这篇《政治主张》在当时曾引起不少的讨论，内容大致如下：一、政治改革应该有一个人人都能了解的目标。国内优秀分子，无论他们理想中的政治组织是什么，现在都应该平心降格的公认"好政府"一个目标，作为现在改革中国政治的最低限度的要求。二、"好政府"的至少涵义是：在消极方面，要有正当的机关可以监督防止一切营私舞弊的官吏；在积极方面，第一要充分运用政治的机关为社会全体谋充分的福利，第二要充分容纳个人的自由，爱护个性的发展。三、对今后的政治改革，我们有三个基本的要求：（一）一个宪政的政府，（二）一个公开的政府，包括财政的公开与公开考试的用人等等，（三）一种有计划的政治。四、政治改革的第一步下手工夫是自命"好人"的人须要有奋斗的精神，出来和恶势力作战。"好人笼着手，恶人背着走。""罪魁祸首的好人现在可以起来了！做好人是不够的，须要做奋斗的好人；消极的舆论是不够的，须要有决战的舆论。"五、我们对于当前问题的意见：（一）要求一个公开的，代表民意的南北和会，早日正式解决南北分裂的问题。（二）我们深信南北没有不可和解的问题。对于南北议和的条件，我们要求（甲）南北协商召集民国六年解散的国会，（乙）和会应责成国会克期完成宪法，（丙）和会应该协商裁兵，（丁）和会一切会议都应该公开。（三）我们对于裁兵的问题，主张四点，其中一项"裁废虚额，缺额不补"，是在君主张最力的。（四）我们提出一个"裁官"的办法，并主张参酌各国文官考试法，规定"考试任官"与"非考试任官"的范围与升迁办法；凡属于"考试任官"的，非经考试，不得委任。（五）对于现行的选举制度，我们主张废除复选制，采用直接选举制，并严定选举舞弊的法律。（六）对于财政问题，我们主张"彻底的会计公开"，"根据国家的收入，统筹国家的支出。"

这个《我们的政治主张》是民国十一年五月十四日发表的。我把这篇宣言的内容摘抄在丁在君的传记里，因为我想借这个纲领来表示在君和他的朋友们对于政治的根本态度和几项比较具体的主张。

我们的根本态度是要国中的优秀分子"平心降格的公开'好政府'一个目标，作为现在改革中国政治的最低限度的要求"。而下手的第一步是要求国中自命"好人"的人们出来批评政治，干预政治，改革政治。

《努力》第六、七两期上有在君(笔名"宗淹")答复关于《我们的政治主张》的讨论的文字,在这些答复里,他曾特别说明"好人"应该怎样严格的训练自己做政治生活的准备。他提出四项准备:

> 第一是要保存我们"好人"的资格。消极的讲,就是"不作无益"。积极的讲,是躬行克己,把责备人家的事从我们自己做起。
>
> 第二是要做有职业的人,并且增加我们在职业上的能力。
>
> 第三是设法使得我们的生活程度不要增高。
>
> 第四,就我们认识的朋友,结合四五个人,八九个人的小团体,试做政治生活的具体预备。

这都是在君自己终身实行的生活。他和我们组织"努力社",社员的标准是,第一要有操守,第二要在自己的职业上站得住。

当时我们对于当前的政治问题的几个比较具体的主张,——即是上文第五项的(一)至(六)各目,——在我们心目中,都算是"平心降格"的主张了。但后来事实上的演变,使我们不能不承认这些主张都还是太乐观的理想!例如"裁兵",岂但没有丝毫实行的希望!我们只看见民国十一年奉军败退出关之后天天增加兵力,改变编制,增添新式军械重炮,天天做雪耻复仇的准备;直军方面也同样的增加兵力,天天作抵御奉军三度入关的准备。这种情形,在君看的最清楚,他在《努力》上曾发表好几篇关于军事的文字,都是用"宗淹"笔名发表的:

> 《中国北方军队的概略》(第一期,第三期。)
>
> 《奉直两军的形势》(附地图。第一期)
>
> 《奉直战争真相》(第三期)
>
> 《广东军队概略》(第五期)
>
> 《裁兵计划的讨论》(第十四期)
>
> 《湖南军队概略》(第十九期)

这些研究是他后来写成一部专书《民国军事近纪》(民国十五年商务印书馆出版)的起点。因为他常到热河奉天去旅行,所以他最明白那时北方两大系军阀预备作战的形势。所以我们在九月里,曾在《努力》上指出,"节省政费,裁了一千个冗员,还禁不起山海关附近的一炮!"所以我们建议:"(一)由北京政府速即召集一个各省会议。(二)由北京政府公开的调解奉直的私斗,消除那逼人而来的大战祸。"这种建议,黎元洪不敢做,颜惠庆、王宠惠的内阁也不敢做,新召集的旧国会也不敢提倡。北方的战祸不能消除,裁兵之论当然成了空话了。

再举一个例子。我们曾主张"一个公开的,代表民意的南北和会","南北协商召集民国六年解散的国会"。后来国会是召集了,八月一日开会了,但不是"南北协商召集"的,只是当日暂时战胜的直系军人和他们手下的政客自作聪明,要树立他们自己的"正统"地位,所以先拥护黎元洪复位,又把旧国会恢复了,叫做"法统重光"。"法统重光"的作用在于准备解决所谓"最高问题",就是总统选举的问题。他们把黎元洪的任期解释作还剩一年零四个月,任满之后,就可以由这个"法统重光"的国会选举曹锟做总统了。我们主张一个公开的南北议和的和会,由和会议决召集民国六年被解散的旧国会,作为南北统一的一个条件,作为完成民国六年的"天坛宪法"的机构,而军阀的门客早就打算好了要贿买那个旧国会作为选举曹锟继任黎元洪为总统的准备!

我举这两个例子来说明在君和我们当年组织《努力》来做批评政治,监督政治的一番热心可以说是完全失败的。民国十二年三月,我在《努力》第四十七期曾引用汤尔和对我说的几句话,他说:

> 我劝你不要谈政治了罢。从前我读了你们的时评,也未尝不觉得有点道理。及至我到了政府里面去看看,原来全不是那么一回事!你们说的话几乎没有一句搔着痒处的。你们说是一个世界,我们走的又另是一个世界,所以我劝你还是不谈政治了罢。

《努力周报》维持了一年半。十一年的十一月底,我病了。十二年(1923)一月十七日,北京大学校长蔡元培先生为了政府任命彭允彝为教育总长的事,提出辞呈,辞去北大校长之职,辞呈里明说他

"痛心于政治清明之无望,不忍为同流合污之苟安,尤不忍于此种教育当局之下,支持教育残局,以招国人与天良之罪责。"他在各报上登了一个启事,也明说"元培为保持人格起见,不能与主张干涉司法独立,蹂躏人权之教育当局发生关系"。蔡先生的辞职,实际上是为了抗议财政总长罗文干的被捕(十一年十一月十九日),也为了抗议当时已哄传的"最高问题"(即曹锟公然收买国会议员,预备总统选举)。我为了此事,从病中出来,在《努力》上发表了一些为蔡先生辩护的文字,又发表了几篇关于罗文干案及《贿买国会的问题》的文字(《胡适文存》二集原版卷三页二二六——二四九)。四月以后,在君力劝我专心养病,周报的事由他和高一涵、张慰慈、陶孟和几位朋友维持,不要我做文章了。到十月初,国会贿选曹锟为总统果然成为事实。《努力周报》就自动的停刊了。

一年之后,张作霖准备好了,分五路大举进兵,开始所谓"第二次直奉之战"。当吴佩孚正在山海关支撑的时候,冯玉祥突然退兵转向北京,一个晚上就占领了北京,把贿选出来的曹锟拘禁起来了,发出通电令双方停战。吴佩孚仓皇败退,坐军舰航海南下,经由长江,直到岳州。

胜利的军人通电拥戴段祺瑞出来做一个傀儡的"临时执政"。当时虽有"和平统一"的呼声,虽有"善后会议"的号召,虽有孙中山先生的北来,但事实上还是一个军人割据的局面。奉天系的力量,中间虽经过郭松龄的事变(十四年冬),仍是北方最强大的力量,不但能赶走冯玉祥的军队,控制北方的政局,并且在一年之内,派张宗昌的军队南下,攻取徐州,直入南京;又派邢士廉、姜登选南下,姜登选的军队驻扎徐州,邢士廉驻扎上海;后来又由"临时执政"任命张宗昌做山东督军,杨宇霆做江苏督军。于是奉军的势力从东三省一直达到南京、上海了。

那时候,江苏省的绅士商人有个救援江苏的秘密运动,奔走最出力是在君的两个朋友,松江的陈陶遗,常州的刘厚生。他们知道在君的见识才干,也知道他向来有改革政治的志愿,所以他们常和他商量这个拯救江苏的问题。

民国十四年(1925)七月,在君得到罗文干从岳州打来的密电,要他到岳州去见吴佩孚。在君就向北票公司告假南下,到上海会见刘厚生等,细谈江苏在奉军占领后的情形,以及江苏绅商想借客兵驱逐奉军的各种企图。在君从上海到岳州,见了吴佩孚;回到上海后,孙传芳派人来邀他到杭州去谈谈。在君在杭州住了一星期,到上海报告他和孙传芳、陈仪谈话的经过。九月初,他仍由海道回天津去。

民国十四年的双十节,孙传芳在杭州宣布组织江苏、浙江、安徽、江西、福建五省联军,讨伐张作霖,公推孙传芳为总司令,周荫人为副司令,分五路进兵驱逐奉军。陈调元在安徽,白宝山在江北,同时响应。在南京的杨宇霆首先渡江走了,在上海的邢士廉也走了。于是孙传芳成了江苏的统治者。

北票煤矿公司的董事会在天津开会,在君辞去总经理之职。在君办北票煤矿前后近五年。在君辞去北票的事,似是在十四年底或十五年一月。十五年二月,在君为"中英庚款咨询委员会"的事南下。当时他并没有接受孙传芳的何种委任。他所以要辞去北票煤矿的事,大概不但是因为他已决定不愿在奉军的势力范围以内做事了,并且还因为"中英庚款咨询委员会"的原来计划是需要他半年以上的时间,还需要他到英国去一次。(详见第十三章)

十二 "玄学与科学"的论争(1923)
附论他的宗教信仰

《努力周报》虽然是一个批评政治的刊物,但我们也曾讨论到政治以外的一些问题。周报每月增刊一张《读书杂志》,其中就有我的长文《读梁漱溟先生的〈东西文化及其哲学〉》,又有顾颉刚和好几位学者讨论中国古史的文字。民国十二年一月七日的《读书杂志》第五期有在君的《重印〈天工开物〉始末记》,这是他介绍十七世纪的另一位奇人宋应星的一部奇书——《天工开物》。那部奇书在中国早已没有传本了,在君依据日本明和八年(1771)翻刻本,又参考江西《奉新县志》等书,为宋应星作略传,此书后由陶湘先生印行,近年来翻印本有好几种。十七世纪的两个奇人,徐霞客与宋应星,他们的两部奇书都是在君特别表彰提倡的。在《努力周报》上,在君的长文《玄学与科学》引起了更大又更长期的论争。

在君的《玄学与科学》(《努力》第四十八、四十九期)是批评他的朋友张君劢先生在《清华周刊》上发表的一篇《人生观》的讲演。君劢讲演的大意是:

> ……人生观之特点所在,曰主观的,曰直觉的,曰综合的,曰自由意志的,曰单一性的。惟其有此五点,故科学无论如何发达,而人生观问题之解决,决非科学所能为力,惟赖诸人类之自身而已。而所谓古今大思想家,即对于此人生观问题有所贡献者也。……自孔孟以至宋元明之理学家,侧重内心生活之修养,其结果为精神文明。三百年来之欧洲,侧重以人力支配自然界,故其结果为物质文明。……
>
> 科学之为用专注于向外,其结果则试验室与工厂遍国中,朝作夕辍,人生如机械然。精神上之慰安所在则不可得而知也。……一国偏重工商,是否为正当之人生观?是否为正当之文化?在欧洲人观之,已成大疑问矣。欧战终后,有结算二三百年之总帐者,对于物质文明,不胜务外逐物之感。厌恶之论,已屡见不一见矣。

我摘抄出这两段,认为君劢讲演的大意,君劢必然说我"断章取义"。但我曾细看他前后发表的几篇文字,我不能不指出当日君劢所要提倡的和在君所引为隐忧的,其实都包括在这两段文字里。这里表面上的问题是:"人生观问题之解决,决非科学所能为力。"但这问题的背后,还有一个问题:"科学专注于向外,……其结果为物质文明。欧战终后,有结算二三百年之总帐者,对于物质文明,厌恶之论已屡见矣。"科学及其结果——物质文明——不但是"已成大疑问"的东西,并且是在欧洲已被"厌恶"的东西,青年人当然应该回到那些"侧重内心生活之修养"而"其结果为精神文明"的"自孔孟以至宋元明之理学家"了。

所以在君当日把问题看作"玄学与科学为敌"的问题。他有信给他的地质学同志章演存(鸿钊)说:

> 弟对张君劢《人生观》提倡玄学,与科学为敌,深恐有误青年学生,不得已而为此文。……弟与君劢交情甚深,此次出而宣战,纯粹为真理起见,初无丝毫意见,亦深望同人加入讨论。

他在《玄学与科学》长文的引言里也曾说:

> ……我做这篇文章的目的不是要救我的朋友张君劢,是要提醒没有给玄学鬼附上身的青年学生。

其实张君劢的论点,在民国八九年间梁任公先生发表他的《欧游心影录》时早已说过了。任公说:

> ……近代人因科学发达,生出工业革命,外部生活变迁急剧,内部生活随而动摇。……唯物派的哲学家,托庇科学宇下,建立一种纯物质的,纯机械的人生观,把一切内部生活,外部生活都归到物质运动的"必然法则"之下。……意志既不能自由,还有什么善恶的责任?……现今思想界最大的危机就在这一点。……这回大战争便是一个报应。……

> ……一百年物质的进步比从前三千年所得还加几倍。我们人类不惟没有得着幸福,倒反带来许多灾难。好像沙漠中失路的旅人,远远望见个大黑影,拼命往前赶,以为可以靠他向导,那知赶上几程,影子却不见了,因此无限凄惶失望。影子是谁?就是这位"科学先生"。欧洲人做了一场"科学万能"的大梦,到如今却叫起"科学破产"来。

任公在这一段文字之后,加上两行自注:

> 读者切勿误会,因此菲薄科学。我决不承认科学破产,不过也不承认科学万能罢了。

但是当日随同梁先生游历欧洲的张君劢先生竟公然"菲薄科学"了。这里面当然有不少个人天资和早年教育的因素,不是语言文字所能争辩折服的。君劢后来曾有这样一段自白:

> 在君乎!君当记1919年寓巴黎之日,任公、百里(蒋方震)、振飞(徐新六)激于国内思潮之变,乃访柏格森(Henri Bergson),乃研究文艺复兴史。而吾处之漠然。何也?吾内心无此冲动也。及访倭伊铿(Rudolf Christoph Eucken),一见倾

心,于是将吾国际政治学书束之高阁。何也?胸中有所融,不发舒不快矣。(《再论人生观与科学——并答丁在君》)

在同一篇富有传记材料的长文里,君劢说他在民国十一年为上海"国是会议"拟宪法草案,又作说明草案的理由书,题为"国宪议",其中有批评欧洲的"富强政策"的长文。我摘引几句:

……国而富也,不过国内多若干工厂,海外多若干银行代表。国而强也,不过海上多几只兵舰,海外多占若干土地。谓此乃人类所当竞争,所应祈向,在十九世纪之末年或有以此为长策者,今则大梦已醒矣。

所以这位"大梦已醒"的玄学家张君劢先生对我们全国人说:"富强政策不足为吾国将来的政策。"他的理由是:

我国立国之方策,在静不在动;在精神之自足,不在物质之逸乐;在自给之农业,不在谋利之工商;在德化之大同,不在种族之分立。

我们懂得了这些自传性的资料,才可以认识张君劢先生原是一位讲究"精神之自足"的中国理学家,新近得到了德国理学家倭伊铿先生的印证,就更自信了,就公开的反对物质文明,公开的"菲薄科学",公开的劝告青年学生:科学无论如何发达,决不能解决人生观的问题;公开的宣传他的见解:"自孔孟以至宋元明之理学家侧重内心生活的修养,其结果为精神文明。"

丁在君的《玄学与科学》共分十段:

一、引言:玄学鬼附在张君劢身上
二、人生观能否同科学分家
三、科学的知识论
四、张君劢的人生观与科学
五、科学与玄学战争的历史
六、中外合璧式的玄学及其流毒
七、对于科学的误解
八、欧洲文化破产的责任
九、中国的"精神文明"

十、结论

在君所谓"玄学",只是指君劢所谓"初无论理学之公例以限制之,无所谓定义,无所谓方法"的思想。君劢原文说的是东西古今哲人的人生观,他列举的是东方的孔子、墨子、孟子、释迦,西方的耶稣、兰勃尼挚、黑智尔、叔本华、哈德门。他说:

> 若此者,初无论理学之公例以限制之,无所谓定义,无所谓方法,皆其自身良心之所命,起而主张之,以为天下后世表率,故曰直觉的也。

这实在是很武断的说法。他列举的这些哲人都不会承认他们的人生观是"直觉的"。这些人之中,如墨子、孟子都是很讲究论辩的方式的。佛教也极讲究定义与方法,并且还创立很严格的"因明论理学"。至于兰勃尼挚、黑智尔等几位,更是最讲究论理,定义,方法的哲学家。说他们的人生观都"无论理学之公例以限制之,无所谓定义,无所谓方法",这真是很糊涂的诬辞,在君叫他做"玄学",实在太恭维张君劢了。

在君的前四段的主旨是要指出君劢原文所举九类"人生观",——无一件不是可以用科学方法研究的,无一件不可以作科学研究的材料。不但没有"死物质"和"活的人生"的分家,也没有所谓"物质科学"和"精神科学"的分别。在君的第三段所谓"科学的知识论",只是要说明"我们所晓得的物质,本来不过是心理上的觉官感触,由知觉而成概念,由概念而生推论。科学所研究的,不外乎这种概念同推论,有甚么'精神科学'、物质科学'的分别?又如何可以说纯粹心理上的现象不受科学方法的支配?"

在君因为要让那位不懂科学的老朋友明白科学研究的材料不是什么"死物质",所以他简单的说明"一种浅近的科学知识论",也可以说是"存疑的唯心论"(Skeptical Idealism)。"因为他们以觉官感触为我们知道物体的唯一方法,物体的概念为心理上的现象,所以说是唯心。〔因为〕觉官感触的外界,自觉的后面,有没有物,物体本质是什么东西,他们都认为不知,应该存而不论,所以说是存疑。"

简单说来,科学研究的内容只是各种概念和推论,——连那所谓

"物体",所谓"物质",也都是概念和推论。概念和推论都是心理的现象,都可以也都应该受严格的论理学规律的审查和评判。在君说:

> 凡不可以用论理学批评研究的,不是真知识。

在君此文前半篇的用意不过是要说明两点:一、科学的对象并不是"死物质",只是概念和推理,——都是心理的现象;二、各色各样的"人生观",都是概念和推论,当然都应该受科学方法的审查评判。

但很不幸的是在君提出了所谓"科学的知识论",——"存疑的唯心论",——把问题引到"知识论"上去了,引起了后来不少的争论。(后来君劢《再论人生观与科学》,其中《所谓科学的知识论》一章就占了十页。林宰平先生《读丁在君的〈玄学与科学〉》,全文四十页,而这个知识论问题也占了一大半。)在君后来(《答张君劢》)也说这种"知识论本来是理论,本来有讨论之余地的"。他又解释他说这种知识论是"科学的",并不是说这是已经"有定论的",只是"因为这种知识论是根据于可以用科学方法试验的觉官感触"。在君也承认这种理论"所根据的事实本来很复杂的,我用了二千字来说明,我自己本来觉得不透彻,可以讨论的地方很多。"他也承认他说的这种知识论最近于马哈(Mach)的唯觉论,和杜威一派的行为派心理学,和罗素所代表的新唯实论,"都可以说是科学的,因为他们都是用科学的结果同科学的方法来解决知识论的。"

在君这样再三说明,可见得他当初提出"科学的知识论"是一件不幸的事。把本题岔到别的问题上去了,所以是不幸的。

什么是在君的《玄学与科学》一篇长文的"本题"呢?他后来在《玄学与科学的讨论的余兴》(《努力》第五十六期,十二年六月十日)里,曾对林宰平先生说:

> 读者要记得,科学方法是否有益于人生观,欧洲的破产是不是科学的责任,是这一次讨论里面最重要的问题。

当日旁观的吴稚晖先生也曾说:

> 最近张、丁科学之争,……主旨所在,大家抛却,惟斗些学问的法宝,纵然工力悉敌,不免混闹一阵。实在的主旨,张先生是说科学是成就了物质文明,物质文明是促起了空前大战,是祸世

殃民的东西。他的人生观是用不着物质文明的。就是免不了，也大家住着高粱杆子的土房，拉拉洋车，让多数青年懂些宋明理学，也就够了。于是丁先生发了气，要矫正他这种人生观，却气极了谩骂了玄学鬼一场，官司就打到别处去了。后来他终究对着林宰平先生把他的初意简单的说了出来。(《箴洋八股化之理学》)

我们现在应该把"官司"打回到"本题"上来，依照吴先生的看法，把在君自己点出的两个本题的次第倒过来：

　　第一：欧洲的破产是不是科学的责任？
　　第二：科学方法是否有益于人生观？

　　第一个本题是：欧洲的破产是不是科学的责任？在君此文的第五段说"科学与玄学战争的历史"，第八段论"欧洲文化破产的责任"，应该合起来看，因为这两段都是历史的叙述，叙述的是欧洲中世纪以来玄学与科学的关系。在君指出，在欧洲的中世，所谓"玄学"(Metaphysics)始终没有同"神学"分家。宇宙的问题，人生的问题，都得由神学同玄学解答的。十七世纪的新天文学和新物理学的祖宗嘉列刘(即葛理略 Galileo，君劢译作盖理雷)发明地球是动的，当时罗马教的神学家再三警告他，宇宙的问题不是科学所能解答的。嘉列刘不服从罗马教的警戒，于是 1633 年 6 月 22 日主教大会正式宣言：

　　　　说地球不是宇宙的中心，非静而动，且每日旋转，照哲学上神学上讲起来，都是虚妄的。

但十七世纪以来，科学逐渐占胜利，向来属于玄学范围的"宇宙"就被科学抢过去了。到了十九世纪中叶以后，经过激烈的斗争，生物学也变成科学了。到了十九世纪的末年，"连玄学家当做看家狗的心理学也宣告独立了"。

　　但是，科学方法在知识界尽管处处胜利，神学的势力仍然存留在社会、教育、政治各方面。在君在英国住了七年，又常在欧洲大陆旅行，所以他很明白这种情形。他说：

　　　　就在十九世纪之初，高等学校的教育依然在神学家手里。……

一直到了《物种由来》出版〔之后〕，斯宾塞（Spencer）同赫胥黎（Huxley）极力鼓吹科学教育，维多利亚女皇的丈夫亚尔巴特亲王改革大学教育，在伦敦设科学博物馆、科学院、医学院，伦敦才有高等教育的机关；化学、地质学、生物学才逐渐的侵入大学。然而中学里的科学依然缺乏。故至今英国大学的入学试验没有物理化学。在几个最有势力的中学里面，天然科学都是选科，设备也很不完备。有天才的子弟，在中学的教育几乎全是拉丁、希腊文字同粗浅的算学。入了大学以后，若不是改入理科，就终身同科学告辞了。这种怪状，一直到二十年前作者到英国留学的时代，还没有变更。……

到了二十世纪，科学同神学的战争可算是告一段落。……〔然而〕教育界的地盘都在神学人手里。全国有名的中学的校长，无一个不是教士。牛津剑桥两处的分院院长，十个有九个是教士。从这种学校出来的学生在社会政治上势力最大，而最与科学隔膜。〔例如大政治家首相格兰斯顿（Gladstone）极力反对达尔文，至死不变。〕近来做过首相的巴尔福（Balfour）……著的一部书叫《信仰的根本》，就是反对科学的。社会上的人对于直接有用的科学，或是可以供工业界利用的科目，还肯提倡，还肯花钱。真正科学的精神，他们依然没有了解；处世立身，还是变相的基督教。

这种情形，不但英国如此，大陆各国同美国亦大抵如此。

所以在君对于当时的"科学破产"、"物质文明破产"的呼声，是这样答复的：

欧洲文化纵然是破产（目前并无此事），科学绝对不负这种责任。因为破产的大原因是国际战争。对于战争最应该负责的人是政治家同教育家，这两种人多数仍然是不科学的。……

这班人的心理很像我们的张之洞，要以玄学为体，科学为用。……所以欧美的工业虽然利用科学的发明，他们的政治社会却绝对的缺乏科学精神。……人生观不能统一，也是为此。

战争不能废止,也是为此。……

到如今,欧洲的国家果然都因为战争破了产了,然而一班应负责任的玄学家、教育家、政治家,却丝毫不肯悔过,反要把物质文明的罪名加到纯洁高尚的科学身上,说他"务外逐物",岂不可怜!

第二个本题是:科学方法是否有益于人生观?在君对这问题毫无犹豫。他深信"真正科学的精神"是最好的"处世立身"的教育,是最高尚的人生观。他说《玄学与科学》长文里最精采的一段是这一段:

科学不但无所谓"向外",而且是教育同修养最好的工具。因为天天求真理,时时想破除成见,不但使学科学的人有求真理的能力,而且有爱真理的诚心。无论遇见什么事,都能平心静气去分析研究,从复杂中求单简,从紊乱中求秩序;拿论理来训练他的意想,而意想力愈增;用经验来指示他的直觉,而直觉力愈活。了然于宇宙、生物,心理种种的关系,才能够真知道生活的乐趣。这种"活泼泼地"心境,只有拿望远镜仰察过天空的虚漠,用显微镜俯视过生物的幽微的人方能参领得透彻,——又岂是枯坐谈禅,妄言玄理的人所能梦见?

这是一个真正懂得科学精神的科学家的人生观,这是丁在君的人生观。

傅孟真曾引在君的两句名言:"准备着明天就会死,工作着仿佛像永远活着的。"这两句话,我只听在君用英文说:Be ready to die tomorrow; but work as if you live forever. 好像是他从什么书里记下来的。他曾问我这两句话应该怎样翻译,我试了几次,最后译成白话的韵文,他好像颇满意。我的译文是这样的:

明天就死又何妨;
只拼命做工,
就像你永永不会死一样。

这就是他理想中的"活泼泼地生活的乐趣"。

陶孟和也曾说,到过在君的地质调查所研究室的人,大概会记得他桌上的格言镜框上写着杜洛斯基的话:"勿悲愁、勿唏嘘、勿牢骚,等到了机会,努力去干。"(孟和原注:仅记大意如此。)这句话也有打动在君生平"不怨天,不尤人"的胸怀之处,所以他记在桌子上,做他的箴言。

在君的《玄学与科学》的主要论点,实在不过他后来自己指出的这两个问题。他对这两个问题的解答,我已引在上两节了。此外的论争,都是枝叶,都不免有点吴稚晖先生说的"斗些学问的法宝",斗的把"官司打到别处去了"。我已指出"科学的知识论"是一个不幸的例子。其余的枝叶问题还有许多。

一个是"科学方法是什么"的问题。

在君对这问题,有"正式的"说法,有"非正式的"说法。先说他的"非正式的"说法。上文我引的那一段最精采,最美的文字里,就有他从自己的科学工作里得来的"科学方法"的意义。

> 时时想破除成见,……无论遇见什么事,都平心静气去分析研究,从复杂中求单简,从紊乱中求秩序,拿论理来训练他的意想,……用经验来指示他的直觉。

这就是科学的方法,也就是科学的精神。这就是赫胥黎说的人类的常识的推理方法,也可以说是"受约束的常识的推理方法"。破除成见是约束,平心静气是约束;拿论理(论理本身是常识)来训练想像力,用经验来指导直觉,也都是约束。科学的方法不过如此。

所以在君说:

> 科学方法和近三百年经学大师治学的方法是一样的。

他又说:

> ……梁任公讲历史研究法,胡适之讲《红楼梦》,也是科学。

这都是在君用浅近的话,用平常经验而不用科学术语来说明科学方法,所以我说是"非正式的"(Informal)说法。

这些话都是在君和我们几个老朋友在那个时期(民国八年到十二年)常常说的。我在《清代学者的治学方法》一篇长文里,曾详细列举顾炎武、钱大昕、戴震、王念孙诸公治古音学,训诂学,校勘学的许多实例,来说明这些经学大师的治学方法都有科学的精神,都合于科学的方法。我在我的《红楼梦考证》的结尾,也曾指出我的考证方法是:"处处想撇开先入的成见,处处存一个搜求证据的目的,处处尊重证据,让证据做向导,引我到相当的结论上去。"在君和我都是最爱读赫胥黎讲科学方法的论文。赫胥黎在1880年曾有一篇讲古生物学方法的通俗论文,题目叫做"沙狄的方法"(On the Method of Zadig)。沙狄是伏尔泰(Voltaire)小说里一个古代巴比仑的学者,他能从沙上石上的痕迹和路傍树枝树叶的情形,推断一匹曾经跑过的马身高五尺,尾长三尺半,嘴衔勒上带有二十三"开"金子的饰品。赫胥黎说,一切所谓"历史的科学",——历史学、考古学、地质学、古生物学,以及那上推千万年下推千万年的天文学,——用的方法都只是"沙狄的方法"。翻成中国话,这就是"考据"的方法。丁在君是终身做地质学和古生物学工作的人,所以他完全能够了解"近三百年经学大师治学的方法"就是科学的方法,也能够了解"胡适之讲《红楼梦》也是科学"。

但这一"枝叶"引起了许多从来不曾做科学工作又不曾做过严格的考据的人们的抗议,于是"官司又打到别处去了"。直到十多年之后,张东荪先生还发表了一篇《考据方法是科学方法吗?》(民国二十三年二月十二日天津《益世报》附刊《社会思想》第六十六期),还一板正经的摆出"三段论式"来证明胡适之的《红楼梦考证》不是科学。

在君又曾"正式的"说明科学方法是什么。他说:

> 我们所谓科学方法,不外将世界上的事实分起类来,求他们的秩序,等到分类秩序弄明白了,我们再想出一句最简单明白的话来概括这许多事实,这〔概括的话〕叫做科学的公例。

他还有同样的说法:

> 科学的方法是辨别事实的真伪,把真事实取出来详细的分类,然后求他们的秩序关系,想一种最简单明了的话来概括他们。

这两条界说都用了科学的术语,故可以说是正式的给科学方法下定义。他的态度是很谦虚的,他的立场是依据最近几十年中科学理论的立场,把所谓"科学公例"只看作"用一种最简单明了的话来概括某些事实的秩序关系",并不看作什么"绝对的真理"或"绝对的定律"。而且在这个定义里,科学公例所概括的,只不过是某些事实的"秩序关系",并不说是一定不变的因果关系。

在君的说法实在太新了,太谦虚了,太不武断了,所以许多人感觉失望,许多人不认得在君说的是"科学"!他们说,"这就是科学吗?科学怎么只是'分类与秩序'吗?怎么没有那'牢固不拔'、'一成不变'的公例呢?"

于是张君劢先生就抬出翁特(Wundt)来,分科学为"确实科学"与"精神科学"两大类,而君劢自己则坚持"物质科学"与"精神科学"的分别,他说,"精神科学,依严格之科学定义,已不能认为科学,则即此标准(即'确实'与否)已足以证之。"于是他费了一万多字来证明生物学,心理学等都够不上"确实科学"。他说:

> 以我所确认者,凡关于物质者必有公例可求,有公例则自可以成为科学。……而生物学之为科学之价值,其视物理学如何,又可见矣。……心理学岂特不能比确实科学?亦视生物学又下一等矣。

于是在君也就不得不向这些先生们说明:

> 君劢对于科学的最大误解是以为严正的科学(所谓"确实科学")是"牢固不拔"的,公例是"一成不变"的。……其实近代讲科学的人,从牛顿起,从没有这种不科学的观念。牛顿说,发现科学的公例,有四个原则:
>
> 一、如果一个因足以说明观察的果,不必再添设其他的因。
>
> 二、凡相似的果,应该归到相似的因。
>
> 三、凡可以观察的物质所有的性质,不妨类推于一切的〔没有观察到的〕物质。
>
> 四、凡根据于许多事实得到的科学观念,应该假定他是真的,等到发现新事实不能适用的时候,再修正他。
>
> 牛顿这种精神,真是科学的精神。……科学上所谓公例,是

说明我们现在所观察的事实的方法,若是不适用于新发现的事实,随时可以变更。马哈同皮耳生都不承认科学的公例有必然性,就是这个意思。……

> 君劢再三的拿物理学来比生物学同心理学,想证明物理学已经成了科学,不是生物学心理学所能希望的,——好像科学是同神仙一样,有"上八洞"和"下八洞"的分别。研究物理学的人决不敢如此武断。因为物理学上的公例时常在那里变迁。……"力"同"原子"都是理化学上根本的概念,尚且有如此变动。试问君劢所谓一成不变的公例,物理学上找得出,找不出?(《答张君劢》)

张君劢之外,还有好几位讨论在君的科学方法定义。如张东荪先生就在在君已发表了《答张君劢》的长文之后,还提出这样的质问:

> 我以为"分类以求其秩序"只是科学的一方面。若谓以此足以包括无余,实使我不信。……丁先生……对于科学〔的定义〕亦不能使我们满意,便不能不有些失望了。……
>
> 据我所见,科学乃是对于杂乱无章的经验以求其中的"不变的关系",这个即名为法式或法则(即许是暂定的)。……至于得了这个"不变的关系"的定式,便用一个简单明白的符号以表示之,但这却不是"概括这些许多事实"。

于是官司又这样打到别处去了。

在君的《玄学与科学》是民国十二年四月十五日,二十二日发表的。他的《玄学与科学——答张君劢》是五月二十七日,六月三日发表的。在六月十日,他还发表了《玄学与科学的讨论的余兴》,此文分两部分,一是《答林宰平》,一是《参考的书目》。在《答林宰平》的短文里,他曾给"玄学"下这样一个定义:

> 广义的玄学是从不可证明的假设上推论出来的规律。

宰平是学佛法的人,所以在君说:

> 学佛的人同学科学的人对于玄学的态度,当然是不能相同的。这种绝对不能相容的讨论,大半是辞费。……

他岂不知道他和君劢的讨论也是"绝对不能相容的讨论",也是"辞费"?但他开头早已说过,他的目的不是要救张君劢,是"要提醒没有给玄学鬼附上身的青年学生"。他后来也有点厌倦了,对于许多人的讨论(有些人,如唐钱先生,是出力支持他的),他都不答辩了。他的"余兴"里,引了哥仑比亚大学史学教授鲁滨孙(J. H. Robinson)的话作个解嘲的结束:

> 许多人崇拜玄学,说他是我们求最高真理的最高尚的努力。许多人鄙夷玄学,说他是我们最愚蠢的盲动。在我看起来,玄学同烟草一样,是对于他性情相近的人的一种最快心的嗜好。当他一种嗜好看,是比较的无害的。

在君最嗜好雪茄烟,他引这几句话时,定不免捻髭微笑,他觉悟了,不再"辞费"了。

我写在君的传记,不能不重读当年他的一篇文章引起来的几十万字的论战文章。(这些文字有两种汇辑本。亚东图书馆的辑本题作《科学与人生观》,有陈独秀序,胡适序,胡序附注《答陈独秀论唯物的历史观是完全真理》,独秀又有《答适之》,——我们在序文里又打起仗来了!另一辑是泰东书局的《人生观之论战》,有张君劢序,序里多驳胡适序中所提出的一个"自然主义的人生观",又是序文里打起仗来了!)现在我已把在君原文的两个主题叙述过了,我觉得还有两个论点,虽然像是枝叶,其实与主题有关,并且有传记上的趣味,所以值得补叙在这里。这两点是:一点是在君对于所谓"中国精神文明"的态度,一点是他对于宗教的态度。

先说他在《玄学与科学》里讨论君劢所谓"中国的精神文明"的话:

> 张君劢说:"自孔孟以至宋元明之理学家侧重内心生活之修养,其结果为精神文明。"我们试拿历史来看看这种精神文明的结果。
>
> 提倡内功的理学家,宋朝不止一个,最明显的是陆象山一派。……我们看南渡时士大夫的没有能力,没有常识,已经令人骇怪。其结果叫我们受蒙古人统治了一百年,江南的人被他们

屠割了数百万,汉族的文化几乎绝了种。

……到了明末,陆王学派风行天下,他们比南宋的人更要退化:读书是玩物丧志,治事是有伤风雅。所以顾亭林说他们"聚宾客门人之学者数十百人……与之言心言性,舍'多学而识'以求'一贯'之方,置四海困穷不言,而终日讲危微精一之说"。士大夫不知古又不知今,……有起事来,如痴子一般,毫无办法。陕西的两个流贼居然做了满洲人的前驱。单是张献忠在四川杀死的人,比这一次欧战死的人已经多了一倍以上,不要说起满洲人在南几省作的孽了。

我们平心想想,这种精神文明有什么价值? 配不配拿来做招牌攻击科学?……

懒惰的人,不细心研究历史的实际,不肯睁眼看所谓"精神文明"究竟在什么地方,不肯想想世上可有单靠内心修养造成的"精神文明"! 他们不肯承认所谓"经济史观",也还罢了,难道他们也忘记了那"衣食足而后知礼节,仓廪实而后知荣辱"的老话吗?

言心言性的玄学,"内心生活之修养",所以能这样哄动一般人,都因为这种玄谈最合懒人的心理,一切都靠内心,可以否认事实,可以否认论理与分析。顾亭林说的好,"……以其袭而取之易也。"

这是君劢原文的一个主题,所以在君也很严重的批评他。君劢一面攻击科学造成物质文明,结果是空前的大战,一面又歌颂理学侧重内心生活之修养,结果是精神文明,这是一贯的。在君承认近三百年的汉学家治学的方法是科学方法,又斥责宋明提倡内心生活的理学,他绝对否认专靠内心修养可以造成精神文明,这也是一贯的。

但在君的激昂议论终是白费了的。张君劢的答辩竟是痛哭陈词了:

在君知之乎? 当此人欲横流之际,……又岂碎义逃难之汉学家所得而矫正之乎? 诚欲求发聋振聩之药,惟在新宋学之复活。……

> 今之当局者，不知礼节，不知荣辱，……国事鼎沸，纲纪凌夷之日，则治乱之真理，应将管子之言而颠倒之，曰：
>
> 知礼节而后衣食足，
>
> 知荣辱而后仓廪实。
>
> 吾之所以欲提倡宋学者，其微意在此。

玄学鬼这样痛哭陈词，科学家只好不再答辩了。

最后，我要指出在君在《答张君劢》一篇文字里曾表示他自己对于宗教的见解，并且很明白的叙述他自己的宗教信念。这都可以说是他的人生观的一个重要部分，所以值得记载在他的传记里。

他说：

> 我岂但不反对美术，并且不反对宗教，不过我不承认神学是宗教。十二年前，我做《动物学教科书》，说蚁类优胜的理由："所谓优胜者，就蚁之种系言则然耳。……合至愚之蚁为群，而蚁之种乃优胜，何哉？曰，牺牲个体之利益以图一群之利益也，牺牲一群一时之利益以图一种万世之利益也，言群学者可以鉴矣。"（页一一八至一一九）论天演的末节，我又说："综观动物生活之景象以及天演流行之方法，而知所谓优胜劣败者，不关于个体而关于全种，不关于一时而关于万世。然个体一时之利害往往与全种万世之利害相冲突，故天演之结果，凡各动物皆有为全种万世而牺牲个体一时之天性，盖不如是不足以生存也。人为万物之灵，……当上古智识初开之时，有有宗教心者，有无宗教心者，有者为优，无者为劣，故无者灭而有者存。迭世聚积而成今日宗教之大观。然则宗教者，亦天演之产物也，所谓神道设教者非也。"所以我的宗教的定义是为全种万世而牺牲个体一时之天性，是人类同动物所公有的。这种天功不是神学同玄学所能贪的。所以有许多人尽管不信神学玄学，他们的行为仍然同宗教根本相合，就是这个原故。……
>
> 人性有一部分是适宜于合群的，一部分是相冲突的，都是要受物质的影响的。一个人的善恶，一是看他先天的秉赋，一是看他后天的环境。……我们所以极力提倡科学教育的原故，是因

为科学教育能使宗教性的冲动,从盲目的变成功自觉的,从黑暗的变成功光明的,从笼统的变成功分析的。我们不单是要使宗教性发展,而且要使他发展的方向适宜于人生。

我详细的引在君这一段话,因为这里面有他二十四五岁写《动物学教科书》时的见解,有他三十七岁写《玄学与科学——答张君劢》时的见解,这两个时期的见解和他晚年(民国二十三年,1934,他四十八岁)写的《我的信仰》大致相同,可见这一大段文字里提出的"我的宗教的定义"是他一生的宗教信念。这当然值得在他的传记里特别标举出来。

在这大段里,他的"宗教"的定义是"为全种万世而牺牲个体一时的天性",他说这种天性"是人类同动物所公有的"。他引他自己在民国元年出版的《动物学教科书》说的蚁类所以优胜是由于蚁类有"牺牲一群一时之利益以图一种万世之利益"的天性。《教科书》又说,"故天演之结果,凡各动物皆有为全种万世而牺牲个体一时之天性,盖不如是不足以生存也。"他在民国元年用的"天性"一个名词,似即等于后来比较流行的"本能"。他把动物如蚁类所以优胜的种系本能,推到人类的"天演",认为人类的"宗教心"就是各动物"为全种万世而牺牲个体一时之天性"。为什么他这样"类推"呢?因为他——动物学者丁在君——好像只承认人类的"上古智识初开之时"仅有这"宗教心"的有与无就是优胜与劣败的原因,"无者灭而有者存"。

这里面的理论根据,我个人认为不很坚强。第一、动物各类的优胜劣败的因素似乎不能这样简单,不能这样一元的罢?例如食品所需的多寡,蚁类所需极少,而象与恐龙所需极多,在某种环境之中,蚁可以生存而象与恐龙不能生存,未必都由于这种牺牲的天性之有无。第二、人类的生存竞争的胜败的因素似乎比各种动物更要复杂的多,似乎更不能这样简单一元的罢?似乎不能说某种特殊意义的"宗教心"之有与无就是优胜与劣败的原因罢?

我们必须明白,在君的"天演"论和他的"宗教的定义"都不免带有个人情感的成分,也不免带有他常说的神学家主持的英国中等高等学校的教育影响。他在民国二十三年发表的《我的信仰》(五月六日天津《大公报》星期论文,并载《独立》第一百号),也有很相同的见解。他说:

> ……我不相信有主宰世界的上帝,有离身体而独立的灵魂。……

> 许多人……误解了宗教的来源了。宗教心是为全种万世而牺牲个体一时的天性,是人类合群以后长期演化的结果,因为不如此则不能生存。不但人类,就是合群的动物如蚁,如蜂,都有这种根性。神秘的宗教包含这一种天性在内,不过神秘的部分是从恐惧自然界演化出来的。现在我们对于自然界的了解逐日的明白起来,我们的态度由恐惧而变为利用,神秘当然无法保存。然而这几十万年合群天择的结果,已经把宗教心种在人类的精血里,不是可以随着神秘消灭的。

这段议论是和《答张君劢》文中的议论差不多完全相同的。可见他到了最后的一两年还抱着这种宗教的见解和信念。不过在《我的信仰》里,他公开的承认这个信仰的"一部分是个人的情感,无法证明是非,难免有武断的嫌疑,请读者原谅。"他在《我的信仰》里又曾说:

> 我并不是说人人都有同样的宗教心。因为人不但不是同样的,而且不是平等的。……宗教心是人人有的,但是正如人的智慧,强弱相去得很远。凡是社会上的真正的首领,都是宗教心特别丰富的,都是少数。

这下面就牵涉到在君的政治主张了:他"对于平民政治——尤其是现行的议会的政体——没有任何迷信";但他同时"也不是迷信独裁制的"。这些问题,我们留在后面再讨论。我在这里要指出:在君在《我的信仰》里,很明白的表示他所谓人类与动物同有的"为全种万世而牺牲个体一时"的宗教根性,实在不过"正如人的智慧",虽然同是"几十万年合群天择的结果",并不是人人有同样分量的,"强弱相去得很远"。在君自己实在是"宗教心特别丰富的""少数"人中的一个。他对于家庭,对于社会,对于学问,对于民族国家,真有"为全种万世而牺牲个体一时"的宗教情感。他的"个人的情感"影响到他的政治主张,也影响到他对宗教和"宗教心"的见解。所以他的宗教信仰,虽然穿上了动物学天演论的科学袍子,其实"一部分是个人的情感,无法证明是非,难免有武断的嫌疑"。

在那个"玄学与科学"、"科学与人生观"的论战之中,唐擘黄(钺)曾说:

> 人生观不过是一个人对于世界万物同人类的态度,这种态度是随着一个人的神经构造、经验、知识等而变的。神经构造等就是人生观之因。

在君在《答张君劢》的"结论"也说:

> 在知识界内,科学方法万能。知识界外还有情感,情感界内的美术宗教都是从人类天性来的,都是演化生存的结果。情感是知识的原动,知识是情感的向导,谁也不能放弃谁。我现在斗胆给人生观下一个定义:"一个人的人生观是他的知识情感,同他对于知识情感的态度。"

在君从不讳他的人生观——他的"信仰"——含有知识和情感两个成分。他的严格训练的知识使他不相信"有主宰世界的上帝,有离身体而独立的灵魂"。但是他的"宗教心特别丰富"的情感使他相信"为全种万世牺牲个体一时"就是宗教。他的情感使他不能完全了解这种宗教心可以含有绝大的危险性,可以疯狂到屠戮百千万生灵而还自以为是"为全种万世而牺牲个体一时"!在君在《我的信仰》里,曾说:

> 打倒神秘最努力的是苏俄,但是最富于宗教性的莫过于共产党。

这两句话最可以暗示这种"宗教性"的危险性和疯狂性。这种"为全种万世而牺牲个体一时"的信念只可以做一个感情特别丰富的人用来律己的信条,而不可以用作律人或治人的宗教。

在君的《动物学教科书》里这样描写那优胜的蚁类的个体生活:

> 所谓优胜者,就蚁之种系言则然耳。若以蚁之个体观之,则固有难言者。如彼后蚁,当其初生时,无家室之累,生殖之劳,有翅能飞,来去自在,其乐何如也?未几而巢穴成而翅去,蛰居土中,日以产卵为事,终身不复有他望。……如彼工蚁,……又不

能生殖,无子孙可言,寿不过数月,而终日仆仆觅食,为数年之蓄。……合至愚之蚁为群,而蚁之种乃优胜。……言群学者可以鉴矣。

我们也可以说:"言群学者可以鉴矣"。这一群"至愚之蚁"怕不够做我们的宗教信仰的法则罢?

十三 "大上海"的计划与实施(1926)

丁在君在民国十五年(1926)二月南下,参加"中英庚款顾问委员会"的"卫灵敦中国访问团"的会议。

据辛丑(1901)条约原定的十三国赔款比率表,英国所得的赔款比例居第四位,占全数百分之十一有零。(俄国第一,占百分之二十九弱。德国第二,占百分之二十。法国第三,占百分之十六弱。日本第五,占百分之七·七三。美国第六,占百分之七·三二。)原定分三十九年付清,年息四厘。民国十一年(1922)十二月一日,英国政府通知中国政府,表示那年十二月一日以后应付的庚款,英国政府已准备用到于中英两国互有利益的用途上。但因为次年(1923)以后,英国经过两次大选举和两次政府更换,故这件退还庚款案延搁了两年多,到1925年3月,下议院才通过二读。原案主文是:1922年12月1日以后英国应得的庚子赔款得用于"教育的,或外交部长认为于中英两国互有利益的其他用途"。原案并规定组织一个"顾问委员会",考虑何种用途于中英两国最有互惠的利益。

英庚款自从1922年12月1日以后,即保留作特别款项,不列入经常预算。从那一天算起,到预定的1945年庚款付清时止,总数约有七百万英镑,加上历年利息四百多万镑,合计全数为英镑一千一百十八万有零。(依当时的汇兑率,此数约合美金五千五百万元。)依照原定分期付款表,每年可得四十八万五千英镑。

这个中英庚款顾问委员会原案规定为十一人,其中至少须有女委员一人,中国委员二人。后因原拟的朱尔典(Sir John Jordan)死了,改定为中国委员三人。委员会主席为柏克司敦伯爵(Earl Buxton 曾任邮传部长、商务部长、南非洲总督),副主席为卫灵敦子爵(Viscount Willingdon 曾任印度孟买省长及马都拉省长)。女委员为安德生女爵士(Dame Adelaide Anderson)。英国委员中有牛津大学华文教授苏狄尔(W. E. Soothill),有曼哲斯脱大学董事长倪丹爵士(Sir C. Needham),有汇丰银行伦敦董事长阿提斯爵士(Sir Charles Addis)。中国委员三人为丁文江、王景春、胡适。

顾问委员会的英国委员在1925年在伦敦开会讨论当时在中英关系日趋恶化的形势之下,委员会的任务应如何进行。讨论的结果决议:指定三个英国委员和三个中国委员合组"中国访问团",以卫灵敦子爵为团长,在中国会集,到各地征求各界的意见,然后商讨一个初步的方案,提出全体委员会作最后决定。这个"中国访问团"的英国委员,除团长之外,是苏狄尔教授与安德生女士。

卫灵敦子爵等三人是民国十五年二月二十二日到上海的。在君和王景春先生都在上海。我从去年十月以来就在上海治病,没有回北京去。访问团的临时秘书庄士敦(R. J. Johnston)也来了。

从三月初起,这个庚款访问团开始工作。集会的地点在上海礼查饭店,在君和王景春先生和我也都搬来同住。访问团的日程,依据我的日记残本,大致是这样的。

三月的大部分,在上海听取中英两国人士意见。

三月二十七日到四月五日,在汉口。

四月七日以后,在南京。

四月十六日以后,在杭州。

四月下旬,在上海。

五月中旬,在北京。

五月下旬,在天津。

五月二十五日,卫灵敦团长代表访问团在天津发表一个书面的谈话,总结我们在各地听取的意见,说:我们不久即可拟具提出全体委员会的报告书,我们可以预告的是访问团一致主张设立一个中英庚款董事会,董事会应有全权管理退还的英国部分的庚款。这个书面谈话发表之后,访问团就回到北京开始写报告书。六月十八日安德生女士起程回国。六月十九日卫灵敦团长也离开北京回国了。王景春先生七月出国,经美国到伦敦开会。苏狄尔教授留在北京,七月里在哈尔滨和我会齐,同搭西伯利亚铁路去英国开会。

在上列的日程里,在君参加的是上海的先后各次集会,南京与杭州的访问。汉口之行,他好像没有参加。北京、天津的工作,他也没有参加。伦敦的全体委员会,他也不能参加。

孙传芳自任淞沪商埠督办,而请丁文江做淞沪商埠督办公署的全权总办,这是那年五月五日孙传芳在上海总商会招待上海各界的茶会上才正式宣布的。孙传芳在那天的演说里,还特别提到

> 丁先生这回本是为了中英庚款的事到上海来的。因为我相信他不会为私人的利益牺牲公家的利益,因为我相信这个人的能力可以做到"大上海"的政策的实现,所以我特别请他担任这件事。他现在竟肯担任这件事,也是因为他对于这个政策有信心。

在君为了中英庚款的事要南来,这是几个月之前预定的计划。孙传芳请他担任淞沪总办的事,他南下之前确不知道。孙传芳向他谈此事,已在卫灵敦子爵到上海之后了。在君先同我和王景春先生商量。我们都知道卫灵敦子爵(本名 Freeman Thomas)在议会多年,又有过多年的行政经验,是英国一个有名的政治家,所以在君要把这件事告诉他,请他依据他的政治经验,给他一点意见。卫子爵曾同他长谈几次,很恳挚的鼓励他勉力担负这一件重要而困难的责任。

据在君自己对我说的,当民国十四年八月孙传芳在杭州答应出兵援救江苏的时候,他曾问在君,奉军赶出江苏之后,他自己肯不肯来帮帮他的忙。当时谁也没有想到上海商埠督办或总办的事。在君最爱谈这一段故事:他说:

> 孙馨远说:丁先生,请你想想,你在哪一个方面可以帮我顶多的忙?
>
> 我说,我早已想过了。
>
> 孙问:哪一个方面?
>
> 我说:我曾想过,这时候中国顶需要的是一个最新式的,最完备的高级军官学校。现在的军官学校,甚至于所谓"陆军大

学",程度都很幼稚。里面的教官都太落伍了,不是保定军官学校出身,就是日本士官出身。这些军官学校的专门训练当然比不上外国同等的学校,而且军事以外的普通学科更是非常缺乏。所以我常说:中国的军事教育比任何其他的教育都落后。例如用翻译教课,在中国各大学已经废弃了二十年,而现在陆军大学的外国教官上课,还用翻译;学生没有一个能直接听讲的。足见高等军事教育比其他高等教育至少落后二十年。现在各地军官学校教出来的军官都缺乏现代知识,都缺乏现代训练,甚至于连军事地图都不会读!所以我常常有一种梦想,想替国家办一个很好的,完全近代化的高等军官学校。我自信可以做一个很好的军官学校校长。

孙馨远听了大笑。他说:丁先生,你是个大学问家,我很佩服。但是军事教育,我还懂得一点,——我还懂得一点。现在还不敢请教你。

他说了又大笑。他当我说的是笑话!

〔**附注**〕这段话是我在三十年后的追忆,当然不是很正确的。但我写此段,曾参考在君自己的文字,如他的《中国政治的出路》(《独立评论》第十一号,页三,民国二十一年七月三十一日出版),如他的《抗日的效能与青年的责任》(《独立评论》第三十七号,页六,二十二年二月十二日出版)。在那两篇里,他都说过:"目前的高等军事教育比任何高等学校还要落后。"在两处他都举用翻译教课为落后之证。

在君确曾有改革中国高等军事教育的雄心。他留学英国多年,又常到德国法国旅行,在德国住过较长的时间,他颇注意这三个国家的军事教育。他和我在北京认识一位第一次世界大战时期的美国兵工署署长克罗希尔将军(General William C. Crozier)。这位将军退休后,每年同他的夫人总来北京住几个月,我们成了忘年的朋友,常常在一块谈天。这位克将军是美国西点陆军大学毕业的,他的记忆力最强,学问很渊博,不但有军事工程的专门学识,还富于历史地理的知识和政治理解。他在美国参战期中,从历史档案里寻出五十多年前南北美内战时期国会已通过而未及实施的一个建立国家科学研究机构的法案,他提出来送请威尔逊总统依据此案即行成立一个全国科学研究委员会(National Research Council),作为全国的科学及工业研究的一个沟通整统的总机构,以避免工作上的重复,并增加研究合作的效能。这个全国委员会在第一次大战时曾发生很大的作用。在君和我每次同这位老将军吃饭谈天之后,常常慨叹:"这种富于现代知识而终身好学不倦的军人,真是可以敬佩的!"在君常说,"中国的军事首领之中,不少有指挥的天才,爱国的热诚,坚强的毅力,但因为缺乏现代的知识和训练,往往不够担任国家危难时期的艰巨责任。这真是国家的大损失,最可惋惜的!"

在君是两脚走遍全国的地理学者,所以他有资格说军事学校出来的军官不会读地图。他常说,"地理是军事学的一个骨干。顾亭林、顾景范,他们身经亡国之痛,终身研究地理,其实是终身研究军事,研究战略。他们都是有远见,有深意的。"

在君理想中的高等军事学校,据他平日的口谈,至少要做到几个标准:第一、教员的选择,必须采严格的学术标准;第二、学生的选择,必须废除保送制,必须用严格的入学考试来挑选最优秀的人才;第三、学校必须有第一流历史、地理、政治、经济等学系,要使学军事的人能够得到军事以外的现代学识。

他这种议论,不但对孙传芳说过,也曾对国民党的军事领袖们说过。只因为他从没有带过兵,没有打过仗,所以他自信最能够办好的一件事业,——为中国办一个完全现代化的高等军官学校,——谁也不会请他去办!

〔**附注**〕我要引《独立评论》第四十一号的几句话,替"军官不会读地图"一句话作个附注:当民国二十二年热河陷落之前,北平的一个民众机关负责人对我说:"此次军队出发,都没有地图,都来问我们要地图。我们半价买了许多幅苏甲荣编印的东三省热河地图送给他们。"苏甲荣的地图岂能作军事地图用!何况各军连这种简单地图都没有!

五月五日孙传芳在上海总商会发表"大上海"的计划和组织的演说,是在君起草的,外国报纸上登出的英文译稿也是在君写的。(全文见5月6日上海各报。我在此章摘出的文句是依据英文《中国年鉴》1925年份,页一〇一二——一〇一四的英文译本。)我们必须重读这篇演说,才可以了解在君当日肯出来担任这件大事,确是因为他自己曾经仔细想过这个"大上海"的问题,曾经用自己的意见修改了军人政客们的原来的简陋计划,所以他的爱国心使他相信这个新改定的"大上海"的理想是值得努力使他实现的,也是可以逐渐实现,逐渐成为收回外国租界的基础的。

这篇演说里提出的"大上海"的计划,就是要建立一个行政总机构,把租界四周围的中国地区——南市、闸北、沪西、浦东、吴淞,——向来没有统一的行政中心的,完全统一在这个新的行政总机构(淞沪商埠督办公署)之下;要使这个行政中心机构有全权可以改善整个区域的市政,可以计划一个新港,可以解决许多外交悬案,——如越界筑路、如越界收房捐、如会审公堂等等。总而言之,那个"大上海"的理想是"要使上海租界四周围的中国地区成为一个模范城市,其结果应该成为我们要求取消外国租界的基础"。

那篇演说指出,从前也曾有过相类似的计划,如张謇先生的吴淞开埠计划,如孙宝琦先生的"特别区"计划,为什么都失败了呢?主要的原因是行政权限的冲突,没有统一的行政总机构。南市是原由省政府直辖的,闸北是归上海道尹管辖的。演说的主要一点是:"照现在的情形看来,只有江苏省政府能够做这样一个试验,而可以有成功的希望。"所以新的"大上海"的计划是完全用江苏省政府的权力来建立这个行政中心机构,孙传芳自己任商埠督办,由他请丁文江全权代表他做督办公署的总办,把上海交涉使、上海道尹、警察局长,都作为督办公署的各局的当然首领,都受总办的指导,而不侵害江苏省政府的权威。这样就可以没有行政权限的冲突问题了。孙传芳说:"本人和陈陶遗省长曾经详细商讨这些问题。今天说的话可以代表我们两个人的共同意见。"

我们在三十年后回想起来,丁在君当日担任的建立一个统一的

"大上海"的工作确是一件有远见,有开创的魄力的建设大事业。若没有孙传芳与陈陶遗的完全合作,这个试验决没有成功的希望。陈陶遗是一位公道的绅士,平日佩服在君的道德和才干,他能合作是意中的事。孙传芳向来不认得在君,居然能完全信任他,给他全权,在他八个月任内从没有干预他的用人行政:这不能不算是孙传芳的政治家风度了。

在君做淞沪商埠总办,只有八个月的时间,5月就职,12月31日辞职。他在那短时期内,做了不少的事。在三十年后回看过去,有两件事是最值得记载的。第一是他建立了"大上海"的规模。那个"大上海",从吴淞到龙华,从浦东到沪西,在他的总办任内才第一次有统一的市行政,统一的财政,现代化的公共卫生。他是后来的"上海特别市"的创立者。第二是他从外国人手里为国家争回许多重大的权利。傅孟真说,在君争回这些权利,"不以势力,不以手段,只以公道。交出这些权利的外国人,反而能够真诚的佩服他。""他死后,《字林西报》作一社论,题曰'一个真实的爱国者',我相信这是对在君最确切的名称。"

在他争回的许多重大的利权之中,收回公共租界的会审公堂当然是他最大的成功。我曾听陈霆锐先生谈这件事的经过,也曾参考当时的记载,略记如下。

当时在君曾请董康先生、陈霆锐先生,和总商会的赵晋卿先生会同商议收回会审公堂的问题。在六月里,在君开始和上海领事团商谈此事。谈判的结果,双方推出谢永森先生、陈霆锐先生,与领事团的代表 Blackburn 先生三位法律家组织三人委员会,共同研究一切有关的法律问题及手续问题。三人委员会研究的结果,决定了一些基本原则,作为收回会审公堂后设立新法院的根据。这些原则之中,有一、新设法院应用中国已颁布的法律;二、刑事案件暂分两部分:其普通刑事案件完全归法院推事受理;其有关公共租界治安的刑事案件,首席领事得派代表出庭旁听,但无决定权,最后判决仍归法院;三、因为有一些牵涉现行中外条约的问题,故三人委员会应斟酌中国法院现行之民刑诉讼法,拟具一种诉讼手续条文;四、上诉的法院应有明文规定。

三人委员会议定的一些原则成为八月中磋商的《收回会审公堂临时协定》的基本原则。这件重要的临时协定是8月31日签订的,代表江苏省政府的是丁文江和交涉使许沅,代表领事团的是首席领事挪威国总领事Aall。协定的第一条说:江苏省政府收回上海公共租界之会审公堂,设立上海临时法院。除依据条约有关领事裁判权之案件外,一切民事刑事诉讼均归临时法院受理。这就是孙传芳五月五日演说里所谓"照现在情形看来,只有江苏省政府能够做这样一个试验"的一个最好例子了。

协定的主文只有六条,另有第七条说:临时协定有效期间为三年。三年之内,中国的中央政府可以在任何时期与有关各国的公使交涉,订立最后协定,此种正式协定成立后,临时协定即行废止。如三年之后还没有成立最后协定,临时协定得继续有效三年。又有第八条说:中国的中央政府将来与各国政府商讨废除"治外法权"时,不受这个临时协定的任何拘束。

那是一个地方割据的时期,中央政府的命令行不到割据的地方。所以在君当时替孙传芳起演说草,抓住这一个主要观念:"照现在的情形看来,只有江苏省政府能够做这样一个试验,而可以有成功的希望。"建立"大上海"是江苏省政府负责做的。收回会审公堂,设立上海临时法院,也是江苏省政府负责做的。临时协定第七第八两条,处处给中国的中央政府留地步,这就是"一个真实爱国者"的用心了。

协定最末条说:会审公堂收回的日期,另由江苏省政府的代表与首席领事换文决定。协定是8月31日签字的,而规定1927年1月1日实行收回会审公堂的领事团代表换文到1926年12月31日才交来。同日江苏省政府用电文发表任命徐维震为上海临时法院院长,并同时发表临时法院推事胡诒谷、谢永森、徐谟、吴经熊等十人。徐维震曾任大理院推事、山西高等法院院长。胡诒谷曾任大理院第三民事庭首席推事。谢、徐、吴诸君也都是有名的法律家。当日临时法院的人选是中外舆论同声赞叹的。

但收回会审公堂设立临时法院最有功的丁在君已在12月31日

辞去淞沪总办的职务了。

〔**附注**〕我在海外，没有寻得收回会审公堂的一切交涉文件的中文原文。上面引的临时协定条文都是依据英文《中国年鉴》(*The China year Book*) 1928年份，页四六五——四七五。因为是我摘译的，不是直引中文原本，故都没有用引号。

丁在君在上海就职之后一个月，国民革命军就开始北伐了。在那半年之中，北伐军到处胜利，7月占领长沙，10月占领汉口，11月占领九江、南昌。11月里江西的战争是国民革命军和孙传芳的主力军队作战，因为陈调元已同南军有接洽，孙传芳大败。江西大败之后，孙传芳曾秘密的跑到天津去见张作霖，谢罪求救。

在君当时的地位是很困难的。他对于张作霖的奉军一系是向来厌恶的。他对于国民革命军是有相当同情的。最近董显光先生写了一篇短文，题为《我和在君》，其中有这一段：

> 当年蒋总司令所统率的国民军与吴佩孚军在丁泗桥的大战，实在是决定控制扬子江流域的重要战争。吴佩孚见两军相持不下时，便要求孙传芳派几师生力军参加助战。这时情势紧急，孙的态度足以影响大局。于是蒋总司令便叫蒋百里（方震）透过他和在君的私人友谊关系说动孙传芳，结果〔孙〕未曾派兵助战，终使国民军在丁泗桥一役获得大胜。

显光先生和在君曾在天津和在君同寓很久，他又曾写蒋介石先生的英文传记，他的记载应该可信。这一个故事可以表现在君对于国民革命军的态度。

傅孟真曾有一段很详细的记述和分析，值得引在这里：

> 在君常把这件事（就任淞沪总办）的动机及下台情景告我，告我时总有点"自解"的样子，大约因为他听到适之先生说我要"杀"他罢！
>
> 他认为改良中国的政治（他的政治大体上是行政）决不能等到所谓时机成熟，有机会不可失机会。他之参加孙传芳团体，是个三人团，陈陶遗、陈仪、和他。他们三人想借机试验一回。

然而一到里边去,知道事实不如此简单。孙传芳要做的事,大者并不与他们商量。

> 孙在军人中,很有才,很爱名誉,很想把事情办好。只是有一个根本的缺陷,就是近代知识太缺乏了。注意,这句话是在君惯用来批评一切中国历年来当政的军人的。在君以为这些人中很多有才的人,有天生的才,只因为他们的知识不够,故不能成大事。
>
> 迫孙传芳与党军可和可战的时候到了,孙不与他们商量,先决定了态度。迫武穴紧张的时候,在君(与陈陶遗君?)觉得非与孙彻底一谈不可了,跑去陈说一番。孙说,"我本来也这样想过,不过请你们看这一个电报。"这个电报是孙的在武穴的前敌总指挥打来的,电报的大意说:现在听说联帅有与赤军(当时北方军阀称党军曰赤军)妥协的谣言,消息传来,军心不振。赤军皆南人,我辈皆北人,北人受制于南人,必无好日子过,且必为南人所弄。必不得已,只有北人大联合云云。
>
> 孙传芳把电报给他们看完,便说道:我不能不同张家妥协。不然,我站不住。丁说:与二张(作霖、宗昌)妥协,政治上站不住。孙说,那就管不得这许多了。
>
> 当时在君告诉我很详细,日子全有。可惜我不曾记下。

(《独立》第一八九号,页十)

还有一个朋友,武进刘厚生先生,他是原来的江苏三人团之一。那三人团是陈陶遗、刘厚生、和在君。厚生晚年写了一段追忆的文字,说孙传芳秘密去天津求救于张作霖之后。

> 陈陶遗首先知道,派人到上海来,教我到南京劝说孙传芳,因为……我没有做他手下的官,……还有说话的地位。我……拉了丁在君同车往南京,先访陶遗,陶遗电话通知孙传芳之后,我与在君同去见他。但在君始终不开口,只是旁听。我先问孙到天津见到张作霖了吗?……他回答说:"我一到天津就见了大元帅,大元帅见了我,很高兴,开口就说:'老弟,你来了好极了! 以前咱们的事撂在一边,永远不提。以后咱们是一家人了,

有难同当,有福同享。我已打电报叫效坤(张宗昌)来天津大家商量办法。'"我……轻轻的问孙传芳:"看见了杨宇霆没有?"这句话直刺他的心,他只说,"那小子!"以下就没有声音了。那以后就是我说话了。

我说:我在上海听说联帅到天津求救于张作霖,所以特地跑来表明表明我们江苏人的一点意见。第一、我们江苏人普遍的怕胡子,恨胡子。……无论是张作霖、杨宇霆,我们江苏人决不欢迎的。第二、我为联帅设想,本为驱逐奉军而来,结果反迎请奉军来江苏,岂不是"为德不卒",前后两歧?请你务必再四考量。第三、张作霖说他要派张宗昌来援助你打国民党。请你想想,张宗昌的军队纪律很坏,不会有什么战斗力,而奉天嫡系的杨宇霆却在冷眼旁观,将来的情形也就可想而知了。

孙传芳听了,约摸有两三分钟不说话,忽然开口说:"刘先生,你有什么高见?"我说:"联帅本是应我们江苏人的请求而来。胜败兵家常事,我们决不埋怨你。但是联帅要向那一方面低头合作,似乎应该问问江苏老百姓的意见。现在我老实说,江苏老百姓宁可受国民党的统治,决不愿再受胡子的骚扰。请你考虑。"

孙传芳听了我的一席话,当然很不痛快。他很坚决的回答我:"刘先生所谈,不能说是没有道理。但是我孙传芳脾气不好。我宁可啃窝窝头,不愿吃大米饭。我与国民党是不能合作的。我可以告诉刘先生:蒋介石曾叫张群来找过我两次,我已拒绝他。我对不起刘先生,也对不起江苏人,我抱歉得很!"

我听了这话,就站起来,说:"联帅千万珍重!"我同他一握手,就同丁在君一同辞别出来了。大门外就是火车站,站上还停着我和在君来时坐的专车。我们就坐了原车回上海。

冬天夜长,到了上海时,天尚未明。淞沪商埠督办公署的汽车到车站来接,在君叫汽车夫先送我回到法租界葆仁里我家中。谁知汽车夫睡眼矇眬,把汽车撞在马路中间一个水泥柱子上!蓬的一声,车子震动的很厉害,汽车碰坏了,走不动了,我与在君都受了伤。幸喜有一个西洋人坐汽车经过，见我们的车撞坏了，连忙下车把我和在君扶下来，用他的汽车送我们到医院。我的伤不重，略为包扎，先回家了。在君口鼻流血不止，只得住在医院。

隔了一天，我到医院去看他，他的鼻伤还没有好，医生说，还得用手术。我不免安慰他。在君笑了一笑，他说："碰车的事，于你是无妄之灾。我却正可利用。我已有电报去南京，说明伤情，请准辞职，并请即派人接替。官场照例总得挽留一两次。但我决不再到衙门了。已经有手谕：所有人员一概照常办公，整理档案簿册，准备交代。"

一二日后，孙传芳果然派人挽留在君。后来他知道在君受伤的实情，才令上海交涉使许沅代理总办之职。在君不久就离开上海了。

刘厚生先生叙述在君受伤的情形，没有记明日子。我那年12月31夜离开伦敦，坐轮船渡大西洋到纽约。1927年1月24日，我收到在君来信，说他12月31日辞职了。

那年五月，我从国外回到上海，在君已在大连乡间休息了。在君历年的积蓄是很细微的，在那个革命大动荡的时期，他还得筹款帮助他的大家庭避难的避难，上学的上学，所以他在大连的生活是相当困难的。

就在这困难的时期，他忽然得到了意外的救济。这是一个很有传奇性质的报德故事，值得特别记载在他的传记里。

翁咏霓记此事如下：

在君先生在民国十六年淞沪商埠总办辞职后，生计极为困难，幸赖杨聚诚君赠送五千元，得以度日。

在君的大哥文涛先生记此事最详细：

有杨金者，尝从美国人某习钻矿术。美人回国，杨落魄不能自存活，或怂恿之，使至北京谒亡弟在君于地质调查所。弟叩以钻矿术，知其有所长，为介绍于某矿场。不数年，颇有余资，杨乃来北京，以二千金献弟，……弟却之，杨固请，弟方为地质调查所

> 募款筹设图书馆,乃请杨以一千金捐为建筑之资。
> 　　又数年,杨已致富,不从事钻矿矣。方营面粉厂于徐州。……亡弟在大连时,一日得函,署名杨树诚,启封则五千元汇票也,附以书曰:"公于我,不啻生死人而肉白骨。今我已富,闻公弃官后多债负。我不报公,无以为人。公若见却,是以我为不义矣。"弟始知树诚即杨金也,感其诚意,勉受之。(以上均见《独立》第一八八号)

杨先生的名字,咏霓误作"聚诚",当依文涛作"树诚"。

在君死后,这个很美的故事才由咏霓、文涛两君的文字传播出去。《独立评论》第一九三号又发表了蚌埠的胡振兴先生寄来的一篇《谁送给丁文江先生五千元?》。这篇文字里有几点可以补充翁、丁两君的叙述。第一、胡君说,这五千元之中,有两千元是从前地质调查所的一个学生赵鉴衡君凑送的。赵君知道了杨树诚君的计划,他坚决的要求杨君许他搭赠二千元,名义上仍推杨君单独赠送,因为赵君怕在君不肯收受他的学生的赠金。胡振兴君在蚌埠的一个银行里服务,所以他知道此事。但在君始终不知道赵鉴衡君的义举。第二、胡君说:"杨树诚君本来不识字,他平生只能够很费力的写一个杨字",所以他请在君的另一个学生刘季辰先生写给他,说明杨君的诚意,并且苦劝他暂行收用,等待将来经济宽裕时再归还他。同时刘君又代杨君写了一封措词很委婉的信给在君,请他不要拒绝他的一点诚心。

胡振兴君文中还略述杨树诚君的历史,他说:

> 杨树诚君的为人,……确实也有些怪特之处。他自己在大庭广众之中,自陈他幼小的时候,父母都死了,他曾讨过饭。幸由美国教士留养,带到美国,习成工艺。他对于矿业打钻及机器技艺,的确经验丰富。在某矿场打钻,他曾借重过丁先生。他从打钻弄得两万元,在徐州经营小规模的面粉厂,刻苦经营,由此起家。……他在这两年运用他自己的经验和智力,在本厂造成了九架面粉机的磨子,连建筑机房,添置机件,耗费了数十万元。……在开机那一天,他的面粉厂经理才捏了一把汗对人说:"你

佬!现在放心了,好危险啊!只有我们三爷才会这样蛮干到底!"杨君行三,人称他"三爷"。

文涛大哥用古文叙述杨君事,其中有些事实可以根据胡君此文修正。他引的杨君给在君的信,当然也是他代拟的古文,不是学地质的刘季辰君代杨君写的原信。大概当日徐州、蚌埠之间,有这几个好人,平日佩服在君的为人,当日更佩服他在上海的成绩,他们知道了他的生活困难,决定要设法救济他,于是出钱的出钱,写信的写信,让这一位"曾讨过饭"的杨树诚先生单独出名,赠送他五千元,使他不便推却。正如胡振兴君说的,"仅仅致送钱财,也不见得有什么可以赞扬。不过……这五千元……却显示出几个人极可钦佩的高尚风谊。……〔其中那位〕并不很富有的赵鉴衡君慨赠巨款,还要把姓名隐了,连丁先生始终不知道有这一回事,也可说是奇之又奇了。"

十四 回到地质学来:广西的地质调查(1928)——西南地质调查队(1929—1930)——北大地质学教授(1931—1934)

在君在大连休息的时期,大概就是他整理《徐霞客游记》,完成《徐霞客年谱》,并制成"游记地图"的时期。这部最新的《徐霞客游记》,附年谱,附地图,是民国十七年(1928)商务印书馆出版的。宋应星的《天工开物》是前一年已由陶湘先生印行了。

《徐霞客游记》出版的时候,在君本人又在西南作矿产地质的调查了。翁咏霓、黄汲清两先生都曾略记在君广西之行,汲清记的稍详细,他说:

> 在君先生于民国十七年赴广西考查,所到各处均曾作地质研究。而于广西中部及北部,如南丹、河池、马平、迁江诸县,调查尤为详细。利用军用地形图,填绘地质,同时采集标本化石甚多。其工作性质,除查考南丹、河池锡矿及迁江一带煤田外,特注重地层系统及地质构造。而于马平石灰岩研究尤详。马平石灰岩之驰名,全赖先生之力。(《独立》第一八八期)

五年之后,在君和葛利普先生在第十六届国际地质学会提出论文,题为"中国之二叠纪及其在二叠纪地层分类上的意义"(*The Permian of*

China and its Bearing on Permian Classification)。在君在此文中"讨论中国各部二叠纪地层之彼此关系,及其分类。结论谓中国南部二叠纪可分三系:下部二叠纪为马平系,中部为阳新系及乐平系,上部为夜郎系。"(此是用黄汲清先生的提要。)汲清所谓"马平石灰岩之驰名"即是指这种论文。

十七年十月五日,在君从广西写长信给我,信中有一段说:

> 广西的情形,一言难尽。……他们第一有建设的决心和诚意,第二有建设的能力。所可惜的缺乏真正技术人才给他们帮忙。我到南宁的时候,本无意工作。因为他们的诚意所感动,才"再为冯妇"。现在我仍旧敬信他们,但是广西天产太不丰富了,大发展至难。这不是广西政府的过失。

又有一段说:

> ……我九月以来,又做了很多的工作,东到富川、贺县,西北到贵州边界的南丹。本来我还想勾留几时,解决一个煤矿的价值。因为两个月前被广西建设厅的一位职员骑的马踢伤左腿,到了桂林似乎完全好了,而近来跑路太多,忽然又肿了起来,行动不方便,故决意不日东归。大约我三四日后由柳州动身,〔十月〕十一二可到梧州,——坐民船沿途稍可研究,——十五、十六可到香港。再去广州三两天,就预备回到上海。

这信说的很明白,他到广西,本没有做地质调查工作的计划,只因为被广西的几个领袖的诚意感动,才决定旅行全省,作矿产地质的调查工作。他后来因为左腿受伤,行动不方便,才决定回来。他临行时,采集的标本化石几十箱,到梧州上汽船时,梧州的关吏不肯放行。幸亏凌鸿勋先生那时在梧州,正赶到船上送他行,那时离开船只有半小时了,凌先生"为驰赴梧关解释放行。嗣与先生晤及,辄道其当日遑遽之情状!"(《独立》一八八号,页三八)

凌先生又说:

> 在君先生之赴西南也,铁道部曾托以踏勘川黔出海之路。先生主张由重庆经黔桂以出广州湾,曾著有《川广铁道路线初勘报告》(民国二十年十一月《地质专报》乙种第四号),言其山

川里程与国防经济之旨甚详。自后余远处关中,从事于陇海铁路之西展,偶与先生晤及,辄纵谈铁路建设之事,以筑路成本甚重,而国家经济枯竭,必须以最小之资本,先筑经济能力最大之路。先生固地质专家,而因足迹所经,于山川形势,民生情状,了如指掌,自无怪其于铁路经营深感兴趣也。(同上)

在君给我的信里,还谈起他北归后的工作问题,他说:

> 我这个人完全是一个 impulsive 的人。兴致勃起则可以一切不顾。兴致过去,又觉得索然无味。学问事业都不容易大有成就,皆是这个原故。所以我的前途,我现在也说不定,且看北归以后兴致何在。如可以安安稳稳住在北京,而且地质调查所这个机关依然存在,可以利用,我或者可以专心研究几年。否则没有法子的了。你要知道,我的研究,非有相当的设备,和相当的技术人员帮忙,是不能做的。要是离开了图书馆和试验室,再没有葛利普同他的学生来帮我鉴定化石,绘图员给我绘图,我绝对无法子可以着手。上海的地质研究所,同两广地质调查所都太幼稚,没法子可以利用的。

十一月初,他果然回到了上海,不久他回到北平去,继续他的地质学研究工作。他这个时期很注意中国的"造山运动"的问题。中国地质学会举他做会长,他的"会长论文"就是《中国造山运动》(英文原题是 *Orogenic Movements in China*,载在《中国地质学会会志》第八卷)。黄汲清先生说,"此文搜集中国各地所得有关造山运动之事实,而作不偏之讨论。"

民国十八年(1929)一月十九日,我回到北平,——这是我民国十五年出国远游以后第一次回到北平。我在任叔永家住了三星期,在在君家住了两星期。我那时在上海住家,这一次北去是因为北平协和医学校改组董事会,举了我做董事,我是赴会去的。最主要的一个私人动机,当然是想看看许多位多年没看见的老朋友。当时我听说梁任公先生病重,我很想能见他一面。不料我一月十九夜九点多钟到北平,任公先生已死了八个钟头了!

一月二十日,任公的遗体在广慧寺大殓。在君、叔永、陈寅恪先生、周诒春先生,和我都去送他入殓。看见许多任公先生的老友,如蹇季常先生等,都是两眼噙着眼泪,我也忍不住堕泪了。

二月初,任公的追悼会上,有在君的挽联:

> 生我者父母,知我者鲍子。
> 在地为河岳,在天为日星。

这几句最可以写出在君对于任公先生的崇敬和友谊。他和任公从没有政治的关系,完全是友谊的关系。民国八年,任公到欧洲去考察战后情形和巴黎和会情形,在君也在同行的专家顾问团之内。任公很敬重在君,故在君有"知我者鲍子"的话。在君对朋友最热心,任公先生也是他看作应该特别操心照管的一位忘年老朋友。任公病中,他特别调护。世界最新最完备的一个医院竟无法延长这一位平日体格很强,生龙活虎一般的大人物的寿命,——中间还引起了医生错误诊断和错误治疗的各种传说,——这是在君很伤心的事。任公先生自己始终信任协和医院,始终没有一句埋怨医生或医院的话,这也是在君很佩服他的一点。

在君在北平不久,又得放下他的研究工作,又得往西南作大规模的地质调查了。民国十八年,地质调查所发起作一个调查西南全部地质的大计划,分作几段进行。由在君做总指挥。翁咏霓曾叙述这个西南全部地质调查的大略如下:

> 起身最早的是赵亚曾、黄汲清二君,越秦岭,经四川西部,又分为二组:赵君由叙州南行入滇,行至云南昭通县,被土匪打死了。黄君由叙永入黔,担任贵州中部及西部的工作。
>
> 在君先生偕同曾世英、王曰伦二君由重庆入黔,所经之地,北起桐梓,西抵毕节,东包都匀,南尽桂边。虽有许多牲口驼运行李,但调查人员长途步行,看石绘图,手足并用,一路都用极严格的科学方法,努力工作。
>
> 差不多同时起程的,又有谭锡畴、李春昱二君,特别注重川边及西康区域,西抵甘孜、巴安。
>
> 在这样大规模工作之中,虽然赵亚曾之死使在君先生在途中非常伤心,但他还是竭尽心力,勇猛前进,做出很好的成绩,也

给几位后学的人一种最可效法的模范。

黄汲清也曾叙述这个大规模的西南调查,他记在君的路线特别详细:

> 民国十八年,先生组织西南地质调查队,由重庆起,同曾世英、王日伦二先生南行,经松坎、桐梓,至遵义;由遵义西行,经打鼓、新场,至大定。原拟在大定会合赵亚曾、黄汲清二人。突接亚曾遇匪被害耗,先生悲哀不胜。旋同曾王黄三人东行至贵阳,旋又南行,经都匀、独山、荔波,而入广西南丹县境。于是贵州工作与先生民国十七年之广西工作相衔接。继折而北行,经平舟、大塘,返贵阳;由贵阳经遵义、桐梓,返重庆。于十九年(1930)夏返北平。

> 此次之行为先生平生最大地质旅行,亦为最后的大规模地质旅行。其所得结果对于地质学、矿产、地理学及人种学,无疑的必有很大的贡献。地质方面工作则沿途均绘有精细的地形及地质图,对于地层研究尤一丝不苟,而于泥盆纪,石炭纪,二叠纪,更有精细的,透辟的考查。将来西南各省这三纪地层研究,要以他的结果为基础。

在君在途中写长信给我,叙述赵亚曾之死,他曾痛哭几次。此次原定赵亚曾等从徐州出发,在君听说由四川到云南的路上不太平,曾打电报叫他到重庆同行。亚曾回电说,"西南太平的地方很少,我们工作没开始就改变路程,将来一定要一步不能出门了。所以我决定冒险前进。"不上一个月,他就死在昭通了。

亚曾生于光绪二十四年(1898),他死时止有三十二岁。他的著作已有这许多种:

《中国长身贝科化石》(《古生物志》乙种第五号第二册及第三册)

《中国北部太原系之瓣腮类化石》(《古生物志》乙种第九号第三册)

《中国石炭纪及二叠纪石燕化石》(《古生物志》乙种第十一号第一册)

《湖北宜昌兴山秭归巴东等县地质矿产》(与谢家荣同著,《湖北

地质矿产》专刊第六号）

《秦岭山及四川之地质研究》（与黄汲清同著，《地质专报》甲种第九号）

在君从西南调查回到北平，是在民国十九年的夏季。那时我在上海已住了三年多，离开了北京已有四年多了。我已接受了中华教育文化基金董事会新创立的编译委员会的主任委员的事，十月里我到北平看定了房子，十一月回上海，准备搬家回北平去住。我从北平回到上海之后，三天之内，连得在君两封信，都是劝我不要多喝酒的！这两封短信最可以表示在君待朋友如何操心爱护，也最可以描写他的风趣，所以我抄在这里：

适之：

博生请吃饭的那一晚上，我就把你的《我的母亲的订婚》读完了。这一篇在你的《文存》里边应该考第一！

尔和真是饭桶！你走了以后，他还给崧生说你描写〔你母亲〕辫子长是暗用"发长垂地"的典故！！

我以后看见莎菲，他给我说你临走几天，天天晚上闹胃痛，很替你担心。第二天看见寄梅，他说在天津给你同住，似乎没有胃病。我事体近来大忙，就没有立刻写信给你。

但是屈指你将要离开上海了，在这两个星期之中，送行的一定很多，惟恐怕你又要喝酒，特地写两句给你，劝你不要拼命！一个人的身体不值得为几口黄汤牺牲了的，尤其不值得拿身体来敷衍人！……千万珍重！

弟　文江　十九年十一月九日

第二封信说：

适之：

前天的信想不久可以收到了。今晚偶然看《宛陵集》，其中有题云，"樊推官劝予止酒"，特抄寄给你看：

少年好饮酒，饮酒人少过。今既齿发衰，好饮饮不多。

每饮辄呕泄，安得六府和？朝醒头不举，屋室如盘涡。

取乐反得病，卫生理则那！予欲从此止，但畏人讥诃。

樊子亦能劝,苦口无所阿。乃知止为是,不止将如何?
劝你不要"畏人讥诃",毅然止酒。

$\qquad$ 江　顿首　十九年十一月十二日

〔**附注**〕博生是陈博生,尔和是汤尔和,崧生是刘崇佑先生,莎菲是任叔永夫人陈衡哲,寄梅是周诒春先生。《宛陵集》是梅尧臣圣俞的诗集。

我是民国十九年(1930)十一月二十八日从上海全家搬回北平的。下午,火车过江,我在浦口车站上遇见刘瑞恒先生,才听说那天上午蒋孟邻先生辞教育部长之职已照准了,又听说政府已任命孟邻做北京大学的校长,但他未必肯就,已准备回到杭州去休息了。我回到火车上对我太太说:"糟糕!我搬回北京,本是决计不过问北京大学的事的。刚才听说孟邻今天被任命做北大校长。他回北大,我怕又逃不了北大的事了。"

我到了北平,知道孟邻已回杭州去了,并不打算北来。他不肯回北大,是因为那个时候北平的高等教育已差不多到了山穷水尽的时候,他回去也无法整顿北京大学。北京大学本来在北伐刚完成的时期已被贬作了"北平大学"的一个部门,到最近才恢复独立,校长是陈百年先生(大齐)。那时候,北京改成了北平,已不是向来人才集中的文化中心了,各方面的学人都纷纷南去了。一个大学教授的最高俸给还是每月三百元,还比不上政府各部的一个科长。北平的国立各校无法向外延揽人才,只好请那一班留在北平的教员尽量的兼课。几位最好的教员兼课也最多。例如温源宁先生当时就"有身兼三主任,五教授"的流言。结果是这班教员到处兼课,往往有一个人每星期兼课到四十小时的!也有排定时间表,有计划的在各校轮流辍课的!这班教员不但"生意兴隆",并且"饭碗稳固"。不但外面人才不肯来同他抢饭碗,他们还立了种种法制,保障他们自己的饭碗。例如北京大学的评议会就曾通过一个议决案,规定"辞退教授须经评议会通过"。在这种情形之下,孟邻迟疑不肯北来做北大校长,是我们一班朋友都能谅解的。

那时有两个朋友最热心于北大的革新。一个是傅孟真,一个是美国人顾临(Roger S. Greene)。顾临是协和医学院的院长,也是中华教育文化基金董事会的董事。他们找我商量,如何可以帮助孟邻先生改革北大,如何可以从北大的改革影响到整个北平高等教育的革新。最主要的问题是:从那儿捐一笔钱做改革北大的经费?

这篇传记不是叙述当年蒋孟邻先生改革北大的历史的适当地方。我只能简单的说:当日傅孟真、顾临和我长时间讨论的结果,居然拟出了一个具体方案,寄给蒋孟邻先生,他也很感动,居然答应来北大主持改革的计划。这个方案即是次年(民国二十年)一月九日中华教育文化基金董事会在上海开第五次常会通过的"中基会与北大每年各提出二十万元,以五年为期,双方共提出二百万元,作为合作特别款项,专作设立研究讲座及专任教授及购置图书仪器之用"的合作办法(此案大意见一月十二日上海各报),这个合作办法的一个主要项目是设立"研究教授"若干名,其人选"以对于所治学术有所贡献,见于著述,为标准",其年俸"自四千八百元至九千元不等,此外每一教授应有一千五百元以内之设备费"。"研究教授每周至少授课六小时,并担任学术研究及指导学生之研究工作。研究教授不得兼任校外教务或事务"。

丁在君就是孟邻先生改革北大时新聘的研究教授之一。同时发表的研究教授共有十五人,名单如下:

　　理学院　丁文江　李四光　王守竞　汪敬熙　曾昭抡　刘树杞
冯祖荀　许　骧
　　文学院　周作人　汤用彤　陈受颐　刘　复　徐志摩
　　法学院　刘志敫　赵廼抟

在君在北京大学做了整整三年的地质学教授,从民国二十年秋季开学起,到民国二十三年六月他接任中央研究院总干事时止。他自己说,这三年是他一生最快乐的三年。这是因为他是天生的最好教师,因为他最爱护青年学生,因为他真能得到教师的乐处。我在二十三年一月十九日有这一段日记:

　　　　在君来吃午饭,谈了一点多钟。他是一个最好的教师,对学生最热心,对功课最肯费工夫准备。每谈起他的学生如何用功,他真觉得眉飞色舞。他对他班上的学生某人天资如何,某人工力如何,都记得清楚。今天他大考后抱了二十五本试卷来,就在我的书桌上挑出三个他最赏识的学生的试卷来,细细的看了,说:"果然! 我的赏识不错! 这三个人的分数各得八十七分。我的题目太难了!"我自己对他常感觉惭愧。

在君死后,我请他的助教高振西先生给《独立评论》写一篇《做教师的丁文江先生》,在那篇很动人的纪念文字里,他说:

……民国二十年到二十三年,……我们曾得到直接受教的机会,而且相处有四年之久。我们真正的觉得,丁先生不只有作教师的资格,而且能全部的尽了他做教师的责任。……

他是用尽了他所有的力量去教的。……他尝说,"不常教书的人,教起书来真苦,讲一点钟预备三点钟,有时还不够!"他对于标本挂图等类,都全力罗致,除自己采集绘制之外,还要请托中外朋友帮忙,务求美备。当时地质调查所的同事们曾有这样的笑话:"丁先生到北大教书,我们许多人连礼拜天都不得休息了。我们的标本也给丁先生弄破产了。"……

丁先生是很会讲话的,他能利用掌故小说以及戏曲歌谣的故事,加以科学解释,……渐渐引人入胜。地质学所讲无非是死石枯骨,不顺口的名词,同干燥的数目字。但是听丁先生讲书的,向来没有觉着干枯……的。……

有一次……讲到基性火成岩的风化情形,他拿一块标本,说:"你们看,像一个马蹄子不像? 这俗话叫做马蹄石,说是穆桂英的桃花马踏成的。山西北部到处都有。"他然后作科学的解释。

地球上水泽、平原,同山地所占的面积的比例,用数目字表示出来,是何等难记! 丁先生讲的是:"我们江苏有一句俗话:'三山六水一分田。'这句俗话上的数字恰与地球整个的数字相同。"……学生听了决不会忘掉的。……

丁先生最主张实地练习,常常带领学生出去。实习的地点同时间,都要经过详细的考虑同周密的计划才决定。出去的时候都要利用假期,决不轻易耽误应讲授的功课。假期……他不

> 但不休息,还带领学生作那比平常更辛苦的旅行工作。
>
> 凡预定实习的地方,他一定预先自己十分明白,才肯带学生去。如果预定的地方他不十分熟悉,他要事先去一趟,至少也要派一个助教先去一趟,然后才带学生去。
>
> 旅行的时候,吃饭、住宿、登山、休息,他一概与学生完全一致。……不论长期或短期,所有地质旅行应用的一切物件,均必携带齐备。服装必须合适。我们有时候以为一天的短期旅行,可以对付过去,不须大整行装。丁先生则说:固然有些地方可以对付,但是不足为法!带领学生,必须一切照规矩,以身作则。不如此,学生不能有彻底的训练,且有亏我们的职责!……
>
> 这样的教师,丁文江先生,给予学生们的好处不只是学问知识同治学训练。他那活泼的精神,任事的英勇,训练的彻底,待人的诚恳,……无形之中感化到学生身上的,实在更为重要。

我详细引了高振西先生这篇文字,因为这是他在三整年之中亲自观察的这位伟大教师的教学生活,是他的传记里最不可少的材料。孟真曾说:

> 在君自苏俄回来后,对于为人的事非常厌倦,颇有把教书也扔去,弄个三百元一月的津贴,闭户著上四五年书的意思。他这一阵精神反常,待我过些时再写一文说明。(《独立》第一八九号,页十一)

孟真此文始终没有写。在君在民国二十二年(1933)的暑假中和葛利普、德日进诸位先生同到美国赴国际地质学会的第十六次大会。8月2日他从纽约赴欧洲,8月31日到莫斯科。他回北平好像是在十一月初。他在苏俄的旅行是很辛苦,很不舒服的,回国后感觉身体不大好,感觉两手两足的极端有点变态,所以曾在协和医院受过一次详细的检查。检查的结果是他有血管开始硬化的象征。他有一个短时期的消极,就是孟真说的精神反常,确是事实。但他回到了地质系的教室里,回到了青年好学生的队伍里,他那眉飞色舞的教学兴趣又全恢复了!上文引的我的1月19日的日记,正是在他从苏俄回来后教完第一学期大考完时的情形。那时候的在君已完全恢复他的教学的兴趣了,完全没有消极或悲观的精神状态了。

在君的苏俄旅行,我另有专章叙述。

我现在要写他在这个北平时期的一段有风趣的生活作这一章的结束。

在君的夫人史久元女士和他同年,是一位和蔼可爱,待人很诚恳周到,持家很有条理的贤妇人。他们没有儿女,丁夫人的一个侄女济瀛常在他们家里住,他们待她就像自己的女儿一样。在君生平最恨奢侈,但他最注重生活的舒适和休息的重要。丁夫人身体不强健,每年夏天在君往往布置一个避暑的地方,使全家可以去歇夏;他自己也往往腾出时间去休息一个月以上。有时候他邀一两个朋友去住些时。民国十三年的夏天,在君一家在北戴河避暑,我曾去陪他们玩了几个星期。七年之后,民国二十年,在君全家在秦皇岛租了一所房子歇夏。有一天,在君夫妇同济瀛去游北戴河的莲花山,在君做了两首绝句寄给我,信上催我去秦皇岛同他们玩半个月。他的诗如下:

　　记得当年来此山,莲峰滴翠沃朱颜。
　　而今相见应相问,未老如何鬓已斑?
　　峰头各采山花戴,海上同看明月生。
　　此乐如今七寒暑,问君何日践新盟?

我匆匆答了他一首诗:

　　颇悔三年不看山,遂教故纸老朱颜。
　　只须留得童心在,莫问鬓毛斑未斑。

隔了两天,我带了儿子祖望到秦皇岛,陪在君一家玩了十天,八月六日到十七日。这十天里,我们常赤脚在沙滩上散步,有时也下水去洗海水浴或浮在水上谈天,有时我们坐在沙滩上谈天看孩子们游泳。晚上我们总在海边坐着谈天,有时候老友顾湛然(震)也来加入谈天。这十天是我们最快乐的十天。——一个月之后,就是"九一八"的日本暴行了!从此以后,我们就在严重的国难里过日子了。

八月十五夜,我和在君在海边谈到夜深,他问我,还能背诵元微之最后送白乐天的两首绝句吗?这是我们两人都爱背诵的诗,不见于《元氏长庆集》里,只见于乐天《祭微之文》里。那天晚上,我们两

人同声高唱这两首诗:
> 君应怪我留连久,我欲与君辞别难。
> 白头徒侣渐稀少,明日恐君无此欢。
>
> 自识君来三度别,这回白尽老髭须。
> 恋君不去君应会:知得后回相见无?

第二天,在君用微之的原韵,做了两首诗送我:
> 留君至再君休怪,十日流连别更难。
> 从此听涛深夜坐,海天漠漠不成欢。
>
> 逢君每觉青来眼,顾我而今白到须。
> 此别原知旬日事,小儿女态未能无。

隔了一天,我同祖望就回北平去了。

四年半之后,在君死在长沙,我追念这一个人生最难得的朋友,也用元微之的原韵写了两首诗纪念他:
> 明知一死了百愿,无奈余哀欲绝难!
> 高谈看月听涛坐,从此终生无此欢!
>
> 爱憎能作青白眼,妩媚不嫌虬怒须。
> 捧出心肝待朋友,如此风流一代无!

我的诗提到"青白眼",他的诗里也有"青来眼"的话。在君对他不喜欢的人,总是斜着头,从眼镜上面看他,眼里露出白珠多,黑珠少,样子怪可嫌的。我曾对他说:"史书上说阮籍能作青白眼,我从来没有懂得。自从认得了你,我才明白了'白眼待人'是个什么样子。"他听了大笑。"虬怒须"是他那虬起的德国维廉皇帝式的胡子,小孩子见了很害怕。其实他是最喜欢小孩子的,他是一个最和蔼,最可爱的人。

十五 独立评论(1932—1935)

我记得1927年4月24日我的船到横滨,就接到在君由船公司转交的信,信中大意说,国内党争正烈,我的脾气不好,最好暂时留在日本,多做点研究日本国情的工作,他说:他自己近来很研究日本问题,深切的感觉中国存亡安危的关键在于日本。他劝我千万不可放过这个可以多多观察日本的机会。

我很赞成在君的意见。但我不通日本话,在日本时只能住很贵的旅馆,我在日本住了二十三天,游历了箱根、京都、奈良、大阪,很感觉费用太大,难以久居,所以五月中旬我就从神户回国了。

在君的预言——"中国存亡安危的关键在于日本"——在四年半之后完全证实了!民国二十年九月十八夜日本军人在沈阳的暴行果然决定了中国的命运,也影响到整个东亚的命运和整个世界的命运。

在蒋孟邻先生领导之下的"新北大"是九月十四日开学的。开学后的第四天就是"九一八"!那天晚上我们还不知道沈阳的事变。第二天早晨,我们才知道昨夜十点钟,日本军队炮攻沈阳,占领全城,中国军队没有抵抗。那天我的日记有这一条:

> 此事之来,久在意中。八月初我与在君都顾虑到此一着。

在君在四年之后(民国二十四年一月二十七日)写的《再论民治与独裁》一篇文章里,有这一段记载:

> ……二十年十一月,胡适之先生写了一封长信给宋子文先生,主张及早和日本人交涉。我告诉他道:"我是赞成你的主张的。可是国民党的首领就是赞成,也不敢做,不能做的。因为他们的专政是假的。"

我引这两段文字,略表示在君和我在那个时期对于当前的局势的看法。

总而言之,大火已烧起来了,国难已临头了。我们平时梦想的"学术救国"、"科学建国"、"文艺复兴",等等工作,眼看见都要被毁灭了。在君在几年前曾很感慨的对我说:"从前许劭说曹操可以做'治世之能臣,乱世之奸雄'。我们这班人恐怕只是'治世之能臣,乱世之饭桶'罢!"我们这些"乱世的饭桶"在这烘烘热焰里能够干些什么呢?

《独立评论》是我们几个朋友在那个无可如何的局势里认为还可以为国家尽一点点力的一件工作。当时北平城里和清华园的一些朋友常常在我家里或在欧美同学会里聚会，常常讨论国家和世界的形势，就有人发起要办一个刊物来说说一般人不肯说或不敢说的老实话。

在君和我都有过创办《努力周报》的经验，知道这件事不是容易的，所以都不很热心。当时我更不热心，因为刚在"九一八"之前四十多天，北平市公安局还依据了天津市党部的决议，派警察到北平新月书店把我和徐志摩、梁实秋们一班朋友创办的《新月》月刊第二卷第八期全部查抄了去，还捉了书店的两个店员去，——为的是那一期里有罗隆基批评约法的一篇文章。这件事是七月三十日发生的，害我在热忙中托人写信给公安局长鲍毓麟，把两个被拘的店员保释出来。所以在那个时期我真没有创办一个新刊物的热心。

但到了二十年的年底，因为几个朋友的热心，在君和我也就不反对了。——有几个朋友，如李四光先生，如陶孟和先生，如唐钺先生，原来也常参加讨论的聚餐，他们始终不赞成办刊物，后来都没有加入独立评论社。——在君提议，仿照《努力周报》的办法，社员每人捐出每月固定收入的百分之五，先积了三个月的捐款，然后出版。后来因为我割治一个溃了的盲肠，在医院里住了四十多天，所以我们积了近五个月的捐款，才出第一期《独立评论》（民国二十一年五月二十二日）。出版之后，捐款仍继续。后来刊物销路增加了，捐款减到千分之二五。《独立》出了近两年，社员捐款才完全停止。这都是在君的主张，为的是要使刊物在经济上完全独立。原来的社员只有十一人，捐款总数为四千二百零五元。这个数子小的可怜，但在那个我后来称为"Pamphleteering journalism（小册子的新闻事业）的黄金时代"，这点钱已很够使我们那个刊物完全独立了。当时排字工价不贵，纸价不贵，校对是我家中住的朋友章希吕先生负责，所以开销很省。最大的节省是我们写文字的人都是因为自己有话要说，并不想靠稿费吃饭养家，所以不但社员撰文不取稿费，外来的稿子也是因为作者愿意借我们的刊物发表他们要说的话，也都不取稿费。《独立评论》共出了二百四十四期,发表了一千三百零九篇文章,——其中百分之五十五以上是社外的稿子,——始终没有出一文钱的稿费。所以我叫这个时代做"小册子的新闻事业的黄金时代"。

抗战胜利之后,我回到国内,有许多朋友劝我恢复《独立评论》。我说,"不可能了。那个小册子的新闻事业的黄金时代已过去了。货币价值天天变动,文人个个穷到等米下锅,写文章是为卖文吃饭的,所以篇篇文章须出稿费。况且排字工资太贵了,一千字的排工比一千字的稿费还多!我们无法子可以再办一个真正'独立'的刊物了。"

《独立评论》第一号的《引言》最可以表示我们这个小刊物的旨趣：

> 我们八九个朋友在这几个月之中,常常聚会讨论国家和社会的问题,有时候辩论很激烈,有时候议论居然颇一致。我们都不期望有完全一致的主张,只期望各人根据自己的知识,用公平的态度,来研究中国当前的问题。所以尽管有激烈的辩争,我们总觉得这种讨论是有益的。
>
> 我们现在发起这个刊物,想把我们几个人的意见随时公布出来,做一种引子,引起社会上的注意和讨论。我们对读者的期望,和我们对自己的期望一样：也不希望得着一致的同情,只希望得着一些公心的,根据事实的批评和讨论。
>
> 我们叫这刊物做《独立评论》,因为我们都希望永远保持一点独立的精神。不倚傍任何党派,不迷信任何成见,用负责任的言论来发表我们各人思考的结果：这是独立的精神。
>
> 我们几个人的知识见解是很有限的,我们的判断主张是难免错误的。我们很诚恳的请求社会的批评,并且欢迎各方面的投稿。

原来的《独立评论》社员有十一人。因为有两三位是平素不写文字的,所以《引言》里只说"我们八九个朋友"。后来社员散在各地,有些被政府征调去服务了,有些到国外去了,北平的刊物要人维持,随时增加了几个社员。最多的时候也不过十二三人。人数的限制是为了聚餐谈话的便利,并没有别的理由。

《引言》里说的"公心的,根据事实的批评和讨论",说的"不倚傍任何党派,不迷信任何成见,用负责任的言论来发表各人思考的结果",这是《独立评论》的根本态度,我在第四十六号里,曾仔细说明这个根本态度只是一种敬慎"无所苟"的态度:

> ……政论是为社会国家设想,立一说或建一议都关系几千万或几万万人的幸福与痛苦。一言或可以兴邦,一言也可以丧邦。所以作政论的人更应该处处存哀矜敬慎的态度,更应该在立说之前先想像一切可能的结果,——必须自己的理智认清了责任而自信负得起这种责任,然后可以出之于口,笔之于书,成为"无所苟"的政论。

当时我们几个常负编辑责任的人,——在君和我,蒋廷黻、傅孟真,——都把这个态度看作我们的宗教一样。我们的主张并不一致,常常有激烈的辩争。例如对日本的问题,孟真是反对我的,在君是赞成我的;又如武力统一的问题,廷黻是赞成的,我是反对的;又如民主与独裁的争论,在君主张他所谓"新式的独裁",我是反对的。但这种激烈的争论从不妨碍我们的友谊,也从不违反我们互相戒约的"负责任"的敬慎态度。

在君最后病倒的时候(民国二十四年十二月八日),《独立评论》已出了一百八十期,已办了三年零七个月了。在那三年零七个月之中,《独立评论》发表了在君的文字共有六十四篇:论文,二十四篇;漫游散记,二十一篇;苏俄旅行记,十九篇。他常说他是《独立评论》最出力的投稿人,但我们在他死后回想,如果没有《独立评论》,他的《漫游散记》和《苏俄旅行记》也许至今还没有整理出来。他为了要"给适之补篇幅",才把他的旅行日记整理一遍,"把其中比较有兴趣的事情摘录出来",才成为《漫游散记》。他的《苏俄旅行记》也是我们硬逼他写出来的。这两部书都没有写完,但这四十篇很有趣味,很有学术资料,又很有传记资料的记游文字的写成,总可以算是《独立评论》逼榨出来的一点有历史意义的成绩了。

上文曾指出1927年在君在大连闲住时就很注意研究日本的国

情。我们看他在《独立评论》初期发表的文章,可以知道他在那几年之中确曾继续不断的注意日本的国情。他写的关于日本国情的文字有这些:

> 《犬养被刺与日本政局》(第一号)、《日本的新内阁》(第二号)、《日本的财政》(第二号)(二十一年五月二十九日)、《日本的财政》(第三十号)(二十一年十二月十一日)

他看的很清楚:日本军人的"法西斯蒂"运动不久一定要成功的,政党与议会是无力阻止这个趋势的,元老如西园寺已失去了"偶像"的作用了,日本的政治安定是绝对不可能的。在君说:"日本政治不安定,并不是中国之福。我们⋯⋯不可自己骗自己,希望一时的苟安!"

在君两次分析日本的财政,指出日本的经济虽然不好,但"距崩溃的程度还远","我们不可以单希望日本自败"。

他有《抗日的效能与青年的责任》一文(《独立》第三十七号,二十二年二月十二日),是他补写出来的他在燕京大学和协和医学校的讲演。在此文里,他很恳挚的向青年人说了几句许多人不肯说的老实话。他说,我们没有对日本宣战的可能。

> 中国号称养兵二百万。日本的常备兵不过二十万。⋯⋯但是我们的一师人往往步枪都不齐全。步枪的口径也不一律。全国所有的机关枪大概不过几千杆,——欧战的时候,作战的步队每一师有一千五百杆。七五公厘的野炮大概一万人分不到两尊,——实际上需要二十四尊。重炮、坦克、毒气和飞机可算等于没有。所以以武器而论,我们的二百万兵抵不上日本的十万。⋯⋯海上和空间完全在日本武力支配之下。沿江沿海的炮台都是四十年以前的建筑,丝毫没有防止日本海军的能力。吴淞的炮台不到五分钟就毁于日本炮火之下。
>
> 作战不但要兵器,而且要钱。⋯⋯"九一八"以前,中央所能自由运用的款项每月不到三千万。上海的事件(二十一年一月——二月)一发生,中央可以支配的收入一落就落到二百万。当时凡有靠中央接济的机关,立时等于停顿。军队的饷项也就

没有着落。

他说:抵制日货是应该做的,是可以做的。但他要大家明白:去年日本全国的对外贸易共约二十七亿圆,中国本部的对日贸易(东三省除外,香港在内)总数为二亿六千多万圆,还不到日本对外贸易总数的百分之十。所以"抵制日货可以使日本受相当的损失,然而决不能制日本的死命,决不能使日本交还我们的失地"。

他并不劝青年人去当义勇军。他说:
>目前的问题,不是缺少人,是缺少钱,缺少枪,缺少子弹,缺少服装,尤其是缺少能指挥和组织的人才。

他很沉痛的对青年人说:"抗日救国不是几天的事,并且不是几年的事,是要有长期的决心和努力,才能够有成效的。在目前的中国,四十岁以上的人很少有建设新中国的能力。我们的唯一的希望是在目前受高等教育的青年。……""今天的青年……应该要十二分的努力,彻底的了解近代国家的需要,养成近代国民的人格和态度,学会最低限度的专门技能,然后可以使他们的一点爱国心成为结晶品,发生出有效能的行为。抵抗日本,收复失地,一定要到中国能有战胜日本力量的那一天,才会成为事实。要中国能有那一天,一天要彻底改造一个新式的中国。做这种改造新国家的预备工作,是今天受高等教育的青年的唯一的责任!"

在君讲演的时候(二十二年一月),正是日本人占领山海关的时候,也正是傅孟真所谓"这几天北平城内的怪现象真正要把中国人的恶根性全盘托出了"(《独立》三十五号)的时候。二十二年元旦,少数的日本兵黑夜爬城,一日一夜的接触,"天下第一关"就被日本占领了!那个时候,"北平的要人先送家眷回去,市民不相信钞票,……学生们的恐慌,纷纷出走,要求免考,……请学校当局保证他们的安全,要求请假不扣分。……"

在君是熟悉地理故常用地理知识来讨论军事问题的。他认定"一旦热河有了军事行动,北平天津是万万守不了的。"他在前一年(二十一年八月初),就写了一篇《假如我是张学良》(《独立》十三号),他替张学良画这守热河的计划:

>……我们的真正的防御,长期的战争,不在平津,而在热河。……假如我是张学良,要预备积极抵抗,第一步先把司令部移到张家口,同时把重要的军实,北宁路的车辆,逐次的运到居庸关以北。只留一部分的军队在山海关、秦皇岛、滦州、天津等处;在这几处经过相当的抵抗以后,也预备从冷口、喜峰口、古北口,分别退至口外。现在驻在热河边界的军队,应该从速进到朝阳,并且积极筹备朝阳、凌源、平泉、承德各地间的运输。热河东南两部完全是山地,不但日本人的坦克重炮都不能使用,就是飞机也有许多危险。喜峰、古北,和南口,三处都是天险,每处有一两万人防守,日本人非有一倍以上的兵力不能进攻。
>
>只要守得住热河,放弃了平津是不足惜的。只要当局有必死的决心,充分的计划,热河是一定守得住的。
>
>为什么司令部应该在张家口呢?因为平津放弃以后,在热河、察哈尔的军队与中央失去了联络,一切接济都要仰给于山西。大同到张家口不过几点钟的火车。大同到太原有现成的汽车路,一天可以到达。太原有比较新式的兵工厂,可以接济前方。所以张家口做司令部最为适宜。

五个月之后,山海关发生了军事冲突,在君又发表了一篇《假如我是蒋介石》(《独立》第三十五号,二十二年一月十五日出版)。在这篇长文里,他很老实的先说明他所谓"明白的认识":

>我个人向来极端唱"低调"的:我向来主张中国遇有机会,应该在不丧失领土主权范围之内与日本妥协;并且应该利用一切国际的关系来和缓我们的危急,来牵制日本使他与我们有妥协的可能。(适注:参看二十一年六月十九日《独立》第五号胡适的《论对日外交方针》。我主张政府应依据二十年十月十九日及二十六日本政府提出的五项原则,进行与日本交涉东三省的善后问题。在君是赞成此文的,孟真是很反对此文的。)
>
>不幸我们把几次难得的机会都失去了。……等到日本公然的承认"满洲国",积极消灭黑龙江的义勇军,我们就知道日本一定要有进一步的举动,所以我们主张积极的防御热河。迁延

> 到去年年底,军事当局方始有防御的表示,防御的布置还没有实行,山海关已发生了冲突。……
>
> 军事当局不在苏炳文、马占山没有失败以前向热河进兵,是很大的失策。到了今天,若是依然以苟安为目的,这是最下流的自杀政策!

他的"低调"包括有决心,有办法的"抵抗"。他说,抵抗日本的侵略是中国图生存的唯一途径,因为一、日本是得步进步的,我们越不抵抗,日本的侵略吞并越容易实现。二、日本的实力不是没有限制的,我们不能保全国土,至少应该尽力抵抗,使敌人出最高的代价,如此方能使敌人反省。三、我们要生存,还得靠国际的援助,但是要人帮忙,先要自己帮自己忙,先要自己肯牺牲。

所以他说,"假如我是蒋介石,我的办法是:

> 第一、我要立刻完成国民党内部的团结。……
>
> 第二、我要立刻谋军事首领的合作。
>
> 第三、我要立刻与共产党商量休战,休战的唯一条件是在抗日期内彼此互不相攻击。

他说:

> 以上的三件,……做到十分,我们抗日的成功就可以有十分的把握,做到一分,也可以增一分的效能。
>
> 如果对于江西的共产党有相当的办法,长江以北的军队可以尽量的向北方输送,把守卫南京及长江下游的责任交给剿共的军队。总司令应该来往于石家庄与郑州之间。军队战守的分布应该打破防区制度,通力合作。

在君此文发表之后,不到一个半月,热河就沦陷了。三月三日,在君、咏霓和我三人会商,我们拟了一个电报,由咏霓用密码打给蒋委员长:

> 热河危急,决非汉卿(张学良)所能支持。不战再失一省,对内对外,中央必难逃责。非公即日飞来指挥挽救,政府将无以自解于天下。

次日(三月四日)咏霓得蒋先生复电说五日北上。但那天晚上我们就知道热河全省陷落的真消息了。在君当时记载如下：

> 热河的战事是二月二十二日开始接触的。二十二早上八点钟,日军已由南岭开进北票,二十五日就到了朝阳,二十四开鲁失守,二十六日军占领下洼子。以后三月一日失凌南,二日失凌源,三日失赤峰、平泉,四日失承德。据东京的路透电,四日上午日军已占领冷口。自今以后,不但我们的国境只能到长城,而且长城上的要隘都在日本人的手里。朝阳到承德一共有六百四十多里,日军七天就占领了承德,昔人说,"日蹙国百里",这真是这一次战事的结论了! (丁文江《给张学良将军一封公开的信》,《独立》第四十一号)

在君写的给张学良的公开信,我写的《全国震惊以后》,都很责难张学良。三月七夜,我把这两篇原稿从印刷所收回,送给张学良,我附了一封信,信中说：

> ……去年夏间曾劝先生辞职,当时蒙复书表示决心去职。不幸后来此志未得实行,就有今日更大的耻辱。然先生今日倘能毅然自责求去,从容交卸,使间阎不惊,部伍不乱,华北全部交中央负责,如此则尚有自赎之功,尚有可以自解于国人世人之道。

三月十夜,张学良约在君、蒋孟邻校长、梅月涵校长,和我去谈话,他说已见到了蒋委员长,蒋先生要他辞职,他已辞职了,特邀我们去告别。

三月十三日,在君、咏霓和我同到保定看蒋介石先生,他承认实不料日本攻热河能如此神速。他估计日本攻热河须用六师团人,故国内与台湾均须动员,而我们政府每日有情报,知道日本没有动员。——万不料日本人知道汤玉麟、张学良的军队比我们知道清楚的多多!

热河陷落之后,战事就由山海关和热河两方面步步进逼。宋哲元部队在喜峰口之战,徐庭瑶、关麟征、黄杰所率中央军队在南天门八日八夜之战,都是很壮烈的抵抗。——以后就无险可守了。

以后就是北平军分会和华北政务委员会在何应钦将军和黄郛先生主持之下的"局部的华北停战"的谈判,——就是五月二十三日早晨四时接受,五月三十一日在塘沽签字的"塘沽协定"。在那个"局部的华北停战"之下,华北又苟安了四年。

六月里,在君和我都因事出国。我是六月十八日离开上海的。在君于六月二十三日和葛利普、德日进,几位地质学者在上海起程赴美京的第十六次国际地质学会大会。

十六 苏俄的旅行(1933)——最后三年的政论

在君的《苏俄旅行记》分作两部分。第一部分是《楔子》(《独立》一〇一号、一〇三号、一〇四号、一〇七号、一〇九号),写他民国二十二年(1933)六月二十三日从上海上船,到芝加哥看博览会,到华盛顿赴国际地质学会十六次大会,八月二日离开纽约,到欧洲,中间偷闲到伦敦,还回到他少年进中学时期的"第二故乡"(此一段已引见第五章),又从伦敦到瑞典,八月二十五日从瑞典京城到柏林。

第二部分才是《苏俄旅行记》本身。他这一部分的结构似很大,但他没有能写完,只发表了这几章:

一、新旧的首都

(a) 从柏林到莫斯科(八月二十九——三十一日) 《独立》一一四号

(b) 地质探矿联合局(八月三十一,九月一日) 一一四号

(c) 莫斯科半日的游览(九月一日) 一一六号

(d) 列宁格拉的科学机关(九月二至四日) 一一八——一一九号

(e) 列宁格拉的游览(九月三日) 一二二号

(f) 再到莫斯科(九月四至五日)

二、图喇(Tula)

(a) 离莫斯科以前(九月六日至八日)及途中(九月九日) 一三四号

(b) 托尔斯泰的家(九月九日) 一三五号

（c）莫斯科盆地的煤田与铁矿（九月九夜，九月十日） 一四六号

三、巴库（Baku）

（a）从莫斯科到巴库（九月十一至十三日） 一五二号

（b）油田的概略（九月十四日） 一五六号

（c）油田的参观（九月十四至十五日） 一六八号

（d）地质研究所（九月十六日） 一六九号

四、高加索斯（Caucasus）

（a）地夫利斯（九月十八日） 一七四号

（b）乔治安的军用公路（九月二十日） 一七五号

这部《苏俄旅行记》究竟还缺多少呢？我没有得见在君的旅行日记，——我盼望这些日记稿本都还保存在丁月波（文渊）先生处①更盼望他已经把这些日记都整理出来了。——但我从他的留俄时期和他的参观计划两方面看来，可以推断这部游记还缺一半。

先说时间。在君详细记载他费了大力，才把护照上原许留俄一个月延长到两个月。他是八月三十日入俄国境的，可以住到十月三十日。但他只打算旅行四十天。而已发表的游记只到九月二十日，只记了二十天的旅行。

次说他的参观计划。他原定的四十天旅行目的有七项：

一、到乌拉山（Ural）参观铁矿与钢厂。

二、到中亚细亚作地质旅行。

---

① 文渊按：我虽是家兄指定的遗嘱执行之一，又为他所指定替他整理处置遗文稿信札之人，然而当他去世的时候，我还在德国佛朗府大学的中国学院服务。我得信后，就赶了回来，可是到了南京峨嵋路家嫂的寓所，已经找不到他的任何文稿，或日记之类的文件。当时我也晓得他的《苏俄见闻录》，没有写完，就是《漫游散记》，也没有完篇，所以我就询问家嫂，晓得不晓得他的文稿那里去了。家嫂说，自家兄去世后，所有的文稿，都是翁咏霓先生取了去的。我就问翁先生，他说，你老兄没有任何稿件，我这里只有他的地质报告稿，这是你不懂的东西，我要替他整理出版。当时无法追求，而家兄的地质著作，拖到抗战胜利以后，其中经过我屡次的催促，李仲揆先生在地质学会沉痛责言，又经我极力要求，不加改动，才于抗日胜利以后，在南京出版。所以适之先生盼望"日记稿本还存在我处"，并不是事实。

三、过里海到巴库参观煤油矿。

四、从南到北穿过高加索山脉。

五、到东奈治(Donetz)煤田研究地质并看煤矿铁厂。

六、参观德涅勃(Dniper)河边大水电厂。

七、由气夫(Kiev)到波兰。

地质探矿联合局局长 Novekoff 看了这计划,说道:"你的计划太大了,四十天内做不到。我劝你至少牺牲中亚细亚的旅行。并且你无论如何应该到列宁格拉去一趟,这还是我们的科学的中心。……你到那边和专门家谈过以后,再回来决定日程。"

在君从列宁格拉回来,这位局长劝他"取消乌拉山的计划,专心到南俄去调查石油、煤田、铁矿"。这是把在君原定的第一第二项全取消了。所以在君从莫斯科一直南下到巴库。九月十六夜离开巴库,到乔治安苏维埃共和国的首都地夫利斯,九月二十日由乔治安军用公路北去,到北高加索的乌拉底加乌加斯城(Uladicavcas,即 Uladikavkaz)。游记到此中止了。依改定的计划,顺这方向北去,他当然去参观东奈治(Donetz)流域的煤矿铁厂,并研究地质。由此往西,他大概去看了德涅勃(Dniper)河上的大水电厂,然后北去经气夫(Kiev)向西北出俄国境到波兰。

所以我们可以推断这部游记的原稿应有东奈治煤田铁矿的部分,也应有德涅勃水电厂的部分,也应有出苏俄归途的部分,可惜都没有整理,没有写成,他就死了。

这部未写完的游记有许多很精采或很有趣味的部分,值得我们特别提出。例如在君写那个"地质探矿联合局"的组织(《独立》一一四号):

> 这个联合局是一个"托辣斯"(Trust),行政总机关在莫斯科,研究总机关在列宁格拉,这是所谓中央"托辣斯"。此外还有十六个地方"托辣斯",分布在各省或各联邦。
>
> 总机关共为六部:一设计,二会计,三地质,四探矿,五劳工,六教育与职业。联合局全部共有职员六千,其中有三千是地质家。在野外工作的有二千队,其中有五百队是做地质图的。有

> 六百架机器钻在野外工作,每钻的平均深度为三百五十公尺。此外还有一千五百架手钻。地质探矿两部共用工人四万五千。
>
> 革命以前做好的二十万分之一的地质图,才不过占全国面积万分之十六。目前已增加到百分之十一。
>
> 全体的预算为一万二千万卢布!其中九千万是直接由财政部拨的。三千万是由各种实业的"托辣斯"补助的。……技术人员最高的薪水是一千卢布一个月(适按,依在君下文的记载,一千卢布约当六十银元,约当六十马克)。联合局自己办的有七个专门学校,训练地质人才。

在君的评论是:

> 要知道上面各数字的意义,我们可以拿中国的地质调查所来比一比。
>
> 单就地质家和工作队的数目讲起来,苏俄比我们多一百倍!
>
> 经费的比例,因为很难决定卢布的价值,不能如此单简。但是我们可以拿最低的汇兑价钱——六块钱等于一百卢布——计算,一万二千万卢布也等于七百万元华币。这个数目恰巧比我们实业部发给地质调查所的经费大一百倍!

又如他描写俄国旧都那个地质研究所里那些地质学者(《独立》一一八号):

> ……这几位学者对于中国地质工作出乎我意料之外的留心。Tetiaeff 说:"翁文灏先生说的'燕山期'造山运动,与西伯利亚也有关系的。"Edelstein 说:"你讲'丰宁系'地层的文章,我拜读过了。详细的报告几时出版?"Lichareff 说:"葛利普本事真大!何以能一年写那么多的事?"Fredericks 说:"李四光先生对于'太原系'有新的研究吗?我很想把这系归入中石炭纪,可惜李先生的纺锤虫不同意!"Lichareff 笑说:"哈哈!岂但中国的纺锤虫不同意,我们也都不同意。"

这几位地质学者,一个说法国话,两个说英国话,一个说德国话,在君自己能说法英德三国话。所以这种谈话使他"感觉科学是超国界的"。

又如他记他在旧都的 Hermitage 宫里藏的古代昔西昂人(Scythian)的黄金器一段(《独立》一一九号),也是很有趣味的:

  安特生(J. G. Andersson)在北平的时候买到许多带头,马衔口之类的小件铜器。其中最普通的花样是动物式的(Animal Style)。大多数的动物是鹿,都是头仰着,连在背后;前脚向后,后脚向前,屈曲在腹下。以后他知道这些铜器是从河套来的,所以他叫他们为绥远铜器。除去动物式的物件之外,还有一种短剑,长不到一尺,柄与剑连合的地方有一个扁心式的护手。这种短剑与动物式的铜器都是西伯利亚爱尼色流域铜器的特色。最有名的是 Minusinsk 城所发现的古物。这种铜器,波斯北部,欧俄南部也有。而最震动一时的是南俄黑海北面古代昔西昂人(Scythian)坟墓里所发现的东西,因为那些古物大部分是黄金的。……

  昔西昂人的金器全藏在 Hermitage 宫里。……一扇铁门开了进去,两间小屋排满着玻璃柜子,里面全是金器。冠饰、衣饰、用具等等,都是用黄金做的。花样的精致匀称,种类繁复,决想不到是先史以前游牧民族的产品。可惜我去的太晚,等的太久,没有能逐一的观察记录。只知道,用金器殉葬是在昔西昂人未到南俄以前土人本来有的风俗,——或者土人(西曼利人 Cimmerian)原与昔西昂人同族。时代愈后,希腊人的影响愈大,到了纪元前二世纪,花样几乎丧失了本来的面目。纯粹昔西昂人的金器几乎完全与西伯利亚和绥远的铜器一样。足见得先史前欧亚交通的密切,文化的接触交换是很明显的事实。

游记的最精采,最生动有趣的一章是作者描写在巴库遇见的一位地质学者梅利可夫先生(Melikoff)。此人是 Azerbaijan 石油总管理局的副课长,在君参观巴库时,局中派他招待。他虽不能说外国话,谈话需要翻译,但他是一位有天才有经验的教授,他指着墙上的新地质图,不到一小时,把高加索石油矿的地质,提纲挈领的给在君讲的清清楚楚,——这就是在君记下来的《巴库油田的概略》(《独立》一五六号)。

那天下午,他同在君坐汽车出去看地层和构造。在巴库西南的一条长岭上,梅利可夫手指口讲,讲那个大区域的地层构造。讲完了,他叫汽车开到一个山脚下等着,他带了在君,离开了大路,下坡一直向谷底走去。沿路上,他逐一指示他的客人,叫他逐次观察所讲的地层构造。在君说:

……梅利可夫不但地层很熟,讲解很清楚,而且他万分的热心。我固然心领神会,连那位不学地质,不走长路,穿了长管皮靴的翻译,也乐而忘倦,一面翻译,一面点头会意。我于是才了解科学兴趣入人之深!

……他告诉我说:"含油地层里面大的化石很少,偶然有的是蚌属的 unio,但不容易遇着。"走不几步,他忽然离开大路,爬上坡去十几步,指着一块石头道:"这里就是一个!"我一看果然是一个 unio,我要拿锤打下来做纪念。他拦住我,说:"我还要留着他教别的学生。"……我笑道:"梅利可夫先生,谢谢你也把我当做你的一个学生。"他说:"做我的学生不是容易的。丁先生,你先把今天看见的地层和构造,复讲给我听听看。"我于是像学生背书一样,把今天听见的,看见的,逐一的复讲一遍。他哼了一声道:"你的记性不错。不要忙,我还要考实习呢!"于是我们坐上汽车,顺着铁路向南走,遇见新的地层,他就下来问我:"丁先生,这是甚么地层?"如是四五次,我答复的不错。他才呵呵大笑起来,"丁先生,你实习也及格了,我收你做学生罢!"

他们同去参观了两处油田,天已不早了,梅利可夫提议同到一个海水公园去。到了公园,天已昏黑,却没有人。梅利可夫和他们的翻译要洗海水浴。洗完了浴,回到巴库,已经八点过了。

梅利可夫说,明天他要到南油田去,不能再见面了。我对他说:"我很感谢你,你是我生平最好的先生!"他答我道:"我也很谢谢你,你是我生平最好的学生!"

在这一大段文章里(《独立》一六八号),一位最有天才又最有经验的中国地质学教授遇见了一位最有天才又最有经验的俄国地质学教授,他们在那里海南头的巴库石油矿山上合演一幕最可爱的好先生教好学生的喜剧,他们演完后,彼此互相爱慕。——他们从此就不再相逢了。

无疑的,在君在苏俄遇见的几位地质学者,如列宁格拉的地质研究所的几位古生物学者,如巴库石油总管理局的梅利可夫先生,都曾在他心目中留下很好的印象。这种好印象足够使我们这位不是完全没有成见的朋友愿意忽略他在苏俄旅途中亲眼看见的一些不好的印象。

这些不好的印象,他也老实的记录下来。

例如他去苏俄作地质旅行,原是中国地质调查所写信给苏俄地质研究所所长莫虚克读夫接洽的,信去了四个月没有回音;到在君上船那一天,莫虚克读夫的回电来了,很欢迎他到苏俄去作地质旅行,并且约他在华盛顿见面。那知道,当他从上海到华盛顿的二十三天之内,莫虚克读夫——苏俄中年学者里一位国际最知名的人,——已经不是地质研究所所长了!

又如在君详细叙述的他办理苏俄入境手续的种种没有理由的困难,——直到他自己到了柏林的苏俄旅行社里,忽然无意之中得着一种近于"灵迹"的"奇遇"(《独立》一○九号),这些困难才"都随着'奇遇'迎刃而解了"!

又如他屡次记载的卢布汇兑率的不规则:他初到莫斯科,用十个马克换五个卢布。过了许久,他才知道六个马克可以换一百个卢布。就是在沿路旅馆里一个马克也可以换八个卢布。

又如他屡次写旅馆里和火车上臭虫之多,——那是他生平最怕又最厌恶的一件事。

有时候,他似乎有意的把苏俄共产党颂扬苏俄成绩的话,和反对共产党的人的话,一样的老实记下来。他在图喇同一个工程师去看一个铁厂。那个工程师是个共产主义的信徒,沿途向他宣传苏俄革命后的成绩:"不几年苏俄就要变为世界第一个工业国了。现在富农已经消灭将尽,农业大部分集团化工业化,粮食问题不久可以完全解决了。到那时候,个人尽他的能力服务于社会,社会看各人的需要供给个人。……"(《独立》一四六号)但在君又记他从莫斯科到巴库的火车上,有一位反对共产党的旅客,会说德国话,他四顾无人的时候,就指给在君看道:"乌克兰(Ukraine)是我们最富的地方。先生,你看,那里许多麦子放在地里烂着,没有人去收!呵!去年冬天,今年春天,这一带荒年,许多农民都饿死了!"(《独立》一五二号)

因为《苏俄旅行记》的下半部没有写成,我们不能知道在君在苏俄作了四十天的地质旅行之后的最后结论。只在他回国后发表的几篇文字里,我们可以摘出于他对苏俄的态度有关的几个结论。他在《再论民治与独裁》一篇文字里(二十四年一月二十日《大公报》星期论文,《独立》一三七号转载),有这样一段话:

> 我少年时曾在民主政治最发达的国家读过书的。一年以前,我曾跑到德意志苏俄参观过的。我离开苏俄的时候,在火车里,我曾问我自己:"假如我能够自由选择,我还是愿意做英美的工人,或是苏俄的知识阶级?"我毫不迟疑的答道:"英美的工人!"我又问道:"我还是愿意做巴黎的白俄,或是苏俄的地质技师?"我也毫不迟疑的答道:"苏俄的地质技师!"……

这一段话,因为他说这是他离开苏俄时候在火车上自己问答的话,应该可以认作他的苏俄旅行归来的一个结论了。

在这两个答问里,他还是愿意承认英美的工人比苏俄的知识阶级自由的多,同时他也毫不迟疑的愿意做苏俄的地质技师,而不愿意做巴黎的白俄。

在后一个选择里,他的心目中也许不免怀念到他在苏俄遇见的那几位很可敬爱的地质学者和古生物学者,也许不免怀想到那比中国地质调查所工作人员多一百倍,经费多一百倍的苏俄地质探矿联合局。同时我们在二十多年后评论他的"结论",也应该回想在君到德国是在1933年希忒拉初登台的时候,他到苏俄是在1933年史太林还没有走上两三年后大发狂大屠杀的时期。他在那时候只看见希忒拉在短时期内打破了一切国际的束缚,把德国造成一个有力量可以抵御外国侵陵的国家。他在那时候也只看见苏俄的领袖不顾一切困难,不惜一切牺牲,只埋头苦干,要把一个落后的国家变成"世界第一个工业国"。

我说,我们这位最可爱敬的朋友"不是完全没有成见的"。他的一个基本的成见,我在前面曾指出,就是他的宗教信仰:就是他那个"为全种万世而牺牲个体一时"的宗教。在他那个宗教信仰里,苏俄的三千个地质学者,二千队做田野工作的地质探矿技师,牺牲了一点物质享受,甚至于牺牲了个人的自由,而可以帮助国家做到"世界第一个工业国"的地位,正是"最富于宗教性"的牺牲。

所以他在《我的信仰》(也是他从苏俄回来后发表的,原是二十三年五月六日《大公报》的星期论文,转载《独立》一百号)里,很严肃的宣言:"打倒神秘最努力的莫过于苏俄,但是最富于宗教性的莫过于共产党。"——这也可以说是他的一个很深又很重要的成见在他苏俄旅行期中得到的印证了!

在君的几个结论都可以说是很自然的,因为他对于苏俄向来怀着很大的希望,不但希望苏俄的大试验能成功,并且认为苏俄有种种可以成功的条件。

在他出国的前夕,他曾写一篇一万字的长文,题为《评论共产主义,并忠告中国共产党员》(《独立》五十一号,二十二年五月二十一日出版,正在他出国之前一个月)。在那篇长文里,他先叙述马克斯的价值论,然后指出这种价值论"是很难成立的",——"与其说是经济的真理,不如说是政治的口号"。其次,他叙述马克斯的唯物史观,辩证论的论理,阶级斗争,然后他指出他个人"根本不相信历史有什么论理。……而且拿他来做暴动恐怖杀人的根据,那是多么危险!"

他指出马克斯在十九世纪中叶没有知道的两三件历史事实。如"近来的股份公司的股份往往在许多人的手里"。如"这七八十年来西欧北美工人的生活程度远高于马克斯做《资本论》的时候,……就是在世界经济极端恐慌之下,在英国的失业工人所得到的失业津贴还远高于苏俄的工资。"又如近几十年来"欧洲许多国家都和和平平的把政权由封建贵族的手里转移到中产阶级手里。"这都是马克斯没有梦想到的历史事实。

他在此文里,曾严厉的批评苏俄所谓"无产阶级的专政"。

他说：

> ……照苏俄的现状，我们看不出一点平等自由的光明。不错，资本阶级是没有了。……统治的阶级，很廉洁，很努力，许多非共产党都可以承认的。然而平等则完全不是。……苏俄统治者的生活与平民是两样的。……权力和金钱一样，是很可怕的毒药。……从杀人，放逐，到自由平等是一条很远的路。……
>
> 自由是人类最近所得到的幸福，很容易失却，很难取得的。……苏俄的首领最相信科学，但是自由是养活科学最重要的空气。今天说，这是资产阶级的余毒；明天说，这是与马克斯、列宁学说违背。科学如中了煤毒的人，纵然不死，一定要晕倒的。

在这样严厉的批评之后，在君的论调忽然一变，表示他希望苏俄的大试验能够成功。他说：

> 我虽不赞成共产主义，我却极热忱的希望苏俄成功。没有问题，苏俄的共产是一个空前大试验。如果失败，则十五年来被枪毙的，饿死的，放逐的人都是冤枉死了，岂不是悲剧中的悲剧？而且我是相信经济平等的。如果失败，平等的实现更没有希望了。

在这几句话里，我们可以看出在君有几点不自觉的矛盾。第一、他在上文说，"从杀人，放逐，到自由平等，是一条很远的路。"他现在说："如果失败，则十五年来被枪毙的，饿死的，放逐的人都是冤枉死了！"这岂不等于说："如果成功，则十五年来被枪毙的，饿死的，放逐的人都不算是冤枉死的了！"这里面好像又是在君的"为全种万世而牺牲个体一时"的宗教在那儿作怪了罢？第二、在君在这长文里屡次说到"经济平等"的要求是适合于时代要求的，但他又分明指出苏俄并没有做到经济平等，何以他又说，苏俄"如果失败，平等的实现更没有希望了"？这已够矛盾了。他在此文前面又曾说："不是有自由，决不会得有平等的。"（页九下）何以他又把"平等的实现"的希望寄托于那个否认自由的苏俄大试验呢？这就更矛盾了。

所以我个人推想：在君"极热忱的希望苏俄成功"，同他的"信仰"很有关系。他自己说，他的"信仰"的"一部分是个人的情感，无法证明是非,难免有武断的嫌疑"。他那个"信仰"里,一部分是那个"为全种万世而牺牲个体一时"的宗教。其中还有一部分就是那"经济平等"的理想。《我的信仰》里有这一段:

> 所以我一方面相信人类的天赋是不平等的,一方面我相信社会的待遇(物质的享受)不可以太相悬殊。不然,社会的秩序是不能安宁的。近年来苏俄的口号:"各人尽其所长来服务于社会,各人视其所需来取偿于社会",是一个理想的目标。(《独立》一百号,页十一)

他所谓"近年来苏俄的口号",他当然知道那是百年来社会主义和共产主义共同的口号。

所以在君的宗教是很接近共产主义的。所以《我的信仰》的末节有这样的解释

> 然则我何以不是共产党的党员?第一我不相信革命是唯一的途径,——尤其不相信有什么"历史的论理"能包管使革命成功,或是在任何环境之下革命一定要取同样的方式。第二我不相信人类的进步除去了长期继续努力以外,有任何的捷径。所以我尽管同情于共产主义的一部分〔或是大部分〕而不赞成共产党式的革命。

请注意,那括弧里"或是大部分"五个字是他原文有的。

除了这种"宗教"的信仰之外,在君所以希望苏俄成功,也是因为他平时研究世界各国的资源与国力,认为苏俄比较的具有种种可以有为的物质条件。他在那篇《评论共产主义,并忠告中国共产党员》的后半,曾指出苏俄革命时的国情物力都比我们中国优越的多多。他指出的有这些:

> 1917年,俄国已经有七万公里的铁路,有组织极密的警察,有与德国作战三年的军队。

> 1917年俄国革命时,国家银行的金币有十二万万九千五百万卢布,储蓄银行的存款有十六万万八千多万卢布。

> 欧战以前俄国是个出超的国家,每年超出在四万万卢布左右。

俄国革命前有一万万七千五百万公亩已耕之田,有四千万公亩可耕而未耕的田,全国人民每人可分一·七公亩,约等于华亩二十五亩。

俄国有九百兆公亩的森林。

俄国有三千兆吨的石油储量,欧战以前每年已出产到一千万吨。

欧战以前,俄国每年出产四百九十万吨钢铁。

这种种条件都是苏俄革命政府的资本,都是在君和他的地质界朋友平时注意并且歆羡的。试举石油一项,苏俄在全世界第二位。革命以前,俄国已出产到每年一千万吨。革命以后,减到四百万吨。1931年已超过了二千万吨,已比革命前增加一倍了。1933年,——在君游苏俄之年——希望可加到三千万吨。(《独立》第一五六号)

在君常说,俄国至少是一个有产可共的国家。我们同俄国比,是一个无产可共的国家。所以他要去看看苏俄革命后十五年来的成绩,要去看看苏俄如何利用那许多可以有为的物质条件,在统一的国家,独裁的政治,计划的经济之下,在十五年之中造出了什么样子的成绩。苏俄的第一个五年计划,——后来缩短为四年零三个月,——是 1932 年 12 月 31 日满期的(看《苏俄五年计划的结算》,在君的七弟文治译的,见《独立》第五十号)。这是人类史上第一次用一个极大规模的方案来统治一个大国的各种经济的,社会的,教育的活动。当时人把这第一个五年计划看作苏俄革命史上三大事件之一(其他两大事件是 1917 年的布尔雪维克革命,和 1921 年的列宁新经济政策)。在君到苏俄是在第一个五年计划满期之后八个月。在君和我们前几年都曾提倡过"有计划的政治"。近几年来,我的思想稍稍改变了,颇觉悟古代哲人提倡无为的政治也是有一番苦心的,而有计划的政治经济都需要许多能计划与能执行的专家,是不容易做到的。在君却正是能计划又能执行的科学政治家,所以他对于苏俄的极大规模的有计划的政治经济大试验,抱着极大兴趣,"极热忱的希望他成功"。他在出国之前发表的那篇长文里,曾说:

……如果〔苏俄〕成功,如果用苏俄的方法能使国民生活程度的逐渐的提高,生产和消费相均衡,我很相信,用不着剧烈的阶级斗争,西欧北美都要共产,至少现行的资本制度要彻底改变,快快的走上平等的路去。(《独立》第五十一号,页十一)

这真是很大的奢望了!如果他用这两个标准——"使国民生活程度提高,使生产和消费相均衡"——去估量苏俄的成功与否,那么,他此次游历苏俄归来应该是很失望的。

我们看他的游记,他并没有多大的失望。他充分的了解,这种绝大规模的计划的建设决不是四五年短时期之内就可以判断成败的。他的游记使我们知道,单在他自己所学的方面,集合三千个地质家做研究设计,二千队在野外工作,其中五百队是做地质图的,——那种规模,那种气象,是曾使他感觉大兴奋的。他的苏俄旅行,时间只有四十天,地域只限于新旧两首都和南俄的油田煤矿铁厂水电厂。但因为他是一位有科学训练的观察家,又是一位有政治兴趣的爱国者,他的观察和从观察所得的教训似乎都曾影响到他最后几年的思想,特别是他的政治思想,并且似乎也曾影响到他最后几年的工作的方向。

因此,我要在这里略述在君从苏俄归来后的政治思想。

他的政治思想,见于这些文字:

《我的信仰》(二十三年五月六日) 《独立》 一百号

《实行统制经济的条件》(二十三年七月一日) 《独立》一〇八号

《民主政治与独裁政治》(二十三年十二月十八日) 《独立》一三三号

《再论民治与独裁》(二十四年二月三日) 《独立》 一三七号

《科学化的建设》(二十四年五月七日广播) 《独立》 一五一号

《苏俄革命外交史的一页及其教训》(二十四年七月二十一日) 《独立》 一六三号

他从欧洲归来,继续在北京大学教了两学期的地质学。二十三年

(1934)六月十八日他到中央研究院担任总干事的职务。这些文字之中,后五篇都是他在中央研究院的时期发表的。

《我的信仰》一篇,我已在第十二章和本章摘引了大部分,其中有两段专说他的政治思想。他说:

> 人不但不是同样的,而且不是平等的。……宗教心(即是"为全体万世而牺牲个体一时"的宗教心)是人人有的,但是正如人的智慧,强弱相去得很远。凡是社会上的真正的首领都是宗教心特别丰富的人,都是少数。因为如此,所以我对于平民政治——尤其是现行的议会的政体——没有兴趣。

在这一点上,他并没有骤然的变化,他是向来鼓吹"少数人的责任"的重要的。(看他在《努力周报》时期写的《少数人的责任》。)但他在1933年出国,不但是希忒拉刚登台,不但是史太林的第一个五年计划刚结束,他到美国时又正值罗斯福的"新法"的第一个半年,正当美国国会把许多紧急时期的国家大权都授予罗斯福的时期。所以在君环游世界归来,不免受了那个时期的政治影响,他不但对于议会政体"没有兴趣",他要公开的讨论他所谓"新式的独裁政治"了。他接着说:

> 同时我也不是迷信独裁制的。在现代社会中实行独裁的首领,责任太重大了,任何富于天才的人都很难称职。何况这种制度的流弊太显明了。要能永久独裁,不但必须消灭政敌,而且要使政敌不能发生,所以一定要禁止一切的批评和讨论。在这种制度之下,做首领的腐化或是盲化,只是时间问题。

这下面就是他的"新式的独裁"的方式了:

> 我以为,假如做首领的能够把一国内少数的聪明才德之士团结起来,做统治设计的工作,政体是不成问题的。并且这已经变为资本主义共产主义国家所共有的现象,——罗斯福总统一面向议会取得了许多空前的大权,一面在政客以外组织他的"智囊团",就是现代政治趋向的风雨表。

取得了许多空前的大权,又能够组织一国的才智之士来做设计统治的工作:这是他在1933年从海外"资本主义共产主义国家"得来的

"现代政治趋向的风雨表"。

我们几个老朋友在那个时期颇有批评在君不应该提倡独裁的政治的。在二十多年后,我们回头细读他的政论文字——最好是把他晚年的几篇政论放在一块读下去——我们方才能够认识他的爱国苦心,他的科学态度,他的细密思考。他的《实行统制经济的条件》和《科学化的建设》两篇更值得我们细读。

那个时期最时髦的两个口号是"统制经济"和"建设"。在君指出"统制经济"必须先具备三个条件:

> 没有问题,第一个条件是要有真正统一的政府。……中国没有那一省是可以自给的。……山西如此,北方各省都是如此。扬子江流域所烧的煤,所用的棉花,都不能不仰给于北方。……南北如此,东西亦复如此。……
>
> 第二个必需条件是收回租界,取消不平等条约。……统制棉业而外资的纱厂不能过问,统制航业而外资的船只不就范围,统制煤业而外资的煤矿不受支配,统制的目的如何可以达到?……现在我们的银行大大部分在租界里,可以利用的现金大大部分在外国银行里,……一旦有统制的消息,资本在几分钟之内可以逃的干干净净!……
>
> 第三个必需条件是行政制度先要彻底的现代化。……现代化的行政制度,第一要有廉洁的官吏,……第二行政组织要健全。……第三握政权的人要能够信任科学技术,识别专门人才。

他总括起来说:

> 以上三项,原本是建设新中国的途径,不仅是实行统制经济的条件。

他很沉痛的指出,若没有这些条件而妄想施行经济的统制政策,其危险可比"把一个心脏很弱的人交给一个毫无经验的医生,用重量的麻醉剂麻醉过去,再用没有消过毒的刀子把肚子破开看看。这种病人没有不死在解剖台上的!"

这篇文章颇侧重消极的阻止当时各省与中央的各种统制政策。所以当时有人曾说:"丁在君也走上胡适之的无为政治一条路了!"

《科学化的建设》是他在中央广播电台的讲稿,最可以表现他的积极的主张,最可以表现他所谓科学设计的经济建设是什么。他指出:

> 建设如果要科学化,第一、建设的费用非有外资的输入不能超过国民经济的能力。建设用款全数是固定的投资,……本钱的收回为期甚远,所以在一种经济现状之下,这种投资可能的总数是与国民全体的收入有相当的比例。
>
> 1929以前,美国国民的收入平均每人有七百元美金。其中六分之一为储蓄,储蓄总数的一半为固定投资。……以美国国民收入如此之多,而固定投资还不过国民收入总数百分之九。
>
> 苏俄的国民收入为一百五十卢布,而第一个五年计划时用于固定投资之款占国民收入百分之二十以上,因而全国人民食不能饱,衣不能暖。因为收入越少,越不容易储蓄,储蓄之可以用于固定投资的部分更不能大。否则人民必受痛苦。

在君说的这第一点是最关重要的一个问题。但这是苏俄的独裁首领所绝不顾恤的,也是那些摹仿苏俄的奴隶们所绝不顾恤的。

在君指出的其余几个要点是:

> 第二、是要有轻重缓急的标准:宁可少做几件事业,但是一定要有始有终。……新设立的机关,……如果不能继续,则过去花的钱都是白费的了。……
>
> 第三、建设当然要有统一的职权。……国家应该把要建设的事项做一个整个的计划,把各事项所需要的研究、设计、执行,与普通行政分析清楚,再考察现有各机关的成绩与人才,然后决定他们的去留增减。……
>
> 第四、凡百建设,未经实行以前必须有充分的研究与设计。……近代的建设事业太复杂了,没有相当的研究与设计,不会得侥幸成功的。……民国十八年华洋义赈会在绥远开的民生渠,一共费了八十万元,而事前没有测量,许多地方渠身比河身还高,河水流不进渠内,至今全渠成了废物。

最后,他指出建设应该包括人才。"假如国家不能养成专门的技师,一切专门的事业当然无法着手。比专门技师尤其重要的是任用专门技师的首领。假如他们不能了解科学的意义,不能判断政策的轻重,不能鉴识专门的人才,则一切建设根本不会成功的。"

我们必须先读了上面摘引的几篇文字,然后能够了解在君所主张的"新式的独裁"的意义。他在前引的两篇文字里,最后总归结到"握政权的人要能够信任科学技术,识别专门人才";归结到那些"任用专门技师的首领"能够"了解科学的意义,判断政策的轻重,鉴识专门的人才"。

他在民国十四年初见孙传芳时,曾说他自信能够替国家办一个现代化的军官学校。十年之后,他好像已抛弃那个梦想了,他的新志愿好像是要为国家做一个"科学化的建设"的首领,帮助国家"判断政策的轻重,鉴识专门的人才"。他放弃了他最心爱的教学生活,接受了蔡元培院长的请求,担任起中央研究院的总干事,正是因为他认清了中央研究院的使命是发展科学的研究,领导全国学术机关的合作,帮助国家设计经营科学化的建设。他在那个时期主张"新式的独裁",也是因为他诚心的相信他所谓"新式的独裁"是同他生平的宗教信仰和科学训练都不相违背的,是可以领导全国走向"建设新中国"的路上去的。

他在《民主政治与独裁政治》一篇短文里,曾明白规定"新式的独裁"须具有四个条件:

一、独裁的首领要完全以国家的利害为利害。

二、独裁的首领要彻底了解现代化国家的性质。

三、独裁的首领要能够利用全国的专门人才。

四、独裁的首领要利用目前的国难问题来号召全国有参与政治资格的人的情绪与理智,使他们站在一个旗帜之下。

他的结论是:

我已经说过,目前的中国,这种独裁还是不可能的。但是我们大家应该努力使他于最短期内变为可能。放弃民主政治的主张,就是这种努力的第一个步骤。

当时我有《答丁在君》一文(《独立》一三三号),还有一封信责备他。他有长文答复我和别人的责难文字,题为《再论民治与独裁》。我在二十年后重读此文,他的最末一段说他"离开苏俄的时候,在火车里,问自己"的两个问题,那是至今天还很动人的文字,我已引在前面了。此文中,最使我感动,最使我了解这位死友当日的真情绪的是这一段:

> 中国式的专制原来是不彻底的。所以我们饱尝专制的痛苦,而不能得独裁的利益。九一八事变刚发生的时候,有一位反对国民党的朋友对我说,"蒋介石一定和日本人妥协,国民党一定要卖国了!"我回答他道:"我希望你这话是真的。但是我恐怕事实上是做不到的!"二十年(1931)十一月胡适之先生写了一封长信给宋子文先生,主张及早和日本人交涉。我告诉他道:"我是赞成你的主张的。可是国民党的首领就是赞成,也不敢做,不能做的,因为他们的专政是假的。"这就是我们的前车之鉴。

这一段是很伤心的话。在君在这里很感慨的指责国民党的专政是"假的",是旧式的专制,而不是他所梦想的"新式的独裁"。他的"新式的独裁"的第一个条件是"独裁的首领要完全以国家的利害为利害"。九一八事变之后,政府的首领不敢及早交涉,也不能及早交涉,就是不能"完全以国家的利害为利害",就是够不上"新式的独裁"的第一个条件。

在君还不肯抛弃他期望我们国家的首领做到"新式的独裁"的痴心。二十四年的七月二十一日,他又发表了一篇最动人的文章,题为"苏俄革命外交史的一页及其教训"。——这是他一生最后的一篇政论了!

他那篇文字详细叙述列宁一力主张单独向德、奥、布、土四国提议停战,并派托洛茨基去议和,最后签订那个赔款十五万万元美金割地约占全国百分之三十的《布赖司特——立陶乌斯克(Brest-Litovsk)条约》。在君为什么要重提这件历史故事呢?他说:

> 我所以要旧事重提者,是因为当日苏俄首领的态度和策略很足以做我们当局的殷鉴。……

> 华北是我们的乌克兰。湖南、江西、四川是我们的乌拉尔——古士奈茨克。云贵是我们的堪察加。我愿我们的头等首领学列宁,看定了目前最重要的是那一件事,此外都可以退让。我愿我们的第二等首领学托洛茨基:事先负责任,献意见;事后不埋怨,不表功,依然的合作。我愿我们大家准备退到堪察加去!

这是"一个真实的爱国者"丁在君的最后的哀呼!

十七 "就像你永永不会死一样"

在君的最后的哀呼里,曾说:

> 华北是我们的乌克兰。湖南、江西、四川是我们的乌拉尔——古士奈茨克(Ural-Kusnetsk)。云贵是我们的堪察加。

当他说这话的时候,——二十四年(1935)七月,——"我们的乌克兰"已是十分危急了。华北是中国的重要富源,是供给全国工业原料和工业动力的主要区域。河北、山东、山西、河南四省占有全中国百分之五十六的煤矿储量,是世界煤矿最富的一个区域。所以说是"我们的乌克兰"。一旦华北落在敌人的手里,长江下游以及沿江沿海的工业就都没有煤烧了!

那个时候,政府正在利用中英庚款的借款,努力完成粤汉铁路中间没有完成的一段。当时参预设计的人们,——在君与咏霓都在其中,——正考虑粤汉路全线的煤的供给问题。万一华北不能保全了,万一平汉铁路不能继续运煤南下了,这个煤的供给问题当然是最关紧要的了。

因为这个问题的重要性,在君决定自己去湖南考察粤汉路一带的煤矿储量与开采现状。他特别注意湖南湘潭县谭家山煤矿的储量,因为那个矿是"沿粤汉铁路唯一的重要煤矿"。但根据以往调查的报告,这个矿的"煤系地层成一向斜层,煤层的倾斜很大,施工困难"。在君要自己去作一次更详细的调查,要考察"煤层的倾斜角度是否愈下愈小。如果愈小,这个向斜是有底的。不然,就会像无底的一般,矿的价值随之减损"。

因为这是一个科学的调查,在君决定自己出马。当时也有人劝他派人去调查,不必亲自去。他说:"……我觉得此种任务关系很大,所以我要亲自去看看,方可以使将来计划易于实行,我说的话和我们的主张方可发生较大的力量。"(以上据湖南地质调查所所长刘基磐先生的《丁在君先生在湘工作情形的追述》,《独立》第一九三号)

据凌鸿勋先生的记载,在君当时是铁道部部长顾孟余先生请他去探查粤汉铁路沿线可开的煤矿。凌先生曾追述在君的调查计划的大概:

> 在君先生以为湘南虽多煤,然苟非靠近路线者,则运输成本较重。举其距离最近,而较有开采价值者,湘潭有谭家山,耒阳有马田墟,宜章有杨梅山,广东乐昌有狗牙洞。谭家山产烟煤,且可炼焦。马田墟一带为华南最大之煤田,距铁路至近,惟系无烟煤。杨梅山、狗牙洞两处有无开采价值,则尚待研究。(凌鸿勋,《悼丁在君先生》,《独立》第一八八号。)

他只看了湘潭谭家山一处,就病倒了。

二十四年十二月二夜,在君从南京到长沙,朱经农先生和刘基磐先生接他到湖南省政府招待所去住。三日,他和经农去看了几个学校。——视察学校也是他到湖南的任务之一,也是为抗日战事发生时准备容纳迁移的学术机关的。看完了学校,他对经农说,他要去拜访两个人,一位是早年带他到日本留学的胡子靖先生,一位是他的恩师龙研仙先生的夫人。胡先生是明德中学的创办人,那天不在学校,没有见着。龙夫人的住址,那天查不出。龙先生和胡子靖先生是他终身不忘的。

十二月四日,在君到湖南地质调查所,和所长刘基磐先生及所中专家商量他在湖南调查的工作日程。他和经农约定次日去游南岳。

五日,他和经农和清华大学教授张子高先生坐汽车去游南岳,在山脚下午饭后,

> 雇轿上山。在君虽雇一轿,始终未坐。子高和我(经农)沿途游览风景,在君则工作极忙,忽而俯察岩石的裂痕,忽而量度

> 气压的度数。……久雨之后,天忽放晴,我们缓缓登山,云雾也缓缓消散。未及半山,日朗气清,群峰在望。大家都很高兴,决定当夜在半山亭下中国旅行社新屋过夜。安置行李之后,三人同至烈光亭读龙研仙先生的纪念碑。在君在碑前徘徊甚久,并为我们追述当年如何遇见研仙先生,研仙先生命他作《通西南夷论》,劝他研究科学,并托胡子靖先生带他出洋。谈话之中,流露出深切的情感。
>
> 旋沿山径,行过新造的三座石桥,……缓步归来,则已山月窥人,树影满地了。……
>
> 六日黎明即起。……在君出其晚间所作诗稿相示。

经农追记在君那晚上作的诗凡四首,两首是《烈光亭怀先师龙研仙先生》,我已抄在第二章里了。一首是《宿半山亭》:

> 延寿亭前雾里日,香炉峰下月中松。
> 长沙学使烦相问,好景如斯能几同?
>
> (经农追记如此。末句"同"字可能是"逢"字?)

我最喜欢的一首是《麻姑桥晚眺》:

> 红黄树草留秋色,碧绿琉璃照晚晴。
> 为语麻姑桥下水,出山要比在山清。

六日早晨,他们继续上山。经农记云:

> 在君依然勘地质,测气压,计算步数,缓缓前进。过了南天门,山风怒号,吹人欲倒。……我们逆风而行,呼吸都觉得困难。在君依然继续做他的勘测工作,并不休息。到了上峰寺,他还余勇可贾,立即走上祝融峰。
>
> 午间在上峰寺吃面,他即在寺中整理笔记。据他测算所得,南岳约高一千一百米突。他慎重声明,此种测算不甚可靠。必须山上山下同时测验,……才能正确。不过大体看来,衡山不及庐山高。……
>
> 当晚宿山下中国旅行社。
>
> 七日清晨,在君乘粤汉路局派来的汽车赴谭家山勘矿,子高与我同回长沙。(朱经农《最后一个月的丁在君先生》,《独立》

第一八八号）

据后来协和医院娄克思医生（Dr. H. H. Loucks）的综合诊断，在君的病虽起于煤气中毒，但主要的病是脑中枢血管损坏，而致病的一个原因就是他那两天的步行上衡山，直到山顶祝融峰。

致病的另一个原因是谭家山勘矿的辛苦。据刘基磐先生转述地质调查所王晓青先生的报告，那天勘矿的情形是这样的：

> 七日晨九点钟，在君先生由南岳乘铁路局汽车到茶园铺。此地距矿山约十五里，有人主张雇轿去，但在君先生坚不肯从，决定步行。未及休息，即向谭家山进行。沿路所见的岩层，他必仔细测量其倾角及走向。……
>
> 到谭家山后，他见山顶岸层近于直立，谓如此陡削的向斜层煤系，不知深至何处始相会合。先是沿途所见岩层倾角亦大，在君先生对于本煤田的构造就怀疑虑。到谭家山，他并不稍休息，即沿谭家山东侧田园，经萍塘曾家山冲，到东茅塘一带查询土窑情形。……从东茅塘西折至牛形山昭潭公司，已是下午二时了。
>
> 午餐后，下洞考察。矿洞倾角四十五度，斜深一百七十公尺。洞内温度甚高，著单衣而入，亦汗流浃背。然年事已高的在君先生竟不畏艰苦，直到洞底，亲测煤系倾角及厚度，始行出洞。事前王晓青君劝请勿入，由他代为下洞勘测，亦不允许。
>
> 在君先生出洞时，衣服已尽湿。由洞口到公事房，约百余公尺，洞外空气是极冷的。在君先生经过这百余公尺的旷野，到公事房，坚不肯入浴，因为已是下午五时，他还要赶回南岳歇宿。他将汗湿的衣服烘干，加上外衣，径回茶园铺车站，坐路局的汽车回南岳。……
>
> 在君先生考测谭家山煤田的结果，认为煤系倾角过大。他说，若想知道煤系陡插入地若干深度之后始行变平，须再从向斜层轴线上加以钻探。（刘基磐同上文）

娄克思先生认为在君那天下那"倾角四十五度，斜深一百七十公尺（等于五百五十八英尺）"的矿洞，也是他后来脑中枢血管损坏的一个原因。

在君从苏俄回来,就感觉两手两脚的指尖有点麻木,他就进协和医院去检查身体。检查的结果,认为有血管硬化的征象,医生曾劝他多休息,不要太劳苦。他向来做地质旅行,总是"登山必到峰头,移动必须步行"的。这回他到湖南,游兴又发了。衡岳之游,他走上三千六百英尺高的衡山。谭家山探矿,他走下六百英尺斜深的矿洞,热到衣服全湿了,出到洞口,天气极冷,他不肯洗澡,把湿的衣服烘干了,他就走了。这样从极热的洞底走出到极冷的旷野冬风里,他那天就伤风了。因为有点伤风,所以他第二天在衡阳生了炉火,闭了窗子,才睡觉,那晚就中了煤气毒了。

在君在二十三年(1934)七月十七日给我一封信,信尾说:

> 上火车时,听说半农生病,以为无妨,不料他竟死了,听见了很怅然。许多人以为我旅行太小心,太求舒服。其实乃〔是〕我很知道内地旅行的危险,不敢冒无谓的险。假如半农小心点,——多用杀虫药粉,而且带帆布床,当然不会把性命送掉的。

信中说的是刘半农先生。二十三年半农到绥远去调查方言,搜集歌谣,路上得病回北平。七月十四日进协和医院,诊断为回归热,当天就死了。这种病的微菌,在内蒙古一带,往往是由蚤虱传染的,土人称此病为"蒙古伤寒"。在君在内地旅行最小心,故他责备半农不小心,竟"把性命送掉"。谁也想不到在君自己在一年半之后也把性命送掉,——主要的原因也是不小心,并不是不小心忘了带杀虫药粉和帆布床,只是不小心忘了医生的警告,忘了他是已有血管硬化征象的中年人了,忘了他已不是二十年前在金沙江上爬上一万多尺高山顶上的少年人了!

十二月八日,在君到衡阳,凌鸿勋先生请他住在粤汉路株韶段路局宾馆。那天是星期,这两个老朋友相约休息一天,他们谈的很高兴。晚上在君在凌先生家吃饭,九点凌先生送他到宾馆,约定了明天同去耒阳看马田墟煤矿。

以下是凌先生的记载:

> 九日晨七时半,余扣先生户,知尚未起,其仆谓久撼而未醒。室中有壁炉,曾于先一日下午生火,先生睡时将所有气窗关闭,

于是同人决为中毒,立召铁路陈、袁二医生至。时呼吸仍有,而脉已微。急施救治,不见醒转。察其枕下遗有安眠药瓶,少去三片,因决系夜睡过熟,致中毒不觉。……是日午间〔将在君先生〕由宾馆移至教会仁济医院。是夜湘雅医院杨济时医生自长沙至。但至十日上午仍未见醒,余乃急电询翁咏霓先生,而在君先生于十日晚即已醒转。

他中煤气毒,是许多因素的凑合。第一、他从矿洞里出来,就伤风了。那天晚上他洗了澡去睡,想出点汗,故关闭窗户。第二、他缺少用壁炉的经验,更没有料到那晚上大风雨,壁炉烟囱的煤气出不去,反吹回屋里来了。第三、在君的鼻子本没有嗅觉,闻不出煤气。第四、他的习惯要睡足八小时,因为次日要去看矿,他服了一片安眠药。——这许多因素不幸凑合,造成了绝大的悲剧!

中煤气毒,是北方人常见的事。但株韶路局的医生都是南方人,从没有这种经验,他们把病人当作溺水的人救治,做了六小时的人工呼吸,以致病人的左胸第五肋骨折断,胸部受伤。正如傅孟真说的:"并未停呼吸,何用人工呼吸!"这确是一大错误。

在君的肋骨折断,胸部受伤,经过两星期之久,未请外科医生验看。直到十二月二十四日才请湘雅外科主任顾仁医生(Dr. Phillips Greene)诊视,才抽出五百五十公撮的稀脓液,所以傅孟真在十二月二十八日从长沙给我信上说:

> 湘雅医院很不坏,万分尽心。其内科杨主任(济时)非常尽心,可感。然杨主任似未免忽略了院中的外科主任。我感觉此外科主任顾仁(Greene)人与本事都好。若不是他,在君已不救了。……若早找顾仁来细看看,或者〔左胸积脓〕不至积久而暴溃。

这是第二个大错误。

在君昏迷了四十多个钟头。当九日晚九时杨济时医生赶到诊视时,他说:

> 丁先生颜色紫红,呼吸深而促,瞳孔反应甚微,口唇流血,并已置口腔扩张器,下门牙已去其二,口腔破裂处颇多。脉搏一百

> 三十余,血压一四〇·八五。肺底有少许水泡音,腹部肿胀,四肢痉挛,尤以右侧为甚,右踝呈阵挛反应。因疑煤气中毒外尚有其他变化。

口腔破裂,门牙去其二,用口腔扩张器,都是衡阳医生用人工呼吸时防阻牙关紧闭的法子。杨君的救治是:

> 即行静脉注射葡萄糖液及胰岛素,除去口腔扩张器,洗通大肠。当晚十一时,即见呼吸稍舒缓,但仍未出昏迷状态。
>
> 十日晨,眼球及瞳孔反应稍见灵敏,痉挛亦见进步。再行注射葡萄糖液及胰岛素,并于肛门注射大量的水分,〔皆以救体内水分枯竭,血液凝滞之危〕。
>
> 十日午后,两目已自能转动,肺部仍呈水泡音,右底尤多,且时咳嗽。
>
> 十一日晨,即能饮牛乳及水分,目已开张,呼之亦稍能应声,及作简单之动作。午后可作简单之应对。翁文灏、朱经农、丁文治、咸寿南诸先生于是日晚九时抵衡阳,丁先生已能一一认识。(杨济时,《丁在君先生治疗经过》,《独立》第一八九号。下引杨君诊断,同见此文。)

以上记在君第一次脱险。

十二月十四日,杨济时医生再由长沙到衡阳,此次诊断,"发现前乳左乳头外一寸余之处,有一元银币大的一块肿起,扪之剧痛。水泡音仍存在,其余状况良好。"诸友与诸医师商量,因为衡阳没有 X 光器具,湘雅又没有可以携带出门的 X 光器具,衡阳也没有受过高级训练的护士,所以大家决定于十五日把病人送到长沙湘雅医院调养。凌鸿勋先生和路局同人设计,把大货车装上窗户,改装成救护车,连床运载病人,并测量衡阳的街道,使这大汽车可以从医院后门一直开到公路上,直达湘雅医院。

十五日(经农作十六日,此从杨君)十时半离衡阳,午后五时半到湘雅医院。杨医生说:

> 十六日下午拍照肺部 X 光,发现左右两肺底有少许发炎变化,且左胸似容有少量之水液。丁先生病势日有起色,左肺无其

他变化,惟肿起处仍作剧痛。

　　　　此后自十五日至二十二日,经过甚为满意,能谈笑饮食。二十日曾要求嗣后每日下床行走,未允其请。

因为他到长沙后进步甚好,所以大家忽略了,未及仔细检查他的受伤情形,竟没有发现他的左边肋骨折断了一根,折断的肋骨之下已生脓了。这是二十三日病势忽然危急的原因。左肋骨折断了一根,是直到二十八日晨顾仁医生于第五肋骨处开割才发现的!

　　我在二十年后记载这个好朋友的得病以至不救而死的一段最可哀念的事实,我不能完全压制我的几桩惋惜。第一是在君自己没有严格的服从一个最好的医院的警告,在游兴和责任心的双重诱惑之下,爬上三千多英尺的高山,又走下六百多英尺斜深的矿洞。第二是他疏忽了内地仿造西洋壁炉烧煤的危险,晚上严闭了窗户睡觉。第三是衡阳的路局医生和教会的外国医生都缺乏北方老百姓的常识经验,很卤莽的做了五六个钟头的人工呼吸,敲掉了病人的两个门牙,折断了他的一条肋骨,种下了"胸脓"的祸根。第四是中国内地最完善的医院,最尽心的医师,因为病人天天有进步,就忽略了他胸左的肿起和"剧痛",让这胸脓一旦溃裂而不可救治。孟真当时也说:"止是忽略。"(见他十二月二十八夜给我的信。)但衡阳医生的糊涂卤莽,长沙医生的忽略,都是我们信仰新医学的人应该牢牢记着的教训。这个教训是我们信仰提倡新医学的人应该作更大的努力,不但要注意设备的最新最完善,特别要注意医学校的教育和训练,要更严格的淘汰医学生,更严格的训练医学生,更加深他们的科学态度与习惯,要加强他们的责任心与一丝一毫不可忽略苟且的科学精神。——仅仅信仰西医是不够的!

　　十二月十七日,我在北平接到朱经农的电报,说在君盼望我和孟真两人之中有一人能到长沙走一趟。我们打电报去问,是否病有变化?回电报,并无变化,只是在君愿意和我们谈谈。那时正是所谓"华北自治"、"冀察自治"的问题闹的最厉害时期,孟真和我从十一月十九日起就成了反对这问题的主要分子。十二月九日,北平城内外的学生开始大游行请愿,并且鼓动各校罢课。——这就是后来中国共产党自吹是他们"领导"的"一二·九青年革命运动"(看毛泽东《新民主主义论》页四三,及他书)。——"一二·九"正是在君中毒昏迷不醒的第一天。在学校方面,孟邻先生,周枚荪(法学院长)和我,为了学生罢课问题和学生南下请愿问题,正在竭力劝阻挽救。所以我是无法离开的。孟真一人南下,二十一日半夜到长沙。经农告诉他,在君身体进步甚好。"只是精神似还不大清楚。"

二十二日早晨,孟真见到在君,以下是他的报告:

> 星期(二十二日)晨,在君的话很多。经农觉得他语无伦次。弟听到却不然。……只是前后不甚一贯,且说话甚艰难,——拔了牙,口腔又有破处,——每节只说一句。未知其心理,自觉其如精神病也。……医云,煤气中毒本可留一种的精神错乱。但以弟所见,在君尚未有如此之证据。他谈到北方大局,谈到适之,……有本有原,全非精神错乱。有时说话,确似半睡中呓语,此或亦身体未复原之现象也。(孟真十二月二十六日给中央研究院同事赵元任、唐擘黄、汪缉斋、李济之……诸先生信。以下引孟真的话同见此信。)

这时候,丁夫人和五弟文澜已到长沙了。七弟文治早已来了。丁夫人主张趁怡和公司直达南京的船,把病人移到南京休养,船期是十二月三十日,再过两星期,水浅了,就没有从长沙直达的船了。孟真极力反对此议,还没有结果。病人自己大概是因为睡了十多天背酸之故,从二十日起,天天闹着要下床走动,医生不许可,孟真也力劝阻。

二十三日病体突然恶化,即起于下床。杨医生记载如下:

> 二十三日晨十一时,丁先生复要求暂为离床小坐椅上。此时因他意颇坚决,难以阻止,就由五六人维护下地,动作甚痛苦。半小时后,傅斯年先生即观察丁先生神色剧变,十一时三刻复扶入床。以前脉搏约在八九十之间,呼吸正常。十二时脉搏已增至一百十几,呼吸二十数,体温三十九。神志仍清,惟甚疲困,说话甚少。检查得左胸打诊甚浊,且有远离之气管音,即疑左胸有液体。午后行诊断刺穿,果发现红色脓液。
>
> 是晚即延请湘雅外科主任顾仁(Greene)医师诊视,复抽出

约五百五十公撮之稀脓液。是晚体温呼吸即好转。

二十四日复行穿刺,惟得极少量之同样液体。脓胸之诊断既明,商请傅斯年先生请协和医院外科医师来湘诊视。……

左肺底似有肺炎。体温在三九、四十之间。右臂痉挛更甚。不能言语。大小便失禁。不能入眠,出汗较多,故每晚需用大量之安眠剂。

二十四日下午一时,我得孟真急电:"在君病转剧,烧三九余,气促,医疑胸肺有脓,乞请协和派胸部手术医生飞京转湘,并带用具及养气桶。"我得电赶去找协和医院王锡炽院长,商量此事。王院长发一电报给杨济时医生,要他详告诊断的病情。傍晚时,他得回电云:"胸脓(Empyema)。请求指示及襄助。"王院长即与外科主任娄克思医生商量后,决定复电云:"推荐顾仁(Dr. Phillips Greene)医师备外科的咨询及施治。如顾仁要求,协和极愿相助。"

我也发了两电,一个给南京翁咏霓,一个给长沙丁夫人及孟真,均报告协和医院推荐湘雅本院顾仁医师的话。二十五日晚上我得长沙电:"在君前晚危,昨抽脓,并施各法,温度大降,未全脱险,仍续抽。"协和也得电报,报告抽脓事,并说稍有转机。

这都是我当时的日记。这里很清楚的记载协和医院外科主任要避免院外人干涉之嫌,故于二十四晚电告杨医生请本院的外科主任顾仁医生作外科的咨询及施治;如需协和帮助,应该由顾仁决定。孟真二十五电告"昨抽脓,并施各法",是抽脓在二十四。而上文引杨医生记载延请顾仁医师诊视,复抽出五百五十公撮的脓液,是在二十三的晚上。这里明明有一天的记载差异。

我查孟真给研究院同人的十二月二十六日信,他只说二十三日下午四时,病人"表现发烧。此时大家互相抱怨,医亦自怨,以为不应使其下床。然犹以为是倦后现象,无大碍也。晚饭弟招呼,他吃得很多。"是二十三日并未延请顾仁,也并未抽脓。

孟真信上继续说:

星期二(二十四日)天未明时(约五时),丁太太隔楼相唤,——经农家即在院内职员宿舍也,——及弟到,始知在君情形着实不妙！温度、脉搏、呼吸，一齐高升，喘得不了。

旋杨主任来，亦大慌，觉得必是胸中原有何伤痕，昨午一动，至于溃决也。先是十五日照 X 光，在君左肺有如掌大之痕，……杨医生初疑其在肺，继见经过情形太好，以为在筋肉。一周以来，一切事（温度、脉、呼吸）经常，未继续注意听此处，以为必是自愈了。此次忽然恶转，必是此处发作。

下午四时用针一探（杨晨间如此提议，顾仁尤主张），果然此处有脓水，知病源在此矣。是日注射葡萄糖两次，又借来养气带，用数次。

下午二（六？）时，顾仁医生（此间外科主任）开始抽脓，抽出如带沫之啤酒一般之脓水五百 CC。此后在君神经立时清楚。此好转之开始也。是日晨杨主任即主张请协和外科胸部手术专家。下午杨主任几以为无望矣。

是日天未明时，丁太太大劳动，上午几不支，弟主张将其送入病房。下午此间施行手术，均弟与二丁作主。

星期二（二十五日）上午至下午极好，下午四时又抽出比昨日更浓之脓水十五至二十 CC。看来此处病源渐好。……

下午八时，温度与脉又高，知必又蔓延一处矣。医生及同人又转悲观。……幸十二时以后逐渐下降。

今日（二十六）温度与脉仍逐渐下降中，故一切可以乐观。

孟真此信是研究院油印分送的。他的草字本不很好认。二十四日先记"下午四时用针一探"，后记"下午二时顾仁开始抽脓"，此"二时"当是"六时"之误认。据此信，二十四日晨顾仁医生已参加意见，主张刺穿胸膛，至下午四时才作第一次试探的刺穿，下午六时才由顾仁抽出五百多公撮的脓。故杨医生记诊断刺穿及延请顾仁抽出大量的脓，皆在二十三日及二十三晚，必是错误。

孟真二十八日给我的信上也说：

……Empyema 抽脓水三次。一次在二十四晚，抽五百 CC。一次在二十四（当是二十五之误）下午，抽十五至二十 CC。一次为今晨（二十八），已现清色，约四十 CC。

我的日记,摘钞如下:

十二月二十六日　今天消息最恶:殷汝耕果已成立冀东自治政府。宋哲元等都到了天津。……长沙无电报来。但主任医师顾仁有电给协和外科主任娄克思先生,请他去会商。他已定二十八晨飞南京转长沙。下午我接翁咏霓电:"日内天气不良,飞机难行。竹垚生已在京虚候二日。"

我与协和王锡炽院长电话商量后,发两电。一给咏霓,告以顾仁电约娄克思会商,拟二十八飞京转湘,乞备机,并电告明日天气。一给经农孟真,告以娄克思二十八飞京,并望电告病情。

十二月二十七日　得孟真电:"两次抽脓,医以抽不尽,必须开割肋膜,坚请协和主任来,……愈速愈妙。……"协和电话说娄克思决定明早飞京。我电告咏霓备机。

十二月二十八日　昨夜我写一文,到两点始睡,外面大风,我很虑今早 Dr. Loucks 飞不成。两次醒来,听见大风怒号,心极焦急。

早晨始知 Loucks 已飞去了。

长沙南京无电报。晚间得王院长电话,知娄医生已到南京,明早飞湘。

据杨医生的记录,在君"自二十七日以后,时醒时睡,神志不甚清晰。二十八日晨,顾仁医生于第五肋骨处开割,果然发现第五肋骨已折,并取出一百五十公撮之浓脓(此可更正孟真所记的小误)。培养及染色检查结果,发现脓中有肺炎双球菌。开割口约二寸,置放出脓管。二十九日,三十日,两日体温复常。时协和医院外科主任娄克思已到长沙,会诊之决定,再用 X 光照胸部。因该处心影所蔽,照片不能详明。以探针试胸部脓管,为后向上升,深有尺余。

民国二十五年(1936)一月一日,我早起时,接到协和王院长的电话,说娄克思主任有电报来,说"在君病状有进步,后果尚难预测"。

娄克思一月二日与孟真同离开长沙。孟真电告我:"病无变。面详。"娄克思一月二日留下这个报告,我依杨济时先生的译文,记在下面:

据两日以来之观察,大致情形为作脓发炎,加之一氧化炭并发毒之结果,肺部不免有发炎变化。惟因心影遮蔽,不易诊察。除已发现之作脓处外,其他处恐尚有较小之同样病态。惟此类脓胞或不大,不能觉察也。

综观病前衡阳旅行之种种疲劳,煤气中毒等等不幸之经过,余个人意见以为脑中枢血管损坏足以解释目下之情形,尤以步行上南岳山,入矿底,离床坐起,过度费力之动作为最严重。衡阳中毒后二日之昏迷,右臂之痉挛,第二次过度动作(指离床下地)后发生失语,大小便无节制,强度之痉挛,——脑部血管出血,或脑部脉管血栓形成,足以解释现在之诊状。肋骨截伤非主要症。目下胸腔作脓,可增剧脑部血管固有之损坏(瘀斑出血肿胀等)。此类病理变化,以煤气为主因。……娄克思(原译文见《独立》第一八九号,页十四。我此次引用,曾改变标点一二处)

一月四日,下午一点,我得长沙电报:"在君病转危。"三点一刻得电报:"病转危。"九点又得电报:"病危,似系脑充血。"下午徐韦曼自长沙来电报:

> Surgical condition improving. Fever steadily mounting. White cell lowering. Aphasia(失语症), spasticity(剧性痉挛) and drowsiness stationary. Suspect cerebral complication. Meet Fu and Loucks. Arrange neurological or internal consultation.

晚上九点半,我和协和王院长到西车站接着娄克思医生与孟真。我们同到王家,请协和的内科主任 Dr. Dieuaide,神经系科主任 Dr. Lyman,脑外科医师关颂韬,同来会议,从十点到半夜后,大家拟定长电,我送到电报局打给杨济时医生。电文凡五十三字,大意说,内外科主任与神经系科主任均可随时去长沙,病理诊断似系大脑脉管损坏,暂勿注射葡萄糖。……

那天会议时,他们听了娄克思的报告,都以为十二月九日晨在君的病已是脑中枢脉管损坏了,故有两日的昏迷,又有右臂的痉挛。

一月五日,上午没有长沙电报。午饭后,王院长来电话,说他连得两急电:第一电请协和速派医生飞去。第二电是十二点二十五分发的,说"丁垂危!"

我赶到协和医院,与 Loucks, Lyman, Dieuaide, 及关颂韬五人会商,复一电云:"明早快车来。"

晚上我在王正辅先生家,得王院长电话,说在君下午死了!我赶回家,得电报:"在君昨日转危,于今日下午五时四十分逝世。经农、韦曼。"

在君真死了!

一月六日,我去看林斐成先生(行规),他有在君遗嘱的副本,我摘抄了其中关于丧葬的部分,电告经农与徐韦曼,又电告遗嘱执行人竹垚生,请他将遗嘱与咏霓商酌办理。当晚得徐新六、竹垚生回电,垚生今晚携遗嘱入京示咏霓。(遗嘱见附录)

在君是为了"求知"死的,是为了国家的备战工作死的,是为了工作不避劳苦而死的。他的最适当的墓志铭应该是他最喜欢的句子:

明天就死又何妨!

只拼命做工,

就像你永永不会死一样!

1956年3月12晨三时写完　　胡适

附录　丁文江遗嘱

立遗嘱丁文江,字在君,江苏泰兴县人,今因来平之便,特邀旅平后列署名之三友,签证余所立最后之遗嘱如左(下)。

遇本遗嘱发生效力时,即由余亲属邀请余友竹垚生先生为遗嘱执行人,余弟文渊亦为余指定之遗嘱执行人,依后列条款,会同处分余之遗产及管理余身后之事:

一、余在坎拿大商永明保险公司(The Sun Life Assurance Company of Canada)所保余之寿险所保额为英币贰千镑,业由余让与余妇史久元承受并经通知该保险公司以余妇为让受人,即为余妇应得之特留分。此项外币之特赠,为确保其依兑换率折合华币之数足敷生活费用起见,兹特切托本嘱执行人,遇兑换所得不足华币现银叁万圆时,即先尽余其余遗产变价补足之。

就换足前项额数之货币中,至少有半额,终余妇之身,应听本嘱执行人指商存储;平时只用掣息,不得动本,遇有变故或其他不得已事由,仍得商取本遗嘱执行人之同意,酌提一部分之本;此项余妇生前用余之款,除其丧费用外,概听余妇以遗嘱专决之。

二、除前项确保之特留分及后项遗赠之书籍用具文稿外,余所遗之其余现金证券及其他动产,兹授权于本嘱执行人,将可变现金之动产,悉于一定期间内,变易现金;就其所得之现金,以四分之一归余三弟文潮之子女均分,以四分之一归余兄文涛之子明达承受,其余四分之二归余弟文渊、文澜、文浩、文治四人均分。

三、余所遗之中西文书籍,属于经济者赠与七弟文治,属于文学者赠与七弟妇史济瀛,中文小说留给余妇,其余概赠现设北平之中国地质学会。

余所遗家庭用具,除尽余妇视日用必要听其酌留外,其余悉赠上开中国地质学会。

余所遗文稿信札,统由余四弟文渊七弟文治整理处置之。

四、以上各条之遗赠,遇失效或抛弃而仍归属于遗产时,即由余友竹遗嘱执行人商取本嘱见证人之意思,就归属于遗产部分之财产,以一半分配于现设北平之中国地质学会,其余一半,准本嘱第一条第二条所定,比例摊分于该两条之受赠人。

五、于余身故时即以所故地之地方区域以内为余葬地,所占坟地不得过半亩,所殓之棺,其值不得逾银一百元,今并指令余之亲属,不得为余开吊、发讣闻、诵经,或徇其他糜费无益之习尚;遇所故地有火葬设备时,余切托遗嘱执行人务必嘱余亲属将余遗体火化。

现行法已废宗祧继承,余切嘱余之亲属,不得于余身后,为余立嗣。

以上遗嘱,为余赴北平时,约集旧友眼同见证,同时签署,并嘱余友林斐成,本余意旨,为之撰文,合并记明。

中华民国二十四年二月二十二日立于北平

立遗嘱人　见证人　撰遗嘱人

校勘后记

　　五年前,中央研究院的同人筹备故总干事丁文江先生逝世二十周年的纪念刊,这本《丁文江的传记》是我在国外为纪念刊赶写成的。我原来只想写两三万字,不料写成了十万字的一篇长传。材料不完全,特别是在君的日记信札我完全没有得见,是很大的缺陷。我不是学地质学的人,所以我不配评量也不配表彰在君的专门学术,这是更大的缺陷。

　　1955年秋天我开始写这本传记,1956年3月12日写完,已在在君逝世二十周年纪念(1956,1月5日)之后了。此传写成整整四年了。我至今还不能弥补这两个大缺陷。

　　近年颇有人注意传记的文学,所以这本《丁文江的传记》的抽印本也快卖光了。我藉这个重印的机会,仔细校勘一遍。新校出的错误,都在重印本上改正了。

　　我现在要举出一件错误的考订,因为情节比较复杂,不容易说明白,只好记在这里。问题是这样的:

　　房兆楹先生和杜联喆女士编的《增校清朝进士题名碑录》的附录一,其中有宣统三年(1911)五月的"游学毕业"的五十七人的题名。五十七人之中,有丁文江、章鸿钊、李四光,都是后来有盛名的地质学者。这五十七人列在"游学毕业进士"的诸录里,应该都是在北京经过"游学毕业"的考试,及格授与进士的了。但我看此五十七人的题名录前面的"五月"两个字,我起了疑心,因为丁文江先生自己记载他1911年5月10日到了劳开,5月12到了昆明,5月29日从昆明出发。他游历了云南、贵州两省,6月29日到贵州的镇远,7月6日从镇远坐船,7月13日到湖南的常德。我先考定他记的是阳历。

(《传记》二十页)我指出他的阴历行程如下：

　　　　宣统三年五月初二　　　从昆明出发。
　　　　同年六月十八　　　　到常德。

所以我断定他决不能在宣统三年"五月"在北京应游学考试取得进士。所以我疑心，房兆楹先生附录的"宣统三年五月"的五十七人可能是"学部汇报的国外留学生毕业名单，而被误列为游学毕业进士名录的。"（二十一页）

李济之先生请丁月波先生（文渊）看我的稿本，月波给我加了一条小注，说：

　　文渊按：家兄回家后小住，就赶去北京应游学毕业考试，大约在阴历八月的时候。（二十一页注六）

这已够证明此录系在此年五月，必有错误了。但月波的小注又说：

　　地质学者李四光决不在内。房先生于此必有错误。李四光先生在武昌起义以后，曾任教育厅长，以后自请以官费留学英国，习地质。我在1919年秋天到了英伦，曾和丁巽甫去访过他。

这就提出了另一个问题：榜上有名的李四光是否错误？是不是后来有名的地质学者李四光？

丁月波先生的小注是这本传记印成后我才看见的。今年3月，我借出史语所藏的《清实录》里的《宣统政纪》来检查，在卷六十查得：

　　宣统三年八月丙申（初二日），命镶蓝旗蒙古都统张德彝，外务部左侍郎胡维德，民政部右侍郎林绍年，都察院副都御史朱益藩，充考试游学毕业生主试官。

又在卷六十二查得：

　　宣统三年九月庚午（初六日），验看学部考验游学毕业生，得旨：周家彦……〔等十九人〕均赏给法政科进士；周诒春著赏给文科进士；沙世杰著赏给医科进士；彭世芳、丁文江、章鸿钊，均著赏给格致科进士；陶昌善、朱继承均著赏给农科进士；王弼、……李四光……〔等二十二人〕均著赏给工科进士；王廷璋……〔等九人〕均著赏给商科进士（此下尚有四百一十四人，赏给各科举人）。

这个五十七人的进士榜和房先生附录的五十七人的进士录完全相同。(只法科进士第八人是潘灏芬,房录脱芬字;商科第一人是王廷璋,房录璋作樟。)丁文江确是榜上有名的,他得的是格致科进士,可见他确曾赶到北京应八月初的游学毕业生考试。月波说他"赶去北京应考试,大约在阴历八月的时候",是不错的。那年有闰六月,他六月十八到常德,换小火轮去长沙,从长沙到汉口,换长江大船到南京,月波和他坐江轮到八芹港,换民船回到泰兴黄桥。(看二十页月波注五)他还可以赶到北京去应八月初的考试。进士榜是九月初六日(阳历 10 月 27 日)发表的,房兆楹先生的附录误记作"五月",应改作"九月"。

李四光也在榜上,但他得的是工科进士。他先在日本学工科,故考在工科。我在传记里说错了一句话:"地质学者丁文江、章鸿钊、李四光三人也在此五十七人之内。"这句话引出了月波的小注,"地质学者李四光决不在内"。榜上的李四光此时还不是地质学者,他在留学考试后曾参加武昌的革命政府,但不是"教育厅长"。民国二年由稽勋局官费派他到英国留学,他才专学地质学。月波和我都有小错,房先生在这一点并没有错。房先生原录上明记李四光是工科进士,与《宣统政纪》相符。

《传记》第十三章记载"大上海"的计划与实施,其中略述丁先生在淞沪商埠总办任内收回上海公共租界的会审公堂的一件大事。我在一〇八页有一条附注,说:

  我在海外,没有寻得收回会审公堂的一切文件的中文原文。上面引的〔收回会审公堂〕临时协定条文都是依据英文《中国年鉴》(The China Year Book) 1928 年份,页四六五至四七五。因为是我摘译的,不是直引中文原本,故都没有用引号。

现在承中央研究院近代史研究所郭廷以先生替我从《东方杂志》二十三卷二十号(民国十五年十月出版)里抄出《收回上海会审公廨暂行章程》(我在此传记里误称作《收回会审公堂临时协定》),我附录在后面,作一件参考资料。

1960 年 4 月 20 日

附录一　收回上海会审公廨暂行章程

第一条

甲、江苏省政府就上海公共租界原有之会审公廨改设临时法庭,除照条约属于各国领事裁判权之案件外,凡租界内民刑案件,均由临时法庭审理。

乙、凡现在适用于中国法庭之一切法律(《诉讼法》在内)及条例,及以后制定公布之法律条例,均适用于临时法庭;惟当顾及本章程之规定,及将来协议所承认之会审公廨诉讼惯例。

丙、凡与租界治安直接有关之刑事案件,以及违犯《洋泾浜章程》及附则各案件,暨有领事裁判权约国人民所雇华人为刑事被告之案件,均得由领袖领事派委员一人观审。该员得与审判官并坐。凡审判官之判决,无须得该委员之同意,即生效力;但该委员有权将其不同意之点,详载纪录。又,如无中国审判官之许可,该委员对于证人及被告人不得加以讯问。

丁、所有法庭之传票、拘票,及命令,经由审判官签字,即生效力。前项传票、拘票,及命令,在施行之前,应责成书记官长编号登记。凡在有领事裁判权约国人民居住之所执行之传票、拘票,及命令,该关系国领事或该管官员,于送到时应即加签,不得迟延。

戊、凡有领事裁判权国人民或工部局为原告之民事案件,及有领事裁判权国人民为告诉人之刑事案件,当由该关系国领事或领袖领事按照条约规定,派官员一人,会同审判官出庭。

己、临时法庭外,另设上诉庭,专办与租界治安直接有关之刑事上诉案件,及华洋诉讼之刑事上诉案件。其庭长由临时法庭庭长兼任。但五等有期徒刑以下,及违犯《洋泾浜章程》与附则之案件,不得上诉。凡初审时领袖领事派员观察之案件,上诉时,该领袖领事得另派员观审,其权利及委派手续,与初审时委员相同。至华洋诉讼之刑事上诉案件,亦照同样办法,由领事易员出庭。

庚、临时法庭之庭长,推事及上诉庭之推事,由省政府任命之。

第二条

临时法庭判处十年以上徒刑及死刑案件,须由该法庭呈请省政府核准,其不核准之案件,即由省政府将不核准理由令知法庭,复行讯断,呈请省政府再核。凡核准死刑之案,送交租界外官厅执行。租界内检验事宜,由临时法庭推事会同领袖领事所派之委员执行。

第三条

凡附属临时法庭之监狱,除民事拘留所及女监当另行规定外,应责成工部局警务处派员专管。但一切管理方法,应在可以实行范围之内,遵照中国管理监狱章程办理,并受临时法庭之监督。法庭庭长应派视察委员团随时前往调查,该委员团应于领袖领事所派委员中加入一人。如对于管理人犯认有欠妥之处,应即报告法庭,将不妥之处,责成工部局立予改良,工部局警务处应即照办,不得迟延。

第四条

临时法之传票、拘票、命令,应由司法警察执行。此项法警由工部局警务处选派,但在其执行法警职务时,应直接对于法庭负责。凡临时法庭向工部局警务处所需求或委托事件,工部局警务处应即竭力协助进行。至工部局警察所拘提之人,除放假时日不计外,应于二十四小时内送由临时法庭讯办,逾时应即释放。

第五条

凡经有领事派员会同审判官出庭之华洋民事案件,如有不服初审判之时,应向特派交涉员署提起上诉,由交涉员按照条约,约同有关系领事审理,但得交原审法庭易员复审,其领事所派之官员,亦须更易。倘交涉员与领事对于曾经复审案件上诉时不能同意,即以复审判决为定。

第六条

法庭出纳及双方合组委员会所规定之事务,应责成书记官长管理,该书记官长由领袖领事推荐,再由临时法庭呈请省政府委派,受临时法庭庭长之监督指挥,管理属员,并妥为监督法庭度支。如该书记官长有不胜任及溺职之行为,临时法庭庭长得加以惩戒。如遇必要时,经领袖领事同意,得将其撤换。

第七条

以上六条,系江苏省政府收回会审公廨之暂行章程。其施行期限为三年,以交还会审公廨之日起计算。在此期内,中央政府得随时向有关系之各国公使交涉最后解决办法。如上项办法双方一经同意,本暂行章程当即废止。如三年期满,北京交涉仍无最后解决办法,本暂行章程应继续施行三年,惟于第一次三年期满时,省政府得于期满前六个月通知,提议修正。

第八条

将来不论何时,中国中央政府与各国政府交涉,撤消领事裁判权时,不受本暂行章程任何拘束。

第九条

本暂行章程规定交还会审公廨办法之履行日期,应由江苏省政府代表与领袖领事另行换文决定之。

中华民国十五年(即一千九百二十六年)八月三十一日在上海签字,共计中英文各四份。均经对照,文意相符。

(录自《东方杂志》二十三卷二十号·民国十五年十月版)

附录二　龙研仙同情革命

古春风楼琐记　芝翁

郭嵩焘于清季出使英国,回国之后,好谈西欧新政,有《海外日记》等著作,当时一般守旧人物,见之哗然,指为"汉奸"。王湘绮说他"中洋毒",更制"出乎其类,拔乎其萃,不容于尧舜之世;未能事人,焉能事鬼,何必去父母之邦"的联句嘲骂,通人如此,其他可知。那时有个少年人,投刺进见和嵩焘谈了半日,嵩焘叹道:"举世无知己,惟此一少年!"

这少年姓龙名璋,字研仙,是光绪丙子科的举人,那时才二十三岁,他博览中外政书,知道这不是闭关自守的时候了,不知彼焉能知此?因此无心八股文字,两赴礼闱,不获一第,便以中书改官知县,分发江苏,做了好几任知县,虽是小小七品官,名声却在道府之上。中日战争时,张之洞总督两江,他向张条陈扼守江淮,待机御敌。戊戌变法失败,光绪被囚,慈禧要行废立,密旨询两江督刘坤一和湖广督张之洞,坤一便请研仙到署商对策,研仙向坤一道:"废立的事,只在老太太一句话,要怎么办便怎么办,原无须征询疆吏意见的,所以要多此一举者,便是有所顾忌。大帅是中兴宿将,张香帅也是朝廷旧臣,会同上奏,老太太便不至蛮动了。"坤一深觉得有理,其"君臣之份已定,中外之口宜防"的警句,据说即是研仙加进去的,光绪的帝位才给保住。

庚子义和团起南方各省仇教案件,也有发生,研仙进见坤一,请上疏诛首祸诸臣,并和东南各省督抚,照会所在地各国领事,立约保护外侨。同时上书给张之洞,请"肃清君侧",张本来善于做官,不敢发,但"东南自保"之议,还是采用研仙的建议,而由张季直促成的。辛丑和约之后,他看到清廷政事恢乱,气数已尽,革命潮流澎湃,对党人辄多赞助,在如皋创办小学,并在南京设旅宁学校,又返湖南筹创明德经正各校。黄兴倡义长沙,研仙密助十万;刺王之春案发生,黄兴系狱,他也暗里营救,又用了数千元,以后老河口镇南关黄花岗诸役,也都有资助,他处事很守秘密,所以清吏都没有察觉。辛亥夏,铁道国有议起,四川发生风潮,沿江各省也汹汹图谋举事,研仙这时虽没有加入革命党,但却同情革命,日夜向新军防营游说,计划俟机起义。

湖南继武昌起义之后,倡言独立,焦达峰、陈作新都向研仙计议,事起,焦陈任正副都督,研仙也被推为民政长。当清军攻汉阳时,焦陈遭人杀害,部曲要报仇,研仙痛哭力争,劝以大局为重,不要自相斫杀,乃推谭延闿继任都督,礼葬焦陈,和谭畏公计议出兵响应武昌义师,自己带兵到辰州,并至镇筸安抚苗黎。民二,袁世凯派张勋、冯国璋取金陵,失败后,研仙亦避上海;四年云南起义后,"送命二陈汤"的汤乡铭独立,研仙到了长沙,乡铭已走,研仙再度被推为民政长,不久引退,至七年三月卒,年六十五。遗著有《甓勤斋集》若干卷。

(原载 1959 年 3 月 27 日台湾《新生报》副刊)

后 记

胡先生的《丁文江的传记》,民国四十五年十一月出版,载在《中央研究院院刊》第三辑里。四十九年六月,胡先生嘱台湾启明书局印单行本,并由胡先生写了一篇《校勘后记》。启明停业后,这本书已绝版多年。近年来,外间向本馆函询这书的很多,本馆因用《中研院院刊》第三辑的原抽印本将这个传记影印发行,以应读者的需要。

我们需要向读者说明的,有下列各点:

一、原抽印本错误的地方,现照启明本一一改正。

二、原书一二二页十三行第三字起原作"死时大概不到三十岁"今照胡先生"自用校本"上的亲笔校正,改为"生于光绪二十四年(1898),他死时止有三十二岁。"

三、胡先生为启明本所写的《校勘后记》,现仍重排印出。

四、原书第二章叙述龙研仙先生扶植丁在君先生的一段故事后,曾贴有胡先生从台湾新生报四十八年三月二十七日的副刊剪下的《龙研仙同情革命》一文。这段文字发潜德之幽光,极可宝贵。现在我们亦把它影印于传文后(芝翁系高拜石先生的笔名。文中第九行的"读"字当是"谈"字的误排;三十三行的"辄"字,当是"辄"字的误排)。我们谨向和这段文字有关的各方面致谢。

毛子水　谨记　1973年2月24日

怀 人 集

林琴南先生的白话诗

林琴南先生(纾)在民国七八年之间,最反对白话文学的运动。他有书给蔡孑民先生,攻击当日几个提倡白话文的教授;又作了几篇小说,丑诋蔡先生、陈独秀先生、钱玄同先生和我。白话文学的运动开始以来,反对的人很不少;但最出力的,在新少年中要算学衡社的几位先生,在老年中要算林先生了。

然而林琴南先生上月去世的时候,北京有几家报纸竟引我的《五十年来的中国文学》里论林先生的话来做他的盖棺定论!这真是林先生生前梦想不到的事。

现在我要做的一件事,更是林先生梦想不到的。我要发表林琴南先生三十年前做的白话诗。

二十八年前(光绪丁酉,1897)正当维新运动将成立的时期,国中的知识阶级受了种种外患的刺激,大家都期望做一番改革的事业。富国,强兵,兴学堂,开风气,开通民智,废八股,废缠脚……的喊声,到处都听得见。在通商口岸,这种喊声更是热闹。当日确有一班新人物,苦心苦口地做改革的运动。林琴南先生便是这班新人物里的一个。

那时候,林琴南先生受了新潮流的影响,做了几十首新乐府,批评种种社会制度的不良,发表他的革新意见。这些诗都可算是当日的白话诗。当时曾印了一千部行世,原名为《闽中新乐府》。现在此书的印本已很不容易得了。去年我在南方时,高梦旦先生写信给我,说他家中有人从破纸堆里捡得此书。高先生选抄了一部分寄给我,说可为"五十年文学史的材料";又说:"可以见思想变迁之易,而稚晖先生真不可及也!"高先生的话真不错:林先生的新乐府不但可以表示他的文学观念的变迁,并且可以使我们知道五六年前的反动领袖在三十年前也曾做过社会改革的事业。我们晚一辈的少年人只认得守旧的林琴南而不知道当日的维新党林琴南；只听得林琴南老年反对白话文学，而不知道林琴南壮年时曾做很通俗的白话诗，——这算不得公平的舆论。所以我把这些诗选了几首，托《晨报》纪念号发表出来。

村先生　讥蒙养失也

村先生，貌足恭，训蒙《大学》兼《中庸》。古人小学进大学，先生躐等追先觉，古人登高必先卑，先生躐等追先知。童子读书尚结舌，便将大义九经说。谁为"鱼跃"执"鸢飞"？且请先生与"式微"。不求入门骤入室，先生学圣工程疾。村童读书三四年，乳臭满口读圣贤。偶然请之书牛券，却寻不出"上下论"。书读三年券不成，母咒先生父成怨。我意启蒙首歌括，眼前道理说明豁。论月须辨无嫦娥，论鬼须辨无阎罗，勿令腐气入头脑，知识先开方有造。解得人情物理精，从容易入圣贤道。今日国仇似海深，复仇须鼓儿童心。法念德仇亦歌括，儿童读之涕沾襟。村先生，休足恭；莫言芹藻与辟雍。强国之基在蒙养，儿童智慧须开爽，方能陵驾欧人上。

小脚妇　伤缠足之害也

（1）

小脚妇，谁家女？裙底弓鞋三寸许。下轻上重怕风吹，一步艰难如万里。左靠嬷嬷右靠婢，偶然蹳之痛欲死。问君此脚缠何时？奈何负痛无了期，妇言，侬不知。五岁、六岁才胜衣，阿娘做履命缠足，指儿尖光腰儿曲；号天叫地娘不闻，宵宵痛楚三更哭。床头呼阿娘："女儿疾病娘痛伤，女儿颠跌娘惊惶；儿今脚痛入骨髓，儿自凄凉娘弗忙"。阿娘转笑慰娇女："阿娘少时亦如汝。但求脚小出人前，娘破功夫为汝缠。"岂知缠得脚儿小，筋骨不舒食量少。无数芳年泣落花，一弓小墓闻啼鸟。

（2）

破屋明斜阳，中有贤妇如孟光，搬柴做饭长日忙，十步九息神沮伤。

试问何为？脚不良。妇看脚,泪暗落。缠来总悔当时错。六七年前住江边,暴来大水声轰天,良人鱼贩夜不反,娇儿娇女都酣眠。左抱儿,右抱女,娘今与汝归何所？阿娘脚小被水摇,看看母子随春潮。世上无如小脚惨,至今思之犹破胆。年来移家居傍城,嘻嘻火鸟檐间鸣,邻火陡发鬼神惊,赤脚抛屦路上行。指既破,跟且裂,足心染上杜鹃血。奉劝人间足莫缠,人间父母心如铁,听侬诉苦心应折。
（3）

敌骑来,敌骑来,土贼乘势吹风埃,逃兵败勇哄成堆。挨家劫,挨家杀,一乡逃亡十七八。东邻健妇赤双足,抱儿夜入南山谷,釜在背,米在囊,蓝布包头男子妆,贼来不见身幸藏。西家盈盈人似玉,脚小难行抱头哭；哭声未歇贼已临,百般奇辱堪寒心。不辱死,辱也死；寸步难行始至此,牵连反累丈夫子。眼前事,实堪嗟,偏言步步生莲花。鸳鸯履,芙蓉绦,仙样婷婷受一刀。些些道理说不晓,争爱女儿缠足小,——待得贼来百事了！

百忍堂　全骨肉也

（1）

百忍堂前善气祥,百忍堂后戾气殃。家庭贵和不贵忍,请言流弊百忍堂。张公初意原持正,公平二字操家政,纵有烦言出女流,只妆聋聩心无竞。有张公,焉得争？非张公,便不行。我今试画妇人心,忍之为害江河深。一家安得无贵贱？同槽共食谁相炫？惟有裙钗辨最精,微言琐语揣摩遍。阿兄新选官,夫人例进金蝉冠；叔姒成行少颜色,无风水渐生波澜。床头咄丈夫,青衫何异舆台躯？朝言暮语郎心变,铮铮气节家庭见。不遵约法但称高,帏房日亦声嘈嘈。恶声先及兄婢仆,非理责人人不服。婢立遣,奴立逐；笑在眉梢怒在腹。不羡阿兄气量宽,只言贫贱作人难。缙绅尚如此,庶民更猥鄙。兄无钱,弟有钱；今日钏,明日钿。锦绣折叠和衣眠。后房老嫂衣衾薄,坐近薰笼声瑟索；无论势利起家庭,第言一本殊哀乐。我思张公当此时,惟行宗法能一之,哀多益寡无参差。孰知妇人心,又有一番言：我用丈夫钱,此事何关汝？阿兄无藉落拓人,衣食出我夫妇身。伯姒生儿制文襗,即夺吾儿坐上茵。张公此际将何术？岂能七出持刑律？只有冥心不见闻，闺房戾气成游氛。须知筵席无不散，何苦相聚成冰炭？许武曾闻析产居，比君高义当何如？妇人相近则相妒，公平析产古无数。产析仍深骨肉情，半丝半颗相关顾。感人容易情亦生，才破妇人心上痼，才破妇人心上痼！

（2）

我思百忍堂，最穷是家督。焉能以己心，尽体人衷曲？譬如一家中，四人亲手足；长兄最早娶，生儿至五六；仲氏亦多男，未育者季叔。兄子秋来攀桂花，满堂纨缦如红霞；公车去盼南宫榜，往返川资三百两。次子春来复采芹，鹏程万里济青云；卯金又向公房出，一时支应殊纷纭。以次男女论嫁娶，衣笥镜奁渐无度，度支绌处卖庄田，酬应烦多须费钱。叔季兰徵尚未兆，兄自用多我用少。叔娣宵来痛澈心，季娣衔愤尤深沉，长兄仍自持公义，一衫一裤咸无异。兄动裁衣十袭余，弟仅夫妇袍与襦。二兄女儿纷成队，叔季夫妻徒向隅。长兄仍不将家析，思将百忍追前哲。本愿公平却不公，产微累重一时空。诸郎尚恃先畴在，齐齐意气矜湖海。家督心殚釁始分，釜甑以外无公文。叔季此时却生子，艰难不如诸兄比。头不冠，脚不履。阿娘痛忿胸怀里。"尔父心仪百忍堂，一生只益长兄房。长兄百事已楚楚，无食无衣难为女。"试请张公听此语。

棠梨花　刺人子惑风水之说不葬其亲也

棠梨花，为谁好？三橡权屋迷春草。屋是城中显宦家，二十年前才告老。南庄屋，北庄田，岁入百间百万钱。钟停漏歇主翁病，死时吊客如云盛。枕块方披孝子哀，开场先下地师聘。地师来洋洋，奴仆相扶将。地师病嗽需梨浆，地师嗜酒陈杯觞；地师烟瘾芙蓉香，银灯照耀地师床。地师怒且语，主人伏如鼠。地师欢笑主起舞，明朝得地生制府。地师登山腰舆高，山佣疾尾如猿猱。朋奸齐心作主贼，地师山佣甘如蜜。分赃不均忽懊恼，地师山佣辞颠倒。主人右地师，但求吉地无嫌迟。一年水患田不收，二年火患焚高楼。三年盐业败垂尽，主人日夕怀隐忧。长生库质黄金钿，华堂犹设地师膳。还期富贵墓中来,山南山北搜寻遍。地师橐未实,主人风水须时日。孰过荒凉权屋前? 落叶成堆秋瑟瑟。地师地师道葬经,何不自家安先灵? 妖言惑众干天怒,人祸虽逃有鬼刑。

破蓝衫　叹腐也

　　破蓝衫,一着不可脱,腐根在内谁能拔? 案上高头大讲章,虚题手法"仁在堂"。子史百家在杂学,先生墨卷称先觉。腐字腐句呼清真,熟字连篇不厌陈。中间能炼双搓句,即是清才迥出尘,捷秋闱,试南省,丝纶阁下文章静。事业今从小楷来,一点一画须剪裁。五言诗句六行折,转眼旋登御史台。论边事尊攘,咬定春秋义。边事凄凉无一言,别裁伪体先文字。吁嗟呼,堂堂中国士如林,犬马宁无报国心? 一篇制艺来双手,敌来相顾齐低首。我思此际心骨衰,如何能使蒙翳开? 须知人才得科第,岂关科第求人才。君不见曾左胡,岳岳人间大丈夫。救时良策在通变,岂抱文章长守株。

　　　　　　(原载 1924 年 12 月 31 日《〈晨报〉六周年纪念增刊》)

追悼志摩

> 悄悄的我走了,
> 正如我悄悄的来;
> 我挥一挥衣袖,
> 不带走一片云彩。
>
> 　　　　　　(《再别康桥》)

　　志摩这一回真走了!可不是悄悄的走。在那淋漓的大雨里,在那迷濛的大雾里,一个猛烈的大震动,三百匹马力的飞机碰在一座终古不动的山上,我们的朋友额上受了一下致命的撞伤,大概立刻失去了知觉。半空中起了一团天火,像天上陨了一颗大星似的直掉下地去。我们的志摩和他的两个同伴就死在那烈焰里了!

　　我们初得着他的死信,却不肯相信,都不信志摩这样一个可爱的人会死的这么惨酷。但在那几天的精神大震撼稍稍过去之后,我们忍不住要想,那样的死法也许只有志摩最配。我们不相信志摩会"悄悄的走了",也不忍想志摩会死一个"平凡的死",死在天空之中,大雨淋着,大雾笼罩着,大火焚烧着,那撞不倒的山头在旁边冷眼瞧着,我们新时代的新诗人,就是要自己挑一种死法,也挑不出更合式,更悲壮的了。

　　志摩走了,我们这个世界里被他带走了不少的云彩。他在我们这些朋友之中,真是一片最可爱的云彩,永远是温暖的颜色,永远是美的花样,永远是可爱。他常说:

> 我不知道风
> 　是在那一个方向吹——

　　我们也不知道风是在那一个方向吹,可是狂风过去之后,我们的天空变惨淡了,变寂寞了,我们才感觉我们的天上的一片最可爱的云彩被狂风卷去了,永远不回来了!

这十几天里,常有朋友到家里来谈志摩,谈起来常常有人痛哭。在别处痛哭他的,一定还不少。志摩所以能使朋友这样哀念他,只无因为他的为人整个的只是一团同情心,只是一团爱。叶公超先生说,

> 他对于任何人,任何事,从未有过绝对的怨恨,甚至于无意中都没有表示过一些憎嫉的神气。

陈通伯先生说,

> 尤其朋友里缺不了他。他是我们的连索,他是黏着性的,发酵性的。
>
> 在这七八年中,国内文艺界里起了不少的风波,吵了不少的架,许多很熟的朋友往往弄的不能见面。但我没有听见有人怨恨过志摩。谁也不能抵抗志摩的同情心,谁也不能避开他的黏着性。他才是和事的无穷的同情,在我们老友中,他总是朋友中间的"连索"。他从没有疑心,他从不会妒忌。他使这些多疑善妒的人们十分惭愧,又十分羡慕。

他的一生真是爱的象征。爱是他的宗教,他的上帝。

> 我攀登了万仞的高冈,
> 荆棘扎烂了我的衣裳,
> 我向飘渺的云天外望——
> 上帝,我望不见你!
> ············
> 我在道旁见一个小孩,
> 活泼,秀丽,褴褛的衣衫,
> 他叫声"妈",眼里亮着爱——
> 上帝,他眼里有你!

(《他眼里有你》)

志摩今年在他的《猛虎集自序》里,曾说他的心境是"一个曾经有单纯信仰的流入怀疑的颓废"。这句话是他最好的自述。他的人生观真是一种"单纯信仰",这里面只有三个大字:一个是爱,一个是

自由,一个是美。他梦想这三个理想的条件能够会合在一个人生里,这是他的"单纯信仰"。他的一生的历史,只是他追求这个单纯信仰的实现的历史。

社会上对于他的行为,往往有不能谅解的地方,都只因为社会上批评他的人不曾懂得志摩的"单纯信仰"的人生观。他的离婚和他的第二次结婚,是他一生最受社会严厉批评的两件事。现在志摩的棺已盖了,而社会上的议论还未定。但我们知道这两件事的人,都能明白,至少在志摩的方面,这两件事最可以代表志摩的单纯理想的追求。他万分诚恳的相信那两件事都是他实现那"美与爱与自由"的人生的正当步骤。这两件事的结果,在别人看来,似乎都不曾能够实现志摩的理想生活。但到了今日,我们还忍用成败来议论他吗?

我忍不住我的历史癖,今天我要引用一点神圣的历史材料,来说明志摩决心离婚时的心理。民国十一年三月,他正式向他的夫人提议离婚,他告诉她,他们不应该继续他们的没有爱情没有自由的结婚生活了,他提议"自由之偿还自由",他认为这是"彼此重见生命之曙光,不世之荣业"。他说:

> 故转夜为日,转地狱为天堂,直指顾间事矣。……真生命必自奋斗自求得来,真幸福亦必自奋斗自求得来,真恋爱亦必自奋斗自求得来! 彼此前途无限,……彼此有改良社会之心,彼此有造福人类之心,其先自作榜样,勇决智断,彼此尊重人格,自由离婚,止绝苦痛,始兆幸福,皆在此矣。

这信里完全是青年的志摩的单纯的理想主义,他觉得那没有爱又没有自由的家庭是可以摧毁他们的人格的,所以他下了决心,要把自由偿还自由,要从自由求得他们的真生命,真幸福,真恋爱。

后来他回国了,婚是离了,而家庭和社会都不能谅解他。最奇怪的是他和他已离婚的夫人通信更勤,感情更好。社会上的人更不明白了。志摩是梁任公先生最爱护的学生,所以民国十二年任公先生曾写一封很长很恳切的信去劝他。在这信里,任公提出两点:

> 其一,万不容以他人之苦痛,易自己之快乐。弟之此举,其于弟将来之快乐能得与否,殆茫如捕风,然先已予多数人以无量

之苦痛。

其二,恋爱神圣为今之少年所乐道。……兹事盖可遇而不可求。……况多情多感之人,其幻象起落鹘突,而得满足得宁帖也极难。所梦想之神圣境界恐终不可得,徒以烦恼终其身已耳。

任公又说:

呜呼志摩!天下岂有圆满之宇宙?……当知吾侪以不求圆满为生活态度,斯可以领略生活之妙味矣。……若沉迷于不可必得之梦境,挫折数次,生意尽矣,郁邑伫傺以死,死为无名。死犹可也,最可畏者,不死不生而堕落至不复能自拔。呜呼志摩,可无惧耶!可无惧耶!(十二年一月二日信)

任公一眼看透了志摩的行为是追求一种"梦想的神圣境界",他料到他必要失望,又怕他少年人受不起几次挫折,就会死,就会堕落。所以他以老师的资格警告他:"天下岂有圆满之宇宙?"

但这种反理想主义是志摩所不能承认的。他答复任公的信,第一不承认他是把他人的苦痛来换自己的快乐。他说:

我之甘冒世之不韪,竭全力以斗者,非特求免凶惨之苦痛,实求良心之安顿,求人格之确立,求灵魂之救度耳。

人谁不求庸德?人谁不安现成?人谁不畏艰险?然且有突围而出者,夫岂得已而然哉?

第二,他也承认恋爱是可遇而不可求的,但他不能不去追求。他说:

我将于茫茫人海中访我唯一灵魂之伴侣;得之,我幸;不得,我命,如此而已。

他又相信他的理想是可以创造培养出来的。他对任公说:

嗟夫吾师!我尝奋我灵魂之精髓,以凝成一理想之明珠,涵之以热满之心血,朗照我深奥之灵府。而庸俗忌之嫉之,辄欲麻木其灵魂,捣碎其理想,杀灭其希望,污毁其纯洁!我之不流入堕落,流入庸懦,流入卑污,其几亦微矣!

我今天发表这三封不曾发表过的信,因为这几封信最能表现那个单纯的理想主义者徐志摩。他深信理想的人生必须有爱,必须有自由,必须有美;他深信这种三位一体的人生是可以追求的,至少是可以用纯洁的心血培养出来的。——我们若从这个观点来观察志摩的一生,他这十年中的一切行为就全可以了解了。我还可以说,只有从这个观点上才可以了解志摩的行为;我们必须先认清了他的单纯信仰的人生观,方才认得清志摩的为人。

志摩最近几年的生活,他承认是失败。他有一首《生活》的诗,诗的暗惨的可怕:

> 阴沉,黑暗,毒蛇似的蜿蜒,
> 生活逼成了一条甬道:
> 一度陷入,你只可向前,
> 手扪索着冷壁的黏潮,
>
> 在妖魔的脏腑内挣扎,
> 头顶不见一线的天光,
> 这魂魄,在恐怖的压迫下,
> 除了消灭更有什么愿望?
>
> (十九年五月二十九日)

他的失败是一个单纯的理想主义者的失败。他的追求,使我们惭愧,因为我们的信心太小了,从不敢梦想他的梦想。他的失败,也应该使我们对他表示更深厚的恭敬与同情,因为偌大的世界之中,只有他有这信心,冒了绝大的危险,费了无数的麻烦,牺牲了一切平凡的安逸,牺牲了家庭的亲谊和人间的名誉,去追求,去试验一个"梦想之神圣境界",而终于免不了惨酷的失败,也不完全是他的人生观的失败。他的失败是因为他的信仰太单纯了,而这个现实世界太复杂了,他的单纯的信仰禁不起这个现实世界的摧毁;正如易卜生的诗剧 Brand 里的那个理想主义者,抱着他的理想,在人间处处碰钉子,碰的焦头烂额,失败而死。

然而我们的志摩"在这恐怖的压迫下",从不叫一声"我投降了"!他从不曾完全绝望,他从不曾绝对怨恨谁。他对我们说:

> 你们不能更多的责备。我觉得我已是满头的血水,能不低头已算是好的。(《猛虎集自序》)

是的,他不曾低头。他仍旧昂起头来做人;他仍旧是他那一团的同情心,一团的爱。我们看他替朋友做事,替团体做事,他总是仍旧那样热心,仍旧那样高兴。几年的挫折,失败,苦痛,似乎使他更成熟了,更可爱了。

他在苦痛之中,仍旧继续他的歌唱。他的诗作风也更成熟了。他所谓"初期的汹涌性"固然是没有了,作品也减少了;但是他的意境变深厚了,笔致变淡远了,技术和风格都更进步了。这是读《猛虎集》的人都能感觉到的。

志摩自己希望今年是他的"一个真的复活的机会"。他说:

> 抬起头居然又见到天了。眼睛睁开了,心也跟着开始了跳动。

我们一班朋友都替他高兴。他这几年来想用心血浇灌的花树也许是枯萎的了;但他的同情,他的鼓舞,早又在别的园地里种出了无数的可爱的小树,开出了无数可爱的鲜花。他自己的歌唱有一个时代是几乎消沉了;但他的歌声引起了他的园地外无数的歌喉,嘹亮的唱,哀怨的唱,美丽的唱。这都是他的安慰,都使他高兴。

谁也想不到在这个最有希望的复活时代,他竟丢了我们走了!他的《猛虎集》里有一首咏一只黄鹂的诗,现在重读了,好像他在那里描写他自己的死,和我们对他的死的悲哀:

> 等候他唱,我们静着望,
> 怕惊了他。但他一展翅,
> 冲破浓密,化一朵彩雾,
> 飞来了,不见了,没了!!
> 像是春光,火焰,像是热情。

志摩这样一个可爱的人,真是一片春光,一团火焰,一腔热情。现在难道都完了?

决不!决不!志摩最爱他自己的一首小诗,题目叫做《偶然》,在他的《卞昆冈》剧本里,在那个可爱的孩子阿明临死时,那个瞎子弹着三弦,唱着这首诗:

> 我是天空里的一片云,

> 偶尔投影在你的波心——
> 你不必讶异,
> 更无须欢喜——
> 在转瞬间消灭了踪影。
>
> 你我相逢在黑夜的海上,
> 你有你的,我有我的方向。
> 你记得也好,
> 最好你忘掉,
> 在这交会时互放的光亮!

朋友们,志摩是走了,但他投的影子会永远留在我们心里,他放的光亮也会永远留在人间,他不曾白来了一世。我们有了他做朋友,也可以安慰自己说不曾白来了一世。我们忘不了。和我们

> 在那交会时互放的光亮!

二十年,十二月,三夜

(原载《新月》第 4 卷第 1 号,具体出版日期不详)

国府主席林森先生

本年的四中全会选举林森先生连任国民政府主席,全国舆论对这件事似乎很一致的表示满意。在这个只有攻击而很少赞扬的民族里,这样一致的赞同岂不是很可惊异的事吗?

我们考察各方舆论对林主席的赞许,总不外"恬退"两个字。"恬退"的褒语只可以表示国人看惯了争权攘利的风气,所以惊叹一个最高官吏的澹泊谦退,认为"模范"的行为。但这种估量,我们认为不够,——不够表示林森先生在中国现代政治制度史上的重大贡献。

林森先生的绝大功劳在于把"国府主席"的地位实行做到一个"虚位",而让行政院院长的地位抬高到实际行政首领的地位。今日的国府主席,最像法国的大总统;今日的行政院院长,颇像法国的国务总理与英国的首相。两年多以来的政治制度的大变迁,就是从两年前的主席制变成两年来的行政院长制。其重要性颇等于从一种总统制改成内阁制。改制的根据固然由于民国廿一年十二月三中全会之改制案,然而使这个新制度成为可能的事实,这不能不归功于林森先生之善于做主席。

三中全会改定政府组织,把行政院抬高,作为行政最高机关。这确是政治制度上的一大进步。但如果国府主席是一个不明大体而个性特别坚强的人,如果他不甘心做一个仅仅画诺的主席,那么,十几年前北京唱过的"府院之争"一幕戏还是不容易避免的。

林森主席是一个知大体的人,他明白廿一年底改制的意义是要一个法国总统式的国府主席,所以他从不肯和行政院长争政权。旧制下国民政府的文官处,主计处,参军处,都至今依然存在;但两年来的行政大权都移归行政院了。

去年我过南京时,一个部长告诉我一个很有趣味的故事。在新组织法之下,第一个政府是孙科的政府,不久就倒了。第二个政府,汪精卫的政府,成立之时正当淞沪南京都最受日本压迫时期。汪政府成立了一个多月,忽然有一天,一位部长说:"我们就职了一个多月,还没有去正式参谒林主席哩!"这一句话提醒了全体"阁员",于是汪院长派人去通知林主席,说明天上午汪院长要率领全体阁员去参见主席。到了第二天,全体阁员到了林主席的公馆,到处寻不见林主席。主席不知往那儿去了!他们都感觉诧异,只好留下名片,惘然而返。到了下午,林主席去回拜,他们才知道林主席因为"不敢当参谒的大礼",出门回避了!

这个故事至今在南京传为美谈。我们关心政治制度的人,也都曾认得这个故事是一桩有意义的美谈。我们试回想那两年前党政军合为一体的国府主席的地位,就可以明白林主席的谦退无为是有重大的历史意义的了。

两年前的国民政府组织法是最不合理的。那时一个部长的地位是很低的,各部之上有行政院,行政院是与其他四院平等的,五院的正副院长加上其他国府委员组成国民政府。二十一年底的改制,改行政院各部为政府,而国府主席成为虚君制,于是三级政府合为一级,而其他四院与行政院分开对立,为行政部之外监督协助行政的机关。这个改革与孙中山先生的五权宪法的原意似乎接近多了。而其中用无为的精神,在不知不觉之中使这个内阁制成为事实,使这个虚君主席制成为典型,乃是林森先生两年来的最大成绩。

我今年再到南京,又听见人说林主席的一件故事。两年前,他被选为国府主席之后,他自己去请他的同乡魏怀先生担任文官长的职务。林主席对他说:"我只要你做到两个条件:第一,你不要荐人。第二,你最好是不见客。"这个故事也应该成为南京政治的美谈。这是有意的无为。若没有这种有意的无为,单有一个恬退的主席,也难保他的属吏不兴风作浪揽权干政,造成一个府院斗争的局面。

有个朋友从庐山回来,说起牯岭的路上有林主席捐造的石磴子,每条石磴上刻着"有姨太太的不许坐"八个字。这个故事颇使许多人感觉好笑。有人说:"我若有姨太太,偏要坐坐看,有谁能站在旁边禁止我坐?"其实这也是林森先生的聪明过人处。你有姨太太,你尽管去坐,决没有警察干涉你。不过你坐下去了,心里总有点不舒服。林先生刻石的意思,也不过要你感觉到这一点不舒服罢了。他若大吹大擂的发起一个"不纳妾"的新生活运动,那就够不上做一个无为主义的政治家了。

二十三,三,三夜

(原载1934年3月11日《独立评论》第91号)

追忆曾孟朴先生

我在上海做学生的时代,正是东亚病夫的《孽海花》在《小说林》上陆续刊登的时候,我的哥哥绍之曾对我说这位作者就是曾孟朴先生。

隔了近二十年,我才有认识曾先生的机会,我那时在上海住家,曾先生正在发愿努力翻译法国文学大家嚣俄的戏剧全集。我们见面的次数很少,但他的谦逊虚心,他的奖掖的热心,他的勤奋工作都使我永永不能忘记。

我在民国六年七年之间,曾在《新青年》上和钱玄同先生通讯讨论中国新旧的小说,在那些讨论里我们当然提到《孽海花》,但我曾很老实的批评《孽海花》的短处。十年后我见着曾孟朴先生,他从不曾向我辩护此书,也不曾因此减少他待我的好意。

他对我的好意,和他对于我的文学革命主张的热烈的同情,都曾使我十分感动,他给我的信里曾有这样的话:"您本是……国故田园里培养成熟的强苗,在根本上,环境上,看透了文学有改革的必要,独能不顾一切,在遗传的重重罗网里杀出一条血路来,终究得到了多数的同情,引起了青年的狂热。我不佩服你别的,我只佩服你当初这种勇决的精神,比着托尔斯泰弃爵放农身殉主义的精神,有何多让!"这样热烈的同情,从一位自称"时代消磨了色彩的老文人"坦白的表述出来,如何能不使我又感动又感谢呢!

我们知道他这样的热情一部分是因为他要鼓励一个年轻的后辈,大部分是因为他自己也曾发过"文学狂",也曾发下宏愿要把外国文学的重要作品翻译成中国文,也曾有过"扩大我们文学的旧领域"的雄心。正因为他自己是一个梦想改革中国文学的老文人,所以他对于我们一班少年人都抱着热烈的同情,存着绝大的期望。

我最感谢的一件事是我们的短短交谊居然引起了他写给我的那封六千字的自叙传的长信(《胡适文存》三集,页一一二五——一一三八)。在那信里,他叙述他自己从光绪乙未(1895)开始学法文,到戊戌(1898)认识了陈季同将军,方才知道西洋文学的源流派别和重要作家的杰作。后来他开办了小说林和宏文馆书店,——我那时候每次走过棋盘街,总感觉这个书店的双名有点奇怪,——他告诉我们,他的原意是要"先就小说上做成个有统系的译述,逐渐推广范围,所以店名定了两个"。他又告诉我们,他曾劝林琴南先生用白话翻译外国的"重要名作",但林先生听不懂他的劝告,他说:"我在畏卢先生(林纾)身上不能满足我的希望后,从此便不愿和人再谈文学了。"他对于我们的文学革命论十分同情,正是因为我们的主张是比较能够"满足他的希望"的。

但是他的冷眼观察使他对于那个开创时期的新文学"总觉得不十分满足",他说:"我们在这新辟的文艺之园里巡游了一周,敢说一句话:精致的作品是发现了,只缺少了伟大。"这真是他的老眼无花,一针见血! 他指出中国新文艺所以缺乏伟大,不外两个原因:一是懒惰,一是欲速。因为懒惰,所以多数少年作家只肯做那些"用力少而成功易"的小品文和短篇小说。因为欲速,所以他们"一开手便轻蔑了翻译,全力提倡创作"。他很严厉的对我们说:"现在要完成新文学的事业,非力防这两样毛病不可,欲除这两样毛病,非注重翻译不可。"他自己创办真美善书店,用意只是要替中国新文艺补偏救弊,要替它医病,要我们少年人看看他老人家的榜样,不可轻蔑翻译事业,应该努力"把世界已造成的作品,做培养我们创造的源泉"。

我们今日追悼这一位中国新文坛的老先觉,不要忘了他留给我们的遗训!

1935,9,11 夜半,在上海新亚饭店
(原载 1935 年 10 月 1 日《宇宙风》
第 2 期《纪念曾孟朴先生特刊》)

兴登堡

德国大总统兴登堡在8月2日死了。全世界对于这位八十七岁的大老,无论是他的同国人或异国人,无论是当年的同盟国或协约国,都表示最深厚的敬礼与哀悼。他的死,使德国失掉了一个重镇,使世界失掉了一个最伟大的人。

兴登堡的一生(1847—1934)亲眼看见普鲁士的强大,德意志帝国的统一,德国的强盛,欧战的始末,霍亨梭伦皇朝的颠覆,德意志共和国的建立,希忒拉政权的突起。人类历史上没有一个人的一身经过这样热闹而又重大的长期历史,而在每一个重要阶段上都出过大力,做过主角,并且能保持荣名,像他这样的。

他的一生可分作三个大段:从少年时代到他六十七岁为第一段;从他六十七岁再出来任第八路军总司令(1914)到欧战终了后他二次退隐,为第二段;从他七十八岁被选为德国第二任大总统(1925)到他死时,为第三段。他的第一第二两段的历史,有他的"自传"(Aus Meinem Leben,1920年出版;中文译本《兴登堡自传》,魏以新译,1934年商务印书馆出版,价一元六角)最可供爱敬他的人的玩读。

他生于普鲁士东部的波森,他的家族有了几百年的骑士遗风,父亲是个步兵少尉,母亲是个军医总监的女儿,所以他十一岁就进了军官学校。他在《自传》里说:

> 1859年一个春天的晚上,我那时是个十一岁的男孩,在瓦尔斯达军官学校栅栏门口,向我父亲告别。泪珠从我眼睛里滚下来。我看见泪落在我的军衣上,忽然想道:"穿着这种衣服不准人孱弱,不准人哭。"我从小孩的痛苦中振作起来,虽然有点

害怕,也就混到我那时的同学当中去了。(页一)

他不讳他自己"在最初绝不是一个模范学生,又很少特别研究学问的倾向"。但后来

> 我的好名心唤醒我去致力学术,结果一年好一年;最后竟给了我一个有特别天才学生的名誉,实在是不应得的。(页十二)

1866年他离开军官学校,以少尉资格入禁卫步兵第三团;几个月之后,他就参加普鲁士定霸的对奥战争了。四年之后(二十三岁),他又参加了德意志定霸的对法战争。战事终了之后,他考进陆军大学。大学的特别勤务完了,1877年他被调到参谋本部。在以后的三十四年中,他担任过陆军的各种职务,后来做了八年多的第四军团长,在1911年辞职退休,那时他已是六十四岁了。近日中国报纸上常提到他因为大操与德皇意见不合,所以退休;但他在《自传》里对于这一点有特别声明:

> 我在我军事履历上,达到的地位远超过我自来所敢希望的。目前没有战争,所以我承认给少年人让出路来,使他们上去,是一种义务,遂于1911年请求辞职。因为外面对于这事件有错误的传说,所以我明白宣言,我采取这个步骤并不是因为在军事或个人方面有任何间隙。(页六五)

他在这第一大段的陆军生活里,有许多观察是值得我们的记忆的。对于参谋本部的工作,他说:

> 参谋本部要算德国全部军队范围内一个最可注意的机关。……由参谋将校平时的训练,可以担保在作战时所有高级官长都有一致的心情,一切官长的思想都为同一的液质所灌注。参谋本部的人对于官长的影响不是由章程规定的,多半要看各人的军事学的造诣及人格的特质,其程度至为不同。参谋将校的第一要件是在大众面前不要显出个人自身和个人的行为。他应该在人看不见的地方做事,有其实而无其名。(页五)

对于做步兵团长的职务,他有这样的观察:

> 我很努力在军官团中使他们具有中古骑士的思想;在各营中使他们习惯实际作战及严格纪律;但是除养成严格勤务观念

外,也随处使他们喜欢勤务和独立自主。(页六十)
他这样一面注重严格训练,一面又鼓励独立自主,所以他在陆军大学五年训练出来的人才有许多都成为历史上有名的军事领袖,其中还有两个土耳其的参谋将校,后来一个做到元帅,一个做到上将。(页五八)

他做到军事最高长官(军团长)时,他说:
> 我总是十分重视部下爱我,因为我把这一点看作服务成绩善良的根基之一。(页六二)

这句名言是可以做一切做领袖的人的座右铭的。

他在退休的闲逸生活中,全欧的大战忽然爆发了。在西线大胜利时,俄国用最大的兵力来压迫东普鲁士。东方的第八路军总指挥部已主张放弃外悉塞尔河以东的地方了。最高统帅部不主张放弃,所以决定撤换第八路的统帅。8月22日下午三点钟,德皇的一封电报来问兴登堡愿不愿马上去任职,他的回答是"愿意",夜里三点钟他已到了火车站等候他的新参谋长鲁登多夫(Ludendorff),23日下午他们已到了第八路军的总指挥部了。

他的盖世英名起于松山(即是丹能堡,Tannenberg,松山是译意)的大战。那时俄国已运了八十多万兵,一千七百尊火炮到东普鲁士;而德国方面只能有二十一万兵,六百尊大炮。兴登堡到军中的那一天,即决定在三日后举行总包围攻击。8月26日开始大战,三天的血战消灭了三索诺夫(Samsonoff)将军的俄国大军。是为"松山之战"。

9月7日开始"马苏尔湖(Mazurian Lakes)之战",打到9月10日,勒嫩坎夫将军(Rennenkampf)的二十多师大兵都败退了,兴登堡的军队不但完全解了东普鲁士的大危机,还一直追击到俄国的境内。

这两场大战都是历史上的大事,不用我们的详述。我们只引他的《自传》里的最可以表示他的风度的一段话:
> 恰恰一年之后,我打了一天的猎,星期日回来,经过音斯忒尔堡。我的汽车在市场上被拦阻了,据说因为那地方正在举行

纪念本城解脱俄患一周年的感谢节。我只得迁道；人没有认识我。(页九七)

这两次大战以后,他又在波兰和俄国军队作战,把俄军打的大败,是为"洛治(Lodz)的大战"。

1916年8月,兴登堡被召为"野战参谋总长",这是德国的最高统帅(名义上德皇为大元帅)。鲁登多夫又做了他的次长。从此以后,直到战事终了,兴登堡主持了两年多的最高统帅部。这两年的历史的生活,我们也不用详记。我们从他的《自传》里,钞出他在大本营的日常生活如下:

> 我普通的日常事务,大约上午九点,即早晨报告之后,到鲁登多夫将军那里去,同他讨论情势的变化以及应付的方略。大半关于这方面的谈话都不很久,我们两人在战局中的生活未尝间断,互相认识我们的思想,所以往往几句话便决定了,甚至往往只需几个字,就可以确定我们的同意,他就拿去做继续筹画的底子。
>
> 在这项讨论之后,我到野外作一小时的运动。
>
> 我回到办公处后,继续同鲁登多夫将军讨论,然后各课长在我工作房直接报告。
>
> 除开这种勤务工作之外,还须料理给我个人的信件。(信件的数目实在不少,其中有诗歌,有散文,也有想像不到的请求,例如住在智利的一个德国妇人失去了洗礼证书的事!)
>
> 中午时我照例到皇帝陛下那里报告。有必要时,请求皇帝批准我们的计划。中午时间有时也作与政府代表讨论之用。
>
> 向皇帝陈述完了,参谋部的军官都联合在我周围午餐。吃饭时间只限于绝对需要的限度。
>
> 下午的经过与上午相似。八点钟开始的晚餐,给我一个最长的休息。餐后大家坐在侧屋里,到九点半钟,鲁登多夫将军按时做个休息终了的记号。我们团体中的谈话大半都很活泼,无拘无束,愉快的时候也有。我以为辅助愉快是我对于同事的义务。

> 聚会之后,我们一齐到办公处去,那时每日的最后报告到了,于是绘定各战线的情况。参谋部的军官们现在从新开始工作。多半到了这时候才有起草和发出决定命令的最后根据。
>
> 日常工作从没有在半夜以前完结的。(页一六〇——一六三)

1918年7月以后,局面完全变坏了,不幸的事件接连的到来。11月初,德国革命开始了。在德皇还没有决定退位以前,"祖国"的人就宣布他退位了。兴登堡只有这样简短而光明的记载:

> 也有人想到用我们正面队伍回到国内去创造秩序。但是许多司令——都是值得十分信任和有极深刻见识的人物——宣言,我们队伍不要把正面移向本国。
>
> 我在那几小时内在我大元帅旁边。他把班师回国的任务付托与我。他走了,为的是节省祖国的新牺牲,为的是让它造成比较顺利的议和条件。(页三六〇)

他把全军班回国,交付给革命政府。到1919年6月,他才辞去德国陆军统帅的职务,回到退休的生活,那时他已七十二岁了。

1925年2月,德国第一次总统爱柏特死了,国内党争很激烈,右派各党没有适当的候选人,海军大将狄尔披兹主张只有请"老头子"出来。当时谁也不料兴登堡肯出来,所以他宣布肯出来候选时,全国都吃一惊。他得了二千四百多万的票,当选为第二任总统。起初人们都疑心他的当选暂时过渡的,他对皇室的忠心必定可以使他利用他的权力来做到帝制的复辟。但他就职时,他毫不迟疑的宣誓拥护祖国的宪法。无论是谁,凡知道他的人格和他对于宣誓的重视的,到此都相信他的誓言是不会改变的;都相信这位七十八岁的老军人在总统任内必定要维护民主宪法的。

果然,他在九年总统任内,从没有利用他的声望和地位来做危害宪法的行为。他屡次宣言,他是始终忠于旧皇室的,但国民的多数既然把维持宪法的大任付托给他,他不能不尽他的职任。他的光明磊落的态度,使许多当日拥戴他的王党朋友离开他,可也使无数的德国人更诚恳的爱敬他。

他的最大雄心是要用他的声望维持德国的统一,奠安国家的地位。所以他就职以后,每年到各地去游行演说,他的演说总是劝他的国人:"忘了你们的党争,同心协力的来造成一个统一的祖国!"

他在他的《自传》里常说他自己不懂得政治,甚至于说他厌恶政治。但这九年的历史使世人都承认他是一个有远识的政治家。最可注意的是他曾用全力赞助司脱累斯曼(Stresemann)的协和外交,终于做到《洛加诺》的条约,做到德国加入国际联盟。

1927年10月2日,他的八十岁生日,全德国的人民疯狂也似的到处举行盛大的庆祝,人民自动的捐集了一千万金马克,作为"兴登堡基金",用来救济大战时的伤兵家属。

近年极端的国社党在短时期之中取得德国政权,他们的极端主张是兴登堡所不能赞同的。但他是一个守法的总统,他不肯滥用他的地位和声望来做违背一个时代的民意的行动。他很镇静的把政权交付了希忒拉。近日中国报纸颇说希忒拉的极端政策所以不曾全见于实行,是由于兴登堡的影响。这种看法也许只是一种猜测。但这样一个"中流砥柱"的大老,他的道德上的镇定在那个不幸的国家之中必然有绝大的精神上的影响,是毫无可疑的。

他在他的《自传》的末尾,很坚强的表示他对他的国家民族前途的大信心。他的最后一句话是:

> 我在这种信心之中,从手里把笔放下,坚定的信赖你——德国少年!(页三六四)

1934,8,6 兴登堡国葬之前夜

(原载1934年8月12日《独立评论》第113号)

刘半农先生挽辞

守常惨死,独秀幽囚,新青年旧日同伙又少一个。
拼命精神,打油风趣,老朋友当中无人不念半农。

(原载 1934 年 10 月 13 日《国语周刊》第 159 期)

记辜鸿铭

民国十年十月十三夜,我的老同学王彦祖先生请法国汉学家戴弥微先生(Mon Demiéville)在他家中吃饭,陪客的有辜鸿铭先生,法国的□先生,徐墀先生,和我;还有几位,我记不得了。这一晚的谈话,我的日记里留有一个简单的记载,今天我翻看旧日记,想起辜鸿铭的死,想起那晚上的主人王彦祖也死了,想起十三年之中人事变迁的迅速,我心里颇有不少的感触。所以我根据我的旧日记,用记忆来补充他,写成这篇辜鸿铭的回忆。

辜鸿铭向来是反对我的主张的,曾经用英文在杂志上驳我;有一次为了我在《每周评论》上写的一段短文,他竟对我说,要在法庭控告我。然而在见面时,他对我总很客气。

这一晚他先到了王家,两位法国客人也到了;我进来和他握手时,他对那两位外国客说:Here comes my learned enemy! 大家都笑了。

入座之后,戴弥微的左边是辜鸿铭,右边是徐墀。大家正在喝酒吃菜,忽然辜鸿铭用手在戴弥微的背上一拍,说:"先生,你可要小心!"戴先生吓了一跳,问他为什么,他说:"因为你坐在辜疯子和徐颠子的中间!"大家听了,哄堂大笑,因为大家都知道,"Cranky Hsü"和"Crazy Ku"的两个绰号。

一会儿,他对我说:"去年张少轩(张勋)过生日,我送了他一副对子,上联是'荷尽已无擎雨盖',——下联是什么?"我当他是集句的对联,一时想不起好对句,只好问他,"想不出好对句,你对的什么?"他说:"下联是'菊残犹有傲霜枝'。"我也笑了。

他又问:"你懂得这副对子的意思吗?"我说:"'菊残犹有傲霜

枝'当然是张大帅和你老先生的辫子了。'擎雨盖'是什么呢?"他说:"是清朝的大帽。"我们又大笑。

他在席上大讲他最得意的安福国会选举时他卖票的故事,这个故事我听他亲口讲过好几次了,每回他总添上一点新花样,这也是老年人说往事的普通毛病。

安福部当权时,颁布了一个新的国会选举法,其中有一部分的参议员是须由一种中央通儒院票选的,凡国立大学教授,凡在国外大学得学位的,都有选举权。于是许多留学生有学士硕士博士文凭的,都有人来兜买。本人不必到场,自有人拿文凭去登记投票。据说当时的市价是每张文凭可卖二百元。兜买的人拿了文凭去,还可以变化发财。譬如一张文凭上的姓名是 Wu Ting,第一次可报"武定",第二次可报"丁武",第三次可报"吴廷",第四次可说是江浙方音的"丁和"。这样办法,原价二百元的,就可以卖八百元了。

辜鸿铭卖票的故事确是很有风趣的。他说:

□□□来运动我投他一票,我说:我的文凭早就丢了。他说:"谁不认得你老人家?只要你亲自来投票,用不着文凭。"我说:"人家卖两百块钱一票,我老辜至少要卖五百块。"他说:"别人两百,你老人家三百。"我说:"四百块,少一毛钱不来,还得先付现款,不要支票。"他要还价,我叫他滚出去。他只好说:"四百块钱依你老人家。可是投票时务必请你到场。"

选举的前一天,□□□果然把四百元钞票和选举入场证都带来了,还再三叮嘱我明天务必到场。等他走了,我立刻出门,赶下午的快车到了天津,把四百块钱全报效在一个姑娘——你们都知道,她的名字叫一枝花——的身上了。两天工夫,钱花光了,我才回北京来。

□□□听说我回来了,赶到我家,大骂我无信义。我拿起一根棍子,指着那个留学生小政客,说:"你瞎了眼睛,敢拿钱来买我!你也配讲信义!你给我滚出去!从今以后不要再上我门来!"

那小子看见我的棍子,真个乖乖的逃出去了。

说完了这个故事,他回过头来对我说:

　　你知道有句俗话:"监生拜孔子,孔子吓一跳。"我上回听说□□□的孔教会要去祭孔子,我编了一首白话诗:

　　　　监生拜孔子,孔子吓一跳。
　　　　孔会拜孔子,孔子要上吊。

胡先生,我的白话诗好不好?"

一会儿,辜鸿铭指着那两位法国客人大发议论了。他说:

　　先生们,不要见怪,我要说你们法国人真有点不害羞,怎么把一个文学博士的名誉学位送给□□□!□先生,你的□□报上还登出□□□的照片来,坐在一张书桌边,桌上堆着一大堆书,题做"□大总统著书之图!"呃,呃,真羞煞人!我老辜向来佩服你们贵国,——La belle France!现在真丢尽了你们的 La belle France 的脸了!你们要是送我老辜一个文学博士,也还不怎样丢人!可怜的班乐卫先生,他把博士学位送给□□□,呃!

那两位法国客人听了老辜的话,都很感觉不安,那位□□报的主笔尤其脸红耳赤,他不好不替他的政府辩护一两句。辜鸿铭不等他说完,就打断他的话,说:"Monsieur,你别说了。有一个时候,我老辜得意的时候,你每天来看我,我开口说一句话,你就说:'辜先生,您等一等。'你就连忙摸出铅笔和日记本子来,我说一句,你就记一句,一个字也不肯放过。现在我老辜倒霉了,你的影子也不上我门上来了。"

那位法国记者,脸上更红了。我们的主人觉得空气太紧张了,只好提议,大家散坐。

上文说起辜鸿铭有一次要在法庭控告我,这件事我也应该补叙一笔。

在民国八年八月间,我在《每周评论》第三十三期登出了一段随感录:

　　〔辜鸿铭〕现在的人看见辜鸿铭拖着辫子,谈着"尊王大义",一定以为他是向来顽固的。却不知辜鸿铭当初是最先剪辫子的人;当他壮年时,衙门里拜万寿,他坐着不动。后来人家谈革命了,他才把辫子留起来。辛亥革命时,他的辫子还没有养全,他带着假发接的辫子,坐着马车乱跑,很出风头。这种心理很可研究。当初他是"立异以为高",如今竟是"久假而不归"了。

这段话是高而谦先生告诉我的,我深信高而谦先生不说谎话,所以我登在报上。那一期出版的一天,是一个星期日,我在北京西车站同一个朋友吃晚饭。我忽然看见辜鸿铭先生同七八个人也在那里吃饭。我身边恰好带了一张《每周评论》,我就走过去,把报送给辜先生看。他看了一遍,对我说:"这段记事不很确实。我告诉你我剪辫子的故事。我的父亲送我出洋时,把我托给一位苏格兰教士,请他照管我。但他对我说:现在我完全托了□先生,你什么事都应该听他的话。只有两件事我要叮嘱你:第一,你不可进耶稣教;第二、你不可剪辫子。我到了苏格兰,跟着我的保护人,过了许多时。每天出门,街上小孩子总跟着我叫喊:'瞧呵,支那人的猪尾巴!'我想着父亲的教训,忍着侮辱,终不敢剪辫。那个冬天,我的保护人往伦敦去了,有一天晚上我去拜望一个女朋友。这个女朋友很顽皮,她拿起我的辫子来赏玩,说中国人的头发真黑的可爱。我看她的头发也是浅黑的,我就说:'你要肯赏收,我就把辫子剪下来送给你。'她笑了;我就借了一把剪子,把我的辫子剪下来送了给她。这是我最初剪辫子的故事。可是拜万寿,我从来没有不拜的。"他说时指着同坐的几位老头子,"这几位都是我的老同事。你问他们,我可曾不拜万寿牌位?"

我向他道歉,仍回到我们的桌上。我远远的望见他把我的报纸传给同坐客人看。我们吃完了饭,我因为身边只带了这一份报,就走过去向他讨回那张报纸。大概那班客人说了一些挑拨的话,辜鸿铭站起来,把那张《每周评论》折成几叠,向衣袋里一插,正色对我说:"密斯忒胡,你在报上毁谤了我,你要在报上向我正式道歉。你若不道歉,我要向法庭控告你。"

我忍不住笑了。我说:"辜先生,你说的话是开我玩笑,还是恐吓我?你要是恐吓我,请你先去告状;我要等法庭判决了才向你正式道歉。"我说了,点点头,就走了。

后来他并没有实行他的恐吓。大半年后,有一次他见着我,我说:"辜先生,你告我的状子进去了没有?"他正色说:"胡先生,我向来看得起你;可是你那段文章实在写的不好!"

（原载 1935 年 8 月 11 日《大公报·文艺副刊》）

海滨半日谈
纪念田中玉将军

今天在《大公报》上看见"前山东督军兼省长田上将军韫山"的讣告,使我想起我和他的一段因缘,——一段很值得记载的因缘,所以我写这篇短文,供史家的参考。

廿四,十,十二夜

民国十三年的夏天,丁在君夫妇在北戴河租了一所房子歇夏,他们邀我去住,我很高兴的去住了一个月。在君和我都不会游水,我们每天在海边浮水,带着救生圈子洗海水浴,看着别人游泳;从海水里出来,躺在沙地上歇息,歇了一会赤脚走回去洗淡水澡。

有一天,我们正在海水里洗澡,忽然傍边一个大胡子扶住一个大救生圈,站在水里和我招呼。我仔细一认,原来那个满腮大胡子的胖子就是从前做过山东督军兼省长的田中玉将军。我到山东三次,两次在他做督军的时期,想不到这回在海水里相逢!

我们站在水里谈了几句话,我介绍他和在君相见。他问了我们住的地方,他说:"好极了!尊寓就在我家的背后,今天下午我就过来拜访你们两位,我还有点事要请教。"

那天下午,他真来了,带了两副他自己写的对联来送给我们。那时候的武人都爱写大字送人,偏偏我和在君都是最不会写字的"文人",所以我们都忍不住暗笑。可是,他一开口深谈,我和在君都不能不感觉他的诚恳,我们都很静肃的听他谈下去。他说:

我是这儿临榆县(山海关)的人。这几年来我自己在本地办了一个学堂,昨天学堂开学,我回去行开学礼。我对学生演讲,越讲越感慨起来了,我就对他们谈起我幼年到壮年的历史。

我看那班学生未必懂得我说的话,未必能明白我的生平。我一肚子要说的话,说了又怕没人懂,心里好难过。隔了一天了,心里还和昨天一样,很想寻个懂得的人,对他说说我这肚子里憋着的一番话。今天在海边碰着两位先生,我心里快活极了,因为你们两位都是大学者,见多识广,必定能够懂我的话。要是两位先生不讨厌,我想请两位先生听听我这段历史。

恰巧我和在君都是最喜欢看传记文学的;我们看田中玉先生那副神气,知道他真是有一肚子的话要说,并且知道他要说的话是真话,不会是编造出来的假话。我们都对他说我们极愿意听,请他讲下去。田中玉先生说:

我是中国第一个军官学堂毕业出来的。我为什么去学陆军呢?我不能学现在许多陆军老朋友开口就说"本人自束发受书以来,即慕拿破仑、华盛顿之为人"。不瞒两位先生说,我当时去学陆军,也不是为救国,也不是因为要做一个大英雄,我为的是贪图讲武堂每人每月有三两四钱银子的膏火。我的父亲刚死了,我是长子,上有祖母和母亲,下有弟妹。我要养家,要那每月三两四钱银子来养活我一家,所以我考进了那个军官学堂。

进了学堂之后,我很用功,每回考的都好。学堂的规矩,考在前三名的有奖赏,第一名奖的最多;连着三次考第一的,还有特别加奖。我因为贪得奖金去养家,所以比别人格外用功。八次大考,我考了七次第一。我得的奖金最多,所以一家人很得我的帮忙,学堂里的老师也都夸我的功课好。

毕业时,我的成绩全学堂第一。老师都说:"田中玉,你的功课太好了,我们总得给你找顶好的差使。"可是顶好的差使总不见来,眼看见考在我下首的同学一个个都派了事出去了。只有我没有门路,还在那儿候差使。

学堂里有一位德国老师,名叫萨尔,他最看重我,又知道我是穷人,要等着钱养活一家子,如今毕了业,没得奖金可拿了,他就叫我帮他改算学卷子,每月给我几十吊钱捎回去养家。

不多时,萨尔被袁世凯调到小站去做教练官了,他才把我荐去。我到了小站，自己禀明，不愿做营长，情愿先做队长，因为我要从底下做起，可以多懂得兵卒的情形。后来我慢慢的升上去，很得着上司的信任，袁世凯派我专管军械的事务。

这时候，我的恩师萨尔已不在袁世凯手下了。有三家德国军械公司连合起来，聘萨尔做代表，专做中国新军的军火买卖。

有一天，萨尔老师代表军械公司来看我，说，"好极了，田中玉，你办军火，我卖军火，我们可以给你最便宜的价钱。"

我对我的恩师说："老师要做我这边的买卖，要依我一件事。我是直隶省临榆县人。国家练新军，直隶省负担最重，钱粮票上每一两银子附加到一块钱。我现在有机会给国家采办军火，我总想替国家省钱；替国家省一个钱，就是替我们直隶老百姓省一个钱。现在难得老师来做军火买卖，我盼望老师相信我这点意思。向来承办军火的官员都有经手钱，数目很不小。我要老师依我一件事：不但价钱要比谁家都便宜，还要请老师把我名下的经手费全都扣去。我不要一文钱的中饱，这笔经手费也得从价钱里再减去。老师要能依我的话，我一定专和老师代理的公司做买卖。"

萨尔答应回去商量。过了几天，他又来了，他说："田中玉，我商量过了。我们决定给你最低的价钱，比无论谁家都便宜。但是你的经手费不能扣，因为你田中玉能够做多少年的军械总办？万一你走了，别人接下去，他要经手费，我们当然得给他。给了他，那笔钱出在那儿呢？要加在价钱里，价钱就比我们给你的价钱贵了，他就干不下去了。要是不打在价钱里，我们就得贴钱了。所以这个例是开不得的。况且你是没有钱的人，这笔经手费是人人都照例拿的，你拿了不算是昧良心。"

我对我的老师说："不行。老师不依我，我只好向别家商人办军火去。"萨尔说，等他回去再商量看。

过了一天他又来了。他竖起大拇指，对我说："田中玉，我得着你这个学生，总算不枉了我在中国教了多少年书。我佩服你的爱国心，我回去商量过了：现在我们不但尊重你的意思，把你的经手钱扣去,我自己的经手费也不要了,也从价钱里扣去。所以我们现在给你的价钱是最低的价钱,再减去你我两个人的经手费。我要你的国家加倍得着你的爱国心的功效!"

我感激我的恩师极了,差不多掉下眼泪来。从此我们两个人做了多年的军火买卖。因为我买的军械的确最便宜,最省钱,所以我在北洋办军械最长久。我管军械采办的事,前后近□年,至少替国家省去了一千万元的经费。

这是田中玉将军在北戴河的西山对我们说的故事。我和丁在君静听他叙述,心里都很感动。我们相信他说的是一段真实的故事。这是他生平最得意的一段历史,他晚年回想起来,觉得这是值得向一班少年人叙说的,值得少年人记念效法的。所以他前一天在他自己出钱办的田氏中学里,忍不住把这个故事说给那班青年学生听。他隔了一天,还不曾脱离那个追忆的心境,还觉得不曾说的痛快,还想寻一个两个有同情心的朋友再诉说一遍。他在那海上白浪里忽然瞧见了我,他虽然未必知道我的历史癖,更未必知道我的传记癖,他只觉得我是一个有同情心的人,至少能够了解他这段历史的意义。所以他抓住了我们不肯放,要我们做他的听众,听他眉飞色舞的演说他这一段最光荣的历史。

我们当时都说这个故事应该记下来。可惜我们后来都不曾记载。今年我的学生马逢瑞先生要到田氏中学去代课,我还请他留意,若有机会时,可以请田先生自己写一篇自传。我的口信不知道寄到了没有,他的自传也不知道写了没有。如今田先生已作了古人,我想起了那个海边半日的谈话,不愿意埋没了这一个很美的故事,也不愿意孤负了他那天把这个故事付托给我的一点微意,所以从记忆里写出这篇短文来。

(原载 1935 年 10 月 20 日《独立评论》第 173 号)

丁在君这个人

傅孟真先生的《我所认识的丁文江先生》，是一篇很伟大的文章，只有在君当得起这样一篇好文章。孟真说：

> 我以为在君确是新时代最良善最有用的中国人之代表；他是欧化中国过程中产生的最高的菁华；他是用科学知识作燃料的大马力机器；他是抹杀主观，为学术为社会为国家服务者，为公众之进步及幸福而服务者。

这都是最确切的评论。这里只有"抹杀主观"四个字也许要引起他的朋友的误会。在君是主观很强的人，不过孟真的意思似乎只是说他"抹杀私意"，"抹杀个人的利害"。意志坚强的人都不能没有主观，但主观是和私意私利绝不相同的。王文伯先生曾送在君一个绰号，叫做 the conclusionist。可译做"一个结论家"。这就是说，在君遇事总有他的"结论"，并且往往不放松他的"结论"。一个人对于一件事的"结论"多少总带点主观的成分，意志力强的人带的主观成分也往往比较一般人要多些。这全靠理智的训练深浅来调剂。在君的主观见解是很强的，不过他受的科学训练较深，所以他在立身行道的大关节目上终不愧是一个科学时代的最高产儿。而他的意志的坚强又使他忠于自己的信念，知了就不放松，就决心去行，所以成为一个最有动力的现代领袖。

在君从小不喜欢吃海味，所以他一生不吃鱼翅鲍鱼海参。我常笑问他：这有什么科学的根据？他说不出来，但他终不破戒。但是他有一次在贵州内地旅行，到了一处地方，他和他的跟人都病倒了。本地没有西医，在君是绝对不信中医的，所以他无论如何不肯请中医诊治，他打电报到贵阳去请西医，必须等贵阳的医生赶到了他才肯吃药。医生还没有赶到,跟他的人已病死了,人都劝在君先服中药,他终不肯破戒。我知道他终身不曾请教过中医,正如他终身不肯拿政府干薪,终身不肯因私事旅行借用免费票坐火车一样的坚决。

我常说,在君是一个欧化最深的中国人,是一个科学化最深的中国人。在这一点根本立场上,眼中人物真没有一个人能比上他。这也许是因为他十五岁就出洋,很早就受了英国人生活习惯的影响的缘故。他的生活最有规则:睡眠必须八小时,起居饮食最讲究卫生,在外面饭馆里吃饭必须用开水洗杯筷;他不喝酒,常用酒来洗筷子;夏天家中吃无皮的水果,必须在滚水里浸二十秒钟。他最恨奢侈,但他最注重生活的舒适和休息的重要:差不多每年总要寻一个歇夏的地方,很费事的布置他全家去避暑;这是大半为他的多病的夫人安排的,但自己也必须去住一个月以上;他的弟弟,侄儿,内侄女,都往往同去,有时还邀朋友去同住。他绝对服从医生的劝告:他早年有脚痒病,医生说赤脚最有效,他就终身穿有多孔的皮鞋,在家常赤脚,在熟朋友家中也常脱袜子,光着脚谈天,所以他自称"赤脚大仙"。他吸雪茄烟有二十年了,前年他脚指有点发麻,医生劝他戒烟,他立刻就戒绝了。这种生活习惯都是科学化的习惯;别人偶一为之,不久就感觉不方便,或怕人讥笑,就抛弃了。在君终身奉行,从不顾社会的骇怪。

他的立身行己,也都是科学化的,代表欧化的最高层。他最恨人说谎,最恨人懒惰,最恨人滥举债,最恨贪污。他所谓"贪污",包括拿干薪,用私人,滥发荐书,用公家免票来做私家旅行,用公家信笺来写私信,等等。他接受淞沪总办之职时,我正和他同住在上海客利饭店,我看见他每天接到不少的荐书。他叫一个书记把这些荐信都分类归档,他就职后,需要用某项人时,写信通知有荐信的人定期来受考试,考试及格了,他都雇用;不及格的,他一一通知他们的原荐人。他写信最勤,常怪我案上堆积无数未复的信。他说:"我平均写一封信费三分钟,字是潦草的,但朋友接着我的回信了。你写信起码要半点钟,结果是没有工夫写信。"蔡孑民先生说在君"案无留牍",这也是他的欧化的精神。

罗文干先生常笑在君看钱太重,有寒伧气。其实这正是他的小心谨慎之处。他用钱从来不敢超过他的收入,所以能终身不欠债,所以能终身不仰面求人,所以能终身保持一个独立的清白之身。他有时和朋友打牌,总把输赢看得很重,他手里有好牌时,手心常出汗,我们常取笑他,说摸他的手心可以知道他的牌。罗文干先生是富家子弟出身,所以更笑他寒伧。及今思之,在君自从留学回来,担负一个大家庭的求学经费,有时候每年担负到三千元之多,超过他的收入的一半,但他从无怨言,也从不欠债;宁可抛弃他的学术生活去替人办煤矿,他不肯用一个不正当的钱;这正是他的严格的科学化的生活规律不可及之处;我们嘲笑他,其实是我们穷书生而有阔少爷的脾气,真不配批评他。

　　在君的私生活和他的政治生活是一致的。他的私生活的小心谨慎就是他的政治生活的预备。民国十一年,他在《努力周报》第七期上(署名"宗淹")曾说,我们若想将来做政治生活,应做这几种预备:

　　　　第一,是要保存我们"好人"的资格。消极的讲,就是不要"作为无益";积极的讲,是躬行克己,把责备人家的事从我们自己做起。

　　　　第二,是要做有职业的人,并且增加我们职业上的能力。

　　　　第三,是设法使得我们的生活程度不要增高。

　　　　第四,就我们认识的朋友,结合四五个人,八九个人的小团体,试做政治生活的具体预备。

看前面的三条,就可以知道在君处处把私生活看作政治生活的修养。民国十一年他和我们几个人组织"努力",我们的社员有两个标准:一是要有操守,二是要在自己的职业上站得住。他最恨那些靠政治吃饭的政客。他当时有一句名言:"我们是救火的,不是趁火打劫的。"(《努力》第六期)他做淞沪总办时,一面整顿税收,一面采用最新式的簿记会计制度。他是第一个中国大官卸职时半天办完交代的手续的。

　　在君的个人生活和家庭生活,孟真说他"真是一位理学大儒"。在君如果死而有知,他读了这句赞语定要大生气的!他幼年时代也

曾读过宋明理学书,但他早年出洋以后,最得力的是达尔文、赫胥黎一流科学家的实事求是的精神训练。他自己曾说:

> 科学……是教育同修养最好的工具。因为天天求真理,时时想破除成见,不但使学科学的人有求真理的能力,而且有爱真理的诚心。无论遇见什么事,都能平心静气去分析研究,从复杂中求简单,从紊乱中求秩序;拿论理来训练他的意想,而意想力愈增;用经验来指示他的直觉,而直觉力愈活。了然于宇宙生物心理种种的关系,才能够真知道生活的乐趣。这种活泼泼地心境,只有拿望远镜仰察过天空的虚漠,用显微镜俯视过生物的幽微的人,方能参领的透彻,又岂是枯坐谈禅妄言玄理的人所能梦见?(《努力》第四十九期,《玄学与科学》)

这一段很美的文字,最可以代表在君理想中的科学训练的人生观。他最不相信中国有所谓"精神文明",更不佩服张君劢先生说的"自孔孟以至宋、元、明之理学家侧重内生活之修养,其结果为精神文明"。民国十二年四月中在君发起"科学与玄学"的论战,他的动机其实只是要打倒那时候"中外合璧式的玄学"之下的精神文明论。他曾套顾亭林的话来骂当日一班玄学崇拜者:

> 今之君子,欲速成以名于世,语之以科学,则不愿学,语之以柏格森、杜里舒之玄学,则欣然矣,以其袭而取之易也。(同上)

这一场的论战现在早已被人们忘记了,因为柏格森、杜里舒的玄学又早已被一批更时髦的新玄学"取而代之"了。然而我们在十三四年后回想那一场论战的发难者,他终身为科学僇力,终身奉行他的科学的人生观,运用理智为人类求真理,充满着热心为多数谋福利,最后在寻求知识的工作途中,歌唱着"为语麻姑桥下水,出山要比在山清",悠然的死了,——这样的一个人,不是东方的内心修养的理学所能产生的。

丁在君一生最被人误会的是他在民国十五年的政治生活。孟真在他的长文里,叙述他在淞沪总办任内的功绩,立论最公平。他那个时期的文电,现在都还保存在一个好朋友的家里,将来作他传记的人(孟真和我都有这种野心)必定可以有详细公道的记载给世人看,我们此时可以不谈。我现在要指出的,只是在君的政治兴趣。十年前,他常说:"我家里没有活过五十岁的,我现在快四十年了,应该趁早替国家做点事。"这是他的科学迷信,我们常常笑他。其实他对政治是素来有极深的兴趣的。他是一个有干才的人,绝不像我们书生放下了笔杆就无事可办,所以他很自信有替国家做事的能力。他在民国十二年有一篇《少数人的责任》的讲演(《努力》第六十七期),最可以表示他对于政治的自信力和负责任的态度。他开篇就说:

> 我们中国政治的混乱,不是因为国民程度幼稚,不是因为政客官僚腐败,不是因为武人军阀专横;是因为"少数人"没有责任心,而且没有负责任的能力。

他很大胆的说:

> 中年以上的人,不久是要死的;来替代他们的青年,所受的教育,所处的境遇,都是同从前不同的。只要有几个人,有不折不回的决心,拔山蹈海的勇气,不但有知识而且有能力,不但有道德而且要做事业,风气一开,精神就要一变。

他又说:

> 只要有少数里面的少数,优秀里面的优秀,不肯束手待毙,天下事不怕没有办法的。……最可怕的是一种有知识有道德的人不肯向政治上去努力。

他又告诉我们四条下手的方法,其中第四条最可注意:他说:

> 要认定了政治是我们唯一的目的,改良政治是我们唯一的义务。不要再上人家当,说改良政治要从实业教育着手。

这是在君的政治信念。他相信,政治不良,一切实业教育都办不好。所以他要我们少数人挑起改良政治的担子来。

然而在君究竟是英国自由教育的产儿,他的科学训练使他不能相信一切破坏的革命的方式。他曾说:

> 我们是救火的,不是趁火打劫的。

其实他的意思是要说,

> 我们是来救火的,不是来放火的。

照他的教育训练看来,用暴力的革命总不免是"放火",更不免要容纳无数"趁火打劫"的人。所以他只能期待"少数里的少数,优秀里的优秀"起来担负改良政治的责任,而不能提倡那放火式的大革命。

然而民国十五六年之间,放火式的革命到底来了,并且风靡了全国。在那个革命大潮流里,改良主义者的丁在君当然成了罪人了。在那个时代,在君曾对我说:"许子将说曹孟德可以做'治世之能臣,乱世之奸雄';我们这班人恐怕只可以做'治世之能臣,乱世之饭桶'罢!"

这句自嘲的话,也正是在君自赞的话。他毕竟自信是"治世之能臣"。他不是革命的材料,但他所办的事,无一事不能办的顶好。他办一个地质研究班,就可以造出许多奠定地质学的台柱子;他办一个地质调查所,就能在极困难的环境之下造成一个全世界知名的科学研究中心;他做了不到一年的上海总办,就能建立起一个大上海市的政治、财政、公共卫生的现代式基础;他做了一年半的中央研究院的总干事,就把这个全国最大的科学研究机关重新建立在一个合理而持久的基础之上。他这二十多年的建设成绩是不愧负他的科学训练的。

在君的为人是最可敬爱、最可亲爱的。他的奇怪的眼光,他的虬起的德国威廉皇帝式的胡子,都使小孩子和女人见了害怕。他对不喜欢的人,总得斜着头,从眼镜的上边看他,眼睛露出白珠多,黑珠少,怪可嫌的!我曾对他说:"从前史书上说阮籍能作青白眼,我向来不懂得;自从认得了你,我才明白了'白眼对人'是怎样一回事!"他听了大笑。其实同他熟了,我们都只觉得他是一个最和蔼慈祥的人。他自己没有儿女,所以他最喜欢小孩子,最爱同小孩子玩,有时候他伏在地上作马给他们骑。他对朋友最热心,待朋友如同自己的弟兄儿女一样。他认得我不久之后,有一次他看见我喝醉了酒,他十分不放心,不但劝我戒酒,还从《尝试集》里挑了我的几句戒酒诗,请梁任公先生写在扇子上送给我。(可惜这把扇子丢了!)十多年前,我病了两年,他说我的家庭生活太不舒适,硬逼我们搬家;他自己替我们看定了一所房子,我的夫人嫌每月八十元的房租太贵,那时我不在北京,在君和房主说妥,每月向我的夫人收七十元,他自己代我垫付十元!这样热心爱管闲事的朋友是世间很少见的。他不但这样待我,他待老辈朋友,如梁任公先生,如葛利普先生,都是这样亲切的爱护,把他们当作他最心爱的小孩子看待!

他对于青年学生,也是这样的热心:有过必规劝,有成绩则赞不绝口。民国十八年,我回到北平,第一天在一个宴会上遇见在君,他第一句话就说:"你来,你来,我给你介绍赵亚曾!这是我们地质学古生物学新出的一个天才,今年得地质奖学金的!"他那时脸上的高兴快乐是使我很感动的。后来赵亚曾先生在云南被土匪打死了,在君哭了许多次,到处为他出力征募抚恤金。他自己担任亚曾的儿子的教育责任,暑假带他同去歇夏,自己督责他补功课;他南迁后,把他也带到南京转学,使他可以时常督教他。

在君是个科学家,但他很有文学天才;他写古文白话文都是很好的。他写的英文可算是中国人之中的一把高手,比许多学英国文学的人高明的多多。他也爱读英法文学书;凡是罗素、威尔士、J. M. Keynes的新著作,他都全购读。他早年喜欢写中国律诗,近年听了我的劝告,他不作律诗了,有时还作绝句小诗,也都清丽可喜。朱经农先生的纪念文里有在君得病前一日的《衡山纪游诗》四首,其中至少有两首是很好的。他去年在莫干山做了一首骂竹子的五言诗,被林语堂先生登在《宇宙风》上,是大家知道的。民国二十年,他在秦王岛避暑,有一天去游北戴河,作了两首怀我的诗,其中一首云:

> 峰头各采山花戴,海上同看明月生:
> 此乐如今七寒暑,问君何日践新盟。

后来我去秦王岛住了十天,临别时在君用元微之送白乐天的诗韵作了两首诗送我:

> 留君至再君休怪,十日留连别更难。
> 从此听涛深夜坐,海天漠漠不成欢!

> 逢君每觉青来眼,顾我而今白到须。
> 此别原知旬日事,小儿女态未能无。

这三首诗都可以表现他待朋友的情谊之厚。今年他死后,我重翻我

的旧日记,重读这几首诗,真有不堪回忆之感,我也用元微之的原韵,写了这两首诗纪念他:

  明知一死了百愿,无奈余哀欲绝难!
  高谈看月听涛坐,从此终生无此欢!

  爱憎能作青白眼,妩媚不嫌虬怒须。
  捧出心肝待朋友,如此风流一代无。

这样一个朋友,这样一个人,是不会死的。他的工作,他的影响,他的流风遗韵,是永永留在许多后死的朋友的心里的。

廿五,二,九夜

(原载 1936 年 2 月 16 日《独立评论》第 188 号《纪念丁文江先生纪念专号》)

高梦旦先生小传

民国十年的春末夏初,高梦旦先生从上海到北京来看我。他说,他现在决定辞去商务印书馆编译所所长的事,他希望我肯去做他的继任者。他说:"北京大学固然重要,我们总希望你不会看不起商务印书馆的事业。我们的意思确是十分诚恳的。"

那时我还不满三十岁,高先生已是五十多岁的人了。他的谈话很诚恳,我很受感动。我对他说:"我决不会看不起商务印书馆的工作。一个支配几千万儿童的知识思想的机关,当然比北京大学重要多了。我所虑的只是怕我自己干不了这件事。"当时我答应他夏天到上海商务印书馆去住一两个月,看看里面的工作,并且看看我自己配不配接受高先生的付托。

那年暑假期中,我在上海住了四十五天,天天到商务印书馆编译所去,高先生每天他把编译所各部分的工作指示给我看,把所中的同事介绍和我谈话。每天他家中送饭来,我若没有外面的约会,总是和他同吃午饭。

我知道他和馆中的老辈张菊生先生、鲍咸昌先生、李拔可先生,对我的意思都很诚恳。但是我研究的结果,我始终承认我的性情和训练都不配做这件事。我很诚恳的辞谢了高先生。他问我意中有谁可任这事。我推荐王云五先生,并且介绍他和馆中各位老辈相见。他们会见了两次之后,我就回北京去了。

我走后,高先生就请王云五先生每天到编译所去,把所中的工作指示给他看,和他从前指示给我看一样。一个月之后,高先生就辞去了编译所所长,请王先生继他的任,他自己退居出版部部长,尽心尽力的襄助王先生做改革的事业。

民国十九年，王云五先生做了商务印书馆的总理。民国二十一年一月，商务印书馆的闸北各厂都被日本军队烧毁了。兵祸稍定，王先生决心要做恢复的工作。高先生和张菊生先生本来都已退休了，当那危急的时期，他们每天都到馆中来襄助王先生办事。两年之中，王先生苦心硬干，就做到了恢复商务印书馆的奇迹。

我特别记载这个故事，因为我觉得这是一件美谈。王云五先生是我的教师，又是我的朋友，我推荐他自代，这并不足奇怪。最难能的是高梦旦先生和馆中几位老辈，他们看中了一个少年书生，就要把他们毕生经营的事业付托给他。后来又听信这个少年人几句话，就把这件重要的事业付托给了一个他们平素不相识的人。这是老成人为一件大事业求付托的人的苦心，是大政治家谋国的风度。这是值得大书深刻，留给世人思念的。

高梦旦先生，福建长乐县人，原名凤谦，晚年只用他的表字"梦旦"为名。"梦旦"是在梦梦长夜里想望晨光的到来，最足以表现他一生追求光明的理想。他早年自号"崇有"，取晋人裴頠崇有论之旨，也最可以表现他一生崇尚实事痛恨清谈的精神。

因为他期望光明，所以他最能欣赏也最能了解这个新鲜的世界。因为他崇尚实事，所以他不梦想那光明可以立刻来临，他知道进步是一点一滴的积聚成的，光明是一线一线的慢慢来的。最要紧的条件只是人人尽他的一点一滴的责任，贡献他一分一秒的光明。高梦旦先生晚年发了几件改革的建议，标题引一个朋友的一句话："都是小问题，并且不难办到。"这句引语最能写出他的志趣。他一生做的事，三十年编纂小学教科书，三十年提倡他的十三个月的历法，三十年提倡简笔字，提倡电报的改革，提倡度量衡的改革，都是他认为不难做到的小问题。他的赏识我，也是因为我一生只提出两个小问题，锲而不舍的做去，不敢好高务远，不敢轻谈根本改革，够得上做他的一个小同志。

高先生的做人，最慈祥，最热心，他那古板的外貌里藏着一颗最仁爱暖热的心。在他的大家庭里，他的儿子、女儿都说"吾父不仅是一个好父亲,实兼一个友谊至笃的朋友"。他的侄儿,侄女们都说:"十一叔是圣人"。这个圣人不是圣庙里陪吃冷猪肉的圣人,是一个处处能体谅人,能了解人,能帮助人,能热烈的、爱人的、新时代的圣人。他爱朋友,爱社会,爱国家,爱世界。他爱真理,崇拜自由,信仰科学。因为他信仰科学,所以他痛恨玄谈,痛恨迷信,痛恨中医。因为他爱国家社会,所以他爱护人才真如同性命一样。他爱敬张菊生先生,就如同爱敬他的两个哥哥一样。他们爱惜我们一班年轻的朋友,就如同他爱护他自己的儿女一样。

他的最可爱之处,是因为他最能忘了自己。他没有利心,没有名心,没有胜心。人都说他冲澹,其实他是浓挚热烈。在他那浓挚热烈的心里,他期望一切有力量而肯努力的人都能成功胜利,别人的成功胜利都使他欢喜安慰,如同他自己的成功胜利一样。因为浓挚热烈,所以冲澹的好像没有自己了。

高先生生于 1870 年 1 月 28 日,死于 1936 年 7 月 23 日,葬在上海虹桥公墓。葬后第四个月,他的朋友胡适在太平洋船上写这篇小传。

1936 年 11 月 26 日

(原载 1937 年 1 月 1 日《东方杂志》第 34 卷第 1 号)

张伯苓

"我既无天才,又无特长,我终身努力小小的成就,无非因为我对教育有信仰有兴趣而已。"这句话是张伯苓的自述。他还常常喜欢引用一位朝鲜朋友的评语:"张伯苓是一个极其简单的人,不能跟同时代的杰出人物争一日之长短,但是他脚踏实地的苦干,在他的工作范围里,成就非凡。"

他二十岁就从事于教育,第一期学生不过五个人。1917年,他四十一岁,南开中学已有一千个学生。到了1936年,他六十大寿的时候,南开大中小学共有学生三千名。1937年,天津校舍被毁于日军,其时他早已在重庆设立南渝中学,不到几年,学生增至一千多人,又成为全国首屈一指的中学。

张伯苓于1876年4月5日生于天津。其父博学多能,爱好音乐,尤善琵琶和骑马射箭,惜以沉溺于逸乐,以至家产荡然。续弦生伯苓时,已甚穷困,授徒以自给,深痛自己的不能振作,乃决计令伯苓受良好教育,严格的修身。

伯苓年十三,以家学渊源考入北洋海军学校。该校系严修、伍光建等三五留英学生主持,伯苓每届考试必列前茅。该校教师中有苏格兰人麦克礼者,讲解透彻,更佐以日常人格的熏陶,受业诸生获益匪浅,其于伯苓亦留下深刻难忘的印象,伯苓于1894年以第一名毕业,时年还不过十八岁。

是年,中国海军于第一次中日战争中大败,几于全军覆没,甚至于不留一舰可供海军学校毕业生实习之用。伯苓于是不得不回家静候一年,然后得入海军实习舰通济号内见习军官三个月,伯苓即在该舰遭遇他终身不忘的国耻,决心脱离海军,从事教育救国事业。

缘自中国败于日本之后,欧洲帝国主义者,在中国竞相争夺势力范围,伯苓即于其时在威海卫亲身经历到中国所受耻辱的深刻。威海卫原为中国海军军港,中日之战失败后,然后于翌日移交英军。伯苓目击心伤,喟然叹曰:"我在那里亲眼目睹两月之间三次易帜,取下太阳旗,挂起黄龙旗,第二次,我又看见取了黄龙旗,挂起米字旗。当时说不出的悲愤交集,乃深深觉得,我国欲在现代世界求生存,全靠新式教育,创造一代新人。我乃决计献身于教育救国事业。"

张氏此种觉悟,此种决心,足以反映当时普及全国的革新运动。戊戌政变就是这种运动的高潮,可惜这种新运动不敌慈禧太后的反动势力而失败了。伯苓时年廿二岁,欣然应严修之聘,在其天津住宅设私塾教授西学。严氏私塾名"严馆",学童为严修之子等五人。此为张氏一生从事教育事业的开端。

伯苓结识严修,于后来南开的开办与发展的影响很大。严修字范孙,为北方学术界重镇,竭诚提倡新思潮新学说,不遗余力,而且德高望重,极受津人的景仰,伯苓得其臂助,为南开奠定巩固的始基。伯苓当时的教授法已极新颖,堪称为现代教育而无愧色。所受课程且有英文、数学和自然的基本学识,尤注重学生的体育。伯苓且与学生混在一起共同作户外运动,如骑脚踏车、跳高、跳远和足球之类。同时注重科学和体育,师生共同学习,共同游戏。张氏于此实为中国现代教育的鼻祖之一。

1903年,张氏和严修赴日考察大中学校教育制度,带回许多教育和科学的仪器。张、严两氏咸以日本教育发达,深受感动。回国后,即以严氏一部分房屋,将私塾改为正式中学,名曰第一私立中学,1904年开学,学生七十三人,每月经费纹银二百两,由严、张两家平均负担。1906年,某富友①捐赠天津近郊基地名"南开"者作为新校校址。从此南开与张伯苓两个名字,在中国教育史上永占光荣的一页。

南开在此后十年中,进步一日千里,其发展与进步且是有计划

---

① 编者按:系指郑菊如先生。

的。1920年,江苏督军李纯,原籍天津,自杀身死,留下遗嘱,指定他一部分财产,计值五十万元捐助南开经费,中美教育文化基金董事会和管理中英庚子赔款基金董事会,也以英美退还的赔款一部分拨捐南开。纽约洛克斐尔基金委员会更捐助大宗款项,建造南开大学校舍及其设备,并资助该校的经济研究所。

南开开办之初,基地不过两亩,不到几年,即在附近添购一百亩以上,以供扩充。南开大学系于1919年正式开学,设文、理、商三科,翌年增设矿科。经济研究所则系于1931年设立。下一年又增设化学研究所。南开中学女子部则系于1923年设立。并于1928年设立实验小学。到了1932年,南开已完成了五个部门,即大学部、研究院、男子中学、女子中学及小学。在毁于日军的前几年,学生总数已达三千人。

南开之有此成绩,须归功于张伯苓先生之领导,这是尽人皆知的事实。他常对友人说:一个教育机关应当常常欠债。任何学校的经费,如在年终,在银行里还有存款,那就是守财奴,失去了用钱做事的机会。他开办学校可说是白手起家,他不怕支出超过预算。他常是不息的筹谋发展新计划,不因缺少经费而阻断他谋发展的美梦。他对前途常是乐观的。他说:"我有方法自骗自。"其实就是船到桥头自然直。结果呢,确是常常有人帮助他实行新计划。

张氏在他的自传里说:"南开学校诞生于国难,所以当以改革旧习惯,教导青年救国为宗旨。"他还说中国的弱点有五:即一、体弱多病,二、迷信,缺乏科学智识,三、贫弱,四、不能团结,五、自私自利。

张氏为改良中国的弱点,因而提出五项教育改革方针。他主张新教育第一必须改善个人的体格,使宜于做事;第二必须以现代科学的结果和方法训练青年;第三必须使学生能组织起来,积极参加各种团体生活,共同合作;第四必须有活泼的道德修养;第五必须感化每一个人都有为国宣劳的精神。

由今日视之,这些不免是老生常谈,然而张氏使这些精神贯注于其学校的生活,成为不可分离的部分,实在是张氏办教育的极大成就。

此外，除教会学校之外，南开在中国人自办的学校中间，以体育最出名最有成绩，无论在全国运动会或远东运动会，南开的运动选手成绩都很好，自1920年来，张氏在迭次全国运动会中被聘为裁判长。这些都得力于他终身提倡体育及在各种运动比赛中着重运动道德的缘故。南开还以训练团体生活共同合作著称。南开最有名的学生活动，就是他的新剧社。早在1909年，张氏即已鼓励学生演剧了。他还亲自为他们写作剧本。指导他们表演。他还以校长身分不惜担任剧中主要角色，使外界观之惊骇不置，认为有失体统。后来，他的胞弟张彭春先生在哥伦比亚大学研究文学和戏剧归国，接受他的衣钵，导演几本新剧，公演成绩非常可观。易卜生的《傀儡家庭》和《人民的公敌》，由张氏导演，极得一般好评。

关于张氏教育方针中的着重道德修养和爱国观念，张氏以身作则，收效甚宏，尤其是开办最初数年，学生人数较少，耳濡目染，人格熏陶之功甚大。他在每星期三下午必召集全校学生，共同讨论人生问题，国家大事和国际关系。他差不多对于每一个学生都叫得出他的名字，不惮烦地亲身对他讲解。

1908年，他首次访问英、美考察教育。他自己对于道德修养的热忱，与他长时期和基督徒的交往，最后根据他亲身在英、美两个社会生活的阅历，使他深信基督教实为劝人为善的伟大力量，于是他就在英、美考察归国的一年（1909）正式受洗礼为基督徒。其时他三十三岁。

张氏为一热心爱国的人，他以教育救国为终身事业，他的教育学说归纳为"公能"两字，他就以此为南开校训。张氏既以教育救国为职志，对于日本在东北的野心，常常觉得忧惧。1927年，他亲自到东北去调查，回来后即在南开大学组织东北问题研究会，并且还派遣教授数人赴东北考察。

九一八事变果然爆发，七七事变后，平津相随沦陷，南开大学中学也就因为平常爱国抗日的缘故，于1937年7月29、30两日给日军以轰炸机炸毁。其时张校长在南京，蒋委员长闻讯，即安慰他说："南开为国家牺牲了，有中国即有南开。"

南开被毁不久,他的爱子锡祜即在空军中驾驶轰炸机赴前线作战,不幸在江西山中失事殒命。锡祜系于三年前毕业于航空学校,在行毕业礼的时候,张氏曾代表空军毕业生家长发表激励的演说。当他听到爱子噩耗,静默一分钟后,就说:"我把这个儿子为国牺牲,他已经尽了他的责任了。"

南开的遭遇日军炸毁,在张氏及其同僚原属意料中事,1935年,张氏早已到四川各地查勘适宜的地址,俾作迁校之计。数个月后,他又派南开中学校务主任到华西去考察是否有设立华西分校的可能,不久决定在重庆近郊兴建校舍。1936年的9月新校开学,名南渝中学,1938年,应南开同学会的建议,改称南开重庆分校。南开大学则从教育部建议,与清华大学和北京大学合并,在长沙开学,校名联合大学。迄至1937年,长沙被敌机轰炸,联大奉命迁往昆明,校名改称国立西南联合大学。

当其时,张氏大部分时间留在重庆分校,经济研究所亦于1939年在重庆恢复,南开小学亦于1940年在渝开学,南开新校舍又被日机轰炸。1940年8月,南开新校舍落下巨型炸弹30枚,但是被毁校舍旋即修复,弦歌始终未曾中辍。

张氏爱国,对于国家政治的发展自然极为注意。惟政府屡欲畀以要职,且曾邀其出任教育部长及天津市长,均被婉辞谢绝,以便有机会以全副精神实现南开的教育理想。及至战时,国家处于危急存亡之秋,乃投身政治,1938年,国民参政会成立,张氏当选副议长,迭次出席会议,不常发表议论,其力量则在驻会委员会发挥之,张氏希望教他每个学生都有政治的觉醒,虽则不一定人人参加政治。

八年抗战期内,南开大学虽受政府津贴,但是南开中学始终保持私立性质,今后亦然。战时联大的三个主体:清华大学、北京大学和南开大学均已复校,仍由政府资助;但张氏始终主张教育应由私人办理,今后将继续为此努力。南开重庆分校今后亦继续办理,以保持其战时成绩。

张伯苓先生今年七十岁,白发老翁,新近自美国疗养归来,仍将大做其"南开梦"。某日,张氏对南开教职员及同学会说:"回顾南开以往的战斗史,展望未来复校的艰巨事功,我看前途充满光明的希望。南开的工作无止境,南开的发展无穷尽,愿以同样勇气,同样坚韧,共同前进,使南开在复兴国家的时期占一更重要地位。"

（此文作于 1947 年。收入《南开张故校长伯苓先生
八旬诞辰纪念册》,昂若译,1956 年
4 月 5 日台北南开校友会印）

追念熊秉三先生

民国十年十月九日,我的日记里有这两段:今日为旧历重九,早九时,与文伯,擘黄,叔永,莎菲同坐汽车往西山八大处,上秘魔崖一游,在西山旅馆吃午饭后,同到香山园。今天是香山慈幼院周年纪念大会,故往参观。……熊秉三先生夫妇强邀我演说,我也觉得这事业办的很好,故说了几句赞美的话。大意说,熊先生办慈幼院的目的在于使许多贫家儿童养成利用文明和帮助造文明的能力,故院中有工厂,有议会,有法庭,有自治制度。这是很可效法的运动。今天我们在这里得一个最深刻的感想:从前帝王住的园子,现在变成我们贫民子女居住上学游戏的地方了。这最可代表这种运动的精神。

我们游玩了一些地方。到昭庙时,始知这个破败的庙在几个月之中变成一个很好的女红十字会新会所了。此种成绩确可惊异。静宜园中已无荒废之旧址!此不可不归功于熊秉三诸君。

这是我在二十六年前记的感想。那时候,我时常去游香山,看见熊先生在很短期间里把一座毁坏荒凉的大废园修理成一个可容成千儿童的学校和一个很可游观的公园,所以我在日记里有这样惊叹的语句:"静宜园中已无荒废之旧址!"

次年(民国十一年)四月二日有这几段日记:知行昨夜病了,我与经农同到香山。天小雨,不能游山。熊秉三先生邀我们住在双清别墅。

这一天没有游山,略看慈幼院的男校,这校比去年十月间又进步了。新设的陶工场现正在试验期中,居然能做白瓷器,虽不能纯白,已很白了。试验下去,当更有进步。

熊先生爱谈话,有许多故事可记的。我劝他作年谱或自传,他也赞成。他说对于光绪末年到民国初年的政治内幕知道最多最详。——我曾劝梁任公,蔡子民,范静生三先生写自传,不知他们真肯做吗。秉三先生死在民国二十六年的年底,还不满六十八岁,据毛夫人说,他似乎没有留下年谱或自传,这是很惋惜的。他的诗集里有一首"淑雅夫人五十初度赋赠"五言长诗,凡一千三百字,是一首自叙的诗。旧诗体是不适于记叙事实的,故我至今还盼望将来在他遗稿文件(现存叶葵初先生处)里也许可以发现他的年谱残稿。

我记得有一次我住在香山,晚上听他讲故事,我们故意问他自己的事迹,他也很乐意的回答我们。可惜这一夜的记录,我没有寻出来。据我的回忆,那天晚上熊先生曾说,他一生有个奇怪嗜好就是爱建造房子。俗话说:"官不修衙,僧不修庙。"他一生最恨这句话。他所到的地方,湘西、东三省、热河、北京,处处有他修造的道路或兴办的公共建筑物。他自己说,建造东西好像是他的天性,所以他从不感觉他一生所办的事业是费力的事。他爱建设,肯负责任去干,所以好像从从容容的把事情办成功了。

我回想那晚上的谈论,我颇疑心这是熊先生自谦的看法。他实在是个有办事才干的人,同时又真爱国,真爱人,所以他自己真觉得替国家做事,替多数人做事,都好像是自己天性里流露出来一样,不觉得费力了。

民国十一年旧历中秋节,熊先生聚集了慈幼院的男女儿童,在广场上吃水果糕饼,很热闹的一同赏月庆祝。他老人家很高兴,做了一首诗最末两句是:儿辈须知群最乐,人间无此大家庭。这是他爱人爱群的哲学。他痛恨战争,他努力做救济事业,都可以说是从这里出发的。在他的诗里,他往往诅咒战争:"……十九年战争,乌合若鸟兽。朝客夕为囚,昨仇今复友。名与实相离,言与行相谬。饿莩群在野,肥马乃在厩。丁巳至丙寅(民六至十五),乱极谬复谬。……"因为痛恨战祸,所以他曾叹赞阎锡山将军在山西保境安民的功绩:

　　　　征车朝发绕汾河,十四年来水不波。遥忆当年钱武肃,弭兵终是爱民多。

他有"题卓君庸自青榭集"诗,其开端几行是:

  结庐香山深,原拟避世乱。反以世乱故,良心不忍见。欲民出水火,奔走弗辞倦。托钵贵族门,乞醴邻人闬。春秋多佳景,于我如冰炭。……老弱转沟壑,壮者四方散,村落尽荒圮,儿女鬻值贱。余心戚戚然,不量力所担。……

可怜这样一位爱人爱国,痛恨战争的哲人,在他的生命最后一年里,还得用他生平最大的努力,组织战地救护队,伤兵医院,难民收容所。他从炮火底下救出了二十多万人来。他的精力衰竭了,他的心受伤了,在上海、南京相继沦陷后他就死了。

卅六,十二,廿八
(原载 1948 年 1 月 7 日上海《大公报》)

纪念席德懋先生

席德懋先生牺牲了他自己经营商业的志愿,为国家银行服务二十五年。国家危难时,他帮助政府推行法币政策。后来国有白银的卖出,美国借款的商订,他都有功劳。我认识他,就在他同陈光甫先生在美国交涉借款时。他的温文谦逊,使我很敬重他。在抗战时,曾为国事,屡次冒险往来重庆、香港、上海之间。珍珠港事变发生,他正在香港,几乎不得脱险。胜利后,他任中国银行总经理。后来为国际货币基金,及国际银行的事,来美国。民国四十一年一月廿四日,因肝病死在纽约,还不满六十二岁。

温恭待人,忠勇任事。为国劬劳,死而后已。

赫逊江边,暂寄此棺。复国归骨,洞庭之山。

(收入姚崧龄《记席建侯先生》,1969 年 4 月台北《传记文学》第 14 卷第 4 期。此文约写于 1952 年 10 月)

记美国医学教育与大学教育的改造者弗勒斯纳先生
(Abraham Flexner 1866—1959)

美国的大学教育的改造,最有大功的两个人:一位是霍布铿斯大学(John Hopkins University)的第一任校长吉尔曼(Daniel Coit Gilman,1831—1908),一位是两个月前去世的弗勒斯纳先生(A. Flexner)。吉尔曼的大贡献是主张四年的本科学院不算是大学:一个大学必须是一个提倡独立的学术研究的研究机构。弗勒斯纳先生的大贡献是创办了一个更进一步的自由研究所,一个"学人的乐园",叫做"Institute for Advanced Study",即是 1930 年他在普林斯敦(Princeton)创立的"更高学术研究院"。

美国的医学教育的改造,最有大功的两个人:一位是霍布铿斯大学的第一任医学院长威而瞿(William Henry Welch,1850—1934),一位也就是弗勒斯纳先生。威而瞿大贡献是创立了第一个以医学研究为中心的模范医学院与附属医院,就是那霍布铿斯大学的医学院。弗勒斯纳先生的大贡献是他在五十年前(1910)调查了北美洲(美国与加拿大)的一百五十五所医学院,揭穿了其中一百三十二所是"可耻的"不及格,他并且出了大力扶助一些最好的医学院,使他们成为世界第一流的医学研究中心。

这一位非常伟大的教育改造者是值得追念,值得崇拜赞叹的。

弗勒斯纳生于 1866 年 11 月 13 日,死在今年 9 月 21 日。到此短文出版时,他刚满九十三岁。他死时,我正在美国,我读了纽约几家大报纸报导他的生平事迹,赞颂他的社论,我现在用我剪的报纸,加上一点参考资料,写这篇纪念短文。

他的父母是奥国的犹太人,从奥国迁移到美国南方肯突基州的路易卫儿(Louis Ville)。他父亲是个帽子商人,生了七个儿子,两个女儿。他家七个兄弟之中,有两位是有大名的,哥哥西门(Simon)·弗勒斯纳是病理学大家,曾主持"洛克斐勒医学研究所"多年,在脑膜炎的治疗上曾有大贡献。他死在十三年前(1946),享年八十三岁。

亚伯拉罕·弗勒斯纳(A. Flexner)从小就很聪明,很用功。他的大哥雅各帮他的忙,使他能够进当时最有盛名的霍布铿斯大学,他在两年里习完了四年的本科功课,在1886年得文学士学位。他回到路易卫儿的一个中学去教书,但他那时候已有他自己对于教育的新见解了,所以他自己创办了一个新中学,就叫做"弗勒斯纳先生的学校",学校里采用最低限度的管理,鼓励学生自己做学问,自己管理自己。

这个新中学很成功。弗勒斯纳办了十四年的中学,积了一点钱,他才到哈佛大学研究院去,得了硕士学位,又到德国的几个大学去考察研究。

1908年,他在德国海得儿堡大学,写了一本书讨论"美国的大学"(The American College),指出美国大学制度的许多缺点。这本书引起了"卡里奇改进教学基金"(Carnegie Foundation for the Advancement of Teaching)主持人的注意。这个基金是钢铁大王卡里奇创立的,原来的目的是专为大学教授筹设退休金的,在几十年中,曾付出美国各大学教授退休金总额到美金三千五百万元之多。但最初主持人普里哲(Henry S. Pritchett)很想在其他方面促进大学的改革,所以他看中了这位大胆批评美国大学的弗勒斯纳先生,特别提出一笔款子,请他详细调查美国和加拿大现有的一切医学校的内容,给卡里奇基金作一个报告。

1910年,卡里奇基金的"专刊第四号"出版。这就是震动北美洲医学界和教育界的弗勒斯纳调查北美洲医学校的详细报告。他调查了美国和加拿大现有的一百五十五个医学校,每一个各有详细的报告和批评。

他指出,一百五十五个医学校之中,只有五十个是大学的医学院,其中只有哈佛大学和霍布铿斯大学规定先有大学本科学士的学位才可以考入医学院;只有康耐儿大学医学院规定须有大学肄业三年的资格。另有二十个医学院只需要大学肄业两年的资格。其余的一百三十二个医学校只需要中学毕业就可以入学了,甚至于有连中学毕业的资格也可以变通的!

他指出,只有那少数的进步的医学院是有研究实验室的教学的。绝大多数的医学校完全没有医学实验室的教学。他很老实的指出,绝大多数的医学校只是不负责任的文凭贩卖店,制造了许多没有学识,没有训练的医生,使得各城市乡镇医生太多而能诊断疗治的专家太少。他一一的指出,某些医学校真是可耻的,可羞的。(有一个医学校,实际上并不存在,一样的可以发文凭!)当时芝加哥一处,就有十五个医学校! 弗勒斯纳先生的报告说,芝加哥成了"全国散布瘟疫的中心"了!

这个"专刊第四号"公布之后,真是震惊了整个北美洲的教育界,——同时也引起了一个有力量的医学教育彻底改革的大运动。各州的"医师开业证书委员会"首先提高了审查的标准,用弗勒斯纳报告作审查医师资格的参考资料,不敢随便发给开业证书了。今年弗勒斯纳先生去世的消息发表之后,有位医学界的朋友对我说:"一千九百十年,美国有一百五十五个医学校。弗勒斯纳的报告出来之后,几年之中,只剩五十个医学院了。一百多个'所谓医学校'都关门了!"

但弗勒斯纳先生很知道,单有破坏的批评是不够的。最要紧的是如何培植扶助那少数可以作模范的现代化的医学院,使他们继续发扬光大,成为第一流的示范学校。问题的中心是筹划一笔巨大的款子,专作为改革医学教育的费用。

美国石油大王洛克斐勒(John D. Rockefeller)创设了一个"普通教育基金委员会"(General Education Board)是专为了提高教育标准的。1918年,这个基金会请弗勒斯纳做助理秘书长,不久他就做了秘书长，专负医学改革的责任。他充分倚靠石油大王父子的慈善热心和巨大财力，在十年之中（1918—1928），劝洛克斐勒父子捐出了五千万元美金，作为改进提高全国最有成绩的几个医学院的经费。除了石油大王一家的五千万元以外，他还直接或间接的劝动了别的一些慈善家，使他们先后捐出五万万元来提高全国的医学校。这五亿五千万元的美金在几十年之中完成了北美洲医学教育与医学研究的改进与提高的事业，造成了几十个第一流的医学院。

1928年，弗勒斯纳先生六十二岁了，他退休了。在退休之后，他还活了三十年，还做了不少事。他自己最得意的一件晚年大成就，是他在普林斯敦创办的"更高学术研究院"。

他是终身研究中等教育与高等教育的人，他对于美国的多数大学的教学方式，常常感觉不满意。他常学得德国大学和英国牛津剑桥两大学的小学院自由讲学的精神是值得吸收采用的。1928年他退休之后，到牛津大学去讲学。1930年，他写了一本书，题作《美国的、英国的、德国的大学》。在那本书里，他发表他对于"大学"的见解，他说：在一个大学里，学者和专门学科学家应该发愿（dedicate）要做到四个目标：一是知识与思想的保存，二是知识与思想的解释发挥，三是寻求真理，四是训练青年学人为将来继起的工作者。他理想中的"大学"是一个小小的学术研究中心，没有课程表，没有上课时间，只有一些有天才又有学问的第一流学人在那儿独立思想，自由研究，自由论辩，把他们的全副精神用在纯粹学术的思考上。

这时候，纽约的梅栖（Macy）百货公司的两位大股东，班保葛（Louis Bamberge）和他的妹子伏尔德太太（Mrs. Felix Fuld），他们愿意捐出八百万元来给弗勒斯纳先生试办他梦想的小小的自由讲学的研究中心。这就是普林斯敦的"更高学术研究院"开办经费。

这个研究院是今日所谓"博士以上的（Postdoctorate）更高研究所"的第一个模型，弗勒斯纳先生担任了创办第一期的院长，九年之后才退休。在这九年之中，他给这个研究院树立了一个很好的基础。他一面先借用普林斯敦大学的种种便利，一面买得四百英亩的地，造起一个"小小的研究中心"。

这个研究中心的中心是一群第一流的学人。弗勒斯纳请来的第一位大师就是爱因斯坦先生（Albert Einstein）。爱因斯坦听他说起这个自由研究中心，他很高兴，不过他说，他若离开德国，每年必须有三千美金才够生活。弗勒斯纳对他说："一切都好办。"等到爱因斯坦先生到了美国，他接到的聘书是每年年俸一万六千元的聘约。

这个研究院成立了还不到二十年，全院至今只有两个部门：一是数学研究所，一是人文研究所。人文的研究是不容易在短时期内有惊人的成绩的。但数学研究所在短短十几年之中已成为世界学人公认的一个数学与理论物理学的最高研究中心了（中央研究院的院士杨振宁先生是数学研究所的常任教授之一，其他院士，如李政道、陈省身、吴大猷、林家翘诸先生都曾在那儿作过一个时期的研究员）。

这个研究所里，没有实验室，没有原子炉，连一个计算机也没有（当年曾有过计算机，近年赠送给别的研究机构了）。那儿有的只是第一流的大师，第一流的研究人才。那儿有的是自由思考，自由论辩，自由谈话的空气和机会。

这是弗勒斯纳先生晚年一个梦想的实现。我们对于这位肯梦想而能够努力使他的梦想成为事功的伟人，能不表示我们的赞叹与羡慕吗？

纽约时报今年九月廿二日特写一篇纪念弗勒斯纳先生的社论，此文的第一段说：

> 前几年弗勒斯纳回忆他的一生，曾说卡莱儿（Carlyle）的藏书图记上面画一支点燃着的蜡烛，下面题字是："我燃烧才可以有用。"弗勒斯纳说，这就是他一生的箴言。他活了九十二岁，可以说是完全做到了这句箴言。他总是燃烧着，要于人有用。

《纽约前锋论坛报》记载他的生平，有这一段很值得我们想念的报导：

> 弗勒斯纳八十岁时，决定到哥仑比亚大学去做两年学生。在那两年里，他上了厄布约翰教授（Upjohn）的几种美术史的功课，又上了纳文斯教授（Nevins）的美国史学文献的功课。他自

已说:"一个退休了的人的好工作,莫如教育。"可是厄布约翰教授对人说:"我的课堂上有了弗勒斯纳先生这样一个学生,常使我感觉得像一匹马的马鞍底下压着一颗有刺的栗苞!"

1959 年 11 月 9 日

(原载 1959 年 11 月 16 日台北《自由中国》第 21 卷第 10 期)

怀念曾慕韩先生

今天是曾慕韩先生的七十生日纪念,我很怀念这一位终身爱国,终身为国家民族努力的学人。

慕韩是一位最可爱的朋友。在三十年前,我对他的议论曾表示一点点怀疑:我嫌他过于颂扬中国传统文化了,可能替反动思想助威。我对他说:凡是极端国家主义的运动,总都含有守旧的成分,总不免在消极方面排斥外来的文化,在积极方面拥护或辩护传统的文化。所以我总觉得,凡提倡狭义的国家主义或狭义的民族主义的朋友们,都得特别小心的戒律自己,偶一不小心,就会给顽固分子加添武器了。

当时我曾托朋友转告慕韩一句笑话:不要让人们笑我们是"黑头老年"。

慕韩对我的劝告,好像并不生气。后来《醒狮》上常有签名"黑头"的文字,听说是他写的。以后几十年里,他对我一直保持很好的交情。

我追记这个故事,纪念这一位有风趣的老朋友。

五十年九月南港

(原载 1961 年 9 月 16 日台北《民主潮》第 11 卷第 18 期
《曾慕韩先生七十诞辰纪念专号》)

追忆太戈尔在中国

太戈尔先生到中国两次，第一次是在 1924 年，住了几个月，先到上海，后到北京。在北京住的稍久，曾作几次公开演讲。此次他来，似是北京尚志学会主持的。太戈尔似很重视此行，故他带了他手创的 Sentiniketan 大学的几位教员，——梵文学者 Sen 画家 Bose——和一位做他的秘书的英国信徒 Elmhirst 同来。Sentiniketan 是太戈尔先生在 Bolpur 创办的学校，是世界知名的学校，往往称为太戈尔的"国际大学"。Sentiniketan 的梵文原意为"寂寞的乡村"，此校中师生往往在树阴下讲谈，有自由的学风。

那时他的著作，已有中文译本，如 *The Crescent Moon*，*Chitra* 等，徐志摩和他的朋友们发起的北京"新月社"，以及后来上海的"新月社"、新月书店、《新月》杂志，起名都由于太戈尔的《新月集》(*The Crescent Moon*)。

1924 年 5 月 8 日是他老人家六十四岁生日，北京的一班朋友发起给他祝寿，主要的节目是他的戏剧《杞特拉》(*Chitra*) 的用英文公演，林长民的女儿林徽音女士演主角 Chitra，徐志摩、林长民诸君都参加。他老人家很高兴。

我们观察太戈尔那一次在中国最感觉烦恼(sad)的一点是当时的左派青年(那时中国共产党已成立三年了)反对他的演讲，在演讲场上散发传单攻击他。有一次他在真光戏园演讲，主持的人要我做主席，要我介绍他，并劝告大家尊重他老人家说话的自由。

有一天，他对我说："你听过我的演讲，也看过我的稿子。他们说我反对科学，我每次演讲不是总有几句话特别赞叹科学吗？"我安慰他，劝他不要烦恼，不要失望。我说，这全是分两轻重的问题，你的演讲往往富于诗意,往往侧重人的精神自由,听的人就往往不记得你说过赞美近代科学的话了。我们要对许多人说话,就无法避免一部分人的无心的误解或有意的曲解。"尽人而悦之",是不可能的。

因此,在他生日的前夕,我把我的一首《回向》诗写成一条横幅送他做生日贺礼,我把诗的大意说给他听。他懂得我的意思是借此诗安慰他,他要我把此诗译做英文,写了送给他。"回向"是大乘佛教的一个思想,已成"菩萨道"的人,还得回向人间,为众生努力。

那时溥仪还在故宫,他听他师傅庄士敦(Reginal Johnston)说太戈尔想看看宫殿里的景物,就请太戈尔和他同来的一行人进宫去吃茶。

太戈尔一行人也曾去游览长城、明陵各地的风景。

太戈尔第二次到中国,似是在1928年,或1929年,他旅行路过上海,上岸在徐志摩家里休息了几个钟头。(那一次同行的似也有Ms. Elmhirst。)那时我也住在上海,我带了儿子祖望去看他。他老人家和我们在一起拍了照,照片上有志摩、小曼、Elmhirst等人。第二天早晨他的船开了,我们还去送他。

太戈尔先生用孟加拉语(Bengali)作诗作文,他的著作全用孟加拉(Bengali)方言写的,他的成就使孟加拉语成为印度的一种传诵的"文学语言"。所以他老人家最同情于我们的白话文学运动。他最爱徐志摩,待他同自己的亲人一样。

1961,2,4日追记

回向

民国十一年十月二十日,从济南回北京,火车中读晋译《华严经》的《回向品》,作此解。

> 他从大风雨里过来,
> 向最高峰上去了,
> 山上只有和平,只有美,
> 没有压逼人的风和雨了。
>
> 他回头望着山脚下,

> 想着他风雨中的同伴,
> 在那密云遮着的村子里
> 忍受那风雨中的沉暗。
>
> 他舍不得他们,
> 他又讨厌山下的风和雨。
> "也许还下雹哩。"
> 他在山上自言自语。
>
> 瞧呵!他下山来了,
> 向那密云遮处走。
> "管他下雨下雹
> 他们受得,我也能受。"

十三年五月八日,印度诗人太戈尔六十四岁生日,北京新月社同人给他祝寿。我把这首诗写成横幅送给他。他要我译成英文,我勉强译了,钞在这里。①

(收入《胡适手稿》第九集)

---

① 原编者按:此文是为印度加尔加答艺术学院于1961年5月1日举办的"诗人太戈尔纪念画展"而做的,有行政院新闻局的英译,在 Free China Review (August 1961 Vol. XI No.8)上发表。